图书在版编目（CIP）数据

民主与法治时代：我在《民主与法制》当总编/刘桂明著．—北京：中国民主法制出版社，2023.8

ISBN 978-7-5162-3342-9

Ⅰ．①民… Ⅱ．①刘… Ⅲ．①社会主义民主—关系—法治—研究—中国 Ⅳ．①D62②D920.4

中国国家版本馆 CIP 数据核字（2023）第 149655 号

图书出品人：刘海涛
图 书 策 划：张 涛
责 任 编 辑：陈 偲

书名/民主与法治时代——我在《民主与法制》当总编
作者/刘桂明 著

出版·发行/中国民主法制出版社
地址/北京市丰台区右安门外玉林里 7 号（100069）
电话/（010）63055259（总编室） 83910658 63056573（人大系统发行）
传真/（010）63055259
http：// www. npcpub. com
E-mail：mzfz@ npcpub. com
开本/16 开 787 毫米×1092 毫米
印张/32.25 **字数**/650 千字
版本/2023 年 8 月第 1 版 2023 年 8 月第 1 次印刷
印刷/三河市宏图印务有限公司

书号/ISBN 978-7-5162-3342-9
定价/120.00 元

为《民主与法制》骄傲与自豪（序）

我与本书作者刘桂明同志见面不算多，但缘分却不浅。其中，最深的缘分还是因为《民主与法制》杂志。

说起来，我与刘桂明同志还有同为华东政法大学校友之缘。我是当年华东政法学院的首届毕业生，那是在1953年。按照毕业分配的安排，当年我没有被分回南京，而是被分配到《光明日报》社从事编辑工作。这一干就干到了1987年4月，我从《光明日报》副总编辑调任国家新闻出版署副署长。我知道，刘桂明同志是1981年考进华政的，1985年大学毕业，与我一样来到北京工作，也一样做了编辑记者。后来，又一样做了《民主与法制》的总编辑。

在我的工作生涯中，我曾经担任了三个总编辑职务：一是1980年，我被组织任命为《光明日报》副总编辑；二是1993年10月，我赴深圳参与创办面向全国经济特区、经济技术开放区的《开放日报》（国务院特区办公室主办），并担任总编辑；三是1997年5月，经组织推荐并应中国法学会盛邀，我到《民主与法制》杂志社任总编辑，直至2004年4月离任。

许多人最多记住我的是，当年我组织并编发了《光明日报》特约评论员文章《实践是检验真理的唯一标准》。1978年5月11日，《光明日报》刊登题为《实践是检验真理的唯一标准》的特约评论员文章。当日，新华社转发了这篇文章。12日，《人民日报》和《解放军报》同时转载。此文的发表，立即引发了全国上下的真理标准大讨论。我认为，这不止是一场理论问题的讨论，更是一场政治问题的讨论。毫无疑问，这场大讨论为党的十一届三中全会的召开，奠定了思想与理论基础。

在我的新闻工作生涯中，同样值得回忆的是从1987年4月到1993年9月担任国家新闻出版署副署长期间，我还担任了中国新闻法制研究中心主任，并被任命为中国新闻法起草小组组长，主持新闻法（草案）起草工作。在国家新闻出版署任职期间，我又积极参与筹建中国报业协会。从1995年起，我开始担任中国报业协会副主席、常务书记，直至到期离任。

1997年5月5日，我64岁时，被中国法学会聘请，来到了《民主与法制》社，担任《民主与法制》总编辑。其实，我与《民主与法制》结缘的时间比这要早得多。

在我的回忆中，大概有三个缘分：一是投稿之缘。1981年，在《民主与法制》杂志刚刚创刊一年有余的时刻，我发表了一篇评论文章《试论以法治国》，我在文中提出法治社会对一个国家的重要性。二是迁京之缘。1987年，《民主与法制》开始归口中国法学会主管主办。1990年，

有一种策划是选题

有一种回忆是感恩

有一种写作是分享

有一种表达是贺词

无论这世界上有多少贺词，新年贺词一定是最独特最有看点的表达。

贺词之美在修辞，修辞之最在排比，排比之核在递进。

所谓递进，正是为了从昨天走进今天，从今天走向明天。总而言之，都是为了回顾过去展望未来、感恩以往瞩目以后、点赞昨天点击明天。

新年贺词，都是如此。古今中外，概莫能外。

只要在一起，就会了不起

——2021年《民主与法制》新年贺词

这是2020年的最后一天。

为了极不平凡的2020年，我们《民主与法制》周刊又一次完成了一年一度的年终盘点。

于是，从最高的时政新闻到最难的立法脉络，从最新的法治政府到最严的反腐倡廉，从最牛的公安新闻到最亮的检察新闻，从最稳的法院新闻到最活的律师新闻，从最全的民生新闻到最嗨的社会热点，成就了最具特色最有成就感的《民主与法制》周刊2020年度盘点新闻。由此，我看到了我们采编团队的角色担当和出色表现。作为采编团队领衔者，我为之动容为之骄傲为之自豪！

回望即将走进历史的2020年，因为一场突如其来的新冠肺炎疫情，给全国人民乃至全球各地带来了一片愁绪。可以说，这一年，既是一言难尽的一年，也是一声叹息的一年，更是一筹莫展的一年。

但是，天佑中华，多难兴邦。这一年，党中央指挥有方，全国人民齐心协力，最后不仅铸成了全球抗疫成功的典范，而且还铸就了伟大的抗疫精神。

于是，率先控制疫情、率先复工复产、率先实现经济增长由负转正，成为全球唯一实现经济正增长的主要经济体；这一年，党中央持续强力推进脱贫攻坚战，我国832个贫困县全部脱贫摘帽，脱贫攻坚因此取得了决定性胜利，创造了人类减贫史上的奇迹；这一年，共和国历史上第一部以法典命名的标志性大法——《中华人民共和国民法典》宣告诞生，成就了几代国人追求"权利法典"的梦想，开启了民权保护的新时代。这一年，党的十九届五中全会站在"两个一百年"奋斗目标的历史交汇点，部署了"十四五"的发展规划和2035年的远景目标。这一年，中央全面依法治国工作会议正式提出了习近平法治思想，这是顺应实现中华民族伟大复兴时代要求应运而生的重大理论创新成果，更是马克思主义法治理论中国化的最新成果。

这一切，是因为在党中央的领导下，全国人民始终在一起。

这是2021年的第一天。

随着2021年的到来，也预示着民法典时代真真切切地来了。正如2020年第1期《民主与法制》开篇选题《民法典渐行渐近》，2021年《民主与法制》周刊的开年选题便聚焦了民法典时代的正式到来。

民法典时代来了，不仅意味着如何完善中国特色社会主义法律体系、促进国家治理体系和治理能力现代化、推动社会规范和法律适用科学化等一系列重要意义的时代法典来了，更意味着关系到广大人民群众衣食住行生老病死，调整一切民事主体人身和财产关系基本依据的权利法典来了。

同样值得关注和欣慰的是，刑法修正案（十一）来了。这次修改主要围绕维护人民群众生命安全、安全生产、金融市场秩序、知识产权、生态环境、与疫情防控相关的公共卫生安全等领域的刑法治理和保护，并针对一批热点问题进行了明确回应。

于是，我们看到，该降低的未成年人故意杀人犯罪的刑事责任年龄已经降低了，该增加的特殊职责人员性侵害未成年人犯罪规定已经增加了，该明确的高空抛物等危及公共安全行为犯罪规定已经明确了，该细化的食品药品渎职犯罪规定已经细化了，该强化的公共卫生刑事保障已经强化了，该加重处罚的金融证券犯罪已经加重了，该修改的知识产权犯罪规定已经修改了，该入刑的盗用冒用他人身份顶替上学犯罪已经入刑了。

可以说，这次修订顺应了刑事立法日益活跃的发展趋势，弘扬了社会主义核心价值观，坚守了“以人民为中心”的刑法立法价值，回应了社会各界的重大关切，彰显了新时代立法有效性的多元取向。

随着 2021 年的到来，也意味着“十三五”奋斗目标的胜利完成。“十三五”时期，一个个民生难点得到解决，一个个美好梦想得以实现，从而为“十四五”时期的中国乘风破浪奠定了坚实基础。

同样值得骄傲与自豪的是，“十三五”时期，政法机关以严格公正司法捍卫社会公平正义，推动各项改革不断向纵深推进。公正高效权威的中国特色社会主义司法制度不断完善，为亿万百姓带来了更多获得感幸福感安全感。既作为一个工作要求，更作为一个追求目标，让人民群众在每一个司法案件中感受到公平正义，越来越变得更加真切而现实。

这一切，是因为在新时代的道路上，法治中国一直在一起。

这是“十四五”规划的开局之年。

这个开局，不同凡响。这既是中国共产党迎来建党百年的崭新开局，也是中国从“全面建成小康社会”转向“全面建设社会主义现代化国家”的创新开局，更是我国将进入新发展阶段，实现更大发展的关键开局。因为新发展阶段就是全面建设社会主义现代化国家、向第二个百年奋斗目标进军的阶段，这在我国发展进程中具有极其重要的里程碑意义。

习近平总书记强调：“努力在危机中育新机、于变局中开新局。”当今世界正经历百年未有之大变局，新的一年，可能困难更大、风险更多。面对严峻复杂的形势，我们要赢得优势、赢得主动、赢得未来，就必须准确识变、科学应变、主动求变，在顺势而为有效应对危机中抓住新机，开拓新局，从而为不确定的世界增加确定性。

这一切，是因为在大变局的背景下，中国方案永远在一起。

无论是大家还是小家，不管是过去还是未来，我们只要在一起，就会了不起！

正是今年风景美，千红万紫报春光

——2020年《民主与法制》新年贺词

这是2019年的最后一天，也是2019年的最后一个工作日，还是2019年的最后一篇卷首语。

最后一天就是岁尾年头，往往最易动人情怀；最后一个工作日，往往最想回顾过去展望未来；最后一篇撰写的文章，往往最想献出一篇新年贺词。

在2019年的新年贺词中，习近平总书记说："我们都在努力奔跑，我们都是追梦人。"转眼之间，我们就跑到了2019年的最后一天，跑到了2019年与2020年的交汇点上。

这一年，对于所有中国人来说，都意义非凡，永远难忘。这一年，是中华人民共和国成立70周年，是全面建成小康社会的关键之年，是五四运动的100周年……

这一年，也是中国法学会的换届之年。2019年春天，中国法学会第八次全国会员代表大会在北京人民大会堂开幕。习近平、李克强、栗战书、王沪宁等党和国家领导人到会祝贺。这次大会的主要任务是，坚持以习近平新时代中国特色社会主义思想和党的十九大精神为指导，总结中国法学会过去五年工作，研究部署今后五年工作，选举产生中国法学会新一届理事会和领导机构。3月20日上午大会胜利闭幕，中共中央政治局委员、全国人大常委会副委员长王晨当选中国法学会会长。陈训秋被推举为中国法学会常务副会长。新时代，新征程，新气象，在全面依法治国历史征程中，中国法学会正肩负着自己的使命，努力创造更加优异的成绩，奋力抒写全面发展的篇章。

对《民主与法制》杂志来说，这一年还是我们庆贺自己的40岁生日之年。

从1979年创刊的月刊到1995年改版的半月刊，从2011年试水的旬刊再到2016年成型的周刊，从曾经沿袭多年的黑白期刊到今日屡见不鲜的彩色周刊，《民主与法制》杂志已经成了一个时代的回忆和见证。

40年来，《民主与法制》杂志覆盖面不断扩大，从创刊之初发行量十几万份到鼎盛时期的近300万份，已成为发行量在全国名列前茅的综合性期刊；40年来，一本初出茅庐的年轻刊物，一步步成长为连续多年被评为"国家期刊奖百种重点期刊""全国十佳读物""中国法律类核心期刊""全国法制好期刊"的成熟刊物；40年来，《民主与法制》杂志紧跟时代，弘扬正义、关注民生、服务百姓，在努力创新刊物个性风格的同时，突出"忠实反映群众呼声"的鲜明特点，影响力日益扩大,已经成为政法战线不可或缺的舆论力量,成为法治宣传教育工作的权威阵地。

可以说,《民主与法制》杂志前进的每一步,都与中国法治进步的脉搏息息相通。从诞生的第一天起,《民主与法制》这本杂志就肩负着推进社会主义民主与法制的使命,承载着一代人的法治梦想。从此,仗义执言、坚守真相的新闻理念就融入了每一个《民主与法制》人的血液里,贯穿于《民主与法制》的每一个采访中,体现在《民主与法制》的每一篇报道上。在影响社会生活的同时,也成就了《民主与法制》的昨天。《民主与法制》杂志一路走来,不仅记载了自身的变化和进步,也见证了中国法治的变革和发展。在不惑之年,欣逢新时代的《民主与法制》,将继续活跃在新闻行业的第一线,坚守媒体的初心——记录中国法治,守护法治底线,推进依法治国进程。在未来的发展进程中,一个集杂志、报纸传统媒体及网站、微博、微信公众号以及客户端等诸多新媒体于一体的法治传媒机构的建成,让我们看到了希望,也充满着期待。

在 2019 年即将画上句号之际,《民主与法制》从多个维度对 2019 年进行梳理,将其浓缩成了一组年终盘点。从“十大时政新闻”到“十大政法新闻”,从“十大立法脉络”到“十大法治人物”,从“十大落马高官”到“十大司法案例”,从“十大反腐热点”到“十大民生热点”,从“十大网络热点”到“十大社会热点”,既展现了新中国 70 年的伟大成就,又体现了改革开放 40 年来的不凡业绩,更彰显了十八大以来司法的温暖和体制的进步。

这一年,我们还聚焦报道了新中国 70 年民主立法进程与《民主与法制》杂志创刊 40 年历程。由此可见,这一年都是我们共同成长、共同进步的一年。

正如林伯渠先生曾经在诗中所咏叹的那样:“正是今年风景美,千红万紫报春光。”无论是国家发展还是社会进步乃至个人成长,2019 年,都是值得大书特书的一年、大写特写的一年、大讲特讲的一年。

2020 年已然近在眼前,我们首先将聚焦的目光投向了万众瞩目的民法典编纂。那是一部与我们亿万大众密切相关的法典。法治的关注,制度的关怀,规则的关切,尽在其中,饱含其中。

新年来了,新春在即,让我们一起只争朝夕,不负韶华。

站在新时代的起点上

——2019年《民主与法制》新年贺词

40年，是什么年？

在2018年至2019年的连接点上，一个叫作“40年”的最有纪念意义的数字映入了我们的眼帘：先是2018年岁末庆祝改革开放40周年，后是《民主与法制》在2019年迎来了创刊40周年的纪念日。

在中国传统文化中，40岁被称为不惑之年，意味着一个人风华正茂的最好时刻。对于《民主与法制》这本杂志而言，40年的成长轨迹同样也是如此。

1979年8月，正值改革开放进入第二个年头，《民主与法制》杂志在上海应运而生。40年来，《民主与法制》紧跟时代，弘扬正义、关注民生、服务百姓，在努力创新刊物个性风格的同时，突出“忠实反映群众呼声”的鲜明特点，影响力日益扩大，已经成为政法战线不可或缺的舆论力量，成为宣传法治教育工作的权威阵地。

从创刊之初发行量十几万份到鼎盛时期的300万份，铸就了《民主与法制》最初的辉煌。40年来，《民主与法制》覆盖面不断扩大，已成为发行量在全国名列前茅的综合性期刊；40年来，一本初出茅庐的年轻刊物一步步成长为连续多年被评为“国家期刊奖百种重点期刊”“全国十佳读物”“中国法律类核心期刊”“全国法制好期刊”；40年来，《民主与法制》以一种不可多得的担当和专业责任，赢得了社会的信任，获得了读者的认可，从而成了新闻和法治领域的权威期刊。

从20世纪80年代的月刊、90年代的半月刊，21世纪的旬刊，最后到2016年的周刊，彰显了《民主与法制》最爱的坚守。40年来，《民主与法制》立足事实调查，发现新闻现场，探寻事件真相，见证体制改革，推动社会进步；40年来，记录昨天、服务今天、影响明天的新闻理念，始终贯穿于《民主与法制》的每一篇报道中，一直体现在《民主与法制》的每一个选题中，永远融入《民主与法制》的每一次采访中；40年来，《民主与法制》成长的每一天，都与中国改革开放的命运休戚与共。《民主与法制》报道的每一个案件，都与中国司法公正的追求心心相印。《民主与法制》前进的每一步，都与中国法治进步的脉搏息息相通。

从1979年7月全国人大常委会七部法律的通过到党的十八届四中全会《关于全面推进依法治国若干重大问题的决定》的出台，激发了《民主与法制》最大的活力。40年来，《民主与法制》用不倦的行走，记录中国法治的演进与嬗变；40年来，《民主与法制》用无畏的文字，传递有力的声音，守护法治的底线；40 年来，《民主与法制》用专业的理性和良知，关注司法案件，关切民生重点，关心社会热点，推进法治进步和道德完善。

我们曾经为建立市场经济就是法治经济的发展环境而呼吁，也常常为一切美好的价值和权利在中国这片土地上生根发芽而呐喊，更时时为法治思维和法治信仰成为全社会的生活方式而奔走。

40 年对新闻的热爱、对法治的守望，使《民主与法制》在收获了数以百万计读者厚爱的同时，也找寻到了前行的力量。

40 年风雨兼程，40 年砥砺前行，40 年探索创新，《民主与法制》已经从一株破土而出的幼苗成长为亭亭如盖的大树。各位读者已经看到了，《民主与法制》早已不仅仅是一本杂志，而是已经发展成为一家集《民主与法制》周刊、《民主与法制时报》和“民主与法制网”于一体的中央级法治媒体。

从 2018 年到 2019 年的连接点，就是《民主与法制》的新起点。重整行装再出发，砥砺奋进写新篇。此时此刻，《民主与法制》在为 40 年的成绩骄傲自豪的同时，也深刻地明白，要更上一层楼，需要的是不断创新和与时俱进。

中国特色社会主义已经进入新时代。新时代赋予新使命，新思想开启新征程。在不惑之年，欣逢新时代的《民主与法制》，必将走在新时代的前列，成为新时代的先锋。

站在新的起点上，面对新形势新任务，《民主与法制》将不断提升素质水平，不断提高新闻履职能力，讲好法治故事，传播法治好声音。当前新闻舆论工作的职责和使命，已经把《民主与法制》与新时代融在了一起。

未来的《民主与法制》，将是一个拥有一刊一报一网等传统媒体和移动客户端、微博、微信公众号以及短视频等新媒体组成的全媒体矩阵，既值得关注，更值得期待。

庆祝创刊 40 周年，不仅是一种纪念，也是一种传承，更是一种发展和提升。当明天成为昨天，昨天就成了记忆的片段。

2019 年，《民主与法制》依然会和您一起，怀着憧憬与梦想，行进在追梦的路上。

新时代给我们带来了什么？

——2018 年《民主与法制》新年贺词

又到了年终盘点的时节，又到了岁首畅想的时刻。

当岁月的年轮轻轻从“2017”滑过之后，“2018”转眼之间就悄悄来到了眼前。作为国内唯一一家法治周刊的《民主与法制》，开始进入了周刊运行的第三个年头。

2018 年第 1 期《民主与法制》周刊，从“立法”“反腐”“法院”“检察”“律师”“人物”“案例”“未成年人”“法律文书”九个视角，对刚刚过去的 2017 年，进行了一年一度的年终盘点，持续了一年一度的年末梳理，完成了一年一度的年度总结。

回首这一年，最大的新闻自然是党的十九大胜利闭幕，最大的热词当然是习近平总书记在党的十九大报告中提出的“中国特色社会主义进入了新时代”，最大的成果必然是党的十九大正式确立并被作为党的指导思想写入党章的“习近平新时代中国特色社会主义思想”。

盘点这一年，无论是民主法治还是公平正义乃至安全环境，都有可圈可点、大书特书之处。通过我们《民主与法制》的盘点视角，我们看到了一件件顺利完成的大事、一条条影响深远的新闻、一个个如期实现的目标……

这一年，立法工作稳扎稳打。尽管这是本届全国人大及其常委会履职的最后一年，但全年立法工作丝毫不含糊。按照立法主动适应改革的要求，坚持将党中央确定的、全面深化改革急需的立法项目作为重点，落实好党中央有关改革举措实施规划和年度任务部署的相关立法工作。于是，民法总则审议通过，民法典各分编的编纂积极推进，国家监察体制改革的重点立法逐步推进，税收法定原则方面的立法工作继续深化，法官法、检察官法修订审议进入最后阶段……

这一年，反腐败工作依旧如火如荼，作风建设永远在路上。针对十八大以来不收敛、不收手，问题线索反映集中、群众反映强烈，现在重要岗位且可能还要提拔使用的领导干部等三类领导干部，坚持“老虎”“苍蝇”一起打，效果显著。巡视制度更加完善，中央纪委向中央一级党和国家机关派驻纪检组，实现派驻全覆盖。国家监察体制改革进入快车道，中央八项规定持续发威……

这一年，人民法院各项工作好事连连。司法改革基本落地完成，司法纠错的车轮滚滚向前。以审判为中心的刑事诉讼制度进入实质操作层面，攻坚执行难进入关键一年。智慧法院开始落地生根发芽，互联网法院横空出世。“两法”大修迎来最后的关键时刻，家事审判与少年法庭进入综合审判的试点阶段……

这一年，人民检察各项工作也是喜事不断。各项司法改革取得重大进展，反贪工作全面铺开。检察官法修订迈出大步，公益诉讼制度正式确立。智慧检务跨上新台阶，未成年人刑事检察工作瞄上新高度，产权保护制度的完善对上新标准……

这一年，律师工作展现新面貌。“两会”前刚刚上任的司法部张军部长，不仅为中国律师界带来一股清风，更是在律师界广受好评。在党的十九大2280位代表中，江苏省律师协会会长薛济民成为全国35万名律师中唯一一位党代表，给律师界带来了一种不可多得的荣誉，更增添了一份不可懈怠的责任。刑事辩护全覆盖政策的出台，又为律师行业带来了新机遇。若干起业内纠纷为律师职业伦理的研究与思考，带来了新命题与新课题。多名律师英年早逝，引发了律师职业身体健康的新问题……

这一年，越来越多的案件不断体现出其典型性与指导性。无论是获得改判案件所显示出的正义性还是成为聚焦案件所体现的争议性，都表明习近平总书记提出的让人民群众在每一个司法案件中都能够感受到公平正义，既是一个工作要求，更是一个制度目标……

这一年，越来越多的业界精英不仅体现了其本身的代表意义，更重要的是展现了依法治国进程中平凡人物的正义形象。由此而来，马怀德成为年度法治人物，显然是一种必然；薛济民成为35万名律师中唯一的党的十九大代表，显然是一种机遇。无论是英年早逝的优秀法官方金刚还是敢于创新的青年法官，都是这样的平凡人物，都是这样的业界精英……

这一年，关于未成年人权益保护的新闻，可谓热点不断。既有中小学的校园欺凌，也有幼儿园的虐童丑事，还有依法撤销监护权的当机立断，更有刑事责任年龄引出的广泛争议……

这一年，伴随着不断爆出的热点案件，与热点案件有关的热门法律文书新闻，自然也是层出不穷。于是，诸如“鸡汤判决书”为何获好评？“最长判决书”究竟有多长？“七错裁定书”到底错在何处？“表格判决书”带来了什么新气象？为什么说“于欢案二审判决书”体现了一种司法自信，等等，诸如此类的问题，可以说是这一年最多的问号、最大的难题……

进入2018年，全国各行业都要学习贯彻党的十九大精神，都要深入理解“新时代”的丰富内涵，都要思考新的一年有何作为、如何作为。正如习近平同志在十九届中共中央政治局常委同中外记者见面时强调的那样，“新时代要有新气象更要有新作为，中国人民生活一定会一年更比一年好”。

新时代揭示了新矛盾，新矛盾提出了新要求，新要求带来了新局面，新局面取得了新成就，新成就展现了新面貌，新面貌燃起了新希望，新希望赋予了新方向，新方向体现了新气象，新气象昭示了新作为……

2018年，中国法律人更有作为的一年，更新成就的一年。

从小目标到大目标:梦想正在慢慢地实现

——2017 年《民主与法制》新年贺词

这是 2016 年的最后一天,正是回顾与展望的最佳时刻。

这一年,无论是欣喜还是悲伤,不论是欣慰还是遗憾,不管是关注还是漠视,终于又将画上一个句号,又将迎接新的一年,又将期待新的目标了。

这一年,自从王健林在一个访谈节目里谈起了“小目标”之后,“小目标”就成了一个影响千千万万中国人的年度关键词。作为中国首富,王健林的“小目标”是如何从 1 个亿小目标慢慢奔到 10 个亿、100 个亿。那么,我们每个人的“小目标”是什么呢?

这几天,经过漫长的马拉松一般的申诉,聂树斌案终于等到了最高人民法院再审宣告无罪的结果。这对聂树斌家人来说,可以说是终于实现了一个家庭乃至一生的大目标。但是,这对我们国家来说,其实只是一个小目标。“让人民群众在每一个司法案件中都能感受到公平正义”,才是我们中国走向法治国家的大目标。

这一年,这个“公平正义”的中国“大目标”,从大江南北到长城内外更加前所未有地广为人知,从东南沿海到西北边陲愈加史无前例地深入人心。

这一年,除了影响最大的聂树斌案被平反外,最高人民检察院抗诉的陈满案终于得以纠错,蒙冤 23 年之久的福建许金龙等 4 人被无罪释放,江西乐平黄志强案终于宣告无罪……继 2013 年 9 起错案被纠正、2014 年 10 起错案被平反、2015 年 4 起错案被洗冤之后,2016 年 11 起错案被宣告无罪。于是,这一个个个案,就像一个个不断实现的“小目标”,在人民群众的心中一点点地筑起了法治的丰碑。

这一年,我们《民主与法制》周刊也实现了令人欣慰的小目标。我们成功地从旬刊改成了周刊,从黑白印刷改成了全彩印刷。于是,作为国内第一本全彩印刷、聚焦法治的新闻周刊,终于完成了一年的探索实践与改革创新。新的一年,我们将继续通过优化选题、美化版面、强化时效、亮化形象,与广大读者一起力求将国内第一家法治类新闻周刊打造得更精、打磨得更亮,从而真正实现“主流、权威、影响力”的大目标。

这一年,传统中国正在慢慢地向法治中国迈进。正如 2016 年最后一期《民主与法制》周刊所盘点的那样,这一年,我们收获了国家立法从数量到质量的丰硕成果,感受了司法改革从字面到行动的深刻变化,发现了反腐制度从治标到治本的重大突破,见证了诸多案件从程序到实体的公正审理，目睹了社会事件从道德到法律的治理进程，体会了网络热点从线上到线下的广泛热议……

这一年，正是中国全面建成小康社会决胜阶段的开局之年，也是推进结构性改革的攻坚之年。年初“两会”通过的《政府工作报告》和“十三五”规划纲要告诉我们，为了完成“十三五”这个大目标，中国将在新的历史起点上大展宏图。

这一年，党的十八届六中全会的胜利召开，标志着“四个全面”的“小目标”基本到位。梳理一下党的十八大以来的每次中央全会，正好是“四个全面”的基本部署。从 2013 年到 2016 年相继召开的党的三中至六中全会，其主题依次分别对应了“四个全面”战略布局中的每一个“全面”：三中全会对应的是全面深化改革，四中全会对应的是全面依法治国，五中全会对应的是全面建成小康社会，六中全会对应的是全面从严治党。这是以习近平同志为核心的党中央根据“四个全面”战略布局，对这四次中央全会议题的整体设计，也是深入推进“四个全面”战略布局的整体部署。“四个全面”战略布局是一个整体，既有战略目标，也有战略举措，每一个“全面”都具有重大战略意义。可以说，每一个“全面”的实现，都是为了一个更大的大目标的实现。其中，全面深化改革是实现战略目标的关键一招、根本路径；全面依法治国是实现战略目标的基本方式、可靠保障；全面建成小康社会是实现社会主义现代化和中华民族伟大复兴中国梦的阶段性战略目标，是现阶段党和国家事业发展的战略统领；而全面从严治党是发挥党的坚强领导核心作用、为实现战略目标提供坚强组织保证的根本前提。

新起点，新阶段，我们面临的更大目标就是，在中国共产党建党一百周年时，实现全面建成小康社会的大目标；在新中国成立一百周年时，实现建成富强民主文明和谐的社会主义现代化国家的大目标。到那时，一个叫作“中国梦”的最大的大目标就将胜利实现。

在 2016 年的最后一天，让我们一起来重温荀子《劝学篇》中的名句：“不积跬步，无以至千里；不积小流，无以成江海。”因为所有的大目标都是由小目标组成的，一个个小目标的完成正是为了大目标的实现。

2017 年，愿我们所有的小目标都能实现！

岁月曾著风雨　更待满树繁花

——2016年《民主与法制》新年贺词

伴着依法治国的步伐，带着永不止步的追求，怀着破茧成蝶的梦想。经国家新闻出版广电总局批准，自2016年1月起，《民主与法制》杂志正式由旬刊改为周刊。

当记忆的目光回望1979年《民主与法制》刚刚创刊的年代，那时法律之门刚刚打开。从此，"法治"和"市场"一起，逐渐成为中国改革开放的两大关键词，开始进入国人的视野。伴随着改革开放的春风，《民主与法制》杂志应运而生，与新中国的法治建设一起共成长、同呼吸。

自创刊到现在，从一棵小树到参天大树，《民主与法制》已经走过了37个年头。在过去的一万三千多个日日夜夜，我们一起走过。18年前，《民主与法制》杂志从月刊改为半月刊。5年前，《民主与法制》杂志从半月刊改为旬刊。《民主与法制》杂志走过的每一步，都离不开一路陪着我们一起成长的数十万读者、作者及所有关心和支持我们的社会各界人士。

今天，《民主与法制》杂志又一次站到了一个新的历史起点上。

自党的十八大以来，习近平总书记在多个公开场合发表演讲，对新闻宣传工作提出了更高的要求。弘扬主旋律，传播正能量，激发全社会团结奋进的强大力量，同时坚持有理有利有节开展舆论斗争，不给错误思想提供传播渠道，为坚持和发展中国特色社会主义提供强大的精神动力和舆论支持。

党的十八届四中全会的召开，首次提出了"依法治国，全面建设社会主义法治国家"的重大战略目标。随着党的十八届四中全会的决定，一幅美好的法治蓝图渐渐铺开：法律面前人人平等、健全宪法实施和宪法监督制度、建设法治政府、推进以审判为中心的诉讼制度改革、完善确保依法独立公正行使审判权和检察权的制度，努力让人民群众在每一个司法案件中感受到公平正义……

然而，法治是一个文明浸染的过程。当法治这件"舶来品"在中国落地生根，富强、民主、文明、和谐、自由、平等、公正、法治、爱国、敬业、诚信、友善的社会主义核心价值观真正得到践行的时候，法治中国的梦还会远吗？

同样，法治建设从来都不是空谈的。一方面要在实践中去摸索，在摸索中前进；另一方面也离不开媒体和全体国民对司法活动的监督，以及媒体对典型做法的宣传和司法活动热点的引导。

这既是我们的追求，更是我们的行动。

我们希望《民主与法制》能像她曾经做到的那样，和数十万的朋友们一起，在法治中国的背景下，以法治建设的见证者、司法改革的记录者和法学前沿的探索者的身份，通过我们报道的潜移默化，使尊法守法成为全体国民的共同追求和自觉行动。

为此，从 2016 年 1 月起，我们改旬刊为周刊，全彩印刷，并对栏目及内容作了相应的调整。增加了法治、经济、热点等栏目板块，更具有新闻性，也更接地气；删去了旬报、服务等跟网站、微博、微信新媒体内容重叠的栏目。我们希望通过优势互补和不断创新，与数十万的广大读者一起打造中国最有影响力的法治类新闻周刊。

改为周刊后的《民主与法制》，将以更专业、深刻、严谨的精神，努力做好每期一个封面主题，着力解决发行量和影响力的两大难题，用力平衡深度与速度、宣传与监督、趣味与品位三大矛盾，大力完善制度改革、案件追踪、事件挖掘、现象分析四种报道，以及时引导社会焦点热点事件，反映群众呼声，弘扬社会正义，关注百姓生活，普及法律知识，倡导文明新风，抨击违法犯罪行为，从而真正办成一份主流、权威、有影响力的法治周刊。

亲爱的读者，对您对我来说，自《民主与法制》创刊以来，《民主与法制》已经不仅仅是一个刊名，更不会只是一句口号，而应当成为一种理念深入人心。全体国民只要有一天还没有真正奉行法律至上的理念，《民主与法制》杂志的使命和责任就不会结束。为此，我们将一直呐喊下去。

让我们一起重新出发！枝繁叶茂、满树繁花的美丽风光就在前方。

宪法与我们是“一步之遥”吗？

——2015 年《民主与法制》新年贺词

又到了最易动人情怀的年头岁尾，又到了总结过去展望未来的特别时刻。此时此刻，假如让你用一个汉字来总结 2014 年的生活，你会选哪个汉字呢？

作为法律人，我们当然愿意将“法”字作为 2014 年的标准年度汉字。因为 2014 年，党的十八届四中全会史无前例地将“法治”作为主要议题，以确保全面深化改革在法治轨道上不断推进。果然，不日前刚刚出炉的 2014 年度汉字评选结果告诉我们，“法”字在 7000 多条网友推荐词中脱颖而出，荣膺年度汉字。

一个“法”字不仅表明了法治开始成为我们治国理政的基本方式，更重要的是标志着宪法法律至上的法治精神要真正成为我们的信仰。正如党的十八届四中全会通过的《中共中央关于全面推进依法治国若干重大问题的决定》，以大量篇幅聚焦宪法，同时宣布推出一系列旨在加强宪法实施和监督的重大举措，以培养全体国民的“宪法至上”信仰。

尽管如此，我们却曾经以为宪法离我们远在天边、遥不可及，也曾经以为宪法只是一部写在纸上、挂在嘴上、贴在墙上但就是无法走到心上的法律，还曾经以为宪法中规定的平等权、政治权利和自由权、人身自由与信仰自由权、社会经济文化权利乃至有关特定人的权利与普通百姓毫无关系。现在，我们知道，宪法即将开始从遥不可及走到一步之遥，从远在天边走到近在眼前。

因为该《决定》提出，将每年 12 月 4 日定为国家宪法日，并通过设立国家宪法日，建立宪法宣誓制度，健全宪法解释程序机制，加强备案审查制度……在全社会普遍开展宪法教育，培育全体公民的宪法意识和宪法信仰，打造国家机关及其人员的宪法思维。依法治国的核心是依宪治国，设立宪法日显然有利于将其转化为一种社会共识，推动宪法的实施、监督和保障。

所有这一切，实际上就是为了使宪法“活”起来。宪法的生命力和权威性，其实并不仅仅是指那些出现在“宪法日”那天动人的宣传标语，也不仅仅是指那些宣誓时面对宪法文本齐声朗诵的感人誓言。对于通过庄严程序制定的宪法，任何组织、任何个人，应该对其充满敬畏和敬仰，而不只是将其束之高阁，以至于成为一种摆设和供品。法治，除了是一种理念，更重要的是一种实践。如果真正能让这部长期“写在纸上”和“挂在墙上”的宪法“活”起来，它在保障公民的合法权利以及遏制公权力的滥用方面，是可以发挥很大作用的。

正如我党提出的依宪治国、依宪执政的主张成了中国一个壮丽的开端。2015 年第 1 期的《民主与法制》也将依宪治国作为新年的第一个封面聚焦选题,希望以此作为一个美丽的开篇,以引起所有读者的关注与重视。

“千里之行,始于足下。”新的一年,《民主与法制》的封面有了不少创新,版块有了些许更新,栏目有了些微调整。我们希望,在依法治国这一基本治国方略的指引下,沿着法治社会、法治政府、依法治国、依法执政这条理性之路,将《民主与法制》办得更活、做得更好。

姜文的大片《一步之遥》在千呼万唤之后,终于成了最近院线放映的热门电影,同时也成了这段时间讨论的热门话题。

那么,我们的宪法与老百姓的日常生活,是不是也已经到了“一步之遥”呢?

让《民主与法制》成为公平正义的风向标

——2014 年《民主与法制》新年贺词

“2013”本是一组普通的数字，但是，当“2013”这四个数字被形象地设计成一个时钟与几个数字相互组合成我们《民主与法制》2013 年最后一期封面创意时，其意义就开始变得不普通了。

因为它告诉我们，2013 即将成为过去时，而 2013 年那些并不如烟的往事也已经成了历史。于是，在 2013 年的最后一期，我们的记者分别以“民生的追问”“人心的江湖”“公权的进退”“正义的守望”“反腐的征途”“改革的雄心”为题，将这一年来有关民主与法治的大事小事、国事家事，全部装进了历史的档案。

这一年，“民生的追问”牵动着所有国人的心，那些生活的焦虑与人为的灾难能否越少越好？那些弱者的权利与百姓的福利如何才能保障？追问之后如何追责？追责之后怎样改善与完善？

这一年，“人心的江湖”时时在映照着我们的社会文明、道德伦理与公民素质，使我们每一个人开始真正意识到了信任的危机乃至善恶的分野。当然，那些瞬间闪光的“最美”故事与人物，同样让我们感受到未来中国的希望。

这一年，“公权的进退”开始显现习近平总书记“将权力关进制度的笼子”一声令下的威力，从而也让中国人开始真正知道法治的核心就是制约公权、保障人权。或许在不远的将来，中国人也可以自豪而流利地说出诸如“风能进，雨能进，国王不能进”之类的法治谚语。

这一年，“正义的守望”对习近平总书记“努力让人民群众在每一个司法案件中都能感受到公平正义”的希望，作了精致而通俗的解读。在那些举一反三的大案审理中，在那些议论纷纷的热点案件中，中国人民对司法公开、司法公信乃至司法公正，开始有了更加切身的体会与更加温馨的感受。

这一年，“反腐的征途”在党的十八大之后开始踏上新起点。无论是治标还是治本，无论是治奢的禁令还是惩腐的风暴，都意味着中国的面貌因为落实中央八项规定及其后一系列廉政举措而更有威力，中国的脚步也因为密集推出的改革举措与不断斩下的“老虎”而更有动力，中国的节奏更因为巡视制度的真刀实枪与反腐制度的节节推进而更有活力。

这一年，“改革的雄心”使中国大地吹来了政坛的新风。党的十八届三中全会的召开，权力的松绑与改革的升级，让中国梦不再只是一个号召与动员，而已真正成了未来中国的实际行动。

未来的岁月，充满生机与活力的中国，在穿越“历史三峡”之后，将书写更伟大、更美丽、更鲜活的历史神奇。

这一年，那些跌宕起伏又精彩纷呈的日子已经化为历史，那些历尽艰辛又骄傲自豪的神奇已经写进历史。对我们《民主与法制》来说，这一年最神奇最自豪的，是获得平反昭雪的张高平叔侄一案，其起点就是一份发行到新疆石河子监狱的2008年第13期《民主与法制》。正如当年的佘祥林、赵作海、杜培武等冤案当事人一样，张高平叔侄也终于等到了法律给予的公平正义……

进入2014年，我们的《民主与法制》无论是刊期还是发行量均已进入稳定期。新的一年，我们将进一步丰富事件性报道、加大案件性报道、充实现象性报道、提升制度性报道，关注所有百姓的公平追求，关心所有读者的正义诉求，让《民主与法制》真正成为公平正义的风向标。

让梦想照进现实

——2013 年《民主与法制》新年贺词

转眼之间,“2012”四个阿拉伯数字即将成为历史的记忆,“2013”已然成为我们的现实。同样,创刊 33 年的《民主与法制》也将踏上新的征程。

面对新媒体的汹涌大潮,面对全球纸媒的改革形势,我们怎么办? 这是所有编者正在焦虑的难题,也是所有作者正在思考的方向,更是所有读者正在期待的答案。

临近岁末,我们的编者与特约撰稿人聚首宁波海滨,共商杂志改革大计,同议杂志发展新貌。经过充分的交流与激烈的碰撞,一个试图展现时代特色、中国特点、法治特征的新方案,跃然映入了我们的眼帘。

2013 年,我们考虑将在保留杂志原有整体风格的基础上,继续优化聚焦选题,强化报道深度,美化封面设计,细化采编加工,从而实现设计更独特、选题更深刻、反应更快捷、影响更深远的良好发展态势。

从封面设计来看,仍旧以聚焦策划凝聚而成的关键字为基础设计封面。考虑到既要坚持以字做封面的探索创新,又要将第四刊(财经版,上海编辑试刊)有机地融合到一起,拟采取主刊与第四刊的封面基本保持一致的做法,以体现出刊物一致并多元化的风格。力求增强立体感,凸显时尚性,保持独特性。

从杂志内容来看,为了突出个性,丰富共性,完善特性,拟在原有六大版块的基础上,从“五个一”的创意出发,完善栏目版块,提升栏目内涵。

一是“一个人”,拟增设人物风采栏目。人物风采可采写法官、检察官、律师、法学家、公司法务工作人员、企业家等各个涉法领域的先进个人的工作事迹、感人故事,力求通过他们的故事来反映我国法律进程的不断发展及法律人的辛勤付出,力求体现时代色彩,人物风采,故事精彩。

二是“一个题”,拟将现有聚焦策划栏目改成“封面话题”。封面话题将延续杂志以往聚焦与专题的风格,将封面设计与聚焦专题进一步糅合起来,全方位阐释话题、诠释课题、解释主题,做足民主与民生文章,做大立法与司法动态,做好深度与速度协调。

三是“一个案”,增设大案要案栏目。这个栏目设立的初衷是为了弥补《民主与法制》杂志当下对案件报道的不足。力求通过此栏目的调整,涵盖大案要案的及时报道,增加案例报道并辅之以专业的案情分析，进一步提升读者的法律意识及专业知识。

四是“一部法”，设置修法释法栏目。修法释法栏目将专注于对新修法律与法规的解读以及对法律修订、法规修改的分析和说明。力求摒弃枯燥的解析法条，通过知名专家、教授、学者的视角和观点，将法律条例鲜活化、法律条文通俗化，从而更通俗明了地呈现在大众读者眼前。

五是“一些固定专栏”，保留并完善一些传统固定专栏。《民主与法制》杂志自 1979 年创刊以来，通过不断探索创新形成了一些传统的综合专栏栏目。同时，在新的一年里，我们还将开设一些专门刊登本刊特约撰稿人、特约作家的稿件，通过特约撰稿人的随感、杂文、连载等形式对杂志的风格进行调剂，以此弥补原有栏目设置的不全面、不完整。

作为一种特殊的语言，一种直观的表达，一种具象的营销，一种色彩、图片与文字相互搭配的艺术，无论是图书的封面设计还是期刊的封面设计，其重要性与必要性不言而喻，谁都无法否认。

作为一家全国创刊最早的法制期刊，《民主与法制》也始终在寻求创新，追求创新。我们希望通过丰富的想象、独特的造型、惊异的视觉、意味深长的灵感、恍然大悟的形象，为老读者贡献一种独特而新颖的封面设计。

2013 年第 1 期，我们奉献给各位读者的是一个凝聚了共识、寄托着希望的“梦”字。与其说这是一个“梦”字，还不如说是一个梦想。从习近平总书记诠释的中国梦到每一位法律人追求的法治梦，都可以在这个“梦”字里找到共鸣，听到和声。

让我们共同努力，让梦想照进现实。

“民主与法制”关键字畅想

——2012 年《民主与法制》新年贺词

无论是得意还是失意，不论是舒心还是揪心，不管是期望还是观望，充满意外甚至是充满惊喜的 2011 年，已经过去了。接下来需要面对的，则是充满期待也充满悬念的 2012 年。

盘点一下 2011 年的《民主与法制》，许多读者已经发现了我们的变化，比如封面设计。尤其是从第 17 期开始设置的关键字，标志着我们开始了一种新的探索。当我们从每期的“聚焦与专题”版块中凝练出关键字之后，每一期的封面设计创意就已经手到擒来了。

于是，2011 年的关键字就成了《民主与法制》一道独特的风景线。

我们看到，一个“车”字将“事故车维修黑幕”推到了社会大众的眼前；一个既像“革”字、又像“草”字变形的“茧”字，让我们深刻领会到“法治湖南”所表现出的“‘作茧自缚’的革命”之深意；相比之下，一期杂志以一个案子作为聚焦选题，在《民主与法制》的历史上还不多见。湘雅医院腐败案就以其头绪复杂而令人对腐败的蔓延更加震惊的影响效应，使“医”字顺理成章地成了 2011 年第 20 期的封面创意。为此，我还赋了一首打油诗：“远看是座楼，近看是个医；湘雅腐败案，问问医者心”；作为常常为人诟病的看守所监管机制，我们从“谁来看守看守所”的特别策划中，特别提炼出了一个“看”字，以回应司法与社会关切；从杭州飙车案发生时的“欺实马”到两年多来的规范化建设，杭州公安经过自省与改革，不仅走出了公众的质疑，而且还成了全国公安规范化建设的标兵。于是，“杭标”就成了杭州公安规范化的美称。同样，“杭标是怎样炼成的?”就成了 2011 年第 23 期的特别聚焦。而“标”字既蕴含着杭州公安成为标兵、标杆之意，又取“航标”谐音将“杭标”置于封面突出位置；“司法公开”究竟应该如何公开、公开什么，始终是司法实践中的一个难题。于是，由一扇大门变体的“开”字就将“司法公开进行时”作为工作主题摆在我们面前。至于第 26 期从“律师维权在北海”特别策划中提炼出来的“北”字，则有两个含义。一是由北海案件引申出的“北海找不着北”；二是因为“法治江苏”成功找到了“北”，使“法治江苏”成了当下江苏的一张名片。第 28 期从“‘民主与法制’巡回讲坛”特别报道中提炼出来的“讲”字，可能有“王婆卖瓜”之嫌，但也绝非“自卖自夸”。自 2011 年 8 月开始，中宣部等五部门掀起“走基层、转作风、改文风”活动，为此，我社各路记者奔赴全国各地采访与调研。于是，一个“走”字将“走在第一线”的记者作了生动的刻画；从“从百年辛亥到百年共和”的特别聚焦中提炼的 100 字，既有“百尺竿头，更进一步”之意，也有百年收获、百年圆满之愿；而对中国人来说,立遗嘱可能是一个有些忌讳但又必须面对的事情。于是,“你会立遗嘱吗?”就成了一个现实问题,也成了我们的聚焦专题。而“嘱”字的变体设计,表达了“遗嘱”的“嘱咐、嘱托、嘱愿”之意;到了年关,我们认为有必要盘点一下全年的事件与案件。于是,“盘点 2011:将问责进行到底”与“盘点 2011:影响力案件反思”,就成了年终最具亮度的特别策划。我们从中提炼的“问”与“思”字,则成了 2011 年最具深度的关键字。

随着岁月的年轮滑向 2012,那些曾经给我们带来激情、引发思考的关键字也已经成了一段历史。那么,新的一年,我们将选择什么样的关键字,“民主与法制”将面对什么样的关键字?

其实,摆在我们面前最具高度的关键字就是我们的刊名。尽管“民主与法制”并不仅仅是一个刊名,但它一定是一个最具深意、最有意义的关键字。

由此可见,2012 年所有的关键字一定与“民主与法制”有关,必然与“民主与法制”相连。因为“民主与法制”,既是国家长治久安的关键,也是人民安居乐业的关键,更是依法治国、建设社会主义法治国家的关键。

让我们为 2012 年的“民主与法制”振臂高呼吧!

站在新起点上的《民主与法制》

——2011年《民主与法制》新年贺词

创刊32年的《民主与法制》杂志，又一次站到了一个新的起点上。

32年来，《民主与法制》杂志始终紧跟国家民主法治建设步伐，始终坚持弘扬正义、关注民生、宣传法制、服务百姓的办刊宗旨，并以其前所未有的法治视角、发人深省的案例报道、耐人寻味的特色评论……在全社会播撒民主、法治、文明的种子，启蒙了一代人的法律意识、法制观念、法治思想，在我国依法治国、建设社会主义法治国家的进程中，做出了不同凡响的成就，镌刻了独特而深刻的历史印迹。《民主与法制》也因此逐渐成长为一家具有较大影响力、拥有较高知名度的中央级法制类刊物。

但是，面对世界多元化、经济全球化、法治普及化的今天，《民主与法制》杂志应该以何种新的面貌、新的风格迈入2011年呢？因为32岁，对一个人来说，是事业蓬勃发展的黄金期。但对一本杂志来说，则是充满激情和挑战的发展期。

新的一年，《民主与法制》杂志将由半月刊改为旬刊。其中，上旬刊与中旬刊与原来半月刊的基本风格保持不变，并分别于每月5日和15日出版发行。下旬刊风格确定为专题与文摘相结合，争取以此打造一个《民主与法制》的新天地，并于每月25日出版发行。同时，将原来的栏目整合成"聚焦与专题""立法与司法""民主与民生""社会与经济""争鸣与调查""文化与资讯"六大板块。同时，通过热点问题专题化、理论问题通俗化、争议话题正面化、重大主题系列化等多方面努力，以不断扩大覆盖面，提高影响力，增强可读性。

我们清醒地意识到，无论如何变化，不论是否变化，最终还是为了以不变为本，以求变为新。诚如中国法学会党组书记、常务副会长刘飏同志在《民主与法制》杂志创刊30周年纪念大会上提出的三点希望：一是希望《民主与法制》杂志无愧于她的冠名和称谓，那就是肩担道义、弘扬民主与法制，担当起法制刊物的社会责任和使命，为推进依法治国、推进社会主义法治国家的进程再立新功；二是希望《民主与法制》杂志不断改革创新，推陈出新，锻造出自己独具特色的刊风、刊品、刊魂，使得杂志焕发青春和生机，在强手如林、竞争日益激烈的情况下，续写春天的故事；三是希望《民主与法制》杂志继承传统，与时俱进，由新的历史起点向着更高更强的目标进发，再创辉煌！

三点希望，三个不变，正是《民主与法制》不断提升与发展的新起点。作为一本法制期刊，三十多年来,《民主与法制》从创刊到辉煌,从上海到北京,无疑达到了一个最高境界。但是,《民主与法制》仅仅是一个刊名吗? 改革开放 30 年来的历程,难道不正是追求民主与法制、崇尚民主与法制、张扬民主与法制的真实写照吗?

其实,“民主与法制”不仅仅是一个刊名,还是一个口号,也是一种追求,更是一种制度。如果说,民主与法制是一句口号,那就表明我们都希望将其作为一种理念而深入人心;如果说,民主与法制是一种追求,那就表明我们都希望全社会以此真正奉行法律至上的理念;如果说,民主与法制是一种制度,那就表明我们都希望“民主与法制”不再仅仅是一个口号,也不再只是一种理念,而是一种不再因领导人的变化而变化,也不再因领导人注意力的转移而转移的习惯和准则。

今天,中国又站到了一个新起点上。这不仅是两个五年规划的交替点,是重要战略机遇期的关节点,是我国现代化进程的接续点,更是我国民主与法制事业的新起点。在我国建设社会主义法治国家的进程中,围绕社会主义民主与社会主义法治,我们不断提高人民群众的政治参与积极性,不断发展社会主义政治文明。我们依法实行民主选举、民主决策、民主管理、民主监督,保障人民的知情权、参与权、表达权、监督权,坚持科学执政、民主执政、依法执政,推进决策科学化、民主化,最广泛地动员和组织人民依法管理国家事务。我们坚持科学立法、民主立法,建立和完善中国特色社会主义法律体系,推进依法行政,深化司法体制改革,维护社会公平正义,维护社会主义法治的统一、尊严和权威。

当然,这一切还只是一个开始,一个新的开始。三十多年来二百多部法律的诞生,表明社会主义法律体系已经初步建成,但距离真正依法治国的时代我们还有很长的路要走。

民主与法制,永远的追求。

我有一个梦想

——2023 年桂客学院新年贺词

朋友们，今天是 2023 年第一天。当大地刚刚露出晨曦，我们的祝福悄然而至。

今天我要对你们说，在现在和未来，我们虽然曾经遭受种种困难和挫折，我仍然有一个梦想。这个梦想是历经三年疫情重创之后从内心生出的信心与希望，这个梦想是因为中国律师在恢复重建 44 年后还需要传承与接棒，这个梦想是深深扎根于法治中国的情怀与梦想。

我梦想有一天，这个国家会真正站立起来，真正实现我们追求的目标：让人民群众在每一个司法案件中都感受到公平正义。

我梦想有一天，律师在看守所能够真正自由地看得见听不见地会见，在法庭能够真正完全完整尽情尽心尽职尽责地举证质证，在辩护席上能够真正做到据理力争依法抗争。作为程序正义的一环，作为司法制度的一角，作为法律职业共同体的一员，在每一个司法案件中，我们律师的作用与作为既是不可或缺的，也是不可忽视的，更是不可替代的。

我梦想有一天，曾经出现“七君子”事件与“台安三律师事件”乃至“律师蒙难年”的地方，都将变成自由平等公正法治的绿洲，再也不用担心取证被暗算、质证被打断、辩护被抓捕。这个国家缺什么，也不能缺律师；这个国家多什么，也不会多律师。因为律师制度是中国特色社会主义司法制度的重要组成部分，是国家法治文明进步的重要标志。律师队伍是落实依法治国基本方略、建设社会主义法治国家的重要力量，是社会主义法治工作队伍的重要组成部分。

我梦想有一天，我们所有人将在一个不是以他们的地位、权力、财富，而是以他们对法安天下的遵从和对德润人心的恪守来评价他们在这个国度里生活的获得感和幸福感。

我梦想有一天，北大法学院教授强世功所期待的“法律共同体”能够实现：无论是最高法院的大法官还是乡村的司法调解员，无论是满世界飞来飞去的大律师还是不知名的地方检察官，无论是学富五车的知名教授还是啃着馒头咸菜在租来的民房里复习考研的法律学子，他们构成了一个无形的法律共同体。共同的知识、共同的语言、共同的思维、共同的理想，使得这些受过法律教育的法律人构成了一个独立的共同体：一个职业共同体、一个知识共同体、一个精神共同体！

我今天有一个梦想。

我梦想法官检察官律师之间能够真正做到平等相待、相互尊重，相互支持、相互监督，正当交往、良性互动。我梦想，在他们之间，在职权保障上有先后却无高低之分，在职能分工上有左右却无主次之分，在职业规范上有远近却无内外之分。作为同受法律教育、同操法律语言、同循法律思维、同在法庭活动的司法人员与律师组成的法律职业共同体，我相信应该能够做得到做得好，走得好走得远。

我今天有一个梦想。

我梦想有一天，律师不仅仅是一种职业，也不仅仅是一种专业，更不仅仅是一个行业，而是一种境界、一种表达、一种思维的象征；律师能够成为一种法律思维、一种执政思维、一种生活思维的象征符号；律师逐渐成为一种文化，一种法律文化、一种民主文化、一种规则文化、一种程序文化的重要内容；律师永远是建设法治国家、法治政府、法治社会的推动者与实践者，律师始终是走向全面依法治国的法治时代见证者与参与者。

这就是我们的希望。我怀着这种信念，走遍全国，跑遍全国。有了这个信念，我们将能从生活的绝望走向人生的希望；有了这个信念，我们将能把这个国家某些官员对律师的傲慢与偏见，改变成为一支洋溢手足之情的优美交响曲；有了这个信念，在所有法律人之间，我们将能真正实现羡慕不嫉妒、佩服不攀比、鼓励加激励、学习又交流、共享又分享的盛况。

因为我们知道，终有一天，我们终会是自由和幸福的。

在自由和幸福到来的那一天，我们将更加骄傲与自豪地唱起“我的祖国”，唱着“我爱你中国”，唱出“我和我的祖国”，唱响“今天是你的生日我的中国”。这个中国，就是法治中国，就是依法治国、依法执政、依法行政共同推进，法治国家、法治政府、法治社会一体建设的中国，就是科学立法、严格执法、公正司法、全民守法的中国，就是富强民主文明和谐美丽的中国。

如果中国要成为一个伟大的国家，这个梦想就必须实现。让自由之声从长城内外响起来！让民主之声从大江南北响起来！让公正之声从东海之滨响起来！让法治之声从西部边陲响起来！

我的梦想，就是从律师中国走向法治时代。

这是一个法律媒体人的情怀与梦想，这是一个律师观察者的情怀与梦想，这是一个法治吹号者的情怀与梦想。

原载桂客留言 2023 年 1 月 1 日

有一种头条是卷首

所谓“卷首语”，就是一篇在杂志中首先排在正文前面的文章。有人将其形容为头条，自然也有一定的道理。

从功能上来看，一篇标准的卷首语，其实就是一种导读，能够起到画龙点睛的效果。所以，应该是既有热点，也有焦点，还有观点，更有重点。

从写法上来看，一篇优美的卷首语，既像一篇温情脉脉的贺词，又像一篇铿锵有力的社论，同样言简意赅，文笔优美，修辞得当，气势磅礴。

从篇幅上来看，一篇合格的卷首语，一般情况下只有一页，都是短小精悍，提纲挈领，以小见大，由近及远。

由此，读者受众可以看到一家期刊的政治高度、办刊风格、编辑思路、人文关怀。

从定性到定位:中国律师的基本问题

——2010 年第 19 期《民主与法制》卷首语

转眼之间,我国律师制度恢复重建已经 30 周年了。

30 年来,中国律师从无到有,从小到大,从弱到强,从少到多,不断壮大,逐渐成形。我们欣喜地看到,当年一支几百人的队伍,今天已经发展到了一支 17 万人的大军;当年一个陌生的名词,今天已经变成了一门谁也不能回避的职业;当年一个以为可有可无的制度设计,今天已经提升为一个可以进入中央高层视野的重要工作主题。于是,作为一种社会职业,律师正渐渐影响着我国各主体社会交往的方式和成效;作为一种专业角色,律师正渐渐影响着人们的价值观与社会观,影响着人们对社会现象的评价和判断;作为一种法律思维,律师正渐渐影响着我国社会治理的方式;作为一种制度设计,律师已渐渐成为我国司法运作机制中不可缺少的重要主体。

当下,可能已有不少人在关心中国律师的下一步是什么?中国律师的未来 30 年怎么样?但在笔者看来,从 1980 年 8 月 26 日至 2010 年 8 月 26 日,在《律师暂行条例》颁布 30 周年的今天,我们更需要首先认真回顾和全面总结中国律师的上一步。

此时,我们竟然发现,在中国律师过去 30 年所经历的改革与发展进程中,一个基本问题即律师的定性与定位问题,似乎一直没有得到真正解决。

在从《律师暂行条例》的制定到《律师法》的修订完善的发展脉络中,律师职业的定位曾经几次出现变化。首先,律师在刚刚恢复重建时被当成“国家法律工作者”,更多的是代表国家提供法律服务,律师为此享受了公权力的职业优势;其次,律师被视为“社会法律工作者”,强调为社会提供法律服务,从而使律师一下子全部由天上掉进了“海”里,律师从此没有了铁饭碗,没有了行政级别,没有了公权力的职业庇护;此后,律师则被理解成“市场中介工作者”,因为其商业性的中介定位,又使律师仿佛又回到了纷繁复杂的现实中;后来,律师还被定位成“新社会阶层”,从而使律师与民营企业家、注册会计师等职业被统战部门规划到了同一个平台。最后,新修订的《律师法》终于作出了一个全新而科学的定位。

《律师法》第 2 条规定:“本法所称律师,是指依法取得律师执业证书,接受委托或者指定,为当事人提供法律服务的执业人员。律师应当维护当事人合法权益,维护法律正确实施,维护社会公平和正义。”如果说,第一款是告诉我们“律师是什么”,那么,第二款就是告诉我们“律师做什么”。在“做什么”的“三个维护”中,我们可以看出,第一个“维护”应为律师执业的本职,第二个“维护”属于律师执业的专职,第三个“维护”则是律师执业的天职,从某种意义上说,关注公共利益,进行公益诉讼,最终还是为了维护社会的公平和正义。

30年来,尽管中国律师的定性和定位问题几经反复,但也完全吻合了我国社会的发展和时代的特征。最近,中央对中国律师的定位作出了新的定性,也就是要求中国律师成为这样的律师:一是做中国特色社会主义的法律工作者;二是做经济社会又好又快发展的服务者;三是做当事人合法权益的维护者;四是做社会公平正义的保障者;五是做社会和谐稳定的促进者。显然,这不是一个法律定位,而是一个政治定位。但是,从中国国情来看,这个定位也十分准确、贴切和全面地表达了中国律师的应有属性和地位,从理论上厘清了中国律师的定性与定位问题。

尽管如此,也有学者认为:目前无论是外部环境和条件,还是内在激励与取向,都并不完全支持中国律师“五者”形象的确立。更明确地说,过于强化的商业追求和律师被置于体制之外的现实而导致的逐渐淡漠的政治意识,以及在实践中尚未能得到决策者或社会管理者足够的信任和尊重,从而使中国律师未能丰满地扮演“五者”的角色,最终也无法全面地去履行“五者”的职责。

如此而来,一个基本问题已经发展成为最高问题。但是,最高问题什么时候能够落实呢?

“民主与法制”不仅仅是一个刊名

——2011 年第 28 期《民主与法制》卷首语

正当法律界对于李庄案的议论随着李庄的如期出狱而渐渐回落之时，正当广西北海四位律师因为涉嫌伪证而身陷囹圄之际，正当刑事诉讼法修订的讨论如火如荼之前，一个以“刑事辩护的职能与功能”为探讨主题的研讨会在成都召开了。

此次研讨会看起来是一个巧合，其实这是由《民主与法制》社早就策划并于今年(2011 年)7 月开办的“民主与法制巡回讲坛”之一部分。于是，以成都研讨会为标志，“民主与法制巡回讲坛”正式开讲了。

作为一家创刊已经 32 年的法制新闻媒体，从创刊到辉煌，从上海到北京，从《民主与法制》杂志到《民主与法制时报》再到“民主与法制网站”，笔者供职已经一年有余的《民主与法制》社如今已经发展成为“一刊一报一网”的传媒网络。

我们深知，改革开放 30 多年来的历程，其实正是追求民主与法制、崇尚民主与法制、张扬民主与法制的真实写照。我们同样深深地体会到，与改革开放同步，伴法制建设同行的《民主与法制》创刊 32 年来，“民主与法制”已经发展成为不仅仅是一个刊名，而是一个口号，也是一种追求，更是一种制度。

如果说，民主与法制是一句口号，那就表明我们都希望将其作为一种理念而深入人心；如果说，民主与法制是一种追求，那就表明我们都希望全社会以此真正奉行法律至上的理念；如果说，民主与法制是一种制度，那就表明我们都希望“民主与法制”既不再仅仅是一个口号，也不再只是一种理念，而是一种不再因领导人的变化而变化，也不再因领导人注意力的转移而转移的习惯和准则。

为此，我们在立志办好“一刊一报一网”的同时，专门开设一个“民主与法制巡回讲坛”的平台，以有效整合法律与传媒、学术理论与法律实务的资源，进一步扩大民主与法制社的品牌影响力，更进一步发扬光大民主与法治精神。于是，笔者为“民主与法制巡回讲坛”设计了一个新的理念推广口号：“这是一个法律与传媒资源整合的平台，这是一个法学与法律主题结合的讲台，这是一个实务与学术相互配合的舞台，这是一个民主与法治时代契合的前台。”

在紧张筹备之后，在多方帮助之下，在焦急期待之中，“民主与法制巡回讲坛”于 7 月 2 日在西部名城成都拉开帷幕了。随后，又于 8 月 27 日移师古城邯郸。在至今已开设的两期“讲坛”

中，我们所策划与设计的主题都是有关刑事辩护问题，如“刑事辩护的职能与功能”“刑事辩护的技能与潜能”，都是事关刑事辩护制度设计与未来发展的命题。

在成都，在邯郸，参加“讲坛”的每一位律师都充分地感受到了刑事辩护面临的挑战。作为主办者，我们同样清醒地感觉到媒体在关注与促进刑事辩护事业方面所肩负的责任。通过本期聚焦的文字，通过这些文字所表达的演讲，通过演讲背后的思考，我们看到了开设一个新平台的必要性与重要性。

我们期待在同一片法律的晴空下，法学家、法官、检察官、律师共同组成法律共同体，平等地交流、坦诚地交心、理性地交锋。而巡回讲坛找到了把我们结合在一起的新途径，在这里我们同唱一首歌，同听一堂课。

不必重复每一位巡讲教授各具特色的演讲风格，不必赘述每一位巡讲专家各具风采的语言艺术。也许法治的到来，尚有待于未来。而尚未降临的未来为巡回讲坛提供了更大的空间，巡讲还有更长的路程要走，也还会有更多的法学专家光临巡回讲坛，巡回讲坛的主题还会不断调整，我们还会有更多的机会聆听大师的声音、领悟大师的学识、感受大师的风采。

民主与法制，不仅仅是一个刊名，她还是一个讲坛，更是一种理念。

当我们在看《人民的名义》的时候，我们在看什么？

——2017 年第 14 期《民主与法制》卷首语

当一年一度的代表人民的两会闭幕之际，当现实中某些官员似乎开始忘记了人民之时，当我们已经习惯了屏幕上的抗日、谍战、情感、偶像、宫斗、穿越等电视剧之后，一部叫作《人民的名义》的电视连续剧，突然出现在全国人民面前。

随着剧情的一集集拉开，关注度也一天天拉升，收视率也一步步拉高。据说，该连续剧原来的宣传广告语是：公职人员的教科书。现在看来，追剧的已经不止是公职人员，平民百姓也都在热烈讨论。为此，朋友圈里也已经开始转发各具特色的“爆款”截图：既有顶着一头发卷在看《人民的名义》的老大妈，也有网吧里边打游戏边瞄着看《人民的名义》的“00 后”小朋友，还有守着摊儿、捧着手机看《人民的名义》的清洁工，更有声称自己已经多年不看电视却盯上了《人民的名义》的老学究……以至《人民的名义》直接漂洋过海火到了海外，连 BBC 都发文章介绍这部叫作《人民的名义》的中国电视剧。

尽管剧中人物命运的结局还在不断演绎中，但是，越来越多的观众似乎都已经找到了自己的看点，媒体每天也在挤牙膏式地爆出剧中的亮点，各路写手似乎也在总结出不同的重点。于是，有人开始寻找剧中人物的原型，也有人开始将汉东与汉大对号入座，更有人开始续写《人民的名义》第二部。

这是为什么呢？大家都在关注什么呢？当我们都在看《人民的名义》的时候，我们究竟在看什么呢？

是看演员颜值吗？从该片的出场演员来看，由陆毅、张丰毅、吴刚、许亚军、张凯丽、柯蓝、胡静、张志坚、高亚麟等 40 余位老中青演员组成的豪华阵容，确实是一个吸引眼球的看点。可以说，其中每一位演员都是能独当一面的实力派和影帝影后级人物。因为阵容实在太豪华，以至每位演员只能在海报上露出半张脸。但是，我还是要说，这不是该剧最吸引眼球的地方。

是看故事传奇吗？我还是认为，该剧的故事性显然是必需的，但其实不具有一波三折跌宕起伏的传奇性。

是看动作花招吗？该剧其实没有任何花哨的武打项目，也没有任何紧张到几乎窒息的追逐表演，更没有任何电脑制作的排山倒海式的震撼画面。

是看重大题材吗？有人说，这是一部能够获得收视率和受众口碑的“双丰收”，且已成为

“现象级”的影视作品；也有人说，这是一部堪比美国《纸牌屋》的“大尺度”现实主义力作；还有人说，这是一部给 2017 年带来最大惊喜，好似一股清流的中国新型电视剧。但是，从题材看点来说，其实还够不上特别重大。

在我看来，其实大家关注的只是一种现实中的关系与关系中的现实。于是，我们看到了各种各样的相互关系。比如无巧不成书的裙带关系，又如想说爱你不容易的男女关系，还如你中有我我中有你的政商关系，也如人在江湖身不由己的上下关系，更如急需回归本位的官民关系……

该剧之所以广受人民欢迎，是因为剧组以一种不断切换画面与衔接台词的方式诠释了一个朴素真理，对执政党来说，民心即是最大的政治。如果像剧中某些官员那样，将“人民的名义”变成了“名义的人民”，最终必然要被人民淘汰。

当然，最最重要的是，所有的人其实还是关注以习近平同志为核心的党中央领导下的反腐大局。尽管眼下剧情离最后的结局还有一段时间，剧中人物的命运与故事的传奇还扑朔迷离，但所有每到晚上忙着追剧的观众已经体会到了因为反腐大局而带来的积极向上的意义。所以，《人民的名义》之所以如此之“火”，完全是因为其反映了反腐大局的现实，更反映了真实的社会生活，于是，无论男女老少，都有一种强烈的认同感。简而言之，是因为其反映了人民的心声，表达了人民的诉求。

正如编剧周梅森所言：“我不认为《人民的名义》是多么了不起的作品，为啥人们关注？这是一种社会期待，人民对文艺的期待。因为你离人民太远了！”因为，所有的人民，都希望人民不应该只是名义，而是一种活生生的现实。

身处司法改革大潮中的法官，如何作为？

——2017 年第 17 期《民主与法制》卷首语

一次计划中的一线采访，却让所有前往贵州法院系统采访的《民主与法制》周刊记者有了意外的收获；一种例行中的基层走访，则使我们《民主与法制》记者对司法改革与信息化建设有了更惊喜更鲜活的素材。于是，就有了本期封面聚焦话题的“贵州法院司法改革大特写”。

最高人民法院院长周强多次表示，司法改革和信息化建设是人民司法事业发展的“车之两轮、鸟之两翼”。此行我们前往贵州，走进省高院参观座谈，来到遵义市中院交流调研，转战花溪区法院、红花岗区法院、汇川区法院走访考察，正是为了采访贵州法院系统的司法改革与信息化建设。一边走一边看，一路看一路听，一路听一边想，我们看到了因为司法改革而带来的阶段性成效，我们听到了因为信息化建设而收获的时代性成果，我们想到了因为司法责任制而取得的机制性成就。

毫无疑问，司法责任制改革是新一轮司法体制改革的主体内容。习近平总书记强调指出，推进司法体制改革，要紧紧牵住司法责任制这个“牛鼻子”，保证法官、检察官做到“以至公无私之心，行正大光明之事”。作为首席大法官，周强院长认为，司法改革是人民法院工作一场深刻的自我革命。司法改革的根本尺度是提升司法公信力，司法改革的标准是人民群众的满意度，司法改革的“牛鼻子”是司法责任制改革。由此看来，这一切都取决于身处司法改革大潮中的法官如何作为。

在员额制的改革推进中，我们要看到法官其实也是人。既然法官也是人，那就意味着法官同样具有人所共有的追求与诉求。作为按照司法规律重新配置司法人力资源的改革创举，员额制显然将为实现法官正规化、专业化、职业化的改革目标，起到举足轻重的重要作用。可以说，这是司法责任制改革能否完成的基石。其改革的设计初衷是以入额法官为核心，建立“法官—审判辅助人员—司法行政人员”的独立性审判团队，逐步剥离束缚在法官身上的非审判事务，实现“让审理者裁判，由裁判者负责”的改革目标。由此一来，这项改革必然会让法官队伍出现“重新洗牌”的现象，也必然会触及司法人员的切身利益。在此改革背景下，入额的法官如何履职，未入额的法官如何看待，都是司法改革中必须高度重视的问题。

在大数据的信息化建设中，我们要看到法官其实不是人。以大数据为着力点的改革的大力推进，不仅推动了审判辅助及案件执行事务的改革，也提升了法院司法改革应有的实效。司法改革的最终实效还在于民众司法公正感的提升与司法自身效率的提高。因为大数据建设的推进，我们感到人的思维永远赶不上大数据思维。也因为大数据建设的推进，我们感到不仅仅是法律在说话，更是数据在说话。因为数据比作为人的法官，对事实与证据的判断更精准、更快捷，因而对判决的形成更有度、有据、有效。在贵州法院系统，我们看到刑事案件偏离度的大数据改革已经取得初步成效。接下来，就是如何强化跨部门之间联系与合作，实现数据共享，强化司法的便民利民功能。同时，在破解执行难的工作中如何引入大数据思维，将案件的执行信息与社会的大数据进行有效对接。

在积极适应新的审判权力运行机制改革中，我们要看到法官其实还是人。只要是人，那就有人所共有的特点、弱点和缺点。为了确保办案质量效率，促进公正高效司法，一方面要突出抓好审判流程节点管理，充分运用信息技术，对每一个工作环节、工作程序进行实时监控、动态跟踪、及时提醒，做到全程留痕，形成智能化审判管理机制；另一方面要进一步强化对司法理念、司法政策的宏观引导，加强对重大、复杂、新型案件的指导和协调，充分运用专业法官会议、审判委员会等组织形式，实施类案指导、促进裁判统一，避免“同案不同判”等问题。因为权力必须受到监督和制约，既是为了克服人所具有的缺点与弱点，更是为了完善司法权力运行的规范化。所以，我们要在充分还权于法官的同时，既要加强对司法权力运行的监督制约与科学指导，又要加强对法官的履职保障，确保审判权力得到公正行使。

在践行“让审理者裁判，由裁判者负责”的司法改革中，我们要看到法官其实就是人。党的十八届三中全会以来，全国法院进行以法官员额制为基础，以审判权力运行机制改革和法官、合议庭办案责任制为核心的司法责任制改革，已经到了总结经验全力推广的时候了。因为是人，是不同于社会其他人士的法律人，就应该具有法律专业人士必须具备的时代担当与职业使命。作为法官，在当下就要着力解决人与权、人与事、人与案的矛盾与纠结。正如贵阳市花溪区法院院长吴莎所说：“过去谁都负责但是谁都不负责，现在权力和责任相一致，审判组织的规范化确定了法官的地位。”通过司法改革，最终就是为了尊重一切人的权利，从而实现老百姓看得见的公正。

无论是司法改革还是信息化建设，都是人民法院历史上一次承前启后、继往开来的伟大实践，是一项功在当代、利在千秋的伟大事业。为了实现党的十八届三中、四中全会确定的改革目标，迫切需要法官更有作为、更有担当，从而形成一股更强大的改革正能量，以进一步推动司法体制改革走向深入。

我们从《阳光下的法庭》看到了什么？

——2018年第17期《民主与法制》卷首语

时光进入鲜花盛开的五月，一部叫作《阳光下的法庭》的电视连续剧在央视一套黄金时段的热播，在余音缭绕中画上了圆满的句号。

在这部电视连续剧中，有人看到了司法改革，也有人看到了司法公开，还有人看到了司法公正，更有人看到了司法文化。

对我来说，我特别注意到一个问题，或者说是一个话题，那就是法官与律师的关系。

三年前，时任中共中央政治局委员、中央政法委书记孟建柱同志强调，司法人员与律师应当建立一种彼此尊重、平等相待、相互支持、相互监督、正当交往、良性互动的关系。对此，我在解读中央领导讲话的文章中，提出司法人员与律师之间的关系应该走向如下理想状态：一是在职权保障上，有先后却无高低；二是在职能分工上，有左右却无主次；三是在职业规范上，有远近却无内外。

于是，在这部电视剧中，我们看到了法官对待律师的理想图景：

一是法官对律师的平等相待。在当下的司法实践中，法官与律师的关系常常是两种极端，要么就是好到可以同穿一条裤子，要么就是坏到不共戴天。在这部电视剧中，我们看到的都是法官对律师的尊重和理解。尤其值得一提的是，法官对待双方律师都是一视同仁，不分高低。在清水河环境污染案的审理与调解中，东方省高级法院院长白雪梅对作为被告代理人的资深律师宁致远与初出茅庐的原告代理人鹿鸣律师，始终是充分尊重、平等相待。尽管白雪梅院长与宁致远律师曾经是大学同学，也丝毫不见白雪梅院长就对宁致远律师有所偏向。可以说，在这部剧中出现的法官，无论是在平常的工作交往中还是正常的审理程序中，都对律师很客气、很理性。既不见法官随意打断甚至剥夺律师发表意见，也不见法官感觉自己高人一等而对律师颐指气使的情况。习近平总书记说，让人民群众在每一个司法案件中感受到公平正义。现实中，人民群众往往是通过律师来感受公平正义。

二是法官对律师的真诚善待。从白雪梅院长身上，从其他普通法官的身上，我确实看到了法官对律师的真诚与支持。有一件小事，就可以看到法官对律师的真诚厚爱。白雪梅院长看到律师来法院开庭停车很不方便后，便与常务副院长欧阳春商量将原来法官停车的地方挪走，专门为律师辟出一块来法院开庭办事的停车区。我不知道这样的福利在现实中到底有没有，但我想即使有也会很罕见。现实中见到的场景是，律师不仅仅是停车难，更重要的是，进门难，办事难，见面难。这部电视剧之所以值得期待，就在于它彰显了一种艺术形式。艺术来源于生活，但又高于生活。于是，才有了撇开了现实障碍、构筑了理想图景的“阳光下的法庭”。

三是法官对律师的积极看待。法官如何对待律师，既取决于法官个人的品行与境界，也取决于法院对法官的要求与指导，更取决于法官是否真正将律师当成与自己一样都是法律职业共同体的重要组成部分。在这部剧中，高级法院邀请部分律师座谈并对法院工作提出意见建议。从白雪梅院长的开头致辞及其对宁致远律师与鹿鸣律师的征询态度，就充分体现了东方省高级法院对律师职业的理性尊重、对律师行业的真诚支持、对律师制度的高度敬畏。通过这部电视剧，我们看到，律师与法官不仅是法律职业共同体的重要组成部分，更是司法公正的重要组成部分。如果没有律师的参与，法官与检察官就只能是“二人转”。如果没有控辩双方的专业对抗，法官就只能唱“独角戏”。所以，法官、检察官、律师就是一个职业共同体、一个信仰共同体、一个命运共同体。

因为这部电视剧，我又想起了一个人，想起了一位优秀法官，想起了一位去世时在律师界引起震动乃至网上刷屏式悼念的优秀法院干部，那就是 4 年前不幸英年早逝的邹碧华法官。邹碧华法官生前曾经说过一句影响甚广的至理名言：“律师对法官的尊重程度，体现了一个国家的法治发达程度；法官对律师的尊重程度，体现了一个国家的司法公正程度。”如果说现实中还有诸多不便乃至不快，那么在这部电视剧中则是法官与律师的良性互动、职业认同乃至美好未来。可以说，邹碧华法官生前的所有期待，都在这部电视剧中完美呈现了！

在我看来，这是一部反映司法改革走向、彰显司法公正导向、体现司法文化发展方向的优秀电视剧，值得作为程序正义之一环、制度设计之一角、法律职业共同体之一员的律师去追捧与期待的优秀电视剧。

从新中国到新时代:民主立法的起步和进步

——2019年第36期《民主与法制》卷首语

这是一个恰逢其时的重大选题。在《民主与法制》创刊40周年的全面回顾之际,正好与新中国成立70周年的盛大庆祝之时不期而遇。于是,本期策划推出了一个最有纪念意义和时代价值的选题——法律制度民主化的70年进步和发展。

这是一个适逢其盛的重要主题。在新中国成立70周年的庆祝时刻,全国各行各业都在以不同的方式庆祝新中国70年的壮丽诗篇和伟大成就。作为国内唯一一家以普及法律常识、推进依法治国为使命的法治周刊,我们同样不能甘居人后。于是,本期策划聚焦了以民主立法反映和见证新中国70年立法进步发展的时代主题。

这是一个正逢其势的重点课题。新中国70年,历经风风雨雨,但风雨之后见到了彩虹。庆祝新中国成立70周年,既要总结以往的伟大成就,更要谋划未来的伟大事业。如何推进全面依法治国、建设法治中国的伟大实践,是需要我们所有法学法律工作者深入思考和研究的重点课题。于是,作为中国法学会所属的主要媒体,本期策划启动了民主立法这个需要大家共同思考和深入研究的法学课题。

1949年10月1日,中华人民共和国宣告成立。从此,一个新中国胜利诞生了。

新中国成立70年来,虽然法治进程历经诸多磨难与波折,但好在终于迎来了改革开放的新时期。可以说,新中国法治进程的70年,是不断探索不断追寻不断推进中国特色社会主义法治之路的70年。

在这70年的风雨兼程中,中国法律制度的民主化无疑是其中最值得大书特书的精彩篇章。可以说,经过这70年来的不断进步发展,无论是国家立法还是地方立法,不论是立法调研还是意见征询,不管是法律起草还是草案审议,都显示了集思广益的民意力量,都表达了百花齐放的民意诉求,都充满了各显其能的民意智慧。

从民主立法的视角来看,新中国成立以来的70年,从婚姻法的最早起步到宪法的几次修订,从民法通则的适时出台到民法总则的应时诞生,从物权法的广泛争议到食品安全法的密切关注,从个人所得税法的首开听证到电子商务法的网络热议,从劳动合同法的利益博弈到慈善法的爱心思考,无不显示出民主立法的活力与魅力。

于是,本刊本期推出了从宪法到民法典、从婚姻法到物权法、从食品安全法到个人所得税法、从劳动合同法到电子商务法民主立法的十篇专题报道，以彰显新中国70年民主立法的前世今生和起承转合。十篇文章，各有重点，各显风采。既有全景式描述，也有故事性叙述，更有专业性表述。可以说，每一篇文章都值得广大读者深读和细读。

在《民主与法制》创刊40年的历史中，还没有哪一期杂志以如此多的版面和如此长的篇幅，来聚焦报道一个封面选题。由此可见，这个选题在庆祝新中国成立70周年这个重要时刻的特殊意义和特别价值。因为我们既是在发掘一部民主立法从觉醒到意识的成长史，也是在追踪一部民主立法从关注到建言的进步史，更是在记录一部民主立法从参与到推进的发展史。

回首过去，展望未来，我们清晰地看到，中国的立法已经进入了一个新时代，一个正迈向从“有法”到“良法”的新时代。

检验一部法律是否属于良法，最根本的标准首先就在于，通过民主立法是否顺应广大人民的意愿，维护广大人民的利益，使法律成为增进人民福祉、增进社会认同的最大公约数。

党的十八大以来，以习近平同志为核心的党中央对全面依法治国提出了一系列新理念新思想新战略。其中一条重要论断，值得认真贯彻落实，那就是坚持人民主体地位，把以人民为中心的立法理念融入全面依法治国的伟大实践。所以，党领导人民制定宪法和法律，正是为了人民、依靠人民、保护人民。回顾民主立法70年的演进及其变革，人民由曾经漠不关心的旁观者变成了经常积极建言的参与者，由只是争吵呼喊的热议者变成了已经理性思考的建言者，由关注自身利益的当局者变成了关心社会安全的建设者。

习近平总书记强调：“现在，人民群众对美好生活的向往更多向民主、法治、公平、正义、安全、环境等方面延展。”通过民主立法，可以集思广益，凝聚民智，提高立法质量，使法律最大限度地反映最广大人民的意愿，充分实现最广大人民的民主权利，切实维护最广大人民的根本利益，从而使最广大人民达成共识，使法律获得更大的认同感，扩大法律的社会基础，为全民守法奠定坚实根基。

当然，这只是民主立法迈出的第一步。在社会矛盾多发频发的今天，如何推动公民有序参与立法，使每一项立法都符合宪法，体现人民意志，保障人民权益，激发人民创造力，已经成了民主立法在新时代的重要课题。所以，如何提升人民参与立法的热情，如何扩大民主立法的主体，如何拓展民主立法的方式，如何完善民主立法的程序设计，都是未来一段时间需要研究和解决的问题。

问题是最好的导向，在民主立法的新时代，我们一定能够看到更优美的风光，一定能够取得更伟大的成就。

我们走在“中国智慧”的大路上

——2020年第42期《民主与法制》卷首语

“我们走在大路上，意气风发斗志昂扬。共产党领导革命队伍，披荆斩棘奔向前方。”在党的十九届五中全会胜利闭幕之际，我的耳旁立即响起了这首脍炙人口的歌曲《我们走在大路上》。

这首歌曲首唱时间尽管已经过去了快60年，但在今天唱起来一点儿也不过时。有人说，时间是伟业的缔造者，比时间的力量还要深厚的，是领航者的远见卓识和高瞻远瞩。刚刚闭幕的党的十九届五中全会，正是站在“两个一百年”奋斗目标的历史交汇点上召开的一次重要会议。百年交汇，谋篇布局，总结过去，展望未来，五中全会为全面建设社会主义现代化国家把方向、定目标、绘蓝图、指路径，体现了高远务实的发展战略，凝聚了治国理政的“中国智慧”，为第二个百年奋斗新征程开好局、起好步，提供了有序更有效的根本遵循。

我们走在目标明确而清晰的大路上。十九届五中全会审议通过的《中共中央关于制定国民经济和社会发展第十四个五年规划和二〇三五年远景目标的建议》，为今后5年乃至15年中国经济社会发展指明了方向、勾画了蓝图。前者是规划目标，后者是远景目标。对全体法律人来说，最关注的是“基本实现国家治理体系和治理能力现代化，人民平等参与、平等发展权利得到充分保障，基本建成法治国家、法治政府、法治社会”这个令人心驰神往的远景目标。

我们走在指标准确而务实的大路上。在“十三五”规划目标任务即将完成，全面建成小康社会胜利在望的重要时刻，必然需要对过去的成就进行务实的评估，对未来的目标进行全面的规划。于是，我们欣喜地看到了“预计二〇二〇年国内生产总值突破一百万亿元”“五千五百七十五万农村贫困人口实现脱贫”等令人兴奋的指标成就。最值得一提的是，“十三五”时期，全面深化改革取得重大突破，全面依法治国取得重大进展，全面从严治党取得重大成果，国家治理体系和治理能力现代化加快推进，中国共产党领导和我国社会主义制度优势进一步彰显。

我们走在坐标精确而开阔的大路上。当下的中国，在时间上正处于“两个一百年”奋斗目标的历史交汇点上，在空间上正置于世界经历百年未有之大变局的全球聚焦点上。此时此刻，国际力量对比深刻调整，和平与发展仍然是时代主题，人类命运共同体理念深入人心，同时国际环境日趋复杂，不稳定性不确定性明显增加。为此，十九届五中全会确定了新时代的发展坐标——“十四五”时期“我国将进入新发展阶段”。在五中全会上，习近平总书记指出：“新发展阶段就是全面建设社会主义现代化国家、向第二个百年奋斗目标进军的阶段。”进入新发展阶段，正是中华民族伟大复兴历史进程实现大跨越的精准定位。这次中央全会提出的一系列战略部署和政策举措，无不立足新发展阶段这一新的历史方位。

我们走在路标正确而智慧的大路上。目标明确了，指标落实了，坐标确定了，这一切都有赖于路标的正确指引。这个路标就是指导思想，就是发展方向，就是总体布局和战略布局。在习近平新时代中国特色社会主义思想指引下，全面贯彻党的基本理论、基本路线、基本方略，统筹推进经济建设、政治建设、文化建设、社会建设、生态文明建设的总体布局，协调推进全面建设社会主义现代化国家、全面深化改革、全面依法治国、全面从严治党的战略布局。尤其是有习近平同志作为党中央的核心、全党的核心领航掌舵，有全党全国各族人民团结一心、顽强奋斗，“十四五”规划目标一定能够如期完成，2035 年远景目标一定能够胜利实现。

全面小康胜利在望，历史将掀开新的篇章，这个篇章的主题就是“社会主义现代化”。从五中全会公报强调的“12 个坚持”到规划建议规定的 12 个部分，都对“十四五”时期经济社会发展和改革开放的重点任务进行了周密部署。这 12 部分既是对“十四五”规划目标的对标设计，更是对 2035 年远景目标的对标描绘。这个对标，既是工作任务如何落实的态度，更是任务目标如何实现的高度。为此，要坚持党的全面领导，坚持和完善党领导经济社会发展的体制机制，坚持和完善中国特色社会主义制度，不断提高贯彻新发展理念、构建新发展格局能力和水平，为实现高质量发展提供根本保证。坚持以人民为中心，坚持新发展理念，坚持深化改革开放，坚持系统观念，从而为全面建设社会主义现代化国家开好局、起好步。

目标在前方，道路在脚下。五中全会确定的中国特色社会主义进入新发展阶段，贯彻新发展理念，构建新发展格局，正是我国现代化建设的指挥棒和风向标。“我们的道路多么宽广，我们的前程无比辉煌。我们献身这壮丽的事业，无限幸福无限荣光。”我们走在新时代新发展的大路上，走在中国特色社会主义现代化建设的大路上，走在中华民族伟大复兴的大路上。

我们如何学习习近平法治思想？

——2020年第44期《民主与法制》卷首语

这是历史的必然，更是时代的选择。

2020年11月16日至17日，党的历史上首次召开的中央全面依法治国工作会议，将习近平法治思想明确为全面依法治国的指导思想。会议强调，习近平法治思想是顺应实现中华民族伟大复兴时代要求应运而生的重大理论创新成果，是马克思主义法治理论中国化最新成果，是习近平新时代中国特色社会主义思想的重要组成部分，是全面依法治国的根本遵循和行动指南。

学习领会习近平法治思想，并贯彻落实到全面依法治国全过程，是当下最重要的工作。中央全面依法治国工作会议上集中凝练的“十一个坚持”，彰显了习近平法治思想博大精深的内涵，其中摆在第一位的就是要求坚持党对全面依法治国的领导。在我看来，从政治站位和高度出发，以党对全面依法治国的领导的视角切入，应当是学习习近平法治思想的最好方式。

习近平总书记强调，党的领导是推进全面依法治国的根本保证。国际国内环境越是复杂，改革开放和社会主义现代化建设任务越是繁重，越要运用法治思维和法治手段巩固执政地位、改善执政方式、提高执政能力，保证党和国家长治久安。全面依法治国是要加强和改善党的领导，健全党领导全面依法治国的制度和工作机制，推进党的领导制度化、法治化，通过法治保障党的路线方针政策有效实施。

学习习近平法治思想，最首要的是必须强调党对全面依法治国的领导。这既是中国特色社会主义70多年来成功实践的历史结论，也是中国共产党近百年来历经风雨形成的现实国情，又是中国特色社会主义改革发展的本质特征，更是推进全面依法治国的根本保证。历史与现实都证明，只有坚持党的领导，才能保证中国特色社会主义的正确方向，才能找到符合中国特色社会主义规律的正确道路，也才能制定合乎中国特色社会主义发展实践所需要的路线、方针、政策。对全面依法治国工作来说，党的领导既是一个毫不动摇的原则，也是一个永不偏离的方向，更是一个义不容辞的使命。在深入推进全面依法治国的关键时期，进一步坚定政治方向，毫不动摇地坚持党的领导，具有特殊而重要的意义。

学习习近平法治思想，最重要的是必须强调不断提高党的领导能力和水平。新中国70年来尤其是改革开放40多年来，党领导人民制定宪法和法律，完成了社会主义法律体系基本形成的光荣使命；党领导人民执行宪法和法律，保持了党和人民群众的密切联系，得到了人民群众的信任和拥护;党自身必须在宪法和法律范围内活动,使党的领导更具表率作用与导向意义,最后真正做到了党领导立法、保证执法、带头守法。党的领导的实质就是帮助人民群众认识自己的利益,并且团结起来为自己的利益而奋斗。因此,党的领导不是依靠行政权力来实现的,只能依靠自己路线、方针、政策的正确,依靠向人民群众做宣传教育工作,使人民群众自觉地接受和执行自己的路线、方针、政策,最终实现党的领导。因此,要着力从思想上、政治上、组织上全面加强和改善对全面依法治国工作的领导,努力提高党对全面依法治国工作的领导能力和水平。

学习习近平法治思想,最需要的是必须强调在坚持党的领导的同时还要强调加强与改善党的领导。作为一个原则,更作为一个方向,党的领导必须坚持,不能改变,不能动摇。但是,在新时代如何加强与改善党对全面依法治国工作的领导,则是一个时代命题、一项神圣使命。为此,既要努力健全党领导全面依法治国的制度和工作机制,更要全力推进党的领导制度化、法治化,通过法治保障党的路线方针政策有效实施。党的十八大以来,以习近平同志为核心的党中央从前所未有的高度谋划法治,以前所未有的广度和深度践行法治,加强和改善党的领导。正是有习近平总书记的掌舵领航,有习近平法治思想的科学指导,法治中国建设才有精神上的主心骨、理论上的定盘星、行动上的指南针,才能在时代大潮中锚定航向、把握主动,开启了全面依法治国的新时代。

推进全面依法治国,是一项长期而艰巨的战略任务,更是一场深刻而重大的社会变革。不久前,党的十九届五中全会明确了"十四五"时期"社会主义民主法治更加健全"和到 2035 年"基本建成法治国家、法治政府、法治社会"的目标任务,对推进法治中国建设作出重要部署。要实现这些目标任务和重要部署,都必须强调党的领导并改善党的领导。

这是时代的要求,更是法治的保障。

习近平法治思想与法治队伍建设

——2020年第48期《民主与法制》卷首语

全面依法治国走进新时代,法治队伍建设迎来新机遇。

随着习近平法治思想的提出,一个法治队伍建设的新机遇出现在我们面前。因为坚持建设一支德才兼备的高素质法治工作队伍,是全面推进依法治国的组织保障。

习近平总书记强调,要坚持建设德才兼备的高素质法治工作队伍。要加强理想信念教育,深入开展社会主义核心价值观和社会主义法治理念教育,推进法治专门队伍革命化、正规化、专业化、职业化,确保做到忠于党、忠于国家、忠于人民、忠于法律。要教育引导法律服务工作者坚持正确政治方向,依法依规诚信执业,认真履行社会责任。

中共中央政治局委员、全国人大常委会副委员长、中国法学会会长王晨在出席中国法学会主办的第九届“全国杰出青年法学家”颁奖仪式并与青年法学家座谈时强调,法学法律工作者要在学习研究践行习近平法治思想上走在前、作表率,切实把科学理论贯彻落实到全面依法治国各项工作之中。要紧紧围绕经济社会发展重大问题和人民群众日益增长的法治需求,推出更多高质量研究成果,培养更多高素质法治人才。

加强法治建设,人才是基础。全面依法治国,必须建设一支德才兼备的高素质法治工作队伍。

我们一定要建设一支革命化的法治队伍。法治队伍革命化,就是要强调法治队伍的政治属性,做到心中有党。无论是法官、检察官还是律师乃至法学学者,首先一定要明确党对法治队伍的绝对领导,要旗帜鲜明地把政治建设放在首位,必须抓好科学理论武装,不断增强“四个意识”、牢固坚定“四个自信”、坚决做到“两个维护”,矢志不渝做中国特色社会主义事业的建设者与捍卫者。既要做政治上的明白人,也要做思想上的清醒人,更要做纪律上的清白人。所以,要确保做到忠于党、忠于国家、忠于人民、忠于法律。

我们一定要建设一支正规化的法治队伍。法治队伍正规化,就是要强调法治队伍的规范属性,做到心中有尺。在正规化建设进程中,既要充分尊重立法、执法、司法活动的自然规律,也要努力建立健全各项规章制度和行为规范,更要大力强化法治队伍应当负有的执法和司法责任;在正规化建设设计中,要努力探索推行科学的队伍管理体系,着手制定法治队伍权力清单、责任清单等制度规定,着力探索标准化、流程化、精细化管理模式和绩效考评制度;在正规化建设实践中,要坚持严格监督,始终把纪律规矩挺在前面,注重预防在先,认真开展常态化的提醒警示,鞭策法治队伍廉洁自律、洁身自好,坚决做到用制度管人管事。

我们一定要建设一支专业化的法治队伍。法治队伍专业化,就是要强调法治队伍的能力属性,做到心中有界。在全面依法治国的伟大实践中,我们要以能力建设为基础,注重专业精神培育、专业技能培训、专业人才培养,建设高层次、专业化、多样性人才队伍。通过坚持专业化培训指导,既要建设具有实战实用眼界的技能型人才,也要建设达到公平正义境界的骨干型人才,更要建设享誉世界走向世界的专家型人才。

我们一定要建设一支职业化的法治队伍。法治队伍职业化,就是要强调法治队伍的形象属性,做到心中有标。通过加强职业化标准建设,提升执法司法规范化建设,不断完善法治队伍的职业形象;通过加强职业化制度建设,严把职业准入关口,严格任职资格条件,不断完善法治队伍的职业保障;通过加强职业化文化建设,深入开展法治队伍职业文化和职业伦理教育,提升法治队伍的职业品格,不断完善法治队伍的职业认同。

习近平总书记强调,要加强法治工作队伍建设和法治人才培养,确保立法、执法、司法工作者信念过硬、政治过硬、责任过硬、能力过硬、作风过硬。习近平总书记强调的“五个过硬”,不仅对立法、执法、司法等法治工作者提出了明确要求,也为新时代法治工作队伍建设指明了方向、提供了遵循。

新时代,新要求,立法队伍、行政执法队伍、司法队伍建设乃至律师队伍,都需要在党的领导下坚持“革命化、正规化、专业化、职业化”建设和发展,以更加深刻的思想觉悟、更加严明的纪律作风、更加可靠的专业化水平、更加标准的职业化形象,为全面依法治国作出应有的贡献。

为了转身的告别

——致《民主与法制》(财经版)读者

这是一个痛苦的决定,更是一次愉快的告别。

对任何一家纸质媒体来说,要作出停刊的决定都是痛苦而尴尬的,但是为了更加美好的未来而主动进行战略转移,则是一种愉快的告别。

从 2011 年至 2014 年,《民主与法制》(财经版)创刊三年零六个月,得到了许多热心读者和作者的厚爱。从陌生到好奇,从好奇到熟悉,从熟悉到喜爱,我们相携相伴,共同走过了 42 个月的难忘时光。为此,我们要向各位读者与作者表达至上的敬意与由衷的谢意!

本着市场经济必定是法治经济的信念,我们本着“法眼看经济,越看越清晰”的宗旨,用法律眼光观察财经热点,从法律视角分析政商新闻,尝试了一种前所未有的深度报道形式,在社会上产生了一定的影响,受到了财经界、法律界甚至企业界的肯定和关注。尤其值得一提的是在互联网上,我们《民主与法制》(财经版)网络版每期的下载量达到近十万之多,这也说明得到了年轻读者的垂青,令我们感到无比欣慰。

现在,由于面临纸质传统媒体的共同困境和政策上的一些原因,也由于我们自身的局限而无法突破瓶颈,本社决定自 2015 年起不再出版《民主与法制》(财经版),本刊“财经版”至此正式宣布停刊。

在此,我谨代表全体同仁向尊敬的读者、作者和合作单位作出道别。需要告诉大家的是,正如一个人的转身一样,停刊实际上最终还是为了转型,为了发展,为了未来。

最后,让我们共同期待《民主与法制》的美好未来吧!恭请大家一如既往地关注、关心和支持《民主与法制》事业!

2014 年 12 月 12 日

问题是最好的导向

——《中国律师法学研究》发刊词

在中国法学会律师法学研究会成立一周年之际,《中国律师法学研究》创刊了！这是一件大事,也是一件喜事,更是一件盛事。

之所以说是一件盛事,是因为《中国律师法学研究》创刊正值全国各地深入贯彻落实党的十八届三中、四中、五中全会精神,律师工作面临服务改革建设的重要时期与关键时刻,正可谓喜逢盛世,巧遇良机。去年,中国法学会律师法学研究会的成立,为律师工作和律师制度的改革完善提供了强有力的理论支撑和智力支持。律师法学研究会凝聚广大法律工作者,致力于深入研究改革完善律师制度过程中遇到的课题、问题和难题,致力于深入研究律师工作服务改革建设面临的重大理论和实践问题。

今天,《中国律师法学研究》的创刊,正是"繁荣律师法学研究,搭建研究交流平台,引领问题研究导向"的重要举措。《中国律师法学研究》将遵循这一办刊宗旨,坚持"聚焦问题,推动研究,助力发展"的办刊目标,紧握时代发展脉搏,紧扣律师法学研究主题,关注律师行业发展动态,突出思想性、前瞻性、理论性和服务性,努力把刊物办成集学术论坛、行业动态、律师文化和领军人物为一体的学术性刊物,成为法律人研究律师法学、律师制度的学术平台和探讨事关律师行业发展的舆论阵地,从而推动我国律师事业又快又好发展。

突出主题,研究问题,凝聚智慧,交流成果,正是我们在栏目设计上的指导思想。为此,本刊共设了主题与吹风、问题与导向、话题与动态、专题与人物、辩题与讨论、课题与成果和命题与探索7个栏目版块,每一个栏目版块都期待您投来关注的目光。

在本期创刊号上,我们为读者呈献了"全国律师工作会议""'两院三部'联合出台《关于依法保障律师执业权利的规定》""中国法学会律师法学研究会成立""十年之后律师业是否还需要大所"等4个专题,内容不少,分量不轻,均值得静心细读。

借此,要特别感谢中国法学会领导的关心和支持！《中国律师法学研究》的成长不仅靠编者,更要靠大家和我们所处的时代去共同塑造。这样,《中国律师法学研究》才能站得更高、走得更远。

2015年11月于北京

发展是最好的方向

——2016年《中国律师法学研究》卷首语

新一期《中国律师法学研究》又要出刊了，欣慰又欣喜。

记得第一期《中国律师法学研究》出版时，我撰写了一篇卷首语《问题是最好的导向》。正值中国律师业改革与发展的关键时刻，自然面临诸多问题。为此，我们必须有效地发现问题、正视问题、提出问题、解决问题。这是一种义不容辞的责任，也是一种责无旁贷的使命。于是，提出问题需要研究，回答问题更需要研究。《中国律师法学研究》的出版，正是中国法学会律师法学会提出问题、回答问题的最好平台，也是所有律师法学研究者的最好导向。

所有的问题都指向一个关键词，所有的研究都聚焦于一个热门词，那就是发展。可以说，发展不仅成了中国律师业当下的主线，也成了中国律师法学研究眼前的主题。

众所周知，2016年是"十三五"开局之年。"十三五"时期是塑造中国未来的关键五年，也是决定中国律师业走向的关键五年。2015年10月，党的十八届五中全会通过的《中共中央关于制定国民经济和社会发展第十三个五年规划的建议》确立了"创新、协调、绿色、开放、共享"五大发展理念。2016年3月，十二届全国人大四次会议通过的《国民经济和社会发展第十三个五年规划纲要》明确了新时期发展的总体思路，提出了应对国内外严峻挑战的战略性安排。

通过对照党的十八届五中全会公报与我国"十三五"发展规划，我越来越清晰地发现了中国律师业面临的问题与难题。对中国律师业来说，如何破解发展难题，怎样厚植发展优势，都必须牢固树立并切实贯彻创新、协调、绿色、开放、共享的发展理念，尤其是需要破解经济新常态下法律服务面临的各种问题与难题的路径。

由此可见，发展是最好的方向。对中国律师业来说，当下急需一场从理念到行动的深刻变革。其中既有发展思路、发展方向的变革，也有发展方式、发展着力点的变革，更重要的是需要发展体制机制的变革。在创新发展中，如何形成促进创新的体制架构、组织结构，构建互联网时代的发展新体制，加快形成有利于创新发展的执业环境、市场环境、分配制度、人才培养引进使用体制；在协调发展中，如何实现各类人才的有序自由流动，如何激活各类市场主体的法律服务需求，如何推进政府法律服务与社会公共服务的市场化改革，如何促进东西部、特大城市与中小城市、中小律师事务所的区域协调发展新格局，不断增强发展整体性；在绿色发展中，如何形成律师与律所乃至律师行业自然和谐发展的新格局，如何构建科学合理的为"一带一路"建设、京津冀协同发展、长江经济带建设"三大发展战略"服务的大城市律师圈格局;在开放发展中,如何面向欧美大所更高层次更大广度的开放,从而提高我国法律服务业在全球经济治理中的制度性话语权。同时,更加理性包容地处理律师与法官检察官之间的职业关系,从而构建平等合作的法律职业共同体;在共享发展中,如何让老律师、青年律师、西部律师乃至县域律师,实现信息共享、资源共享、知识共享的制度性安排。

本期的版面与文字,可谓风采依旧、精彩纷呈。在"主题与吹风"中,孟建柱同志的勉励,就是一种对于协调发展的激励;在"问题与导向"中,12 位律师走进中央政法委,则是一种创新发展的提倡;"话题与动态"中有关中国法学会律师法学研究会 2015 年年会暨第二届法治国家与律师论坛综述,正是开放发展在中国特色律师法学研究中显示的新气象;对于"辩题与讨论"所呈现的为什么是上海律师提出了"大所之问",应是共享发展对中国律师业提出的新问题;看到"课题与成果"中提出的刑事辩护律师应注意的 8 大问题,可以说是绿色发展在所有刑辩律师改善执业环境完善职业生态方面的直接表达。

发展,既是硬道理,也是大原则,更是好方向。

2016 年 11 月于北京

中国律师进入了新时代

——2017 年《中国律师法学研究》卷首语

随着党的十九大胜利闭幕，一个新时代飘然降临中国。习近平总书记在党的十九大报告中指出，“中国特色社会主义进入了新时代”，这是一个对我国发展新的历史方位的科学判断。

如何深刻理解中国特色社会主义进入新时代的重大政治论断，如何深刻理解我国社会主要矛盾发生新变化的新特点、如何深刻理解分两步走全面建设社会主义现代化国家的新目标有机结合起来，不仅是全党全军全国各族人民的头等大事，同样也是中国 35 万律师的头等大事。

结合中国律师制度恢复重建 38 年来的发展进步，根据习近平新时代中国特色社会主义思想的深刻内涵，我们可以认为，中国律师业也进入了一个充满机遇与挑战的新时代。

律师制度改革将进一步深化。党的十八大以来，习近平总书记多次对律师工作和律师队伍建设作出重要指示，提出明确要求。党的十八届三中全会把改革完善律师制度作为全面深化改革的重要内容。党的十八届四中全会《决定》将律师工作纳入全面依法治国总体布局，对加强律师工作和律师队伍建设作出部署。2016 年 6 月，中共中央办公厅、国务院办公厅印发了《关于深化律师制度改革的意见》，对深化律师制度改革作出全面部署。同时，对律师制度再次作出了准确定位：律师制度是中国特色社会主义司法制度的重要组成部分，是国家法治文明进步的重要标志。律师队伍是落实依法治国基本方略、建设社会主义法治国家的重要力量，是社会主义法治工作队伍的重要组成部分。随着新时代的到来，律师制度的深层次全方位改革将进一步强化，中国特色社会主义律师制度将逐步建立健全。在深化律师制度改革中，至关重要的是必须坚持党的领导，坚持正确的政治方向。由此而来，律师党建工作将得到进一步加强。

律师执业管理将进一步强化。随着新时代的到来，司法行政机关行政管理和律师协会行业自律管理相结合的律师工作管理体制，将更加井然有序井井有条。司法行政机关对律师、律师事务所和律师协会的监督、指导职责将更加到位，律师协会在发挥好党和政府联系广大律师的桥梁纽带作用方面将更加有效，律师权利保障机制将越来越健全，律师执业行为将越来越规范，律师职业评价体系将越来越完善。

律师职业身份将进一步分化。从律师制度恢复重建到现在，律师职业身份经历了国家法律工作者到社会法律工作者的变迁。随着我国律师立法的变革，律师职业身份将不再只是社会律师一种单调的结构体系，公职律师、公司律师、社会律师将主导未来的职业结构体系。换句话说，既有过去国资所时代被誉为“天上的律师”的国家法律工作者，也有被称为“海里的律师”的社会法律工作者，更多的律师将成为“地上的律师”。所谓“地上的律师”，就是可上九天，可下五洋。随着新时代的到来，律师职业身份将进一步分化，有的律师是为公权力服务、有的律师是为私权利服务。所以，就有了政府律师、公职律师、公司律师、财团律师、社团律师、媒体律师等多种多样的律师身份。

律师专业分工将进一步细化。社会主要矛盾的变化、国家经济发展的转型，自然将带来律师专业分工的细化。随着新时代的到来，律师将不再只是一项大业务的法律服务人员，有可能细分到你可能只为一类人群一种社群服务，甚至只从事一个程序的法律服务。比如医患纠纷、劳资纠纷等，可能将专门代理一类当事人；也如刑事辩护，有的律师可能从事诸如会见、阅卷、取证一项法律服务；还如职务犯罪、金融犯罪、商事犯罪与普通刑事犯罪的辩护将不再是一招吃遍天了，甚至有的律师只针对涉案财物提供法律服务。至于非诉讼业务，将变得门类更多、领域更细、专业更精。

律所规模发展将进一步固化。在律师发展的新时代，律所规模建设将不再依靠自然做大一种方式，更多的方式将倾向于合并做大与联盟做大及联邦做大。但是，不管是采用哪一种做大模式，规模化大型律师事务所将基本成型，从而进一步形成一种固化状态。随着互联网的发展，线上线下的律师合作模式将不再只是依赖于以往规模化大所一种平台建设。

律师行业形象将进一步亮化。新的时代，通过深化律师制度改革，将进一步加强律师队伍建设、提升律师依法执业能力，进一步提升队伍整体素质、拓展律师服务领域，进一步改善律师执业环境、健全完善律师执业违法违规惩戒制度。由此而来，执业为民，依法执业，将成为律师执业的一种常态。那时，律师职业将越来越得到社会各界的信任与尊崇，律师行业将越来越受到社会公众的关注与期待。

新时代来了，新会刊也来了。通过本期《律师法学研究》，我们既能读到司法部部长张军对加强律师协会自身建设的热切期盼和面对68位刑辩律师的真诚“夜话”，还能读到刑事案件律师辩护全覆盖背景下的律师职能作用发挥，也能读到律师法学研究会参与司法体制改革、推动律师制度发展的收获体会，又能读到律师制度四次修订历程的理论发展，更能读到有关律所管理发展和业务开拓的研究成果。

中国特色社会主义进入了新时代，依法治国进入了新时代，中国律师业进入了新时代。

2017 年 11 月于北京

中国律师的初心是什么?

——2018 年《中国律师法学研究》卷首语

又一期《中国律师法学研究》摆在我们面前,又一个事关中国律师业发展的命题挂在我们脑海。那就是,中国律师的初心是什么?

我们都知道,有一个苏格拉底之问“我从哪里来?我到哪里去?我究竟是谁?”我们的执业律师也常常在思考这个问题。我们常常浮想联翩,执业律师的“原来”究竟是什么?律师是怎么来的?法律服务是怎么来的?这个社会为什么需要法律服务?这个市场为什么需要法律服务?这个国家为什么需要律师?

经过将近 40 年的恢复重建和改革探索,中国律师业已经发展到了今天 36 万多律师这样的规模。应当说,这是一个令人惊喜的发展业绩。这个发展,正是改革开放的发展,正是依法治国的发展,正是法律服务的发展。

改革开放 40 年来,我国法律服务事业取得长足发展,法律服务体系已初步形成,法律服务门类逐步完善,法律服务领域日益拓展,法律服务队伍不断壮大,法律服务制度日益健全,中国特色社会主义法律服务制度体系日趋完善。可见,我国法律服务体系建设与经济社会发展是相适应的,法律服务队伍已成为全面推进依法治国、建设社会主义法治国家的重要力量。

随着改革开放全面深化、依法治国全面推进和公民法律意识不断增强,社会大众对法律服务的要求越来越多,经济发展对法律服务的需求越来越大,司法公正对法律服务的诉求越来越高。

由此而来,就需要我们更加深入而全面地思考和研究法律服务的“原来”,也就是法律服务的初心,也就是中国律师的初心。

需求决定市场,要求决定技能,诉求决定连接。在中国特色社会主义进入新时代的今天,需要我们更加清楚地了解法律服务的需求,明确法律服务的要求,解决法律服务的诉求。

本期的发稿思路,我们可以看出,习近平总书记关于全面依法治国新理念新思想新战略与中央全面依法治国委员会的亮相,既是全面依法治国开启新征程的标志,也是法律服务需求进入新时代的召唤;《律师法》的修改与律师职业伦理体系的构建,则体现了新时代对法律服务的新要求;值班律师的立法定位和律师刑事控告业务的发展趋势,又彰显了新时代对法律服务的诉求;加强党的建设写入全国律协章程和法律职业准入制度的岁月变迁,更是新时代给法律服务带来的新追求。

可以说，所有编入本期《中国律师法学研究》的这些问题，既是新时代对律师法学研究提出的新命题，也是律师法学研究会必须重点研究的新课题，更是解决我国法律服务如何提升和拓展的新难题。总而言之，这都是为了认清中国服务初心、认识法律服务“原来”的新时代重点主题。

认清了初心，认识了“原来”，我们还需要了解“本来”，也就是法律服务的本质是什么。

在我看来，法律服务的本质，就是律师如何给社会给市场提供高品质的法律服务，这是我们法律服务从业者的核心工作内容。未来的高品质法律服务，必然要求法律从业人员和法律服务机构不断创新、紧密融合。不管是前几年说的“互联网＋战略”，还是现在各行各业都在大力探索的人工智能技术，都是为了有效提升法律服务的质量。只要能够有效提高法律服务质量，我们都要积极地将其引入法律服务的建设过程中来。

法律服务如此走向，必然会有法律服务提升与拓展的“后来”。换句话说，认清了法律服务的“原来”，掌握了法律服务的“本来”，才有法律服务的“后来”。

我们都听过一首脍炙人口的流行歌，叫作《后来》。今天，我要说，法律科技的融合与创新，就是我们法律服务的“后来”。这个“后来”，就是“未来”，就是我们法律服务创新发展的“未来”。这个“未来”，就是“原来”的发展，就是“本来”的创新，就是“后来”的提升。

从法律服务的全面理解来看，如果说，“原来”是初心，“本来”就是核心。那么，“后来”则是专心。对于所有从事法律服务的从业人员来讲，“原来”是最具激情理想的时代，“本来”是最有改革机遇的时代，“后来”是最能挑战与创新的时代。

在本期的发稿内容中，既有对法律服务源头的研究与反思，也有对法律服务本质的挖掘与分析，更有对法律服务未来发展的探索与创新。

这一切，都是为了让大家共同思考法律服务的初心。因为不忘初心，我们才能对中国律师业的“未来”更加充满信心。

2018 年 11 月于北京

一切从今天开始

——“桂客留言”微信公众号开篇语

今天是2015年1月11日，看起来是一个很平常的日子，但对我来说却是一个很不平常的日子。

今天是我成功挑战马拉松的日子。今天我在“2015年富力海口国际马拉松赛”中，人生第一次完成了全程马拉松的赛程。从初中读书时第一次听说马拉松这个名词到大学时代第一次读到报纸刊发有关马拉松比赛的新闻，从30年前毕业分配至北京工作第一次看到电视播放北京马拉松比赛到2014年10月第一次参加北京马拉松半程比赛，今天终于实现了第一次全马的梦想。不管我今后是否还要接受这样的挑战，也不论我今后是否还能跑马拉松，但今大对我来说是一个崭新而炫目的开始。

今天是我正式开通微信公众号的日子。自从微信公众号诞生以来，时常有朋友建议开通自己的微信公众号。对此，我考虑过，也犹豫过。但是，今天我终于要开始我的微信公众号生活了。从2006年开通博客到2010年开通微博，从2013年开通微信到今天开通微信公众号，感觉自己一直在追赶着时代的脚步。尽管脚步有些迟缓，但总算是没有落伍。可以说，今天正是一个全新而加压的开始。

今天是我们具有特别意义的日子。作为曾经主持《中国律师》12年的媒体从业人员，我一直关注研究中国律师制度100多年来任何一个具有纪念意义的时间。如1912年9月16日，北洋政府颁布了中国历史上第一部律师单行法规《律师暂行章程》；1927年7月23日，在北洋时期颁行的《律师暂行章程》的基础上，国民党政府颁布了《律师章程》；1940年12月24日，民国政府重新修订《律师法草案》并经立法院通过；1941年1月11日，中国历史上第一部《律师法》正式实施……

当然，三个“1”就意味着对所有人来说，今天就是一个开始。那么，这是一个什么样的开始呢？在我看来，这是一年的开始，这是挑战的开始，这是创业的开始，这是创新的开始，这是梦想的开始。

33年前，有谁会知道曾经高考失利的马云将成为风靡全国的励志导师？30年前，有谁会相信曾经失业的马云将解决几千万人的工作？25年前，有谁会认为曾经开翻译社靠贩卖义乌小商品的马云将成为福布斯中文版2014年度商业人物？20年前，有谁会预测创办中国黄页的马云将成为中国 IT 企业的代表性人物？15 年前，有谁会看好在硅谷融资被拒绝后的马云能将他的“阿里巴巴”变成全世界都知道名字的跨国公司？……

现在，马云成功了，阿里巴巴成功了，正如阿里巴巴上市时，马云赠送给在场嘉宾的带有阿里巴巴公司 Logo 的 T 恤上面印着他亲自选择的那句话：“梦想还是要有的，万一实现了呢？”

就像我自己一样，我曾经以为马拉松是多么的遥不可及，没想到今天却已经近在眼前；一直以为马拉松是如此的高不可攀，没想到今天却已然尽在掌握。所以，我也要说，梦想是一定要有的，万一实现了呢？

让我们一切从今天开始！从今天开始我们的看法、我们的说法、我们的写法，开始我们的立功、我们的立德、我们的立言，开始我们的看客、我们的说客、我们的墨客生活。

多幸运，我有个我们

——桂客学院开篇语

有没有那么一首歌，会让你轻轻跟着和。牵动我们共同的过去，记忆它不会沉默。有没有那么一首歌，会让你心里记着我，就算日子匆匆过去，我们曾走过。

在刚刚过去的 2021 年，真的有这样一首歌，竟然让我瞬间驻足屏息、触动心房，然后浮想联翩、时时吟唱……

这就是由莫文蔚倾情献唱的《这世界那么多人》，一首来自电影《我要我们在一起》的主题曲。可以说，这首歌词触动人心、歌曲曲调悠长，加上莫文蔚细腻独特的嗓音，的确戳中心弦，甚至令人潸然泪下。

最令人感动的是，“这世界有那么多人，多幸运，我有个我们……”这样的歌词不仅为我的 2021 年增添了丰富而深刻的注脚，同时也为桂客学院的开通上线注入了美好而深情的祝福。

春节将至，回望过去的一年，我就用这句歌词表达我和桂客学院对中国律师的感激、感动和感慨。

2021 年 7 月 1 日，在庆祝建党百年的经典时刻，在《民主与法制》1000 期之后，我挥别了供职 11 年的《民主与法制》杂志，来到了中国民主法制出版社法宣在线。

11 年来，《民主与法制》杂志从 2010 年第 16 期到 2021 年第 17 期，从半月刊到旬刊乃至周刊，从黑白刊到全彩刊，从上海的“财经版”试刊到北京的周刊，我经手签字开印的杂志有 490 多期。

11 年来，多幸运，我有个我们，我和我《民主与法制》的新老同事们共同奋斗，迎来了出刊 1000 期的高光时刻；11 年来，多幸运，我有个我们，还有读者们的大力支持、作者们的全力拥戴、编者们的努力追求，成就了《民主与法制》杂志的辉煌和荣耀；11 年来，多幸运，我有个我们，感谢所有的我们，我和我们在一起，让我深深体会到了一起办一份杂志是天底下最开心的工作和事业。

我的新岗位是中国民主法制出版社有限公司所属的法宣在线总编审。法宣在线是我国普法行业的一个龙头平台，成立 20 多年来，致力于推进法治宣传、改进法律服务、促进法学交流。法宣在线在司法行政工作方面的探索实践成就，可谓有目共睹、有口皆碑。公司开发的“国家工作人员在线学法考试平台”，已经有 19 个省委组织部、宣传部、司法厅和国资委等发文推广。

平台累积了20多万家机关企事业单位、1000多万名省、市、县、乡四级领导干部和公职人员。法宣在线下属“人人律”智能大数据公司开发的“小律”公共法律服务机器人、无人亭、柜员机、桌面机等法律人工智能产品和智慧普法媒体机，已经在全国十几个省市广泛安装运营。

新的一年，我们有了新的动作、新的想法。法宣在线管理层经过认真讨论，决定创办桂客学院。桂客学院是我和我们法宣在线接下来要重点打造的平台，最最重要的是，这是一个我和我的律师朋友们共同交流的平台。

30年来，我从《法律与生活》杂志当记者到《中国律师》杂志做总编，再到《民主与法制》杂志担重任。可以说，这30年来不同岗位的历练，让我结识了无数的律师朋友。在这些律师朋友中，有青年律师、有精英律师、有全国律师；有些是思想上的，有些是学术上的；有些是人格魅力上的，有些是业务能力上的。对我来说，律师既是良师也是益友，律师既是友人也是亲人。我曾经多次以这样的表述表达了我对律师的情感：从来没有一个职业让我如此向往，从来没有一个行业让我如此关注，从来没有一个群体让我如此牵挂。

因为律师，2015年“桂客留言”平台的创办日期选定在1月11日。这一天，是中国历史上第一部《律师法》正式颁布的日子（1941年1月11日）；因为律师，才有了一年一度的“桂客年会”，并且自2021年起固定在每年5月15日举办。这一天，是新中国第一部《律师法》正式通过的日子（1996年5月15日）；因为律师，也才有了今天正式开通上线的桂客学院。

今天是2022年1月28日，今天是桂客学院开通上线的日子，今天是桂客学院闪亮登场的日子。

桂客学院是什么呢？桂客学院是一个为青年律师、资深律师乃至全国律师提供培训和交流的平台。这个平台既有桂客直播间、桂客青训营、桂客私董会、桂客半月谈等版块，还有各种各样线上分享的专业课程。

桂客直播间将邀请大牌律师走进直播间叙旧话新，谈谈他们曾经的经历和经验；桂客青训营将开设不同人数、不同班次、不同规模的青训营，为青年律师传道授业并提供一种别具一格更具风采的培训交流；桂客私董会着眼于传经送宝，让青年律师与资深律师有了一个面对面、点对点学习的平台，让青年律师与资深律师拥有了一种拜师父与教徒弟相得益彰的独立空间；桂客半月谈则是面向全国各具特色的大中小律师事务所，谈天说地，充分交流。其中，既有全国巡回互动热烈的小课堂，也有走进律所畅所欲言的小座谈，更有方式多样话题多元的小对话。有时可能围绕一个小问题进行充分交流的“小题大做”，有时又是聚焦一个大热点展开充分讨论的“大题精做”。总而言之，我们想通过桂客学院为青年律师提供一个学习成长的平台，为资深律师提供一个专业展示的平台，最重要的是为全国律师提供一个交流、观察、分享、碰撞的平台。

中国著名法学家、中国政法大学终身教授江平先生一直心系中国律所和律师的发展，在2020年桂客年会“律所管理与品牌发展”的主题演讲环节，九十高龄的江老曾以《律师事务所的内部管理》为题向现场律师做了精彩讲授。喜闻桂客学院创办的消息，江老毫不犹豫就为“桂客学院”题写了院名，寄托了他对法学事业的无限深情和对律师成长的殷切期待。

在桂客学院即将上线的日子里，我们收到了全国各地100多家律所和律师朋友乃至社会各界发来的祝贺视频。这一切都将不断引领和鼓舞桂客学院及桂客学院运营团队奋然前行。在新征程上，多幸运，我有个我们。我和我的法宣在线，我和我的桂客学院，我和我的律师朋友们，我和我们在 起，将要去创造更好的我们。

在桂客学院开通上线之后的日子里，我们可能还会打造更多更美更好的平台。我们或许会相约在一年一度的桂客年会，或许会相聚在不同城市的桂客峰会，或许会相见在深度交流的桂客半月谈，或许会相握在谈天说地的桂客直播间，或许会相遇在有料有趣的桂客青训营，或许会相识在面授机宜的桂客私董会。当然，在刚刚开通上线的春节假期中，还只能暂时享用桂客学院大课堂提供的线上课程。待到春暖花开时，桂客学院各大版块的活动将会迎面向你走来。

刚刚走过的2021年，我们喜迎建党百年华诞。我们党自成立以来，始终把为中国人民谋幸福、为中华民族谋复兴作为初心使命，始终同人民想在一起、干在一起。可以说，正是一个个一批批一代代"我和我们"在一起，才成就了从昨天走到今天乃至走向明天的百年大党。

刚刚迈过的2021年，我们面对继续肆虐的新冠疫情，从中央到地方，从一线医护人员到广大人民群众，无数个"我和我们"共同抗击疫情，众志成城形成强大合力，为我们每个人的生命健康构筑起了牢不可摧的坚强防线。

更具挑战意义的2022年已经来了，更有创新价值的冬奥会就要来了。这次冬奥会的口号推出了一个更有深刻内涵的口号，那就是"一起向未来"。在备战冬奥会、弘扬奥运精神的路上，无数普通的"我和我们"一起向未来。赛场内外，无数平凡的"我和我们"一起迎冬奥，一起向未来，一起走向新时代。

我和我们，只要在一起，就会了不起。从今天开始，我有了一个新的头衔和身份——桂客学院院长。作为院长，我期盼越来越多的律师登录和加入桂客学院，期待越来越多的律师事务所支持和协办桂客学院！让我和我们一起走向中国律师业美好而强大的未来！

正如我在2021年《民主与法制》的新年献词中所说：无论是大家还是小家，不管是过去还是未来，我们只要在一起，就会了不起！

新年快要到了，虎年即将来了，回家过年、和我们的家人在一起，是我们对家最深的情感牵挂，家和则家庭兴、家族兴、家国兴、万事兴！

在此，我衷心地祝愿我和我们，我们的全家人、全体人、全国人民新年快乐，家庭幸福，身体健康，万事如意！

2022年1月28日于北京

和法治共进，与时代同行

——献给《法治时代》的祝福

2022 年 6 月 18 日，一本叫作《法治时代》的新刊物在北京宣告正式创刊。

是日，北京厦航嘉年华酒店，一个主题为“《法治时代》创刊暨新时代法治媒体发展座谈会”以线上线下相结合的方式在这里正式举办。简而言之，这就是《法治时代》杂志的创刊发布会。这是一家由中国出版传媒股份有限公司主管、中国民主法制出版社有限公司主办、中国社会科学院法学研究所理论指导的法治期刊。

从刊名的题写就可以看出这本新刊物的不同一般，因为《法治时代》杂志是由中共中央政治局原常委、全国人大常委会原委员长吴邦国同志题写刊名的。

2010 年 4 月，中国民主法制出版社由全国人大常委会办公厅转企改制而成为中国出版集团的成员单位，是中国出版集团旗下唯一一家出版人大类、法律类图书报刊的专业出版社。对此，第十二届全国人大法律委员会主任委员，香港特别行政区基本法委员会、澳门特别行政区基本法委员会原主任乔晓阳在创刊仪式上，对此以“出身名门，嫁入豪门”作了有趣的回忆。

随着与会领导走上主席台在 LED 大屏上按动象征《法治时代》杂志创刊和法治时代网上线的金手印，《法治时代》杂志正式宣告创刊了！可以说，这既是一本与时俱进创办的新刊，也是一本恰逢其时创办的新刊，更是一本众志成城创办的新刊。

这是一本与时俱进创办的新刊。

2021 年是中国共产党百年华诞。从 1921 年到 2021 年，既是党领导人民从站起来、富起来到强起来伟大飞跃的一百年，也是党领导人民追求法治、探索法治、建设法治、推进法治、厉行法治，迎来坚持全面依法治国、建设社会主义法治国家的一百年。如何认真学习研究中国共产党百年法治史，努力在全面依法治国新征程上书写新传奇，同样也是新闻出版者的工作追求。为进一步总结党在不同时期领导法治建设的基本经验，深入研究新时代党领导法治建设的基本规律，在中国出版集团党组的大力支持下，中国民主法制出版社决定在庆祝建党百年的重要时刻，创办一份既有历史眼光更有政治高度的法治期刊。于是，《法治时代》应运而生。

这是一本恰逢其时创办的新刊。

党的十八大以来，习近平总书记高度重视全面依法治国，围绕全面依法治国发表了一系列重要讲话论述，系统阐述了新时代推进全面依法治国的重要思想和战略部署，深刻回答了我国社会主义法治建设一系列重大理论和实践问题，形成了内涵丰富、论述深刻、逻辑严密、系统完备的习近平法治思想，为深入推进新时代全面依法治国指明了前进方向。如何总结好、运用好我们党关于法治建设的新理念新思想新战略，自觉将习近平法治思想作为全面依法治国的根本遵循和行动指南，当然也是新闻出版者的工作要求。为进一步吃透习近平法治思想的基本精神，把握习近平法治思想的核心要义，中国民主法制出版社决定创办一份既有理论深度也有工作力度的法治期刊。于是，《法治时代》应时而生。

这是一本众志成城创办的新刊。

众所周知，在当下要申办一份新刊物，几乎比登天还难。但是，此次申办新刊过程中，中国民主法制出版社既有可靠的外力，更有可爱的助力。通过中国出版集团领导的亲切关怀，最终以中国出版集团下属的《东方壹周》更名，再向国家新闻出版署请示。2021 年 12 月 24 日，国家新闻出版署批复中国民主法制出版社有限公司：经研究，同意《东方壹周》期刊更名为《法治时代》。批复为《法治时代》确定的办刊宗旨为：坚持正确办刊方向和舆论导向，刊载新时代中国法治理论和实践成果，记录法治中国建设，服务全面依法治国战略实施。事实上，2021 年 6 月 16 日第一次创刊工作会议至 2022 年 6 月 18 日《法治时代》杂志正式创刊，中国民主法制出版社及《法治时代》编辑部至少召开了 20 多次工作会议，有时是一个月召开好几次会议。其中既有全局性的办刊宗旨论证，也有专题性的刊名定位讨论，又有介绍性的发行经营商讨，还有针对性的定价刊期调研，更有专业性的栏目版块研究。从第一次创刊工作会议对定位、经营、刊名、资源、刊期、活动、栏目、班子等工作作出部署之后，我们根据实际情况适时组成不同的工作班子，从办刊宗旨到内容设计，从办刊定位到封面设计，从办刊特色到印制发行，从推出试刊到新刊面世，分阶段分步骤推进办刊进程。经过大家的共同努力，我们终于迎来了 6 月 18 日的创刊之日。

中国民主法制出版社有限公司党委书记、执行董事、总编辑，《法治时代》杂志社长、总编辑刘海涛主持了 2022 年 6 月 18 日的创刊仪式。中国出版集团有限公司党组成员，中国出版传媒股份有限公司董事、总经理李岩同志代表《法治时代》主管单位表示，《法治时代》的创刊，将进一步促进中国民主法制出版社优秀内容资源的多元化拓展，成为学习贯彻落实习近平法治思想的重要阵地和平台，并代表出版集团和出版社，期待各界共同支持和关心杂志的成长和发展。

第十二届全国人大法律委员会主任委员，香港特别行政区基本法委员会、澳门特别行政区基本法委员会原主任乔晓阳在创刊仪式上指出，作为专注全面依法治国理论和实践的法治类期刊，《法治时代》既是一面全面依法治国的政策理论旗帜，又是一级国家法治建设的助推器；既是一个传播国家法治资讯的平台，又是一座展现国家法治形象的舞台；既是一个传播法治声音的文化阵地，又是一处全国法律工作者交流的精神家园。

第十三届全国人民代表大会宪法和法律委员会副主任委员，最高人民法院原党组副书记、副院长江必新表示，希望《法治时代》要从立良法、促善治、促自律三个方面，宣传法治、推动法治实践的深入，将法治的威信铭刻心底，将时代的重托扛在肩上。

各位领导的祝贺与期望，各路精英的关注与期待，各位专家的关心与期盼，都是我们努力办好这份新刊的动力与信心。作为《法治时代》编委会副主任（执行总编辑），我带领工作班子一定牢记“弘扬法治精神，传播时代强音”办刊宗旨，坚持“导向正、形式新、内容活、互动强、服务优”的办刊原则，做好“看主题、定选题、改标题”的本职工作，专注于学习宣传习近平法治思想、全面依法治国理论和实践内容，聚焦于立法、执法、司法、守法和法治宣传、法治文化、法学研究等主题。

作为“四个全面”战略布局的重要组成部分，全面依法治国是一个系统工程，涉及立法、执法、司法、守法等各个方面，涉及中国特色社会主义事业“五位一体”总体布局的各个领域，事关国家治理体系和治理能力现代化的实现。接下来，我们将通过《法治时代》杂志全面反映从党内法规制度建设到国家法律体系建设，从制度治党、依规治党到依法治国，从法治顶层设计到法治基层探索，从立法、执法、司法到普法守法，从法治工作机构、法治工作队伍到法治人才培养等各方面的辉煌成就。总而言之，我们一定要提高政治站位、把握时代格局，在主管单位中国出版集团党组与主办单位中国民主法制出版社党委的坚强领导下，努力将《法治时代》杂志办出特色、办出水平、办出品牌。

新时代催生新思想，新思想引领新征程，新征程促生新刊物，新刊物开创新事业。正如莫纪宏所长在《法治时代》创刊号卷首语中所说：我们相信，《法治时代》依托主办单位发源于全国人大常委会办公厅的优势和中国社会科学院法学研究所“正直精邃”法学底蕴的理论支撑，依靠各政法单位、法学教学科研机构的广泛支持，一定能够为全面建成社会主义现代化法治强国书写光辉篇章！

和法治共进，与时代同行。在我 30 余年的新闻出版工作生涯中，既办过《法律与生活》杂志，也办过《中国律师》杂志，还办过《预防青少年犯罪研究》杂志，又办过《民主与法制》杂志。可以说，既办过双月刊，也办过月刊，还办过旬刊，更办过周刊。但是，却从来没有办过创刊号。没想到，幸运降临了，机会到来了。经过组织安排，我竟然开始成了主办《法治时代》的工作人员，成了《法治时代》创刊号的推进者和见证者。多么有幸啊！我竟然成了一个办了 5 本刊物的新闻出版人。

这是一个伟大的新时代，我们有缘欣逢这个伟大的时代，我们有幸见证这个伟大的时代，我们有福参与这个伟大的时代。

这个伟大的新时代，就是走向全面依法治国的法治时代。

原载法治时代网 2022 年 10 月 8 日

有一种评论是学习

评论，既是一种新闻文体，也是一种评论文本，更是一种表达文风。简而言之，是现代新闻传播工具经常采用的社论、评论、评论员文章、短评、编者按、专栏评论和评述等的总称。

所谓评论，就是媒体或作者对新近发生的有价值且具普遍意义的重大重点重要紧要问题，发表看法，分析想法，提出做法。

其中，有的评论是以中央和上级指示为内容写评论，有的是为了配合中心任务和重大决策撰写指导性评论，有的是针对一种错误倾向或模糊观点来进行引导的评论，有的是着眼于总结推广先进经验的评论，有的是为了有关节日、纪念日以及重大活动的新闻评论。

如何提高党对政法工作的领导能力与水平?

——学习习近平总书记重要讲话之一

习近平总书记在年初召开的中央政法工作会议上着重强调,政法战线要旗帜鲜明坚持党的领导。坚持党的领导,就是要支持人民当家作主,实施好依法治国这个党领导人民治理国家的基本方略。既要坚持党对政法工作的领导不动摇,又要加强和改善党对政法工作的领导,不断提高党领导政法工作的能力和水平。同时,要正确处理坚持党的领导和确保司法机关依法独立公正行使职权的关系。各级党组织和领导干部要支持政法系统各单位依照宪法法律独立负责、协调一致开展工作。党委政法委要明确职能定位,善于运用法治思维和法治方式领导政法工作,在推进国家治理体系和治理能力现代化中发挥重要作用。

这是我党领导人站在党和国家事业发展全局的高度,结合中国特殊国情与政治发展,并在强调坚持党的领导、人民当家作主、依法治国有机统一的基础上,对如何做好我国新形势下政法工作的最新论述与高度概括。

我们学习习近平总书记的重要讲话精神,首先就是要强调党对政法工作的领导。这既是中国特色社会主义六十多年来成功实践的历史结论,也是中国共产党九十多年来历经风雨形成的现实国情,更是中国特色社会主义改革发展的本质特征。无数的现实与历史都证明,只有坚持党的领导,才能保证中国现代化的社会主义方向;只有坚持党的领导,才能找到符合中国社会主义现代化规律的正确道路;只有坚持党的领导,才能制定合乎中国社会主义现代化所需要的路线、方针、政策;只有坚持党的领导,才能凝聚中国社会主义现代化的强大力量。对政法工作来说,党的领导既是一个毫不动摇的原则,更是一个永不偏离的方向。政法事业是中国特色社会主义事业的重要组成部分,是一项使命光荣伟大的事业、任务艰巨的事业。在中国深入推进政治经济社会文化改革发展的关键时期,进一步坚定政法工作的政治方向,毫不动摇地坚持党对政法工作的领导,具有特殊而重要的意义。新中国成立以来尤其是改革开放三十多年来,党领导人民制定宪法和法律,从而完成了社会主义法律体系基本形成的光荣使命;党领导人民执行宪法和法律,从而保持了党和人民群众的密切联系,得到了人民群众的信任和拥护;党自身必须在宪法和法律范围内活动,从而使党的领导更具表率作用与导向意义,最后真正做到了党领导立法、保证执法、带头守法。有鉴于此,在新的历史时期,党对政法工作的领导只能加强,不能削弱;只能强化,不能淡化;只能坚持,不能动摇。

我们学习习近平总书记的重要讲话精神，在坚持党的领导的同时还要强调加强与改善党对政法工作的领导。作为一个原则，更作为一个方向，党的领导必须坚持，不能改变，不能动摇。但是，在新的历史时期如何加强与改善党对政法工作的领导，则是一个时代命题、一项神圣使命。习近平同志指出，坚持党的领导与社会主义法治是一致的，既要坚持党对政法工作的领导不动摇，又要加强和改善党对政法工作的领导。为此，我们各级政法机关要牢牢把握走中国特色社会主义政治发展和法治建设道路的政治方向，要以坚定的政治立场、高度的政治清醒、强烈的政治自觉，在思想上政治上行动上不断加强与改善党的领导；在政法工作中要善于议大事、抓大事、谋全局，善于运用法治思维和法治方式领导政法工作，从而不断提高领导政法工作能力和水平。党对政法工作的领导主要是思想领导、政治领导和组织领导，为此，我们的政法部门要紧紧围绕严格执法、公正司法这条主线，不断深化司法体制改革，全力提升政法队伍能力和素质，着力促进社会公平正义，切实保障人民安居乐业，努力提高人民群众安全指数和幸福指数。

我们学习习近平总书记重要讲话精神，最重要的是要强调不断提高党领导政法工作的能力和水平。党的领导的实质就是帮助人民群众认识自己的利益，并且团结起来为自己的利益而奋斗。因此，党的领导不是靠行政权力来实现的，而是靠代表人民群众的拥护来实现的。党的领导只能依靠自己路线、方针、政策的正确，依靠向人民群众做宣传教育工作，使人民群众自觉地接受和执行自己的路线、方针、政策。所以，党对政法工作的领导在领导能力与领导水平上的表现就显得尤为重要。为此，要从思想上、政治上、组织上全面加强和改善对政法工作的领导，努力提高党对政法工作的领导能力和水平。首先是政治领导，要提高党对政法工作的宏观决策能力，增强全局性部署的科学性、针对性、时效性，实现有效统筹协调政法部门，充分发挥政法各部门的职能作用，就必须切实加强党委政法委职能部门的建设。加强执法司法人员的党性教育，使他们在思想上始终与党中央保持一致，从而在工作中实现法治与政治的统一。其次是思想领导，要加强对政法部门的思想理论武装，加强政法宣传阵地的建设与管理，加强对互联网等新型媒体的监管，加强对敏感案件的舆论引导。坚持正面宣传为主，既要依法加大舆论监督力度，又要维护政法队伍的整体形象和司法权威。最后是组织领导，要切实加强政法各部门党组织的建设，抓好政法队伍建设，教育广大干警坚定理想信念，坚守职业良知，自觉用职业道德约束自己，信仰法治、坚守法治，做知法、懂法、守法、护法的执法者。

在新形势下，党对政法工作的领导首先特别要强调正确处理坚持党的领导和确保司法机关依法独立公正行使职权的关系，尤其是要强调通过确保司法机关独立公正行使职权来提高党的领导能力和水平。党的领导是铁定的原则与纪律，是宏观的指导与保障，依法独立公正行使职权是路线的贯彻与落实，是政策的内化与体现。

因为党对政法工作的领导主要表现为路线、方针、政策的出台与指导，如2013年7月，针对执法司法中存在的突出问题，中央政法委就出台了首个《关于切实防止冤假错案的规定》，要求法官、检察官、人民警察坚守防止冤假错案的底线，在职责范围内对办案质量要终身负责，并建立健全冤假错案的责任追究机制，从而更有效地依法惩罚犯罪，尊重和保障人权，提高司法公信力，维护社会公平正义。此次习近平总书记在中央政法工作会议上的讲话提出，要明确政法委的职能定位，为今后的工作指明了方向。党对政法工作的领导关键是要善于运用法治思维和法治方式领导政法工作，政法委一方面要保障党的路线、方针、政策在具体的司法工作中得到正确实施；另一方面要对具体的司法工作予以充分的尊重与全力的支持。同样，司法机关通过依法独立公正行使职权，维护社会公平正义，维护国家法治秩序，维护人民群众合法权益的本身，当然也是坚持和体现党的领导，保证党的路线、方针、政策的实现。

习近平总书记的重要讲话不仅为党的领导增添了新的内容，更重要的是为坚持中国特色社会主义政治发展道路和政治文明建设指明了方向，同时也为落实依法治国方略、推进法治中国奠定了理论基础。

原载《民主与法制》2014年第9期

党的政策与国家法律是一种什么关系?

——学习习近平总书记重要讲话之二

党的政策与国家法律到底是一种什么关系？我们应该如何处理这种关系？应当说，这是一个老话题，更是一个大问题。

习近平总书记在今年年初召开的中央政法工作会议上指出，要正确处理党的政策和国家法律的关系。我们党的政策和国家法律都是人民根本意志的反映，在本质上是一致的。党既领导人民制定宪法法律，也领导人民执行宪法法律，做到党领导立法、保证执法、带头守法。政法工作要自觉维护党的政策和国家法律的权威性，确保党的政策和国家法律得到统一正确实施。要正确处理坚持党的领导和确保司法机关依法独立公正行使职权的关系。各级党组织和领导干部要支持政法系统各单位依照宪法法律独立负责、协调一致开展工作。党委政法委要明确职能定位，善于运用法治思维和法治方式领导政法工作，在推进国家治理体系和治理能力现代化中发挥重要作用。

这是一个关于新时期政法工作的高度概括与精确判断。

毫无疑问，党的政策和国家法律既是一个相互一致的关系，又是一个相互补充的关系。

首先，两者在本质上是互为一致的。众所周知，党的政策是国家法律的先导和指引，是立法工作的主要依据和司法活动的重要指导。党的政策只有通过国家权力机关的立法活动，才能上升为法律；同样，当党的政策上升到法律层面之后，才能形成固化的法律。对全体政法工作者来说，维护法律的权威就是维护党的政策的权威，实施法律就是贯彻党的主张和意志，遵守法律就是党的领导的具体体现与党员先锋模范作用的发挥，依法办事就是执行党的政策，依法办案就是落实党的政策。总之，都是为了保证党的领导、人民当家作主与依法治国有机统一目标的实现。

其次，两者在功能上是互为补充的。毋庸置疑，法律是政策的转化与固化，政策是法律的渊源与来源。换言之，法律就是将通过实践证明而行之有效的党的政策以定型化、条文化和规范化的方式出现，其内容具有确定性、规范性，并由国家的强制力来保证实施，因而对全体社会成员具有普遍的约束力。而党的政策是党的主张和意志的体现，对党的组织和党员及相关人员具有约束力。但是，因其相对来说都比较原则抽象，带有号召性和指导性，只能靠党的纪律制裁作为实施的保障，而不依靠国家强制力。新中国成立尤其是改革开放以来，我国的法律无一不是以党的政策为依据而制定的。所以也可以说，法律的制定与修订，正是体现了党的政策的不断改进与提升，更体现了党的领导水平的不断加强与完善。从这个意义上讲，法律是实现和贯彻党的政策的一种最有效的手段。当然，我国法律的实施也不能脱离党的政策的指导，只有正确理解党的各项政策，才能正确、全面地理解和掌握法律的基本精神和内容，才能根据形势的需要，正确地执行和实施法律。可见，两者各有所用、各有所值。两者既相辅相成，又相互补充。

最后，两者相互关系的正确处理是新时期政法工作的指针与方向。鉴于我国社会主义法律与党的政策之间既有联系又有区别、既相辅相成又相互补充的关系，任何将两者对立起来、割裂开来或者等同起来的想法与做法，都是不正确甚至是错误的。只有正确认识两者之间的关系，才能进一步提升维护党的政策和国家法律的权威性，确保党的政策和国家法律得到统一正确实施的自觉性与主动性。在推进法治中国建设的进程中，要学会充分运用法律来贯彻和实现党的政策，要善于运用法治思维和法治方式领导政法工作。在政法工作中，要改革和完善党的领导方式与执政方式，提升党的领导能力与水平。同时，还要正确处理坚持党的领导和确保司法机关依法独立公正行使职权的关系，各级党组织和领导干部要支持政法系统各单位依照宪法法律独立负责、协调一致开展工作。各级党委政法委要明确职能定位，要抓大事、谋大局，要注重于宏观指导，致力于公平正义，不要着眼于个案的批示与协调，不要纠结于个案的利益与关系。

老问题需要新思维，那就是法治思维；大问题需要大思路，那就是大局观念。在法治中国建设进程中，在推进国家治理体系和治理能力现代化中，如何正确处理党的政策与国家法律的关系，如何培养法治思维以指导政法工作，如何运用法治方式以领导政法工作，这对所有政法工作者来说都将是一个光荣而艰巨的新考题。

原载《民主与法制》2014年第10期

维稳与维权:是互相排斥还是互相促进?

——学习习近平总书记重要讲话之三

习近平总书记在年初召开的中央政法工作会议上强调指出,维护社会大局稳定是政法工作的基本任务。要处理好维稳和维权的关系,要把群众合理合法的利益诉求解决好,完善对维护群众切身利益具有重大作用的制度,强化法律在化解矛盾中的权威地位,使群众由衷感到权益受到了公平对待、利益得到了有效维护。

这是我党领导人对新时期维稳与维权工作的最新论述与最高要求,这个重要论述深刻阐述了维稳与维权的关系,明确提出了新时期政法工作的基本要求。

首先,两者是一种互为补充、相互促进的关系。毫无疑问,维护社会稳定既是政法机关的基本任务与工作追求,也是人民群众的共同愿望与基本需求。所谓社会稳定,就是社会秩序运转有序、社会管理科学有方、社会政策公平有效、社会矛盾化解有法、社会参与广泛有路等。所有这一切,基本上都是与民主民生有关的权益诉求问题。近年来,我国之所以发生了许多有关社会稳定的热点事件,正是因为我们有关部门对群众的呼声和诉求无论是程序上还是实体上没有给予及时响应与公正对待乃至妥善处理,于是,将小问题拖成了大问题,将个别问题演变成了普遍问题。由此可见,维稳的基础就是维权,而维权的结果必然是维稳。两者是一种本末源流、互为补充、互相促进的关系。

其次,两者是一种着眼点与着重点的关系。从本质上来看,两者并不矛盾,维权是维稳的前提和基础,维稳是维权的目的和成果。从长远来看,维稳只是着眼点,而维权才是着重点。但是,近年来却出现了本末倒置、舍本求末的尴尬现象。维稳逐渐演变成了一个政治热词,而维权却演化成了一个敏感词汇。从中央到地方,为了维稳而投入了大量的人力、物力、财力。但是,在维稳的过程中却产生了更多的社会矛盾和冲突,以致出现了越强调维稳、社会却感觉越不稳的现象。类似的维稳怪圈之所以不断出现,是因为我们维稳的出发点与着重点出现了偏差。换言之,维稳出现问题,是因为维权出了问题,也就是维护群众权益的机制出了问题。由上可见,维稳只有建立在对人民群众的基本权利得到确认与保护的基础上,才可能是长久而稳固的。

最后,两者关系的有效协调解决最终还是要靠法治。党的十八大报告提出:“提高领导干部运用法治思维和法治方式深化改革、化解矛盾、推动发展、维护稳定能力。”所谓法治思维,就是按照法治的观念和逻辑来观察、分析和解决问题的思维方式,是一种以法律规范为基准的逻辑化的理性思考方式。在实践中,一般以规则性思维、合法性思维、程序性思维、权责性思维的内涵概念亮相。而与法治思维相对应的法治方式,就是运用法治思维处理和解决问题的行为方式。通常人们所说的“办事依法、遇事找法、解决问题用法、化解矛盾靠法”,都是属于法治方式的范畴。政法干部是否具有法治思维,直接决定了维权与维稳能否实现有效协调处理。为此,一要加强制度化维权机制。也就是要切实建立健全群众利益协调机制、诉求表达机制、矛盾调处机制、权益保障机制。要让群众的合理诉求找到制度化的表达渠道,只有公民的基本权利得到了有效的保障,才能实现更有效的维稳。二要加强法治化维权机制。也就是要充分发挥调解和诉讼的功能作用,把绝大多数纠纷吸引到调解和诉讼中来,让那些涉法涉诉信访通过多种调解方式得到和解,通过不同法律诉讼得到化解,从而实现更权威的维稳。三要加强人性化维权机制。要通过改善服务态度、改进服务质量、降低维权成本等方式,让每一个人都真切地感受到政法机关对他们诉求的高度重视,让人民群众更直接地感受到公平正义,从而实现更和谐的维稳。

综上所述,只要我们的政法机关以维护群众的合法权益为先,以维护社会稳定为上,以法治思维与法治方式为重,就一定能够圆满完成习近平总书记要求以维权促维稳的光荣任务,就一定能够进一步提升政法机关公正权威的专业形象。

原载《民主与法制》2014年第11期

司法公开对谁最有利?

——学习习近平总书记重要讲话之四

司法公开本不是一个难题,但这些年有些部门却似乎在何时公开、公开什么、如何公开等方面一直犹豫不决。为此。习近平总书记最近作了特别强调与高度概括。

2013年新年伊始,习近平总书记对全国政法干警提出要求,让人民群众在每一个司法案件中都感受到公平正义。进入2014年,习近平总书记又在中央政法工作会议上强调,要坚持以公开促公正、以透明保廉洁,增强主动公开、主动接受监督的意识,让暗箱操作没有空间,让司法腐败无法藏身。

如此而来,司法公开已经不仅仅是一个时代潮流与发展趋势,而是一种制度设计与社会诉求。同时,也有一个问题油然而生:司法公开到底对谁最有利?

毫无疑问,司法公开对当事人乃至所有诉讼参与人很有利,因为它可以最大限度地保证其诉讼权利的履行,从而让当事人赢得明明白白、输得心服口服。同样,司法公开对全社会也很有利,因为它可以尽最大可能地保障人民群众的知情权、表达权、参与权和监督权得到充分实现,从而进一步提高司法乃至司法文化的社会认知度和认同度。

尽管如此,但平心而论,司法公开其实对人民法院最有利。

所谓司法公开,是指司法机关在行使司法权的时候。将司法过程和结果及司法依据以不同的形式公之于众,让公众知悉司法事务的活动或现象。司法公开既是宪法的一项原则,也是现代法治社会普遍遵循的一项原则。在我国来说,司法公开既是确保审判权依法独立公正行使的关键,也是司法工作取信于民的关键。

作为司法公开的主体,近年来人民法院从庭审公开扩展到全方位公开;从审理信息公开延伸到管理工作的审务公开;从静态的司法公开方法发展到多角度、全方位动态化的传播方法,已经取得了不俗的成绩。尤其是去年以来,为贯彻中央关于进一步深化司法体制改革的总体部署,推进阳光司法,最高人民法院提出建立完善审判流程公开、裁判文书公开、执行信息公开三大平台,并已选择部分法院开展试点工作。但是,在现实中仍然存在不少问题。比如有的法院领导对司法公开的重要性、紧迫性还认识不足,甚至还有畏难抵触情绪;还如有的法院只满足于选择性公开,公开内容不多,公开力度也不够,甚至只是流于形式;又如有的法院对当事人和人民群众的司法需求和司法关切缺乏及时有效的回应;等等。诸如此类,不一而足。可见,司法公开最大的障碍还是思想认识的问题,而不是人力、物力的问题。

那么,为什么说司法公开对人民法院最有利?

在我看来,一是有助于提升司法公信。因为人民群众对司法工作的要求和期待,很大程度上来自对司法公开的关注。从长期司法实践看,司法公信力的实现,就是通过消除司法神秘感,打造阳光司法的途径来实现的。二是有助于树立司法权威。因为大力推进司法公开,才能使人民群众从阳光司法中切身感受到公平正义,从而促进司法工作更加规范文明,不断提高与巩固司法权威。三是有助于排除案外干扰。对来自党政领导干部的过问乃至干扰案件的行为,司法人员往往也是不胜其烦但又无法阻挡。只有推进司法公开,才能有效减少过问甚至杜绝过问案件的发生,从而确保审判独立的运行机制。四是有助于保障司法廉洁。因为"阳光是最好的防腐剂",在公开透明的环境下,法官队伍的素质、能力和作风直接面对人民群众的评判,司法审判的任何瑕疵和疏漏都有可能被公众所关注,为此。只有把法院各项工作情况主动地向人民群众"晒"出来,自觉地接受人民群众对法院工作的监督,才能最大限度地消除产生腐败的各种主、客观因素,从而促进司法廉洁,同时对法院、法官也是一种保护。

伯尔曼在《法律与宗教》中说过"没有公开则无所谓正义",从这个意义上来说,司法公开不仅可以促进实现公平正义,而且还能以我们看得见的方式得到实现。

原载《民主与法制》2014年第12期

政法干警如何管住心中的“老虎”？

——学习习近平总书记重要讲话之五

说起队伍建设，许多人一定还记得十年前电影《天下无贼》中那句“人心散了，队伍不好带了”的经典对白。可见，“人心”在队伍建设之中是多么重要。当然，本文所指“队伍建设”并非如那部电影中的窃贼团伙，而是指我们一直寄予希望与厚爱的政法队伍。

对于这支政法队伍的建设与管理，习近平总书记在今年年初召开的中央政法工作会议上提出了新目标与高要求。

习近平总书记强调，保障人民安居乐业是政法工作的根本目标。政法机关和广大干警要把人民群众的事当作自己的事，把人民群众的小事当作自己的大事，从让人民群众满意的事情做起，从人民群众不满意的问题改起，为人民群众安居乐业提供有力法律保障。习近平总书记进一步指出，政法机关要完成党和人民赋予的光荣使命，必须严格执法、公正司法。要坚守职业良知、执法为民，教育引导广大干警自觉用职业道德约束自己，做到对群众深恶痛绝的事零容忍、对群众急需急盼的事零懈怠，树立惩恶扬善、执法如山的浩然正气。要信仰法治、坚守法治，做知法、懂法、守法、护法的执法者，站稳脚跟，挺直脊梁，只服从事实，只服从法律，铁面无私，秉公执法。

习近平总书记特别强调，我们的政法队伍主流是好的，是一支听党指挥、服务人民、能打硬仗、不怕牺牲的队伍，是一支党和人民完全可以信赖的有坚强战斗力的队伍。各级党委和政府要按照政治过硬、业务过硬、责任过硬、纪律过硬、作风过硬的要求，努力建设一支信念坚定、执法为民、敢于担当、清正廉洁的政法队伍。

在我看来，习近平总书记在对政法队伍寄予厚望的同时，要求所有政法干警应成为一个有公心、良心、专心、敬畏之心的人。

首先是公心，也就是公正之心、公道之心、公益之心。无论是法官还是检察官，不论是奔走在一线执勤的公安民警还是致力于管理保障的政法干部，做人要正派、做事要公道，工作要忘我、为人要无私。在程序上与态度上，要做到法律面前一视同仁、人人平等，从而真正做到秉公执法、刚正不阿，要树立惩恶扬善、执法如山、公平如水、清廉如冰的浩然正气。

其次是良心，就是要有爱心，懂得美心，体现善心。正如习近平总书记所指出的那样，要把人民群众的事当作自己的事，把人民群众的小事当作自己的大事，要与人民群众将心比心、以心换心。在你看来可能是一个小案子，但在平民百姓那里就是天大的事情；当你认为可能是一个可有可无的程序，但在诉讼参与人那里就是一种天大的权利。为此，既要尊重同为法律人的律师的执业权利，更要保障所有诉讼参与人的诉讼权利；既要尊重犯罪嫌疑人乃至被告人的人权，更要保护被害人及其亲属的诉权。

再次是专心，就是对法律的钻研之心、崇敬之心、坚守之心。对每一位政法干警来说，专业是自己的立身之本，专门是自己的立业之基，专心是自己的立德之行。如此而行，才能真正建立一支既有法律素养又有实践经验的政法队伍。为此，我们要大力提升法律素养与法治理念，努力提高运用法治思维和法治方式推动政法工作的能力。

最后是敬畏之心，就是要对规则、权力、责任有敬畏与坚守之心。每一位政法干警，不论权力大小，也不论岗位高低，都要有底线、边线乃至高压线。正如中央政法委书记孟建柱同志所强调的那样，所有政法干警要管得住自己心中的“老虎”。所以，手握大权、肩负使命的政法干警一定要遏制住内心的权力欲，控制住不当的金钱欲，不为利欲所攻破，不为美色所打倒。从而真正成为一个信念坚定、意志坚强、执法为民、清正廉洁、敢于担当、乐于奉献的人。

当然，政法干警要管住心中的“老虎”，除了自己不断地修炼与约束，还需要加强监督、完善规则，更重要的是在体制上大力提升合理待遇，完善职业保障。人心齐，泰山移，只有真正解决了人心问题，才能不断增强政法队伍的创造力、凝聚力、战斗力。

原载《民主与法制》2014 年第 13 期

公平正义去哪儿了?

——学习习近平总书记重要讲话之六

2013 年秋天,湖南卫视的亲子真人秀节目《爸爸去哪儿》的热播不仅让五位爸爸和五位萌娃成了全民热议的焦点,更使“去哪儿”这样直白而简洁的词汇也成了热门词汇。于是,就有了 2014 年央视春晚上充满感染力的歌手自弹自唱《时间都去哪儿了》以及至今尚未确认下落的 MH370“飞机去哪儿了?”

同样,2013 年年初张高平叔侄案被平反以来,越来越多的冤假错案被依法纠正。于是,社会各界不免有了这样的疑惑:“公平正义去哪儿了?”

在今年年初召开的中央政法工作会议上,习近平总书记对此进行了特别强调及高度概括。习近平指出,促进社会公平正义是政法工作的核心价值追求。从一定意义上说,公平正义是政法工作的生命线,司法机关是维护社会公平正义的最后一道防线。政法战线要肩扛公正天平、手持正义之剑,以实际行动维护社会公平正义,让人民群众切实感受到公平正义就在身边。

公平正义是现代社会孜孜以求的理想和目标,是衡量一个国家或社会文明发展的标准,是人类文明的标志之一。但是,在司法实践过程中,普通老百姓维权的成本太高,打官司太难,一些司法工作人员中存在着吃拿卡要等行为,一些领导以行政特权干扰司法工作而导致执法不严、司法不公等问题,严重地损害了人民群众的切身利益,让老百姓感受不到法律的阳光、感受不到社会的公平正义。

那么,我们需要什么样的公平正义呢?

首先,我们需要看得见的公平正义,此谓程序正义。英美法系中有一句法律人耳熟能详的法律格言:“正义不仅要实现,而且要以看得见的方式实现。”其所表达的就是一种程序公正的价值理念,核心要求就是,无论是公安机关的执法程序还是司法机关的诉讼程序,不仅要公开,而且还要对双方当事人公平对待。在双方当事人看来,不仅在案件审理结果上要公平、准确、合理,完全符合实体法的规定和精神,而且还应当在立案、审理、执行过程中体现其公平性和合理性。为此,要坚持公检法三机关相互配合、相互制约的原则,充分保障当事人及其代理人、辩护律师的权利,要大力推进司法公开,通过公开来促进公正,从而让看得见的正义真正落到实处,体现好处。

其次。我们需要听得懂的公平正义,此处是指具体正义。法律不仅要让人遵守更要让人知晓，否则，法律就将成为纸面上的废物、专家们的玩物。同理，正义不仅要让人看得见，还要让人听得懂。如何做到让人听得懂呢？通过每一起个案的司法公开，通过每一次司法公开中的审理过程，通过每一次审理过程的规则阐释与程序宣示。它不仅是一种司法程序的展开，更是一种公平正义的展示。如此而来，司法公正才能真正体现在具体的司法过程之中。案件审理才能不游离于法定程序之外。公民的权利和法律的价值正是这样通过每一份司法判决得到具体确认和说明的。对每一位公民来讲，抽象的公平正义就这样在个案中生动而鲜活地体现为清晰具体的公平正义。

最后，我们需要摸得着的公平正义，也就是指结果正义，法律人称之为及时有效的正义。众所周知，迟来的正义等于非正义。一起旷日持久的马拉松官司，一个改来改去的“翻烧饼”式判决，既有可能把一个企业拖垮，更有可能将一个家庭拖得妻离子散、家破人亡，最后虽然赢了官司，但赢得的可能只是一张白条、一个数字。正如张高平叔侄案，十年之后的今天，一切原本的幸福均已无法复原；正如赵作海案，平反之后的家庭早已不复存在；正如佘祥林案，走出监狱见到的妻子再也不是原先的亲人……有鉴于此，习近平总书记强调指出，决不允许对群众的报警求助置之不理，决不允许让普通群众打不起官司，决不允许滥用权力侵犯群众合法权益，决不允许执法犯法造成冤假错案。从司法审判来讲，就是要让有理无钱的人打得起官司、让有理有据的人打得赢官司、让打赢官司的当事人及时实现权益、让确有错误的裁判依法得到纠正。

在推进法治中国的进程中，公平正义要像阳光雨露一样，既在我们眼前，也在我们身边；既在我们脑海，也在我们心头。作为法律追求的最高目标，作为法律进化的精神驱动力，公平正义对我们每个人来说，不仅是一种需要，更是一种必要。

原载《民主与法制》2014 年第 14 期

有一种解读是提问

在新闻报道中，解读是一种常见手法。既有新闻现场的描述，也有新闻事件的分析，又有新闻背后的评论，更有新闻热点的预测。

最重要的是，还有图片新闻的解读。尤其值得一提的是，关于书刊封面设计的解读。

这种解读往往是既有提问，也有反问，更有设问。

《民主与法制》杂志的封面设计，正是这种设计的标准风格。其解读都是由总编亲自撰文解读的，后来改由美编负责完成。

我们的“北”究竟在哪里？

——2011年第26期《民主与法制》封面解读

细心的读者可能已经注意到，今年的《民主与法制》杂志有了些许变化，其中之一就是封面设计。

从2011年第1期开始，从底色到构图，从图片到字体，从对比到区分，我们充分借鉴了国际著名品牌杂志的设计创意。但是，借鉴只是手段而不是目的。我们的目标还是希望通过自己的努力，创造自己的思路，打造自己的品牌。

于是，从第17期开始，我们从每期的“聚焦与专题”版块中凝练出一个字，作为该期封面设计创意构思的起点；

于是，我们看到了第17期（6月中旬刊）的“车”字、第19期（7月上旬刊）的“茧”字、第20期（7月中旬刊）的“医”字、第22期（8月上旬刊）的“看”字、第23期（8月中旬刊）的“标”字、第25期（9月上旬刊）的“开”字乃至本期（9月中旬刊）的“北”字；

于是，我们透过这些不同变形、别具一格的字而将诸如“事故车维修黑幕”“‘作茧自缚’的革新”“湘雅医院腐败窝案”“谁来看守看守所？”“杭标是怎样炼成的？”“司法公开进行时”“律师维权在北海”等重大选题，进行了有效而有趣的连接。

在本期，我们特别需要关注这个“北”字。说起这个“北”字，我们自然而然地会想到“找不着北”的意思。据说，其起源是因为北极星在地球的正北方，古人很早就发现人在迷路的时候往往可以通过寻找北极星来确定自己的方位。所以说“找不着北”，就是找不着北极星。如果连最容易找到的“北”都找不到了，那就连其他方向也找不到了。后来，“找不到北”就渐渐引申为做事情没有头绪，迷失了方向。

在我们看来，本期的“北”字至少有两个含义：

一是“法治江苏”的正确方向。从2004年7月《法治江苏建设纲要》出台，到今天的法治文化渐成江苏名片，以创建法治合格县（市、区）为载体，以“依法行政”“公正司法”“法制宣传”为三大引擎的“依法治国的‘江苏探索’”证明，江苏已经走出了一条可持续发展的区域法治之路，可以预计，“法治江苏”的建设经验必将为中国依法治国战略的实现，提供有益的借鉴与参考。

二是与“法治江苏”的正确方向相比，还有一个相反的例子，那就是北海市某些政法机关的迷失方向。中国律师的北海行动，首先是为刑辩律师维权，而为刑辩律师维权实际上就是为普通百姓维权。法律要保障每个公民都有“免于恐惧”的自由,就必须让每个公民都能享有不被刑讯逼供的自由,不被枉法裁判的自由和接受法律帮助的自由。但是,此次律师案发生至今,北海有关方面先是一口气抓了 4 位律师,后来又千方百计刁难律师团成员的“会见权”,后来竟然对围攻北海律师团成员的恶劣行径大事化小、小事化了,再后来连案件开庭日期也是一延再延。

一正一反,一前一后,由此通过本期封面变体的“北”,我们的疑问油然而生:我们的“北”究竟在哪里?为什么同是沿海的江苏,能够通过自己的实践探索找到正确的方向?为什么北海有关方面只是看到海却见不到北?难道公平与正义一到北海就迷失了方向?难道民主与法治一进入北海就要转向?

如此看来,找到“北”不仅是一个人的大事,更是一个团队、一支队伍、一个系统乃至一个地方的头等大事,所以,“北”就是方向、就是路线、就是目标,就是公平正义之路,就是科学发展之路,就是幸福平安之路。

可以说,能够找到北的人都是有方向感的人。那么,面对本期封面一个变体的“北”字,我们不得不自我反问:我们的“北”究竟在哪里?

“巡回讲坛”讲什么?

——2011 年第 28 期《民主与法制》封面解读

一个“讲”字,成了新一期《民主与法制》杂志的封面。一个看似简单的“讲”字,却包含了丰富的表达。

一张讲台,摆在我们面前,所要表达的正是我们今年刚刚开设的“民主与法制巡回讲坛”之初衷与创意。

“巡回讲坛”首先在于“讲什么”。按照我们的设想,“巡回讲坛”需要讲法、讲理、讲情。不论是已经颁布的法律还是新修订的法律,不论是宏观的法学理论还是特别的法理热点,不论是热点案件的情理还是敏感案件的道理,都将或必然成为巡讲的选题。

“巡回讲坛”的另外一层意义就是“怎么讲”。如果说“讲什么”是一个不难选择的问题,那么“怎么讲”就成了“巡回讲坛”能否具有吸引力的关键。

再有,更加关键的问题是“谁来讲”。毫无疑问,我们希望名家大师能够以更活跃的方式、更丰富的学识、更动人的语言为巡讲增光添彩。于是,当学识成为气度与风度,我们每一次聆听的演讲就会成为享受。

如此而来,这张讲台就真正地成了领略大师风范的讲台,感悟大家学识的舞台,追寻前沿思想的前台,活跃同行交流的平台。因为“讲什么”是必要,“怎么讲”最需要,“谁来讲”太重要。

“走”字应该怎么写?

——2011 年第 29 期《民主与法制》封面解读

一个“走”字,不仅成了《民主与法制》杂志最新一期的封面主题与聚焦专题,更重要的是呼应了今年 8 月以来中宣部、中央外宣办、国家广电总局、新闻出版署、中国记协等五部门对新闻战线开展“走基层、转作风、改文风”活动的重要部署。

这是一次具有中国特色的新闻实践活动,更是一次我们重新理解新闻使命与责任的学习交流活动。

在中国社会急剧转型的背景之下,在全球传媒急剧转轨的形势之下,“走基层、转作风、改文风”活动的开展,无疑将使我们更直接地回归新闻的本来意义,更清楚地看到新闻所具有的更为丰富的内涵。很显然,“走基层”是我们“转作风、改文风”的前提和基础,而“转作风、改文风”则是我们“走基层”的收获与成果。由此看来,“走基层”就成了此次“走转改”活动的关键之关键。

“走基层”,一定要走出去,走下去,走起来,要走在路上,走在现场,走在第一线。

“走”字究竟应该怎么写？这是包括政法新闻从业者在内的所有新闻工作者必须回答的一道课题。在我看来,只要用力,更要用心,自然能够写出一个实际、实用、实效的“走”字。

百年辛亥，我们读懂了什么？

——2011 年第 31 期《民主与法制》封面解读

作为辛亥革命百年纪念的聚焦专题，究竟是以阿拉伯数字“100”还是以中国方块字“百”作为封面文字设计，我们一直拿不定主意。经过再三思索，我们最终确定还是以“100”与“辛亥”两者的融合变体，作为本期封面的定稿设计。

首先，因为“100”这个普通的数字蕴含的意义绝非普通。从来没有哪个 100 年像这个 100 年一样，能够如此这般的惊心动魄、脱胎换骨、不可逆转。这个 100 年，既是辛亥革命的 100 年，也是民主共和的 100 年，更是中华民族伟大复兴的 100 年。可以说，在这个 100 年中，中华民族得到了 100 分这个满分。

其次，因为意味着两岸只有同心共荣、统一共振，才是中华民族的复兴之路。“1”后面的两个“0”，表明两岸的各自表述，最终必然还是需要通过“九二共识”而走向“1”这个人心所向的统一。孙中山先生曾经说过：“‘统一’是中国全体国民的希望。能够统一，全国人民便享福；不能统一，便要受害。”胡锦涛总书记说：以和平方式实现统一，最符合包括台湾同胞在内的全体中国人的根本利益。

最后，因为“100”之后的从头开始，常言说：“百尺竿头更进一步。”这正说明“100 年”之后的中国在“民主、法治”的道路上还有很长的路要走。

由此看来，对中华民族来说，这“100”绝不是一个简单的数字，而是一个曾经辉煌的过去，一个更加美好的未来。

立遗嘱能否成为一种文化?

——2011 年第 32 期《民主与法制》封面解读

一个“嘱”字,跃然而至,成了本期的封面形象。然而,让人奇怪的是,在我们的传统文化中,对于这个“嘱”字,似乎表现出了一种司空见惯、熟视无睹式的疏忽。

尽管今天的人们可以随口表达出“嘱”字具有“嘱咐、嘱托、叮嘱”之意,但古人却很少使用这个字,说明中国人轻易不愿意嘱托别人。于是,我们才能读到唐朝诗人孟郊在《伤时》中的“一生不爱嘱人事,嘱即直须为生死”的诗句。

本期专题为什么要以“嘱”字切入而聚焦“立遗嘱”这个让许多中国人尴尬而为难的问题呢?因为我们希望“立遗嘱”不仅要成为一种习惯,更要成为一种文化。

在我看来,这个“嘱”字至少应该包含三种意思:一是“嘱咐”,是长辈对晚辈、前辈对后辈、长者对后生的“嘱咐”;二是“嘱托”,因为事关家产、财产乃至知识产权等权属事宜,为了显示公平和效力,自然而然需要委托有关专业人士进行打理与处理;三是“嘱愿”,无论是涉及自己的亲人还是超脱的第三方乃至社会公益机构,立下遗嘱的人必然都希望自己的身后,少一些争议和纠纷,多一些平安与幸福。

因为事关嘱愿,所以,我们的祝愿显然也刹不住闸。那么,我们愿“嘱”常在!

为什么说提问是媒体人的天职?

——2011年第34期《民主与法制》封面解读

当岁月的年轮即将写下“2012”几个大字的时候,当时光的河流即将转向“2012”那个拐点的时刻,当历史的脚步即将叩响“2012”那座大门的时分,我们《民主与法制》自然而然要驻足回望一下“2011”这一年那些日子、那些事件、那些喜怒哀乐与酸甜苦辣……

于是,一个“问”字就从脑海跳到了我们眼前,就成了2011年第34期《民主与法制》杂志的封面创意,就成了《民主与法制》全体采编人员对2011年的回望与追问。

众所周知,提问是记者的天职。为此,面对覆车之祸,我们要追问;面对食品安全,我们要质问;面对民间借贷,我们要反问;面对慈善困局,我们要设问;面对“小悦悦事件”,我们要自问;面对微博热点,我们要询问……

从职业使命与制度建构上看,我们的“问”既是问题,也是问询,更是问责。我们希望,通过我们的“问”,民主的规则与程序更趋合理,民生的保障与救济更趋完善,权利的行使与表达更趋到位,法治的精神与信仰更趋深入人心。

通过“问”,在那扇通向“2012”的大门里,我们看到了一个大大的问号,我们期待着早日让那个问号变成欣慰而圆满的感叹号。

最好的总结是反思吗?

——2011 年第 35 期《民主与法制》封面解读

岁末年头,最易动人情怀。

此时此刻,我们必然要回望过去的春夏秋冬、日月星辰,我们自然会梳理以往的酸甜苦辣、喜怒哀乐。于是,从上一期的“问”到这一期的“思”,就成了我们《民主与法制》回望与梳理 2011 年全年主要事件与案件的关键词。

所谓“问”,开宗明义自然是“问责”。无论是“追问”还是“质问”,不论是“反问”还是“设问”,甚至是“自问”或“询问”,最后都是为了依法有效地“问责”。然而,“问责”毕竟只是手段而不是目的。因为所有的“问责”最终都是为了“反思”,都是为了事故不再发生,灾难不再重现。于是,“反思”就成了《民主与法制》2011 年最后的关键词。

延续了上一期犹如一扇门里的“问”字风格,本期关键词“思”字同样打上了一个问号。只不过这个问号是,通过上一期的“门”通向了本期关键词所追求的在每个人的心灵最深处。于是,打开心怀之后,我们打开了一扇明亮的窗,一扇能够将春夏秋冬湖光山色尽收眼底的窗。

于是,美丽而美好的 2012 年正扑面而来。

“打假还是假打”为什么成了问题?

——2012 年第 9 期《民主与法制》封面解读

一个貌似强大的“假”字横亘在我们的眼前,正如无孔不入的假货摇晃在我们面前。相比之下,那个拼尽全身力气、使出吃奶干劲而挥向“假”字的“打”,却显得如此弱小,那么无助。

这是本期《民主与法制》的封面创意,也是当下消费者打假的严峻现实。

1995 年,一个叫作王海的年轻人以自己的实际行动掀起了一场消费者维权风暴。从此,许多中国人开始知道了自己还有一个叫作“消费者”的身份,也开始听说了自己还可以以“消费者”的名义去维权,更开始明白了消费者权益保护与“3 · 15”之间密不可分的关系与缘分。

1983 年,国际消费者联盟组织把每年的 3 月 15 日定为“国际消费者权益日”。中国消费者协会于 1987 年 9 月加入国际消费者联盟组织后,从 1988 年开始,每年的 3 月 15 日,都要组织全国各地的消费者协会举办大规模的“国际消费者权益日”宣传咨询服务活动。

一年一度“3 · 15”,周而复始“3 · 15”,透过将近三十年的时光与历程,我们看到,每年“3 · 15”热热闹闹的背后是习以为常的维权困局,风风火火的另一面则是虎头蛇尾的节庆思维。于是,“打假还是假打”就这样成了一个问题。

当“打假还是假打”成了问题,说明了我们的法律还没有跟上。应当说,这些年关于消费者权益保护早已不是无法可依的时代了。相反,而是有法不依、执法不严的现象越来越严重了。多年来,假冒伪劣等质量违法行为打而不死、打而不绝,不仅给民众带来了伤害,也给许多名优企业、名优产品带来很大伤害。为此,执法一定要跟上。对那些故意违法、造成严重后果的,对那些屡教不改、屡查屡犯的,一定要严惩不贷,有的甚至要让他倾家荡产,使其失去从业资格。涉嫌犯罪的,则一定要坚决及时移送司法机关,追究其刑事责任。

当“打假还是假打”成了问题,意味着我们的制度还没有配套。比如质量信用信息收集与发布制度是否健全、企业质量信用档案和产品质量信用信息记录是否完备、质量信用评价体系是否建立,能否定期建立质量失信“黑名单”并向社会公开。同时,在立法上,是否应该考虑建立消费者公益诉讼制度、公益国家补偿制度或社会补偿制度。

当“打假还是假打”成了问题,表明了我们的理念还没有更新。我们的打假为什么会常常陷入那种“打了又假,假了再打”的怪圈呢?作为消费者的我们,是否也该有所反思呢?我们自己的一些不当消费行为和习惯,是否纵容了假冒伪劣的泛滥?我们在消费的时候,如果不能做到物美和价廉兼而有之,我们会习惯性地选择价廉的商品,而这种选择是否使得假冒伪劣有了可乘之机?我们常常在痛恨假冒伪劣产品坑人的同时,自己为什么又不自觉地买假用假,并且还为此沾沾自喜?

一个问号昭示了一种现实,描述了一种困境,寄托着一种期望。从“成都打假第一人”刘江陷入维权困局到现实中俯拾即是的争议,一系列的问题不禁油然而生:那些职业打假人究竟还能走多远?其个人利益与打假维权的公益性之间的分界线在哪里?在打假与假打之间的平衡点是什么?媒体打假与官方打假还能有何作为?

看了2012年第1期《民主与法制》刊载的《一个县委书记的狱中告白》一文,觉得这个县委书记“敞开心扉”的剖析,还是较为深刻的。不过,其中“再怎么限制县委书记的权力,最后还得靠他个人的道德力量约束”的一家之言,却是十分偏颇的论调。

记得有位心理学家曾经做过一个著名的“斯坦福监狱实验”。他把二十四名学生随机抽签,一半当“狱卒”,一半当“犯人”,结果在一周的实验中,“狱卒”越来越残暴,“犯人”越来越卑怯。可见,环境与角色对一个原本清白的人有着多大的影响力。其实这一切不就是不受控制的权力与失去保障的权利的产物吗?

现实生活中,大小官员落马的原因大同小异,最根本的一条就是手中的权力失去必要的监督和制约。众所周知,对于官员不是没有制度约束的问题,而是制度缺乏真正的执行力,要么成了写在墙上、说在嘴上的摆设;要么成了高高举起、轻轻放下的“三娘教子”;要么成了粗放式的“牛栏关猫”,其后果是不言而喻的。

为什么对“实名制”既爱又怕?

——2012 年第 10 期《民主与法制》封面解读

生活是一个万花筒,其中既有五颜六色的丰富多彩,也有五光十色的喜怒哀乐,更有赤橙黄绿青蓝紫的柴米油盐酱醋茶。

春暖花开时节,本期《民主与法制》的聚焦策划由此切入,选择了一个我们生活中的新话题——“实名制”。于是,本期的封面设计就此找到了灵感。

在万花筒的现实生活面前,我们无法回避这样一种现象:到银行开户、去网吧上网、上医院看病、购买手机卡、预订火车票乃至开微博发言,甚至买菜刀、购避孕套与检测艾滋病,都要毫无例外地实名了。于是,一张火车票、一部手机、一台电脑、一台平板电脑、一张身份证等等诸如此类的生活用品,就这样无孔不入地与“实名制”画上了等号。

一个“实”字屹立在我们眼前,既有现实生活之意,也有迎面而来的“实名制”之惑。对于“实名制”,本期的聚焦策划虽然冠名曰“实名制时代的怕和爱”,但实际上反映得更多的是“怕”。

一是怕自己的私人信息随处泄露,个人的隐私权无辜遭到侵犯。现在,推销电话四处响,垃圾短信满天飞,许多人不由自主地想到:我的个人信息是否成了商家案头的营销资料?我的家庭资料为何成了市井小人的偷窥窗口?其罪魁祸首难道是“实名制”吗?

二是怕自己的言论表达受到禁锢和束缚。本来,作为潜水员,作为围观者,正如无记名投票一样,可以自由地表达自己的真情实感,可以轻松地释放自己的酸甜苦辣,可以洒脱地宣泄自己的喜怒哀乐。但是,“实名制”来了,我无法评论了,我不能发言了,我难以表达了。

三是怕实际利益无法落到实处。近年来,伴随“一票难求”问题的逐渐升级,火车票“实名制”也成了每年春运讨论最多的话题。2012 年春运期间,原先只在部分地区试点的火车票“实名制”已经推广至全国多个重点地区。“实名制”的目的本来是遏制“黄牛”,但在现实生活中,这种制度是否真的能够做到“实至名归”?“黄牛党”真的能够绝迹吗?回家过年的人们真的能够实实在在地买到自己渴望的那张火车票吗?

当然,我们充分理解有关方面启动实施“实名制”的一千个理由与一万个想法。那么,如何才能让我们不“怕”?怎样才能令我们由“怕”转“爱”?毫无疑问,无论是什么“实名制”,不论是哪种“实名制”,都有其合理性和可行性。

就拿微博“实名制”来说吧！平心而论，许多网友的担心与恐惧并非空穴来风。作为一个网络化时代的新生事物，作为一个虚拟的空间，微博的匿名其实能够让网民更加轻松而自由地进行交流与沟通，可以暂时摆脱现实生活中各种莫名的烦恼。但是，随着微博“实名制”的到来，自然而然会在一定程度上降低个人言论表达的自由度。于是，有关专家为此提出了一些疑问：我们能否通过微博“实名制”对言论自由进行控制？我们是否需要对微博言论进行控制？

毋庸置疑，对言论自由进行一定程度的控制是必要的，因为绝对的言论自由是不可能的。问题是对言论表达的控制是否适度，这就需要官方在制定有关政策时合理权衡，即在言论自由价值与社会控制价值之间作出适当取舍。其实，我们也发现，凡是网上发言较为活跃者，都自动选择了“实名制”，并希望更多网友知道自己的真实身份。由此可见，“实名制”并非如此可怕。

同样，火车票“实名制”尽管还存在许多现实难题，但我们也不得不承认，这是有关方面向公平购票秩序和安全乘车环境迈进的开始。

至于有些网友担忧个人隐私的泄露，实际上银行也在泄露个人信息。实际上，这不是“实名制”本身的问题，而是“实名制”后的监管问题。

还有人担心公权力通过“实名制”而产生的滥用，这可能是每一个公民的最大担忧。那么，如何遏制公权力的滥用，当是推出“实名制”的公权力自身需要证明的关键问题。

“实名制”来了，从此，我们的生活又多了一种颜色。那么这是一种什么颜色呢？

谁能成为“好大一棵树”？

——2012年第11期《民主与法制》封面解读

酝酿了许久，琢磨了几天，讨论了多次，终于成就了本期的聚焦策划，然后也就确定了本期的封面创意。

当本期的封面真正成型乃至“社”字最后亮相时，浮现在脑海的是一首脍炙人口的通俗歌曲——《好大一棵树》。

那棵树脱胎于“衣”，形成于“木”，看似是“衣”上一点，实则是“木”上多片心形的树叶，成就了一棵大树。这棵大树覆盖着纵横交错的土地，滋润着肆意生长的小草，呵护着嗷嗷待哺的幼苗。动漫写意的人像犹如下一代未成年人群落。他们看起来脚踏实地，实际上是迈上了诺亚方舟。在浓荫的遮蔽下，在大自然的熏陶中，他们茁壮成长。

一个“社”字，就这样将500多个美丽而神奇的北京故事铺陈在我们面前：这是一些关于普通社工的往事，也是一桩关于司法社工的好事，更是一群关于少年司法社工的喜事。

“社工”，也称“义工”，还有称之为“志愿者”，这是一个来自境外、活跃于当下的新词汇。其大概含义是说，遵循助人自助的价值理念，运用个案、小组、社区、行政等专业方法，以帮助有关机构和他人发挥自身潜能，协调社会关系，解决和预防社会问题，促进社会公正为职业的专业工作者。社会工作是政府主导、社会力量广泛参与、以为民解困和助人自助为宗旨、以科学的理论和方法为手段的专业性、职业化的社会服务工作。

与其说它是一个新词汇，还不如说是一种新生事物。

有人说，它是一项事业。从最初的施舍、慈善行动发展而来的社会工作一开始就带着鲜明的助人的特征，最后成为一项充满爱心的崇高的事业。

也有人说，它是一种专业。为了培养具有社会工作专门知识和技能的人才，许多国家都在大学里设立了社会工作学院或社会工作系，培养社会工作的学士、硕士和博士。我国于1988年下半年开始初建社会工作专业，目前，社会工作属于社会学学科下的一个分支学科。

还有人说，它是一种职业。虽然至今尚未从原有的职业分类体系中分离出来成为一种专门的职业，但其专业服务已经开始从传统的职业框架中逐步扩展开来，并逐步分化成当下各具特色的社会工作者这样一个新职业。

更有人说，它是一种制度。随着社工组织化、机构化、专业化的形成，其渐渐被纳入现代社会的制度系统中，成为一种贯彻政府福利政策、确保社会稳定不可或缺的制度。为此，北京等地正在探索建立社会工作委员会之类的专门机构，以完善社工制度的推行与普及。

那么，少年司法社工又是做什么的呢？

出现在本期聚焦策划中的所有社工告诉我们，少年司法社工是以自己的法律、心理、社会、教育等专业知识来帮助别人的人。在我看来，他们不仅在用心、用情、用力帮助那些一不小心、一不留神、一不注意就走了岔路、走了弯路、走了小路的少年，重归大路、重返社会，而且还在丰富与完善着我国的少年司法制度。

正如有关学者所总结与概括的那样，少年法官的角色类似于医生，负责诊断和开具药方。而少年司法社工的角色类似于检验人员、护理人员，他们负责为医生的科学诊断提供参考依据，同时也具体负责病人（罪错少年）的矫治与康复护理。

可以说，每个少年的违法犯罪都是一种人生的意外。对此，我们的少年司法制度需要一种例外处置的胸怀与眼光。否则，他们就有可能被推向边缘，成为社会的编外人员。因此，在实践中，如何整合司法和社会资源，将教育、感化、挽救的少年司法原则做到最好，成了少年司法人孜孜以求的目标。

于是，挽救那些误入歧途的孩子，帮助那些面临困境的孩子，启迪那些迷茫困惑的孩子，不仅需要我们伸出温暖的手，更需要全社会像一棵大树一样为他们遮风挡雨。

“好大一棵树，绿色的祝福。你的胸怀在蓝天，深情藏沃土”。

“直推公选”如何奔向理想的彼岸？

——2012 年第 12 期《民主与法制》封面解读

一个形如梯子的“直”字跃入我们眼中，一副由“直”字变形而成的梯子矗立在我们眼前，一片从“直”字起步并通过直梯顶端跃向明天的彩虹展现在我们眼帘。面对今天的现实与灿烂的前景，无论是市民还是居民乃至村民，最终都作为公民与选民在感动、在欢呼、在仰望。

这正是本期《民主与法制》通过聚焦策划“公推直选进行时”而提炼成型的关键字——“直”。

所谓“直”，大概含有不弯曲、把弯曲的伸开、公正合理、爽快、坦率、连续不断、与“横”相对应等诸如此类的字义。而本期《民主与法制》所要表达的“直”字，则主要是指见证与记录“公推直选”的改革成果。

官方认为，作为近十年来党的建设中具有标志性的创新成果之一，也作为基层党内民主建设中一种新的选举民主模式，更作为未来政治体制改革的一种探索创新，“公推直选”制度对党内选举制度的改革，对候选人提名制度和选举方式的改进，对基层党组织领导班子直接选举范围的逐步扩大，具有重大的开创性意义和历史性意义。

何为“公推”？“直选”何为？“公推”是指党员和群众公开推荐基层党组织领导班子成员，目的是增进基层党组织领导班子的合法性基础；“直选”是指党员直接选举基层党组织书记、副书记，从而给每一位党员提供了一个自由选择的机会，目的是更好地体现选举人的意志。这种体现党员主权思想和运用社会认同系统的选举制度，完全符合社会主义民主政治的发展方向。

24 年前，深圳市民政局通过“公推直选”，选举机关党委书记，拉开了党内民主的序幕。此后，江苏、重庆、浙江、四川等多省市都前赴后继，先后通过“公推直选”，对党内民主进行了有益的探索。本期“聚焦策划”所反映的北京社区公推直选盛况与四川成都新都区十年前的成功探索告诉我们，“公推直选”经历了“敏感事项”（即只做不说），到后来的“讨论事项”（即多做少说），再到后来的“正常事项”（即又做又说）等三个发展阶段。据媒体披露，在这个过程中，“公推直选”始终没有离开过高层决策的视野。可以说，“公推直选”是高层指导与基层探索良性互动的成功范例。

在我个人看来，“公推直选”无疑是一种参与权的训练、知情权的丰富、表达权的提升、监督权的完善等现代民主法治元素的综合见证。

正如新近出版的一部畅销书《民主不是说着玩的》所述，民主发展的过程不是空洞地喊口号的过程，民主确实需要实践、需要探索、需要发展。可以说，如果没有民主的训练，那就只能纸上谈兵；只有经过民主的操练，才能一步一步推动我国民主政治向前发展。当然，“公推直选”最具深意的地方，在于这一制度背后所蕴含的推动基层党内民主的制度空间和系列制度设计乃至实践需求。

有关专家认为，“公推直选”能否达到制度设计的预期效果，取决于与此相关的制度是否健全，取决于整体制度环境的支撑，决定于选民的参与热情与责任意识。只有充分发挥多种民主制度叠加的效应，“公推直选”的作用才能充分体现出来。

从这个意义上说，“公推直选”与其说是一种民主参与方式的创新，还不如说是一种民意直达；与其说是一种民主选举方式的探索，还不如说是一种民情直通；与其说是一种民主监督方式的补充，还不如说是一种民心直抒。所以，无论是乡村还是城区，不论是党内还是村务，不管是刚刚开始探索还是已经逐步成型，“公推直选”已然像星星之火正成各地燎原之势，如点点白帆各显其能奔向理想的彼岸。

还是李白诗句描述得更明白，“长风破浪会有时，直挂云帆济沧海”。于是，由一个“直”字代表的“公推直选”将系上耀眼的彩虹，挂上绚丽的风帆，一往直前，奔向明天的彼岸。

谁能逃出如来佛的掌心？

——2012 年第 13 期《民主与法制》封面解读

打开本期封面，展现在各位读者眼前的是一张非常特别而又颇具解读价值的地图。

这是一张极富形象的地图。地图的中央是一个看起来像“兆”、像“北”又像拳的两个头像，地图的左下角是一个行色匆匆、慌慌张张奔逃的人，这个人与地图的西南边线连接为一个“走”字偏旁。于是，一个夸张的“走”字与一个变形的“兆”字相结合，就组合成了一张“逃”字特型地图。地图的背景是包含美国与加拿大等国的北美洲，地图的左上角是一双警惕的眼睛，右上角则是一副我自岿然不动的表情。

这是一种极具深意的威慑。从这张地图上可以看出，贪官们逃亡的目的地国家主要是美国、加拿大等西方发达国家，但这注定是一条永远找不到“北”的路，也是一条永远没有好“兆”头的路。任凭你逃往哪里，不管你逃走多久，在法律的铁拳下，在政策的感召下，最终你都要面对无情的惩罚。正可谓“逃得了初一，逃不过十五”。所以，那双形似墨镜的眼神绝非指向法律的盲区，而是一副聚焦跟踪的望远镜与千里眼。哪怕贪官逃到天涯海角，哪怕贪官藏身丛林荒岛，千里眼都能将其收入眼底，抓获归案。

这是一个急需关注的问题。据报道，过去十多年来，逃往北美和欧洲等地的中国腐败官员与国企负责人高达 1 万多人。随之而来的就是资本外逃，据不完全统计，他们携带出逃款项已达近万亿元人民币。在外逃贪官名录中，我们看到的是一个个曾经手握重权的党政高官，一个个曾经大手大脚的国企老板，其中还有鲜有公开报道的诸如前云南省委书记高严这样的封疆大吏。可见，贪官外逃已经成为中国政府一个必须解决的重大问题，甚至是一个已经影响到民心向背的严峻问题。本期聚焦策划所反映的主题指向正在于此：形形色色的贪官究竟是如何逃亡国外的？我们的法律是如何应对那些贪官外逃的？那些贪官们是选择继续潜逃还是早日回国自首？我们的制度设计怎样才能做到让那些贪官无路可逃？在我看来，与其说这是本刊的选题，还不如说是国家的难题。因为我们聚焦贪官外逃之路正是为了寻找司法追逃之策，我们关注贪官外逃之众正是为了解决法律应对之惑，我们研究贪官外逃之时正是为了预防前腐后继之法。如果说官员贪腐是一个世界性问题，而如何反腐则是一个全球性难题，那么国与国之间如何协调打击贪官外逃，更是一个普遍性课题与命题。对我们中国来说，将更需要下大力气、下硬功夫，去研究、去打击、去预防。

以余振东被引渡回国为起点，以赖昌星被遣返回国为高潮，中国打击与惩罚贪官外逃，深入与拓展境外追逃，不断加大力度，不断扩大合作，终于取得了今天这样既有原则性又有灵活性更有合法性的可喜局面。

世界就这么大，地图就这么小。贪官外逃，看你往哪里逃？境外追逃，千里眼将你搜、把你找。即使你可能暂时逃之夭夭，但最终还是无路可逃。与其这样，还不如回归国门，乖乖举手告饶。

从这个意义上说，本期的封面与其说是一张地图，还不如说是一只手掌。芸芸众生，谁能逃出如来佛的掌心？何况攫取人民血汗与国家财富的贪官？

条条大路通北京吗？

——2012年第14期《民主与法制》封面解读

像一条道路，如一根纽带，似一个网络，经过相交、相连乃至相会而组合成了一个象形的汉字“交”。于是，这个“交”字就成了新一期《民主与法制》杂志的封面设计。那么，在这个封面设计中，“交”字顶端的天安门城楼究竟意味着什么？“交”字背后的地图到底具有怎样的含义？“交”字中央的两人相握又将作何解读？

按照中国文字的解释，“交”的含义非常广泛，既有“付托、付给”之意，也有“相错、接合”之说，又有“互相来往联系”之义，还有“与人相好”之解。

本文所要强调的含义、本期原本策划的专题，只是其中“互相来往”乃至“与人相好”之义。在本期的策划中，“法律人的公共外交”就此特别诠释了其广泛而丰富的含义。

一个“交”字，形象地表达了“法律人的公共外交”是一条不可或缺的道路。无论是官方外交还是民间外交，法律人的公共外交同样不可缺少、不能没有。过去有一句话叫作“条条大路通罗马”，在本文中，我将其改为“条条大路通北京”。我们看到，在不断的循环中，在循环的交往中，在交往的走向中，最后必然是殊途同归，自然是象征着北京的天安门城楼那个方向、那个目标、那个顶峰。

一个“交”字，直接地表现了“法律人的公共外交”是一根不能没有的纽带。不论是跨越大洋的远隔万里还是近在咫尺的隔壁邻居，无论是源远流长的世交与故交还是刚刚破冰的初交与面交，不管是超越意识形态的睦邻友好还是你中有我我中有你的战略合作伙伴，都需要“法律人的公共外交”。因为“法律人的公共外交”，最具理性，最讲客观，最有眼光。所以，以地图做背景，让地球成背景，意味着中国人胸怀全球、拥抱世界的雄心壮志和战略眼光，在“法律人的公共外交”下交相辉映。

一个“交”字，深入地表述了“法律人的公共外交”是一个不容忽视的网络。地球就像一个村，你是我的邻居，我是你的亲戚；世界就是一张网，你是我的坐标，我是你的指南；人类就如一种情，你与我相连，我与你相会。正如任何官方外交都是从民间外交开始，任何破冰之旅都起源于民间外交，任何重归于好的背后都有民间外交的影子，“法律人的公共外交”就是其中最活跃、最繁忙、最有效果的民间外交。无论是中美建交还是中俄深交乃至中日近交，都是如此，必然如此。两个人的深情相握是一个方向，而客套相握也是一种需要。

于是,带着这样的构想,含着这样的深意,我们将“法律人的公共外交”聚焦于我国老一代法学家、中青年学者乃至中国法学会这样的人民团体、群众团体、学术团体,放眼于全国政协外事委员会这样高层而专业的专家智库,触目于热爱中国人民、关注中国文化、重视中国声音的国际友好人士。

因为不断壮大、不断发展的中国,同样是世界的一员、地球的一角、宇宙的一点,与其他国家不可分离、不可分割。所以,从交往到交情,正是“交”字的最好写照,而“法律人的公共外交”正是其中不可或缺、不能没有、不容忽视的一笔一画。

是谁让我们成了“透明人”?

——2012年第15期《民主与法制》封面解读

一个尴尬而难堪甚至有些模糊的“透”字,作为新一期聚焦策划的选题“尴尬的透明人”,登上了新一期《民主与法制》杂志的封面。

在这个封面设计中,我们看到了这样的创意与构思:曾经密不透风的个人世界在社会的流言碎片攻击之下,已经开始露出越来越多的缝隙;曾经秘而不宣的个人秘密已经被无限放大而成了人们茶余饭后关于“肚皮”之类的谈资,更成了人们众目睽睽的看点。

于是,一个本该完全属于自己的秘密却被外界广而告之,一个原本只是属于自己的隐私却被置于光天化日之下,一个本来只有自己才能使用的个人信息却被当成了商品在市场上进行私下交易。

毫无疑问,这对任何人来讲都是一件极其尴尬的事情。于是,一个正常人就成了我们眼前“尴尬的透明人”。

我们之所以说是一种尴尬,一是因为我们的私密竟然均被无谓地公开化了。比如我们的姓名、QQ号、手机号、银行账号、工作单位、家庭住址、身份证号码等个人信息,均已无一例外地被社会广而告之了。有人发现,甚至连自己刚出生孩子的性别和出生时间,自己房子的户型、面积和朝向,购车时间、车型、发动机号和底盘号等私密情况都已经被了如指掌。

我们之所以说是一种尴尬,二是因为我们的私权竟然均被公权力堂而皇之地疏忽、泄露乃至侵害。因为公权力的无形之手,因为公权力导出的形形色色“实名制”,致使每个人的一言一行均被袒露于“透视镜”之中,一举一动均被置于无所不在的“玻璃屋”之内。

我们之所以说是一种尴尬,三是因为我们的个人信息竟然被非法买卖。从我们现实生活中屡禁不绝的垃圾短信到电话营销骗术,再到网上银行大额资金失窃,均与个人信息被非法买卖直接相关。人们因生活、工作而留下的个人信息,都容易被集成于一个信息资料库,进而成为一种牟利的资源——刚买过房,装修、家具推销的短信电话就尾随而来;刚买过车,与汽车相关的服务广告也不期而至;只要在电信、银行、保险、证券、信托等机构留过信息,相应的营销广告即闻风而来。

如此而来,一个更加矛盾的现实摆在我们面前:一边是形势越来越明显的“透明社会”潮流,一边又是我们的个人信息安全和隐私保护常常难以保障。

但是,作为隐私权的一部分,作为一种“无形财产”,甚至可以说是作为一种人权,个人信息的保护乃至防止商业和公权机关的滥用已经刻不容缓。其中至关重要的是,作为《政府信息公开条例》“基础配套设施”的《个人信息保护法》,有必要尽快从幕后走向台前。

但是,从2005年我国第一部《个人信息保护法》启动立法程序到2008年该草案呈交国务院乃至十一届全国人大常委会立法规划并未列入该法,从2008年5月1日《政府信息公开条例》的正式生效,使“纸面之法”开始向“生活之法”的转化,到2009年2月28日第十一届全国人大常委会第七次会议审议通过《刑法修正案(七)》,使侵犯公民信息安全的犯罪惩治开始进入司法实践,说明个人信息的保护还有很长的路要走。

另外,还有一个更加矛盾的现实尴尬摆在我们眼前:一边是普通人越来越“透明”,一边却是许多本该更透明的领域还在灰幕之中。所以,如果没有完善的个人信息保护法,也就很难在政府信息公开与个人信息保护之间找到一个合适的平衡。

或许尴尬还将继续,矛盾还将维持,但是,有一个共识必须坚持:信息时代,公民个人信息安全与否,绝不是一个人的事,而是事关公民安全、法律尊严、社会稳定的大事。

是“前车之鉴”还是“后顾之忧”？

——2012 年第 16 期《民主与法制》封面解读

一条路，一把法槌，一双眼睛，组合成了一个“后”字，也表现了新一期《民主与法制》选题——“刑诉修法的后时代”。

对于刚刚修改通过的新刑诉法，我们应当“怎么看、怎么说”，固然不是一个简单问题。但是，“怎么用”才真正是一个非常重要的问题，甚至可以说是一个难题。

为此，我们本期的封面设计选择了内涵丰富的“后”字及“后”的繁体字“後”作为创意和期待。我们希望无论如何理解新刑诉法，最后都是殊途同归的一条阳光大道，我们希望在一把法槌的权力行使下实现公平公正。

那么，通过本期封面上那个被撕开的口子展现的那双眼睛，我们希望看到一个什么样的“后时代”？

新刑诉法的立法成果还要看实施后，这是每位公民首先关注的看点。古人云：“徒善不足以为政，徒法不能以自行。”刑诉法素有“小宪法”之称，它与我们每位公民的人身自由、人身权利、民主权利和财产权利息息相关，是与公民宪法基本权利关系最密切的一部法律。“保障人权”首次被写入刑诉法，“惩罚犯罪与保障人权并重”则成为此次大修的精神主旨。显然，这正是我们不断追求、不断努力的成果。但是，能否实现、能否落实还要看真正实施后。正如笔者曾经发过的一条微博所言：“服务质量怎么样看售后，教学效果怎么样看考后，做官政声怎么样看走后，为人口碑怎么样看人后，爱情前途怎么样看婚后，军事指挥怎么样看断后，政策举措怎么样看会后，社会治安怎么样看夜后，民主法治怎么样看台后，历史地位怎么样看死后。”新刑诉法的立法成果怎么样，还要看 2013 年 1 月 1 日之后。

新刑诉法的立法效果还要看细化后，这是当初每位质疑者担忧的看点。毋庸讳言，刑诉法修订所要求的重要性与其“小宪法”大修的紧迫性往往很难兼顾。于是，发生在立法部门、学者、律师、实务部门（法院、检察院、公安机关）之间对于保障人权、刑讯逼供、公民沉默权、管辖范围等诸多方面长时间的争议与质疑，就丝毫不奇怪了。由此可见，修法之难其实不在于技术之争，而在于理念之辨。因为它不仅是惩罚犯罪与保障人权的权衡，也是权力与权力的博弈。为此，在肯定新刑诉法进步意义的同时，我们也清醒地看到，这部新法因为相互间的博弈而留下了不少口子，比如因为“有碍侦查”“无法通知”等规定引起的“秘捕条款”猜疑和争议，还需要立法解释与司法解释来明确细化。从这个意义上说，修补修订过程中留下的口子与漏洞，则是司法机关随之而来的重要任务。

新刑诉法的立法结果还要看司法解释后，这是每位法律人关注的看点。近年来，出现在公众眼前的杜培武案、佘祥林案、赵作海案、躲猫猫案，在社会上都曾经引起了强烈反响。这些案件的发生不仅凸显了司法理念的滞后，更反映出法律制度上的缺陷。许多人一定还记得 1996 年刑诉法通过之后公检法各部门分别作出的“规定”和“通知”所带来的前车之鉴。各部门在各自的解释中，都不同程度地将立法时被否定的各家主张，以司法解释或规则的方式又塞回其中。于是，就出现了自己为自己设定权力而挤占律师权利和被告人权利的矛盾尴尬。由此，才有了 1998 年由全国人大常委会法工委出面协调而发布的“六部委规定”，才有了 2007 年颇具针对性的“两个证据规定”。前车之鉴是为了后车之戒，我们中国人一定都读过唐朝杜牧的《阿房宫赋》：“秦人不暇自哀，而后人哀之；后人哀之而不鉴之，亦使后人而复哀后人也。”所以，如何防止“二次立法”，当是所有法律人需要警惕的动作。否则，将后患无穷。

人生的境界其实就在于“后”，还是《大学》说得好：“知止而后有定，定而后能静，静而后能安，安而后能虑，虑而后能得。”

让我们一起用期许的眼光来期待“刑诉修法的后时代”吧！

诉讼困局"困"住了谁?

——2012年第17期《民主与法制》封面解读

本期《民主与法制》将聚焦的目光对准了一个非常特殊、极其复杂的案件。严格意义上说,这不是一个案件,而是一系列案件。

现在,这个案件陷入了诉讼困局。

这是一个什么样的案件呢?

通过本刊特派记者前往广东亲临实地的采访,通过本刊记者采访之后描述的"尾矿坝之溃""石花地之谜""《公司法》之惑""司法难以承受之重",我们看到了这样一个集团诉讼。

与其说这是一个集团诉讼,还不如说是一个诉讼困局。

于是,一个案件数量计2502宗、原告人数千余名、诉讼标的达4亿余元的诉讼困局,就这样摆到了一个县级市法院面前。可以说,无论是案件数量还是原告人数或者索赔标的乃至案情复杂程度,此案都达到了新中国成立后同类案件的历史之最。

同样,一个实实在在的"困"字也摆到了我们面前。

以溃坝决堤之后的洪水呼啸作为背景,失去亲人和家园的悲恸欲绝之后木刻版的表情作为底色,组合成了一个有黑有白的"困"字。面对这个"困"字,面对这一现实,法槌似乎也无法敲响。

一般来说,所谓诉讼,是指法庭处理案件与纠纷的活动过程或程序。在中国人的传统观念中,"诉讼"一词是由"诉"和"讼"两字组成的。何为"诉"?"诉"即叙说、告诉、告发、控告;而"讼"则有争辩是非曲直之意。两个字连在一起即为向法庭告诉,在法庭上辩冤,互相争辩是非曲直。从法律角度看,"诉讼"就是国家专门机关在各方诉讼参与人的参加下,依据法定的权限和程序,解决具体案件的活动。

过程也好,活动也罢,现在统统都形成了难题,变成了困局。

那么,这个诉讼困局究竟困住了谁?

首先,困住了本案的原告,困住了失去亲人或家园的原告,困住了无法明确举证的原告,困住了急于得到赔偿的原告。

其次,困住了本案的被告,困住了愿意赔偿但不愿意不分清责任赔偿的被告,困住了愿意赔偿但不知该由谁来赔偿的被告,困住了急于解决问题的被告。

最主要的是，困住了本案的法官。上千个原告、几千份法律文书、几十次会议、几十次走访、几万份资料、几十万个数据，对谁来说，都是一个头痛的问题。而对法官来说，需要分清是非、厘清归属、明确责任，更是一个难办的问题。

为何“困”？何来“困”？

显然，因为取证困难，因为事实困扰，因为法律困惑，才造成了今天我们所见的诉讼困局。

由此，我们需要对诉讼的功能与目的重新进行思考。按照法律的本意，诉讼的功能不仅限于对过去发生之历史事实的发现，而更要通过诉讼的过程建立起过错与责任，从而向公民传递一种应当如何行为的信息。

但是，通过本刊记者的采访发现，尽管诉讼是解决纠纷的一个渠道，但并不一定是唯一渠道或者说最好渠道。同样，对于本案案情如此复杂、取证如此困难的群体性事件，通过诉讼渠道来解决问题，显然时间还很漫长、程序还很繁琐。

那么，还有更好的办法吗？如果变对抗为对话，改辩论为妥协，走出法庭解纠纷，跳出案子化心结，可能是一条值得借鉴与探索的道路。

如此而来，“困”将不再。

“四手联弹”的样本意义是什么？

——2012 年第 18 期《民主与法制》封面解读

翻开本期《民主与法制》杂志，赫然在目的是一个与农村有关、和农民相连的“乡”字。

一个简单而简洁的“乡”字，究竟意味着什么呢？一个看起来既像一条盘山公路、又像一条乡间小道、还像一片山乡梯田、更像一条水乡溪流的“乡”字，到底要告诉我们什么呢？

在我个人看来，这个“乡”字意味着我们关注的目光已经开始聚焦农村的社会管理创新话题。

众所周知，改革开放 30 多年来，中国农村经济社会格局和利益格局发生了深刻变化，家庭联产承包责任制的生产方式让农民的自由性、流动性大大增强。同时，我们也注意到，市场经济体制在解放农村生产力、解放农民的同时，也在某种程度上“解散”了农民。农村社会的松散状态让农村治安和信访问题、共同富裕问题、村民自治机制不完善问题等一一凸显出来。由此可见，中国最基本的问题还是农业、农村、农民问题，最基础的问题则是民生与民主问题，而这正是当下社会管理创新所需要解决的问题。那么，农民的民生与民主问题如何解决呢？

通过本刊记者的所见所闻，我们欣喜地看到，来自河北肃宁的探索创新表明，他们找到了一条大路，找出了一条好路。这条道路就是由综治维稳组织全覆盖、基层民主组织全覆盖、党的基层组织全覆盖和经济合作组织全覆盖即“四个覆盖”组合而成的“四手联弹”，就是党和国家领导人高度评价、当地农民心情舒畅的“肃宁样本”。

这个样本告诉我们，他们通过“四个覆盖”的创新模式，让农民在当家作主中学会了民主，在经济合作中实现了共富，在社会参与中共享了和谐，形成了一条新形势下加强农村社会管理的新路子。

因为“四个覆盖”的积极推行，让农民腰包鼓起来的同时，也让农民真正实现了当家作主；因为“四个覆盖”背景下民主运行机制“三议一行一监督”的正确实施，彻底改变了过去群众想参与没机会、想决策没权力、想表达没渠道、想监督没办法的“半截子民主”，真正激发他们的主人翁精神；因为“四个覆盖”推行后形成的“3 + 1 维稳模式”真正“让农民自己帮自己、自己管自己，有事大家管、有情况大家帮”；因为“四个覆盖”的良好效应，农村治安案件下降了，刑事案件下降了，农村信访案件下降了，更值得欣喜的是，全县 253 个村中有 220 个村已经实现了“零信访”。

由上可见，所谓“肃宁样本”，就是村民知情权、决策权、监督权的落到实处，就是矛盾纠纷排调机制、个人诉求表达机制、村民民主参与机制的落到实处，就是农民民生、民主、民权问题的落到实处。

60 年前，费孝通先生曾经通过《乡土中国》一书的写作开始对中国进行社会结构分析的尝试，还曾试图在理论上总结并进行实地研究，以构建中国社会特有的乡土伦理体系。有学者认为，如果说其《江村经济》侧重讨论社会制度变革，那么《乡土中国》则在探讨与之相匹配的社会道德。60 年后的今天，如果费孝通先生还在世，或许同样会将河北农村的探索实践纳入自己研究的视野。

言及于此，笔者竟然发现，本期封面展现的与其说是一个“乡”字，还不如说更像一个包含“民生”与“民主”之意的英文字母“M”。当然，笔者更愿意将这个“乡”字演绎成一叶风帆。

如此而来，“肃宁样本”将扬帆起航，推向全国。

当我们老了的时候是什么样子？

——2012 年第 19 期《民主与法制》封面解读

如果有人问你，有一个谁也无法回避、谁都不能躲避、谁都难以规避的问题，究竟是什么问题？你将如何回答？

你不能顾左右而言他，你也不可答非所问，你更不敢说与你无关。

因为这就是我们每个人都要面临的“将来我们如何养老”问题。不管你是伟人还是凡人，不论你是高官还是百姓，无论你是男人还是女人，你都有老了的时候，你都有养老的问题。

在我看来，与其说这是一个问题，还不如说这是一个难题。

现在，这个难题已经摆在我们中国人面前，也摆在我们新一期《民主与法制》杂志面前。

此时，这个难题已经演变成一个寓意深刻的象形字“老”字，在期待我们的解读。这个“老”字与封面上或快乐起舞、或行动不便、或期盼未来的老年人，组合成了人口老龄化的现实，正等待我们的政府乃至全社会解决——“将来我们如何养老”？

如何理解？怎么解决？

首先，能否形成“老有所养”是我们养老的基础。封面上那个由坚固的混凝土结构与错落有型的砖墙形成的“老”字，告诉我们一栋崭新而牢固的老年大厦已经建成。同时，我们的设计创意试图说明，类似养老院、老年公寓、敬老院、疗养院乃至养生基地之类的建筑物，正是我们“老有所养”的物化标志。但是，根据我国目前的国情，大部分的中国老年人无法进入社会养老机构安享晚年，还是要依靠家庭与社区。在计划生育政策影响下的家庭结构变化又使得传统家庭养老模式逐渐衰退。在此背景下，社区养老模式应运而生。可是，作为一个新生事物，在法律的界定与规制上尚存欠缺。如何解决？谁来解决？何时解决？

其次，能否做到“老有所依”是我们养老的前提。封面上中间那位女子，或是老人的晚辈，或是养老机构工作人员，正在推着行动不便的老人进行活动，而这正是老年人“老有所依”的基本标志。无论是我们传统文化中的“养儿防老”还是本期聚焦中所介绍的香港“以房养老”，这一切无不说明，“老有所依”才是我们养老的前提和条件。其实，不论是古代还是今天，养老的条件是否具备均来源于人的问题，其中最主要的是钱的问题。在今天看来，就是养老金的问题。那么，我们的养老金在哪里呢？如何实现养老金零缺口？

再次，能否达到“老有所乐”是我们养老的目标。通过本刊记者乃至本期聚焦的观察，我们注意到，无论是已老的长辈还是未老的晚辈，都有一种莫名的困惑。现在，靠国家财政的公务员说要延迟退休，而靠缴纳养老金的人们却面临工资的涨幅总是跑不过楼价和CPI的步伐。我们的未来在哪里？我们的快乐在哪里？我们的后顾之忧是什么？我们的心头之患是什么？只有解决了这一切现实问题，才能算是真正的"老有所乐"。可见，封面上那对翩翩起舞的老人，或许不是我们的现实，但希望是我们的未来。

最后，能否实现"老有所盼"则是我们养老的境界。只有在解决了"老有所养""老有所依"乃至"老有所乐"问题之后，才能算是进入了"老有所盼"的境界。那么，这个境界是什么呢？是封面背景的灿烂夕阳与满天晚霞，是如一首诗所描写的那个充满诗意的境界，是封面上那对相互倚靠笑看未来的老年夫妻眼眸中那个浪漫美丽的意境：

当我老了，头发白了，睡思昏沉，炉火旁打盹，
你仍将在我身边，紧执我手，
与我一起守着暮年华光，温柔相对
——我们终于，与子偕老。

合理怀疑是一种法律思维吗?

——2012 年第 20 期《民主与法制》封面解读

一个红色的问号,一个由两个面面相觑的人头像组成的问号,一个以密布的疑云与若隐若现的女性身体为背景而衬托的问号,成了新一期《民主与法制》杂志的封面创意。同时,一个可以质疑、值得怀疑、需要存疑的问题,也自然而然地摆到了我们面前。

这个问题是什么呢?

通过本刊记者的观察与采访,“本期聚焦”栏目撷取了几个“强奸疑案”,从而将“嫖宿幼女”与“强奸”两个罪名之争及强奸案定罪的证据采信与事实判断,作为一个问号,更作为一个问题,交给了我们的读者。

强奸罪,是一个有时让人喋喋不休、有时叫人欲说还休的话题。为什么呢? 一是因为涉及男女私情乃至爱情;二是因为定罪量刑的证据往往单薄而孤立。其中,证据往往只是被害人一方的言辞证据。况且,这个言辞证据还经常会发生前后不一、摇摆不定的情况。

出现在本期《民主与法制》杂志的老刑警 30 年强奸案难解之疑与大学同学间强奸案之惑,正是属于这种情形。对此,当事人当然不解甚至不服。作为法律人,我们同样有理由提出质疑、表示怀疑。因为在法律人的嘴里,永远不能说一个人是否有罪,而只能说在证据上是否能证明一个人有罪。凡是证据能够证明的即视为存在,证据不能证明的将视为不存在。

对法律人来说,质疑是一种基本素质。面对立法的空白与疏漏,面对司法的缺位与乱象,面对公权的肆意与妄为,法律人必须站在法律的高度,立足法治的角度,提出质疑,摆出问题,从而起到建言献策的作用。

对法律人来说,怀疑是一种职业天性。对于具体的个案,法律人应当就程序是否适当完备、证据是否确实充分等问题,提出意见,表示怀疑。正如一位刑事法官所言:“善于怀疑、合理怀疑应是刑事法官的天性,诉讼的过程就是一个使法官‘排除合理怀疑’的过程,只有当合理怀疑被排除时,才能定案,因此刑事法官应该树立善于怀疑的疑问性思维。”于是,具体到个案中,案件是否属于本院管辖,刑事被告人席上的人是不是本案作案人,出示的证据是否具有证明效力,以及起诉指控的事实是否成立等,均是法官的怀疑对象。

对法律人来说,存疑是一种判断能力。当证据出现瑕疵、程序暴露问题、案件产生疑问,就需要我们将疑问作为一种方案带入解决预案。于是,“疑罪从无”而不是“疑罪从轻”,就不仅仅是一种法律常识，更是我们解决存疑的一种共识。

一个红色的问号，表明积重难返的问题摆在我们面前，警醒我们，激励我们。如果我们长此以往，疑而不解，势必得到红牌警告。

两个头像组成的问号，说明强奸疑案多是发生在两个人之间。于是，两个人的言辞都是一面之词。为此，需要我们客观而理性的判断，依法而从容的解决。

女人的若隐若现与作为背景的疑云密布而组合的问号，则表明关于强奸疑案的证据之争，关于“嫖宿幼女”与“强奸”的定罪之争，还将继续，仍将延续。

一碗面条里发现一只虫子，是挑出后继续吃还是全部倒掉？一个苹果出现局部腐烂，是削除腐烂部分继续吃还是全部扔掉？看起来只是一个生活常识，其实更是一种法律思维。

或许，只有质疑被吸纳了，怀疑被排除了，存疑被否定了，才是法律思维与法治精神的完美结合。

劳动合同法何以被架空?

——2012 年第 21 期《民主与法制》封面解读

出现在本期《民主与法制》杂志封面上的是一个“派”字,一个由“派”字而引申的“劳务派遣”话题。

在《民主与法制》杂志的 20 万读者中,我不知有多少读者读过《三重门》这部小说。在笔者对本期《民主与法制》杂志封面进行解读之时,首先映入脑海的就是《三重门》。

《三重门》是中国新锐作家韩寒发表的第一部长篇小说。第一版于 2000 年出版后便销售一空。据说,销量超过了 200 万册,还曾在日本、法国等国家和中国香港、台湾地区出版。该书通过一个少年的视角,向读者揭示了一个真实的高中生的生活,把亲子关系、师生关系、同学关系的种种矛盾和问题展现开来,体现了学生式的思考、困惑和梦想。有学生说,看《三重门》总有一种身临其境的感觉,感觉自己也身处在“亲子关系、师生关系、同学关系”的“三重门”怪圈里面,也只能顺应社会去成为一个“全才”。书中的种种故事许多都在身边发生着,书中的许多人物都能在自己和身边的同学身上找到影子。

现在,在我们眼前也出现了一座“三重门”,一座使劳动合同法关于劳务派遣的“临时性”“辅助性”“替代性”的“三性”大大逾越、重重泛滥的“三重门”,一座假“劳务派遣”之名、行侵犯劳动者权益之实的“三重门”,一座令公正颠倒、将法律架空的“三重门”。于是,一个由滴到地面的血汗、高高的屋檐、重重的铁门及被推出门外的劳动者所组成的“派”字,就这样成了新一期《民主与法制》的封面选题。

一个“派”字后面,流淌着的是滴滴被榨取的血汗。通过本刊记者的观察,劳务派遣工不仅同工不同酬、同工不同保,而且还面临着超时劳动、超强劳动、劳动环境恶劣、安全保障缺位等险境。于是,他们被视为“实用、价廉的使用工具”。为此,他们付出了再多的努力,却总是得不到应有的职业培训,也无法奢望广阔的发展空间;他们奉献了光阴和汗水,却随时可能遭遇被解雇乃至工龄总是从零计算的命运;他们创造了巨大价值,却总是被称为“临时工”或“小工”诸如此类的不公平、不公正、不公开,让劳务派遣工不单离“体面”与“尊严”非常遥远,更为可怕的是,使他们丧失了对企业的归属感、责任感乃至忠诚度,甚至对自己人生的前途和命运陷入了迷惘与恐惧。

一个“派”字里面,隐藏着貌似冠冕堂皇、实则龌龊狡诈的黑幕。我国劳动合同法明确规定:“劳务派遣一般在临时性、辅助性或者替代性的工作岗位上实施。”但是,本意如此明确、初衷如此良好的制度设计却时时被篡改、处处被突破。于是,“临时性”变成了长期化,“辅助性”变成了主渠道,“替代性”变成了常规化。甚至有些地方、有些企业还玩起了“逆向派遣”“整体外包”的把戏。于是,一种本是补充性、非主流的用工机制,却被变异成了一种大行其道侵害劳务派遣工合法权益的用工模式。

一个“派”字外面,泛滥着侵蚀劳务派遣工合法权益的把戏。诚如本刊记者所言,对于劳务派遣工如此庞大的群体如果得不到善待,权益失去平衡,势必拉大贫富差距恶化生活环境。更加令人担忧的是,在劳资冲突不断加剧的前提下,底层群体的怨气也不断淤积。如此而来,社会公正不断遭到伤害,而社会风险也随之不断增加。名企纷纷陷入“派遣门”,充分说明了劳务派遣工的合法权益绝对不可等闲视之。为此,“有劳动没关系,有关系没劳动”的尴尬需要尽快得到规范,立法本意早日得到回归。

好在立法机关已经充分注意到了这个问题,劳动合同法的修改也已经进入快车道。无论是什么观点,不论是哪种主张,我们最终希望和追求的是,所有的劳务派遣工既有合理的现实,更有美好的未来。相信在法律的阳光照耀下,他们真正拥有尊严和体面。

谁来竖起这面旗？

——2012年第22期《民主与法制》封面解读

一面鲜艳的军旗迎风飘扬，一个屹立的“军”字闪亮登场，一批标准的军人向我们敬礼致意，连缀成了新一期《民主与法制》杂志的封面。

又一个“八一建军节”到了，我们的目光聚焦到了“军事法制”这样独特的领域与选题。

军事法制是什么、做什么、怎么做，想必也不仅仅是我们作为媒体需要关注与了解的问题，其实也是广大读者渴望了解与知晓的话题。

按照军方解释，人民军队法制建设涉及军事领导体制、组织编制、兵役动员、武器装备、后勤保障、干部人事、福利待遇、军人保险等各个领域、各个方面。

纵观我军85年来的建军史，可以说，人民军队的法制建设因循了一条从三大纪律八项注意到依法治军的发展道路。人民军队从诞生之日即确立了纪律在建军中的核心地位，积累了从严明军纪和管理中养成战斗力的成功经验。新中国成立后，我军正规化建设有了新的发展，逐步建立了以共同条令为基础的军队管理法规体系。同时，随着我军法制建设的发展，保障官兵切身利益的各项政策、法规制度不断出台和完善，一系列保障军人合法权益的军事法规的颁布实施，对于有效维护官兵的合法权益，加强部队建设同样起到了重要作用。

这是一段辉煌的历史，这是一支特殊的队伍，这是一面高高飘扬的旗帜。

在这面旗帜上，写着军事法制建设的探索与实践，写着军事法学研究的创新与发展，写着军地互涉法律实务的机遇与挑战。

那么，在新的形势下，在新的坐标上，在新的实践中，谁来竖起这面旗？毫无疑问，是广大官兵，是军事司法部门，是军事法学研究工作者，是从事军地互涉法律实务的法律工作者。

于是，在本期的策划中，在本刊记者的笔下，我们看到了从将军到律师不约而同、殊途同归的军事法制发展与展望。

于是，在解放军军事法院原院长苏勇将军的脑海里，军事法院有其特殊的使命，不仅要服务部队维护国防利益，还要关注军人军属保证社会稳定；在军事法学专家肖凤城大校的视野里，军事法学研究的创新发展关乎国家安全和发展战略；在热心于军地互涉案件实务的董刚律师心目中，军地互涉是一个充满机遇与挑战的领域；而在经常审理军地互涉案件的地方法官孙少杰的目光中，立法的完善与法律的盲区则更是他们关注的焦点。

可以自信地展望，未来的军事法制建设将向纵深与更高的目标发展。比如在教育目标上，如何由“知法”向“懂法、守法、用法和护法”转变；在教育模式上，如何由“威吓制裁”向“积极引导”转变；在教育方式上，如何由“技术性灌输”向“多元化宣导”转变；在教育方法上，如何由“书面抽象”向“日常实践”转变；在教育的经常性上，如何由“阵风运动”向“常抓不懈”转变。

因为有了这面旗，我军发展才能沿着法制轨道顺利前行。

一场大雨，为何下“呆”了北京？

——2012年第23期《民主与法制》封面解读

一面城墙，象征着古老的北京正在经受着一场考验；一个表情，代表了今天的首都面对一场考验的目瞪口呆、惊慌失措。这正是新一期《民主与法制》杂志的封面，而这一切来源于2012年7月21日降落北京的一场大雨，一场被称为突如其来的大雨、一场被专家认为“61年一遇”的暴雨。

于是，我们看到的是，一场大雨过后，高速公路成了一条河道，立交桥下成了一片汪洋，还有浸泡在水中的一辆辆爱车、消逝在水中的一个个生命乃至倒塌的房屋与毁损的桥梁……更叫人啼笑皆非的是，一座名为“民生保险”的大楼在大雨之后竟然面目全非——“民生”没有了，“险”也不保了，甚至连“保”字都自身难保了，最后只剩下一个孤零零的“呆”字。

当本期聚焦与策划的选题“北京雨后”初步形成并呈现在采编选题会上时，居然引起了热烈而活跃的讨论。大家你一言我一语，各抒己见，各执己见，各显其能，各具风采，而这正是我们每周一次采编选题会的特色。

在激烈的观点交锋与思想碰撞之后，我们最终还是将“北京雨后”确定为本期的封面标题。于是，一个凝练成新一期《民主与法制》杂志封面关键字的“雨”字就这样呈现在各位读者面前。

大雨中巍然屹立的城墙，倾泻而下的无数雨点，雨中惊愕恐惧的表情，组合成了这个既像一扇“门”，也像一扇窗，更像一个网络流行词汇“囧”字的“雨”字。“雨”字下面是飘摇在汪洋中的最具北京代表意义的天坛与国贸附近的高楼大厦。画面尽管有些夸张，未必真的如电影“2012”那样恐怖，但这场大雨带给我们的恐惧确如画面中那个表情——怎一个“呆”字了得！于是乎，那些汩汩而落的雨珠看上去怎么越来越像追思痛悔的泪珠、担心后怕的汗珠乃至开动脑筋而闪耀的点滴思考？

其实，我们可以不“呆”。与其说我们关注“北京雨后”，还不如说是我们最关注北京雨前，关注大雨来临之前的预警机制。这场大雨之所以让北京“呆”了，正是因为北京的预警机制出现了问题。尽管我们设计配备了蓝色、黄色、橙色预警系统，但是否真正发挥了作用？正如本刊记者所言，那天从上午9点30分到傍晚大暴雨来临，差不多有七八个小时的时差，如果“我们的有关部门能够全方位、多渠道、高频率地预警暴雨的来临，77条鲜活的生命、近百亿的财产损失、难以抚平的精神创伤会不会减少呢？”

本来,我们应该不“呆”。我们说关注“北京雨后”,其实我们更关注北京雨中,关注大雨来临之时的应急机制。大雨来了,我们的管理人员在哪里?我们的公共设施怎么样?我们的报警电话是否畅通、救护系统是否正常?尽管在此次大雨中涌现了不少英雄与诸如望京地区组织车队前往机场接送滞留旅客的感人事迹,但我们同样也看到了因熄火而停在路边险被罚款的小车罚单、急救中心运尸而漫天要价的车辆带给我们的尴尬与难堪……

当然,我们绝对不能再“呆”。因为我们关注“北京雨后”,其中最真诚本意是关注北京雨后的城市建设设计、城市管理系统、城市公共设施。为什么城区的排水系统平安无事?为什么立交桥的低洼路段毫无例外地水泊梁山?为什么新建小区的排水管网如此不堪一击?

因此,为了永远不“呆”,我们需要问责、需要反思,更需要重建的是“城市的良心”。

“赤脚医生”的合理内核是什么？

——2012 年第 24 期《民主与法制》封面解读

一个由乡村民居的屋檐、带着酒窝的微笑与一扇多“口”相叠的“窗”字形成的红十字组合而成的“合”字，跃然而至成了新一期《民主与法制》的封面关键字，一个关于“新农合调查”的选题成了新一期《民主与法制》的聚焦策划。

如果做一个拆字游戏，我们就会发现“合”字拆开来看就是“人、一、口”，意即每人一口，人人有份。从本期封面的创意来看，我们可以体会到，“新农合”带给我们的不仅是人人有份，而且更是家家有关。因为一个屋檐就是一个家，一扇窗户就是一家人，一个又一个“口”字相叠则告诉我们，只有人人享有卫生保健，家家接受合作医疗，才有农民满意的微笑，乡村社会的和谐。

于是，一个“合”字就这样精确地诠释了“新型农村合作医疗制度”的基本内核，完美地成就了“全民医保”制度的形象字眼。

其实，说起“新农合”，还得从那个尘封已久的“赤脚医生”一词说起。

作为中国卫生史上的一个特殊产物，作为 20 世纪 60 年代至 80 年代的一个特殊名词，作为现在的中年人乃至老年人的特殊记忆，“赤脚医生”尽管已经退出了历史的舞台，但其留下的贡献无疑在历史上已经写下了精彩的一笔。

所以，谁都无法否认，在那个贫穷落后的年代，“赤脚医生”为农民、为群众作出了巨大贡献。即使在当下“新农合”如火如荼的时刻，其合理内核依旧显示着生命力。

在我看来，无论是过去的“赤脚医生”还是现在的“合作医疗”，其基本的合理内核无非都是追求“用得起、用得上、用得好”的价值目标。

首先，“用得起”是基本。随着社会的进步与科技的发展，现在的乡村都建立了医院，医生执业都规范化了。而“赤脚医生”也渐渐地被医科大学的毕业生取而代之了。毫无疑问，这是人类文明的又一个进步。尽管如此，许多人还深切怀念“赤脚医生”制度对农民“有病早治、无病早防”“出钱不多，治疗便利”“小病不出队，大病不出社”的好处。同样，现在的“新农合”也重点强调坚持自愿原则，实行“农民个人缴费、集体扶持和政府资助相结合”的筹资机制。在参与“新农合”的农民看来，每年只需掏几十元、上百元钱，就能在万一罹患大病时获得少则几千多则数万元的医疗费用补偿。所以，这种“小病有钱治，大病治得起”的实实在在的好处，是看得见摸得着的。

其次,“用得上”是关键。在记者采访中,每每问到“新农合”,各地农民的总体评价惊人地一致:“有点用,有点用。”在他们看来,农民确实从“新农合”中享受到了国家福利,农村医疗保障水平因此有了明显提高。现在的“新型农村合作医疗制度”这个名称,尽管沿袭了以前农村医疗制度的叫法,但已经不是过去农民之间的“合作”医疗,而是各级财政出大头给农民上的社会医疗保险。所以,“新农合”其实就是国家在农村实行的社会医疗保险制度。显然,这与过去乡村里的“赤脚医生”制度所追求的看病方便、费用低廉目标,不仅达到了完全的一致,而且还大大提升了层次。

最后,“用得好”是目标。正如本刊记者的采访与观察,与包括“赤脚医生”在内的前两次合作医疗相比,“新农合”有很大的不同。“新农合”是以政府补贴为主,也就是中央财政、地方各级财政一起向农村医疗投入。于是,中国农民终于可以在医疗上开始享受国家福利。同时,“新农合”通过以县为单位统筹资金,大大增强了抵抗意外风险的能力。另外,“新农合”是以治疗大病尤其是住院治疗为主,报销的医疗费用主要体现在住院治疗费用,完全改变了过去巧妇难为无米之炊的窘境。当然,这都是制度设计的良好愿望,能否形成现实的美好还需要许许多多如“赤脚医生”一样的医务工作者及其他公务人员。

看来,能否做到“用得起、用得上、用得好”还真是“新农合”亟须考虑与完善的工作。

“有教无类”仅仅是一种理想吗？

——2012 年第 25 期《民主与法制》封面解读

小刀剪刀转笔刀，

铅笔钢笔圆珠笔。

教育公平说文具，

圆规书本订书机。

这是一首不太正规的打油诗，但却可以最直接表达本期《民主与法制》的封面创意。

说起教育，人们首先想到的肯定是学校教育；谈起学校教育，人们必然会想到教育公平；论起教育公平，人们自然会想到孔子主张的“有教无类”。于是，一个由小刀剪刀转笔刀、铅笔钢笔圆珠笔、书本圆规订书机等所有学生都会使用的文具，经过神奇组合、奇妙搭配而共同组成的“教”字，就这样成了新一期《民主与法制》的封面关键字。同样，一个“教”字就这样将“教育公平”作为聚焦选题出现在各位读者面前。

其实，“教育公平”不是一个新话题，而是一个源远流长的老话题，因为追求教育公平是人类社会自古以来的理念。从历史上看，古希腊大思想家柏拉图最早提出了“教育公平”的思想，亚里士多德则首先提出通过法律保证自由公民的教育权利。在两千年前的我国，大教育家孔子也提出了“有教无类”的朴素教育民主思想。

教育公平本是一种理想目标。尽管它在不同的国家和不同的历史时期有着不同的含义，但它既是对社会现实的一种反映，也是对社会现实的一种超越。所以，它又是社会现实与教育理想的统一，具有特定的历史意义。孔子主张的“有教无类”的“类”，就表明各种类别的人，不分贵贱、不看地域、不论贫富、不谈老少、不比贤愚，都应该是施教的对象。当然，这只是一个理想目标。能否实现、如何实现，则是一个永恒的任务目标。

教育公平实为一种权利义务。随着社会的进步与历史的发展，受教育已经不再是一种赐予和恩惠，而是一种法律上的权利义务。所以，此时的教育公平内涵也发生了巨大变化。它要求确保人人都享有平等的受教育的权利和义务，要求提供相对平等的受教育的机会和条件，要求教育成功机会和教育效果的相对均等，即每个学生接受同等水平的教育后能达到一个最基本的标准，包括学生的学业成绩上的实质性公平及教育质量公平、目标层面上的平等。为此，这三个层次又被专家概括为：起点公平、过程公平和结果公平。正如孔子对“有教无类”的三种概括：

一是教不分类；二是教不择人；三是容众纳贤。于是，“有教无类”作为一项基本教育原则，在当下又被赋予了权利义务的法治精神。

教育公平更是一种价值理念。有关专家认为，其核心便是平等、正义、改变的教育理念。“平等”是“有教无类”的第一要义，就是主体平等、机会平等。“有教无类”彰显的是“在教育面前人人平等”的价值理念。无论是几千年前的孔子还是今天的莘莘学子，都主张并希望，人不分贫富贵贱，不问南北西东，都应该有享受教育的平等权利。“正义”是“有教无类”的第二要义，就是程序正义、诉求正义。正义是基于平等而高于平等的道德情操，是人类社会独有的伟大发现。“改变”是“有教无类”的第三要义。所谓“改变”是指所有的人，无论是什么样的人，不论是哪里的人，只有通过教育才能改善人的性格与习惯，改进人的思维与理念，从而改变人的前途和命运。

正如本期封面所展现的创意，每一种文具看起来都是那么普通，但他们组合起来却能打造出一个很有寓意更有深意的“教”字，一个不仅仅诠释“有教无类”历史意义的价值追求。

天下万事谁最大？

——2012 年第 26 期《民主与法制》封面解读

如果有人问您天下万事谁最大，您将如何作答？

或许有人说是十八大，或许还有人说是 GDP，或许也有人说是钓鱼岛，或许更有人说是刑诉法乃至民诉法。没错，这些都是最近我们党和国家的大事。但是，在我看来，对于平民百姓来说，还有比这更大的大事。

这件大事就是从今年 6 月以来开始发酵的与养老金有关的担忧与不安。谁人不老？谁能不老？谁会不老？如此之大的大事，当然不能漏过媒体人的眼睛。谁来养老？拿什么来养老？就这样，“养老金之重”成了当下我们认为最大的大事，成了新一期《民主与法制》的聚焦策划乃至封面创意。

于是，一个类似于人民币符号的“羊”字、一个有些似大非大的“大”字、一对既作“养”之笔画又在为“养”而鼎力承重却不堪重负的中年人，加上四位等待赡养的老人，组合成了一个既简洁且更有深意的“养”字；于是，这个似养非养的“养”字，将养老金问题推向了风口浪尖，推到了包括本刊读者在内的全社会面前。

一个类似于人民币符号的“羊”字告诉我们，钱是养老金的核心问题。从《养老金下的家庭命运》中的“知足、平衡、被遗弃”，真实地展现了个体命运与公共政策之间的复杂关系，到《中国养老金制度的前世今生》；从《养老金制度三大诘问》的“缺口何来”“公平何在”“出路何来”，到《延迟退休的 N 多争议》；从“养儿防老”到“养国家防老”，无不说明了养老金的核心问题实际上就是钱，就是金，就是人民币。可以说，如果无法解决资金缺口，如果不能清理历史欠账，如果不敢面对财政改革，那就真有可能要出现少无所养、病无所医、老无所依的尴尬困境。

一个有些似大非大的“大”字昭示我们，养老金乃天下万事之中最大的事。之所以说这是最大的事，是因为此事与每个人有关、与每个家庭有关、与每个单位有关、与政府有关、与国家有关，乃至与全社会有关。无论是养老金所固有的历史欠账还是养老金所附随的现实不公，都在时刻向我们发出诘问：养老金问题究竟是大事还是小事、国事还是家事？如果我们不能将“养老金之重”如此之大的大事当成大事、办好大事，那就真将有可能演绎成汪峰首唱、“旭日阳刚”传唱的《春天里》所哀叹的“如果有一天，我老无所依，请把我埋在，埋在这春天里……”诚如本刊记者所言：“到那时，别说家，就是国，恐怕也难以维系下去。”

一对既作“养”之笔画又在为“养”而鼎力承重却不堪重负的中年人提醒我们,养老金问题已经成了迫不及待的大事。从一个“养”字的变形与夸张创意中,我们真真切切地感受到,养老金问题既是大事,更是急事。当年四个中年人、两个年轻人一起抚养着一个幼儿的幸福,一晃之间竟然演变成了一个年轻人要开始考虑赡养两个中年人乃至四位老人的辛苦。尤其是今天的中年人,既要操心抚养问题,更要担忧赡养问题。但是,没有钱怎么办?缺少钱怎么办?如此而来,自然压垮今天的中年人,必然损害今天的老年人。那时,四位老年人今天看似平衡的局面将不复存在,两位中年人看似还能坚持的现实将彻底颠覆。

如果说本刊第19期所聚焦的“将来我们如何养老?”是说养老是一件难事,那么,通过本期策划的“养老金之重”,我们则要发自内心地说,养老金不仅是一件大事,更是一件急事。

古人说:“羊大为美。”如果我们能将养老金这件大事和急事办好,那就真是一件天下最美的事了。

“环球同此凉热”折射了什么?

——2012 年第 27 期《民主与法制》封面解读

如果有一个“环”字出现在我们面前,我们首先想到这个“环”字究竟能表达什么意思呢?

作为本期《民主与法制》的聚焦策划,也作为《民主与法制》各位同仁始终关注的采访选题,我们首先想到的就是环境保护及其立法完善问题。

于是,在本期《民主与法制》的封面上,出现了一个以地球作背景与以花环寓希望而组合的“环”字。

一个“环”字道出了“环境之危与法律之困”。在这里,我们实在不愿渲染因为过度开发而导致的耕地萎缩、草原退化、生物多样性减少、水土流失乃至沙漠化、盐碱化的生态危机,我们同样不必列举从陆地蔓延到近海、从城市波及到乡村、从地表水延伸到地下水的环境污染,我们其实更不敢回顾那些曾经因为伤害公民权利而引爆的堵塞交通乃至冲击政府的维权抗争行动。相比“环境之危”,我们其实更加关注“法律之困”。一部叫作“环境保护法”的法律,经过 1979 年的“试行”与 1989 年的正式通过实施,为何出现了长达 23 年的立法停滞?一部环保意识本来十分超前的法律,为何在 23 年的时光流逝中渐渐滑向“衰落”与“边缘”?一部被作为环保法制“老大”的环境保护法,为何在其后的 23 年中不断被架空,以致出现了环保法“空心化”的尴尬困境?

一个“环”字透出了环绕全球的环境保护问题。正如前些年由中央电视台制作的纪录片《环球同此凉热》所说,我们在为人类创造的所谓的巨大物质财富与精神财富而欣喜之际,不妨静下心来,放慢脚步,去我们这个星球上不同的地方,看一看已成事实的污染景象,听一听来自遥远国度的危机启示,读一读科学的评估和预测,想一想我们该做的和能做的事情。因为在环境保护这个人类共同的难题面前,没有人是一座孤岛,没有人可以超然局外。同样,因为气候变化乃至环境污染而带来的灾难,没有一个国家和个人能够幸免。为此,我们需要共同携手面对。这是全人类的愿望,也是环绕全球的希望。于是,这部纪录片通过《黑色 · 困惑》《黄色 · 回忆》《绿色 · 抉择》三个部分,反映了人类对于自然的三种不同的处理方式——工业文明:征服自然;农牧文明,崇拜自然;生态文明,和谐自然。由此可见,只有达到了人与自然的和谐,才算是解决了令全球头痛与烦恼的环境保护难题。

一个“环”字说出了环保法修订的深刻意义。在媒体人眼里,环保法一度被认为是当代中国执行效果不佳的法律之一,其原因就是在1979年试行至今而未有实质意义上的进入立法计划的修改。但是,在这30余年间,诸如大气、水、土壤等位阶其下的环保领域的专业性法律法规却颁行和修订了20多部,环保法在很多内容上已经无法与之衔接甚至产生了冲突。那么,如何修订?是大修还是小修?据介绍,本次条文修改是“针对部分重点内容”的“阶段性修改”。此后又有消息传出,全国人大环资委对上述修改版的方向为“有限目标,突出重点”,即在环评和地方环境质量等方面提出“有限修改”的意向。对此,很多环境学者其实不看好此次修法,但通过本刊记者的深入采访和理性分析,我们对本次修法在立法理念、约束公权、信息公开、政策环评、企业责任等方面寄予了厚望。

“环”与其说是一个字,还不如说是一道题。一个环环相扣的“环”字实际上折射的是与你我个人有关、同中外各国相关的环保命题,这正是本期聚焦“环保法重寻生机”所获得的灵感。

“劳动教养制度”能否洗心革面？

——2012 年第 28 期《民主与法制》封面解读

一个简洁明快的“劳”字，一个寓意深刻的“劳”字，成了新一期《民主与法制》的封面关键字。它要说明什么呢？是劳动、劳力还是劳心？是劳累、劳碌还是劳倦？

一根警棍、一副手铐、一道高墙，加上一双抗争的手，意味着什么？毫无疑问，它意味着国家机器，意味着刑事处罚，意味着限制自由。

如果有人问，在中国有一种不经审判程序而限制你人身自由的制度或处罚，你知道是什么吗？相信绝大多数人会脱口而出“劳动教养”。

那么，劳动教养究竟是什么呢？按照官方解释，所谓劳动教养就是劳动、教育和培养，简称劳教。劳动教养并非依据法律条例，从法律形式上亦非刑法规定的刑罚，而是依据国务院劳动教养相关法规的一种行政处罚。公安机关无须经法庭审讯定罪，即可对疑犯投入劳教场所实行最高期限为四年的限制人身自由、强迫劳动、思想教育等措施。

然而，作为一种从苏联引进并已形成世界上唯一独有的制度，作为一种不经审判而长期剥夺公民人身自由的制度，作为一种历经 57 年却屡遭质疑的制度，劳动教养制度在今天的中国几乎成了“人人喊打”的代名词。更是全国人大代表屡屡提出亟须改革的热点议案。

最近，因为湖南唐慧劳教案、因为重庆彭洪劳教案，劳动教养又一次进入了国人的视野，又一次成了众矢之的。

于是，在本期《民主与法制》的封面上，在强大的国家机器下，那个似已无力支撑的“力”告诉我们，劳动教养已经劳而无力，已经碎而乏力，已经疲惫不堪、筋疲力尽了。

看来，劳动教养的确走到了一个临界点，也就是说劳动教养面临着是否应该退休的时刻。在我看来，劳动教养已到了应该洗心革面的时候了。

一般认为劳教制度始于 1957 年 8 月 3 日国务院发布的《关于劳动教养问题的决定》，初衷是管理“游手好闲、违反法纪、不务正业的有劳动力的人”，主要针对的对象是“不够逮捕判刑而政治上又不适合继续留用，放到社会上又会增加失业的”人员。但是，通过这个决定乃至后来尤其是改革开放以来的实践证明，劳动教养制度被认为在法律依据与处罚目的上是存在问题的。

从实践中可以看出，其问题在于，一是缺乏监督。劳教决定权基本由公安局全权掌握，客观上造成了公安局决定劳教的随意性。二是缺乏救济。劳教决定作出后,没有司法程序予以救济,被劳教人员的陈述权、复议权、申诉权等基本权利难以实然享有。三是缺乏时限。劳教期限在实践中可长可短,有关时限的规定形同虚设。为此,劳教制度一直备受社会各界诟病,改革劳教制度业已成为社会共识。

劳动教养何去何从?是新瓶装新药还是旧瓶装新药,抑或新瓶装旧药还是旧瓶装旧药?通过本刊记者的采访,我们已经了解到,早在三年前,公安部就已经着手对劳动教养改革展开课题调研并在部分城市进行试点。劳动教养这一概念将有可能被全新的"违法行为教育矫治"所取代,违法行为教育矫治委员会取代劳动教养委员会,工作重点则在"教育"和"回归社会"上。

令人欣喜的是,2012 年 8 月刚刚修订通过的《民事诉讼法》已经将"劳动教养"删除,代之以"强制性教育"。可以说,这是《民事诉讼法》修订中的一小步,但它注定又是劳教制度改革的一大步。

古人云:"洗心而革面者,必若清波之涤轻尘。"我们期待着洗心革面后的劳动教养制度。

中国法学会的30年收获了什么?

——2012年第29期《民主与法制》封面解读

老祖宗给我们留下了许许多多宝贵财富,其中一项就是造字带给我们的神奇。同样,当我们在为本期聚焦选题"纪念中国法学会复建30周年"设计封面时,竟然是全体采编几乎不约而同、异口同声地喊出了"卅"这个不同一般的关键字。

这是一种对于中国传统文化的默契理解,更是一种对《纪念中国法学会恢复重建30周年》这一策划从选题到主题的心领神会。于是,一个由3种不同颜色组成的3颗五星与一条绚丽而绵延的缎带,形象地组合成了一个丰富而鲜艳、鲜艳而闪耀、闪耀而具深意的"卅"字。

一个"卅"字,读成"sà"。读起来其实很简单,但其会意却很深刻。那么,这个笔画简单却寓意深刻的"卅"字究竟给今天的我们带来了什么样的启发与联想呢?

按照我们美编的策划与创意,"卅"字中的"川",是由3颗五星组成的火炬。毫无疑问,她代表了中国法学会恢复重建的30年;一个"一"字,演绎成了一条形同绸缎的彩带,象征着中国法学会30年的不凡历程。其中的3颗五星意味着在中国共产党的领导下,全国法学会走过了30年的风雨之路。红五星寓意今天的中国法学会事业进入了一个红红火火的新阶段,黄五星代表了中国法学会复建30年来的辉煌历史,而绿五星则预示着中国法学会未来的美好愿景。背景中,环绕着主设计图的五彩星光,则象征着地方法学会的茁壮成长与全国法学专家的群星闪耀。而那条以"一"字表现的彩带则除了象征30年的辉煌之路外,还有更深的含义,那就是她还全面充分地诠释了当下中国法学会的职能与作用。

30年来,中国法学会始终是党和政府联系广大法学工作者、法律工作者的桥梁和纽带。所谓桥梁,是指法学会要负责把党和政府治国理政的路线、方针、政策,努力上升为宪法以及一系列法律法规,然后向广大法学法律工作者进行宣传并付诸贯彻实行。同时还要负责把广大法学法律工作者的意见、建议及有关情况向党和政府汇报,为决策提供参考。所谓纽带,即指法学会要充分利用自身的组织体系,团结、凝聚广大法学法律工作者,协调各方资源和力量,为法学研究和法治实践搭建"舞台",提供平台,做好后台,做好服务。

从这个意义上说,"卅"字中的彩带既是一条纽带,更是一座桥梁。因为这条纽带,在过去与未来的法律人之间,实现了代代相传;因为这座桥梁,中国与世界的法学家、法律人,已经达到了息息相通。

行文至此，笔者又有了新的发现与思考。

中国法学会是作为“三个团体、一个重要组成部分”（即人民团体、群众团体、学术团体和我国政法战线重要组成部分），30 年来，在繁荣法学研究、服务法治实践、加强法制宣传、培养法律人才、拓展对外交流等方面做了大量卓有成效的工作，呈现出健康快速发展的良好势头。

于是，我分明从本期封面创意中又看到了法学会“三个团体、一个重要组成部分”的惊艳写照。那 3 颗五星不就意味着“三个团体”吗？而那一条彩带不就象征了“一个重要组成部分”吗？

30 年风雨历程走过来了，一条岁月的长河跨过去了。30 年，既是中国法学会的一个时间节点，更是未来法学会的一个发展新起点。中国法学会，一个赋予法学研究梦想的名字，在未来的岁月中，将因“智囊团”与“思想库”之特色，越来越强有力地显示其号召力、凝聚力、影响力的巨大作用。

我们如何看好政府的钱袋子?

——2012 年第 30 期《民主与法制》封面解读

一支笔、一张纸、一个人,加上一个钱袋子,组合成了一个"预"字,也凝聚成了我们《民主与法制》新一期的聚焦选题。这已经是预算法今年第二次成了我们的策划选题,由此也足以说明预算法在我们《民主与法制》全体同仁策划报道工作中的分量。

这种分量当然来自预算法在每一位老百姓心目中的分量。因为预算如何,不仅是一国经济根本,也关乎平民百姓一粥一饭。为此,专家认为,预算法的实质就是整个国家治理的问题,既涉及每个人的生老病死、衣食住行,也涉及中央和地方的关系,更涉及立法权和行政权的关系等,是经济领域内的"亚宪法"。所以,有人称预算法是经济宪法。

今年第 8 期,我们《民主与法制》的封面创意选取了一个"算"字,着重强调的是公共预算的改革、财政预算的审查、政府账本的公开乃至预算法律的修订。本期《民主与法制》的封面创意将关注点聚焦到了预算法律修订的"预"字上。事实上确实如此,实施 17 年后首次进行修订的预算法再次迎来高度关注,并以超 33 万条创下网上法律草案征求意见的新纪录。

其实,"预"字也好,"算"字也罢,都是为了让预算法通过此次修订而真正成为一部普通百姓能够看得到、看得见、看得懂、看得住的法律。

所谓"看得到",是因为预算一定要公开,而且是全面充分地公开。公开,正是我们实施一切监督的前提。为此,不仅中央预算要公开,地方预算也要公开;不仅预算要公开,其实决算更要公开。只有全面、充分地向社会公开,才能为人大和公众对预算的监督提供最基本的"素材",也才能促使各级政府和各部门严格规范各项收支行为,最大限度防止政府收支中的腐败交易。近年来对长期被社会公众关注的"三公经费"的公开,正是老百姓"看得到"的第一步,更是对规范和加强对"三公经费"管理的新起点。

所谓"看得见",是强调预算一定要透明。预算法,顾名思义,就是关于政府"钱袋子"怎么花的法律。对预算法,老百姓只关心两件事情:一是钱是怎么花的?二是花得是否对路?所以,不仅人大代表要看得见钱是怎么花的,普通百姓也应该能够看得见钱究竟花到哪里去了。我们之所以说要透明,是因为要保障民众对财政预算的知情权、参与权和监督权,从而促进预算管理的法制化、民主化和科学化。

所谓"看得懂",是说明预算一定要明白易懂。现在的预算不仅老百姓看不到、看不懂,连人大代表也看不懂、看不明。由此看来，如何让所有公民能够看懂预算，应当是此次预算法修订的重要内容。目前公开的政府预算大多是汇总大数，人大代表和公众基本看不明白。由此而来，监督难免流于形式。为此，有关专家建议，为了让公众看得懂，各种预算应逐步细化说明，而不是选择性公开、神秘化公开。

所谓“看得住”，意味着预算其实就是一种监督。无论是“看得到”还是“看得见”乃至“看得懂”，都是为了保证“看得住”。由此可见，只有真正地预算民主化，才能保证科学的预算法制化。在此次修订中，有人争议预算法到底应该是一部政府内部管理的法律还是规范政府行为的法律？其实，这是一个早已被证明了的问题。在现代国家中，预算不仅是“政府管理的工具”，更是“管理政府的工具”。代议机关通过预算管理政府的财政收支，控制政府的“钱袋子”，以此来控制政府的范围和边界。如此而来，政府预算才能算是“看得住”。有人称预算法是“非暴力的制度控制方法”，我看一点也不为过。

一支笔意味着书写一笔一画的历史，一张纸说明了一分一毫的用途，一个人代表了我们作为一名纳税者，更作为一名共和国公民，我们都有理由有权利睁大眼睛看着政府如何花钱、管着政府花了哪些钱。

所有这一切，都是为了看好政府的“钱袋子”。

监狱到底是什么地方？

——2012 年第 31 期《民主与法制》封面解读

说起监狱，许多人都知道，所谓监狱，一定是高墙电网、壁垒森严的地方。但是，最近本社记者通过“走基层”采访报道，却得出了不一样的结论。

这个不一样的结论就是“特色监狱”四个字。

那么，监狱到底是做什么的呢？监狱究竟是什么地方？

按照过去的传统解释，监狱有惩罚、改造、防卫、预防等四大功能。所谓惩罚功能，是指国家使受刑人的身心置于刑罚的条件下，限制其精神和物质生活而产生的心理痛苦效应的总和；所谓改造功能，是指监狱依据刑罚目的转变罪犯的犯罪思想，培养其成为遵纪守法的教育效应的总和；而防卫功能则是指监狱通过对罪犯执行刑罚防止其再犯罪，同时警诫、威慑、教育社会上其他可能犯罪的人，使他们不致走上犯罪道路的效应的总和；至于预防功能，则有特殊预防和一般预防两种情况。

本期策划聚焦的主题，正是既有涵盖惩罚、改造、防卫、预防等功能的普通监狱，也有拓展教育、培训、启发、辅导等功能的特色监狱。

于是，一栋以《论语》书脊为栋梁、个人笔画为构架、爱心相拥为奠基而组合起来的“监”字的房子造型，加之以武警严格看守而延伸的封面创意，映入了我们所有《民主与法制》读者的眼帘。

由此，我们看到了监狱的本来意义与拓展含义。

一部《论语》的书脊，说明了监狱首先是一个教育人的地方。无论是基础文化教育还是传统文化教育，无论是兴趣爱好教育还是专业知识教育，无论是职业技能教育还是思想品德教育，无论是面对成年人犯还是面向未成年人犯，监狱始终要将教育作为改造犯人的基础与前提。被判刑入监的人，大多是因为在教育上出了问题、成了难题。于是，监狱管理者就想方设法要将每个犯人过去在教育上的损失给夺回来，在教育上的漏洞给补回来，在教育上的传统给找回来。从这个意义上说，书脊其实不是书脊，而是平等教育的写照，更是监狱管理的栋梁。

一个不太正规的“个”字，意味着监狱是一个改造人的地方。在这里，每一个曾经突破底线、超越边界的人平等接受改造。改造，是一个与今天的每一个犯人有关、和未来的每一个犯人有联的问题。可以说，所谓改造就是要让每个犯人心胸包容、心态放松、心存感恩、心系弱者。

如果我们认为教育是改造的前提,那么,此时我们应该可以判断为,改造是教育的结果。正如一句名言所说:“身体坐牢,心灵不能坐牢;身陷囹圄,思想要冲破桎梏。”只有真正改造好的人,才算是真正走出了监狱。

一面爱心居中的镜子,则折射了监狱是一个培育人的地方。通过教育功能,犯人得到的只是一种知识;通过改造功能,犯人获得的是一种心态;而通过培育功能,犯人拥有的是一种技能。因为这种技能,犯人才能回到社会、融入社会、服务社会,才能在社会中立足、生存、发展。监狱是一个监管犯人、监督犯人的地方,同时也是一个监护犯人、保护犯人的地方。这一切来源于是否有爱。如果没有爱心,监狱就是一个看起来很神秘、说起来很迷惑、听起来很可怕的地方。所以,爱心相拥,是一面判断监狱能否培育正常人的镜子。如果高墙电网只是监狱的外形,教育改造才是监狱的内容,而能否培育人回归社会则是监狱的水平与才能。

本期聚焦策划的,正是这些爱心相拥与真情传递的特色监狱。他们面对监狱改革的新形势,探索监狱改造的新措施,打造监狱管理的新形象,更是我们所期待和关注的。

他们为什么代表了公平正义？

——2012 年第 32 期《民主与法制》封面解读

期盼已久的党的十八大召开了，2270 位十八大代表也从祖国的四面八方来到了首都北京。此时此刻，我们《民主与法制》的选题策划也开始将目光聚焦到了政法界的十八大代表。

于是，来自公安、检察、法院、律师等政法界十八大代表进入了我们的视线，然后又凝聚成了我们《民主与法制》新一期的关键字——“代”。

于是，在新一期《民主与法制》的封面上，我们看到了由一个虚幻意义上的人、一面金光闪耀的党徽与三个指向未来的箭头而组合成的“代”字。

那个简洁却不简单的“代”字首先来自一个巍然屹立的“人”，其意显然是有“代表”之意。他是 2270 位十八大代表之一，他们代表了八千多万党员。他们是严格按照党章和中央关于做好代表选举工作的要求，经过充分酝酿、推荐、提名而选举产生的。在他们之中，既有党员领导干部，又有生产和工作第一线的党员；既有来自经济、科技、国防界的代表人物，也有出自政法、教育、宣传、文化界的精英人才；还有选自卫生、体育和社会管理等各方面的劳动模范。可见，无论是职业还是职位，不论是地域还是城乡，不管是性别还是年龄，其代表性是完全而广泛地具备了。

本期《民主与法制》采访报道的王海玲、韩筱筠、詹红荔、佟丽华等四位主人公，则与其他政法界代表一样代表了全国广大政法干警与执业律师。他们或因为老百姓贴心服务而著称，或因为未成年人权益保护而闻名，或因依法反贪反腐而立功，或因全心扶助弱者而受奖。由此看来，他们不仅分别代表了各自行业、各条战线的成就与风采，而且还代表了他们职业背后的理想目标与价值追求。概言之，他们代表了公平正义的追求与理想。

众所周知，公平正义是衡量一个国家或社会文明发展的标准，也是我国构建社会主义和谐社会的重要特征之一。2005 年，胡锦涛总书记在省部级主要领导干部提高构建社会主义和谐社会能力专题研讨班的讲话中指出：“公平正义，就是社会各方面的利益关系得到妥善协调，人民内部矛盾和其他社会矛盾得到正确处理，社会公平和正义得到切实维护和实现。”

现代意义上的公平指的是一种合理的社会状态，它包括社会成员之间的权利公平、机会公平、过程公平和结果公平。就法律层面而言，公平正义的治国理念主要体现在各级司法机构必须坚持公民的权利平等和司法公正，有效防止司法腐败。各级司法机构必须坚持三条原则：一是合法合理原则，二是及时高效原则，三是程序公正原则。

于是，在本期《民主与法制》的封面上，在人民的注目下，在党徽的照耀下，三个箭头指向了未来，指向了“合法合理、及时高效、程序公正”的三个原则、三个追求、三个目标，也就是指向了公平正义的美好未来。

伴随我国经济高速增长，公平正义的理念已经深入人心。进入 21 世纪以来，公平正义正在以看得见、摸得着、等得到的方式，走近人民、温暖你我。本期采访报道的四位政法界代表，正是以他们各自对公平正义的理解和追求乃至实际行动，赢得了拥戴，获得了掌声。

党的十八大，是在全面建设小康社会关键时期和深化改革开放、加快转变经济发展方式攻坚时期召开的一次十分重要的大会。我们有理由相信，通过政法界十八大代表的不懈追求，通过全社会的共同努力，通过十八大确定的理想目标，一个更加完美的公平正义的社会将早日建成。

“美丽中国”靠谁来实现?

——2012 年第 33 期《民主与法制》封面解读

或许是偶然巧合,更或许是英雄所见略同,与党的十八大提出建设“美丽中国”一样,本期《民主与法制》的聚焦策划也瞄准了一个与“美丽中国”有关的环保问题。

“美丽中国”是党的十八大报告首次提出的概念,胡锦涛总书记在报告中指出,要把生态文明建设放在突出地位,融入经济建设、政治建设、文化建设、社会建设各方面和全过程,努力建设“美丽中国”,实现中华民族的永续发展。

“美丽中国”在十八大报告中应时而生,具有崭新的时代意义,蕴藏着丰富的时代内涵,也昭示了未来的时代发展。

那么,“美丽中国”怎样才能实现?靠谁才能实现?

在本期的《民主与法制》封面上,我们看到了这样一个既有诠释现实,也有昭示未来的“角”字。一位时髦的姑娘,现在成了一名志愿者;这名志愿者,正在用镜头记录现实,并透过现实眺望未来;大煞风景的烟筒以及滚滚的黑烟说明现实是残酷的,但是当我们打开一扇扇窗户之后,展现在我们眼前的却是一幅幅美丽的愿景;在窗户上面,有一个长长的探测仪,正在测试现实的空气,更在探测未来的希望。

这不是一个简单的“角”字。通过这个“角”,我们看到了发生在诸如自然之友、创绿中心、山水自然保护中心等民间环保组织身上“那些人、那些事、那些感怀与悲怆”。诚如本刊记者所说:“面对环保困境,中国民间爆发出的巨大热情,那些人物与故事,可以用一个被用得俗滥但非常贴切的词语来形容——可歌可泣。”无论是青海兄弟保护藏羚羊的前赴后继还是自然之友“关注圆明园之水”的据理力争,不论是厦门与大连因为 PX 项目而引起的“集体散步”还是什邡与启东因为重大投资项目涉嫌损害大众健康而引发的聚众抗争,都充分说明了从人民的视角来决策评估是多么的重要且必要。

这不是一个普通的“角”字。透过这个“角”,我们看到了像梁从诫先生那样沮丧茫然而屡败屡战的身影,也看到了如汪永晨这般润物无声又默默坚守的身影,还看到了似王灿发、马军、冯永锋这些勇士勇于担当、善于发现、敢于挑战的身影……他们的动之以情、晓之以理获得了英国首相布莱尔的回应;他们的有声有色、有理有据得到了开明官员的呼应;他们的家国情怀、专业精神引来了温家宝总理的重要批示与大力支持。对于环境保护来说,我们不缺英雄,尤其是不缺大红大紫甚至昙花一现的英雄,缺的是默默无闻、默默坚守、相互携手、润物无声的真英雄、大英雄。

这不是一个平常的"角"字。跨过这个"角",我们看到,除了那些人、那些事,其实还有那些诉讼;我们看到,当勇士们面对越来越多的环境污染显得无能为力之时,环保公益诉讼或许正是一个有益并有效的办法;我们看到,随着《民事诉讼法》的修订,环保公益诉讼正悄悄地打开一丝门缝,露出了些许的亮光。不管是谁来作为诉讼主体,也不管是在哪里提起诉讼,更不管诉讼的最后结果如何,只要是打开了大门,环保公益诉讼就一定能够走出一条对社会有利、对自然有益的平坦大道。个人的努力总是有限的,只有法治的力量才是一种可持续、有后劲、能长久的力量。套用时髦话说,只有法治的正能量,才有美丽中国的未来。

"一座座青山紧相连,一朵朵白云绕山间,一片片梯田一层层绿,一阵阵歌声随风传。"美丽中国不是一天就能建成的,也不是一个人就能实现的,更不是仅靠民间力量就能完成的。美丽中国需要全社会的共同努力才能完成。

如何惬意在宪法的光辉照耀下？

——2012年第34期《民主与法制》封面解读

一个由一个形似太阳、穹顶下触目可及的“先”字和闪耀的光辉、欢呼的人群而组成的“宪”字，映入了我们的眼帘。

这是《民主与法制》新一期聚焦策划的选题“八二宪法：历程与愿景”而凝聚的关键字。

这是《民主与法制》为了纪念我国现行宪法颁布30年而进行的法治理念梳理与法律精神省思。

这是《民主与法制》在2012年12月4日这个特别日子来临之际而对我国立宪之路的美丽回忆与美好祝愿。

宪法是什么？宪法做什么？这对法律人来说应该不难理解，但对普通公民来讲却未必能够明白。

那就让我们从本期《民主与法制》这个封面关键字开始说起吧。

一个形似太阳、实为方圆的“宪”字，首先诠释了宪法的固有意义：宪法就是一种规矩与方圆。作为国家的根本法，宪法的主要功能大致如下：一是规范和制约国家权力。宪法通过赋予立法、行政、司法等国家机关公共权力，使国家权力在宪法设定的轨道上有序运行，避免国家权力缺位、越位和错位。二是确认和保障公民的基本权利及其自由的实现。三是调整国家最重要的社会关系，维护社会稳定和国家长治久安。如国家与公民的关系、国家机关之间的关系、中央与地方的关系以及其他最重要的政治、经济、文化等方面的关系，可以说宪法就是社会稳定的调节器和安全阀。

如果有人问，在已经过去的2011年给我留下印象最深刻的年度词汇是什么，我会毫不犹豫地选择“限”字。可以说，一个通过“限购”“限号”“限娱”而表现出来的“限”字，道出了2011年中国百姓的焦虑，也说出了中国社会的焦灼，更喊出了中国管理的焦躁。其实，“限购”也好，“限娱”也罢，都是一种潜意识习惯之中的公权力对私权利乃至社会权力的限制行为。我们反过来想一想，我们能否对公权力进行限制呢？换言之，公权力能否进行自我限制与自我约束呢？而这正是宪法的固有意义，正所谓“宪”者“限”也。所以，宪政就是限政、限权、限公、限官。

一个以触目可及的“先”字为主体而形成的“宪”字，特别诠释了宪法的本来意义：宪法以公民权利与自由为先。正如本刊记者所说，八二宪法的一个核心变化是将“公民的基本权利和义务”一章前置，位于“国家机构”一章之前，仅居“总纲”之后，且大大扩展了公民基本权利的种类和内容，诸如公民人身自由、住宅以及人格尊严不受侵犯，以及宗教信仰自由、劳动权、受教育权等重要权利条款纷纷入宪。这是对当时全社会呼唤人的尊严和价值的制度性回应，也是对社会、国家与个人关系的历史性重构。由此，公民广泛的权利和自由获得宪法确认。30 年来，风起云涌的公民权利立法，以及日益崛起的公民权利意识等等，无不发轫于此。于是，在“保障公民权利，限制政府权力”的法治语境下，公民权利与政府权力的关系，永远只能是权利高于权力、权利主导派生权力、权力服务服从于权利。因此，当二者难以兼顾的时候，只能是“限权”优于“授权”。

一个看似太阳、更像地球的“宪”字，进一步诠释了宪法的现代意义：宪法具有普遍价值，宪法需要全球视野。众所周知，作为公民权利最基本内核的“自由”，最朴素定义便是“免于被强制”，这意味着，“强制”便是自由权利的直接丧失，如人身强制便是人身自由权的丧失，财产强制便是财产自由权的直接丧失。所以，不管是什么样的制度，不论是什么样的国家，都要保证公民惬意地生活在宪法的光辉照耀下。如此而来，一部宪法才能让人民信服而欢呼、欢呼而拥戴、拥戴而信仰。

30 年前的 1982 年 12 月 4 日，一部新宪法的诞生成了中华民族命运转折的标志性事件。30 年后的今天，伴随着时代的脚步，我们如何促进公共权力和社会治理的制度化转型，如何推进从文本宪法到实质宪政的理想化转轨，应当是我们对宪法 30 年的最好纪念。

有一种错为什么是错上加错？

——2012年第35期《民主与法制》封面解读

一个看起来很别扭、杂乱，甚至感觉眼花缭乱、光怪陆离的“错”字，凝聚成了新一期《民主与法制》的关键字。

据美编介绍，这个封面创意来自一幅世界闻名的错位视觉艺术广告。毋庸讳言，艺术广告可以错位，但法律规则却不能错位。于是，在本期封面上，我们看到犹如规则的一条条细线、一条条细线被错位之后的错乱、错乱背景下的刑讯逼供黑幕乃至杂乱无章的平面世界。

本期策划聚焦的源头是今年夏天在长春召开的由中国人民大学刑事法律科学研究中心和吉林大学法学院共同主办，中国人民大学刑事错案研究中心与吉林大学刑事法律科学研究中心联合承办的“预防刑事错案国际研讨会”。150多位中外学者与法官、检察官、律师参加了此次盛会，笔者作为评议人也应邀到会。我在评议的开始，首先就“错”这个词作了一番借题发挥：知错而认错，是老实；拿不准对错而认错，是老练；拿得准对错而认错，是老到；明知错了却不认错，是老婆；明知没错却认错，是老公；知他人错了却自己认错，是老兄；知自己错了却推他人错，是老板；不知自己错了也不知是他人错，是老土；知道自己错了也知道他人错了，是老师；从不认错却专批别人错，是老大！

其实，不管是如此重要的盛会还是本刊如此认真的选题，我们所关注与聚焦的无非是以下三个问题。

什么是错案？目前好像还没有一个统一的定义，一般来讲，错案是指对无罪或者不应当追究刑事责任的人，而错误地定罪追究刑事责任的案件，以及对构成犯罪应当追究刑事责任而不追究刑事责任的案件。其中，既有犯罪嫌疑人或者被告人错误的案件；也有行为虽然是犯罪嫌疑人所为，但其行为依据法律规定不构成犯罪，而进行拘留、逮捕、起诉、判刑的案件；还有犯罪嫌疑人虽然有犯罪嫌疑，但事实不清、证据不足，犯罪嫌疑人被拘留、逮捕、判刑的案件；更有犯罪嫌疑人犯罪事实清楚，证据确实充分，构成犯罪而错误地不追究刑事责任的案件。于是，共识油然而生：“刑事错案是人类社会面临的一个共同性的问题，不仅法制不健全的国家有错判，法制比较健全的国家也有错判。”

错案为什么会发生？对此，无论是古今中外还是高层民间乃至业内业外，真可谓众说纷纭，见仁见智。但是，统而言之，一般都认为其中既有思想认识上的原因，也有事实判断上的原因，或有法律适用上的原因，甚至还有工作体制上的原因。在这次“预防刑事错案国际研讨会”上，诚如一些与会代表提出，除了司法工作人员的不当行为（刑讯逼供等违反法定程序的行为）之外，造成错案的原因还有很多值得研究。可以说，忙中出错者有之，糊涂出错者有之，阴差阳错者也有之，将错就错者更有之。

关键的问题是，错案能否避免或预防？显然，上帝也认为，只要是人就无法避免错误。所以，完全避免错案的发生是不可能的。我们唯一能做的是如何预防错案的发生。我们报道什么是错案，研究什么是错案发生的原因，最终都是希望最大限度地避免错案的发生，最大可能地预防错案的发生。可以说，无论是诉讼制度设计还是司法工作机制，不论是程序规则思维还是人权保障意识，都是一种预防错案的妙方与秘诀。

有一种错是错上加错，有一种误是执迷不悟，有一种痛是痛苦不堪，三者叠加就是因错案而导致的人类司法永恒的痛。正如我在研讨会上的点评所说：我们无法决定生命的长度，但是我们可以拓宽生命的宽度；我们无法避免错案的发生，但可以最大限度地阻止错案的出现；我们的司法官员不能完全顺应民意的风暴，但可以宽容地纠正自身的错误。

陆游诉说：东风恶，欢情薄。错，错，错。山盟虽在，锦书难托。莫，莫，莫！唐琬回答：世情薄，人情恶，欲笺心事，独语斜阑。难，难，难！人成各，今非昨，怕人寻问，咽泪装欢。瞒，瞒，瞒！

刑事错案，错错错！莫莫莫！难难难？瞒瞒瞒？

哪些往事将随风而去?

——2012 年第 36 期《民主与法制》封面解读

2012 年已经进入尾声,此时此刻,我们自然感慨万千。

有人说,这个世界是否也进入了尾声? 因为玛雅人说,2012 年 12 月 21 日的黑夜降临以后,22 日的黎明将永远不会到来。

自然,我们不会相信这个所谓的“2012 世界末日论”。我们认为这个源于玛雅人的预言,其实是玛雅人把 2012 年看作一个巨大的转折点。这个转折点不是指世界的末日,而是“第五个太阳纪”的到来,也就是说新纪元的起点已然就在我们眼前。

于是,我们《民主与法制》以一个“起”字作为 2012 年最后一期的关键字,与各位亲爱的读者叙旧话新、继往开来。

一个“起”字首先将一个网络词汇展现在我们眼前。“起底”,又称为“人肉搜索”或“人肉搜寻”,是指查出对方的个人资料或相片等个人私隐资讯,然后公诸于世,用作“网络公审”。2012 年有一部叫作《搜索》的电影,正好诠释了其如此这般的含义。其实,“起底”原本发源于警方等执法机构,是指警方调查疑犯的背景资料,其后被传统媒体广泛采用的手段。如今,本刊也将其作为关键词,以对即将过去的 2012 年进行回顾与梳理。

这一年,有太多的大案要案让我们瞠目结舌、发人深省,无论是涉及曾经红得发紫的薄熙来、王立军,还是事关许多生命安全的湄公河惨案、周克华案;不论是历经十余年终告审结的赖昌星案,还是吸引最大眼球的吴英案。都让我们从旁观中看到了司法正义,从围观中悟到了法律精神。

这一年,有太多的公共事件让我们啼笑皆非、一声叹息。从口诛笔伐的幼师虐童到众目睽睽的“表哥”与“房叔”,从人人喊打的劳教到个个叫苦的异地高考,无不深切地呼唤天理与法理交织公平正义,无不殷切地渴望公平正义成为每一位公民的现实生活。

这一年,有太多的立法修法让我们欣喜若狂、欣慰之至。一部新刑诉法,终于写入了“国家尊重与保障人权”的普世价值;一部新民诉法,终于成全了“公益诉讼”的入法之梦;一部精神卫生法,终于克制了那些“被精神病”的公权膨胀。

于是,一幕幕往事随风而去,一声声叹息飘然而去,一部部大片谢幕而去。于是,我们全体编辑记者将 2012 年那些与法治有关的故事,通过梳理与搜索而找出了本期聚焦的 30 件大事。

我们希望通过您的慧眼,从这一段段胶片中评出影响过去与未来的10件大事。我们更希望这10件大事,成为我们国家承前启后、除旧布新的大事。

从这个意义上来说,本期封面的关键字"起"字还有四川人常说的"雄起"之意,也有新时代乃至新纪元的起点之愿,更有借助新时代的翅膀"起飞"之义。于是,所谓"起底"实际上是"起源",让我们从头开始。

新旧交替的伟大时刻,在"起"字背景下,让我们借助龙头,从容起飞,跃向新时代。

莫言说:"我是一个讲故事的人。因为讲故事我获得了诺贝尔文学奖。我获奖后发生了很多精彩的故事,这些故事,让我坚信真理和正义是存在的。今后的岁月里,我将继续讲我的故事。"同样,那些与法治有关的故事也将继续。

我们应该如何看待冤假错案?

——“错案防范系列解读”之一

最近,因为浙江张高平叔侄案与河南李怀亮一案的宣判,让国人对冤假错案给予了更深切的关注。可以预计,由此将引起一场有关刑事诉讼理念更新的思想解放讨论。

为此,我们需要对有关冤假错案的系列问题,澄清误会,正确理解。习近平总书记指示我们要“努力让人民群众在每一个司法案件中都感受到公平正义”,所以,如何实现从个别正义到普遍正义,如何看待冤假错案、如何纠正冤假错案、如何防范冤假错案,应当是我们当下首先要解决的问题。

其实,冤假错案只是一种社会表达,而不是一个法律表述。以法律的视角观察,对此一般冠以“错案”的学术表达。

那么,究竟什么是错案?目前好像还没有一个统一的定义,从一般意义的理解来讲,错案是指对无罪或者不应当追究刑事责任的人,而错误地定罪追究刑事责任的案件,以及对构成犯罪应当追究刑事责任而不追究刑事责任的案件。其中既有犯罪嫌疑人或者被告人错误的案件;也有行为虽然是犯罪嫌疑人所为,但其行为依据法律规定不构成犯罪,而进行拘留、逮捕、起诉、判刑的案件;还有犯罪嫌疑人虽然有犯罪嫌疑,但事实不清、证据不足,犯罪嫌疑人被拘留、逮捕、判刑的案件;更有犯罪嫌疑人犯罪事实清楚,证据确实充分,构成犯罪而错误地不追究刑事责任的案件。

于是,问题油然而生:错案为什么会发生?错案应该如何纠正?错案是否可以防范?只有解决了类似的问题,才有可能在全社会达成共识。

第一,错案的发生,既是一种可能性,也是一种必然性。错案为什么会发生?对此,无论是古今中外还是高层民间乃至法律专业人士,真可谓众说纷纭,见仁见智。但是,统而言之,一般都认为其中既有思想认识上的原因,也有事实判断上的原因,或有法律适用上的原因,甚至还有工作体制上的原因。其中除了司法工作人员的不当行为(刑讯逼供等违反法定程序的行为)之外,造成错案的原因还有很多值得研究。可以说,刑事错案是人类社会面临的一个共同性的问题,不仅法制不健全的国家有错判,法制比较健全的国家也有错判。从这个意义上讲,因为只要是人就会存在认识上的局限性,所以刑事错案的发生首先是一种可能性,其次就是一种必然性也就是其不可避免性。当程序出现疏漏、证据出现瑕疵的时候,“错放”就有可能防止错案的发生,而“错判”则可能直接导致了错案的出现。所以,才有了“宁可错放,不可错判”的价值判断。

这种价值判断，正好呼应了“无罪推定”的现代司法理念。

第二，错案的纠正，既要求实体公正，更要求程序公正。曾有一句这样的话，让我们每个人耳熟能详，那就是“既不冤枉一个好人，也不放纵一个坏人”。应当说，这对刑事司法来说，既是一个美丽传说，也是一个良好愿望，更是一个理想状态。但是，在任何一个国家的刑事司法制度下面，这都是无法做到的。尽管我们无法做到100%的绝对公正，但我们还是要以100%的努力去追求相对公正。换言之，我们一定要努力追求在个案的处理上让人们感受到公正，这个公正既包括实体公正，更包含程序公正。实体公正和程序公正是司法公正的两个方面。我国的司法传统过分强调实体公正，司法实践证明，片面追求实体公正不仅会导致漠视甚至践踏诉讼参与者的正当权利，而且也会导致司法公正理念的扭曲，甚至造成错案。诸如“无罪推定”与“疑罪从无”等蕴含程序公正的价值理念，不仅应当体现在审判阶段，还应贯彻到整个刑事诉讼的过程之中。具体到刚刚宣判的李怀亮案件，虽然李怀亮做过有罪供述，但经法院多次审理，李怀亮的有罪供述与证人证言、现场勘验笔录、鉴定意见等证据之间仍存在矛盾不能排除，因此对李怀亮作出了宣告无罪的判决，因而充分彰显了“无罪推定”“疑罪从无”的司法原则和理念。尽管各方面可以有种种猜测和质疑，但这是法治的体现和要求，必须信守与遵守。“张高平叔侄案”的平反，也没有依赖以往的“被害人复活”“真凶出现”或“真凶落网”等偶然因素，而是司法机关一改过去纠正错案的稳妥又保守的习惯做法，完全从证据自身的特性来判断案件的成立与否出发，最后大胆作出了无罪的判决。应当说，这是我国法治的重大进步，同时也标志着我国司法机关在纠正错案方面迈上了一个新台阶。但是，我们常人无法想象，当法院在面临“放与不放、判与不判、轻判与重判的问题”上所经受的压力。这种压力既是一种工作压力，更是心理压力。可以说，“宁可错放，不可错判”完全是一句大实话、大白话、大真话。我们对错案的纠正，就是一种最大的实事求是、最真的有错必纠。

第三，错案的防范，既是一种工作追求，更是一种制度要求。既然错案的发生难以避免，那是否意味着我们就毫无作为呢？显然不是，无论是诉讼制度设计还是司法工作机制，不论是程序规则思维还是人权保障意识，都需要我们极尽所能预防错案的发生。既然错案发生的原因是多方面的，那么防范错案的措施也应该是综合性的。专家认为，防范刑事错案应该从侦查环节、起诉环节、审判环节、辩护环节入手，不断完善司法体制，改进案件质量评价机制与证据印证规则，树立公开透明的司法观，确立真正意义上的无罪推定原则，充分保障犯罪嫌疑人、被告人的合法权益。同时，加快从侦查中心的程序观向审判中心的程序观的转变，恪守理性的司法理念，秉持司法中立，理性对待民意。总而言之，如何有效防范，最终还是要充分体现程序正义的价值观念、发挥律师的作用、调动社会各界的力量。

是错杀还是不杀，是错放还是错判，是有罪推定还是无罪推定，是疑罪从轻还是疑罪从无，是事后诸葛亮还是防范于未然，对此，我们必须给予回答。

这是判断我们能否坚持程序正义、走向法治理性的重要标准。

原载《民主与法制》2013年第16期

我们应当如何发挥辩护律师的作用?

——“错案防范系列解读”之二

今年全国两会刚过,一起本该是普通案件的宣判却引起了所有法律人乃至全社会的关注与反思。连同近年来爆出的佘祥林、赵作海、杜培武等案件,这起被媒体统称为“张高平叔侄案”,再一次吸引了国人的目光,也让国人对冤假错案的预防与纠正给予了更多的期待。

不同的是,“张高平叔侄案”的平反,没有依赖以往的“被害人复活”“真凶出现”或“真凶落网”等偶然因素。而是司法机关一改过去纠正错案的稳妥又保守的习惯做法,完全从证据自身的特性来判断案件的成立与否出发,最后大胆作出无罪的判决。应当说,这是我国法治的重大进步,同时也标志着我国司法机关在纠正错案方面迈上了一个新台阶。

其中,我们不仅看到了司法机关的理念进步,也看到了当事人张高平叔侄与张飚检察官的坚持不懈,更看到了朱明勇等律师的积极参与和专业服务。由此可见,在冤假错案的纠正与预防中,辩护律师的角色作用不可缺,功能作用不可少。

对此,最高司法机关显然已经注意到并开始着手进一步重视辩护律师功能作用的工作部署。

上任伊始,最高人民法院党组书记、院长周强在院党组中心组学习扩大会议上表示,要尊重和保障律师的权利,为律师依法履职提供最大的便利。最近,周强院长在提升司法公信力座谈会上,则进一步提出要紧紧依靠学术界和律师界携手共建司法。因为如果建设司法不靠学术界和律师界的贡献,律师和法院对立,法律根本不可能健全。为此,他在会上特别希望与会专家学者和律师代表就人民法院如何推进公正司法,进一步提升司法公信力,在法治中国建设当中充分发挥职能作用,畅所欲言,查找问题,分析原因,提出对策,集思广益,推进人民法院工作实现新的发展。

首席大法官连续强调要充分发挥律师作用的讲话,经各种媒体披露后立即引起了各界关注,尤其是在律师界反响更加热烈。应当说,在贵阳小河案、江苏靖江案、吉林船营案等热点案件不断发生审辩冲突之时,在我国刑辩律师的功能与作用不断遭到质疑之际,在习近平总书记特别强调“努力让人民群众在每一个司法案件中都感受到公平正义”之后,来自最高审判机关最高领导的表述,不禁让人对当下因为冤假错案及审辩冲突而带来司法公信力的重建与提升工作,给予了更多的期待。

那么,我们应当如何发挥律师的作用?在我看来,应该在以下几个方面下大功夫。

一是要充分理解辩护律师的角色身份。根据我国《律师法》规定,律师就是接受指定或委托为当事人提供法律服务的人。在刑事辩护中，律师就是为犯罪嫌疑人、被告人辩护的法律专业人员。根据刑事诉讼法的规定，辩护律师的基本职责就是根据事实和法律，提出犯罪嫌疑人、被告人无罪、罪轻或者减轻、免除其刑事责任的材料和意见，维护犯罪嫌疑人、被告人的诉讼权利和其他合法权益。简而言之，辩护律师就是通常意义上理解的“为坏人说话的人”。此时，这个“坏人”还只是道德意义上的评价，法律上的称呼是“犯罪嫌疑人或被告人”。所以，律师为“坏人”说话，不是为其“坏”辩护，而是为其作为一个“人”而说话。为此，律师就要极尽可能为犯罪嫌疑人、被告人在证据事实、程序保障、定罪量刑上进行辩护，从而最大可能地维护其合法权益。所以，律师所有的执业行为都是为了维护当事人的合法权益。这是一种制度设计，也是一种法律要求。既然如此，我们的法官与检察官就不要看见律师就厌烦、听到律师就心烦。

二是要充分尊重辩护律师的同等地位。在我们的制度设计中，尽管律师的辩护权是来自当事人即犯罪嫌疑人、被告人，但其与法官、检察官之间，只是法定职责的不同，并没有地位的不同。在行使法定职责的过程中，各自均具有其职业独立性，但相互的法律地位却是平等的。通过法官行使审判权、检察官行使控诉权、律师行使辩护权，构成了司法体制的三个方向，组成了司法制度控辩审的三角架构。其中辩方与控方是一种诉讼对抗关系，这是为了防止对犯罪的指控成为一种潜在的犯罪认定而作出的制度设计。这种制度设计就是为了通过立法而安排了刑事辩护这样一种对抗力量，从而最终形成了诉辩对抗、法官居中裁判的诉讼格局。当然，在现实中却始终未能尽如人意。且不说理性的控辩对抗局面未能形成，单说最近一段时间的审辩冲突，就让人百思不得其解。由此可见，如何理解律师的同等职能地位，将是能否发挥律师作用的重要环节。

三是要充分保障辩护律师的程序权利。在审判活动中，无论是职责分工还是使命要求，辩护律师都要不断地以自己的努力与耐力，为刑事辩护争取时间，为辩护权利争取空间。也就是要不断地为权利而斗争，为当事人权利最大化而斗争。简言之，就是不断在证据上找错、不断在程序上挑错。说到底，辩护权利其实就是一种程序权利。在司法实践中，律师就是通过会见、阅卷尤其是取证、举证、质证等具体业务活动，找到指控证据的瑕疵，发现程序保障的疏漏。因为任何一位被告人在法院判决之前都是无罪的人，所以我们的法律就不能以存有瑕疵的证据与存在疏漏的程序，决定被告人的最后命运。此时，诸如“疑罪从无”“罪刑法定”等程序权利就成了最大的程序正义。正如一位专家所言：“我们社会的成功不仅仅在于将犯罪的人绳之于法，而且还在于刑事诉讼程序的公正性。当被告人受到不公正待遇时，我们的刑事司法体制将会大受打击。”

张高平叔侄案已经成了过去，但是，正如佘祥林、赵作海不断地被人作为冤假错案的典型而提起，张高平一案给我们的启示是深远的、警醒而深刻的。正是因为有了朱明勇等辩护律师坚持不懈的专业服务，张高平一案才获得了今天的生机。同样，也正是因为我们的司法机关最后真正重视了律师的作用，张高平一案才有今天的庆幸。

因为许多冤假错案都已证明，如果漠视甚至剥夺犯罪嫌疑人、被告人尤其是由此而来的律师的辩护权利，那就距离冤假错案不远了。

原载《民主与法制》2013 年第 17 期

我们应当如何理解"疑罪从无"原则?

——"错案防范系列解读"之三

"疑罪从无"对我们中国人来说究竟意味着什么,尽管见仁见智,但绝对不是一个小问题。因为这对我们如何有效防范冤假错案来说,是一个无法回避的实际问题。

应当说,对我们中国人来说,这是不难理解的概念,但却是一个很难理解的理念。那么,究竟什么是"疑罪"呢?我们为什么要主张并追求"疑罪从无"呢?那就让我们先从佘祥林、赵作海、张高平等案件开始说起吧。

当佘祥林被作为杀妻的犯罪嫌疑人而被侦查之时,当赵作海被作为杀害同村村民的犯罪嫌疑人而被起诉之时,当张高平叔侄被作为杀害搭车的同乡人的犯罪嫌疑人而被审理之时,摆在司法机关面前的问题就是这些案件不知不觉地就成了疑罪。面对类似的疑罪,我们的司法机关怎么办呢?

对此,大多数机关基本上都是采取"疑罪从轻""疑罪从挂"的原则。那么,为什么会这样呢?

所谓"疑罪",是指证明被告人有罪的证据不足,既不能证明被告人有罪又不能证明被告人无罪的两难情况。一般来讲,疑罪可以划分为三种情形:案件事实认定上的疑罪、犯罪性质认定上的疑罪、罪数与刑罚适用上的疑罪。对此,如果司法机关均以"疑罪从轻""疑罪从挂"的原则处置,自然是最保险乃至最保守的办法。但是,这对被告人来说可能却是最可怕最危险的办法。事实证明,许多冤假错案都是因为如此而造成的。那么,我们的司法机关乃至全社会究竟应当如何理解"疑罪从无"呢?

首先,"疑罪从无"原则本来就是一项众所周知的司法原则。作为一项司法原则,"疑罪从无"原则首先来自"无罪推定"原则。"无罪推定"原则,曾经是在资产阶级启蒙运动中被作为一项思想原则提出来的。1764 年 7 月,意大利刑法学家贝卡利亚首先提出了"无罪推定"的理论构想:"在法官判决之前,一个人是不能被称为罪犯的。只要还不能断定他已经侵犯了给予他公共保护的契约,社会就不能取消对他的公共保护。"随后,"无罪推定"原则逐渐被载入许多西方国家的宪法或宪法性文件当中或被国际性文件所采用,最后被国际社会确认为一项基本的刑事诉讼原则。经过多年的探索实践,我国司法制度也开始将其吸收为一项重要司法原则。1996 年我国首次对刑事诉讼法进行修改并明确规定:"未经人民法院判决,对任何人都不得确定有罪。”按照“无罪推定”原则，被告人在被法院依法判决有罪以前，应当视为无罪。因此，当被告人有疑罪而不能证明时，以无罪处理。也就是指在犯罪嫌疑人、被告人是否犯罪，既无法证实其有罪也无法证实其无罪的情况下，不认定被告人犯罪，从而应当作出证据不足、指控的犯罪不能成立的裁决结果。

其次，“疑罪从无”原则应当成为一种工作常态。我国在1996年《刑事诉讼法》修订之前，司法实践中常常出现“疑罪从轻”或“疑罪从挂”的现象，即对于事出有因又查无实据的疑难案件，先从轻处理或挂起来拖着，对已经被逮捕的犯罪嫌疑人则实行长期关押不予释放。新《刑事诉讼法》规定：“对于补充侦查的案件，人民检察院仍然认为证据不足、不符合起诉条件的，可以作出不起诉的决定”“证据不足、不能认定被告人有罪的，应当作出证据不足、指控的犯罪不能成立的无罪判决”。如此修订规定，显然不仅确认“疑罪从无”原则既是无罪推定原则的重要派生规则，而且也是证据采信规则的重要法则。根据这些规则规定，证明有罪的责任应由控诉机关来承担。为此，控诉机关必须收集到确实充分的证据以证明犯罪，如果不能证实犯罪或者依据收集到的证据定罪存在异议，则应当作出有利于犯罪嫌疑人、被告人的裁定和处理，从而判定犯罪嫌疑人、被告人无罪。不仅如此，还应当使其成为一种工作常态。为此，我们必须坚持“疑罪从无”原则，指控的证据不足以证明有罪，就应当依法宣告无罪，不能再搞“疑罪从轻”“疑罪从挂”那一套；我们必须坚持证据的客观性与合法性相统一原则，查明认定存在非法证据的，就应当依法予以排除；特别是在适用死刑上不能存在任何的合理怀疑，在定罪和量刑的事实、证据上凡存在合理怀疑者，坚决不适用死刑。现在制度规定应当说比较完善了，关键看我们敢不敢于拿起法律制度武器，敢不敢于坚持原则。如果我们放弃原则，冤假错案一旦铸成，就真是悔之晚矣。

最后，“疑罪从无”原则能否造就一种崭新的司法环境。2012年新修订的《刑事诉讼法》首次对非法证据排除问题作了很多具体的规定，让法律人为之欢欣鼓舞。但是，随之而来的问题是如何真正落实排除非法证据的具体措施和保障性条款，从而切实让“疑罪从无”原则完全落到实处。也就是不仅要让司法人员在思想上深入根除“有罪推定、疑罪从有、疑罪从轻”的司法观念，也不仅要让“疑罪从无”原则成为一种工作常态，更重要的是要让“疑罪从无”原则真正造就一种全社会接受的司法环境。尽管“疑罪从无”原则作为一个理论问题，对刑事司法中的定罪量刑乃至惩治犯罪和保障人权方面，已经逐渐被人接受。但是，这两个最基本的刑事司法功能在司法实践中乃至社会意义的理解上，未必已经达到全心全意的接受。在司法实践中，侦查机关有时由于主客观原因，往往对有些案件的事实未能查得水落石出，因而出现了疑难问题。对于这类疑难案件，侦查机关往往比较消极，社会各界往往比较被动。于是，有专家认为，只有在一个事实上犯了罪的人，因为“疑罪从无”而不是其他法外因素暂时没有受到法律追究，公众、社会舆论、被害人家属在揪心之余还能够理解并接受时，那才是“疑罪从无”得以大行其道的时候，才能够真正杜绝像张氏叔侄案、佘祥林案、赵作海案、聂树斌案等冤案的发生。

由此看来，“疑罪从无”原则不仅仅是一个法律问题，而且还是一个社会问题、心理问题、文化问题。因为所谓“疑罪”，既可能涉及事实认定问题，也可能涉及法律适用问题，更重要的是还涉及司法机关乃至全社会法律评价与道德评判。

因为“疑罪从无”司法原则，不仅仅是一种为了解决刑事疑案的技术性手段和原则，而且还是一种折射我们在关注保护社会之外，能否接受事关每一位公民人权保障尤其是彰显现代刑事司法文明与进步的“有利被告”的思想生命力。

原载《民主与法制》2013年第18期

我们应当如何理解“功大于过”的判断？

——“错案防范系列解读”之四

在谈及诸如河南赵作海杀人案、浙江张氏叔侄强奸案等案件时，许多人曾就法院的功过问题进行了热烈讨论。有些网站甚至将“浙江叔侄奸杀案等冤案审判法院功大于过”单独提炼出来，作为一个醒目的标题。于是，舆论哗然，议论纷纷。有人质疑这是不是在为法院造成冤假错案而庇护，也有人攻击这不是“五十步笑百步”嘛！还有人评判这是典型的“违背司法伦理”。

应当说，这都是标题党惹的祸。需要注意的是，类似的反应甚至谩骂，尽管如此激烈而尖锐，但两天后便逐渐声音变小了，甚至销声匿迹了。由此可以说明，如何理解“功大于过”与“过大于功”，是一个来自司法实践、出自中国国情的客观判断。

这是一个合乎情理的客观判断，因为防止生命被错杀是最大的“功”。一个冤假错案可能导致一个公民被错误羁押甚至毁掉一个家庭，也可能导致一个公民被错杀而毁掉一个人的一生，这是事后任何补偿及赔偿都难以弥补的。但是，相对于一个人因为错案而导致错误羁押来说，如果一个人因此而断送了生命，那就真正属于永远无法弥补了。因此，在许多案件中为防止一个人被错杀方面，法院是有功的。人死不能复生，生命无法重来。为此，在生命这个最大主题面前，我们宁可错放也不可错杀。试想，待到冤假错案平反时，如果那人却已撒手人寰，所谓的平反昭雪还有什么现实意义？所以，首先从情理上讲，保证不能错杀是一条人同此心的情理。当然，相对于这个“功”来说，其中的“过”不论是什么客观原因、有什么特别压力，都是无法回避、无法原谅、无法弥补的。

这是一个合乎推理的客观判断，因为此“功”非彼“功”。其实这只是防止错杀的功过判断，而非防止冤假错案的功过论述。各种舆论将其无限放大而大加批判甚至指责，事实上已经混淆概念，以偏概全。我们可以发现，所谓“功大于过”只是为了理性分析冤假错案发生的有关原因。作为受诉法院，或多或少地都会面对一些事实不清、证据不足、存在合理怀疑、内心不确信的案件，特别是对存在非法证据的案件，法院在放与不放、判与不判、轻判与重判的问题上往往面临巨大的压力。在这种情况下，法院对这类案件还能够坚持作出留有余地的判决，已属不易。尽管如此，法院在错判上又是有过的，而且还不是一般的“过”。这种“过”，就是超越了底线、跨越了边界的“过”；这种“过”，不仅严重违背罪刑法定、程序公正的原则，而且更经不起事实与法律的检验；这种“过”，严重损害了法院的司法公信力，最终使法院陷入了非常被动的地位。为此，我们更需要闻过则喜、改过自新。换言之，就是需要下大力气、下真功夫真正防范冤假错案的发生。

这是一个合乎法理的客观判断，因为尽管法院在防止公民被错杀上有功，但在一些冤假错案中法院又是有过的，所以“功”与“过”不仅不能相抵，甚至在某些案件中还是“过”大于“功”。许多人都知道“枪口抬高一厘米”的故事，其实法院能够在层层压力之下留有余地，将“枪口抬高一厘米”，同样也是一种“功”。当然，无论是什么样的表达语境，不论是什么样的司法态度，强调“功”绝不是为了掩饰“过”，更不是企求功过相抵，反而是为了更清楚地发现“过”、纠正“过”、减少“过”、避免“过”。因为尽管在防止错杀上有功可言，但在防止冤假错案上不仅毫无功劳，而且是大错特错、大过特过。这个“过”，就是违背了“程序正义”的原则，违反了“疑罪从无”的法则。所以，在司法实践中，不论是领导定案还是权力定案，都是违背法治原则、法律规定甚至是基本的司法规律。尽管相对于一个公民的自由与尊严来讲，永远无法用功与过衡量的原则去评判是非，但是，相对于一个公民的生命来说，却可以用功与过分析的方法来警示后人。

关于冤假错案中“功”与“过”的判断，永远只是一种相对的标准。而永远绝对的标准是，尽管冤假错案难以避免，但我们要做的就是最大限度、最大可能地减少与防范冤假错案的产生。正如清华大学法学院张建伟教授在谈到如何判断司法公正的标准时所说：“法院是以多数案件来自我评价的，着眼于整体的公正度，社会评价是以少部分案件作为标准的，侧重于个案的公正，一旦存在个案不公就会引起社会对司法的整体不良观感。”为了普遍公正，我们首先要从个案公正开始做好预防冤假错案的工作。因为任何一个冤假错案不仅给受冤者个人带来了巨大痛苦乃至灾难，更使司法公信力受到严重破坏。当下，我国司法机关通过平反冤假错案，逐渐提升司法公信力的探索与努力，获得了社会各界的好评与肯定。应当说，这既是实事求是的优良作风在司法实践中的最佳体现，也是疑罪从无的程序正义原则在法治建设中的最佳诠释。

由此看来，今天我们理性地评价功过绝不是为了评功表功，而是为了通过厘清“功”与“过”的关系，以清楚我们真正的“过”究竟在哪里，如何在司法实践中避免“过”、减少“过”，从而真正实现减少乃至最大限度地防范冤假错案。如此而行，功劳将归功于所有为正义而付出努力的人们。

原载《民主与法制》2013 年第 19 期

我们应当如何看待“奉命行事”的应然与实然？

——“错案防范系列解读”之五

“奉命行事”本是一个宗教名词，但最近却因张高平叔侄案等冤假错案的不断平反，成了网络关注热词。有人认为，在我国现实情况下，冤假错案往往是奉命行事、放弃原则或者是工作马虎失职的结果。

对此，社会各界反应不一。有人感叹，这是中国当下的一种现实，别无他法；也有人哀叹，长此以往要做到防范冤假错案，可以说是难上加难；更有人悲叹，这是国法被当成家法的悲剧。

那么，我们究竟应该如何看待当下中国司法实践中的“奉命行事”？

首先，“命”从何来？显然，在现实生活中，形形色色的“命”自然是来自地方有关领导。他们往往出于某种维稳的需要、某些利益的驱使、某个指标的压力等诸如此类的情况，然后召集公检法三机关进行“专题研究”，最后“集体拍板”。更有甚者，某些地方领导一个电话、一段批示乃至一个招呼，一个案子就这样将司法公正、程序正义、法律信仰抛到了九霄云外。更为可怕的是，有些地方领导竟以官位相诱惑或以双规相威胁，强迫命令法院领导奉“命”行事。于是，不该定罪的定罪了，不该重判的重判了，不该入狱的入狱了。于是，千奇百怪的冤假错案就这样奉“命”上演了。

其次，何以“奉”之？应当说，在目前我国司法机关行政化、地方化机制弊端还较明显的情况下，每一位法官乃至各地法院在涉及地方利益、个人利益时，或因地方财政所需、或因行政管理所制，不得不听命于某些地方领导的个别招呼，受制于某些地方部门的行政权力，从而作出了有违法律规定、有悖程序正义的裁决。当然，从法院本身工作来讲，也面临诸多无形的命令制约。此情此境，不“奉”咋办？

最后，所“行”何“事”？对法官乃至法院来讲，“行事”的本身其实就是一个执法的过程与结果，也就是实体正义与程序正义的价值追求。因为有些地方领导的强加命令与肆意指令，法官或迫于压力，或畏于权势，因而放弃了原则而奉命，超出了法律而听命，违反了程序而受命，最后导致程序正义被丢掷一边，实体正义被废弃一旁，领导的意志改变了程序的规则，长官的指示决定了办案的结果。没有了实体正义，更没有了程序正义。没有程序正义和实体正义，自然也就没有了社会公平与正义。可见，这个“事”就是法律，就是证据，就是规则，就是社会的公平与正义。习近平总书记说，要让人民群众在每一个司法案件中感受到公平正义。如果法官都违心做事,违法办事,奉命行事,何来程序正义?何来社会的公平正义?

由上可见,如果不根除“奉命行事”的顽劣习惯,如果不斩断“奉命行事”的恶劣源头,要做到真正地防范冤假错案可以说是空中楼阁,甚至只能是海市蜃楼。

许多法律人经常以400多年前英国的柯克大法官为例,说明法律专业人士与领导者的区别。1608年的某一天,英国国王詹姆士一世心血来潮,下旨说想亲自审判案件。但是,指令却遭到了首席大法官爱德华·柯克的谢绝。国王显然不快且疑惑不解:既然法律基于理性,我和法官一样都具有理性,为什么我就不能审案?柯克娓娓道来:“的确,上帝赋予陛下卓越的学识和不凡的天赋。但是,陛下并不精通英国的法律,以及关乎人的生命、继承、财产以及臣民命运的诉讼,判决它们的不是自然理性,而是人为理性和法律判决。在一个人获得对法律的认识之前,法律是需要长期学习和经验的艺术。”

国王听后震怒,免去了柯克的法官职务。但是,柯克抵制国王的勇气受到了英国人民的高度赞扬。柯克大法官坚持认为:“国王在万人之上,但是却在上帝和法律之下。”更重要的是,柯克此举开创了现代意义上法律专业人士独立行使职权的法治原则。

环顾当下中国,对于“奉命行事”,我联想到了法的应然状态与实然状态。什么是应然与实然?顾名思义,应然是指在可能的条件下事物应该达到的状态,或者说基于事物自身的性质和规律所应达到的状态。实然就是事物存在的实际状况。一般来说,作为事物的现实表现样态之实然,总是与其应然之间存在着某种程度的脱节或背离。而作为事物客观存在本性及其理性要求的应然,也肯定是超越其外在的表现的。正是由于事物应然的存在,才使得事物的实然状态的改善成为必要与可能。

在我看来,我们要真正解决“奉命行事”问题,还必须探寻法的应然与实然,再从其应然状态与实然状态进行分析判断,最后对症下药,从而有效快捷地从实然走向应然。

从应然状态看,“奉命行事”应该绝迹。我国1982年宪法第126条中规定:“人民法院依照法律规定独立行使审判权,不受行政机关、社会团体和个人的干涉。”我国宪法第135条、刑事诉讼法第7条规定:“人民法院、人民检察院和公安机关进行刑事诉讼,应当分工负责,互相配合,互相制约,以保证正确有效地执行法律。”

在这些原则的指引下,法官独立审案,法院独立行使审判权,不必听命于所谓的地方领导人,不屑奉命于所谓的权力指挥者,不惧所谓的强势地方官,不怕所谓的利益驱动者。在法官的眼中,只重证据与法律,只看程序与条文,没有高官与百姓之别,更无大款与穷人之分。公检法三机关各司其职,各负其责,不必迁就某些指标的要求,不会屈就于某些领导的苛求。于是,法律真正成了公权力规范运行的标准与目标,成了私权利充分保障的武器与靠山。于是,地方领导干预办案就成了人人喊打的过街老鼠,冤假错案就成了非常陌生的天外名词。

那么,实然状态又是如何呢?正如前述“奉命行事”的现状,我们看到,在一段时间内,在一些局部地区,“奉命行事”可能还将或多或少地存在。对此,我们应有充分的心理准备与清醒的理念更新。

首先,我们还是需要强调中国特色社会主义前提下党的领导作用。我们的司法工作,是党领导下的人民司法工作，党的领导是做好司法审判工作重要的政治保障。所以，党在宏观上对司法工作的方向把握、导向指引，目前只会加强，不会削弱。但作为党的地方领导，如何更新传统管理理念，如何适应现代刑事司法理念，不对具体个案进行干预，只对普遍导向进行指导，则是一个需要全面思考与认真总结的问题。

同样，涉及我国公检法三机关的配合制约关系，需要认真思考与重点研究。虽然修改后的刑事诉讼法更强调"相互制约"，但在打击犯罪工作上强调三机关的整体配合性，无论是领导思路还是工作习惯都没有太大的变化。现代刑事诉讼设计的三角结构，首先要求司法机关职能分立，以实现侦、控、审分离，法官独立。其更重要的意义在于切断各职能间非正常的承继性联系，从而真正杜绝"形离实合"，让侦检真正服从于审判中心主义，避免出现流水线式地共同完成刑事诉讼任务。无数事实证明，在"奉命行事"背景下任何形式的联合办案都有可能埋下冤假错案的祸种，种下损害司法公信、摧毁司法权威的祸根。

法的应然模式为我们指明了应该努力追求的目标，而法的实然状态则通过将法的应然模式加以实证化、具体化的途径，努力追求达到这一目标。

有鉴于此，希望我们的地方领导增强法律意识、法治理念、程序观念，不要动辄干预司法个案，不要人为干扰司法办案。同时也希望我们的法官们能够增强独立意识、内心确信、程序价值，从而顶住压力，不畏权势，不惧强势，坚守社会良心，坚持职业操守。同时，如何通过加强权力制约与法律追责等措施，杜绝行政干预司法的发号施令，让法官检察官真正地挺起头来，也是一个需要努力改进的问题。

可以预见，什么时候法官不再"奉命行事"，而是放心大胆地"奉法行事"，冤假错案的防范难题就将迎刃而解了。

原载《民主与法制》2013 年第 20 期

我们应当如何让证据说话？

——“错案防范系列解读”之六

证据是什么，什么是证据，证据做什么，证据有哪些，这些曾经让许多中国法律人纠结的问题，现在终于在新刑事诉讼法中得到了澄清与明确。

换句话说，证据能否说话、如何说话、应该说什么话，证据说话对防范冤假错案到底有什么作用，这个在刑事诉讼中“牵一发而动全身”的难题，已经通过2012年刑事诉讼法的修改，给我们带来了证据观念的根本性转变，即由传统的实质证据观转向了现代的形式证据观。由此，我们开始真正确立了“不得强迫自证其罪”“非法证据排除”“强化证人出庭和保护制度”等革命性原则或规则。

在1979年刑事诉讼法第31条和1996年刑事诉讼法第42条的规定中，我们似乎习惯了关于证据的传统定义：“证明案件真实情况的一切事实，都是证据。”这个传统定义在理论上被认为是对证据概念的法律定义。其实，从形式逻辑上看，这个让我们司空见惯的条文是自相矛盾的。它一方面把证据界定为“证明案件真实情况的一切事实”，另一方面又明确规定“以上证据必须经过查证属实，才能作为定案的根据”。于是，疑惑与不解油然而生：既然证据都是“事实”，又何须“查证属实”？如此而来，证据岂不成了自说自话？

新刑事诉讼法第48条的规定，对30多年来的传统定义进行了颠覆性的修改：“可以用于证明案件事实的材料，都是证据……证据必须经过查证属实，才能作为定案的根据。”

可见，证据不仅要说话，而且还要正确有效地说话。只有证据说话了，才能认定被告人的犯罪行为是否有罪，才能确定犯罪行为是否由被告人所为，才能决定被告人犯罪行为的情节轻重与量刑情况。

那么，证据究竟应当如何说话呢？

按照新刑事诉讼法第53条规定，证据要做到确实、充分，应当符合以下条件：（一）定罪量刑的事实都有证据证明；（二）据以定案的证据均经法定程序查证属实；（三）综合全案证据，对所认定事实已排除合理怀疑。

了解与研究证据制度的人都知道，这正是国际上通行的证据裁判原则或曰证据裁判主义所提出的要求。简而言之，是指所有证据都必须在经过法定的正式的证据调查程序之后所取得证据能力的证据，才能认定案件事实。

由此可见，证据说话要说三种话：

首先，证据要说有事实的话。现代诉讼证据理论认为，在客观真实与法律真实、客观事实与法律事实之间，需要通过证据加以证明，才能分清相互区别，再现法律事实。否则，就会出现佘祥林、赵作海式张冠李戴的冤假错案。所以，证据裁判原则中的事实，是指需要通过证据认定的案件事实，也有人称其为待证事实。有关专家认为，作为证明对象的待证事实通常具有以下特征：一是与控辩双方的诉讼主张相联系并具有一定法律意义的事实；二是均为法律明文规定的事实；三是必须运用证据加以证明的事实。我们平常所知道的众所周知的事实、司法认知事实、生效判决确定的事实及推定事实等，都是无须运用证据证实的事实，法学专家称之为免证事实。具体来讲，根据最高人民法院有关司法解释规定，需要运用证据证明的案件事实主要包括：被告人身份；被指控的犯罪行为是否存在；被指控的行为是否为被告人所实施；被告人有无罪过，行为的动机、目的；实施行为的时间、地点、手段、后果以及其他情节；被告人的责任以及与其他同案人的关系；被告人的行为是否构成犯罪，有无法定或者酌定从重、加重、从轻、减轻处罚以及免除处罚的情节；其他与定罪量刑有关的事实。所有这些“事实”都是审判机关适用何种法律、如何适用法律的前提及依据，而所有“事实”的认定，均取决于法官对证据的取舍和证明力大小的判断。

坚持证据裁判原则，就必须做到认定案件事实应有相应的证据予以证明，也就是说一切都要靠证据说话，没有证据不得认定犯罪事实。我国新刑事诉讼法规定了物证、书证等 8 种法定证据形式，因此，所有对案件事实的认定都必须建立在上述 8 种证据形式之上。

其次，证据要说有程序的话。所谓有程序，是指所有作为认定案件事实的证据，必须通过法定的正式的证据调查程序来审查。凡是没有通过法定的正式的证据调查程序审查或者未经当事人及其辩护人充分表达过意见的证据，均不能作为认定案件事实的根据。简言之，所有证据的取证、举证、质证、认证，都需要合乎法定程序的要求。因而一要做到对存疑的证据不能采信，以确保判决认定的事实证据确实、充分。二要做到以合法的证据来证明案件事实，这就意味着对于非法取得的证据应当排除，不能作为定案的根据。这一法定程序上的要求，目的在于强调审判公开、直接言词、疑罪从无等原则对审判机关的规范与制约，以此赋予和增强判决的说服力和正当性。

赵作海案件平反后，有关专家从证据法的视角重新审视了该案存在的诸多问题。专家认为，如果侦查人员不是通过刑讯逼供获取赵作海的供述及其妻赵小齐的虚假证言去印证所谓的“情杀”，如果检察官不是放弃了 DNA 鉴定没有得出结论这一重大疑点而是坚持公诉标准不予起诉、如果法官不是漠视赵作海的当庭翻供不进行法庭证据调查、全然不顾案件没有达到证明标准进而作出了留有余地的死缓判决，冤案就不会发生。可见，该案的教训就在于办案人员没有严把证据关，没有把案件事实的认定建立在合乎法定程序的证据基础上。今年以来被纠正平反的李怀亮、张高平叔侄案、福清爆炸案，均因为其存在程序上的问题而使证据失去了效力，因而出现了冤假错案。

最后，证据说话要说有证据能力的话。所谓证据能力，也叫证据资格，是指作为法院认定事实或判决根据的证据出现在法庭上的资格和条件。只有具备证据能力的证据，才能获得可采性。证据是否具有证据能力或可采性，必须经过法定的正式的程序来审查和确定。通常情况下，必须同时具备关联性、真实性和合法性的证据才具有证据能力或可采性。为此，我国的证据裁判原则特别强调证据只有达到法定的证明标准才能作出有罪的裁决。刑事案件的有罪判决标准应为最高证明标准，与英美法系“排除合理怀疑”标准相类似，我国刑事诉讼法中有罪判决的标准最终确定为“案件事实清楚、证据确实充分”。反之，如果既有证据没有达到证明标准，或有因其属于非法证据而予以排除，然后法官就可依据证明责任的分配原则，作出疑罪从无的无罪判决。

当今世界各国及国际组织，大多制定了非法证据排除规则。它通常指执法机关及其工作人员使用非法行为取得的证据不得在刑事审判中采纳的规则，主要包括非法取得的实物证据的排除、非法取得的言词证据的排除、违反正当程序取得的非法证据的排除。根据新刑事诉讼法的规定，通过非法证据排除规则的设定而明确否定了刑讯逼供下的依赖口供结案的证据制度，充分彰显了证据法的程序价值。当然，在这方面还要依赖科技手段的提升，让充分有效的证据站出来说话。

从证据裁判原则的内在精神要求看，在刑事诉讼的各个不同阶段，证据是前提，证据是灵魂，证据是法宝。相比西方国家普遍遵行的“裁判中心主义”，我国刑事诉讼的结构还是公、检、法三个几乎完全独立并行的“流水作业式”诉讼构造。于是，如何通过证据“认定案件事实”，通过什么样的证据“认定案件事实”，认定什么样的“案件事实”就成了公检法三机关在刑事诉讼中都需要面对和解决的问题。

曾经有一个耳熟能详的传说，说是在刑事诉讼中，公安是做饭的，检察是送饭的，法院是吃饭的，而律师就成了要饭的。在传统证据体制下，不管公安做的饭是不是夹生饭，检察就得送过去，法院就得吃下去，而律师就只能干着急。从现在被纠正的冤假错案来看，问题就出在证据上，根子就出在理念上，表现就出在体制上，最后受害的就是被告人及其辩护人。

无论是哪一部刑事诉讼法，我们都规定了“以事实为依据，以法律为准绳”的原则，而“以事实为依据”的前提就是以证据为根据。那么，我们都做到了吗？证据真正说话了吗？

原载《民主与法制》2013 年第 21 期

我们渴望感受什么样的公平正义?

——“错案防范系列解读”之七

似乎还没有什么时候像今年一样,公平正义不仅仅是作为法律人的课题而受到关注,而且已经成了一个从政治到社会、从庙堂到坊间、从高官到百姓都在关注议论的热点话题。

这一切首先源于今年年初习近平总书记对全国政法工作提出的新期望。习近平总书记要求,我们要努力让人民群众在每一个司法案件中感受到公平正义,所有司法机关都要紧紧围绕这个目标来改进工作,重点解决影响司法公正和制约司法能力的深层次问题。

那么,究竟什么是公平正义?我们应当让人民群众感受什么样的公平正义?

所谓公平正义,顾名思义就是公道平等的处理,就是正当合理的对待。从一般解释来看,公平包含公民参与经济、政治和社会其他生活的机会公平、过程公平和结果分配公平。而正义则包括社会正义、政治正义和法律正义等。

公平正义是每一个现代社会孜孜以求的理想和目标,是衡量一个国家或社会文明发展的标准,是人类文明的标志之一。习近平总书记对全国政法战线所强调的公平正义,实际上主要是着眼于法律正义。

作为人类法律制度创设以来的一种基本价值,法律正义或者说司法正义一般有两种表现形式,即实体正义和程序正义。实体正义主要体现在实体法之中,体现在司法裁判的结论之中,构成一种对法官的实体性道德限制。而在程序正义的法律价值观念中,其内容与裁判的结果或结论没有直接的关系,它们体现于法律程序的设计以及司法裁判的过程之中,具有明确而具体且可操作的道德标准。

在推进依法治国的伟大实践中,着重强调“让人民群众感受到公平正义”,具有重要的现实意义。其中,法律面前人人平等,坚决捍卫法律尊严,坚决维护司法公正,是最大的也是最直接的公平正义。因为在司法实践过程中,普通老百姓维权的成本太高,打官司太难,一些司法工作人员中存在着吃拿卡要等行为,一些领导以行政特权干扰司法工作而导致执法不严、司法不公等问题,严重地损害着人民群众的切身利益,让老百姓感受不到法律的阳光,感受不到社会的公平正义。因此,如何规范司法行为,加大司法公开力度,回应人民群众对司法公正公开的关注和期待,应当是我们的审判机关、检察机关在依法独立公正行使审判权、检察权的同时,必须直接面对与重点解决的问题。

于是，根据公平正义的固有内涵与我国的司法实践，我们应当倡导让人民群众从以下三个方面感受到公平正义。

第一，公平正义要让人看得见。所谓“看得见的正义”，就是指程序正义，用通俗语言解释就是要追求一种过程公平。英美法系中有一句法律人耳熟能详的法律格言：“正义不仅要实现，而且要以看得见的方式实现。”其所表达的就是一种程序公正的价值理念。这种最早来源于古希腊著名思想家柏拉图的正义观，到了古罗马和中世纪时期，便渐渐发展成为一项程序公正的标准。法学专家称之为自然正义，它有两项基本要求：一是任何人不得做自己案件的法官，二是应当听取双方当事人的意见。总之，就是要求在所有程序上不仅要公开，而且还要对双方当事人公平对待。在双方当事人看来，不仅在案件审理结果上要公平、准确、合理，完全符合实体法的规定和精神，而且还应当在立案、审理、执行过程中体现其公平性和合理性。

为此，我国三大诉讼法均明确规定了法院审理案件以公开审理为主要原则，以司法公开为工作重点。在刚刚结束的全国法院院长座谈会上，周强院长在谈到如何让每一个案件的审理都实现公平正义时，特别强调：“一要严格以事实为根据，以法律为准绳；二要在刑事案件的审理中严格地执行刑事诉讼法规定的程序，坚持公检法三机关相互配合、相互制约的原则；三要充分保障当事人和当事人的代理人、辩护人、律师的权利；四要大力推进司法公开，通过公开来促进公正。”他要求，各级法院要全面落实司法公开原则。他说：“不仅要敞开法庭大门，还要创造和利用好多元的司法公开载体；不仅要公开庭审过程和结果，还要公开裁判依据和理由；不仅要公开案件审理，还要公开人民法院的其他审务工作。”周强指出，最高人民法院的裁判文书年内要实现上网公开，地方各级法院也要进一步扩大裁判文书公开范围。要完善旁听庭审制度，努力满足群众旁听需求；对社会关注案件，要通过庭审直播、录播等方式及时让公众知晓案件进展情况，提高审判工作透明度。

所有这一切，都是为了让“看得见的正义”真正落到实处，体现好处。

第二，公平正义要让人听得懂。这是指具体正义，既强调普遍正义，更强调个案正义。法律不仅要让人遵守更要让人知晓，否则，法律就将成为纸面上的废物、专家们的玩物。同理，正义不仅要让人看得见，还要让人听得懂。

如何做到让人听得懂呢？通过每一起个案的司法公开，通过每一次司法公开中的审理过程，通过每一次审理过程的规则阐释与程序宣示，不仅是一种司法程序的展开，更是一种公平正义的展示。如此而来，司法公正才能真正体现在具体的司法过程之中，案件审理才能不会游离于法定程序之外。最高人民法院院长周强最近在接受媒体采访时指出：“通过每一个案件的审理，来积累司法机关的公信力，来维护和实现社会的公平正义。”有专家认为，周强院长的积累之说不仅体现了对个案公正的强调，也体现了对司法规律的尊重，更体现了对公平正义从看得见到听得懂的客观规律的把握。因为司法权从本质上说，是法官运用审判权来适用法律解决个案纠纷。公民的权利和法律的价值正是这样通过每一份司法判决得到具体确认和证明的。对每一位公民来讲，抽象的公平正义就这样在个案中生动而鲜活地体现为清晰具体的公平正义。

第三，公平正义要让人摸得着。这是指结果正义，也就是及时有效的正义。众所周知，迟来的正义等于非正义。一起旷日持久的马拉松官司，一个改来改去的“翻烧饼”式判决，既有可能把一个企业拖垮，更有可能将一个家庭拖得妻离子散、家破人亡，最后虽然赢了官司，但赢得的可能只是一张白条、一个数字。正如张高平叔侄案，十年之后的今天，一切原本的幸福均已无法复原；正如赵作海案，平反之后的家庭早已不复存在；正如佘祥林案，走出监狱见到的妻子再也不是原先的亲人……

有鉴于此，最高人民法院院长周强说，要正确理解和贯彻罪刑法定、疑罪从无、证据裁判等原则，切实尊重和保障人权，在刑事、民商事、行政等各个审判领域都要坚决防止冤错案。要健全完善预防和纠正错案机制，吸取错案教训，完善案件质量监控体系，案件审理中的每一个环节都要把好关口，都要负起责任，决不能走过场，尽最大努力保证公正裁判。也就是不仅要让公平正义看得见、听得懂，还要摸得着。所谓“摸得着”，就是周强院长所强调的那样：“要让有理无钱的人打得起官司、让有理有据的人打得赢官司、让打赢官司的当事人及时实现权益、让确有错误的裁判依法得到纠正。”

当然，要实现司法的公平正义绝非一蹴而就。其中既需要司法公开的不断扩大，更需要司法理念、司法机制、司法素质的不断增长。这个增长的过程，就是不断改革司法体制、不断提升司法权威、不断积累司法公信力的过程。这个过程就是司法公平正义让人看得见、听得懂、摸得着的过程。其中“万分之一的错案”对于当事人来说就是“百分之百的不公平”，就无法实现每一个案件的公平正义。

在我看来，无论是从道德层面还是法律范畴，公平正义犹如永恒的爱情一般，永远是全社会的热门话题。而在我们今天建设社会主义法治国家的进程中，公平正义就像阳光雨露一样，作为法律追求的最高目标，作为法律进化的精神驱动力，不仅是一种需要，更是一种必要，每一个中国人都渴望看得见、听得懂、摸得着。

原载《民主与法制》2013 年第 22 期

有一种策划是选题

总编辑做什么?

以我体会来看,总编辑就是看主题、定选题、改标题。

如何看主题?那就是看方向、看导向、看走向、看取向。

哪些主题能够成为选题呢?只要能够接天线、接地气、接读者、接受众、接市场、接系统的主题,都可以成为合适对路的选题。

从选题到标题,正是这样一个连接过程。好标题,既有意料之外,也有情理之中;既有体例之美,还有内涵之深;既有专业热度,更有政治高度。

作为《民主与法制》任职11年的总编辑,对标题设计的学习与追求,可谓一心一意、情有独钟。

从写稿到发稿:是看还是做?

——在《民主与法制》社2020年驻地机构工作会议上的授课提纲

(2020年10月15日　北京深圳大厦)

一、看什么?

(一)看历史沿革

社领导

1979年8月—1982年6月　主编　郑心永

1982年7月—1985年8月　主编　丁柯

1985年9月—1987年2月　社长兼总编辑　丁柯

1987年3月—1988年2月　社长　丁柯,总编辑　钟沛璋

1988年3月—1989年12月　主任　罗竹风,副主任　沙洪(兼总编辑)

1990年1月—1992年10月　社长　沙洪,总编辑　王树人

1992年11月—1993年12月　社长兼总编辑　王树人

1994年1月—1995年1月　社长　王厚德,总编辑　王树人

1995年2月—1997年4月　社长　王厚德

1997年5月—2004年6月　总编辑　王强华

2004年6月—2010年8月　总编辑　李明信

2004年4月—2011年2月　社长　胡永朝

2011年5月—2020年7月　社长　周占华,总编辑　刘桂明

2020年7月—2021年7月　党委书记　林洪武,总编辑　刘桂明

总编辑

1979年8月—1982年6月　郑心永

1982年7月—1987年2月　丁柯

1987年3月—1988年2月　钟沛璋

1988 年 3 月—1989 年 12 月　沙洪
1990 年 1 月—1995 年 1 月　王树人
1997 年 5 月—2004 年 6 月　王强华
2004 年 6 月—2010 年 8 月　李明信
2010 年 6 月—2021 年 6 月　刘桂明

(二)看媒体结构
速度——民主与法制网(版面改革、页面改革)与微信公众平台
高度——民主与法制时报(每周四刊)
深度——民主与法制周刊
1979 年月刊
1995 年半月刊
2011 年旬刊
2016 年周刊

(三)看采编思路
"一二三四五六":
聚焦一个封面主题
解决两个现实难题:发行量、影响力
做好三种采编平衡:深度与速度、宣传与监督、有趣与有料
加强四种采访报道:现象性、事件性、案件性、制度性
巩固五块内容结构:一个题、一个人、一部法、一个案、一些专栏
活用六大栏目版块:卷首、封面、法治、社会、经济、文化

(四)看管理机制
总编管始终——定选题、改标题
主编管过程——定版面、盯页面
采编管落实——定重点、找亮点
美编管设计——定图片、搜照片
校对管字句——定版样、看版心
编务管衔接——定服务、管事务

管理要求:
多看一眼、多想一下、多问一声。

工作要诀:
开头结尾加标题,
上下左右看版心。

照片页码对目录，
一字一行一页清。

(五)看选题策划
社会现象:职业现象、文化现象、法律现象
热点事件:法律事件、政治事件、历史事件
热门案件:热议案件、侦破案件、平反案件
制度改革:体制改革、机制改革、工作改革

(六)看发展走向
纸质媒体何处去?
1. 通过新媒找热点——各领风骚三五天
微博、微信、公众号、客户端
2. 通过网媒选重点——犹抱琵琶半遮面
官网、新闻发布、网络平台
3. 通过纸媒看亮点——东边日出西边雨
报纸、杂志

二、写什么?

什么是新闻? 如何用一个字概括?
新——鲜
异——反
变——动
惊——奇
笑——哭

新闻是什么?
时间——何时 When
地点——何地 Where
人物——何人 Who
事实——何事 What
原因——何因 Why

(一)消息
事件消息
案件消息
会议消息
改革消息

经验消息

法治消息

人物消息

文化消息

(二)通讯

人物通讯

专访通讯

时事通讯

会议通讯

案件通讯

事件通讯

现象通讯

改革通讯

(三)评论

卷首

编后

短评

(四)深度报道

社会现象

热点案件

热门事件

制度改革

三、学什么?

(一)选题策划

一是选题怎么来?

1. 从会议与活动而来

2. 从阅读与思考而来

3. 从文件与规定而来

4. 从工作和任务而来

二是选题怎么出?

1. 因时而生

2. 因地而宜

3. 因人而异

4. 因事而为

5. 因势而变

三是选题怎么定?

1. 看大局:

融入大局、服务大局、维护大局

2. 看大事:

国家大事、时政大事、政法大事

3. 看大会:

纪念大会、表彰大会、换届大会

4. 看大家:

党政领导、名人名家、典型人物

5. 看大案:

陈年旧案、冤假错案、奇案怪案

6. 看大势:

社会形势、发展趋势、改革走势

(二)标题制作

理想与目标:不求惊人,只求动人。

要求与追求:简练、准确、传神、会意。

标题忌讳:

1. 尽量不拆行、不转行、不分行
2. 尽量不要重复字眼
3. 尽量不用主观感情色彩浓厚的词汇
4. 尽量少用字数太多的人名与地名
5. 尽量少用专业性太强的词汇
6. 尽量不用容易引起歧义的词汇

一是为何?

1. 篇章分解:从大标题到小标题、从引题到副题
2. 结构组织:从标题开头到文章结尾
3. 目录介绍:从开头亮相到结尾余音
4. 品牌推广:标题是时代主题也是工作命题

《民主与法制40年》系列报道

从创刊到发展:东奔西跑各司其职

从报人到同人:拳打脚踢各显其能

从上海到北京:承前启后各展风采

从小案到大案:释法说理各具特色

从月刊到周刊:煮字烹文各有千秋

从历史到未来:与时俱进各有绝招

从读者到编者:借墨结缘各得其所

二是何为?

1. 聚焦重点

表明态度、说明情况

2. 抓住亮点

吸引眼球、引起注意

3. 凝聚焦点

提示内容、展示形象

4. 找准要点

攻其一点,不及其余

《“捕诉一体化”的实践样本》系列报道

有根有据:从“捕诉分离”到“捕诉一体”的检察改革

有本有原:从“捕诉一体”到“两高一低”的严峻现实

有板有眼:从“一办到底”到“一波三折”的诉辩关系

有点有线:从“捕与不捕”到“诉与不诉”的刑辩策略

有始有终:从“可以作出”到“应当作出”的释法说理

三是如何?

1. 吸引力——提问式:吸引读者、吸引群体

2. 影响力——流行式:转载广泛、流传甚广

3. 号召力——文学式:业界大咖、发言嘉宾

4. 传播力——概括式:管控结合、生死契合

四是何如?

1. 缩短空间距离

2. 缩小经验距离

3. 缩小利益距离

《看电影　学法律》系列报道

· 司法中的“酸”:看《造雨人》之胜诉

· 刑法中的“苦”:看《肖申克的救赎》之越狱

· 经济法中的“咸”:看《法网雄心》之赔偿

· 诉讼法中的“涩”:看《铁案风云》之逆转

· 海商法中的“麻”:看《泰坦尼克号》之凄美

· 婚姻继承法中的“甘”：看《遗产风波》之意外
· 民法中的“甜”：看《雨人》之神奇
· 法理学中的“醇”：看《朗读者》之沉默
· 法律电影中的“鲜”：看法律知识之风趣

标题构成：
主题、正题、母题
引题、肩题、眉题
副题、子题、小题

（三）起承转合
“五个一”：一根线、一个点、一句话、一种景、一件事
1.“提”纲挈领
提要：按语、导语、引语
2.“头”头是道
开门见山
名言警句
修辞手法
抒情议论
设问反问
寓言故事
人物出场
诗词歌赋
风土人情
3. 娓娓（尾）动人
画龙点睛
首尾呼应
名言警句
意犹未尽
悬念疑问
自然收官
高潮回味
启发联想
点到为止

（四）谋篇布局
1.“图”文并茂

对角线

大视角

老照片

对照表

地形图

2. 有板(版)有眼

大题图

大留白

连环画

大标题

小标题

3. 页码设置

对开页

间隔页

空白页

目录页

倒头页

(五)栏目设置

1. 专栏专版

2. 分栏通栏

3. 版块专页

(六)语言表达

1. 版面语言——吸引力

2. 标题语言——影响力

3. 时代语言——传播力

4. 结构语言——组织力

5. 选题语言——策划力

6. 主题语言——学习力

7. 姿态语言——执行力

8. 体态语言——沟通力

9. 专业语言——表现力

10. 社会语言——亲和力

(七)法律常识

十个“诉”:起诉、公诉、自诉、本诉、应诉、反诉、上诉、抗诉、撤诉、申诉。

十个“审”:一审、二审、两审、陪审、主审、原审、重审、再审、提审、终审。

十个“权”:公权、私权、人权、诉权、产权、物权、债权、职权、授权、亲权。

(八)政治立场

四、做什么?

驻地机构管理总要求:

想干事、多干事、干成事、不出事。

(一)发稿

1. 从采稿到写稿——内容为王
2. 从写稿到投稿——目标为准
3. 从投稿到编稿——形式为主
4. 从编稿到用稿——文法为本
5. 从用稿到审稿——规范为上
6. 从审稿到发稿——程序为重

(二)发行

1. 服务发行——邮局与自办
2. 推广发行——机关与市场
3. 扩大发行——长期与短期

(三)发展

1. 以采编促发展——从宣传到传播
2. 以活动促发展——从线上到线下
3. 以合作促发展——从搭台到唱戏

结语:

习近平总书记指出:“不断增强脚力、眼力、脑力、笔力,努力打造一支政治过硬、本领高强、求实创新、能打胜仗的宣传思想工作队伍。”

1. 脚力是基础:走得正、走得实、走得久;
2. 眼力是关键:看得清、看得透、看得远;
3. 脑力是核心:想得全、想得细、想得深;
4. 笔力是落点:写得好、说得好、演得好。

从“四种力”到“四字经”:

看——前提

写——关键

学——基础

做——落实

《民主与法制》杂志封面聚焦选题（部分）

2010 年第 16 期至 2021 年第 22 期

2010 年《民主与法制》（半月刊）

2010 年第 16 期封面聚焦：行政区划调整之辩

之一：新一轮行政区划改革启幕

之二："被决策"：民主视角下的北京行政区划调整

之三：北京的历史情结

之四：北京城的区划、规划与文化

之五：应松年：符合法定程序

之六：亲民的行政区划宜静不宜动

之七：中国需要多少"国际化大都市"？

之八：消失的记忆

之九：行政区划改革　考验转型中国

之十：中华人民共和国行政区划沿革（图表）

之十一：北京行政区划历史演变（图表）

2010 年第 17 期封面聚焦：少年司法大家谈

之一：少年审判要立足司法职能　延伸司法服务

之二：中国少年司法的出路在哪里

之三：少年法院离我们有多远？

之四：未成年人检察制度寻找新突破

之五：U 型法台前的浓浓慈爱

之六：她最感欣慰的称号是"法官妈妈"

——记全国人大代表李其宏法官

之七：什么是未成年人的"最大利益"

——女法官手记

之八：河南：少年司法先行者

之九:少年审判,在困惑中探索

——北京市东城区法院未成年审判制度改革侧记

之十:少年司法:如何实现理论到实践的完美对接

2010 年第 18 期封面聚焦:“公众人物”你是谁?

之一:“公众人物”监督与被监督的文化思辨

之二:批评还是诽谤?这不仅仅是一个问题

之三:“公众人物”的“权利限制”

之四:明星该有多少隐私权?——从“郭德纲事件”看明星的社会责任

之五:公众眼中的“公众人物”

之六:西方国家:“公众人物”无隐私

2010 年第 19 期封面聚焦:中国律师重建 30 年

之一:中国律师 30 年变迁路

之二:风雨 30 年:《律师暂行条例》颁布 30 周年座谈会发言摘要

之三:我人生中的“第二个春天”

之四:纪念《律师暂行条例》颁布 30 周年的意义

之五:苏惠渔:为“两案”辩护的幕后新闻

之六:马克昌:为吴法宪辩护始末

之七:张思之:梦想与坚持

之八:为“渤海二号案”辩护

之九:上海律师的骄傲

之十:保障律师权利　纸面法律还需付诸行动

2010 年第 20 期封面聚焦:人口结构危机

之一:人口结构:亟须普查的危机

之二:我国人口状况:过去、现在和未来——专访人口学家梁中堂

之三:鲜为人知的翼城“二胎特区”

之四:3000 万光棍,何处去?

之五:“独苗苗”的烦恼

之六:中国式养老

之七:我们是否误读了马寅初?

2010 年第 21 期封面聚焦:法官与律师之间是保持距离还是互相隔离?

之一:法官与律师需要良性互动——“法律职业伦理:法官与律师之间”学术研讨会综述

之二:律师和法官应依法担当庭审角色——访国家法官学院教授周道鸾

之三:葛洪义:伟大的制度都是斗争出来的

之四:律师要自律　法官要保护

之五:藕断丝连:美国法官与律师

之六:近年来发生的法官腐败窝案

之七:各地方规范法官与律师关系的相关规定

2010 年第 23 期聚焦:刑辩之惑

之一:现状篇——知名大律师眼中的刑辩“十难”

之二:立法篇——关注亮点　期待改进

之三:技术篇——面对大礼包,我们准备好了吗?

之四:未来篇——刑辩律师的未来不是梦

2010 年第 24 期封面聚焦:食以安为先

之一:共同破解食品安全法治难题

之二:一位残疾人大代表　促成一部法律的诞生

之三:从“加碘盐”到“铁酱油”:谁解食品安全之惑?

之四:面粉不是杰克逊

之五:反式脂肪酸——你身边的美味杀手!

2011 年《民主与法制》(旬刊)

2011 年第 8 期封面聚焦:救救乞讨儿童!

之一:解救乞讨儿童,微博在行动

之二:解救乞讨儿童之法律争议

之三:公安“打拐”,缺人缺钱

之四:乞儿救助:最怕浮云般的责任

之五:关注乞讨儿童需要思考的十个问题

2011 年第 10 期封面聚焦:聚焦:“两会”

之一:降房价:是限购还是限售?

之二:收入分配:缺的是“切”的勇气和智慧

之三:食品安全:良心与利益的博弈

之四:微博市长的“社会管理经”

之五:张晓梅:我的提案不“雷”人

2011 年第 11 期封面聚焦:法律体系:一个国家的理想和传奇

之一:1980 年代:改革起航的立法奠基

之二:1990 年代:市场经济的立法攻坚

之三:2000 年代:转型关口的立法纵深

之四:“良法”时代风云录

之五:“七法体系”孕育记

2011 年第 16 期封面聚焦:司法鉴定之惑

之一:见习医生被“高效”司法鉴定

之二:两起刑案鉴定背后的真相

之三:一份对账函背后的伪证风波

之四:“四邻签字”作假的土地证为何不撤销?

之五:司法鉴定的前世与来生

2011 年第 19 期封面聚焦:法治湖南的美丽景观

之一:“作茧自缚”的革新

之二:开福经验

之三:法治长沙

之四:法治政府探路者

之五:“行政程序法离我们并不远”

2011 年第 20 期封面聚焦:湘雅医院腐败窝案

之一:湘雅腐败:纸总是包不住火的

之二:湘雅腐败:内外勾结与管理混乱

之三:湘雅腐败:28 亿元的豆腐渣医疗楼

2011 年第 22 期封面聚焦:谁来看守看守所?

之一:是公检法共同的监管场所

之二:“看守所是政府的看守所”

之三:破解“非正常死亡”的成都之道

之四:像管理河堤一样管理看守所

之五:武安市看守所“要向犯罪嫌疑人负责”

之六:《看守所条例》修改中的若干问题

之七:看守所,姓“公”还是姓“司”

之八:看守所为什么遭遇四面楚歌?

2011 年第 23 期封面聚焦:“杭标”是怎样炼成的?

之一:一场因地制宜的革新

之二:一种自主创新的尝试

之三:一次触及灵魂的警务革命

2011 年第 25 期封面聚焦:司法公开进行时

之一:网络助推上海法院“阳光司法”

之二:“网上同步办案”审判公开的另类模式

之三:从陪审员到人民陪审团

之四:全民记者时代,法官何为?

之五:司法公开也应包括“副卷”

之六:只有公开审判,没有“内部”司法

2011 年第 28 期封面聚焦:民主与法制巡回讲坛

之一:讲法　讲理　讲情

之二:法学界“三大卫”邯郸大论剑

之三:“三大卫”印象

之四:修改刑诉法:给人民一个保护自己的屏障

之五:建言刑诉法修改

之六:张青松:刑事辩护中的质证技巧

之七:邯郸讲坛之问答篇

之八:刑辩律师在坚定的理念中寻找价值

之九:“盛宴”是怎样做成的

之十:“民主与法制巡回讲坛”引发网友热议

2011 年第 31 期封面聚焦:从百年辛亥到百年共和

之一:辛亥,也成就了一场制度革命

之二:辛亥革命的当代启示

之三:辛亥革命十大关键人物

之四:辛亥革命的十大线索

之五:辛亥大变局时的清廷财政

之六:隆裕皇太后的冬天

2011 年第 32 期封面聚焦:你会立遗嘱吗?

之一:遗嘱,想说爱你不容易

之二:名人家事知多少?

之三:谁在立遗嘱?

之四:我为什么要立遗嘱

之五:为什么 60% 的遗嘱无效?

之六:他们和他们的遗嘱

之七:从继承到传承:一种使命与责任的创新

2011 年第 34 期封面聚焦:盘点 2011,将问责进行到底

之一:问覆车之祸:如何追责?

之二:问食品安全:几多忧虑几多愁?

之三:问慈善困局:求解秘方在哪里?

之四:问民间借贷乱象:是谁惹的祸?

之五:问“小悦悦事件”:这个社会怎么了?

之六:问微博事件:为何要羡慕、嫉妒、恨?

2011 年第 35 期封面聚焦:盘点 2011:影响力案件反思

之一:铁路已经成了腐败重灾区吗?

之二:腐败为何升级为“窝串案”?

之三:民意下的死刑判决如何抉择?

之四:谁来破解聂树斌案件的"死结"?

之五:法律该为渤海的"伤痛"做些什么?

之六:刑诉修法中的博弈如何寻求平衡?

之七:李庄与北海为何成了新地标?

之八:仅有少年司法就足够了吗?

之九:为什么说2011年是微博红年?

2012年《民主与法制》(旬刊)

2012年第1期封面聚焦:聚焦民诉修法

之一:民事诉讼:20年后全面修法

之二:民事公益诉讼:路在何方?

之三:如何破解"起诉难"

之四:虚假诉讼:"假打"与"打假"

之五:"网"言如何成为证言?

之六:民诉修法:律师界发出的声音

2012年第3期封面聚焦:幸福安康的路,还有多远?

之一:一个"被精神病"公务员的"自赎"

之二:"被精神病"者建言精神卫生法修改

之三:《精神卫生法》:26年难产路

2012年第4期封面聚焦:"居民自治"的新型样板

之一:有一种星火可以燎原

之二:有一种精神可以传承

之三:有一种理念可以坚持

之四:有一种服务可以穿越

之五:社区民间协会探索"草根自治"

之六:一个"零上访县"的"社会管理经"

之七:"科技维稳"如何成就平安朝阳

2012年第7期封面聚焦:铁检出"局"

之一:一张报纸打开尘封的记忆

之二:太原铁检出"局"

之三:铁检改革的启示

之四:出"局"入"地"仍是权宜之计

2012年第8期封面聚焦:预算修法

之一:预算修法:道路曲折,前途光明

之二:2011 年中央及地方预算公开调查报告
之三:2011 年中央部门预算公开及三公情况调查表
之四:政府账本,你看得懂吗?
之五:加快修改《预算法》完善分税制财政体制
之六:从人大预算审查权的完善谈《预算法》的修订
之七:国外公共预算改革的启示
之八:闵行预算改革经验:党委领导、法律框架、政改突破

2012 年第 9 期封面聚焦:打假还是假打
之一:“成都打假第一人”陷维权困局
之二:“达芬奇家居门”的媒体困境
之三:官方打假是主流
之四:假冒何以难处?

2012 年第 10 期封面聚焦:实名制时代的怕和爱
之一:被“实名”的生活
之二:公民权利枕边的“定时炸弹”
之三:实名制的丰满理想与骨感现实
之四:“实名”幻觉与管制迷思

2012 第 11 期封面聚焦:少年司法社工的北京故事
之一:生命影响生命　希望点燃希望
之二:为了不再出现的心结
之三:我们更看中社工的专业性
之四:为了明天,拥抱新生活
之五:请让我来温暖你

2012 年第 13 期封面聚焦:关注“境外追逃”
之一:“贪官”如何逃往国外?
之二:法律如何应对“境外追逃”?
之三:继续潜逃还是“浮出水面”?
之四:如何让“贪官”无路可逃?
之五:国外反腐利器:财产申报制度

2012 年第 14 期封面聚焦:法律人的公共外交
之一:用法律握手
之二:江平:法学大师的外交典范
之三:冰窖上的晚餐
之四:吕立山:带中国企业“走出去”
之五:何戍中:文化遗产与国际公约

之六:GBD交流中心:民间公共外交的先行者

之七:一个法律人眼中的美国

之八:“公共外交”任重而道远

2012年第15期封面聚焦:尴尬的透明人

之一:一条买卖个人信息的利益链

之二:揭秘“北京最大倒卖个人信息案”

之三:立法时机已经成熟

2012年第16期封面聚焦:刑诉修法的后时代

之一:司法解释如何避免“二次立法”

之二:刑诉法修正案的“期间”期待

之三:新刑诉法中的那些“人”

之四:新刑诉法的两大担忧

2012年第19期封面聚焦:将来我们如何养老?

之一:何以飞越“老人愿”?

之二:社区养老模式存在的法律盲区

之三:从香港“安老按揭”看内地“以房养老”

之四:如何实现养老金零缺口?

2012年第20期封面聚焦:强奸疑案

之一:一起刑警强奸案,30年难解的疑惑

之二:小志与洋洋:发生在大学同学间的强奸疑案

之三:有关小志强奸案的法律探讨

之四:李新功案再次引发“嫖宿幼女”与“强奸”罪名之争

2012年第22期封面聚焦:军事法制:迎接挑战和机遇

之一:为国防和军队建设提供有力司法保障

之二:历史坐标上的军事法学新发展

之三:董刚律师与他树起的一面旗帜

之四:军地互涉案件的法律“盲区”

2012年第23期封面聚焦:北京雨后

之一:一场大雨一座城

之二:城市之肾为何久病难医?

之三:防灾意识亟须细致化人性化

之四:“不涝城”是怎样筑就的?

之五:下水道的“城市良心”考问

2012年第25期封面聚焦:教育:公平之殇

之一:“同心”学校的痛心结

之二:数十万家长吹响公平教育集结号
之三:临川中学的“北京样板”
之四:教育公平不只是一个目标
之五:取消异地高考就能实现教育公平吗?
之六:取消户籍歧视:从形式走向实质
之七:在英国,享受教育
2012 年第 26 期封面聚焦:养老金之重
之一:养老金下的家庭命运
之二:中国养老金制度的前世今生
之三:养老金制度三大诘问
之四:延迟退休的 N 多争议
之五:从“养儿防老”到“养国家防老”
2012 年第 27 期封面聚焦:环保法重寻生机
之一:环境之危与法律之困
之二:环保法修法之五大进步
之三:环保法的明天
之四:2002—2012:重大环境污染事件之十年记录
2012 年第 28 期封面聚焦:反思劳教制度
之一:还原唐慧案
之二:“昂贵”的网帖
之三:劳教制度 55 年
之四:劳教制度何去何从?
2012 年第 29 期封面聚焦:纪念中国法学会复建 30 周年
之一:回顾历史　展望未来
之二:见证光辉的历程
之三:殷切的期望
之四:法学家寄语
之五:解放思想,引领法治新潮流
2012 年第 30 期封面聚焦:预算法修正
之一:谁来帮公众看好政府的钱袋子?
之二:预算法修正案有何新意和深意?
之三:《预算法》应当如何修改?
之四:《预算法》修改应强化哪些权利?
之五:《预算法》修正　目标是限权还是授权?
2012 年第 31 期封面聚焦:特色监狱

之一:文化的力量
之二:弘德明理育新人
之三:江西女犯的“微幸福”
之四:非常监狱的“特殊故事”
之五:湖南省女子监狱:这里是个大校园
之六:高墙下的心理矫治

2012年第32期封面聚焦:走近十八大政法代表
之一:接力!加油!
之二:最美“白衬衣”
之三:南平红荔
之四:“铁娘子”:两扇门里你是谁?
之五:一切为了正义

2012年第33期封面聚焦:环境保护的民间视角
之一:那些人,那些事,那些感怀与悲怆
之二:环境污染群体性事件启示录
之三:汪永晨:跟着我们走一次你就知道了
之四:环保公益诉讼门缝已开

2012年第34期封面聚焦:八二宪法:历程与愿景
之一:八二宪法30年流金岁月
之二:深圳“土改”推动宪法修改
之三:许崇德:新中国宪法变迁的亲历者
之四:宪法未来道路之思考

2012年第35期封面聚焦:刑事错案之惑
之一:刑事错案:人类司法永恒的痛
之二:如何预防刑事错案?
之三:11年冤狱怎一个“巧”字了得?
之四:错案是这样铸成的
之五:预防错案到底有多难?
之六:问责:错案之殇
之七:一桩发生在美国的冤案

2012年第36期封面聚焦:2012’法治大起底
之一:2012’法治大起底
之二:《2012’法治大起底》之政策法规篇
之三:《2012’法治大起底》之案件篇
之四:《2012’法治大起底》之公共事件篇

2013 年《民主与法制》(旬刊)

2013 年第 1 期封面聚焦:十年期许:我们的民主法治梦

之一:愿宪法真正动起来

之二:司法改革前瞻

之三:未来十年,我的民主法治梦

之四:未来的法院

之五:一个警察的十年法治梦

之六:希冀的力量

之七:民主法治前景　他们的心声

2013 年第 2 期封面聚焦:公益诉讼起步

之一:公益诉讼,任重而道远

之二:山东首例环保公益诉讼案

之三:检察院公益诉讼,困惑中前行

之四:土地管理法,修一条而牵全局

之五:征地制度,改革未有穷期

2013 年第 3 期封面聚焦:宁波北仑检务新政

之一:检察改革的北仑模式

之二:李钟:非常检察长

之三:讯问室里的"革命"

2013 年第 4 期封面聚焦:黄灯向谁亮起

之一:交通新规成笑柄

之二:善变的交通新规

之三:立规的草率与守法的荒唐

2013 年第 5 期封面聚焦:文物鉴定是法外之地?

之一:文物鉴定到底靠谱不靠谱?

之二:造假与鉴真　魔高还是道高?

之三:文物市场骗术种种

之四:文物鉴定是法外之地?

2013 年第 6 期封面聚焦:商标"江湖"孕育新法规

之一:确权的烦恼

之二:"驰名"的异化

之三:侵权的盛宴

之四:维权的代价

2013 年第 7 期封面聚焦:公积金诘问

之一:您交了多少公积金?

之二:公积金的前世今生

之三:公积金,存续还是废弃?

2013 年第 8 期封面聚焦:司法权力的再分配

之一:司法权力配置迎来的“改革季”

之二:人民法院司法改革的十年回顾

之三:优化检察权的实践探索

2013 年第 9 期封面聚焦:“大部制”改革再上路

之一:“大部制”改革的雷声与雨点

之二:“大部制”改革再提速

之三:“大部制”改革仅仅是抓手

2013 第 11 期封面聚焦:耿彦波造城记

之一:离任风波:为什么大同市民想留住耿彦波

之二:大同这五年,覆地又翻天

之三:在争议与质疑声中走过

之四:太原履新,他会怎么干?

2013 年第 12 期封面聚焦:授权立法何去何从

之一:税收立法权　人民喊你回家

之二:改革年代的授权立法

之三:授权立法之弊因何而起

之四:授权立法的 N 条“军规”

之五:授权立法的未来命运

2013 年第 13 期封面聚焦:张高平一案实录

之一:十年血泪一本杂志连接两起冤案

之二:“幕后英雄”讲述张高平案背后故事

之三:杜绝冤案光平反远远不够

之四:反省张高平冤案

2013 年第 14 期封面聚焦:王刚案与审辩和谐

之一:“黑老大”是怎样“炼”成的

之二:王刚案庭审侧记

之三:从王刚案看新刑诉法下如何促进审辩和谐

2013 年第 15 期封面聚焦:谁打开了象牙塔里的潘多拉魔盒?

之一:睡在我上铺的“杀手”

之二:拿什么来拯救你,我亲爱的同学?

之三:“一对一的陪伴,是最好的途径”

之四:心理咨询是让自己更自信

之五:谁该为逝去的青春负责

2013 年第 16 期封面聚焦:疗“伤”食品安全

之一:“食品安全”之战为何频频上演?

之二:从一根豆芽看监管困局

之三:食品安全整治迫在眉睫

之四:“史上最严”刑事政策出台前后

2013 年第 18 期封面聚焦:消法现出发

之一:新消费时代的新权利

之二:消费者维权新路

之三:经营者义务“扩容”

之四:侵权者责任“加码”

之五:被回避的立法难题

2013 年第 19 期封面聚焦:中央反腐新政

之一:103 名省部级高官的腐败样本

之二:中央巡视组:稳中求变

之三:财产抽查,开启反腐新纪元

之四:反腐功夫在案外

2013 年第 21 期封面聚焦:重铸司法公信力

之一:司法公信:被损害和被猜疑

之二:从张高平叔侄案看司法公信力重建

之三:阳光晒出司法公信

之四:重构司法公信　重在树司法权威

2013 年第 22 期封面聚焦:刑事司法指标化困境

之一:刑事司法考核制度 30 年

之二:刑事司法绩效考核之痛

之三:司法绩效考核何去何从

之四:美国司法绩效评估的启示

2013 年第 23 期封面聚焦:中医药立法

之一:《中医药法》,中医的良药?

之二:倪海清案:治癌有效　行医非法

之三:老中医赵建成的烦恼

之四:卫生立法该如何协调技术与法律的关系?

之五:中医有没有类似西医的“疗效”?

2013 年第 24 期封面聚焦:王书金奇案

之一:迟到8年的审判

之二:石市玉米地谜案

之三:庭审停滞的6年

之四:律师视角下的王书金案

2013年第25期封面聚焦:中国式的城管

之一:城管:困顿的执法群体

之二:一个城市管理大队的死与生

之三:北京城管印象

之四:商贩状告城管为哪般?

之五:罗亚蒙:坚决反对妖魔化城管

2013年第26期封面聚焦:唐慧案:折射出什么?

之一:一起逐步"被升级"的普通刑事案

之二:刑案"衍生"出的劳教案

之三:7名被告人的背后

之四:气球是怎么吹起来的?

之五:唐慧"撒谎"了吗?

2013年第27期封面聚焦:庭前会议起步

之一:庭前会议不能剥夺被告人的质证权

之二:巩志芳律师的三次庭前会议

之三:庭前会议面面观

2013年第28期封面聚焦:法学专家进"诊所"

之一:"法律诊所"的哈尔滨模式

之二:"法律诊所"给了我第二次生命

之三:5000元补助款背后的法律援助接力

之四:社区法律诊所的困境与未来

2013年第29期封面聚焦:法医鉴证报告

之一:法医刘良和他鉴定的大案要案

之二:冉建新案的启示

之三:黄静案回眸

之四:法医不是神,也不是鬼

2013年第30期封面聚焦:岳成的秘密

之一:岳成所成长记

之二:岳成所和它的法律顾问业务

之三:从李某某案看私人律师

之四:今有律师初长成——一个律师的职业选择

之五:青年律师——岳成所的未来和希望

2013 年第 31 期封面聚焦:“枫桥经验”的法治解读

之一:“枫桥经验”:浙江“传家宝”的变与不变

之二:“枫桥经验”的“五个”诠释

之三:“拨一拨就灵”真的很灵吗?

之四:“网上枫桥”“网住”了什么

2013 年第 32 期封面聚焦:李某某案众生相

之一:李某某案罗生门

之二:李某某案的舆论漩涡

之三:李某某案之律师大战

之四:李某某案之法治隐忧

2013 年第 33 期封面聚焦:合伙制律所 20 周年

之一:“百年华商”不是梦

之二:星辰所:敢为天下先

之三:信达:一个证券大所的沉浮

2013 年第 36 期封面聚焦:2013 年中国叙事

之一:民生的追问

之二:人心的江湖

之三:公权的进退

之四:正义的守望

之五:反腐的征途

之六:改革的雄心

2014 年《民主与法制》(旬刊)

2014 年第 1 期封面聚焦:司改新征途

之一:解码司法改革新路线图

之二:司法改革浪潮第三波

之三:司法改革背景下的检察改革

2014 年第 2 期封面聚焦:审判独立

之一:司法体制改革进入新时代

之二:去地方化的喜与忧

之三:审判独立法院准备好了吗?

之四:司法体制改革的未知挑战

2014 年第 3 期封面聚焦:检察司改进行时

之一:检察司改:线路已出　任重道远

之二:来自一个基层检察院的实践与思考

之三:仍需回归法律监督之本意

2014 年第 4 期封面聚焦:公民参与司法“扩路”

之一:司法敞开公民参与之路

之二:江北法院的“大陪审制”试验

之三:人民监督员有望“正名”

2014 年第 5 期封面聚焦:司法公开促公正

之一:微博直播庭审　促进司法公开

之二:裁判文书上网时间表

之三:从薄熙来案看法律文书如何说理

之四:从说理到公开:让每一份法律文书体现司法公正

之五:公开上网倒逼裁判文书说理

之六:为什么要大力推进司法公开

2014 年第 6 期封面聚焦:“民告官”修法

之一:一部法律的荣耀和窘迫

之二:破解“立案难”

之三:司法审查“红头文件”开闸

之四:以“独立”摆脱“干预”

之五:重塑行诉权威

之六:行诉修法的悬念

2014 年第 8 期封面聚焦:控烟与法律

之一:中国控烟的 10 年博弈

之二:烟草广告与警语图形的博弈

之三:低焦油低危害的烟草广告是否构成欺诈?

之四:无烟环境立法和执法进展,路多长?

2014 年第 9 期封面聚焦:“扶不扶”考量道德底线

之一:坚守正义与信念　好的哥十年“扶人”两百多次

之二:老人酒后乘出租猝死　的哥被告上法庭

之三:“扶起来”传递正能量

2014 年第 10 期封面聚焦:中国“霾”危机

之一:美丽中国,从雾霾中突围

之二:“民间抗霾第一案”夭折的背后

之三:两会代表话“治霾”

2014 年第 12 期封面聚焦:非法证据排除困境

之一:非法证据排除之桂松案样本

之二:一起雇凶案的非法证据排除

之三:非法证据排除　被虚置的程序

2014 年第 13 期封面聚焦:虚假诉讼害了谁?

之一:长沙天心区法院的“打假经”

之二:“我给高法献建议”

之三:诉讼打假:还司法以公信

之四:虚假诉讼的识别与防治

2014 年第 14 期封面聚焦:平度征地拆迁乱象

之一:陈宝成案的来龙去脉

之二:杜家疃纵火案是孤立的吗?

之三:平度征地拆迁,合法还是违法?

之四:老百姓到哪里说理去?

之五:平度信访教育中心探秘

2014 年第 15 期封面聚焦:新一届法学“十杰”

之一:法治中国排头兵　群英荟萃聚京城

之二:法学“十杰”脱颖而出

之三:40 岁的人生新起点

之四:步步为“赢”,走出精彩人生

之五:身份转换下开出的法学之花

之六:怎样牵住司法改革的牛鼻子?

之七:法治依赖社会经济结构完善

之八:勤勉就是最大的资本

之九:做学问,板凳不怕十年冷

之十:《中国民法典》不是梦

之十一:兴趣点燃的人生道路

之十二:为人权与法治鼓与呼

2014 年第 16 期封面聚焦:“零距离”法治徐州

之一:百姓办事“零障碍”的徐州样本

之二:听庭评审:基层司法民主的有益尝试

之三:法治徐州:接地气的社会治理创新

2014 年第 17 期封面聚焦:律师为什么要死磕?

之一:死磕是一个派别还是一种方法?

之二:死磕派律师是怎么来的?

之三:死磕是什么?

之四:跟谁死磕?

2014 年第 18 期封面聚焦:版权保护步入新媒体时代

之一:新媒体“侵权”没商量?

之二:“看片神器”缘何成过街老鼠?

之三:网络文学,侵权滋生的新土壤?

2014 年第 19 期封面聚焦:反思灭门案

之一:河北曲阳灭门案始末

之二:打工仔何以自灭全家?

之三:灭门悲剧缘何屡屡上演?

2014 年第 20 期封面聚焦:援助蒙冤者

之一:援助蒙冤者,民间在行动

之二:四块“桂花奶糖”引发的命案

之三:福清“四·二六”绑架杀人案调查

之四:塔河命案 26 年未决,原因何在?

之五:司法纠错平冤的障碍是什么?

2014 年第 21 期封面聚焦:被扭曲的“城镇化”

之一:24 天的抗衡

之二:拆迁笼罩下的桂芳街

之三:涉假《资信证明》牵出的大拆迁

之四:“扩城运动”遭诟病

2014 年第 22 期封面聚焦:修法,为了“舌尖上的安全”

之一:修法呼唤

之二:最严监管

之三:破解难题

之四:重典治乱

之五:共筑防线

2014 年第 23 期封面聚焦:桂松案启示录

之一:桂松案马拉松审判悬疑

之二:鸿源项目为何落户江西?

之三:桂松:一个民族企业家的浮与沉

之四:哭泣的鸿源生产基地

之五:鸿源配套项目变身“东方·海德堡”内幕

之六:“打不垮”的鸿源科技

之七:从桂松案看司法改革的紧迫性

2014 年第 25 期封面聚焦:反腐进行时

之一:周永康亲友圈查办全记录

之二:“老虎”“苍蝇”一起打

之三:山西:查案反腐　连根拔起

之四:将军落马的背后

之五:反腐风暴中的贪官与情妇

之六:“巡视反腐”:从治标到治本的路有多长

之七:十八大以后落马省部级以上高官预览

2014 年第 26 期封面聚焦:预算修法与财税改革

之一:预算法修正:20 年是不是太长了?

之二:预算法哪些地方改好了?

之三:预算法为什么被称为“小宪法”?

之四:中国的税收增长是不是太快了?

2014 年第 27 期封面聚焦:念斌案:用谎言掩盖谎言

之一:一年里,最怕的是死牢铁门响起

之二:律师坚持六年的意义

之三:念斌案的反思

2014 年第 28 期封面聚焦:法学家论坛的法治表达

之一:5 位法学家的法治愿景

之二:法律体系要有血有肉

之三:法治是行政权运行的“润滑剂”

之四:努力实现司法公正的改革目标

2014 年第 29 期封面聚焦:立法法“深加工”

之一:谁来执掌立法舵盘?

之二:如何推进立法生产线的公正?

之三:如何使法律“立得住、行得通、真管用”?

之四:谁来平衡地方立法权的“放权”与“限权”?

2014 年第 30 期封面聚焦:最高法院那些事儿

之一:最高法院的前世今生

之二:最高法院审理过的大案要案

之三:死刑复核收权 8 周年

之四:为“司法便民”赋予新的活力

之五:一把槌子的法治见证

之六:最高法院改革之我见

之七:美国是法治国家吗?

2014 年第 31 期封面聚焦:十八届四中全会前瞻

之一:依法治国迎来 2.0 时代

之二:“协商民主”的法治化期待

之三:十八届四中全会的民生期许

之四:依法治国路线图

之五:“法治”是民营经济发展的最大红利

2014 年第 32 期封面聚焦:公车改革倒计时

之一:公车改革 20 年

之二:公车改革的各地样本

之三:叶青:推动车改第一人

之四:国外公车使用管理有何妙方?

2014 年第 33 期封面聚焦:中央巡视组全解析

之一:中央巡视组这 11 年

之二:中央巡视组“巡”出的那些贪官

之三:巡视:一举多得的反腐利剑

2014 年第 34 期封面聚焦:巡回法庭猜想

之一:那些年,最高法院曾经的“六大分院”

之二:巡回法庭:司法改革的新期待

之三:巡回法庭初设计

之四:美国巡回法庭的启示

2014 年第 35 期封面聚焦:传播中国法治好声音

之一:“司法公正应该让老百姓看得见、摸得着、感受得到”

之二:最远的距离　最近的沟通

之三:彩云之南的司法晴空

之四:新闻发言人,您怎么看?

2014 年第 36 期封面聚焦:2014 年中国纪事

之一:民生追问声声急

之二:世态万象见人心

之三:公共治理寻良道

之四:惩恶荡污护正义

之五:反腐浪潮正汹涌

之六:改革大业无穷期

2015 年《民主与法制》(旬刊)

2015 年第 1 期封面聚焦:依宪治国

之一:国家宪法日诞生记

之二:宣誓:以宪法的名义

之三:宪法修正案背后的故事
之四:违宪审查制度渐行渐近
之五:为何依法治国首先要坚持依宪治国?
2015 年第 2 期封面聚焦:呼格吉勒图案全记录
之一:呼格吉勒图之死
之二:呼格冤杀案平反始末
之三:呼案真相是如何揭开的
之四:为了那些不该逝去的生命
之五:平静的冤案
2015 年第 4 期封面聚焦:铁案的温度
之一:给上访户写新年贺卡的法院院长
之二:杨斌:一个关注底层的发声者
之三:侠骨柔情的法律人应有的品德
之四:办成铁案是感受“温度”的前提
2015 年第 5 期封面聚焦:激活沉睡条款　让失职父母走开
之一:激活沉睡 28 年法律条款
之二:谁是 15 岁少年的“监护人”
之三:剥夺监护权,让不称职的父母走开
之四:被带离父母的孩子何去何从?
之五:少年事　国家事
之六:他山之石:美国的儿童保护机制
2015 年第 7 期封面聚焦:聂案这十年
之一:十年漫漫上访路
之二:十年前王书金案采访实录
之三:聂树斌案:“异地复查”确保客观公正
2015 年第 8 期封面聚焦:谁来保护法官?
之一:蔺宏彬案:法官的自由心证能否构成犯罪?
之二:薛延案:虚假诉讼及其后果是法官造成的吗?
之三:金林响案:阴阳合同能否分真假?
之四:法院副院长为何成为上访专业户?
之五:我的自救与他救
之六:不能让法官成为维稳的牺牲品
2015 年第 10 期封面聚焦:跨区法院破冰
之一:跨区法院未来可期?
之二:两会代表委员对跨区法院的期待

之三:跨区法院改革的先行者

之四:设立跨区法院:且行且探索

2015 年第 11 期封面聚焦:税醒中国

之一:"税收法定"写入立法法的四天四夜

之二:只有税醒的法治,才有睡醒的中国

之三:财税立法,时间紧任务重

2015 年第 12 期封面聚焦:巡回法庭的未来

之一:最高法院第二巡回法庭第一案

之二:巡回法庭的标杆意义

之三:期待司法改革的春天

之四:我眼中的第二巡回法庭"第一案"

之五:设在百姓家门口的最高法院

2015 年第 14 期封面聚焦:立案登记制改革

之一:解读立案登记制

之二:先行先试的上海经验

之三:立案登记制在湖南

之四:环保诉讼立案有起色

之五:河北法院立案何其难

之六:青岛中院暗访记

之七:怎样破解"立案难"

2015 年第 15 期封面聚焦:广告,修法能否治乱?

之一:量身划定广告"红线"

之二:为孩子打造广告的"净空"

之三:信息时代的广告禁忌

之四:烟草广告的限禁博弈

之五:虚假广告的"罪与罚"

之六:相关链接:盘点明星"代言门"

2015 年第 17 期封面聚焦:"两梅案"申诉马拉松

之一:20 年前的离奇"杀妻案"

之二:申诉之路:"三代人"20 年的命运反转

之三:两代法律人为"两梅案"前赴后继

之四:"两梅案"为什么会发生在上海?

2015 年第 18 期封面聚焦:红色通缉令:境外追逃追赃

之一:红色通缉令:让外逃嫌犯无处可逃

之二:国际合作:剑指境外追逃追赃

之三:杨秀珠美国落网

之四:红色通缉令上的二号嫌犯

2015 年第 19 期封面聚焦:司法辞职已成潮?

之一:世界那么大 我要辞职吗?

之二:“警花”与“检花”为何同时花落天外天所?

之三:程晓璐:不愿再做工作机器

之四:“辞职潮”是正常的人才流动

之五:从检察官到律师是什么变了?

之六:一位辞职青年检察官的纠结

之七:一眼到底的生活让人感到苍白与惶恐

之八:前法官陈特:为自己活一回

之九:司法改革与司法人员辞职有关系吗?

2015 年第 20 期封面聚焦:院长办案

之一:张立勇院长审理的第一案

之二:院长开庭周:在摸索中前进的新模式

之三:中院院长亲审建院 1 号案

之四:院长办案在徐汇不是新鲜事

2015 年第 21 期封面聚焦:人民陪审员制度踏上改革之旅

之一:陪审制度的中国式困境

之二:谁来代表人民陪审

之三:让“公民陪审”实至名归

之四:全球视野下的陪审制度

2015 年第 22 期封面聚焦:留守儿童:艰难生存 缺陷成长

之一:留守儿童:我要的只是陪伴

之二:为了留守儿童:一个省的努力

之三:拿什么拯救你,留守儿童

2015 年第 23 期封面聚焦:冤错背后的冷暖人生

之一:洗冤归来,三个家庭从绝望到希望

之二:年复一年,四个家庭从申诉到期待

之三:冤案虽平反,五个家庭八位亲人已成故人

之四:山东临沭张志超案,证据在哪里?

之五:只有以审判为中心,才能避免错案

2015 年第 24 期封面聚焦:“紫藤巷凶杀案”疑云

之一:山西翼城“紫藤巷凶杀案”始末

之二:我们为何给被告人作无罪辩护?

之三:安静地做一名法治时代的记录者

之四:法学界聚焦山西“紫藤巷凶杀案”

2015 年第 25 期封面聚焦:抗战胜利 70 周年

之一:东进寻根之旅

之二:不能忘却的回忆

之三:还原真实的东京审判

之四:父亲亲历的东京审判和战后日本

之五:泗水逃出芦苇荡

之六:《义勇军进行曲》中的律师身影

之七:老兵不死

之八:纪念抗战胜利日不是片刻的热闹

2015 年第 26 期封面聚焦:释法说理谁为本

之一:法律文书,书写着什么?

之二:裁判文书要不要繁简分流?

之三:刑事裁判文书改革,路在何方?

之四:立案登记制下的民事裁判文书如何制作?

2015 年第 27 期封面聚焦:以审判为中心:期待从理念到实践的蜕变

之一:侦控辩审的现实困局

之二:以审判为中心:实际上是以法为中心

之三:从已然到应然的司法改革,路还很长

2015 年第 28 期封面聚焦:刑法修正的宽与严

之一:再启死刑改革

之二:修补人权屏障

之三:织密反腐法网

2015 年第 29 期封面聚焦:房地产税离我们有多远?

之一:房地产税的前世今生

之二:房地产税的争议焦点

之三:房地产税该怎么征收?

之四:国外房地产税的启示

2015 年第 30 期封面聚焦:检察机关试水公益诉讼

之一:做公共利益的守夜人

之二:法庭上如何安放检察官的座席?

之三:检察机关提起公益诉讼的最大困难是什么?

2015 年第 31 期封面聚焦:员额制改革动了谁的“奶酪”?

之一:砥砺前行的员额制改革

之二:法官员额制改革:让年轻人看得见未来
之三:上海:员额制改革的先行探路者
之四:员额制改革应避免哪些不公?
2015 年第 32 期封面聚焦:反家暴立法的理想与现实
之一:立法的呼唤
之二:责任的追问
之三:救助的路径
之四:未决的难题
2015 年第 33 期封面聚焦:法律援助二十年
之一:官办法援机构的"广州模式"
之二:法律援助制度也需要援助
之三:法援基金会:为贫弱群体撑起一片晴空
之四:至诚法援十年援助 20 万农民工
之五:国清法援的"国清"精神
之六:让弱势群体感受到法律的公平正义
2015 年第 34 期封面聚焦:司法责任制:司改牛鼻子
之一:责任如棘负背　方能不忘正义初心
之二:完善司法责任制需要重视的几个问题
之三:牵住"牛鼻子",耕好司法责任之"田"
2015 年第 35 期封面聚焦:平反冤案这三年
之一:三年平反了哪些冤案?
之二:为什么这么多冤案能够平反?
之三:"蒙冤者援助计划"报告
之四:陈满案这 23 年
之五:律师怎么为刑事冤案申诉
之六:陈永生:冤狱平反的障碍及其克服
2015 年第 36 期封面聚焦:2015 年中国记忆
之一:民生的悲喜
之二:人心的拷问
之三:治理的路径
之四:政法的风云
之五:反腐的升级
之六:改革的年代

2016 年《民主与法制》(周刊)

2016 年第 1 期封面聚焦:法律职业共同体之梦

之一:中国法律职业共同体的理想与现实
之二:强世功再论“法律共同体”
之三:张文显:法治职业共同体是建设法治强国的基石
之四:理念先行,开创检律关系新格局
之五:“等腰三角形”的诉讼构造何时成为常态?
之六:司法人员与律师之间应该建构一种什么“新关系”?
2016 年第 2 期封面聚焦:专车“囧”途
之一:群车争议声中逐鹿中原
之二:碰撞与激情:专车能否撬动传统出租车行业壁垒?
之三:分歧与争议:“专车合法化”路向何方?
之四:“新规来袭”:未来专车市场如何变化?
专题:《语文教育是生长》
之一:语文教育不是急功近利似的培训
之二:有多少自然的生长被压制在胚芽中
之三:我们只需要听自然生长的声音
2016 年第 3 期封面聚焦:全面二孩
之一:中国进入“全面二孩”时代?
之二:为什么中国人总觉得人多?
之三:全面二孩放开后,生育政策如何进一步调整?
之四:全面二孩,父母的欣喜与纠结
2016 年第 4 期封面聚焦:天下无拐　宝贝回家
之一:宝贝回家,再续过去的爱
之二:十九年寻亲路,他终于找到了家
之三:陈士渠:将打拐进行到底!
之四:打拐军师是律师
之五:《失踪儿童援助法案》是怎么通过的?
2016 年第 5 期封面聚焦:网上法庭的先行者
之一:电子法院的吉林模式
之二:杭州法院开启网上法庭新模式
之三:一起网购纠纷的网上审判
之四:淘宝互联网纠纷解决机制的启示
之五:互联网司法,便利了谁?
2016 年第 6 期封面聚焦:劫后余生
之一:许金龙案蒙冤者的感恩之心
之二:这个春节,洗冤归来的人们怎么过?

之三:赵作海:过山车一样的人生
之四:陈满回家了
之五:念斌为何有家不能回?
之六:世间需要无冤案报道的寂寞
2016 年第 7 期封面聚焦:人大立法权限之惑
之一:人大立法还是常委会立法?
之二:理得清还是剪不断?
之三:要立法民主还是要立法效率?
2016 年第 8 期封面聚焦:争议中的"判后寄语"
之一:"判后寄语"是应该完善还是必须取消?
之二:画蛇添足的"判后寄语"
之三:追求情法交融,让判决多一些人情味
之四:防止判决书的个性变成任性
之五:"判后寄语":法官应"情"系何处?
2016 年第 12 期封面聚焦:刑事申诉检察渐入佳境
之一:最高检察院第一例刑事抗诉的背后
之二:退休检察官张飚为什么更忙了?
之三:从申诉到抗诉的制度关怀
之四:从赔偿到补偿的勇于纠错
之五:从纠错到救助的法律温情
2016 年第 15 期封面聚焦:藏宝于民
之一:文物保护法为什么需要再次修改?
之二:文物保护法修改需要解决哪些重大问题?
之三:如何实现从民间收藏到藏宝于民?
之四:"王刚砸宝案"能否一砸了之?
之五:民间陶瓷收藏家的名誉侵权案
2016 年第 16 期封面聚焦:民法通则 30 年
之一:为了让人民活得更有尊严
之二:民法通则:一部历史型基本法律的起草
之三:人格权请求权与民法体系相冲突
之四:费安玲:民法典编纂马虎不得
之五:杨立新:建议人格权法独立成编
之六:如何和民法通则说再见?
之七:孙宪忠:连续四年推动民法典编纂
2016 年第 18 期封面聚焦:贪污贿赂定罪量刑标准新解

之一:与时俱进的司法解释

之二:两高解释对刑事申诉的影响

之三:宽耶,严耶? 轻耶,重耶?

之四:贪污受贿罪数额标准值得肯定

之五:贪官的命更值钱了吗?

2016 年第 19 期封面聚焦:重温《枣庄宣言》

之一:“枣庄宣言”诞生记

之二:从检察官到律师的人生转折

之三:法律人的团结为什么如此重要?

之四:“枣庄宣言”为什么会受到广泛关注?

2016 年第 20 期封面聚焦:特别的爱给特别的你

之一:少年司法制度建设——为 TA 撑起保护伞

之二:少年法庭,路在何方?

之三:如何让“司法分流”在中国发光出彩?

之四:圆桌审判仅仅是布局的革新吗?

之五:少年司法制度中最需要的专业力量是什么?

之六:为什么要设立独立的未检机构?

之七:少年司法制度的现代化如何实现?

2016 年第 21 期封面聚焦:律师法颁布 20 周年

之一:律师法:在完善中走向成熟

之二:律师明天的早餐在哪里?

之三:律所发展,路在何方?

2016 年第 23 期封面聚焦:法学会的故事

之一:中国法学会的前世今生

之二:继往开来的中国法学会

之三:市县法学会在干啥?

之四:最高法诉服大厅来了志愿专家

之五:为南海纠纷发声

2016 年第 24 期封面聚焦:文化立法掀起大潮

之一:立法样本之保障公共文化服务

之二:从“短板”到提速

之三:理想很丰满　道路不平坦

之四:国外文化立法管窥

2016 年第 25 期封面聚焦:“夺子之战”何时休

之一:“抢孩子”大战何时才能不再上演?

之二:何种权利应成为亲子法的重要内容?
之三:争夺孩子,考虑过 TA 的感受吗?
之四:我们为什么要加入《海牙诱拐公约》?
之五:抚养权执行难题如何解?

2016 年第 26 期封面聚焦:有辩且有效
之一:北京大成所律师眼中的有效辩护
之二:有效辩护的现实路径
之三:从一起少年轮奸案看律师的有效辩护
之四:有效辩护的时代悄然到来
之五:有效辩护的关键是什么?
之六:有效辩护是如何引入中国的?

2016 年第 27 期封面聚焦:互联网时代的法律服务
之一:孟建柱书记与蒋勇律师的"法律大数据"话题
之二:"无讼"是个什么东东?
之三:蒋勇:向法律求道,向网络求爱
之四:瀛和律师机构的互联网基因是什么?
之五:"小微律政"如何从小到大?
之六:"互联网 + 法律"——上海法律人的思考

2016 年第 28 期封面聚焦:颜跃明案实录
之一:还原十年前的颜跃明案
之二:颜跃明缘何坚持申诉十年?
之三:颜跃明案背后的是是非非
之四:我们应该如何从制度上防范冤假错案?

2016 年第 29 期封面聚焦:政府法律顾问路线图
之一:政府法律顾问何时才能走出"顾而不问"的尴尬?
之二:让权力运行在"法治轨道"
之三:法律顾问服务为什么会成为岳成所的核心竞争力?
之四:政府"法治高参"的易和模式
之五:"公设辩护人"制度改革能否开始推行?
之六:英、美政府法律顾问制度的启示

2016 年第 30 期封面聚焦:认罪认罚从宽:构建还是完善
之一:中国式的"诉辩交易"?
之二:海珠法院:诉辩协商制度试点的实践样本
之三:从首吃螃蟹到各地试点
之四:福清法院:认罪认罚协商改革试验田里的先行者

之五:中国式诉辩协商争论声中进入快车道

2016 年第 31 期封面聚焦:平冤与追凶

之一:2016,平反冤假错案再盘点

之二:新疆李建功案启动复查

之三:钱仁风案虽平反,真相仍在路上

之四:山东张志超案复查再次延期

之五:林青华案是否另有真凶?

2016 年第 33 期封面聚焦:刑事责任年龄,降还是不降?

之一:刑事责任年龄能否“一降了之”?

之二:刑事责任年龄是个体问题还是系统问题?

之三:现行刑事责任年龄规定真的合理吗?

之四:降低刑事责任年龄有数据支持吗?

之五:降低刑事责任年龄是唯一的办法吗?

之六:“一棍子打死法”是最佳方式吗?

之七:域外刑事责任年龄制度有何妙方?

2016 年第 34 期封面聚焦:被遗忘是为了更好地前行

之一:什么是“被遗忘权”?

之二:“被遗忘权”何时进入中国?

之三:为什么会出现“被遗忘权”?

之四:“被遗忘权”是一项法定权利吗?

之五:“被遗忘权”能否进入民法典?

2016 年第 35 期封面聚焦:未成年人监护权转移,究竟是为了谁?

之一:谁来撑起儿童保护伞?

之二:“未成年人监护权转移制度”的上海经验

之三:困境未成年人保护的破解之道在哪里?

之四:如何做到不再让孩子受到二次伤害?

之五:“国家母亲”如何才能名副其实?

2016 年第 36 期封面聚焦:国家荣誉制度　让荣誉归于荣誉

之一:荣誉的力量

之二:引领激情燃烧的岁月

之三:积跬步以至千里

之四:个体荣誉标识、国家奖励载体和国际交流名片

2016 年第 37 期封面聚焦:互动式普法托起法治中国梦

之一:媒体普法,如何让法律变得“喜闻乐见”

之二:爸爸妈妈都去哪儿了?

之三:消费者维权,《我是大律师》来帮忙

之四:律师唱主角,法制宣传开启新模式

之五:《我是大律师》:用“互动式”谱写普法新篇章

2016年第38期封面聚焦:武汉法学:为了法治武汉

之一:一个“接地气”的法学会

之二:洪山法院:一个还能静下来读书的地方

之三:武汉检察院:会员小组活动为何也能搞得风生水起?

之四:洪山区法学会:从一粒“胶囊”做起

2016年第39期封面聚焦:死刑复核权收回十周年

之一:死刑复核权经历了几次下放与收回?

之二:收回死刑复核权后取得了哪些成就?

之三:死刑复核裁定书都说些什么?

之四:死刑复核法官的心里话为何引起热议?

之五:死刑复核的律师参与效果如何?

之六:李代明案的死刑复核过程说明了什么?

之七:死刑复核向何处去?

2016年第40期封面聚焦:法学家论坛:建言献策民法典

之一:二十一世纪　中国需要一部什么样的民法典?

之二:民法典编纂如何体现兼容并包的立法精神?

之三:民法典的哥德巴赫猜想是什么?

之四:如何在立法体例上体现民法典的生命力?

之五:民法总则为何被喻为民法典的源头?

之六:民法典编纂为什么要分“两步走”?

2016年第41期封面聚焦:小花,开在太阳村

之一:张淑琴和她的太阳村:坚守与徘徊的二十余载

之二:太阳村:领导关怀下的“回归社会工程”

之三:万千爱心汇成“太阳村”

之四:太阳村里的故事为何如此动人?

专题《网约车论战硝烟再起》

之一:是什么让网约车市场再起波澜?

之二:网约车实施细则为何引出一片争议?

之三:网约车“成都模式”为何受热捧?

之四:《网约车管理细则》:公权力对私权利的追讨?

2016年第42期封面聚焦:“政清商和”犹可期

之一:新型政商关系中的“亲”与“清”

之二:落马贪官中的“官商勾结”样本

之三:政商勾结的数字背后

之四:肃清苏荣政治余毒　净化政商环境

之五:法治框架下的新型政商关系

之六:中国政商关系的理论逻辑与未来趋势

专题《法律人泰山行》

之一:万亿不良资产是机遇也是挑战

之二:一场比赛彰显理性与激情

之三:《法律人的马拉松》:一本新书诞生记

2016 年第 44 期封面聚焦:民法总则:争议声中如何抉择

之一:民法法源的疑惑

之二:行为能力的悬念

之三:监护制度的困局

之四:法人分类的激辩

之五:民事权利的纠结

之六:诉讼时效的分歧

2016 年第 45 期封面聚焦:“朝阳律师”品牌如何炼成

之一:朝阳老律师的另类“夕阳红”,美在哪里?

之二:在朝阳下成长的青年律师,好在何处?

之三:朝阳律协如何帮助律师冲出突围?

之四:朝阳律师为什么令人羡慕?

之五:朝阳律师论坛品牌是如何形成的?

之六:律师协会为什么还能大有作为?

2016 年第 46 期封面聚焦:刑事执行检察这几年

之一:刑事执行检察的前世今生

之二:久押不决“归零”的成果是如何实现的?

之三:“张飚精神”是怎么提出来的?

之四:黄河驿站究竟是做什么的?

之五:刑事执行检察的美好未来

2016 年第 47 期封面聚焦:聂树斌案:疑罪从无新判例

之一:聂树斌案:从死刑到再审无罪

之二:“真凶”王书金:良心发现的 11 年

之三:聂树斌案的平反警示了什么?

之四:国外司法程序如何减少冤假错案

专题《法律文书改革,剑指何方?》

之一:法律文书,如何改革才是关键?

之二:如何打造看得见的公正?

之三:一份令人动容的法律文书是怎样炼成的?

之四:也评聂案再审判决书

2016 年第 48 期封面聚焦:2016 年民主与法制大盘点

之一:2016 年十大立法脉络

之二:2016 年司法改革十大“亮点”

之三:2016 年反腐十大成果

之四:2016 年十大影响力案件

之五:2016 年十大事件

之六:2016 年十大网络热点

2017 年《民主与法制》(周刊)

2017 年第 1 期封面聚焦:巡回法庭的“中国方案”

之一:第一巡回法庭这两年

之二:第二巡回法庭:司改“试验田”和“先行者”

之三:最高法巡回法庭巡回区全覆盖

之四:巡回法庭的职责定位宜适当扩展

2017 年第 2 期封面聚焦:监察委:反腐全覆盖

之一:监察委是行政监察的全面升级

之二:监察权的历史由来

之三:新建构、新机构、新结构:国家监察体制改革试点之透视

之四:李永忠:监察体制改革是重大政治体制改革

之五:王岐山在国家监察体制改革试点调研时的讲话有何深意?

2017 年第 3 期封面聚焦:平冤新常态

之一:2017,平反冤错案能否进入新常态

之二:福建宁德缪新华杀人分尸案调查

之三:郑凯杀妻案:自杀还是他杀?

之四:权威专家质疑宋金恒 DNA 鉴定

之五:河北曲周张保文案:26 年申诉何时到尽头?

2017 年第 5 期封面聚焦:司法职业保障急需制度护航

之一:司法人员为何亟待保障?

之二:我国司法职业保障制度的重点与亮点是什么?

之三:如何完善司法职业保障系统工程?

之四:司法职业保障如何与司法责任制衔接?

之五:他们为什么会选择担任司法官?

2017 年第 6 期封面聚焦:诈骗犯罪新花样

之一:诈骗犯罪:伸向财富的罪恶之手

之二:四改罪名之后,这个诈骗案还能走多远?

之三:浙江周辉案:集资诈骗还是非法吸储?

之四:律所为什么要成立诈骗犯罪研究中心?

2017 年第 7 期封面聚焦:电子商务的立法考题

之一:立法目标如何兼顾

之二:市场秩序如何治理

之三:消费权益如何保护

2017 年第 8 期封面聚焦:“二巡”判例的标本意义

之一:民商事判例成为公正司法的参照系

之二:通过刑事个案推进法治进程

之三:“案例要旨”建构审判新指南

之四:重视发挥判例对审判的指导作用

2017 年第 10 期封面聚焦:代表建言民法总则

之一:王明雯:四次审议据理力争　用心建言民法总则

之二:吕忠梅:民法总则应体现绿色发展理念

之三:贾春梅:从司法实务角度解读民法总则(草案)亮点

2017 年第 11 期封面聚焦:城管 20 年

之一:城管,从哪里来,到哪里去?

之二:四公开一监督,能否破解北京“大城市病”?

之三:城管立法,难在哪里?

之四:城管的媒体形象能好转吗?

2017 年第 12 期封面聚焦:冤案平反中的检察官

之一:检察机关的主业究竟是什么?

之二:他为什么能成为“纠错能手”?

之三:那些案件是如何平反的?

之四:冤案昭雪的背后彰显了多少进步意义?

之五:冤错案平反的关键在哪里?

2017 年第 13 期封面聚焦:争议“婚姻法解释 24 条”

之一:“婚姻法解释 24 条”背景下的夫妻债务案何以居高不下?

之二:“婚姻法解释 24 条”为何引来众多争议?

之三:如何破解“婚姻法解释 24 条”困局?

2017 年第 14 期封面聚焦:仿真枪的罪与罚

之一:仿真枪入罪的情理法危机
之二:刘大蔚案再审有什么期待?
之三:周玉忠律师与仿真枪案的八年抗战
之四:仿真枪案,今后应该怎么办?
2017 年第 15 期封面聚焦:看守所,如何改革见实效?
之一:看守所改革:十年呼吁"侦羁分离"
之二:如何破解屡禁不止的超期羁押顽症?
之三:看守所法起草前后
之四:看守所制度的基本缺陷与改革思路
之五:医院搬进看守所
之六:监管之盾是如何铸成的
2017 年第 16 期封面聚焦:看懂普法剧,当好"继承人"
之一:《继承人》——为律政剧正名
之二:段祺华:为何从律师跨界影视?
之三:话不多说,去追剧吧!
之四:谁是现实生活中的继承人?
2017 年第 17 期封面聚焦:大数据办案的先行者
之一:贵州开启大数据办案新模式
之二:刑事司法大数据可以做什么?
之三:遵义中院:全力打造民商事大数据系统
2017 年第 18 期封面聚焦:法律援助 20 年
之一:前世今生:法律援助基金在中国
之二:温暖记忆:二十年的感动瞬间
之三:成功模式:让需要法律援助的群众在最大限度内得到帮助
之四:相依相偎:与法援基金会一起成长的日子
之五:不忘初心　砥砺前行
之六:红花岗区法院:司改目标大有可期
2017 年第 19 期封面聚焦:儿童预防性侵,那么远又那么近
之一:"女童保护",到底有多重要?
之二:性犯罪,你真的关注了吗?
之三:孙晓梅:如何预防儿童遭受性侵犯?
之四:童小军:预防儿童性侵,我们还有哪些事情要做?
之五:儿童性侵案何以入选"改变韩国国家的影片"?
2017 年第 20 期封面聚焦:案例推进法治
之一:我国案例指导制度的前世今生

之二:一个大法官与案例的38年情缘
之三:指导性案例:从“软参考”到“硬指导”,路有多远?
之四:这些年,最高法院发布的指导性案例
之五:如何对指导性案例进行类似性判断?
之六:指导性案例中保护弱者的法律解释倾向
之七:西方判例制度对我国案例指导制度的启示
2017年第21期封面聚焦:民法总则与每个人有什么关系?
之一:未成年人保护有何创新?
之二:监护制度如何完善?
之三:法人制度有何变革?
之四:“好人法”“英烈条款”如何宣扬正能量?
之五:民法总则中的人文关怀
专题:《破解流氓罪困局》
之一:一个流氓罪犯的悲喜人生
之二:流氓罪引发的关注何时休?
2017年第23期封面聚焦:纠错进行时
之一:平冤纠错在路上
之二:山西临汾范国田被杀罗生门
之三:一个律师23年的无罪辩护
之四:38年过去,事实依然清晰
2017年第24期封面聚焦:激辩值班律师制度
之一:值班律师制度建设进入快车道
之二:值班律师到底是不是法律援助律师?
之三:认罪认罚从宽改革中如何构建值班律师制度?
之四:值班律师制度的福清样本
之五:域外值班律师制度简介
2017年第25期封面聚焦:法律类博物馆:打开尘封的法制往事
之一:揭开北京警察博物馆的神秘面纱
之二:人民检察博物馆:从井冈山开始的足迹
之三:点滴记录法制进程　无声绽放法治光彩
之四:谁为律师记录历史?中国律师博物馆来了!
之五:中国法制史,何以发出璀璨的光?
2017年第26期封面聚焦:非法证据排除,究竟有多难?
之一:程序正义:非法证据排除之要
之二:人权保障:非法证据排除之源

之二:严管就是厚爱　让“红脸出汗”成为常态

之三:抓早抓小:让游走在法治边缘的党员干部悬崖勒马

之四:断崖式降级渐成处理高官新常态

之五:十八大以来五年打虎路线图

2017 年第 40 期封面聚焦:依法治国新时代

之一:为什么说依法治国首先是依宪治国?

之二:制度建党与依法治国有冲突吗?

之三:依法用权要处理好哪几个环节?

之四:依法治国的终极目标是什么?

之五:如何理解“法安天下　德润人心”?

2017 年第 41 期封面聚焦:“一带一路”的法治化路径

之一:中国企业如何“走出去”?

之二:构建“一带一路”顶层法律设计有多重要?

之三:海外投资,中国企业如何实现自我保护?

之四:服务国际贸易合作,中国律师准备好了吗?

2017 年第 42 期封面聚焦:台安律师案 30 年后再回首

之一:徐军案与台安律师案是如何形成的?

之二:全国人大、司法部、全国律协为台安律师案做过什么?

之三:王力成其人

之四:走在律师维权和发展的道路上

2017 年第 43 期封面聚焦:刑辩业务“梦之队”

之一:大成:刑事辩护专业化团队化的先行者

之二:尚权:一家律所、一个论坛、一所学校、一块阵地

之三:博和:专业是律师最好的广告

之四:卓安:刑辩明珠的快速崛起之路

之五:京都:用专业书写正义篇章

之六:靖霖:钱塘江大潮掀起的刑辩专业大所

之七:冠衡:十六年刑辩路始终精益求精

之八:天地人:独特的刑事辩护体系

2017 年第 44 期封面聚焦:检察业务“梦之队”

之一:全国检察业务专家评选制度是怎么来的?

之二:被称为侦查监督厅“元老”的检察业务专家是什么人?

之三:从法律政策研究型专家到检察业务专家是什么路径?

之四:一线办案精英是如何成长为全国检察业务专家的?

之五:来自基层检察机关的检察业务专家有何不同?

2017 年第 45 期封面聚焦:审判业务“梦之队”

之一:全国审判业务专家是如何产生的?

之二:初心不改的耕耘者

之三:审判业务专家是怎么炼成的?

之四:每一个判决都要让当事人和社会信服

之五:有一个法律人,他走到哪里都是一道风景

之六:知识产权审判领域的拓路人

之七:双重身份让我找到司改的“痛点”

2017 年第 46 期封面聚焦:少年法院离我们还有多远

之一:走过而立之年的少年审判事业

之二:从身边案例看少年司法的现实意义

之三:美国少年法院百年变迁

之四:我们为什么需要少年法院

2017 年第 48 期封面聚焦:少年法庭的北京故事

之一:坚持“寓教于审”的“海淀经验”

之二:创下多个“第一”的“东城基地”

之三:彰显特殊保护的“西城机制”

之四:追求系统工程的“石景山模式”

之五:体现司法延伸的“房山样本”

2018 年《民主与法制》(周刊)

2018 年第 1 期封面聚焦:2017 年中国十大法治新闻

之一:2017 年中国十大立法新闻

之二:2017 年中国十大法院新闻

之三:2017 年中国十大检察新闻

之四:2017 年中国十大法治人物

之五:2017 年中国十大反腐新闻

之六:2017 年中国十大司法案件

之七:2017 年中国十大未成年人权益保护新闻

之八:2017 年中国十大裁判文书热点

之九:2017 年中国十大律师新闻

2018 年第 2 期封面聚焦:涉案财物处置如何规范

之一:涉案财物处置如何步入正轨?

之二:关建军案涉案财产执行为何突然启动?

之三:马少华案:这一杯苦咖啡应该怎么喝?

之四:陈一超案财物处置乱象触目惊心

2018 年第 3 期封面聚焦:“精品文书”是如何炼成的

之一:如何评价一份裁判文书的好与坏?

之二:对一起“一诉二抗三判”监守自盗案的思考

之三:一篇好判决如何化解“情与法”的冲突?

之四:媒体和司法,谁更公正?

之五:如何通过司法具体彰显制度性价值追求?

2018 年第 4 期封面聚焦:足球与法治

之一:2017 赛季中超联赛盘点:罚你没商量

之二:足球改革离不开法治保障

之三:揭秘:中国足协纪律委员会是怎样运行的?

之四:我与足球结缘的故事

之五:国外哪些成熟的足球改革经验值得借鉴?

专题:《法律人的朋友圈》

之一:法律人的年会为何如此有趣而迷人

之二:他们为什么会被称为“红圈律师事务所”

之三:“年度十佳刑辩律所”都有哪些亮点

2018 年第 5 期封面聚焦:规范办案的北京经验

之一:为什么北京高院要全面推进办案规范化建设?

之二:破产审判如何有章可循?

之三:70 万字的办案规范要解决什么问题?

之四:类案裁判指引如何规范审判?

之五:“审判宝典”是如何炼成的?

之六:“类案不同判”现象能否破解?

2018 年第 6 期封面聚焦:检察机关:公益诉讼总动员

之一:公益诉讼之前世历程

之二:公益诉讼之突围轨迹

之三:公益诉讼之改革足印

之四:公益诉讼之现实挑战

之五:公益诉讼之理想图景

2018 年第 7 期封面聚焦:新代表　新委员　新期待

之一:吴在存:建言完善审判规则

之二:高警兵:不折腾　不人生

之三:肖微:不负“人民之托”

之四:李煦燕:“巾帼维权”志愿者

之五:李大中:履职从小事开始

之六:王巧云:走基层,提建议,出思路

之七:文蔚冰:扎根西藏做好事,做实事

之八:符琼芬:唱响人生的每个角色

之九:王殿禄:不调研　不发言

之十:尹建华:做优秀律师是人生追求

专题:《法律人马拉松的魅力在哪里?》

之一:法马的精髓是什么?

之二:法马中的“法律共同体”

之三:法律人马拉松有哪些亮点?

2018 年第 8 期封面聚焦:书写幸福留言这五年

之一:财富传承的遗嘱更是为幸福留言

之二:为什么越来越多的老人选择把遗嘱交给中华遗嘱库?

之三:遗嘱继承应该继承什么?

之四:订立遗嘱为什么一定需要专业人士参与?

之五:作为公共服务,中华遗嘱库意味着什么?

2018 年第 9 期封面聚焦;2013 · 3—2018 · 3 人大行权史记

之一:行使的创新

之二:地方的变革

之三:立法的升级

之四:监督的突破

之五:代表的力量

专题:《律师如何提高文书写作与演讲能力?》

之一:能说会写对一名律师有多重要?

之二:什么是建纬精神?

2018 年第 10 期封面聚焦:2018 年两会:新气象　新作为

之一:129 位法律界代表委员走进两会

之二:这些年,代表委员们接力关注的法律案

之三:修宪与立法:倾听两会声音

之四:党和国家机构改革迈开大步

之五:代表委员“通道”开启新时代好声音

2018 年第 11 期封面聚焦:2018 另眼观两会

之一:直击两会:记者拼的是什么?

之二:倾听两会:代表委员提的是什么?

之三:走近两会:代表委员说的是什么?

之四:观察两会:大家乐的是什么?

2018 年第 12 期封面聚焦:中国,越来越透明

之一:中国政府努力推动政务公开

之二:政府信息公开这九年

之三:财政透明是如何推进的?

之四:让中国更透明,民间在努力

之五:每个人出点力,擦亮透明的中国

2018 年第 13 期封面聚焦:法检新首席

之一:最高司法机关“两长”履新

之二:60 后成省级法院院长主力军

之三:省级法院院长“新面孔”都是内行领导

之四:超九成省级检察院“一把手”科班出身

之五:新一届省级检察长法律任职背景是标配

2018 年第 14 期封面聚焦:监察法来了

之一:监察委:反腐进入法治快车道

之二:从国内首例留置案看浙江如何做好监察改革先行者

之三:监察法施行背景下的刑事辩护

之四:解读监察法:用法治思维和法治方式惩治腐败

之五:一位资深纪检干部眼中的监察体制改革

2018 年第 15 期封面聚焦:厉害了,机构改革!

之一:厉害了,党和国家机构改革!

之二:坚持和加强党的领导是机构改革的主线

之三:推进国家治理体系和治理能力现代化

之四:机构改革必须坚持以人民为中心

2018 年第 16 期封面聚焦:在新时代,如何弘扬宪法精神

之一:如何在新征程上推动宪法全面贯彻实施?

之二:修宪有什么“玄机”?

之三:新中国成立以来的宪法经历了怎样的变迁?

之四:为什么说此次宪法修改是我国进入新时代的一件大事?

2018 年第 17 期封面聚焦:《阳光下的法庭》温暖了谁?

之一:《阳光下的法庭》一部真正的法治大剧

之二:看年度大戏如何说案划重点

之三:“人民的锤子”中大咖如何“飙戏”?

之四:有颜有正义,《阳光下的法庭》亮点十足

之五:看《阳光下的法庭》,赞审判长风采

之六:《阳光下的法庭》,还原度最高的庭审剧

2018 年第 18 期封面聚焦:重新定义政法杂志

之一:做传统政治媒体的革新者

之二:紧抓人心,文字就有力量

之三:破冰者:清风苑

之四:融媒体时代,如何办好政法期刊?

之五:政法杂志如何讲好中国法治故事?

之六:关注个体,一以贯之的情怀

之七:永不止境的追求

2018 年第 19 期封面聚焦:《真爱的谎言之破冰者》这部剧有“毒”!

之一:出色:高能阵容挑起一部缉毒剧

之二:揭秘:你以为编剧是在编故事?

之三:亮点:缉毒剧情流露别样情怀

之四:破题:缉毒版“无间道”圆满收官

之五:吸毒:与其除恶,不如远离

2018 年第 20 期封面聚焦:少年警务专业化@北京海淀

之一:找亮点:不看数字,看成效!

之二:破难点:走在专业化和规范化的大路上

之三:划重点:法制进校园到底有多重要?

之四:听观点:公安机关应该如何保护未成年人合法权益?

之五:谈焦点:我们为什么需要少年警务?

2018 年第 21 期封面聚焦:“风景”与“风险”

之一:法律服务:海南雄起的“软环境”

之二:自贸区背景下,如何做好一名刑事法律风险“防火员”?

之三:海南律师邀请全球同行来海南看“风景”

之四:为什么是大成律师事务所策划了“博鳌法律论坛”?

2018 年第 22 期封面聚焦:律师蒙冤 28 年

之一:张军律师案是如何出笼的?

之二:张军案的尾巴为什么就是割不了?

之三:如何避免“马拉松式”的刑事申诉?

专题:《红色之旅之南行漫记》

之一:南湖畔:本刊带你上“红船”

之二:陈列馆:最美宪法起草处

之三:体验馆:杭州上城“玩”反恐

之四:枫桥镇:多元调解如“滴滴”

之五:百草园:"民族脊梁"年少时

之六:点金所:浙江名所长成记

2018年第23期封面聚焦:枫桥经验:新时代　新追求

之一:薪火相传:将居民自治与政府引领做到极致的样本

之二:"枫"回路转:探究"枫桥经验"新发展

之三:"家园卫士":安吉公安因地制宜开出"枫桥花"

之四:生根发芽:升级版"枫桥经验"是如何炼成的?

之五:网上开花:矛盾不出屋,官司家中打

之六:人人皆警:"亲民尚和图"绘就"枫桥经验"城市版

2018年第24期封面聚焦:三个人的情人劫

之一:拭目以待:高法新解拯救被负债

之二:直击要害:如何保护她们的权利?

之三:一语破的:婚姻不应让人太受伤

之四:坚持不懈:从未停止对公正的守护

之五:言之有据:现实远比规定更复杂

之六:毋庸置疑:预防远比事后救济更高效

之七:金屋藏娇:引发3000万豪宅的"婚姻财产保卫战"

2018年第25期封面聚焦:解密厚大

之一:厚大:法律培训行业的颠覆者

之二:郭兵:掌舵厚大,让教育没有门槛

之三:"我是好辩手":法律界"奇葩说"

之四:厚大专委会:将辩论送到寻常百姓家

2018年第26期封面聚焦:法官权益保障不容忽视

之一:历历在目:细数那些对法官的暴力伤害

之二:保护法官:法律规定怎么说?

之三:探索先行:上海法院如何保障法官权益?

之四:千方百计:保障法官合法权益,如何再发力?

之五:他山之石:国外如何保障法官身份?

2018年第27期封面聚焦:律师党建,新时代的凝聚力工程

之一:领路人:党建工作全覆盖

之二:"146":党建搭台助发展

之三:"三培养":党建工作要落地

之四:做表率:理直气壮抓党建

之五:制度化:党建先行促发展

之六:大党建:引领三大核心竞争力

之七:律师节:提升律师队伍向心力

2018 年第 28 期封面聚焦:法律职业资格考试“启幕”

之一:回眸:我国法律职业准入制度的岁月变迁

之二:起底:“司考”变身“法考”背后

之三:猜想:法考考什么?

之四:支招:法考来了,考生怎么办?

2018 年第 29 期封面聚焦:两岸法学牵手三十年

之一:回顾与展望:两岸法学交流合作 30 年

之二:个体与全局:为两岸法学互通倾心尽力

之三:大学与学子:两岸院校法学交流正酣

之四:血脉与情缘:为两岸民众互通与福祉

2018 年第 30 期封面聚焦:北京律师重案组

之一:改判案例之观:什么是感受公平正义的最佳风景?

之二:改判案例之行:如何讲好律师故事?

之三:改判案例之思:律师应当做什么?

之四:改判案例之问:律师如何做得更好?

2018 年第 31 期封面聚焦:查封评估拍卖中的是是非非

之一:一个发问:龙湾盛景楼盘的查封拍卖是否合法合理合情?

之二:一个询问:大连明星企业因何被超额查封十几亿资产?

之三:一个疑问:广东惠州借贷纠纷案中的查封存在什么问题?

之四:一个追问:查封评估拍卖中的司法真空地带究竟有多少?

2018 年第 32 期封面聚焦:第四届全国审判业务专家风采录

之一:行政审判之威:全能型法官有什么特色?

之二:刑事审判之善:坚守型法官有什么特色?

之三:海事审判之专:学者型法官有什么特色?

之四:民商事审判之魅:前瞻型法官有什么特色?

之五:知产审判之美:专业型法官有什么特色?

2018 年第 33 期封面聚焦:司改大潮中的专门法院

之一:专门法院:经历了哪些重大变迁?

之二:铁路法院:是扩容还是换壳?

之三:知识产权法院:带来了哪些审判新气象?

之四:互联网法院:“网红”法院是怎样炼成的?

之五:金融法院:为什么首先是上海?

2018 年第 34 期封面聚焦:京都律师独立出庭

之一:独立出庭律师是一种资格还是一种资质?

之二:曹树昌:京都“元老”有了什么“新称号”?

之三:金杰:“三栖法律人”有何过人之处?

之四:梁雅丽:如何让当事人信服令法庭尊重?

之五:柳波:律师成长的平台在哪里?

之六:王九川:把事情做到极致是一种什么境界?

之七:杨大民:草原上走出来的文艺范儿律师有一种什么情怀?

之八:杨照东:成功的辩护在于过程还是结果?

之九:邹佳铭:“火辣刑辩”的激情与活力从哪里来?

之十:张雁峰:“金刚钻”是怎样炼成的?

之十一:朱勇辉:律师的职责仅仅是为坏人说话吗?

2018 年第 35 期封面聚焦:房山法院执行有法

之一:执行攻坚:看“房法经验”的范本价值

之二:落地生根:看“拒执罪”的样本意义

之三:雷霆出击:看“执行 110”的标本效果

之四:奋战一线:看执行法官的基本功夫

2018 年第 36 期封面聚焦:“捕诉合一”进行时

之一:大势所趋:“捕诉合一”时代来临

之二:前世今生:“捕诉”衔接机制那些年

之三:百家争鸣:法学专家眼中的“捕诉合一”

之四:开花结果:“捕诉合一”改革的基层实践样板

之五:有备无患:“捕诉合一”,律师怎么看?

2018 年第 37 期封面聚焦:网约车“困局”

之一:路在何方:网约车市场再遇困局

之二:冷暖自知:与网约车有关的那些人

之三:痛定思痛:网约车平台有罪吗?

之四:回归创新:网约车市场的真正出路

2018 年第 38 期封面聚焦:内蒙古公诉人青城论剑

之一:精彩纷呈:自治区公诉人大赛有哪些亮点?

之二:制胜法宝:赢得一场辩论赛的秘诀有哪些?

之三:论法辩理:辩论赛辩题的深意在哪里?

之四:巅峰对决:大赛评委如何评价选手的表现?

2018 年第 39 期封面聚焦:特别追踪:抓“老赖”的第 N 种方式

之一:拍案叫绝:用电影作品为执行工作打 call

之二:利剑出鞘:是什么让“老赖”们无处可逃?

之三:多管齐下:谁为“老赖”们念响了紧箍咒?

之四:花式普法:如何讲好法治故事?

2018 年第 40 期封面聚焦:新形势下基层检察工作的青浦模式

之一:基层透视:做好新形势下检察工作的改革探索者

之二:规范履职:做好完善法律监督的实践推动者

之三:公益诉讼:做好维护公共利益的坚定代表者

之四:天罗地网:做好实现公平正义的追求守望者

2018 年第 41 期封面聚焦:南川法院的“执行经”

之一:多措并举:南川区法院“亮剑”执行难

之二:值班备勤:南川区法院“执行 110”24 小时不打烊

之三:舆论先行:南川区法院的另类“执行经”

之四:不忘初心:执行法官助理潘远征的法律人生

专题:《法律文书如何说理?》

之一:树立司法大数据思维

之二:古城“论剑”邯郸“说理”

之三:从案例视角分析法律文书“说理”的必要性

2018 年第 42 期封面聚焦:上海律师的社会责任

之一:调解律师:化解信访积案的能手

之二:贴身律师:解决社区难题的高手

之三:专业律师:促进社会和谐的好手

之四:上海律师:全力参与公共法律服务体系建设的标兵

2018 年第 44 期封面聚焦:人民法院组织法“大修”

之一:与时俱进:人民法院组织法四次修订中经历了哪些传奇?

之二:精雕细琢:人民法院组织法修正案如何出炉?

之三:亮点纷呈:人民法院组织法修订带来了哪些调整和变化?

之四:正当其时:人民法院组织法修订吸收了哪些改革成果?

专题:《第二十届尚权论坛扫描》

之一:权威解读:刑诉法修订对刑事辩护的影响

之二:抽丝剥茧:从认罪认罚从宽到缺席审判

之三:未来已来:从刑诉法修改看刑事辩护全覆盖

2018 年第 45 期封面聚焦:人民检察院组织法大修:四十年磨一剑

之一:重建与重生:从填补空白到预留空间

之二:大修与完善:从职权定性到职权保障

之三:斟酌与打磨:从条款争议到修法亮点

之四:回顾与展望:从职能定位到职能拓展

2018 年第 46 期封面聚焦:北京法院审判团队建设成绩单

之一:科学统筹:北京法院如何破解“案多人少”困局
之二:“知人善任”:北京一中院刑事大要案审判团队
之三:简出效率:北京知产法院商标速审团队
之四:“类案专办”:朝阳法院道交案件速裁团队
之五:“火眼金睛”:丰台法院金融审判团队
之六:“质效并存”:通州法院小额速执团队
2018 年第 47 期封面聚焦:合和共生的明炬模式
之一:解密明炬:明炬的五大法宝是什么?
之二:筑巢引凤:“明炬模式”有何独特之处?
之三:合作共赢:第三方司法拆迁的明炬模式
之四:顺势而为:民营企业建立现代企业制度的明炬探索
之五:并驾齐驱:用拳头产品铸造明炬品牌
之六:守望初心:用公益行动回馈社会
2018 年第 48 期封面聚焦:改革开放 40 年:听他们讲那过去的事
之一:西政 78 级:一群人与一个时代的法治变迁
之二:江平:我的中国梦,就是法治天下
之三:武和平:公开才有力量
之四:尚秀云:我与少年审判的三十年
之五:袁其国:从检三十五载的“耕耘者”
之六:张泗汉:满怀正义的“笔杆子”
之七:万迎军:在改革开放中脱胎换骨

2019 年《民主与法制》(周刊)

2019 年第 1 期封面聚焦:2018 年中国十大法治新闻
之一:2018 年中国十大立法脉络
之二:2018 年中国十大法院新闻
之三:2018 年中国十大检察新闻
之四:2018 年中国十大法治人物
之五:2018 年中国十大反腐特色
之六:2018 年中国十大司法案例
之七:2018 年中国十大未成年人权益保护事件
之八:2018 年中国十大法律文书
之九:2018 年中国十大律师新闻
2019 年第 2 期封面聚焦:法治人物背后的故事
之一:推陈出新:法治公安建设的燃灯者

之二:薪火相传:“枫桥经验”传承的践行者

之三:内外兼修:执行难题破解的探索者

之四:勇立潮头:中国法治声音的传播者

之五:怀揣正义:无声世界播爱的抱薪者

2019 年第 3 期封面聚焦:在“1 + 1”法援的路上

之一:润物无声:温暖他人似火种

之二:举家西行:一年行程三万里

之三:心植绿洲:荒漠虽远可当家

之四:千里追梦:播法边疆西域行

之五:播撒阳光:身在沿海心系疆

之六:甘于寂寞:守望雪域在高原

之七:以声传情:法援边疆耀昆仑

2019 年第 4 期封面聚焦:洗冤回家,2019 再出发

之一:冤案昭雪:他们都还好吗?

之二:个案助推:徐昕和他的 2018

之三:“温案”迷踪:再审的脚步还远吗?

之四:凶案疑云:谜团待解的“冷水江”

之五:“金案”启动:相信坚持的力量

之六:众案待解:2019,还有哪些案件值得推动?

2019 年第 5 期封面聚焦:新时代人民法庭

之一:宋庄法庭:将审判雕琢成一种艺术

之二:女子法庭:铿锵玫瑰三人行

之三:金融法庭:“三字诀”破解“案多人少”难题

之四:自贸区法庭:面向国际的审判体系

之五:松岗法庭:努力让矛盾纠纷化解在诉讼前

2019 年第 7 期封面聚焦:律所规模化发展之 N 种模式

之一:君合:“自然做大”并非偶然

之二:岳成:“一元做大”的知名律所

之三:锦天城:“合并做大”走向规模化

之四:中世联盟:中国律师规模化发展的第三条道路

之五:盈科:“布局做大”是为了“做好”

之六:瀛和:“联邦做大”的超级律师机构

之七:明炬:合和共生的律师发展新模式

之八:大成:“联姻做大”是为了“做强”

之九:天同:从“小而美”到“适度规模化”的变与不变

之十：建纬："专业"成就品牌大所

2019 年第 8 期封面聚焦：重庆律协模式有何不同

之一：战略引领：重庆律协如何带动行业起飞？

之二："严管厚爱"：一个良好的律师执业环境如何营造？

之三：历久弥新：《重庆律师》杂志成功的"秘诀"是什么？

之四：公益先行："五巡"是怎样落户重庆的？

2019 年第 9 期封面聚焦：两会律师代表委员议政录

之一：40 位律师代表委员：用议案、提案和建议推进依法治国

之二：李大进委员："与总书记面对面交流感到荣幸和自豪"

之三：韩德云代表："16 年的履职只为传递民意"

之四：刘红宇委员："致力于公益诉讼是我的使命与责任"

之五：朱征夫委员："该提的就要敢于提"

之六：刘守民代表："发挥天然优势，让法治信仰深入人心"

之七：彭静委员："坚守四心，关注妇女儿童权益保障"

之八：方燕代表："为未成年人回归家庭生活建立完善的途径"

2019 年第 10 期封面聚焦：外商投资立法新时代

之一：千呼万唤：八年"三法"磨一剑

之二：一视同仁：营商环境更公平

之三：世易时移："外资三法"再逢春

之四：高光时刻：代表委员议新法

2019 年第 11 期封面聚焦：铿锵玫瑰更出彩

之一：公安局长：办案能手与破案风光

之二：检察长：幸福法则与国家职责

之三：法院院长：审判高地与法治情怀

之四：律协会长：专业责任与行业担当

之五：法学院院长：学术理想与学术责任

之六：女性平等发展的观察思考

2019 年第 12 期封面聚焦：模拟法庭在律所

之一：助推成长：模拟法庭底气何在

之二：实战模拟："火炬"做大合和共生

之三：做强模拟：路标所的成才之路

之四：谋定而动：天同所的诉讼法宝

之五：大放异彩：模拟法庭之于京都

之六：成长摇篮：尚权模拟"真枪实弹"

之七：角色扮演：专业盈科成就精彩

之八:契合办案:金诺模拟重在实战

之九:规划远景:模拟审判路在何方

2019 年第 13 期封面聚焦:国家赔偿何时走出“模糊地带”?

之一:追问“赔偿”:合法的赔偿就一定合理吗?

之二:用好“赔偿”:如何发挥功能促进依法办案?

之三:质疑“赔偿”:执行案件进入国家赔偿为何这么难?

之四:解剖“赔偿”:国家赔偿的标准应如何确立?

之五:创新“赔偿”:错判导致的超期羁押是否应该赔?

之六:正视“赔偿”:如何面对冤假错案与国家赔偿?

2019 年第 14 期封面聚焦:裁判文书“京点”之比

之一:评——文书评选那些事

之二:获——优秀文书之所得

之三:颁——这个典礼不一般

之四:得——优秀文书如何写

之五:点——首都法官的水平应该是什么样?

2019 年第 15 期封面聚焦:律师来了,换个姿势说法律

之一:回眸:《律师来了》是这样诞生的

之二:追问:“百年赔偿”为哪般?

之三:直击:一房为何两证?

之四:探讨:《律师来了》带来了什么?

之五:聆听:编导讲述幕后的故事

之六:思索:“最好的法律”在哪里?

2019 年第 16 期封面聚焦:“两山”理论践行的“宣城样板”

之一:绿色宣城:打造法治生态的绿水青山

之二:交叉执法:向一切破坏生态行为亮剑

之三:绿色司法:多元举措打击环境犯罪

之四:公益诉讼:筑牢绿水青山的法治防线

2019 年第 17 期封面聚焦:“检察建议”的前世今生

之一:史无前例:新中国成立以来最高检首份“检察建议”

之二:历史回顾:从无到有的“检察建议”

之三:落地生根:依法让“检察建议”长上牙齿

之四:不容乐观:有多少检察建议石沉大海

之五:学者视角:“检察建议”“刚性”与“柔性”

之六:任重道远:“检察建议”不再只是“建议”

2019 年第 18 期封面聚焦:“检察建议”落地记

之一:以上率下:最高检首份检察建议书出台前后

之二:由柔至刚:做强检察建议凸显监督效果

之三:从易到难:检察建议改革的临沂样本

之四:有始有终:宁阳检察建议改革走向纵深

2019年第19期封面聚焦:为爱织“网”

之一:共青团:护你平安成长

之二:法律援助:给你一片阳光

之三:司法社工:陪你重燃希望

之四:心理咨询:为你修复创伤

之五:支持体系:遵循客观规律

2019年第20期封面聚焦:无边界律所的瀛和模式

之一:先行先试:一条独树一帜的律所发展道路

之二:便道超车:一家独具匠心的律所管理机构

之三:科技基因:一种独当一面的互联共享生态

之四:背靠大树:一个独木不林的律所共赢梦想

之五:“和合”文化:一片独具慧眼的律师公益底色

之六:横岭侧峰:一面独出心裁的律所合作形象

2019年第21期封面聚焦:政法院系“王牌军团”

之一:“五院四系”:引领时代但面临挑战的第一方阵

之二:西南政法:山不在高但有仙则灵的“法学贵族”

之三:中国政法:校园虽小但大师云集的最高学府

之四:华东政法:创业最难但创新最强的“东方明珠”

之五:中南政法:恢复最晚但更名最易的“法学翘楚”

之六:西北政法:植根西北但心忧天下的“西部重镇”

之七:“四大门派”:历史悠久而薪火不灭的法学传奇

2019年第22期封面聚焦:律师列席审委会之辩

之一:司改新政:看律师如何走进审委会?

之二:众说纷纭:辩护律师是否有权参加审委会?

之三:法律思考:合议庭与审委会的职能是否错位?

之四:门诊切脉:审委会改革之路在何方?

2019年第23期封面聚焦:刑辩五朵金花

之一:侯凤梅:热爱是刑辩之基　细心是刑辩之责

之二:郝春莉:细柔是专业品质　真善是铁肩道义

之三:梁雅丽:优秀是闪耀自己　卓越是兼顾他人

之四:娄秋琴:走心是办案模式　情怀是行业坚守

之五:常铮:理性是外在表现　温柔是内在情怀

2019年第24期封面聚焦:公诉五朵金花

之一:罗曦:最自豪的一步人生选择

之二:姜淑珍:最深刻的一场业务竞赛

之三:余红:最痛心的一次办案经历

之四:陈王莉:最钟情的一个职业梦想

之五:杨晓颖:最亮丽的一种法治追求

2019年第25期封面聚焦:审判五朵金花

之一:"高洁木兰"刘黎:司法为民的实践者

之二:"素雅兰花"陈海仪:坚定执着的守护者

之三:"纯洁雪莲"古丽米热:扎根基层的奉献者

之四:"温暖葵花"郑小红:和谐融洽的引导者

之五:"顽强绿萝"陈丰:刚柔并济的治愈者

2019年第26期封面聚焦:走近资深法学家

之一:法学家:依法治国推进人

之二:储槐植:"刑事一体"奠基人

之三:李昌麒:经济法制开拓人

之四:徐杰:经济法学开门人

之五:李双元:国际私法领路人

之六:张希坡:法制史上拓荒人

之七:应松年:行政法学代言人

2019年第27期封面聚焦:再出发:从军人到律师

之一:从上校到律师:深耕航空领域的"航空兵"

之二:从中校到律师:决胜多栖作战的"特种兵"

之三:从大校到律师:保障军人权益的"前哨兵"

之四:从军官到律师:探寻军转创业的"侦察兵"

之五:从士官到律师:专注涉军维权的"工程兵"

之六:从法官到律师:铸造法治砺剑的"火箭兵"

之七:从军营到媒体:讲述法治故事的"通信兵"

2019年第28期封面聚焦:公安五朵金花

之一:桃"李"天下:教学润物无声

之二:家喻户"晓":守护一方平安

之三:"葵"花绽放:践行一生追求

之四:"宽"猛相济:拯救迷失灵魂

之五:飒爽"英"姿:寻求真相大白

2019年第29期封面聚焦:庭审直播全记录

之一:来龙去脉:庭审直播在中国是如何井喷的?

之二:历历在目:21年来直播了哪些经典案例?

之三:异口同声:庭审直播究竟好在哪儿?

之四:另眼旁观:王成忠案等案件直播暴露了什么?

之五:莫衷一是:究竟哪些庭审需要直播?

之六:他山之石:国外庭审直播制度带给我们哪些启示?

之七:喜忧参半:庭审直播还有哪些隐忧?

之八:继往开来:庭审直播如何走向制度化?

2019年第30期封面聚焦:婚姻家庭民法典

之一:法典编纂:婚姻变革交响曲

之二:忠诚协议:多瑙河边圆舞曲

之三:冷静反思:悬崖边的小夜曲

之四:债务降临:离别后的悲怆曲

2019年第31期封面聚焦:信访,律师有话可说

之一:一个模范:代理访民诉求的贴心律师

之二:一块品牌:秉持百姓为先的执业理念

之三:一座心桥:打造信访工作的“吉林经验”

之四:一种回忆:聆听荣誉背后的温暖故事

2019年第32期封面聚焦:家事裁判文书说理·经验录

之一:家事裁判:坚守初心,执着追求

之二:伦理修辞:人文关怀,情法相融

之三:诗性判决:画蛇添足?锦上添花?

之四:大庆经验:三段说理,法外寄语

之五:裁判说理:明确目的,破解难题

之六:推理修辞:情法兼备,相辅相成

2019年第33期封面聚焦:寻访老律师

之一:陈蓓:后半生圆梦的“三栖律师”

之二:章荣毕:93岁仍在做律师的“金陵老树”

之三:梅永湘:浪花里荡漾的“一号律师”

之四:傅玄杰:上海滩上家喻户晓的“90后”律师

之五:周纳新:开创北京律师重建的“终身荣誉律师”

之六:张斌生:专注涉外法律服务的“律师代表”

之七:汤忠赞:“立身求法真”的“网瘾老年”

之八:吕思源:“矢志护法”的“江南一怪”

之九:郭星亚:主打为市场经济建设服务的“先行者”

之十:许小平:主张设立私人律所的“一级律师”

2019 年第 34 期封面聚焦:再审缘何难

之一:再审案件:审期为何越来越长?

之二:王华洲案:无罪辩护跨越 29 年

之三:刘忠林案:六年再审说明什么?

之四:李玉前案:中止审理毫无理据

之五:自闽至鲁:我亲历的再审案件

之六:冤案平反:再审缘何步履维艰?

之七:案件再审:亟须审判制度建设

2019 年第 35 期封面聚焦:“法律援助”的泽库模式

之一:“以身试法”:一位著名刑辩律师的“法援”生活

之二:“网红效应”:一份来自青藏高原的法援提议

之三:“民间互动”:一个叫做库泽“法援”的实验样本

之四:“逆势突围”:一种解决西部法律服务的尴尬与激情

2019 年第 36 期封面聚焦:新中国·新时代:法律制度民主化 70 年发展

之一:起底:民主立法的前世今生

之二:宪法:开民主立法“先声”的立法实践

之三:婚姻法:法律制度民主化的先例

之四:物权法:刷新审议次数纪录的立法样本

之五:电子商务法:横跨两届人大的立法范例

之六:食品安全法:公众广泛参与的立法样本

之七:民法总则:民主立法的成功典范

之八:劳动合同法:公开征求意见创纪录的立法标本

之九:个税法:全国人大常委会首开听证的立法范本

之十:追问:法律制度民主化如何迈向纵深?

2019 年第 37 期封面聚焦:中国律师 40 年:探寻海派律师大所之路

之一:从“上海最大”到“东南最大”,锦天城如何书写律界传奇?

之二:从 900 万到 30 亿,锦天城奇迹是如何创造的?

之三:从“高精尖”到“跨境投资”,锦天城“航母”如何飞速成长?

之四:从文化冲突到公益共识,锦天城如何成长为规模大所中的翘楚?

之五:从规模化到品牌化,锦天城如何布局全球?

2019 年第 38 期封面聚焦:聚焦检察开放日

之一:前世今生:最高检“开放日”这九年

之二:迎进走出:两级联动之南充模式

之三:业内业外:金山检察开放特色路
之四:观前观后:与高检开放日零距离
之五:由远及近:我眼中的高检开放日
2019 年第 39 期封面聚焦:认罪认罚,你了解吗?
之一:高铭暄:善用人工智能提升量刑建议精准度
之二:樊崇义:站在治国理政现代化角度看制度
之三:北京:规范中有突破
之四:汉阳:“秘笈”中有智慧
之五:富阳:探索中有特色
之六:厦门:创新中有协力
之七:京都:前行中更坚定
2019 年第 40 期封面聚焦:上海飞地行
之一:前世今生:飞地与上海不解之缘
之二:始终如一:黄山东麓下的守护者
之三:从无到有:白茅岭上来了年轻人
之四:事半功倍:智慧公安造就练江模式
之五:承前启后:苏北飞地上的民警们
之六:继往开来:国家战略下飞地机缘
2019 年第 41 期封面聚焦:知“微”见著,讲好故事
之一:导向为核,讲好政法故事
之二:创新为王,讲好英雄故事
之三:专业为主,讲好检察故事
之四:基层为本,讲好法官故事
之五:作品为重,讲好普法故事
之六:载体为上,讲好法治故事
2019 年第 42 期封面聚焦:《民主与法制》40 年
之一:从创刊到发展:东奔西跑各司其职
之二:从报人到同人:拳打脚踢各显其能
之三:从上海到北京:承前启后各展风采
之四:从小案到大案:释法说理各具特色
之五:从月刊到周刊:煮字烹文各有千秋
之六:从历史到未来:与时俱进各有绝招
2019 年第 43 期封面聚焦:民营企业保护如何法治化
之一:重要话题:制度完善背后的平等保护
之二:典型案例:一波三折背后的司法保护

之三:李志强案:律师介入背后的程序保护
之四:付新领案:事实争议背后的公正保护
之五:汤天众案:传唤意外背后的权利保护
之六:吴克春案:专家呼吁背后的产权保护
之七:再审改判:典型案例背后的法治保护
2019 年第 44 期封面聚焦:近在眼前的金融犯罪
之一:金融犯罪:网络化背后的治理难题
之二:信用卡犯罪:提防藏在身边的“套路”
之三:保险犯罪:揭开“高智商”的“画皮”
之四:证券犯罪:迈入犯罪“零容忍”新时代
之五:刑事辩护:金融法律服务的“紫华模式”
专题:《“尚”言献策》
之一:回顾展望:立法进步与制度改革之间
之二:发展完善:实体辩护与程序辩护之间
之三:开拓创新:有人辩护与有效辩护之间
2019 年第 45 期封面聚焦:遗产继承民法典
之一:民法典之“策”:打印遗嘱是否有效?
之二:民法典之问:虚拟财产能否继承?
之三:民法典之议:遗产归扣是否可行?
之四:民法典之话:遗产信托如何推行?
2019 年第 46 期封面聚焦:《律师参与信访的“大庆经验”》
之一:秉持中立:治愈信访难题的良方
之二:全心为民:怀抱公益情怀的初衷
之三:侧耳倾听:化解陈年上访的秘笈
之四:芳心似水:让信访变信法的女性
专题:《预防青少年犯罪之“大庆样本”》
之一:童心缘:从有限到无限
之二:童心援:让心房不设防
之三:童心圆:用同心护童心
2019 年第 47 期封面聚焦:飞地监狱
之一:为上海:一帮身处蛮荒的坚守人
之二:四岔河:一个劳模背后的三十年
之三:军天湖:一种红烛精神的传承人
之四:白茅岭:一部艰苦创业的奋斗史
之五:吴家洼:一些民警身边的寻常事

2019 年第 48 期封面聚焦:2019 年终盘点

之一:2019 年十大时政新闻

之二:2019 年十大立法脉络

之三:2019 年十大政法新闻

之四:2019 年十大法治人物

之五:2019 年十大反腐热点

之六:2019 年十大司法案件

之七:2019 年十大落马高官

之八:2019 年十大社会体制改革

之九:2019 年十大网络热点事件

之十:2019 年十大社会热点现象

2020 年《民主与法制》(周刊)

2020 年第 1 期封面聚焦:民法典渐行渐近

之一:民法典:编纂思路与学术论战之共识

之二:物权编:重大改革与学术研究之成果

之三:合同编:司法实务与立法实践之经验

之四:人格权编:独立成编与合并吸收之争议

之五:婚姻家庭编:亲情呵护与国家监护之关切

之六:继承编:财富继承与家风传承之保障

之七:侵权责任编:权利义务与行为责任之导向

之八:法学会:组织专家与贡献智慧之作用

2020 年第 2 期封面聚焦:刑罚执行:一个尴尬的现实话题

之一:检察监督:是防不胜防还是力不从心?

之二:办案程序:是形同虚设还是有名无实?

之三:减刑假释:是厚此薄彼还是宽严不公?

之四:监外执行:是左右为难还是内外有别?

之五:程序完善:是一收了之还是一视同仁?

2020 年第 3 期封面聚焦:律师家族

之一:四代“岳家军”:如何铸就律师家族的辉煌?

之二:一门五律师:如何为国护法为民请命?

之三:李氏五兄弟:上海滩如何成就律界佳话?

之四:三代律师人:如何传承与坚守法治信仰?

专题:《律师的幸福生活》

之一:明炬:“家文化”造就的温度律所

之二:张巍:被《民主与法制》改变命运的律师

之三:秦丽萍:被打球"耽误"的律师

2020 年第 4 期封面聚焦:张志超无罪归来

之一:张志超案,缘何来来回回走了 15 年?

之二:律师代理,为张志超案所付出的专业智慧

之三:媒体报道,为张志超案而体现的责任担当

之四:学者关注,为张志超案而表达的理性建言

之五:冷水江市,会是下一个"张志超案"吗?

2020 年第 5 期封面聚焦:守护"头顶上的安全"

之一:前世今生:如何让高空抛物不再成为悬在城市上空的痛?

之二:把脉开方:猛药能否治好高空抛物沉疴?

之三:"史上最严":能否 hold 住高空抛物乱象?

之四:齐抓共管:如何构建治理高空抛物问题综合机制?

之五:以案释法:重"法"还是重"情"?

之六:他山之石:域外治理高空抛物有何妙招?

专题:《法治战"疫"》

之一:大是大非,"训诫书"到底是对还是错?

之二:大疫之下,如何保护当事人的权利不受侵犯?

之三:瘟疫当头,个人隐私权重要还是公众知情权重要?

之四:疫情防控,涉及哪些刑事问题需要厘清?

2020 年第 6 期封面聚焦:聚焦"四大检察"

之一:做到"四大检察",向何方?

之二:做优刑事检察,何为重?

之三:做强民事检察,强什么?

之四:做实行政检察,靠什么?

之五:做好公益诉讼,为了谁?

2020 年第 7 期封面聚焦:司法规范性文件备案审查"全覆盖"

之一:顶层设计:如何加强规范性文件备案审查?

之二:初见成效:三年来备案审查工作有何重大进展?

之三:严峻现实:有多少地方司法机关还在制定规范性文件?

之四:众说纷纭:省级两院规范性文件是否应备案审查?

之五:以案说法:对法检两院规范性文件备案审查应否加快?

之六:破冰之旅:法检两院规范性文件备案审查有何成功经验?

之七:问诊切脉:备案审查司法规范性文件有无实践样本?

之八:立法建议:对司法规范性文件备案审查如何"全覆盖"?

2020年第8期封面聚焦:谁在“盈”风绽放？看盈科女律师风采!

之一:让世界听懂你· 超人不会飞

之二:刑辩虐我千百遍,我待刑辩如初恋

之三:正义的温度

之四:母爱无处不在

之五:快乐是什么?

之六:初心不改,“盈”律梦

之七:心有猛虎,细嗅蔷薇

之八:女律师的三滴眼泪

之九:向前一步,“盈”风起舞

之十:一次难忘的财产保全

之十一:做一名法律的摆渡人

之十二:变的不是地位,而是思维

之十三:柔似水,坚如铁

之十四:花有重开日,人可再少年

之十五:女律师的安全感

之十六:草原上的金莲花

之十七:法律的温度

之十八:“律二代”志在蓝天

之十九:律师阿姨,我可以和你做朋友吗?

之二十:那一天

之二十一:我的梦想

之二十二:律师才是你的“熟人”

之二十三:她力量,应该被看见

2020年第9期封面聚焦:公共卫生安全的法治化

之一:健全公共卫生法治　提高突发重大疫情防控水平

之二:发挥法学智库作用　构筑公共卫生安全法治防线

之三:提升应急治理能力　依法科学有序防控突发疫情

之四:控制公共卫生风险　建立禁食野生动物长效制度

之五:引入信息竞争机制　推动疫情信息充分及时公开

之六:修改刑法第330条　适应惩治妨害疫情犯罪需要

之七:完善传染病防治法　重构疾病控制机构工作机制

2020年第10期封面聚焦:智“惠”法院

之一:智慧之“明”:公平正义显魅力

之二:智慧之“妙”:集美大招显魔力

之三:智慧之“融”:浙江“小智”显威力

之四:智慧之“功”:内蒙古“管家”显实力

之六:智慧之“效”:苏州模式显效力

之七:智慧之“神”:宜宾转型显功力

2020 年第 11 期封面聚焦:公共卫生安全　律师代表委员有话说

之一:补齐法律与经济制度短板　推进禁食野生动物决定落地

之二:构建科学完整有效法律制度体系　强化公共卫生法治保障

之三:关于完善我国同情用药制度的提案

之四:完善应急管理法治保障　提升突发事件防控能力

之五:及时出台司法解释　统一防控措施引发的民商事纠纷裁判标准

之六:增设捕获运输交易屠宰野生动物罪　维护公共卫生和公共安全

之七:制定物业管理法　发挥物业应对突发公共危机作用

之八:关于修改野生动物保护法的建议

之九:加强公共卫生安全法治体系建设　实现治理体系和治理能力现代化

之十:关于加强应急状态下　大数据应用立法的建议

之十一:修改完善传染病防治法　适应突发性传染病防控需要

之十二:制定公共卫生法　为处置突发公共卫生事件提供法律依据

2020 年第 12 期封面聚焦:“捕诉一体化”的实践样本

之一:有根有据:从“捕诉分离”到“捕诉一体”的检察改革

之二:有本有原:从“捕诉一体”到“两高一低”的严峻现实

之三:有板有眼:从“一办到底”到“一波三折”的诉辩关系

之四:有点有线:从“捕与不捕”到“诉与不诉”的刑辩策略

之五:有始有终:从“可以作出”到“应当作出”的释法说理

2020 年第 13 期封面聚焦:天平两端　新闻监督 & 人格权

之一:名誉为重:监督与侵权如何区分?

之二:证据为主:属实与失实如何把握?

之三:权利为本:保护与追责如何平衡?

之四:内容为王:批评与调查如何应对?

2020 年第 14 期封面聚焦:法律电影的热闹与门道

之一:看司法制度:法律电影之创意

之二:看律师表现:法律电影之钟意

之三:看诉讼程序:法律电影之本意

之四:看程序价值:法律电影之立意

之五:看法官伦理:法律电影之爱意

之六:看法律文化:法律电影之新意

之七:看公平正义:法律电影之深意

之八:看法庭论辩:法律电影之蕴意

2020 年第 15 期封面聚焦:热点案件下的法律文书

之一:态度决定高度:我们为什么要说理?

之二:高度彰显温度:刑事判决难在何处?

之三:温度辐射广度:民事判决差距几何?

之四:广度体现风度:家事判决何以动人?

之五:风度反映厚度:行政判决怎得服判?

之六:厚度融合角度:以人为本如何体现?

2020 年第 16 期封面聚焦:律师直播课堂来了

之一:线上课堂,开发法律服务新业态

之二:知识共享,开创平台直播新趋势

之三:享在云端,开启信息共享新模式

之四:法律科技,开拓线上学习新常态

之五:线上培训,开辟人才培养新路径

之六:应势而为,开通网络交流新课堂

之七:互联网 +,开采法律服务新蓝海

之八:技术加持,开动法律培训新时代

之九:法商结合,开始法律行业新变化

2020 年第 17 期封面聚焦:看电影　学法律

之一:司法中的“酸”:看《造雨人》之胜诉

之二:刑法中的“苦”:看《肖申克的救赎》之越狱

之三:经济法中的“咸”:看《法网雄心》之赔偿

之四:诉讼法中的“涩”:看《铁案风云》之逆转

之五:海商法中的“麻”:看《泰坦尼克号》之凄美

之六:婚姻继承法中的“甘”:看《遗产风波》之意外

之七:民法中的“甜”:看《雨人》之神奇

之八:法理学中的“醇”:看《朗读者》之沉默

之九:法律电影中的“鲜”:看法律知识之风趣

2020 年第 18 期封面聚焦:交叉询问之我见

之一:“问”之有理:从孙杨案件看交叉询问

之二:“问”之有道:从制度设计谈交叉询问

之三:“问”之有物:从司法模式论交叉询问

之四:“问”之有术:从刑辩实务说交叉询问

之五:“问”之有据:从中国特色议交叉询问

之六:“问”之有效:从业务技巧评交叉询问

之七:“问”之有序:从庭审策略用交叉询问

2020年第19期封面聚焦:今年两会不一般

之一:不寻常:从时间到空间都创“新时代”

之二:不平凡:从代表到委员都是“代言人”

之三:不容易:从路上到云上都有“黑科技”

之四:不简单:从议案到提案都成“金点子”

2020年第20期封面聚焦:走进“民法典时代”

之一:何以为“典”:一部时代法典的诞生

之二:“典”从何来:一部丰碑法典的历程

之三:以何为“典”:一部人民法典的践行

之四:“典”向何方:一部权利法典的表达

专题《不同角度“读”最高检工作报告》

之一:数据篇:数据背后的检察业务新风向

之二:面孔篇:面孔背后的检察队伍新风尚

之三:案例篇:案例背后的检察办案新风貌

2020年第21期封面聚焦:民法学者眼中的民法典

之一:民法典之重点:在共识中体现人民意志

之二:总则编之亮点:在创新中完善立法技术

之三:物权编之热点:在编纂中回应时代变化

之四:合同编之看点:在完善中发挥债法功能

之五:人格权编之争点:在关注中突出人民权利

之六:婚姻家庭编之难点:在细化中聚焦离婚制度

之七:继承编之要点:在突破中满足社会需求

之八:侵权责任编之焦点:在修改中推动绿色发展

2020年第22期封面聚焦:新时代民事检察

之一:重点推进:民事检察如何“长上牙齿”?

之二:定点探索:基层检察院如何进行民事检察监督?

之三:试点出击:四川检察如何“做强民事检察”?

之四:难点研究:如何破解民事监督“倒三角”状态?

之五:焦点分析:民事检察监督如何抗诉多改判少?

之六:论点思考:如何让民事检察成为“最后一道司法救济途径”?

之七:热点案例:“地方特色”如何引领民事检察监督?

之八:指点未来:民事检察监督如何做大做强?

2020年第23期封面聚焦:律师眼中的民法典

之一:律师是准确适用民法典、依法保障人民权益的重要力量

之二:民法典:一种学习方式的深入浅出

之三:总则编:一部基本法典的来龙去脉

之四:物权编:一种财产权利的天经地义

之五:合同编:一纸契约保护的居安思危

之六:人格权编:一项个人权利的前世今生

之七:婚姻家庭编:一个基础条款的天长地久

之八:继承编:一种社会理念的承前启后

之九:侵权责任编:一种指引规则的继往开来

2020 年第 24 期封面聚焦:法官眼中的民法典

之一:民法典之“核”:在司法审判中释法说理

之二:总则编之“魂”:在审判实务中案结事了

之三:物权编之“变”:在审判执行中拾遗补缺

之四:合同编之“度”:在司法平衡中扶危济困

之五:人格权编之“本”:在权利保护中公私兼济

之六:婚姻家庭编之“特”:在个案裁判中排忧解难

之七:继承编之“新”:在遗产处理中承上启下

之八:侵权责任编之“热”:在裁判导向中以案释法

2020 年第 25 期封面聚焦:检察官眼中的民法典

之一:民法典之定性:以法律监督保障人民权益

之二:总则编之定位:以“帝王条款”防范虚假诉讼

之三:物权编之定分:以检察职能护卫你我财产

之四:合同编之定向:以客运合同管窥立法价值

之五:人格权编之定界:以谦抑审慎彰显法律关怀

之六:婚姻家庭编之定势:以制度设计厘清实务难题

之七:继承编之定心:以遗产管理促进社会和谐

之八:侵权责任编之定点:以公序良俗维护公平正义

2020 年第 26 期封面聚焦:老党员　新担当

之一:刘文元:一位老律师的本色使命

之二:王正保:一位老法官的亮色理想

之三:方工:一位老检察的底色风采

之四:车金鼎:一位老警官的出色绝招

之五:秦振海:一位老政法的彩色人生

之六:阳红光:一位老公安的红色情怀

2020 年第 27 期封面聚焦:为民营企业家辩护

之一:从辩护到保护:中国律师为民营企业家奔走呼号
之二:从罪名到金额:十多位律师为鹿邑轮毂案据理力争
之三:从抗诉到重审:褚中喜律师为孙瑞杰案仗义执言
之四:从侦查到庭审:于凯律师为吕大方案晓之以理
专题:《值班律师,如何打通法律援助“最初一公里”》
之一:鼎鼎大名:一次学术研讨的进步意义
之二:落地生根:一项制度创新的现实思考
之三:行稳致远:一种权利保障的价值追求
2020 年第 28 期封面聚焦:检察信访　件件有回复
之一:民呼我应:以新转变呈现“检察温度”
之二:线上线下:以新系统呈现“检察速度”
之三:案里案外:以新探索呈现“检察制度”
之四:自上而下:以新经验呈现“检察力度”
之五:案结事了:以新举措呈现“检察态度”
之六:有分有合:以新机制呈现“检察精度”
2020 年第 29 期封面聚焦:青少年与网络之惑
之一:时代有期:审视青少年上网之痛
之二:法律有情:编制网络安全保护网
之三:平台有责:净化网络不应再沉默
之四:网言有矩:警惕“饭圈”背后的暗流
之五:未来有约:勾勒未成年人上网边界
2020 年第 30 期封面聚焦:疫情之下的体育赛事
之一:疫情来袭:按下暂停键的体育赛事
之二:欧洲足球:疫情冲击下的曲折赛季
之三:中国足球:疫情之下挑战机遇并存
之四:篮球赛事:同一个世界同一种遭遇
之五:东京奥运:史上首次和平时期延期
之六:专家评议:奥运会延期的法律风险
2020 年第 31 期封面聚焦:一位老法官眼中的判决魅力
之一:“杀母案件”易破,“怀孕妇女”难判
之二:“恐怖来电”易查,“作案动机”难解
之三:“公海凶案”易报,“审判管辖”难断
之四:“抢劫犯罪”易诉,“入户抢劫”难定
之五:“指控罪名”易认,“罪名变更”难变
之六:“雇凶杀人”易循,“量刑平衡”难裁

之七:“继承房屋”易清,“特殊关系”难理

之八:“案件数量”易积,“判决魅力”难炼

2020 年第 32 期封面聚焦:新时代法律援助的新课题

之一:推动立法:好制度尚需细筹谋

之二:打造智库:好前景急需强支撑

之三:完善评估:好项目还需实建议

之四:致力公益:好专家亦需勤开拓

之五:着眼未来:好团队更需神领军

2020 年第 33 期封面聚焦:山东基层法庭巡礼

之一:守护青山绿水有妙方

之二:呵护妇孺老幼有经验

之三:保护市场主体有办法

之四:维护群众利益有作为

之五:卫护知识产权有底气

之六:救护心灵创伤有高手

2020 年第 34 期封面聚焦:民法典视角下的离婚话题

之一:法典之新:筑建婚姻家庭避风港

之二:抚养之难:守护孩子未来新生活

之三:财产之争:打响婚姻最后保卫战

之四:冷静之思:按下悬崖婚姻暂停键

之五:效力之辩:梳理争议多年疑难结

之六:窘迫之恋:遇罗锦离婚案再回首

之七:观念之变:剧本与现实的“遇罗锦”

之八:离婚之路:好好离婚当属第一条

2020 年第 35 期封面聚焦:优秀“检察建议”是如何炼成的?

之一:从数量到质量:让检察建议更有示范性

之二:从街巷到村乡:让检察建议更能接地气

之三:从企业到行业:让检察建议更具执行力

之四:从依据到数据:让检察建议更显实效性

2020 年第 36 期封面聚焦:当“棋牌”遇上“电竞”

之一:出奇制胜:棋牌类演绎恩怨情仇

之二:出类拔萃:新模式成就振兴之路

之三:出谋献策:正能量注入新兴模式

之四:出人头地:“防火墙”筑牢游戏边界

专题:《网络肖像侵权,了解一下!》

之一:网络肖像侵权,就在你我身边

之二:网络肖像侵权,法官有话要说

2020 年第 37 期封面聚焦:金融犯罪辩护之道

之一:理念为先:探索金融犯罪辩护的"蓝海"

之二:专业为上:追求金融犯罪辩护的理想状态

之三:艺术为核:探究金融犯罪辩护的魅力所在

之四:逻辑为王:寻求金融犯罪辩护的可能路径

专题:《千人大所看盈科北京》

之一:盈科北京:步入千名律师时代

之二:20 年盈科:与中国法治建设共同成长

之三:"千千宝宝":我与盈科辗转不断的缘分

2020 年第 38 期封面聚焦:正当防卫新解

之一:听起来很冤:法不能向不义低头

之二:想起来很悲:法不能向不平退让

之三:看起来很美:法不能向不公求情

之四:证起来很难:法不能向不轨妥协

之五:办起来很繁:法不能向不法让步

之六:活起来很赞:法不能向不德松口

2020 年第 39 期封面聚焦:认罪认罚从宽:从试点到落地

之一:一种态度:检察机关新使命

之二:一种幅度:法官量刑新智慧

之三:一种精度:刑事检察新作为

之四:一种温度:刑辩律师新主张

之五:一种高度:人大代表新建议

之六:一种力度:刑诉学者新课题

2020 年第 40 期封面聚焦:修法,只为"少年的你"

之一:全新篇章:护航幼苗成长

之二:未来可期:聚焦重大进展

之三:理念重塑:搭建逻辑框架

之四:亮点解读:彰显时代变化

之五:监护制度:逐步细化创新

之六:社工服务:完善配套体系

之七:立法先行:亟待规范跟进

2020 年第 41 期封面聚焦:婚姻家事专家:江阴样本

之一:调判能手:从人尽其才到案结事了

之二:办案好手:从对症下药到释法说理

之三:调解妙手:从独门秘籍到入情入理

之四:帮教里手:从推己及人到以理服人

之五:调停高手:从明察秋毫到息讼止争

2020 年第 42 期封面聚焦:万名律师在盈科

之一:相辅相成:万人集结再出发

之二:相遇相知:我与盈科之初见

之三:相向相投:人生开启新赛道

之四:相因相生:我因盈科而不同

之五:相识相随:我为律所尽全力

之六:相向相谋:我为盈科做代言

之七:相扶相济:我与盈科十余年

之八:相依相附:思维转变共成长

之九:相切相磋:深耕专业又十年

之十:相守相伴:遇见再晚也不迟

之十一:相生相成:遇见更好的自己

之十二:相安相守:终圆父子律师梦

之十三:相亲相爱:夫妻盈科共前行

之十四:相学相长:执手相伴十二载

2020 年第 44 期封面聚焦:从《人民的名义》到法律的正义

之一:一波三折:以剧本名义之争

之二:一槌定音:以法官名义之判

之三:一针见血:以律师名义之辩

之四:一言难尽:以创作名义之思

之五:一字千秋:以热播名义之问

2020 年第 45 期封面聚焦:金融犯罪之“变”与“辨”

之一:变幻莫测:金融犯罪之“演变”

之二:未雨绸缪:金融犯罪之“辨析”

之三:言之有理:金融犯罪之“辩护”

之四:不可或缺:金融犯罪之“合规”

2020 年第 46 期封面聚焦:宪法宣誓

之一:指路明灯:让宪法精神引领全面依法治国

之二:法润人心:让宣誓仪式成为法治社会文化

之三:以法之名:让宪法法律成为公民内心信仰

之四:尊法宣誓:让宣誓场馆成为公民精神家园

2020 年第 47 期封面聚焦:什么才是真正的顺风车?

之一:回归初心:什么是顺风车的解困之道?

之二:弯道超车:嘀嗒出行凭什么后来居上?

之三:行业自治:顺风车行业如何逆势突围?

之四:监管困境:顺风车何时驶出法律盲区?

2020 年第 48 期封面聚焦:2020 年终盘点

之一:2020 年十大时政新闻

之二:2020 年十大立法脉络

之三:2020 年十大法治政府事件

之四:2020 年十大反腐热点

之五:2020 年十大公安新闻

之六:2020 年十大检察新闻

之七:2020 年十大法院新闻

之八:2020 年十大律师新闻

之九:2020 年十大民生事件

之十:2020 年十大社会热点

专题:《丁柯逝世一周年祭》

之一:革命人永远是年轻

之二:重走抗战路

之三:他是我心中的一盏明灯

之四:我会永远怀念您——丁柯叔叔

2021 年《民主与法制》(周刊)

2021 年第 1 期封面聚焦:民法典来啦!

总则编:开篇之作,权利只是起点

物权编:物尽其用,落地才算到位

合同编:新型合同,不靠数量"取胜"

人格权编:隐私保护,走出纸面更难

婚姻家庭编:协议离婚,还需"绿色通道"

继承编:写对遗嘱,未必那么容易

侵权责任编:"家长里短",风险处处皆有

送法下乡:法学团体,必然大有可为

2021 年第 2 期封面聚焦:核心价值观是什么?

国家观:莫让国家信仰再缺失

历史观:莫让英烈流血再寒心

伦理观:莫让道德水准再打折
信用观:莫让诚信缺失再通行
文明观:莫让网络空间再添乱
家庭观:莫让传统美德再空谈

2021 年第 3 期封面聚焦:遵义律协为何声名远播?
初心与使命:在行业情怀上“推”出样本
责任与担当:在全面履职上“细”做文章
能力与实力:在内强素质上“精”下功夫
平台与舞台:在外塑形象上“化”成口碑
关爱与关照:在建设家园上“练”就精神

2021 年第 4 期封面聚焦:民法典时代的“罪与罚”
一探究竟:博和法律论坛如何引来顶流?
一目了然:刑民交叉案件如何准确界分?
一针见血:涉财侵权行为如何合理评价?
一语道破:人格权保护网如何理性编织?
一体两翼:刑民诉讼程序如何有效衔接?

2021 年第 5 期封面聚焦:京都“刑辩八杰”这十年
十年之问:“京都刑辩八杰”如今怎么样了?
职业之问:这家外企为何不请刑辩大状?
社会之问:刑事司法的目的靠什么实现?
能力之问:刑辩律师如何提高专业技巧?
制度之问:纠正错案,刑辩律师有何作为?
实体之问:“非法放贷案”入刑后如何辩护?
程序之问:公平正义要不要从细节入手?
价值之问:自由与生命靠什么来保障?
时代之问:民营企业保护究竟有多难?

2021 年第 6 期封面聚焦:家有老人
民心所向:为困境老人带来希望
用心陪伴:为空巢老人带来心安
暖心工程:为悬空老人带来福音
爱心组织:为无助老人带来温暖
走心模式:为农村老人带来期盼
衷心守护:为失能老人带来尊严
真心为民:为年迈老人带来安康

2021 年第 7 期封面聚焦:当司法社工遇上年少的“Ta”

超越:让我陪你起航
引导:让我助你重生
挽救:让我送你希望
约定:让我给你信心
支持:让我伴你前行
陪伴:让我予你温暖
关注:让我推你向前

2021 年第 8 期封面聚焦:律所之名

青史留名:从机构正名到时代烙印
中外驰名:从不同译名到国际合作
遐迩闻名:从合并更名到规模品牌
不务空名:从专业成名到精品服务
有仙则名:从形声同名到文化管理
师出有名:从参照取名到律所文化
久负盛名:从魔圈美名到红圈神奇
立身扬名:从精心起名到律师发展

2021 年第 9 期封面聚焦:两会故事

盘点两会:今年有哪些热点和看点?
又见三月:他们今年是如何上会的?
参政议政:律师代表委员都在关注啥?
乡村振兴:两会代表委员建言高频词
反垄断:两会代表委员热议话题
未成年人保护:两会代表委员持续发力焦点
数字鸿沟:两会代表委员聚焦重点

2021 年第 10 期封面聚焦:2021 两会看点

越来越温暖:群众"小问题",事关"大民心"
越来越有数:享受"数字 +",做到"风险 -"
越来越安全:面对"新疫情",法治"老担当"
越来越有底:争当"老娘舅",营造"新环境"
越来越重视:护权"钟长鸣",创新"补短板"
越来越环保:啃下"硬骨头",营造"软环境"

2021 年第 11 期封面聚焦:《民主与法制》杂志 1000 期啦!

书写民主与法制新篇章
怎样当好总编辑?
为《民主与法制》1000 期点赞!

高压反腐:主动投案已成反腐新常态

扎堆投案:典型案件的涟漪效应显现

悔不当初:官员主动投案的心路历程

殊途同归:党规与国法的实质性衔接

2021 年第 16 期封面聚焦:刑法修正案下的职务犯罪

反腐立法,如何应对?

司法亮剑,怎样出招?

实施抓捕,以何震慑?

他山之石,何以攻玉?

2021 年第 17 期封面聚焦:美国律师职业伦理案例的启示

斯伯丁案:你会向当事人披露不利信息吗?

巴恩斯案:你会按照当事人的意愿辩护吗?

斯特里克兰案:你会接受被告人无效协助的质疑吗?

尼克斯案:你会配合被告人在庭审中作伪证吗?

帕迪拉案:你会将刑事定罪以外的后果告诉当事人吗?

瑞尔曼案:你会揭发同行的不当执业行为吗?

2021 年第 18 期封面聚焦:探寻荆楚红色印记

武昌:浓缩鄂近现代史

汉口:回眸峥嵘的岁月

咸宁:缅怀永远的“铁军”

红安:传承红色的基因

周少怀:无愧于这片红土地

2021 年第 19 期封面聚焦:少年司法的中国范本

少年法庭的前世今生

少年审判机构专门化改革从这里起步

“特殊的希望工程”

“最年长”的少年法庭

少年审判庭审内外的“功夫”和“套路”

2021 年第 20 期封面聚焦:民法典颁布一周年

后民法典时代“理”与“立”

民法典的践行者

为检察公益诉讼赋能

那些引发热烈反响的民法典条款

为了让民法典融入百姓生活

2021 年第 21 期封面聚焦:追寻江西红色印记

南昌:八一起义打响武装反抗第一枪

井冈山:星星之火 可以燎原

瑞金:红色政权在这里诞生

永新:第一支新型人民军队从这里走出

2021 年第 22 期封面聚焦:徽章上的百年党史

从学校到战场:从徽章看延安干部培养

从步枪到飞天:徽章上的人民军工航天事业

从白纸到蓝图:徽章上的建国初期经济攻坚

从红军到八路:“红军十周年纪念章”的故事

有一种回忆是感恩

回忆，总是美好的。

不论是可爱的家乡还是可亲的母校，不论是曾经工作的单位还是曾经的同事，不管是早年的前辈还是后来的晚辈，都有回忆的价值。

每个人的每一段经历都值得挖掘与总结，每个人的每一个平台都值得梳理与归纳，每个人的每一位同事都值得学习与致敬。

总而言之，都值得我们去回忆与感恩。

这是我们人生中一种最美好的回忆与感恩。

世界杯开幕了，我已经转会了

四年一度的世界杯足球赛又开始了。

这是全世界球迷的节日，这是全世界球星的盛宴，这是全世界球探的集会。

因为在第19届世界足球锦标赛结束后，将有许多球星因为自己的表现和球探的发现而顺理成章地转会了。

博主虽然不是球星，但在世界杯开幕的日子里，我却提前赶了一个时髦。

因为我也转会了。

历经4月的干部考察和5月底的档案交接及6月初的领导谈话，我终于完成了从团中央到中国法学会的调动事宜。今天上午九点半，中国法学会人事部领导在《民主与法制》社全体大会上正式宣布，经中国法学会党组研究决定，任命我为《民主与法制》社副总编。有趣的是，任职通知中还给我加了一个括号（括号内容暂时保密）。

由此，我即正式由团中央中国青少年犯罪研究会副秘书长转任中国法学会《民主与法制社》副总编了。

说起《民主与法制》，许多朋友都知道，这是一个法制刊物的老牌子，这是一家颇具历史的老刊物，这是一段有关法制的美好回忆。对我来说，同样也是如此。其诞生于我的母校华政的渊源，使我永远对她抱有一种美丽的缘分和难舍的亲情；曾经供职于《法律与生活》杂志与《中国律师》杂志的经历，又使我永远以一种仰视的眼光观察与见证其不断发展的步伐；作为一个法律人，对民主与法制理念的追求和崇尚，则始终让我深深体会到这家媒体发展前景的可持续性和后发力。

正如2009年10月27日我在《民主与法制》杂志创刊30周年纪念大会的感慨，我始终认为，"民主与法制"绝不仅仅是一个刊名，她应该首先是一个口号，其次是一个追求，最后则是一种制度。当然，对今天已经进入中年的人们来说，她更应该是一个回忆、一段历史、一种见证、一个目标乃至一种理念。

于是，为了那个回忆，为了那段历史，为了那种理念，我悄悄地转会了，转到了一个老牌子闪亮发光的团队，转到了一个老媒体急需再创辉煌的团体。

尽管如此，我还是念念不忘律师事业及各方律师朋友分别组成的团队，我也无法忘记那些急需社会各界伸出援助之手的未成年人。为此，我在转会的新平台将继续关注我曾经所爱所忧、所思所想的律师业界和未成年人。

相同的路走了四年，相似的工作做了四年，今天又要走上新的道路，开辟新的道路。内心自然是感慨万千，感触良多。

在转会之前的日子里，我最后一次去了一趟湖南湘乡看望那些留守少年们，我告诉他们，我还会再来的，我还会以热情和真情关注、关心乃至关爱他们。正如我四年前离开全国律协的时候，我深情地告诉律师朋友们，从没有一种职业让我如此向往，从没有一个行业让我如此动情，从没有一个群体让我如此牵挂。所以，无论我的工作岗位如何变化，工作领域如何变换，我的视线永远都不会离开律师、律师职业、律师行业、律师事业……

南非世界杯开幕了，我走在四处响彻着“世界杯”呼喊的季节里，我同样期待着自己再一次收获新的金秋。

原载 2010 年 6 月 12 日刘桂明新浪博客

我们为什么要上大学?

——在华东政法大学2010级新生开学典礼上的致词

(2010年9月17日　华政松江校区)

2010年9月17日,正是母校华东政法大学举办2010级新生开学典礼的日子。

应母校领导之邀,作为唯一一位外地校友,我也参加了此次开学典礼。

对我来讲,尽管我回过许多次母校,我也回过母校做过多次讲座,但作为校友回母校参加开学典礼还是第一次。为此,我自然感觉很兴奋、很激动。

坐在主席台上,坐在母校领导杜志淳书记、何勤华校长、童西荣副书记的身边,顶着挂在高空的朝阳,望着次第迈步走过主席台的新生军训表演方阵,感到一股年轻的激情和朝气,感到母校人才辈出的荣耀与自豪,更感到自己作为老华政人的责任和使命。

按照议程,在何勤华校长的正式讲话之后,就是各个学院领导的轮番上阵致辞。可以说,这也是本次开学典礼的高潮。各位院领导可谓各显其能,各具风采。有的院领导是即席脱稿,有的院领导则是准备充分,手中有稿。当然,博得学生掌声最多的还是法律学院院长刘宪权教授和经济法学院院长吴弘教授的演讲。他们结合自己的专业内容,为即将踏进法律之门的新生作了一个非常精彩的动员报告。刘宪权教授说,如果用犯罪构成的阶段理论来形容的话,在座的各位同学尽管不能用犯罪阶段来概括,但从时间上来讲是正处于学习法律的预备阶段。而吴弘教授则以一句"经济法经济法,既学经济又学法"的结束语,为各位新生留下了一段动人而诱人的佳话。

我的致辞自然还是以调侃开头,以祝福结尾。考虑到时间太紧,我放弃了按惯例不事先写稿但为此次活动而提前认真准备的稿子,即席讲解了原稿中的两个问题。回京后,母校校办希望我提供一份原来准备的稿子。于是,我就结合现场致辞情况和原稿的内容进行了若干补充。于是,就有了今天博文中这篇稿子。

各位领导、各位老师、各位校友、各位新同学:

大家上午好!

很高兴、很荣幸能有这样的机会站到这个讲台,代表华政北京校友会500位校友表达我们对母校的依恋和祝福，表达对各位刚刚走进华政校园的新同学的羡慕与祝愿。在我看来，与其说今天的活动是开学典礼，不如说是我们华政各个学院的推介会、动员会乃至展示会。刚才，我们看到了整齐一致的士兵方阵，看到了朝气蓬勃的军训表演，看到了庄严规范的升旗仪式，还听到了激动人心的国歌和军乐，听到了迈步走过主席台的嘹亮高亢的口号和心声。

现在，我也利用这个机会对我目前供职的《民主与法制》社做一个广告。《民主与法制》诞生于 1979 年 8 月的上海，当时使用的刊号还是我们学校《法学》月刊的。为此，1982 年《法学》要复刊时，不得不重新申请了一个新刊号。所以，我去中国法学会上班后，有关领导开玩笑说，现在《法学》又要交给你们华政了。从 1990 年迁至北京到今天，《民主与法制》社进京 20 年了。现在，它的发行量尽管无法与上个世纪的 300 万的高峰相比，但它还是以 21 万的发行量居于全国法制期刊的老大。由此看来，这是我们华政校友占领的一个特别高地，希望大家多多关注，多多投稿，将来不断占领新的阵地，不断开拓新的园地！

环顾全场，今天我的身份最特殊，因为我既是客人又是主人，我既是老人又是年轻人。

相对于主席台上各位领导和老师来说，我是一个客人。但是，相对于在座的各位新同学来讲，我则是一个主人。为此，我代表老校友热烈欢迎各位年轻人来到华政，来到这个美丽的校园。同时，在各位新同学面前，我可能是一位老人。当然，我也曾经自我解嘲，我是 1981 级校友中进步最快的人。因为 15 年前就有小孩叫我爷爷。所以，我已经提前进入了老年社会。尽管如此，我还是感觉到我也是一个年轻人。因为我与各位新同学一样，同样拥有年轻人的激情、热血、朝气、梦想。

我们每个人的一生都有许多第一次，今天这个美好的日子既是我这个老校友的第一次，也是在座的各位新同学的第一次。我是第一次在母校开学典礼上致词，而各位新同学则是第一次坐在这个经常举办重大活动的地方聆听领导、老师和前辈的重要讲话。显然，这是一个美好的时刻，也是一个难忘的时刻，更是一个可以载入自己人生的经典时刻。

因为美好，因为难忘，所以，我至今还依稀记得 29 年前参加开学典礼的情景。29 年前，我像你们一样年轻、一样英俊、一样潇洒。请大家不要以为我真的老了，其实我的心态还相当于现在的“80 后”；不要以为我们没有年轻过，其实我们那时年轻的感觉更好。比如，那时的我们戴着白底红字的校徽神气地四处溜达，又如穿着那件咬牙买来但质量一般的校服到晚上睡觉时还舍不得脱下，再如三五成群的同学走在中山公园小径上那股掩饰不住的骄傲姿态。

或许大家觉得有些傻吧！不要惊讶，那就是我们那个年代，我们那个有些傻气但更有神气的青年时代。那一年，也是这个季节，也是这个时刻，但不是在这个校园，我与其他同学一道聆听了徐盼秋、曹漫之等当时的校领导对我们热情洋溢的欢迎、语重心长的叮嘱乃至对美好未来的向往和引导。

时光飞逝，一晃快三十年过去了。明年的此时此刻，我们 1981 级校友将在这里庆祝自己的“入校三十年，相识三十年”庆祝活动。各位“90 后”的小校友可能无法想象，三十年是一个什么概念，三十年是怎么过来的，三十年前究竟是一个什么时代。但是，我可以负责任地告诉你们，再过三十年的你们，肯定比我们过得更好，肯定比我们干得更好。

因为你们赶上了一个美好的时代,一个我们当年无法想象的时代,一个让我们这些老校友既羡慕又嫉妒的时代。你们看,信息化时代让我们之间竟然如此迅速快捷地相互沟通,网络化让我们之间竟然如此美妙神奇地接近,而科技化时代又让我们真正感觉到我们伟大祖国不断强大的骄傲与自豪。

当然,作为校友,作为远离母校的校友,作为年纪越来越大的校友,其实最让我们骄傲和自豪的还是我们的母校,是我们美丽而精致,精致而厚重,厚重而大气,大气而务实的母校。正如一瓶香醇飘逸的老酒,封存的时间越长就越香,我们这些离别母校的时间越久就越思念母校、惦念母校、怀念母校。

有人说,所谓母校就是自己可以骂八遍但不允许别人说个不字的地方。对此,我是既赞成又反对。赞成的是,在任何时候任何地方,我们都不允许别人对我们华政说个不字;反对的是,母校怎么能去骂呢?不用说骂八遍,连一个骂字都说不出口,因为爱还爱不够呢!

各位新同学,刚刚踏进这个校园,显然一切还感到陌生。这是正常的,也是必然的。因为对你们来说,大学还是一个刚刚从名词转变而来的现实。为此,我今天要跟各位新大学生交流两个问题:

第一,大学究竟是什么?

我们为什么要上大学?理由可能有很多,但最主要的理由就是因为大学能够教给我们更多,带给我们更多。

在我看来,所谓大学,就是人生换乘站。在我们的一生中,为了到达理想的目标,我们需要不断选择换乘站。从走路换乘自行车,从自行车换乘公共汽车,从公共汽车换乘火车,从火车换乘飞机。为了追求自己理想的目标,我们从中学来到大学,来到大学这座换乘站,不断学习知识,不断提高本领,从而在四年之后有针对性地选择下一站换乘的人生目标。

所谓大学,就是人生加油站。为了下一站,为了未来,我们需要不断给自己加油。而大学就是最好的人生加油站,当我们有些疲惫、有些迷茫、有些困惑时,就需要在这座加油站赶紧给自己加油。我们不仅要给自己的身体加油,还要给自己的心灵、给自己的智慧、给自己的思想加油。

所谓大学,就是人生充电站。我们从走进这个校园到融入这个校园,最后到融入社会,当然需要一个过程。正如伟大的爱情,最初也需要一个相识、相知乃至相爱的过程。我们的学习也是这样,我们的知识结构、我们的专业思维、我们的逻辑训练,需要不断充电。一个人只有走上社会之后,才知道我们所有的知识基础和专业基础乃至学习方法,实际上都是在大学里基本形成的。所以,我们这些离别母校多年并正在祖国的四面八方工作的校友,无论何时,不论何地,无时不在以不同的方式感激和感恩于这座为我们不断充电、不断加油的心中的母校。

第二,大学四年,我们应该锻炼什么能力?

在这里,我需要告诉大家的是,在我曾经担任总编十多年的《中国律师》工作期间,凡是来自华政校友的稿子我都会特别多看一眼。只要能发的我都发了,即使看起来不能发的我也要绞尽脑汁地修改、竭尽全力地完善,然后再安排发表,最后许多稿子成了优秀稿。可以说,当年我发的稿子肯定是母校校友的稿子最多。同样,来自母校校友的优秀稿子也是最多的。

当然,为母校做工作是不值一提的。真正需要大书特书的是我们许多活跃在政法战线、驰骋于经济领域、奔波在传媒岗位、行走于欧美世界乃至致力于教学科研的校友。他们是华政校友的骄傲,是华政学子的标杆,是华政成就的丰碑。在这些校友之中,有的已经走上党和国家领导人的岗位,有的已经成为影响一方、恩泽一方的党政领导,有的已经成长为既有经验又有智慧的大法官、大检察官乃至大律师,有的已经荣获国家重要荣誉称号……

在我个人看来,他们能够拥有今天这样的成就,都不是偶然的。除了母校的教导和培养,最重要的还是自己具备的本领和能力。这就是今天我要跟大家交流的第二个问题,也就是大学四年我们应该注重锻炼和提升三种能力。

一是永远保持一颗进取心。在我个人看来,进取心是一个人走向成功的基本能力。所谓进取心就是对前途、对目标、对人生和理想,永远保持一种积极的心态、进攻的姿态、前进的状态。一个人有了进取心,才能不断地挑战自己、战胜自己、超越自己。这颗进取心不仅表现在学习上,也表现在思想上,更表现在行为上。所以,我们每天进步一点点,就是成功一点点。换句话说,我们每天一点点的进步,就是历史的脚步,就是人生的踏步,就是社会的进步。

二是永远坚守一份责任心。我们都知道,权利和义务永远是对等的,而义务就是责任的代名词。所谓责任,就是勇于担当,就是勇挑重担。对于我们法科学子来讲,我们要不断训练自己如何对国家负责、对社会负责、对法律负责,如何对权利负责、对承诺负责、对职业负责、对团队负责、对自己所爱的人和爱自己的人负责。我认为,有责任心的人,必然是懂得敬畏和感恩的人,是知道底线和高压线的人,是了解并分辨显规则和潜规则的人。

三是永远追求一种包容心。如果用我目前所在的《民主与法制》这个刊名来解释什么叫包容,也许更加贴切和对路。我们知道,民主实际上不仅是一种管理模式,更是一种程序模式。而法制则是一种制度、一种方式。我认为,民主与法制就需要一种包容的胸怀。但是,包容的前提是宽容,包容的结果是兼容。宽容的是一种不同,而包容的则不仅有不同,更有反对和质疑。那么,兼容就不仅包含不同,更包含反对和质疑。可以说,没有包容就没有民主,就没有法制。对于各位同学,我们实实在在的包容就是对人的理解和尊重。我们看到,每个宿舍都有来自其他地方的同学。所以,不同性格、不同风格、不同地域、不同年龄、不同家庭条件、不同文化背景的同学在一起,更需要相互之间的包容和理解、尊重和帮助。

各位同学、各位老师,最后我向你们表达一个祝愿和希望。我希望我们各位新华政人,通过四年大学生活的培养和训练,成为一个大气、大度乃至大写的人,一个有进取心、有责任心、有包容心的人,一个勇于探索、勇于创新、敢于担当、善于组织和协调的人。

我相信你们能够做到,一定能够做到。

谢谢大家!

三十年，我的人生关键词

——献给1981级入校三十年活动即“相恋三十年”纪念活动

30年前的今天，也就是1981年9月8日，农民的儿子带着一身土气进城了。这一下，不仅跨越了县城与州府，而且还跨越了省城，一步登天就从井冈山区来到了中国特大城市上海。

在坐着火车去上海的路上，我不算真正认识的第一个同学出现了，那就是后来成了陆文山同学亲密战友的张莉莉。由此看来，从认识的早晚时间来看，陆文山同学还得往后排一排。可惜的是当时我仅凭感觉认为张莉莉肯定也是华政的，但不敢跟她说话。否则，陆文山同学的历史就要改写了。

下了火车，看见两位帅哥模样的小伙子朝我走来。探询之后，便立即互相成了真正最早相识的华政八一级同学。这两位同学就是来自山东潍坊的张利凯（现为山东齐鲁律师事务所高级合伙人）与王杰升，巧合的是后来我们竟然又是同班同学。更巧的是，王杰升同学后来竟然又与我成了209房间的同宿舍同学。

岁月如梭，一晃三十年过去了。对于这三十年，要说的话实在太多，想忆的情实在太浓。午夜梦回，我竟然想起了三个人生关键词。

第一个关键词：苦。

可以说，大学四年，除了苏州河水散发的臭味、船只穿梭而过的鸣笛、校园桥上匆匆而过的脚步、东风楼里的占座与为了省钱而绕中山公园外墙的穿行，其他留给我记忆最多、印象最深的就是一个字“苦”。因为家境贫寒，只有第一个学期带了卖粮食的110元钱，其他7个学期只带路费，没有其他任何费用。所以，在校每个月的衣食出行包括买书只能依赖23块5的助学金与8块人民币副食补贴的“财政收入”，每天在食堂的支出则只能控制在2毛钱左右。但凡有老乡与中学同学来访，下个月便立即出现“财政赤字”。

记得大二有一个学期快要放假回家了，却没有钱订票，无奈只有找年级办老师求助。不料，这位老师竟然严厉地批评我：“你这个同学怎么回事啊？动不动就向组织伸手！”钱没有借到还挨了一顿批评，难受至极无法描述。回到宿舍，我感觉自己的眼泪在眼窝打转。最后，还是老家的中学同学紧急给我汇了20元钱救了急。其实，我也不怪这位老师，因为这是那个困难年代的正常情况。

还好，后来被吸收进了学校长跑队，每天还有两毛钱的补贴。大三时还通过献血又得到了

65 块钱的补助……

其实，相比我的中小学生活来说，大学生活已经是很好的了。为此，后来每每跟老婆忆苦思甜时，总是强调我的苦日子只能从大学生活开始讲起，在老家的苦日子更不能描述与回忆。

但是，至今想来，那样的苦日子对一个人的人生进步与性格磨炼，实在是太有意义了。无怪乎俗话说"人生难买少来穷"，所以，每当我说起大学生活的苦日子的时候，我反而常常觉得那是人生中一种无法订购与复制的甜蜜。

第二个关键词：变。

在同学聚会的时候，我常常自诩也自豪地宣称自己是"华政八一级进步最快的人"。一是因为我的年龄进步最快，已经提前进入老年社会，以至于江平教授常常怀疑我跟郑强、商文江是否是大学同学，王利明教授则时时质疑我与姚辉是否是华政同窗；二是我的性格变化最快，一个从不敢在大众场合讲话尤其是不敢向女同学表达的人，现在竟然还敢出去搞什么讲座、做什么演讲，尤其是还敢于和央视主持人同台主持。

更加令人大跌眼镜的是，今年夏天竟然还"冒天下之大不韪"而率领四位美女同学，空降江西庐山、三清山、龙虎山等地考察学习。

这一切无非贯穿了一个字"变"，在这个社会转型、发展转折、体制转轨、理念转变、机制转换的时代，一切都在变，其中唯一不变的是"变"。因为母校教给我们的知识，因为华政赋予我们的思维，因为时代托付我们的责任，我们都在变。

对我本人来说，从上大学报到那一天开始，我就告诉自己一定要强迫自己不断改变。大三时主动要求当收发员，是一种希望提高自己与人接触能力的变；大学毕业之后主动要求参加中央讲师团，是一种刻意增强自己表达能力的变；回到北京之后主动要求调到《法律与生活》杂志当记者，是一种试图突破自己内向性格的变；从法律出版社主动要求调到中华全国律师协会《中国律师》当主编，是一种努力锻炼自己协调能力与组织能力的变；从《中国律师》主动要求调到团中央中国青少年犯罪研究会工作，是一种尝试自己在机关工作适应能力的变；从团中央主动要求调到中国法学会担负《民主与法制》总编之责，则是一种提升自己管理传统媒体与对接网络媒体能力的变……

三十年来，我们的年纪在变，我们的身体在变，我们的工作在变，我们的视野在变，我们的眼界在变。于是，作为八十年代的新一辈，作为华政八一级的普通一分子，我感觉自己的性格在不断变化，自信心在不断增强，表现勇气也在不断提升。

其实，人的一生就是变，变就是调整，变就是挑战，变就是进步，就是发展，就是提升，唯一不变的就是人的心灵。对我们八一级同学来说，责任可能变了，权限可能变了，职位也可能变了，但唯一不变的是我们相互之间的同学之情、同窗之谊。

第三个关键词：乐。

人的一生所追求的目标到底是什么？或许这是一个深刻的哲学命题，但其中最直接的目标肯定是一个字“乐”。不论财富多寡,无论职位高低,都希望通过自己的努力能够追求快乐、分享快乐、获得快乐。

在同学之间尤其如此,同学之间之所以不用客套、不必客气,正是因为同学之间既有相同的过去,更有相似的未来。无论是六年前的“毕业二十周年纪念活动”还是即将举办的“相恋三十年纪念活动”,不论是本地同学之间的有心相约还是不同地方同学的不期而遇,都是一种舍弃了寒暄、放弃了逢迎的自然快乐与心灵愉悦。

从年龄上看,我们八一级大多数同学都即将进入知天命之年。所以,半百之年的淡然,半截入土的必然,自然更需要分享快乐、知足常乐的悠然。

虽说人生不如意事常八九,但我们的眼光为什么不多看看那两三分的如意呢?我们可能失去了不少,但我们实际上也得到了更多;我们可能曾经历过苦日子,但我们同样也非常珍惜那些甜蜜的回忆;我们可能面对风风雨雨,但我们也很幸运地看到了风雨之后的彩虹。

无数的人生经验告诉我们,幸福快乐不是地位、不是金钱,而是心态。

从“苦”到“变”,再到“乐”,三个关键词,三种生活经历,三种人生境界,正好契合了我们的三十年。其实,不管多少个年轮,不论多少个春秋,人的一生就是“苦”“变”“乐”的一生,就是从“苦”到“乐”的一生,就是苦中有乐、以苦为乐、先苦后乐、有苦有乐的一生。

祝各位同学更加幸福快乐!

原载2011年9月9日刘桂明新浪博客

中央党校第一课

这是一座学校,但又是一座不一般的学校。

它就是坐落在北京颐和园旁边的中共中央党校,尽管风景不如颐和园秀丽,面积也不如颐和园广阔,但对许多人来说,它却是一个很神秘的地方。

于是,疾驰而过的汽车禁不住要在这个学校大门口踩一下刹车,匆匆而过的脚步止不住要在这个学校大门口驻足片刻,他们对这个无关人士不能随便出入且只能远远地端详的大院,充满了好奇,更充满了诱惑。

原先笔者的感觉大抵也是如此。不同的是,此时此刻,笔者作为学员正在这个大院里学习。

尽管笔者走进中央党校不是第一次,但来到中央党校学习却还是第一次;尽管笔者入党已经26年了,但参加党校学习却还是第一次;尽管笔者作为学员参加学习不是第一次,但作为中央党校学员参加学习却还是第一次。

按照中国法学会领导的安排,今年(2011年)2月底,笔者来到中央党校报到参加"第56期地厅级干部进修班"有关"'文化建设与文化发展'研究专题班"两个月的短期学习。如今,一个月过去了,自我感觉,收获良多。

收获之一:中央党校不神秘。

曾经,在不少人的印象中,中央党校确实是一个很神秘的地方。但是,现在的中央党校已经不一样了。他们正在努力改变这种让人感觉神秘的印象,他们正在力求向公众揭开罩在中央党校头上的神秘面纱。于是,他们开始尝试着"走出去""请进来"。

在"走出去"方面,从2000年开始,中央党校每年都要派一些学员到日本、韩国和新加坡考察。可以预计,将来中央党校还会以更开放的姿态,进一步拓展对外学术交流的渠道,建立更广泛的合作关系,通过培训师资、考察访问、学术研讨等形式,继续加强对外学术合作与交流。

而在"请进来"方面,他们的动作更大,热情更高。仅2010年他们就作出了三次不同于以往的安排:

3月30日,中央党校首次高调邀请了110多个国家的120多位外国驻华使节来学校参观,以让他们近距离地了解这座中共党内最高学府的历史与发展;

6月26日,凤凰卫视播出了中央党校常务副校长李景田此前接受著名主持人吴小莉的专题采访,以另一种方式向公众介绍了今日中央党校的有关情况;

6 月 29 日，在中央外宣办召开的中央党校首次新闻发布会上，李景田等校领导毫无保留地回答了各路记者提出的或深刻、或刁钻、或尖锐、或有趣的问题，以让他们对中央党校的历史与现状有更多释疑解惑式的了解；

6 月 30 日，中央党校与中央外宣办首次联合邀请了 30 多家海内外媒体近 70 名记者进入校园采访，以使媒体对中央党校获得从“耳听为虚”到“眼见为实”的情境感受。

其间还值得一提的是，5 月 26 日，正在中国出席“第二次中美战略与经济对话”的美国财长盖特纳，忙里偷闲专程主动来到中共中央党校发表演讲。

正如中央党校常务副校长李景田同志在新闻发布会上所说：“世界是一个开放的世界，中国也应当是开放的中国。作为培养党的高中级领导干部的中央党校也应该是一个开放的中央党校。”事实证明，中央党校的开放程度已经得到了社会各界的肯定与好评，尤其是学界对此给予了高度的评价。

曾有一位社科院法学所的学者对北大法学院的教授说：“中央党校现在越来越开放了，比你们北大强多了！”

“我们北大已经不行了，现在越来越封闭了，已经开始要对学生进行‘会商’了！”那位北大学者对同行的评价表示赞同，更显得有些无奈。

当然，也有人认为，现在的社科院越来越像党校，而中央党校却越来越像社科院了。难道他们真的将自己的定位模糊了吗？不过，身在党校学习的我们对这座不一般的学校的确有了更直接的了解。

现在，走进这座学校，尤其是进入这座曾经被认为很神秘的学校学习，自然就会发现这座学校其实一点也不神秘。与一般的学校一样，中央党校同样有教学楼、办公楼、学员宿舍楼、体育馆、食堂、礼堂；同样有绿树成荫、绿草如茵；同样有假山、人工湖（掠燕湖）。

尽管如此，与那些真正的大学相比，这座学校还真是有些不一样。走在宽阔而幽静的校园里，感觉来来往往没多少人，不像那些大学里那般来来往往、摩肩接踵。在这里学习的学员都知道，从周一到周五，每天晚上五点开始，都会播放一个小时的音乐，让学员们在下课后可以在校园里放松地散步、思考。

有一个流传很广的笑谈：曾经有一位外国驻华记者说，他去过中国很多地方，但只发现在中央党校里，司机开车会明显让着行人。此言不假，当然实际上校内交通标志的车速要求就是每小时 30 公里。这位记者诙谐地写道：“因为他们知道，行人当中说不准就有中共中央未来的总书记。”事实上确实也是如此，胡锦涛同志就曾经是中央党校 1983 年入学的中青班学员。

于是，走在中央党校校园里，如果你随便向一位过路人问路，你可能不知道这位过路人就是某省的省领导。当然，在中央党校任教的老师很有经验：一般来讲，穿着布鞋、打扮很随意休闲的可能是一位省部级领导，脚蹬皮鞋、穿戴整齐的可能是一位地厅级领导，而西装革履、戴着领带、发型整齐的则可能是一位在这里短期培训的县处级领导（现在除了短期的师资班外，县处级领导的培训已经很少了。目前还有一个县处级的新疆班）。

与颐和园比邻的中共中央党校所在的位置，过去叫“穷八家”，后来经慈禧太后金口玉言而改成了“大有庄”（当然也有人认为地名的改变乃是乾隆皇帝的杰作）。这座占地1200亩的中央党校，上个世纪80年代还曾经是一个在地图上没有标识，用查号台都查不出电话号码的保密单位。如今，为了适应新形势的需要，它已经开始走向从封闭式办学转为开放式办学的目标。不过，要进入中央党校的大门，还是必须要经过一个严格的手续才能成行。进门手续之“麻烦”，门口武警之“无情”，的确让许多外人包括校内不少干部对此颇多微词。

在中央党校门口，你就会看到江泽民同志题写的校名。进入中央党校，第一眼看到的主楼是一栋七层高的灰色建筑物，旁边有几幅巨幅的浮雕。据说与天安门广场的人民英雄纪念碑的浮雕是同一材质、同一主题、同时期完成的。要进入这个主楼，还得要再出示通行证，让门卫检查。可能正是因为这一点（学员任何时候都要戴上那个学员卡，才能进入教学楼、综合楼乃至大礼堂等场所），才让我们觉得这所学校与其他学校相比，的确有些不一样。

穿过主楼，就能看到毛泽东同志当年题写的“实事求是”校训碑。说起这个校训碑，许多人可能都听说过在上个世纪80年代曾经发生过的那个有趣的笑谈。因为那个校训碑当时立在进入校门的环岛花园中间，也因为进来的人只能看到却不能走到“实事求是”四个字跟前，于是那四个字就被当成了一个有趣的笑谈。但是，现在因为校训碑位置的调整，那个笑谈外面已经很少有人知道了。

再往前走，就是发生过许多与时代变迁、改革动向有关的“吹风式演讲”故事的大礼堂。走进大礼堂，第一眼就能看到邓小平同志题写的这样一行既有历史内涵又有现实导向的“实践是检验真理的唯一标准”。在以往的岁月里，除了党的最高领导人，周扬、胡乔木、田纪云、朱镕基等一批有个性、有思想、有口才的高级领导干部，都曾经在这里发表了余音绕梁、影响久远的演讲。

说起中央党校不同一般的红色历史，自然也是每一届学员入校时必然会听到并且也需要了解的内容。

1933年3月13日，“马克思共产主义学校”即现在的中央党校在苏区江西瑞金成立，任弼时、张闻天同志先后担任校长。1934年10月，“马克思共产主义学校”的干部和部分学员随中央红军主力从于都踏上长征之路。

长征到达陕北后的1935年底，中央决定在瓦窑堡恢复建立中央党校，董必武同志任校长。1937年1月，中央党校随中共中央进驻延安，开始进入了一个比较稳定的发展时期，成为党在延安时期创办的“培养地委以上及团级以上具有相当独立工作能力的党的实际工作干部及军队政治工作干部的高级与中级学校”，为宣传马克思列宁主义作出了贡献，为党领导新民主主义革命和社会主义革命的胜利提供了有力的思想与人才保证。

1949年3月后，中央党校随中央一起迁入北平。1966年“文化大革命”爆发，中央党校随即被停办。直至1977年恢复至今，进入了一种正常发展、不断提升的状态。

从其发展历程看，不仅其历史进程不一般，而且其历任校长尤其是新中国成立后的校长自然更不一般。我们看到，多由党和国家最高领导人兼任，如毛泽东和华国锋同志；也有在成为最高领导人前担任中央党校校长职务的，如胡耀邦同志；再如曾经的1983级学员胡锦涛同志在

10 年后又兼任了 10 年中央党校校长。

现在看来，中央党校之所以被认为是一个很神秘的地方，主要是因为校内那些来自各地且带有不同身份的学员，也因为这个似乎预示官员们大好前途的机构此前一直处于一种神秘状态。以至“江湖流传着许多它的传说”，连坐在中央党校门口路边休息的一位修路工也知道，“上这儿来学习的，回去就要升官了”。用李景田校长在去年接受吴小莉专访时的话说就是，“有时候学员还没回去就已经提拔了”。当然，事实上并非所有的学员都能获得提拔。

身在校内学习，其实并没有什么特别神秘的感觉。每天早晨六点半到七点之间起床，或读书、或晨练，七点半吃早饭，八点半上课。中午短暂休息后，下午两点半上课，晚上七点半后还有如饮食保健、心理训练、音乐素养、电影评论、政治历史等各具特色的讲座……下午下课以后，学员们可以到体育馆锻炼（体育馆有网球馆、羽毛球馆、乒乓球馆、游泳池等）。课程安排、讲座调整、调研打算等事项，都可以通过各个宿舍楼里的黑板全面了解。

不同的是，我们在党校学习不需要交学费，住宿也是免费的，但吃饭还是需要自己掏一部分钱。党校食堂的饭菜也非常诱人，但也很可怕。因为如果放开大吃，就有可能使自己的锻炼效果前功尽弃。

与平常的大学相比，这里的住宿条件当然也不错，都是单人单间。但据李景田校长介绍，原先条件其实很艰苦。上世纪 90 年代初，李景田校长还是中组部的一名工作人员。他说，那时他以函授学员的身份在中央党校学习时，宿舍楼还是每一层楼只有一台电视、一部电话的状态。如果外面有人来电话，住在电话间旁边的那个学员就像接线员似的，满楼道大喊，谁谁谁来电话了。如果洗澡，则要到校内的公共大浴池里面去洗。

现在，中央党校为省部级与厅局级学员提供的宿舍就好多了。约 20 平方米的单人宿舍里，内部陈设和一般酒店的房间没有什么区别，有电话、电视、电脑、网线。但是，里面的床、家具、卫生间、电视、空调、沙发稍显陈旧。与酒店房间最大的不同之处在于，每个房间都有一个书柜，书柜里整齐码放着 19 本党校学员的教材，包括毛选、邓选、江选、科学发展观学习读本等。

宿舍楼的门口还贴着规章制度，要求学员们“不得留宿客人”，“晚上 11 点宿舍楼关门”。对此，我们必须严格遵守。如果需要回单位处理工作上的急事，则需要向小组长和组织员履行严格的请假手续。

一样的学校，一样的景致，一样的规章制度，显示了与其他学校本质的一致。

收获之二：课程安排有深意。

从我们入学的第一天起，从各种文字资料的介绍中，我们了解到了这样的情况介绍：中央党校领导机构是校务委员会，下设哲学、经济学、科学社会主义、政法、中共党史、党的建设、文史、信息等八个教研部和国际战略研究所，并设有教务、科研、组织人事、行政后勤等职能部门，分为南院与北院两个部分。全校有工作人员 1360 多人，每学期在校学员 1600 人左右。全校现有教师近 600 名，其中教授 168 人，副教授 159 人，博士生导师 70 人，有 46 人享受政府特殊津贴。中央党校现有博士点 6 个、硕士点 14 个。中共中央党校设有进修部、培训部、研究生院三个学员管理部门：进修部负责省部级、地厅级干部、县（市）委书记的轮训；培训部负责中青年后备干部以及新疆、西藏等少数民族干部的培训;研究生院负责培养马克思主义理论学科的博士、硕士研究生和党校系统师资。

中央党校的省部级、厅局级党员领导干部进修班,学制一般为两个月。培训部的中青班以系统的理论学习为主,所以学制略微长一些,要半年或者一年。其中,培训的中青年干部也不一样。中青一班学员是指那些很快就会受到重用的正局级领导干部,而中青二班学员则是指那些即将受到重用的副局级以上领导干部。有人曾经非常诙谐地将他们作了一个区分:如果说中青一班是“后备”,那么中青二班则是“备后”。

至于专题研讨班,则根据有关内容需要,其学制分别为一周、两周或三周,主要针对党的理论建设当中的一些重大问题和经济社会发展当中的一些热点问题进行专题研讨。近年来,在每年的“两会”召开之前,中央都要在中央党校举办省部级主要领导干部专题研讨班。可以说,这种专题研讨班既是对当年重要工作的部署与动员,也是对当年“两会”热门议题的“吹风”与引导。今年2月19日,中央在这里举办了为期一周的省部级领导干部“社会管理及其创新”专题研讨班。在开班仪式上,胡锦涛同志就此发表了重要讲话。

据学校介绍,从1981年至今,中央党校已经培养了博士生266人,硕士生1126人。改革开放30年来,经过中央党校培训的中高级干部累计已有6万人。

作为进修班学员,笔者了解到,今年的春季进修班共设有“转变经济发展方式与经济结构调整”“党的执政经验和执政能力建设”“中国特色社会主义理论体系”“转型期的社会稳定”“文化建设与文化发展”“战略思维与领导能力”等九个省部班与厅局班。

就笔者个人感觉,无论是大班的专题报告还是小班的专题教学,不论是课堂讨论的主题还是专题调研的课题,乃至在课程的安排与专家的选择上,均显示了校方的课程设计之精心、时间安排之周到、培养思路之深意。

所谓大班,其实有两种,一是全校的大班,二是进修部的大班。前者一般是在大礼堂上课,主要是一些领导人的专题报告。开班以来,中央政治局常委、中央纪委书记贺国强同志及外交部部长杨洁篪、国家发改委主任张平、中宣部副部长王晓辉等领导同志在这里先后作了专题报告;后者则在综合楼的梯形教室上课,主要是关于“中国特色社会主义”与“科学发展观”等公共课程。其他更多的课程还是小班的专题教学。可见,学校在课程安排上既注重宏观的形势和任务,也注重微观的专题研讨与交流。真可谓,有分有合,大小结合。

以我们“文化建设与文化发展专题班”为例,小班的专题教学可以说是内容丰富,形式活跃。开学以来,中央党校文史教研部已经安排专家先后为我们讲授了“我国文化建设存在的主要问题及其成因”“中国古代主导文化的建构与传播”“新中国文化发展的脉络与经验”“关于我国主导文化建设的若干思考”“关于文化立法的若干思考”“文化体制改革的热点与难点问题”“社会主义核心价值体系建设的理论与实践”“美国文化体制的架构与运作”“弱势群体的文化权利保障与公共文化服务体系建设”“当代文化发展趋势”“网络时代的文化传播”“我国文化创意产业发展的现状与前景”“当代中国城市文化生态问题”“文化遗产保护中的问题与对策”等专题课程。主讲专家既有校内的老师,也有外请的专业人士或有关官员。当然,还是本校老师主讲的居多。

我们这个“文化建设与文化发展”班主要由四个方面的学员组成:一是有关负责文化管理与文化传播的党政干部,如文化厅厅长、新闻出版局局长;二是有关从事文化交流、文化联谊、文化研究的专业干部;三是来自经济管理岗位的党政领导,如北京市密云县县长、中央国家机关司局级领导;四是专职从事新闻出版工作的负责同志,即有关新闻出版单位的老总。为此,我将我们这个班概括为“四方面军”。

文化是什么?在目前文化体制改革的大背景下,文化究竟是一项事业还是一种产业?作为事业的文化与作为产业的文化,究竟应该如何建设与发展?文化体制的改革究竟应当如何有序而有效地推行?所有这些问题,都是我们这个“四方面军”成员在本次学习与结业后的未来工作中,需要面对的课题与命题。

全国政协副主席、原文化部部长孙家正认为,文化是什么呢?文化就是人的外化。文化从哪里来?文化是“由人化文”,是由人变化成文化的。文化是干什么的呢?可以用四个字概括,叫作“以文化人”。如果说“由人化文”说明了文化的来源,那么“以文化人”则诠释了文化的功能。通过此次学习,我们更加深刻地体会到,作为一种认知、一种价值、一种审美,文化所具有的经典性、开放性、普世性、独立性、民间性、仪式性等共性,正面临着无根、无魂、无序、无力、无声、无信等“六无现象”的严峻挑战。因此,通过传承与创新,建构一种符合中国国情、体现中国特色、反映时代特征的主导文化已经刻不容缓。而眼下更加需要厘清与把握的是公益性文化事业与经营性文化产业的科学判断,重点研究文化资产的合理评估,有序改进党对文化领域的领导方式与工作机制。

对中央党校略有了解的人都知道,这些年,中央党校教授的“敢讲”已经名声在外。此次学习,我也深深体会到了这一点。但是,我感觉他们是“敢讲”却“不乱讲”。据介绍,这还是当年任职副校长的胡耀邦同志定下的“四不”(即“不扣帽子、不打棍子、不抓辫子、不装袋子”)原则带来的良性效应。党校领导说“课堂有纪律”,但是“研究无禁区”。同样,在我们的课堂讨论中,在主讲老师和组织员的鼓励下,来自各个岗位的学员也是敢于突破禁区、突破禁锢、突破束缚,敢问、敢谈、敢讲。一时,谈笑风生,气氛活跃。

通过这段时间的听课学习,不论是本校的教授还是外请的专家,他们的讲授方式可谓各具特色、各显风采。既不回避现实,又不人云亦云;既有个人观点,又有政治纪律;既讲党校共性,又讲理论个性。其中在教学方法上,既有历史研究的讲法,也有比较研究的教法,更有案例教学与情境教学的方式。

我们知道,作为教师出现的中央党校教员,其实并不好当。所以,看得出他们的备课非常认真而细致。大量的图表、准确的数据、严格的引证、独特的图片,无不显示了中央党校教员的严谨与扎实。每一堂课的最后,主讲老师还会鼓励我们提出问题,互相讨论。因为中央党校对这些教员还有严格的考评制度和竞争机制,所以每次课后,我们都会拿到学校教务部发放的教学评估表,要求我们对老师的观点阐述、教学态度、案例引证等进行无记名评分。讲得好自然得分高,上讲台的机会就必然多。据说,分数最低的和低于8.8分的教员,下学期校方将不会为其排课,需要经过一段时间的学习研究和备课后,校方才会重新安排其上岗。

中央党校不仅非常重视这些身在教学研究岗位上的研究力量,同时也非常注意发挥学员的积极性。不仅要求每一位学员在开学时“两带来”(一是“自己在工作上最困惑的问题”,二是“希望通过党校学习解决什么问题”),而且还鼓励我们在党校学习期间,应用学到的理论,研究工作中遇到的难点、热点问题,形成许多研究成果。一般情况下,每个小组至少需要推出三个课题研究报告。根据以往学员的介绍,这些科研成果还有可能直接转化为后来的教学内容,以进一步提高干部培训的科研含量。另外,还有些成果后来安排公开发表或出版,并在学术界和理论界产生了一定影响。最重要的是,有的研究成果还通过内参、研究报告等形式上报中央和国务院领导,供他们决策时参考。

在接下来的时间里,各班各小组为此将就有关“文化创意产业”“对外文化传播”“文化体制改革”“法治文化构建”等专题进行调研。这几天,人民网刚好披露了上一期省部班的调研成果即《加快建立健全我国养老服务体系》。值得阅读,也值得参考。

收获之三:开学典礼成导向。

不知从什么时候起,中央党校就已经被看作是新兴改革思潮的策源地和风向标。事实上,改革开放 30 年来,几次或大或小的思想解放,或直接或间接地,都与中央党校、与中央党校大礼堂、与中央党校大礼堂的报告有关。其中,每个学期的开学典礼尤为令人瞩目。

因为开学典礼已经不仅仅是中央党校给党员干部安排的第一堂课,也是中央党校领导给党校学员讲授的第一节课,更是中央领导给各级领导干部传递中央有关精神、传达中央有关指示、传播中央有关思想的第一大课。

1992 年 6 月 9 日,时任中共中央总书记江泽民到中央党校就确立市场经济新体制作了一场重要报告。报告就当时的“市场经济是姓社还是姓资”等重大问题进行了论述,同时也是对当年邓小平同志“南方谈话”的动员与部署。从此,掀开了我国第二轮经济起飞的高潮。

因为此次讲话正值党的十四大即将召开,以至于后来这里渐渐地被认为是党的最高领导人在党的代表大会之前到中央党校“吹风”的高地。事实上也是如此,后来历次党代会前,最高领导人都要到中央党校“吹风”。于是,无形中自然而然地就增强了中央党校的影响。而中央党校的大礼堂也渐渐地成了“吹风”的福地。

一如前任校长胡锦涛同志与曾庆红同志的工作风格,党的十七大之后兼任中央党校校长的习近平同志在每年的开学典礼上同样也会选择一个题目进行“吹风”。

2008 年 3 月 1 日,在中央党校 2008 年春季学期开学典礼上,新任中央党校校长习近平同志第一次发表讲话。在这次讲话中,他就“中国特色社会主义理论体系”作了详尽而有高度的阐述。他认为,中国特色社会主义理论体系,集中体现了当今世界和当代中国的发展变化对党和国家工作的新要求,集中体现了全党全国各族人民的意志,集中体现了当代中国马克思主义的实践特色、民族特色、时代特色,是我们党励精图治、开拓进取、探索真理、把握规律的结果。在新的历史起点上坚持和发展中国特色社会主义理论体系,奋力开拓中国特色社会主义更为广阔的发展前景,是当代中国共产党人的庄严责任。

2008 年 5 月 13 日,在中央党校 2008 年春季学期第二批进修班暨师资班开学典礼上,习近平同志在讲话中对各级领导干部提出了“认认真真学习、老老实实做人、干干净净干事”的要求。他说,新世纪新阶段,面对前所未有的机遇和挑战,各级领导干部要进一步增强大局意识、忧患意识、责任意识,按照党章的要求认认真真学习、老老实实做人、干干净净干事,在全面建设小康社会、开创中国特色社会主义新局面的伟大实践中锐意进取、建功立业。

2008 年 9 月,在中央党校 2008 年秋季学期开学典礼上,习近平同志谈到了“改革开放 30 年党的建设回顾与思考”的新课题。他着重强调,党的十一届三中全会开启了改革开放的历史新时期,也开启了党的建设历史新时期。30 年来,我们党坚持推进中国特色社会主义伟大事业和党的建设新的伟大工程紧密结合,以改革创新精神全面加强党的建设,不仅为伟大事业提供了坚强的组织保证,党自身也在实践中得到锻炼、壮大、发展和提高。

2008 年 11 月,在中央党校 2008 年秋季学期第二批进修班开学典礼上,习近平同志又谈到了“学风”问题。他认为,党校是培训党的领导干部的主渠道,是党的思想理论战线的重要阵地,特别需要树立好的学风。各级党校要认真贯彻实事求是的校训,把加强学风建设作为一项重要工作抓实抓好。

2009 年 3 月 1 日,在中央党校 2009 年春季学期开学典礼上,习近平同志提出了“领导干部要加强党性修养提高综合素质”的新要求。他说,积极应对国际金融危机冲击、保持经济平稳较快发展,维护社会和谐稳定,关键在党,关键在人。各级领导干部要按照德才兼备的要求加强自身修养,不断提高综合素质。

2009 年 5 月 13 日,在中央党校 2009 年春季学期第二批进修班暨专题研讨班开学典礼上,习近平同志就“领导干部读书”问题发表了讲话。他认为,书籍是人类知识的载体,是人类智慧的结晶,是人类进步的阶梯。各级领导干部要深刻认识现代领导活动与读书学习的密切关系,深刻认识领导干部的读书学习水平在很大程度上决定着工作水平和领导水平,真正把读书学习当成一种生活态度、一种工作责任、一种精神追求,自觉做到爱读书、读好书、善读书,积极推动学习型政党、学习型社会建设。

2009 年 9 月,在中央党校 2009 年秋季学期开学典礼上,习近平同志在讲话中围绕“新中国 60 年党的建设”这个主题谈了自己的思考和认识。他说,新中国成立以来的 60 年,是中国共产党带领全国各族人民为实现国家繁荣富强、人民幸福富裕不懈奋斗的 60 年;是我国社会主义经济建设、政治建设、文化建设、社会建设等方面取得辉煌成就的 60 年;是国家面貌和人民物质文化生活状况发生历史性变化的 60 年。中国共产党忠诚履行执政使命,经受住了一系列严峻考验,领导人民谱写了中华民族发展史上和人类进步史上的辉煌篇章,不愧是一个伟大的马克思主义执政党。

2010 年 3 月 1 日,在中央党校 2010 年春季学期开学典礼上,习近平同志就“深入学习中国特色社会主义理论体系”发表了讲话。他认为,马克思主义立场观点方法是马克思主义科学思想体系的精髓所在。党员领导干部真学、真懂、真信、真用中国特色社会主义理论体系,既要真学、真懂、真信、真用这一理论体系的基本内容,又要真学、真懂、真信、真用贯穿其中的马克思主义立场观点方法。

2010年5月12日，在中央党校2010年春季学期第二批入学学员开学典礼上，习近平同志就“文风”问题发表讲话。他要求，努力克服不良文风，积极倡导、大力弘扬优良文风。他说，这不仅是党的十七届四中全会提出的一项重要任务，更是对新形势下领导干部工作作风的一项重要要求。他强调，领导干部要把改进文风作为一项工作要求，身体力行、勉力而为，在弘扬优良文风上不断取得新进步。

2010年9月1日，在中央党校2010年秋季学期开学典礼上，习近平同志在讲话中对各级领导干部又提出了新要求。他指出，领导干部要树立正确的世界观、权力观、事业观。他说，树立正确的世界观、权力观、事业观，是领导干部加强党性修养和道德修养的基本要求。党的十七届四中全会强调要从政治品质和道德品行等方面完善干部品德的评价标准，其中就包括看干部是否确立正确的世界观、权力观、事业观。

今年(2011年)3月1日上午，中央党校2011年春季学期开学典礼照例在学校大礼堂举行。早上八点半，各班学员各自列队开始进入大礼堂，坐到了既定的位置。我们各自在心中默想，今年中央党校第一课的主题究竟是什么呢?

答案很快就出来了，谜底随即就揭晓了。

九点整，在热烈的掌声中，习近平校长发表了重要讲话。我们注意到，习近平同志为今年的开学典礼准备了“抓落实”这样一个看起来是小事、实际上是大事的主题。

习近平同志首先指出，胡锦涛同志在党的十七届五中全会上强调，全党同志特别是各级领导干部要发扬真抓实干精神，改进工作作风，建立健全抓工作、抓落实的责任制，切实把各项工作抓出成效。各级领导干部要认真贯彻胡锦涛同志关于狠抓落实的要求，进一步做好领导工作。

在短短的45分钟讲话时间里，习近平同志就“抓落实”在党的领导工作中的重要意义、“抓落实”必须牢固树立党的宗旨意识和正确政绩观、“抓落实”必须具有知难而进、锲而不舍的奋斗精神、“抓落实”必须发扬求真务实、真抓实干的优良作风、“抓落实”必须树立正确的用人导向和形成完善的工作机制等五个方面，发表了既有高度又有热度的看法。

作为学员，对于习近平同志的讲话，笔者有三个深切感受。

一是感受到了一种新的“抓落实”的会风。参加工作20多年，笔者听到了太多的领导冗长雷同、空洞无物的讲话(许多领导讲话我个人总结是“四话”，即正确的废话、美丽的套话、空洞的大话、诱人的空话)，现在竟然第一次让笔者听到了一个领导的讲话只用了45分钟时间。而且这还是中央政治局常委的讲话，竟然也只用了这么短的时间。在我们的身边，我们不难发现有些领导一讲话就三个小时，听的人有时连食堂饭点都耽误了。其实，如此讲话，效果如何，恐怕只有天晓得。一贯强调并追求“短、实、新”文风与会风的习近平同志，以自己的实际行动让我们感到党的高层正以一种实实在在的努力与决心，力求改进我们的文风与会风，更让我们看到了一种中央带头“抓落实”的实际行动。

二是感受到了“抓落实”确实已经成了一个迫在眉睫的问题。当法律已经规定，当政策已经制定，当目标已经确定，当任务已经指定，如何落实、谁来落实、落实什么、落实多少，就自然成了一件无法回避、不能逃避、不可规避的事情。但是,现在许多领导干部习惯于以开会和发文来落实,却没有真正的实际行动。为此,习近平同志在讲话中特别引用了一副对联来说明“抓落实”的尴尬现实。这副对联的上联是“你开会我开会大家都开会”,下联则是“你发文我发文大家都发文”,最后的横批是“谁来落实?”对于现实中的“层层表态、层层开会、层层造声势”等“空谈”现象,习近平同志特别指出“空谈误国,实干兴邦”。这是千百年来人们从历史经验教训中总结出来的治国理政的一个重要结论。古人云:“道虽迩,不行不至;事虽小,不为不成”,“为政贵在行”,“以实则治,以文则不治”。历史上有许多空谈误国的教训,比如战国时期的赵括,只会“纸上谈兵”,以致40万赵军全军覆没,赵国从此一蹶不振直至灭亡。真可谓教训深刻,启发深邃。

三是感受到了习近平同志强调“抓落实”之良苦用心。通过上面列举的习近平同志在每一次开学典礼上讲话的主题,我们可以发现并体会到,无论是要求务虚还是务实,不论是改进文风还是学风,无论是着眼眼前还是长远,不论是面对热点还是难点,中央对在中央党校“吹风”选择主题之精心、强调主题之用心、研究主题之细心、破解主题之决心。今年的开学典礼讲话,习近平同志之所以选择“抓落实”这个主题,显然是因为党的十七届五中全会审议通过的《中共中央关于制定国民经济和社会发展第十二个五年规划的建议》,十一届全国人大四次会议即将审议批准的“十二五”规划纲要。在这个大背景下,中央部门和地方相继出台了一系列推进改革发展的具体思路、政策和措施。接下来的关键就在于落实。但是,在有些地方、部门和单位,中央的一些方针政策和重大部署,口头上讲了、文件上也写了,而贯彻落实得却不好;一些中央三令五申、明令禁止的事情,依然我行我素、屡禁不止。不重视抓落实、不善于抓落实的问题仍然存在。于是,习近平同志代表中央要求各级领导干部把以人为本、执政为民贯穿到各项工作的落实中去,努力为群众办实事办好事,切实做到“权为民所用、情为民所系、利为民所谋”。习近平同志在讲话中特别批评了有些领导干部不愿抓落实、不会抓落实、不求抓落实的工作作风。他说,现在有的领导干部工作不求进取,满足现状,只求过得去,不求过得硬,这样的精神状态怎么能抓好落实呢?他要求各级领导干部认真抓落实、真正抓落实、敢于抓落实,要自觉地盯着榜样找差距,对照先进学经验,努力争创一流业绩,不断开创各项工作新局面,真正做到“为官一任、造福一方”。

两个月的党校学习即将进入尾声,一段特别的学习生活即将画上句号。其中的感受还有很多,内在的收获自然不少。但是,如何将党校学习的感受变成自己的思考,如何将党校学习的收获化成工作中的行动,也就是如何对自己“抓落实”,将是所有学员未来很长时间需要努力追求与实现的目标。

一个特别的学校,一次特别的学习,第一次党校学习,党校第一课,给了笔者太多的感受与收获,也给了笔者许多的领悟与思考,更给了笔者一段丰富而难忘的人生。

2011年4月11日于中央党校

我的中央党校同学

仿佛眨眼之间，两个月的党校学习生活很快就结束了。昨天(2011 年 4 月 28 日)，中央党校为 2011 年春季第一期进修班举行了毕业典礼。习近平校长为学员代表颁发了毕业证书，并与全体省部班与厅局班学员愉快地合影。

在毕业典礼的前夕，我们班(文化建设与文化发展专题班)举行了总结会。在总结会上，我在做了“三大收获、两大遗憾”的总结之后，又自告奋勇补充了一个文学式的小结。在这个小结中，我将全班 36 位同学的名字都嵌进去了(请大家注意文中划线部分，其中有些同学用了姓，有的同学取了名，也有的同学以谐音替代，还有的同学则拆字组合)。一时，照例又获得了热情而热烈的掌声。

这篇文章是如下叙述的：

春天里的一场小雨飘过之后，我们从祖国的四面八方来到了中央党校大有庄。大有庄其实是一座老庄，庄里有一个姑娘叫小芳。

在这里，我们度过了两个月的美好学习时光。跟我们一起学习的除了小芳，还有四位女同学，她们就是我们班上的“五朵金花”。

有一位同伴长得又白又美丽，所以她的名字叫郭丽。郭丽来自国家发改委，尽管我们班里有秀伟、刘伟加康伟三大名人，但他们都不如一个发改委。发改委既管国计，还要管民生。管了民生再管侠生。

侠生出生于中国“第 32 个省”，那就是风景秀丽、地域辽阔的郝振省。走在郝振省一眼望不到头的兴野之上，可见碧涌清泉四地流(刘)、叶梅桂花花泽飞。

遥远的天际之下，隐约可见的是新浦的秀云和建德的水云。秀云也好，水云也罢，原来最早都出自“有山有水、又大又美”的密云。

密云不是“第 32 个省”，而是首都北京最大的县。密云的县长叫海臣，他带领我们参观了国际酒庄，还登上了云蒙山庄。

在山顶之上，我们恍然大悟，突然发现，其实我们的同学海镭不是雷，宏森不是洪森，薛保勤不是薛宝钗，他们敏而好学，俊杰健康。分别的时刻已经来临，重逢的期待随之萌生。

剩余的时间已经屈指可数，富余的友情必然与日俱增。让我们每一位同学珍惜友情，抛洒热情，放飞心情，洋溢激情；让我们许下各自心中的承诺，许下未来人生的祝愿；让我们难舍难分抱(鲍)今晚，众志成城凯歌还。

补充介绍以上各位同学的名字(按文中名字出现顺序排列)：

李小雨、庄保斌、钱晓芳、郭丽、伦秀伟、刘伟、康伟、解国记、孙侠生、郝振省、张兴野、张碧涌、亢清泉、“四流”即四位姓刘的同学(刘曼军、刘志田、刘伟、刘桂明)、叶梅、刘桂明、花泽飞、郑新浦、王秀云、陆建德、宋水云、王海臣、部海雷、张宏森、薛保勤、邵学敏、郑俊杰、倪健、曾康、余一中、许衍刚、鲍国之(天津《今晚报》老总，该报的宣传口号是“今晚报，报今晚”。“报今晚”又有“抱金碗”之意，而鲍总的姓又与“报”同音，于是，就有了“鲍今晚”之称。加上当天晚上的同学分手又有拥抱之喻)、王志诚、张邦凯、陈文戈。

2011 年 4 月 30 日

有一种付出是为了母校

——献给建校60周年的华东政法大学

1985年7月,那个炎热的绿色季节。

那天,我们恋恋不舍地走出了河东3号宿舍楼,迈过桥园桥,告别韬奋园,带着一种亢奋、一种激情、一种向往,来到了祖国的首都北京。

几度风雨,几度春秋,二十几年之后的母校怎么样了?建校60周年的母校展现在我们眼前的,又是一片什么样的世界呢?

面对魂牵梦萦的母校,太多太多的话语不知从何处说起,太多太多的情感不知如何表达,一张张笑脸的记忆不知从何处搜寻,一个个矫健的身影不知如何寻踪……

是啊,千言万语也道不尽我们对母校的思念和谢意,千树百花也描不全母校给我们带来的启迪和辉煌。

然而,拥挤在抖动的喉头的仍是那句真真切切的感谢心语,那句充满自豪的骄傲心声:

——“感谢你,母校!感谢你,华政!

——我以自己是你的学子而骄傲!我以自己能为你争光夺标而自豪!”

是你告诉我,任何时候都要从我做起,从零开始,从小事做起,从现在开始。

是你教会我,作为学子,要只问耕耘,不问收获。作为游子,要只求付出,不求回报。作为赤子,要只知奉献,不知索取。

是你激励我,对于事业,不仅要用力,而且还要用心,要敬业、精业、勤业,要不知疲倦地追求一种苦中有乐、乐在其中的虔诚信仰,要不分昼夜地努力达到一种苦尽甘来、乐此不疲的忘我状态。

60年了,伴随着改革开放的春风复建的母校,作为目击者,作为见证人,作为实践家,你风里来,雨里去,从头开始,从经济建设的百废待兴中站起,从法治建设的坎坷不平中走来,终于走出了一片明朗的天空,走到了欣欣向荣的21世纪。

60年,对历史的长河来说,也许就如暮秋扫过的一阵狂风,呼啸着远去,在人生的旅途中,似乎已经消逝得不着痕迹。然而,对我来说,对于一个曾经从山沟里摸爬滚打,带着一脸惶惑、好奇、稚嫩,走进大上海的我来说,却分明有一种刻骨铭心的烙印和日夜萦回的情结,深深地留在我的心底。纵然青山变黄,大地苍老,也无法忘却和失落。

此时此刻,我不禁要将毕业近30年来的平凡经历向母校作一简明而絮叨的汇报。我以为,对母校最好的纪念和报答,莫过于将自己的点滴进步向母校报告,以得到母校更多更新更高的指点。

这是一条平凡的路。

那是一个难忘的夏天,我攥着派遣证和毕业证,跨长江,过黄河,来到了司法部法律出版社。也许是社领导考虑到我在大学时曾负责办过校报的历史,于是将我安排到了法律出版社主办的《法律与生活》编辑部。

在《法律与生活》工作期间,我刻苦钻研,虚心求教,在很短的时间内就迅速成为编辑部的骨干记者、编辑,我对新闻工作的敬业精神及对采编作品的孜孜以求,均得到了编辑部内外的一致好评。

我的勤奋努力得到了肯定。1994 年,组织上安排我担任了编辑部常务副主编的职务。可以说,这既是组织对我工作的肯定和认可,也是组织对我工作的信任和鼓励。当然,对我来说,也是一个挑战。因此,我在担任副主编后,一方面加强学习,进一步提高自身的素养;另一方面以身作则,身体力行,充分体现一个带头人的表率作用。在采编业务上,积极开辟稿源,认真探索采编业务,努力提高采编水平。在广告、发行及经营上,大胆开拓新路子,积极探索新渠道。经过大家的努力工作,编辑部的面貌有了进一步的改善,社会效益和经济效益又有了大幅度的提高。

一年之后,我又面临着一个新的挑战和选择。1995 年 7 月,中华全国律师协会在第三届全国律师代表大会之后进行了大刀阔斧的改革。伴随全国律协的改革,《中国律师》杂志也面临着改革的问题。于是,全国律协领导考虑对杂志社领导班子进行调整。经司法部和全国律协领导与法律出版社多次协商,我于 1995 年年底,调任《中国律师》杂志社总编职务。

我担任杂志社总编后,通过我与大家的共同努力,杂志社实现了三大转变:一是在我的领导风格影响下,整个杂志社面貌一新,全体工作人员高度团结,法制宣传工作热情高涨,创造了一个难得的奋进的工作环境;二是逐步建立起一套高效率的、务实的工作机制和管理机制,保证采编人员灵活、机动、高质量地完成工作任务;三是杂志本身质量有了明显的提高,发行量翻了一番,并实现了扭亏为盈的目标,为未来进一步发展奠定了坚实的基础。

于是,有人赞叹曰:现在的《中国律师》好看了,耐看了,信息量大了,保存价值高了,可供研究的素材多了,律师业务的指导性也强了。甚至还有些同行有感于本人提出的“追赶时代潮流,追求法律文化,追踪社会热点,追寻法学前沿”之办刊思路,而给予我们更高的评价:“法制期刊界的《读书》杂志”。

当然,只有我自己知道,这些美誉对我们《中国律师》来讲,是远远没有达到的,只是我们永远追求的目标。我自己也深深体会到,这些评价和赞誉以及社会各界、有关领导给我们的鼓励,一直是我们不断进步的信心和源泉。

2006 年 9 月,我的人生又一次面临选择。在依依话别与默默祝愿之后,我从全国律协来到了共青团中央,来到团中央所属的中国预防青少年犯罪研究会,为了祖国的下一代,为了未成年人的权益保护,为了少年司法工作的完善,我要开始从事一项新的工作,开始适应一个新的角色,开始面对一种新的挑战。

然而,我还是割舍不下自己对新闻出版工作的情结。于是,在组织的关怀下,4 年之后的

2010 年夏天，我即正式由团中央中国预防青少年犯罪研究会副秘书长转任中国法学会民主与法制社总编了。

说起《民主与法制》社，许多朋友都知道，这是一个法制刊物的老牌子，这是一家颇具历史的老刊物，这是一段有关法制的美好回忆。对我来说，同样也是如此。其诞生于母校华政的渊源，使我永远对她抱有一种美丽的缘分和难舍的亲情；曾经供职于《法律与生活》杂志与《中国律师》杂志的经历，又使我永远以一种仰视的眼光观察与见证其不断发展的步伐；作为一个法律人，对民主与法制理念的追求和崇尚，则始终让我深深体会到这家媒体发展前景的可持续性和后发力。

我始终认为，"民主与法制"绝不仅仅是一个刊名，她应该首先是一个口号，其次是一个追求，最后则是一种制度。当然，对今天已经进入中年的人们来说，她更应该是一个回忆、一段历史、一种见证、一个目标乃至一种理念。

同样，对我们每一位华政人来说，我们的求学深造、我们的孜孜以求、我们的每一次改变、我们的每一次进步，无不感恩于民主与法制的阳光雨露，无不见证着民主与法制的发展进程。我自 1985 年踏上法制新闻工作岗位以来，不论在什么部门什么单位工作，我始终要求自己坚持下基层、跑基层，到法制建设的第一线，以求通过我们的采访报道，让广大读者了解那里的先进典型及典型事件。近 30 年来，我的足迹遍及大江南北，采写作品已达百余万字。经我采写的从事政法工作的先进人物，如今有的已担负起国家重要部门的领导职务，有的已离开工作第一线，有的依然还在地方在基层在我国法制建设的重要岗位上勤奋地工作着。尽管我把一个个或知名或普通的人物推向法制宣传的前台，光大和弘扬着他们严格执法、勇于奉献的精神和风采，但我依然坚持从小事做起，从第一次采写做起，深入实际，积极主动获取新鲜、丰富且具有典型意义的第一手材料。近 30 年来，我的采写文章紧扣我国改革开放和法制建设的脉搏，严格遵守法制新闻工作的职业道德，既有与中央一致的正确导向，又有深入生活实际，反映不同层次、不同地域、不同职业的人们在法制社会进程中的真实心态与真实表象；既有深入恰当的政策分析、法学探讨与理论研究，又贴近生活，生动而颇具可读性。为此，多次获得法制好新闻奖及其他有关新闻奖。

我深深感觉到，这些荣誉和成绩的取得，当然不只是我一个人的功劳。我以为，母校的熏陶和培育，尤其是当年在校报和校田径队的锻炼和摔打，对我从事法制新闻工作以来取得的成绩，带来了难以言表的积极影响。

因此，我时刻没有忘记自己是一名华政人，是一个华政学子。于是，在繁忙的工作之余，我常常将关注的目光投向百花齐放的华政园，也常常用专注的耳力倾听来自华政的声音和信息，还常常握着热情的手与散布在全国各地的华政人叙旧话新，更常常默默地向母校遥祝一份虔诚的祈祷和美好的祝愿……

尽管付出不必要求回报，但真正地不断地付出，终究还是会得到回报。从踏进华政那一天开始，我就一直牢记并一直努力追求这个人生的法则。我相信，母校的付出，将会得到更多更丰富更有意义的回报。

60 年的华政，心中的母校，祝你明天更美更好！

正义永远在路上

——在《正义不会缺席》首发式上的致辞

2014年6月6日下午，由中国检察出版社出版的《正义不会缺席》新书发布会在北京天同律师事务所隆重举行，中国检察出版社副总编辑安斌、中国政法大学法学院副院长何兵教授、中国社会科学院法学研究所研究员王敏远、北京市东城区人民法院副院长薛峰、最高人民检察院计划财务局局长王松苗、河北浩博律师事务所主任宋振江、中国方志出版社社长冀祥德、检察日报社正义网总编覃匡龙等出席发布会并致辞。

《正义不会缺席》是我继《法治天下》《律师中国》之后的一本新闻评论集。

以下文字是我在首发式上的答谢词。

各位朋友、女士们、先生们：

今天是6月6日，这是一个好日子，所以，我们经过精心挑选，终于选定了这个美好的时辰。

请大家不要抱怨今天的乌云密布，因为这是通往正义道路上必然经历的风光；也不要责怪今天的狂风暴雨，因为这是老天爷在以一种特别的方式来庆贺这部新书的出版，也不要指责今天的雷电交加，因为老天爷认为今天的新书发布会是一件大事。所以说，这不是天不作美，而是老天爷有意为之。我们知道，狂风暴雨可能胜过节日里才能燃放的烟花炮竹，风雨过后必然会见到美丽的彩虹。

为此，我要衷心地感谢大家从四面八方赶来。今天，有的人从广州飞来，有的人从银川赶来，有的人从石家庄赶来。今天，你们都是我的友人、我的贵人、我的恩人、我的高人、我的大人、我的同仁。看起来，我们是为了一本新书而来，其实是为了正义而来。因为正义都不会缺席，您还会缺席吗？

既然大家首先是为了一部新书而来，我先将这部书向大家做一个简短的汇报。

首先，请大家看看这部书的封面。乌云密布的苍穹，起伏不平的山丘，弯弯曲曲的道路，大大小小的田园。最扎眼的是破云而出的阳光。这意味着什么呢？意味着正义尽管不会缺席，但可能会迟到。尽管会迟到，但一定等得到。为什么等得到？因为正义将会克服一切阻力、超越一切困难，来到我们身边，来到我们每个人的心田。

其次，让我们一起来了解一下本书的书名。本书最早取名为《正义的表达》，后来又修改为

《表达正义》,最后在编者与作者的不断沟通之后定名为《正义不会缺席》。其创意来自美国法官休尼特的名言“正义从来不会缺席,只会迟到。”这里所表达的意思是,尽管正义永存,但对于现实中的每一个人来说,“迟到的正义”绝非真正的正义。后来,波斯纳法官对此又做了补充完善,他认为“公正在法律中的第二层含义是指效率”,也就是说,公正需要通过办案效率来体现,而不是姗姗来迟的正义。其实,类似于“当事人给法官事实,法官给当事人法律”“任何人不得通过损害他人的方式为自己获利”“没有事先公布的法律就没有刑罚”等法律家名言,所要表达的无非都是希望每个人能够及时感受与得到公平正义。由此,从本书的书名就可以看出,本书所有的文字都是为了呼唤及时生效与准时到达的公平正义。

最后,请大家看看这部新书的目录。这是一部个人作品集,也是一部新闻评论集。本书共有 7 个版块,充分体现了编者与作者的编排创意。第一,正义是一种表态:法律的追问。都是以法律的视角对有关时事新闻与社会新闻的追问。第二,正义是一种表白:律师的思索。反映的是律师的酸甜苦辣与喜怒哀乐。第三,正义是一种表述:法律的困境。表述的是我国立法与司法面临的困惑与难题。第四,正义是一种表现:律师的境界。这是对律师的正义追求予以加油助威与摇旗呐喊的表现。第五,正义是一种表情:青春的救赎。这是有关青少年维权的呼吁与建言。第六,正义是一种表达:错案的防范。表达了对有关防范冤假错案的建言与期盼。第七,正义是一种表情:封面的解读。这是本书的最后一个部分,都是本人发表在自己供职的《民主与法制》杂志的卷首语或封面解读,都是关于我们《民主与法制》杂志封面设计的创意解读与法理诠释。

总而言之,无论是“表态”还是“表白”,不论是“表述”还是“表现”,不管是“表情”还是“表达”,有关法律与现实、律师与制度、法治与理念的评论思考,都是一种有关正义的表达。

如果说爱是人类最美丽的语言,那么我们是否也可以说,正义就是法治社会最动听的语言、最动人的表达。正如今年 1 月 14 日,我在参加正义网评选出的“2013 年度中国十大正义人物”颁奖仪式上所做的点评:正义既是一下子的事,也是一辈子的事;正义不仅仅是一个人的事,而是千千万万人的事;正义既有可能远在天边,也有可能近在眼前;正义需要让人看得见、听得懂、说得通、摸得着;正义不仅仅是说你办了多少案件,而是看你办对了多少案件,也不仅仅是要求办对了多少案件,更重要的是纠正了多少案件;正义不仅仅是个概念、名词、追求,更重要的是习惯和思维,甚至是生活方式;正义不一定是一个重大事件,但一定是跟我们有关的事件;正义是一种不懈努力的坚持,不求回报的付出;正义是一件美丽的事情,但也是一件困难的事情;正义有可能就是一刹那、一瞬间的事情,而这一刹那需要我们付出努力、付出心血,甚至有可能付出生命;正义不仅仅在于平时,更在于危难时刻的瞬间;正义不仅仅是伟大的人物可以做出来的,也是平凡的人可以做到的事情;正义不是一时一天的事情,而是一年一生、一生一世的事情;正义不仅可以自得其乐,而且还能乐在其中,也就是乐在正义中。

自 2003 年出版《法治天下》(上、下卷)与 2007 年推出《律师中国》之后,这是我的第三部个人作品集《正义不会缺席》。收入本书的都是近几年发表在报刊与网络的时评,当然也包括不少尚未发表的文字。这些文字多是在晚上或凌晨匆匆完成的,虽无高深之论,但也属心得之作。

从《法治天下》到《律师中国》，再到今天的《正义不会缺席》，共有近200万字。虽不算高产，但个人从未懈怠。煮字烹文，借墨结缘，虽然青灯黄卷，案牍劳形，但也是乐在其中。

习近平总书记在2013年初曾对全国政法干警提出希望，应当让人民群众在每一个司法案件中都感受到公平正义。本书的出版，正是为了希望为读者提供一种如何感受正义、如何表达正义的视角与方法。而这部新书，就是一部有关感受正义、思考正义、诠释正义、书写正义、表达正义的新书。

在今天这个美好日子里，《正义不会缺席》出场了。这是一件大事，因为老天爷都被惊动了；这是一件好事，因为今天没有缺席的人，人人有份；这是一件天下事，因为风声雨声读书声在今天都聚齐了。

衷心期待公平正义能够成为我们每个人的人生必备乃至生活内容！因为这是一种个人希望，更是一种社会需求。

正义是从天上掉下来的吗？正义是一生下来就有的吗？正义是从海上飞来的吗？正义是从地底下钻出来的吗？这一切，都不是由我来回答与研究的问题，应该是今天出席与缺席的人必须解决的问题。

我唯一知道的是，正义风雨兼程，正义风雨无阻，正义在路上，正义在我们的心上。

再次感谢大家的光临！感谢中国检察出版社！感谢天同律师事务所！

人生最关键的第一步

——我对法律出版社的美好记忆

今天是平安夜，也是几位朋友的生日，还是几位友人的结婚纪念日，更是我曾经供职十年的法律出版社的六十华诞。尽管按照上级要求，六十华诞纪念活动很低调，但对我个人来说，这是我大学毕业后工作的第一个单位，也是走上社会后人生成长的第一步。所以，特别值得纪念，也值得留念……

此文即为纪念法律出版社成立六十周年而撰写的感慨之作。

一封特殊的远方来信

办公桌上摆着一封纸张发黄的感谢信，感谢信的落款时间是 1987 年 4 月 19 日，致信人为河南省濮阳市郊区教师进修学校。

这是一封感谢法律出版社赠书的信函，也是一封我在撰写纪念法律出版社成立 60 周年过程中偶然发现的感谢信。

这封感谢法律出版社尊师重教的信函是这样写的："740 本书，从千里之外的首都北京寄来，给我们带来了支持和鼓励，而且是你们法律出版社那一颗滚烫的心。书中寄情，这 740 本书，寄托了你们万分理解的情，对我们来说是千金难买的礼。从你们的实际行动中，我们看到全社会尊师重教的风气已不是停留在口头上，而是落实到了行动上。古人云：国将兴，必尊师而重传。有了全社会包括你们的关照和支持，我们感到我校教育的振兴已大有希望，我们深深地为我们所从事的教育事业感到光荣和自豪。我们一定不辜负你们对我们的期望，发扬你们那种可贵的精神，进一步振奋主人翁的责任感，做到自尊、自强，一定要尽职、尽责。积极进行教育改革，掌握教育规律，真正肩负起培养合格小学教师的重任，以勇于进取、敢于开拓的精神，为党的教育事业作出更大的贡献，为振兴中华谱写出壮丽的诗篇。"

最后，该校衷心祝愿法律出版社"多出书、快出书、出好书"……

一段特别的人生经历

说起这封感谢信的来历，还要从我 28 年前参加中央机关讲师团的经历说起。

1985 年 6 月,中共中央办公厅和国务院办公厅联名下发了关于成立中央讲师团的通知。根据教育体制改革方案,中央决定从党政机关抽调 3 万名具备条件的干部,组成中央讲师团,奔赴各地参加培训中小学教师的工作。为此,法律出版社按照司法部的指示,派了一名干部参加了当年的中央讲师团。

1986 年 6 月,司法部又要组成新一届讲师团了,法律出版社准备安排谁去参加呢?

按照要求,中央讲师团实行"自愿报名、组织审批、领导批准"的方式。但由于讲师团对成员有一定要求,所以很多时候组织上实际上先有指向性人选,再征求有关人选的意见。于是,社党委很快就确定了代表法律出版社参加第二届中央讲师团的人选。但是,我得知被确定的人选有畏难情绪。于是,作为一名青年党员,我自告奋勇找到社党委书记惠德明同志,主动要求替换原定参加讲师团的人选。或许因为我是头一年毕业分配到社里的大学生中唯一的党员,也或许因为我来自农村而适应能力强,更或许因为我积极主动恳切的心情与愿望,最后社党委决定我代表法律出版社参加司法部的中央讲师团赴河南支教。

1986 年 8 月,作为司法部中央讲师团河南分团濮阳支队成员,我们一行七人来到了濮阳市郊区教师进修学校,然后分别担任了该校不同年级、不同课程的讲授老师。按照安排及我个人的专业兴趣,我担任了该校一年级学员的语文基础知识与写作两门课的讲授老师。

讲授期间,我发现该校教师阅览室图书严重缺乏,只有一些杂志与基本字词典,有关教师课程的参考书籍少之又少。我想我来自出版单位,能否为他们做些什么呢? 为此,我在寒假回京时向社领导作了专门汇报并与社印制发行部门积极沟通。经过寻找与整理,最后组织了 740 册有关教师参考图书邮寄到了学校。学校为此还专门举办了一次捐赠仪式,由我代表法律出版社介绍了这些图书的有关情况。濮阳市电视台、濮阳人民广播电台闻讯赶来参加捐赠仪式,并进行了重点报道。

学校对我社的捐赠非常感动,于是,就发出了上述情真意切的感谢信。

一个重大的个人成长问题

后来,因为胡耀邦同志的辞职,从 1985 年中央决定派出的第一批中央讲师团,到 1988 年派出最后一批之后就停止了。但是,所有参加过讲师团的成员,对这场历时 4 年多的声势浩大、波及全国大部分地区的中央讲师团行动至今仍记忆犹新。因为中央讲师团一方面增强了中央对地方的了解,帮助落后地区增强了师资,并传播了许多崭新的教育理念;另一方面又丰富了我们的人生经历,而且还对我们的个人成长也有很大帮助。更加令人难忘的是,胡耀邦同志作为总书记先后两次在人民大会堂发表激情演讲。

1985 年 8 月 11 日,时任中共中央总书记的胡耀邦亲自在人民大会堂欢送 3250 人的中央讲师团,发表了《年轻知识分子的成长道路》的讲话。1986 年 8 月 15 日,胡耀邦以一篇《再同年轻知识分子谈成长道路问题》的演讲,在人民大会堂迎来了归来的 1985 届讲师团,又送走了 1986 届讲师团。

作为 1986 届讲师团成员,我亲耳聆听了胡耀邦同志的激情演讲与谆谆告诫。尤其是胡耀邦同志在两次演讲中都提到的年轻知识分子的成长道路，让我浮想联翩、铭记于心。

胡耀邦同志强调，年轻知识分子要正确处理好理想同现实、个人利益同人民利益、书本知识同实际知识的关系。胡耀邦同志说，你们尽管职业岗位不同，个人经历不同，但是，要走向成熟，在今后几十年中胜利地担当起历史责任，就需要坚持不懈地从这三个方面来磨炼自己。

胡耀邦同志在讲话中对当代年轻知识分子提出了特别要求，他要求广大年轻知识分子，一定要对我们伟大事业的前途充满信心，百折不挠，一步一个脚印地向前拼搏和奋斗；一定要始终站在时代的前列，无论何时何地都不计较个人私利，勇于为祖国、为人民的利益而献身；一定要开阔眼界，深入实际，深入基层，乐于在那些平凡岗位上创造性地工作。

胡耀邦同志已经离开我们 25 个春秋了，但他激励我们的演讲场面至今还历历在目，言犹在耳。

一个重要的人生起点

从胡耀邦同志的两次讲话可以看出，年轻知识分子的成长是一个既与国家发展相关、更与个人命运相连的重大问题。从我个人的人生经历来看，无疑是一个最好的说明。

无巧不成书，当我打开电脑敲出本文的第一个汉字时，电脑桌面上显示出了“2014 年 8 月 13 日”这样的字眼。一时，勾起了我三十年来的美丽往事。

1985 年 8 月 13 日，我揣着华东政法大学毕业证书及学校派遣证，从上海来到了北京，走进了法律出版社。当时，与我一起来到法律出版社工作的还有蒋浩、朱宁、吴剑虹、张慎思、朱凤、陈文等 6 位毕业生。

编辑部来了年轻人！而且还是一下子来了 7 位大学生。就我在法律出版社工作十年的经历，一下子进来七八位年轻人的情况，只有在 1985 年与 1986 年出现过。

新来的年轻人怎么安排呢？

社领导将新来的年轻人分别安排到了几个编辑部门，我被分到了法学著作第二编辑室，开始了真正的新闻出版工作生涯。

尽管在大学时代我曾参与过校报的出版编辑，但系统接触学习编辑出版知识，此时才是真正的开始。至今我还清楚地记得，无论是刚进著作二室的主任徐有毅还是后来接任的文英麟，还有著作一室的汪家靖主任与总编室唐素芬主任及其他资深编辑，对我们刚来的年轻人关怀备至、悉心指点。从此，我们知道了审稿的基本知识，清楚了发稿的基本程序，明白了校稿的基本符号……

一年后的夏天，为了完成司法部交给社里的任务，我放下手头的工作，自告奋勇报名参加了中央机关讲师团。

一个有助于年轻知识分子成长的广阔平台

为期一年的讲师团生活，可以说是收获颇丰，感慨良多。为此，按照要求，我撰写了一篇题为《得到的比失去的要多得多》的总结报告。我在报送讲师团团部的同时，也呈送给了我们的社党委书记惠德明。也许确实是感受深刻,也许是确有参考价值,惠书记竟然将我的总结报告批转全社传阅。

回到北京之后,蓝明良社长问我有什么要求,我提出想去《法律与生活》从事新闻采访工作。社领导研究之后,同意了我的请求。于是,从1987年8月开始,我就正式开始了自己梦寐以求的记者生涯。

此后,无论是在《法律与生活》的8年成长还是在《中国律师》的12年主政乃至《民主与法制》的4年转战,我始终没有离开新闻传媒事业(即使是在团中央工作的4年时光,也负责编辑出版了《预防青少年犯罪研究》《青少年权益》《为了明天》等工作刊物),始终坚持自己的理想目标,始终努力追求理想同现实、个人利益同人民利益、书本知识同实际知识的有机结合。

至今想来,我尤其怀念在《法律与生活》工作的8年幸福时光。我没有忘记出版社蓝明良总编、林剑鸣总编、吕敏光副总编对年轻人的包容与厚爱,我不能忘记《法律与生活》徐长、吕山前后两任主编对我的悉心指导与重点提携,我不会忘记由王复龄、胡少安、杨金路、张藤青、张宏民、王西光、邱小兵、栗志毅、张万霞等精兵强将组成的战斗集体。

从那时至今,我从事新闻传媒事业20余年来,借墨结缘,播火传薪,足迹遍及祖国大江南北,笔触神州各路英雄豪杰,收获甚丰,感慨颇多。加盟全国律协以后,又以不同方式竭尽所能,为律师业改革与发展鼓与呼,深得有关方面好评。所主编的《中国律师》杂志也因其受到"广大律师所喜爱,社会公众所欢迎"的办刊风格和"想律师之所想,言律师之所言,急律师之所急,忧律师之所忧"的专业特色,曾于2001年获"全国法制好期刊"奖。对我本人来说,多次获得全国法制好新闻评选报告文学类与通讯类奖及其报刊颁发的新闻作品奖,并荣获"全国百佳法制新闻工作者"荣誉称号。

2010年6月,我调任《民主与法制》总编,又一次回归新闻传媒战线,并与各位同仁为这个已经创刊30余年的传统品牌媒体策划了新一轮的改革创新。

所有这一切成绩的取得,都有赖于法律出版社给了我最关键的第一步;所有这一切荣誉的获得,都归功于法律出版社给了我最初的锻炼机会与成长空间。

作家柳青说,人生的路虽然很漫长,但最关键的只有几步。其实,在我看来,人生最关键的是迈出校门、走上社会的第一步。法律出版社给了我最踏实、最沉稳、最丰富的人生第一步。从我个人的成长经历来看,我的每一步都有法律出版社教会我的第一步、指导我的第一步、描绘我的第一步……

今天的法律出版社与当年我们所在的时候不可同日而语,但我们这些离开多年的游子内心却是无比甜蜜。从最初简单的法律法规单行本、合订本到各层次的法学教材,再到以考试用书为主导,各种法规单行本、法学教材、学术专著、案例解读与实务操作以及法律文化读物等等,都在越来越丰富地繁荣着我国的法学图书市场。成立60年历史的法律出版社也已经开始从传统出版向现代数字出版顺利转型,并通过多种方式推出越来越多的最新产品。

然而,在我看来,最好的产品还是人才,还是不断推陈出新的人才。因为法律出版社的60年已经在不断证明,这是一个有助于年轻知识分子成长的平台。

我感谢这个平台,是她给了我讲师团的特殊锻炼经历;我感恩这个平台,是她给了我最初的办刊经验与管理心得。可以说,没有这个最关键的第一步,就没有我后来一步一个脚印的成长,也没有我后来一步一个台阶的进步……

正如本文开头所述河南省濮阳市郊区教师进修学校感谢法律出版社那样,我也要发自内心地在感谢之余,衷心祝愿法律出版社"多出书、快出书、出好书"。

2014 年 8 月 13 日于北京兵马司

《民主与法制》杂志的前任老总们有多传奇？

今天是2018年2月13日，也是2018年春节即将来临的时刻。正是因为春节来临，您可能也有时间慢慢阅读这样的长文。

这篇长文是2016年秋天完稿的，之所以这时候推出来，是因为我刚刚代表《民主与法制》社党委赴上海看望慰问了两位老总编和其他老同志。

春节来临，最易动人情怀。抚今追昔，我们更加怀念老一辈《民主与法制》开创者与推进者，更加感念几代《民主与法制》参与者与见证者。为此，特发此文，热忱感谢从《民主与法制》创刊以来付出智慧与心血的所有记者编辑、所有干部群众。

令人惋惜的是，这篇长文中提到的担任《民主与法制》社名誉社长王仲方同志已于2017年1月14日在北京逝世，享年96岁。

话不多说，还是让我们一起来看看《民主与法制》杂志的前任总编辑们究竟有多传奇……

1979年8月，一本叫作《民主与法制》的杂志在上海创刊了。

那时，党的十一届三中全会刚刚驱散"文革"阴霾……

那时，五届全国人大二次会议上刚刚史无前例地同时颁布了七部法律(即《刑法》、《刑事诉讼法》、《地方各级人民代表大会和地方各级人民政府组织法》、《全国人民代表大会和地方各级人民代表大会选举法》、《人民法院组织法》、《人民检察院组织法》以及《中外合资经营企业法》)……

那时，一些政法部门(如司法部直至1979年9月才恢复)，包括我的母校华东政法大学在内的政法院校还没有恢复招生(当时只有西南政法大学刚刚恢复招生)……

那时，我国律师工作刚刚进入恢复重建的议事日程，当时正由各地法院系统出面着手筹建"法律顾问处"……

可以想象，历尽"文革"劫难的中国人是多么渴望"民主与法制"的春天早日来临啊！在这种背景下，"民主与法制"首先是作为一句口号，其次才作为一个刊名，就在党的一大会址所在地上海正式诞生了。

说起《民主与法制》杂志，现在50岁以上的人应该都印象深刻，许多人甚至是至今还津津乐道。因为这是我国改革开放后创刊的第一本法制期刊，也是我国第一本早于中央作出"一五普法”重大部署而诞生的普法读物，更是第一本将民主与法制作为一种理念送到寻常百姓家的畅销杂志。

和许多人一样，对于这本不同一般的杂志，我也是一位曾经踊跃自费订阅、如饥似渴阅读、主动积极投稿的拥戴者。当时还在大学里苦读的我，常常在想，《民主与法制》杂志的总编辑应该是什么样的人？为什么能够办出一份如此脍炙人口的刊物？为什么杂志上的许多文章能够达到洛阳纸贵的程度？为什么每期杂志刊登的案例都会引起有关领导的重视？为什么《民主与法制》杂志的总编辑出去采访据说连省委书记都要亲自会见？

或许是时代的机缘巧合，也或许是本来就一往情深，6 年前即 2010 年的夏天，我竟然也成了《民主与法制》杂志的总编辑。

那天，当我手捧中国法学会党组的任命，我的内心荡漾着一阵无法掩饰的激动与狂喜，甚至还有一点惶恐。这种心态一方面是源于我对中国法学会党组高度信任的衷心感谢，另一方面是对于自己资历与才能的惶恐不安。

因为我知道我实际上已经成了《民主与法制》杂志创刊以来的第八任总编辑。相比我的前七任总编辑，我的才学能力、理论功底、知识结构、思维眼光乃至人生经历，实在是相差太远。

在我眼里，我们《民主与法制》杂志的前任老总编们，要多传奇就有多传奇，要多神奇就有多神奇。

可以说，他们个个都是大腕，人人都是精英；他们每人都有故事，每位都是传奇。他们要么就是老报人，要么就是老军人；他们要么就是做得一首首好诗词，要么就是写得一篇篇大文章；他们要么就是老地下工作者，要么就是思想理论家；他们要么就是在新闻出版工作中开创了一片新天地，要么就是在改革开放启蒙中开启了一个新时代……

为此，我常常向友人及法律人炫耀我的前辈，从 96 岁的名誉社长王仲方先生到 97 岁的首任总编郑心永、95 岁的第二任总编丁柯、93 岁的第三任总编钟沛璋，还有 83 岁的第六任总编王强华、70 岁的第七任总编李明信，每个人都有令人羡慕的长寿基因。需要说明的是，第四任总编沙洪与第五任总编王树人前几年已经去世了，去世时均享年 84 岁以上。

既然如此，那就让我按照时间顺序来一一介绍我们《民主与法制》杂志的传奇老总编吧！

先来看看我们《民主与法制》纪念画册上刊载的总编任职先后的时间表，这岂止是一个时间表，这是一张辉煌灿烂的时光图啊！

郑心永总编：1979 年 8 月至 1982 年 6 月任职；

丁柯总编：1982 年 7 月至 1987 年 2 月任职；

钟沛璋总编：1987 年 3 月至 1988 年 2 月任职；

沙洪总编：1988 年 3 月至 1989 年 12 月任职；

王树人总编：1990 年 1 月至 1995 年 1 月任职；

王强华总编：1997 年 5 月至 2004 年 6 月任职；

李明信总编：2004 年 6 月至 2010 年 8 月任职。

其中，在 1992 年至 1997 年 4 月，时任社长为王厚德先生。其中在 1995 年 1 月王树人总编卸任后至 1997 年 4 月期间,没有总编,只有社长。

接下来,且听我慢慢从头说来。

郑心永——曾经创办了四本杂志的总编

2012 年春节前夕,我与时任《民主与法制》副总编辑冯慧代表全社干部前往医院看望郑心永先生

与我国“五四运动”同龄的首任总编郑心永,出生于广东潮阳,青年时代背井离乡远赴泰国谋生。上个世纪 40 年代开始从事新闻工作,曾先后在泰国爱国侨报《民国日报》《曼谷日报》就职。抗战爆发后,回到国内从事新闻工作。曾任上海《中国商报》《文汇报》等报社编辑。上海解放前夕,参加上海地下党领导的《上海人民报》工作。可以说,他是一位非常典型、特别标准的报人,更是一位享誉上海滩的著名老报人。因为在他的工作生涯中,一直致力于做好两件事:一是办报,二是办杂志。用他同为报人的女儿郑园园的话说,“父亲一生的事业,以 1979 年为界,前期办报,后期办杂志”。

所谓办报,主要是指办《文汇报》的经历。他在《文汇报》工作了 30 年,也曾长期担任《文汇报》理论部主任的职务。在《文汇报》工作期间,他留下了两个传奇:一是创办了副刊“社会大学”,他也因此被誉为“社会大学校长”。他 17 岁闯荡社会,远赴泰国谋生,深知“社会大学”的丰富与深邃。为此,他对广大的青年读者给予了更多的关注,所有开设的诸如“青年修养”、“小小座谈会”、“问题讨论”乃至“杂谈”专栏,都要求紧扣当前青年读者的思想实际,不说空话,不放空炮。可以说,他完全无愧于“社会大学校长”的称号。二是创办了文汇报学术版,从此开启了报纸学术理论版的历史。上海学术界的头面人物如周谷城、陈望道、卢于道、谭其骧、漆琪生、杨宽等人,都是其学术版的固定作者。学术版每周两期,一期一个整版。各路作者提出问题,各界读者各抒己见,学术版因此而带来了一股活跃丰富的学术讨论与理论交流热潮。然而,就在他为《文汇报》创造专栏品牌之后不久,其“学术版”又成了批《海瑞罢官》的阵地。前不久还批示要全国学习,不料一下子又成了搞复辟资本主义的“大毒草”。他本人也因此遭受十年批斗,也为此伤心至极。直到改革开放,他抱憾离开了曾经工作了 30 年的《文汇报》。

在郑心永先生的工作生涯中,最具传奇的还不仅仅是办报的辉煌,而是办杂志的传奇——因为他创造了新闻出版史上的多个“第一”。更神奇的是,这个传奇竟然是出现在他年过花甲之后。从 1979 年到 1988 年离休之间,在一段不到 10 年的有限时间之内,他竟然接连创办和参与创办了四家在全国颇具影响力的杂志。

他办的第一本杂志就是《民主与法制》杂志。

1978 年,刚刚恢复工作的郑心永先生被安排到上海市社会科学联合会工作。此时,恰逢党的十一届三中全会召开。十年浩劫中亲眼目睹民主与法制遭受践踏的郑心永先生,开始萌发了创办一份与民主与法制有关的刊物的想法。当时,全国还没有一份法治期刊。于是,在上海市领导夏征农、魏文伯与上海哲学社会科学学会联合会(当时简称“社联”,后来才叫“社科联”)领导徐盼秋的指导支持下,经过多方协调,借用当时尚未复校的华东政法学院被停刊多年的《法

学》刊号，于 1979 年 8 月终于创办了全国第一家法制月刊《民主与法制》。

创办之初，杂志一无行政经费，二无人员编制，全体人马只有两个半人（包括一位兼职的）。为此，他们承担了组稿、发稿、校对、联系印刷、发行及其他杂务等所有工作。

当时，“社联”与上海社科院共用一个大楼。《民主与法制》杂志办公的地方，就是一间从“社联”借来的像“鸽笼”一样狭小的房间。同样，办公桌也是借来的。

正如后来郑心永先生回忆所说“由于顺应了当时的形势，为群众说话，特别是为受屈的人伸张正义，批判伪法律‘公安六条’，揭露丑恶现象，引起了社会注意”。因此，刚刚创办的《民主与法制》立即受到了全国各地的广泛欢迎，第二年就从创办之初的 2 万份猛增到期发 80 万份的订数。

1982 年，《人民日报》以“做党和群众的喉舌”为题，对《民主与法制》杂志作了专门报道。报道认为，《民主与法制》之所以越办越出色，是因为有正确的办刊方向：一是贯彻三中全会精神，坚持四项基本原则，及时宣传党的政策；二是努力把刊物办成群众的刊物，充分反映人民群众当家作主的精神。为此，《民主与法制》一举成为全国知名刊物，以至于今天许多人还对这本杂志津津乐道，甚至是念念不忘。

三年后，他从《民主与法制》杂志总编岗位卸任了。但是，作为报人的情怀却不想进入休息状态。1982 年 2 月 20 日，中共中央作出了关于建立老干部退休制度的决定。于是，人口老龄化开始成为全社会的共同话题。郑心永认为，中国应该有一份与老年人有关的刊物。于是，他奔赴北京，与中国老龄问题委员会有关领导和资深老报人纪希晨合作，共商创办《中国老年》月刊。

于是，1983 年 10 月，由邓小平同志题写刊名的全国第一本反映老年问题的期刊《中国老年》创刊了。与《民主与法制》杂志一样，《中国老年》一出版便立即广受拥戴，第二年就取得了期发 40 万份的不凡业绩。

1984 年 3 月 15 日，以弘扬人道、奉献爱心、全心全意为残疾人服务为宗旨的中国残疾人福利基金会在京成立。得知传奇报人郑心永先生刚刚创办《中国老年》杂志的社会影响力和发行量，基金会理事长邓朴方同志便专程邀请郑心永先生参与创办一份残疾人的刊物，“何不老弱病残一起抓，也为残疾人办个刊物?”

于是，在郑心永先生与冯并、张恩荣、柳萌的努力下，全国第一本残疾人的刊物《三月风》于 1984 年 12 月开始试刊，并最终于 1985 年正式出刊了。时任基金会秘书长的俞正声曾经特意找郑心永先生约谈，请他全权负责杂志工作。

可以说，这是一份中国最具人道精神的公益时事月刊，其人道、人文、人性的办刊宗旨，尤其是其独特的选题策划与优雅的封面设计乃至著名书法家沈鹏先生题写的刊名，令许多同行至今还印象深刻。

1985 年 11 月，中共中央、国务院转发中宣部、司法部《关于用五年左右时间向全体公民基本普及法律常识的五年规划》。同年 12 月，全国人大常委会作出了《关于在公民中基本普及法律常识的决定》。由此，展开了一场全民普法活动，俗称“一五普法”。这是在“文革”后拨乱反正的特殊时期和计划经济体制下开展的全民活动，具有启蒙式的扫盲运动性质。此时，对创办法治期刊情有独钟的郑心永又一次敏锐地发现了契机。

于是，在群众出版社的支持下，他主创的全国第一本普法通俗刊物《法律咨询》，在1986年1月正式亮相了。

也正因为这本普法读物，使我与郑心永先生有了谋面与学习的机会。

1988年夏天，在一次会议上，我第一次见到了郑心永先生。他得知我在《法律与生活》杂志工作，便立即向我约稿。后来，我果然给郑心永先生投稿了。经郑心永总编签发，我采写的《黄维：第34号提案——原国民党军政人员庐山代管房屋的风波》，便刊发在1988年第10期的《法律咨询》杂志上。文章刊发后，全国政协常委黄维先生非常高兴，还特别给我打电话嘱咐我一定要感谢《法律咨询》杂志总编。后来，黄维先生将本期《法律咨询》分送到了许多有关的国家机关部门。在黄维先生家里，我与他还多次提起郑心永总编。郑心永先生也表示，一定要对黄先生反映的问题追踪报道。

可惜，1989年4月，黄维先生因突发疾病去世了。

经国家新闻出版总署批准，《法律咨询》杂志后来归属全国侨联主管。但是，在1990年之后，不知道什么原因，或许是因为郑心永先生离休，或许还有其他原因，势头不错的《法律咨询》杂志却停刊了。

但是，离休之后的郑心永先生却还不停步，后来他又应邀担任《东方经济》（上海市经委主管）的总策划，从而为该刊创办与发展而出谋划策。

对于郑心永先生的贡献，有人称其为“办报奇人”“办刊奇才”；也有人说，“郑心永不是新闻工作者，而是新闻人物”。

在我看来，这些赞誉与评价，可谓名副其实。在年过花甲之后不到十年的时间里，他竟然接连创办和参与创办了四家在全国颇具影响力的杂志。这不仅是神奇，也是传奇，更是惊奇。

唯一令郑心永先生难过的是，因左下肢血管栓塞，于2006年3月16日做了左腿截肢手术。从此，只能在床上生活了。我到《民主与法制》杂志任职后，曾数次前往上海看望郑老先生。老人身体尚好，只是听力不行了，所以现在每次去看他时，我们只能用笔在画板上互相写字交流。

看到老人生命力日渐衰退，由他女儿郑园园起意并与其兄郑伯怀一起整理编辑完成的《郑心永诗文选》于2012年由中西书局正式出版了。全书共三辑：第一辑是郑心永先生自1944年至2007年之间写作的旧体诗；第二辑是郑老先生各个工作时期撰写的评论与随笔及序文；第三辑是横跨50年给亲朋师长的书信。全书共十多万字，文字不多，但读起来甚感亲切。“文选”不厚，小32开本，薄薄的小册子，却蕴含着丰富的历史与人生。

言长纸短，字里行间，让我们看到了一位老报人一生的坎坷历程和自强不息、坚毅不拔的奋斗精神。

丁柯——参与见证了《民主与法制》杂志辉煌的总编辑

我们《民主与法制》杂志的第二任总编丁柯先生同样经历丰富、资历深厚。可以说，他既是一位老革命战士，也是一位老新闻战士；既是一位老军人，也是一位老报人；既是一位土生土长的上海人，也是一位地地道道的上海人。

丁柯先生 1921 年 4 月出生于上海，祖籍为原江苏省川沙县人（即现在的浦东人）。17 岁参加抗日救亡运动，前往延安抗大途中受阻而参加新四军。之后，随新四军转战大江南北。在皖南新四军军部教导总队政治队、军事队受训毕业后，一直在新闻战线工作。1942 年从苏中新四军一师调往浙东地区，参加创建四明山抗日根据地斗争。从此，他就成了一手拿枪一手拿笔的革命干部。他先是新四军浙东纵队《战斗报》社主编，后为华东野战军第一纵队《前锋报》社总编辑，再当新华社华东前线分社一支社社长。

上海解放后，丁柯先生进入《解放日报》任编委。在陈毅市长的指示下，第一份《解放日报》就是在丁柯先生等同道的努力下得以出版的。此后，丁柯先生曾经担任中共上海市委办公厅副主任、党刊编辑部《党的工作》《支部生活》总编辑等职务。其间，丁柯先生还曾先后在我国杰出新闻家范长江同志与上海市委书记柯庆施同志身边工作过。

1982 年，受组织委派，年过花甲的丁柯先生来到《民主与法制》杂志社，先任总编辑，再任社长。他在任期间，又创办了《民主与法制画报》（后改名为《民主与法制时报》），从而将民主与法制社“一报一刊”推向了顶峰，杂志最高发行量曾达到近 300 万份。

许多人对那个年代的《民主与法制》印象深刻、迄今难忘的美好记忆，主要就是指丁柯先生担任总编的《民主与法制》最风光的时代。在丁柯时代，还有两件大事值得后人铭记：一是创办了《民主与法制》杂志刊授部，因而使许多地方政法干部受到了相当于进入大学的法学教育；二是创刊了《民主与法制画报》（后于 2001 年改为《民主与法制时报》），为此使《民主与法制》杂志拓展了更为广阔的传播平台。

2009 年 10 月 27 日上午，纪念《民主与法制》杂志创刊 30 周年座谈会在北京人民大会堂举行。与会人士充分肯定了《民主与法制》30 年来的办刊成绩和经验，并对该刊继往开来、更好地担当媒体责任寄予厚望。

作为唯一一位出席纪念座谈会的前总编，丁柯先生深情地回忆起了当年的激情岁月。他说：“30 年前，党的十一届三中全会决定拨乱反正，终结‘和尚打伞’。改革开放，掀开了中国历史上崭新的一页。《民主与法制》适应历史发展潮流，应运而生，抚育她的正是我们党的许多英雄前辈。我们都记得，就在人民大会堂和北京饭店，老前辈们有过多少次聚会？王首道、伍修权、刘英、曾志、曾三、陈丕显、张友渔、夏征农、罗竹风……他们都是《民主与法制》的创始人，真正的掌舵人；五、六两届全国人大常委会委员长——1979 年 9 月，叶剑英委员长；1984 年 12 月，彭真委员长，都情意恳切地为《民主与法制》题词，刊名就是彭真同志亲笔题写的。党的老前辈对于伟大的人民共和国建设和加强社会主义民主和社会主义法制的殷切期望，永远深深地刻印在《民主与法制》工作人员的心坎里。”

对于“三十而立”的《民主与法制》，这位老总编在发言中显然也是感慨万千：“今天纪念创刊三十年，唤起逝去的这些记忆，就是为了面向现在，面向未来。改革开放三十年来，国家各条战线都在大变特变，我们正面对媒体的新时代。报章杂志被阅读受教育的唯一性、重要性的作用已大大降低,这就迫切需要我们与时俱进,有新的创意,新的人才,特别需要的是,要有新的觉醒!”

2015 年 9 月,正是中国人民抗战胜利 70 周年的日子。为此,丁柯先生在《民主与法制》杂志的纪念专刊上撰写长篇回忆文章《我的抗战新闻路》。彼时,丁柯先生尽管已经 94 岁了,但依然自己走路不用人扶,别人说话不用大声就能听到。尤其是跨越门槛时可以一步迈过,上下台阶也轻松自如。同时,还能写文章、忆当年,真不愧为“《民主与法制》杂志的常青树”! 最近,丁柯先生还荣膺“上海市新闻界十大寿星”。

可以说,丁柯先生完全是名副其实的“常青树”。

钟沛璋——呼吁应该成立新闻出版署的老报人

1987 年,《民主与法制》杂志的上级主管机关由上海社科联改为中国法学会。

从 1990 年开始,《民主与法制》杂志陆陆续续迁到北京办公,上海编辑部主要负责《民主与法制画报》编辑出版工作。为此,作为第一位在北京办公的总编,钟沛璋走马上任了。

说起钟沛璋先生,也是一位很有传奇经历的老报人。

1923 年出生于浙江镇海(今宁波)的钟沛璋先生,14 岁就加入了中国共产党。23 岁时在上海创办中联广播电台,并任台长,后来又创办《学生报》。25 岁时担任《青年知识》半月刊主编,报纸被迫停刊后又应聘到《东南日报》资料室工作。新中国成立后,刚刚 26 岁的钟沛璋开始负责创办上海《青年报》并任总编辑。1954 年,因为他发表在上海《青年报》的《社会主义就在你身边》一文被《人民日报》转载了,因而引起了时任团中央第一书记胡耀邦的注意。于是,钟沛璋被调入北京,担任《中国青年报》副总编辑、副社长。后来,被打成右派,直至粉碎“四人帮”后才被平反,尔后再回到《中国青年报》工作。此时,正值四五运动平反之际。为此,他撰写了《伟大的四五运动,是一场革命的运动》一文,后来又以《人民日报》评论员名义发表了一篇评论《开一代民主新风——评厨师批评部长》。

在担任《中国青年报》副总编辑期间,钟沛璋先生最精彩的回忆就是刊发陈爱武举报“商业部部长王磊吃霸王餐”事件。钟沛璋回忆说:“陈爱武体现的是青年人的政治权利,而广开言路关系到了青年人的切身利益,借此,《中国青年报》的发行量一下就上去了。”所以,到他离开《中国青年报》时,该报的发行量已经达到 300 万份。这个发行量,无论是当时还是现在,都是一个很可观很诱人的发行业绩。

说起青年厨师陈爱武举报商业部长事件,还得从 1980 年说起。话说 1980 年,全国劳动模范、新长征突击手、北京市丰泽园饭庄青年厨师陈爱武向中纪委举报,反映时任商业部部长的王磊在丰泽园吃喝之后少付餐费,前后共 16 次,他手头上有账可查的两次应付菜钱 124. 92 元,而王磊部长只付了 19. 52 元。中纪委接到举报后不久就查实了情况,并发出通报,批评王磊部长,表扬陈爱武。《中国青年报》于 1980 年 10 月 16 日在头版头条发表通讯《敢于向特权挑战的人》,同时配以社论《改革者,鼓起你的勇气!》,将这一事件做了公开报道。事件公开后,王磊部长再次主动向中纪委作检查,除了认错并表示愿意如数补足少付款额外,还请求给予党纪处分。

同时,王磊部长还亲笔写信给丰泽园饭庄,对陈爱武的举报行为,“表示衷心感谢和钦佩”。

为此,《人民日报》特别约请钟沛璋撰写评论员文章。后来,钟沛璋回忆说:这是我们党内一种新的风气,我们不是要把王磊部长批倒、打倒,我们是挽救他。他检讨了,付了钱了,他的威信就更高了,党的威信也高了,群众关系也好了,这不是很好吗?

共青团的干部任职到一定时候,一般都要往系统外流动。钟沛璋已经是一位老团干了,自然也不例外。那么,调出共青团后如何落脚呢?当时,摆在钟沛璋面前有好几个选项,如《红旗》杂志社、光明日报社以及人民日报社等。后来,还是一直关心他的胡耀邦同志拍了板。于是,他就去中宣部新闻局报到了。

从新闻人到新闻官员,钟沛璋先生同样做得有声有色。在任中宣部新闻局局长期间,钟沛璋先生提出恢复设立新闻出版署。在他离休前,新闻出版署终于成立了。同时,在时任中宣部主要负责人的支持下,他还提出推进《新闻法》的起草工作,以推动新闻改革。

此时,钟沛璋先生已经年过花甲,到了离休年龄。因为自己被打成右派而耽误了 20 多年的美好时光,所以他跟中央提出是不是还可以再做点什么。于是,中宣部领导就将他派到了新华社香港分社,让他作为高级研究员,去调查研究香港的新闻情况。

一年后,因为中央高层出现了重大变化,他不得不从香港回到了北京。此时,正好是《民主与法制》杂志准备由上海迁京,主办单位改为中国法学会。

经组织推荐,钟沛璋先生来到了《民主与法制》杂志北京编辑部,担任总编辑职务。因为种种原因,钟沛璋先生任职时间实际上只有短短的一年。尽管如此,当时的编辑记者对他印象深刻。尽管他大多数时间是在北京,但也经常到上海编辑部去。他到上海时一般住在延安饭店,那时上海的最高领导江泽民同志还去饭店看望他。由此可见,他在党内是很有身份的。所以,大家认为钟沛璋总编是一位有水平、有思路、有身份的业务型领导。

离开《民主与法制》杂志后,应东方文化研究会邀请,他又开始筹办《东方》杂志。经过调查研究,他觉得可以将《东方》杂志办成一个精英知识分子的平台,宣传知识分子的爱国理念、改革思想。虽然《东方》杂志只存在了 3 年,但它却是 90 年代思想史上的一件大事。

经历过革命时代与改革年代的洗礼,老人如今已经回归为一名“社会公民”。去年年初,我携副总编连继民去看望他时,谈到自己的人生,钟沛璋先生认为,自己一辈子只是干过两件大事:一个就是干革命,另一个就是做新闻。

现在,做了电台、做了杂志、做了报纸,又做了新闻官员的钟沛璋先生,正居住在北京燕郊幸福地安享晚年。

沙洪——我国宣传战线上的老战士、著名作曲家

与钟沛璋先生一样,《民主与法制》杂志的第四任总编沙洪先生任职时间也不长。不过,与钟沛璋先生不同的是,沙洪先生在担任总编辑一年多之后就转任社长了。

沙洪先生原名王敦和,1920 年 4 月 12 日生于江苏萧县(现属安徽省)。1936 年参加党领导的徐州秘密学联,进行抗日救亡活动,1937 年被校方开除。经组织安排,1937 年 12 月前往延安

吴堡参加西北青年训练班并进入延安抗大学习，1938 年 5 月加入中国共产党。1939 年 2 月至 1942 年冬，随校迁至敌后晋东南抗大一分校工作。其间，于 1939 年随抗大一分校前往沂蒙山区腹地沂南县东高庄村开展工作。在沂蒙抗日根据地抗大一分校学习和工作期间，曾主编过校刊，写过不少革命歌词。1943 年至 1948 年，沙洪同志先后在《徐州日报》、《大众日报》和新华社华东总分社与济南分社任编委、青岛前线记者团团长等职。1949 年底，沙洪同志调任青岛市委宣传部副部长兼《青岛日报》社社长、总编。

新中国成立后，沙洪同志进京调到中宣部工作，先后任《宣传通讯》主编、卫生体育处副处长、处长（正局）。其间，他为贯彻党的文教卫生政策，加强知识分子工作，协调中西医关系，做好基层卫生建设、农村合作医疗和开展群众爱国卫生运动等方面，做了大量调查研究，提出不少好的建议。1940 年 6 月下旬，抗大一分校驻在山东沂蒙山区的鲁中根据地，正紧张筹备在“七一”召开该分校成立以来的第一次党代会，由校文工团演出节目，同时要创作新歌作为向党的生日和校党代会的献礼。为新歌作词作曲的创作任务，就分别交给了年仅 20 岁的校政治部宣传干事沙洪和年仅 22 岁的文工团副主任、鲁艺音乐系毕业的王久鸣。接受任务后，两位年轻人激动不已，灵感迸发，很快就完成了任务。沙洪用了 10 分钟就写好了歌词：“你是灯塔，照耀着黎明前的海洋；你是舵手，掌握着航行的方向。伟大的中国共产党，你就是核心，你就是方向。我们永远跟着你走，人类一定解放。”得到沙洪的歌词后，王久鸣也只用了 10 分钟就把曲谱写出来了。

于是，就诞生了这首唱遍全国、传唱至今的《你是灯塔》（又名《跟着共产党走》）……歌曲曲调流畅激昂，起伏自然，错落有致，首尾呼应，雄壮收尾。尤其是旋律并不复杂，却还容易传唱。为此，很快就在八路军各根据地传唱开来，然后又传给了远在长江南北的新四军根据地，最后传到了国统区甚至日伪占领的许多城市。抗日战争胜利后乃至在日益高涨的争民主、反独裁的学生运动中，随处都能听到这首歌的歌声。后来，在迎接解放军进城的群众集会中，人们也高唱此歌。百万雄师过大江，解放军开进上海时，电台每天播送的四首革命歌曲，就是《解放区的天》、《团结就是力量》、《打得好》和《你是灯塔》。更让两位作者自豪的是，1949 年 10 月 1 日，此曲还成了开国大典的演奏曲目之一。在举世瞩目的开国大典上，组建不久的中国人民解放军军乐团演奏的为数不多的曲目中就有《你是灯塔》。到了 1980 年，这首歌还被列为中国人民解放军总政治部文化部向全军推荐的十二首歌曲之一。

由此可见，真正的艺术作品，具有超越时空的生命力。尽管半个多世纪过去了，但今天听到《跟着共产党走》（《你是灯塔》）这首歌，许多人还是感到那么坚定有力、那样朝气蓬勃。中组部老部长张全景同志说，我非常喜欢这首歌，从 40 年代学唱，至今对它那坚定、凝练、响亮、朴实的歌词，雄劲、庄严、激昂、明快的旋律记忆犹新。但是，谁也没想到，这样一首脍炙人口的歌曲既给他们带来了殊荣，也带来了厄运。因为苏联文化代表团某个人的一句评价，这首脍炙人口、广为传唱的歌曲后来竟然被禁唱了。作曲者王久鸣被发配到河南一个小县城，先教高中，后教初中，再后教小学，最后全家被下放到农村，“文革”中惨遭迫害，眼睛被打坏。作为作词者的沙洪则于 1969 年被遣送到宁夏贺兰山下一家农场，从事体力劳动。直至 1973 年，才调回北京担任中医研究院党委副书记。粉碎"四人帮"以后，又任卫生部党组成员、政策研究室主任。

1978 年，沙洪同志调任中央组织部，先后任宣教干部局局长、副秘书长、中央干部教育领导小组和中央知识分子联系小组办公室负责人。其间，他在拨乱反正、平反冤假错案、落实知识分子政策、调动知识分子积极性和开创干部教育新局面等方面做了大量工作，协助领导制定相关的规章制度，取得了很好的工作效果，受到了胡耀邦等领导同志的赞赏和群众的好评。

1983 年，沙洪同志与夫人姚明白手起家，又创办了全国性的老年杂志《老人天地》。巧合的是，郑心永先生当年创办了《中国老年》杂志。两位老前辈、老革命、老报人竟然在同一年各自创办了一家有关老年题材的刊物，正可谓英雄所见略同。

为了加速干部教育的培养，沙洪同志于 1980 年发起并筹建成立了北京现代管理学院。作为党校教学补充形式的教学机构，北京现代管理学院 1985 年在京正式成立，沙洪同志担任了首任院长。在沙洪同志任职期间，为干部教育的社会化提出了很多新的思想和方法。后来，北京现代管理学院也因此荣获了中国成人高教协会民办高等教育委员会颁发的"创业奖"。

1986 年 3 月至 1988 年 7 月，沙洪同志再度出任要职，担任宋庆龄基金会副主席、党组副书记。此时，经组织推荐，沙洪同志作为编委会副主任来到了《民主与法制》社任职，先任总编，再任社长。

无论是担任总编还是转任社长，无论是工作作风还是工作风格，沙洪同志的朴实、热情、坦率、正派，都给民主与法制社同仁留下了非常深刻的印象。

2004 年 1 月 21 日，因病医治无效，沙洪同志在北京逝世，享年 84 岁。

根据沙洪同志的生前遗愿，他的骨灰于 2004 年 5 月 16 日隆重地安葬在他曾战斗过的地方——沂蒙沂南县东高庄《跟着共产党走》纪念碑旁。

王树人——曾经拒绝张春桥、姚文元"关照"的新闻官员

《民主与法制》杂志的第五任总编王树人先生，同样也是一位老革命、老报人。

1926 年 1 月，王树人同志出生于江苏南通的千年大县如皋。1946 年 4 月，王树人先生开始参加中国共产党上海地下组织，在中共地下学联特别宣传部工作，参与筹备出版地下《上海人民》报。解放后，进入《解放日报》社，先后担任记者、部主任、副总编辑。1978 年，调到中央宣传部，先后担任研究室副主任、宣传局局长，并参与创建中国职工思想政治工作研究会，曾任副秘书长、副会长。

离休前创办了《党建》杂志，担任总编辑。后经组织推荐，来到《民主与法制》担任总编辑。

作为一位老革命，也作为一位老报人，王树人先生最具传奇意义的是他的传奇婚恋与战地记者乃至拒绝张春桥姚文元的"特殊关照"等三段人生特写。

对此，王树人先生老家江苏南通如皋的江海明珠网讯记者彭伟作了详细报道。同为如皋中学的校友，又是县城一条街道的邻居，王树人先生与钱泽女士可以说是青梅竹马，但他俩的姻缘却发生在上海。

1947 年，钱泽女士中学毕业后，前往上海中正中学（由宋美龄赞助）继续学习。王树人此时

也在上海的新闻专科学校学习,但他已是一位富有革命经验的地下工作者。在王树人的影响下,钱泽渐渐接受了红色思想。王树人后来鼓励她一起参与地下活动,可以借助她的女学生身份掩护王树人的行动。尽管钱泽还不是一位党员,但在一次次惊险的行动中,两位新青年的革命情谊也渐渐化为恋人亲情。1948 年 11 月 26 日,两位年轻人在如皋拍摄了一张结婚照。王树人在照片背后深情地写道:“愿我俩——同心永结,永结同心。”

解放后,小两口都加入了《解放日报》队伍。可以说,在《解放日报》初期的工作与生活,是王树人和钱泽最快乐的一段婚后时光。

不料,到了反右运动爆发时,他们两人的命运就出现了风云突变。1957 年某一天,钱泽见到邻居家(报社某领导)夫妻吵架,便写了一张“两个共产党为何要吵架”的大字报。令今天的我们无法想象的是,大字报竟成为她“攻击党和领导”的“罪证”。于是,她成了“内定右派”,被迫离开上海和丈夫,先后下放到安徽等地。虽然被迫分开了,但他俩一直联系不断。

这样的日子大约持续了三年。有一天,报社某些人为了保证《解放日报》的“纯洁性”,竟然强迫王树人离婚。王树人当然不同意,最后几个人抓紧他的手在他们准备好的离婚协议书上签字。因为这是上面的安排,也因为那个时代的特殊情况,钱泽最后也被迫签字同意。于是,一对幸福夫妻就这样被生生地拆散了。

离婚后,王树人先生不得不重新组建家庭,但他坚持与钱泽通信。同时,他也鼓励钱泽女士重新组建家庭。无奈,被遣返回老家如皋的钱泽女士后来也重新组建了家庭。当时,王树人先生每月的工资是 168 元。他知道钱泽生活很困难,所以他每个月都要坚持给钱泽汇款 20 元。“文革”初期,突然有一天王树人来信告诉钱泽以后要靠她自己赚钱谋生了,但未说明究竟是什么具体原因。随后,20 元的生活费来源也就中断了。

过了不长时间,《解放日报》造反派从上海派人来到如皋责问钱泽:“王树人解放前是不是特务?如果是,希望你作证。”钱泽坚决否认,说:“王树人是 1946 年入党的党员,不是特务。”来人最后威胁道:“你要为你说的话负责,请你写下保证书保证王树人不是特务,如果将来发现王树人是特务,你将受到双倍的惩罚!”钱泽回敬道:“我保证他没有问题,保证书,写就写。”王树人先生退休后,曾经数次回到如皋看望钱泽,他对钱泽说:“谢谢你在‘文革’中救了我的命,你的保证书证明了我的清白。”

由于王树人后来的夫人和钱泽后来的先生都已离世数年,有人曾劝说王树人与钱泽两人复婚。王树人先生对此作了一个非常富有哲理与法理的回答:“当初我和钱泽离婚本就是不合法的,我俩谈不上合法离婚,何来复婚呢?”

2012 年 9 月 14 日,王树人先生与世长辞。去世前两天,他知来日不多,通过电话联系钱泽,反复叮嘱:“过去的一切,你不要放在心上;活得开心点,争取活到 100 岁。”正如王树人先生所愿,钱泽女士现在已过 90 高龄,正漫步走向她的百岁生涯。

1949 年 5 月 28 日,《解放日报》在刚刚解放的上海正式创刊。王树人与钱泽一起进入《解放日报》工作,王树人成为华东组记者,钱泽是生活福利科科员。此时,张春桥、姚文元等人也在《解放日报》任职。但是,因为张春桥是领导,有两个警卫,架子很大。所以,张春桥与王树人钱泽小两口并无直接工作交集。

可能是因为王树人的才华，也可能是因为王树人的为人，“文革”期间，张春桥和姚文元竟然看中了王树人，准备安排他去《人民日报》任领导职务。但是，王树人却一口拒绝了。自然而然，好酒不吃就要吃罚酒。于是，厄运随之而来，批判接踵而来。王树人被打倒了，并遭到了武斗。直到“文革”结束不久，王树人先生才重新复出，并被安排到中宣部任职。

王树人是一位爱写善写的记者，撰有《闽西人民坚持斗争二十年》《访问荣毅仁副市长》《朱副主席在上海化工厂》等文，很快在《解放日报》崭露头角。为此，他得到了时任《解放日报》社长恽逸群的赏识与器重。恽逸群是党内资深新闻学家，其《新闻学讲话》是解放区第一本新闻学专著。恽社长平易近人，友善下属，深得群众拥戴。

1950 年国庆节过后，王树人被派往福建。临行前，恽逸群找王树人谈话。他向王树人分析了当时的国际国内形势，东北有美国军队逼近，西南随时会遭到蒋军的攻击，一旦进入战争状态，他希望王树人要像战地记者那样，第一时间将前线的消息发回上海。另外，恽逸群告诉王树人，在闽西早年有一个红军支部，在红军总部长征后，他们还一直坚持斗争。所以，他特别交代王树人，此行一定要去核实和采访。说到此处，恽逸群取出自己随身携带的小手枪（内有四颗子弹）送给王树人，并说：“这支枪你带着，可能会有用，回来时还给我。”王树人不辱使命，花费数月在闽西采访，光荣完成了报社领导交给的任务，并交出了近 5 万字的写作文稿《闽西人民坚持斗争二十年》。此稿由恽逸群社长亲自审定和修改，并作为“重头戏”刊载在《解放日报》“纪念中国共产党成立三十周年”专版的头条位置。

当然，对《民主与法制》杂志来说，最值得一提的是，王树人先生在担任《民主与法制》总编的后期与时任《民主与法制》社长的王厚德同志共同拍板做出了将《民主与法制》杂志由月刊改为半月刊的重大决策。

半月刊出刊了，年近古稀的王树人先生也功成身退了。

王树人同志于 2012 年 9 月 14 日 21 时 10 分因病逝世，享年 86 岁。当时，已经改为旬刊的《民主与法制》杂志特发讣告，以示哀悼。

王强华——见证《实践是检验真理的唯一标准》出台的新闻人

说起第六任《民主与法制》总编辑王强华先生，其实与我还有校友之缘。

他是我们华东政法大学的首届毕业生，1953 年，王强华先生从华东政法学院毕业，分配到《光明日报》从事编辑工作。1981 年，在《民主与法制》杂志刚刚创刊一年有余的时刻。王强华发表了一篇重头之作《试论以法治国》，他在文中提出法治社会对一个国家的重要性。后来，在新闻出版总署主管报纸期间，王强华先生倡导文化繁荣、办报自由，为此给许多报纸批复了刊号，从而促成了中国报业一段时期繁荣发展的局面。所以，与其说我与王强华先生有校友之缘，还不如说是法治之缘。于是，才有了后来先后担任《民主与法制》杂志总编辑的缘分。

其实，王强华先生自己还有一个南京之缘。1933 年，王强华先生出生于江南名城南京，从此在这里成长长大，直到考上华东政法学院。后来在出任《光明日报》哲学组组长期间，又担任《实践是检验真理的唯一标准》的责任编辑，巧合的是，该文作者胡福明先生竟然也是南京人。

当然，对王强华先生来说，最重要的还是他的新闻之缘。从大学毕业到退休之后，王强华先生始终没有离开过新闻工作。

1977 年底至 1978 年 5 月，王强华先生一直忙于编辑历史之作《实践是检验真理的唯一标准》。1980 年，担任《光明日报》副总编辑。1987 年 4 月调任国家新闻出版署副署长，1993 年 9 月到龄卸任。在新闻出版署任职期间，积极参与筹建中国报业协会。1995 年起任中国报业协会副主席、常务书记。同时，还担任中国新闻法制研究中心主任，并被任命为中国新闻法起草小组组长，主持新闻法（草案）起草工作。1993 年 10 月赴深圳参与创办面向全国经济特区、经济技术开放区的《开放日报》（国务院特区办公室主办），并任总编辑。

1997 年 5 月，经组织推荐并应中国法学会盛邀，来到《民主与法制》杂志社任总编辑，直到 2004 年 4 月离任。

不过，最值得历史记载的还是王强华先生组织并编发了《光明日报》特约评论员文章《实践是检验真理的唯一标准》。1978 年 5 月 11 日，《实践是检验真理的唯一标准》横空出世！这篇刊登于《光明日报》头版、长 6338 字的历史雄文迅速点燃了真理标准大讨论。这不止是一场理论问题的讨论，更是一场政治问题的讨论。经过王强华历次改稿并编辑成文的《实践是检验真理的唯一标准》引发了全国的“大讨论”。

“大讨论”为党的十一届三中全会的召开奠定了思想与理论基础。有人说，引发“大讨论”的《实践是检验真理的唯一标准》一文，被称为当代中国第一份思想解放的宣言书，其实一点也不为过。

2008 年，在纪念改革开放 30 周年与关于真理标准问题大讨论 30 周年时，王强华先生对此也是感慨万千：1978 年发生的关于真理标准问题讨论，距今已有 30 年。按一般道理，已经过去了 30 年的历史事件，随着岁月的流逝，人事的变迁，一定会慢慢地从人们的脑海里淡出。但这一场“大讨论”并非如此，它虽然过去了 30 年，人们至今仍在纪念，尤其是在重大变革关头和改革开放进入攻坚阶段，更是如此。这不仅仅是因为它在历史上的重要价值，更重要的是它可以成为攻坚拔寨的锐利思想武器，特别是由于它反映的是人类认识中的一个基本问题，实践与认识的关系也即真理（人的正确认识）归根到底从哪里来、由什么来检验的问题。只要实践与认识继续存在，真理标准问题也就继续存在，始终会为人们关注。

这是一段令王强华先生深感欣慰的人生经历，但是还有一件让王强华先生始终无法忘怀的事情。去年我去王强华先生家里拜访，话题中谈到了当年他领衔主持新闻法起草的工作。他也认为，新闻法起草工作竟然 20 多年没有结果，实在令人牵挂与忧心。

李明信——一位弃医从文而成功转型的法制期刊老总

第七任《民主与法制》杂志总编辑李明信是一位散文作家，可以说是著述甚丰。

1975 年开始发表作品，40 多年来，曾著有散文集《真情》《散文初恋》《散文热恋》，短篇小说集《跑在火车头前面的人》(合著),新闻专著《作嫁日月》等各类体裁作品逾百万字。其中散文集《真情》1992 年在中国纪实文学研究会举办的散文集评奖中获优秀创作奖。发表作品时多以笔名木梓辛、都里等名义亮相,2008 年正式加入中国作家协会。

李明信总编早年学医,并于 1969 年毕业于上海铁道医学院医疗系。毕业后,进入铁道部从事医疗、卫生行政工作。1981 年调入《人民铁道》报社,开始从事新闻编辑工作。1984 年调入刚刚创刊四年的《中国法制报》(后改为《法制日报》)社,先后任编辑、主任、副总编辑。因为其多有散文与采访文章问世,于是当时曾有民间说法称他为"法制日报社的九大笔杆子"。1993 年,作为《法制日报》推荐的参评者,李明信同志获得了中国记协"首届韬奋新闻奖"提名奖。

1997 年,李明信同志调任司法部中华全国律师函授中心副主任。

2004 年,李明信同志调入中国法学会《民主与法制》社任总编辑,因此而成了《民主与法制》杂志的第七任总编辑。

作为一位资深法制新闻工作者,李明信同志对法制期刊的媒体监督价值深有研究。为此,他曾在中国青年报专门撰文发表看法。

李明信同志认为,理论上,没有谁反对舆论监督,甚至对其作用肯定有加。但在实践中,情况却复杂得多。

现在,媒体同仁谈到舆论监督,常认为是一只烫手山芋,拿着烫,丢下又不忍。说起感受,五味杂陈。就我个人的体会而言,当下开展舆论监督,需要进一步统一对其重要作用的认识,从而创造更加宽松的监督环境,与此同时,也要强化大局意识,规范监督行为。就此,我发表四点浅见。

首先,政府官员要树立允许监督的意识。现在常有这样的情况,某个地方、部门或官员出了问题,当地媒体无声无息,反而是全国性的报刊先"捅出来"。其实,消息来源就是当地记者,但他只能把稿子发给外报外刊,还会注明只署笔名。这种"捂盖子"的情况比较普遍,有些地方还出台十分严格的限制性规定,如果完全遵照执行,那么舆论监督基本无事可做。这里表现出来的最根本问题是如何认识舆论监督的积极作用。如果认为暴露问题、"揭短"只造成负面效应,那么肯定会使舆论监督无法立足。

其次,被批评方要把功夫下到改进工作上,而不是不遗余力地"灭火"。我供职的民主与法制社编辑出版《民主与法制》杂志和《民主与法制时报》,以我的工作经历,常常是采访的记者还没回来,成批的说情者、告状者、反映情况者,就通过在京的各种关系捷足先登,找社长找总编辑找主管副总编辑,目的只有一个:灭火。他们多数受领导指派,其中不乏当地宣传干部,声言只要不发稿,有什么要求只管提。一次谈不成,就两次三次地磨,不达目的不罢休。动用的关系中,既有我们的熟人、同事,也有他们在领导机关的老乡、朋友。有些关系人不问是非曲直,只要"受君之托",就"忠君之事"。有时从权力部门来电话打招呼,干预某个稿件,也弄不清是组织意见还是个人意见。于是问题变得复杂化,本来正当的舆论监督,在错综复杂的关系中,有的只好流产。被批评方虽然信誓旦旦"回去彻底整改",但事实表明,那些违法乱纪、危害环境、侵害民生之类的行为,往往依然如故。

再次，要对舆论监督带来的正面和负面影响坚持客观公正的评价，以全社会利益为前提，给予舆论监督更大的宽容度，而不是以地方、部门、行业的利益，作为判断舆论监督成败的标准，从而减少媒体的后顾之忧。媒体刊登批评性、揭露性、问题性报道，登不登，登多少，怎么登，都会面临怎样把握分寸的难题。比如，记者采写一篇文章，旨在揭露腐败、关注民生，被批评方则认为有损政府、政法机关形象或影响社会稳定，等等。服从谁呢？这个分寸有时就很难把握。安徽巢湖四名学生被错当杀人嫌疑人关押，是否应该公开报道？媒体与办案机关站在各自的角度，态度可能截然不同。我以为见报是对的，对全国都有警示作用。发内参当然可以，但内参的作用代替不了公开报道，强调舆论监督的“度”完全必要，但“度”不应变成越严越好，因为什么事情都是物极必反。

最后，媒体应牢记自己的政治责任和社会职能，要避免浮躁，真正做到帮忙而不添乱。因此，弘扬正义、客观公正，必须成为媒体开展舆论监督的操守底线，否则就要承担相应的责任。同时，国家应该对媒体怎样在坚持社会效益第一的同时，合法地取得更好的经济效益，给予更多的关注和引导。在对某些舆论监督出现反对声音的时候，希望有关领导部门认真听取双方的意见，因为并非谁的“来头大”谁就占有真理。

李明信同志这一番意见与看法，既是一位资深法制期刊老总的心得与经验，更是一个有关舆论监督研究的心声与成果。

2010 年夏天，李明信同志光荣退休。于是，《民主与法制》杂志总编的接力棒就传到了笔者手中。

当时，李明信同志对我说，你来接任总编，也算是一个华政之缘。因为当年《民主与法制》的创刊，正是借用了华东政法大学《法学》杂志的刊号。如此说来，我与李明信同志其实也有一个法制媒体人之缘。当李明信同志在《法制日报》做得风生水起之时，我则在与《法制日报》一样同属司法部管理的法律出版社《法律与生活》杂志供职。当时谁也没想到，20 多年后的 2010 年，我们竟然成了前后任关系。

现在，已经进入古稀之年的李明信同志正处于乐享退休生活状态，偶尔出门远足旅游或者与老同事老同学聚聚，大多时候是在家写写诗词、发发微信，可谓悠哉游哉，令人羡慕。

从名誉社长开始说起的社长传奇故事

作为我国创刊最早的法制期刊，无论是发行量还是影响力，《民主与法制》确实创造了许多传奇。不仅杂志成了中国的传奇，在我之前的前任老总们也都成了传奇。可以说，因为《民主与法制》杂志的诞生与发展，也因为他们本身的神奇经历与不凡成就，他们一个个都成了传奇。

需要说明的是，同样神奇、同样具有传奇色彩的还有民主与法制社的社长们。

首先需要重点介绍的是我们的名誉社长王仲方同志，这是一位无产阶级革命家，也是一位中国法学界的著名社会活动家。

王仲方同志 1921 年出生于安徽省芜湖市，曾就读于浙江大学，毕业于延安军政大学。1937 年参加革命，曾任抗日军政大学、泽东青干校、延安民族学院教员、华北局社会部科长。新中国成立后任公安部办公厅副主任、罗瑞卿部长政治秘书、青海省委常委兼省委秘书长、省政法领导小组组长。“文革”中，受到林彪集团迫害，被关进监狱五年多。粉碎“四人帮”后，先后担任中国社会科学院党组成员、副秘书长兼法学研究所所长，中共中央宣传部办公厅主任，国家对外文委副主任，中国法学会党组书记、会长，中共十三大代表、全国政协法律委员会副主任等领导职务。同时，还曾经担任过中国国际文化交流中心总顾问、海峡两岸法律问题研究会会长、中国法律咨询中心理事长、《中国法律年鉴》编辑委员会主任委员、中国人民对外友好协会理事、亚洲和太平洋地区法律协会中国理事、美国全美律师协会荣誉会员、法国比较法学会会员等诸多领导职务。

当然，王仲方最看重的还是《民主与法制》社名誉社长这个身份。上述职务其实都已经成了过去完成时，只有《民主与法制》社名誉社长这个职务还是现在进行时。其实，早在1954年，王仲方同志就与新闻出版工作结缘了。那年，公安部决定筹办内部教育刊物“公安手册”，也就是现在的《人民公安》。时任公安部办公厅主任刘复之同志任编委主任，王仲方同志为首任总编。不久，公安部筹办群众出版社，刘复之担任社长，王仲方则出任副社长。

2009年10月，在《民主与法制》创刊30周年的纪念大会上，作为中国法学会原会长、民主与法制社名誉社长，王仲方同志发表了热情洋溢的讲话：我是《民主与法制》杂志最老的朋友，是《民主与法制》积极的支持者，也是《民主与法制》历史的见证人。所以在《民主与法制》30周年纪念的时候我应该讲几句话。《民主与法制》创刊30周年，是值得庆贺和纪念的。30年来，在法治建设的过程中，搞一本《民主与法制》杂志是很不容易的，遇到了很多的困难。但是，在中国要想办一本真正的《民主与法制》，不惹点祸是不可能的。要勇于前进，也要秉公说话。《民主与法制》是有这个勇气的。我认识《民主与法制》是从上海弄堂的黑板报上开始的。上海的弄堂文化做得很好，弄堂里的黑板报都把老百姓最关心的、最想知道的事情写在上面。我的亲戚在上海的弄堂里住，我经常去看他。我几次发现上海弄堂里的黑板报上都写的是从《民主与法制》上选登的文章，作为对老百姓的法制知识教育。一次、两次，总是看到，就引起了我的注意，这个杂志怎么这样地深入群众之中？这样地为群众喜闻乐见？这样我就接触了《民主与法制》，重视了这份杂志。从此跟《民主与法制》结下了不解之缘，一直到现在。《民主与法制》30年的时间里，我的贡献不多，我90岁了，作为《民主与法制》的名誉社长，我要在我的有生之年仍为《民主与法制》做我力所能及的事情。

从王仲方同志那年的回顾讲话到现在，又是七年过去了。自从1982年底，王仲方同志到中国法学会任党组书记、常务副会长，尔后于1986年5月担任中国法学会会长，再到1991年5月中国法学会第三次代表大会卸任中国法学会会长职务，也是25年过去了。

老人家现在已经95岁了，身体矍铄、思路清晰、腿脚灵便、表达流利。尤其值得一提的是，他还在诸如《解放日报》《文汇报》发表连载文章，回忆那个激情燃烧的年代和那些出生入死的岁月。其中汇编成册并正式公开出版的《延安风情画：一个“三八式”老人的情思》与《永远的延安：我们的青春岁月》等重头之作，影响最大、反响最多。如果说前者是一首刻骨铭心的革命之歌，后者就是一首慷慨激昂的青春之歌。字里行间，无不洋溢着时代青春的气息；跨越时空，无不充满着延安精神的光芒。于是，一位与党同龄的“老延安”的真情回忆，就成了闪闪发光的历史档案。

不仅如此，见证了中国法学会9年发展进程的王仲方会长，还专门为法学会的功能定位发表介绍性文章。有一次，王仲方参加河北省法学会一届三次理事会会议，他发现因为法学会成立的时间不长，不少与会同志对于法学会的任务理解得还不够深刻，对法学会的职能存有疑问。为此，王仲方在《民主与法制》杂志专门写了一篇文章《法学会是干啥的？》。

现在，一般不会再有人询问中国法学会是干什么的了。因为通过其下属的《民主与法制》社等媒体兢兢业业地宣传推广，已经让越来越多的人知道，中国法学会作为中国共产党领导下的“三个团体、一个重要组成部分”（即人民团体、群众团体、学术团体和中国政法战线重要组成部分），在政治上，要始终和党中央保持高度一致，对法治领域的重大问题，要按照中央的精神进行研究、探讨和宣传；在服务对象上，要服务于法学会的中心工作，坚持以法学法律工作者为本，把中国法学会办成“法学法律工作者之家”。

作为中国法学会主管的媒体，《民主与法制》杂志也已经进入了创刊37年的关键时刻，现在的《民主与法制》已经由半月刊发展到旬刊乃至周刊了。作为名誉社长，王仲方同志一直很关注杂志的每一步发展与改革。他对《民主与法制》发展成为国内第一家法制周刊，表示大力支持，也深感欣慰。

有一位老革命家虽然没有担任《民主与法制》杂志的社长，但曾出任过编委会主任（事实上，那时的编委会主任就相当于后来的社长）。他就是1988年3月至1989年12月期间，担任编委会主任的中国著名语言学家、宗教学家、出版家、辞书编纂家、杂文家罗竹风先生。此时，后来成为第四任总编的沙洪同志则是编委会副主任。

在《民主与法制》杂志由上海社科联向中国法学会移交主管关系的过程中，这位能文能武的老革命家起到了定海神针的巨大作用。

1911年出生于山东省平度市蟠桃镇（那时还是蟠桃乡，现在已经属于城关街道了）的罗竹风先生，原名罗震寰，是一位地道的科班生。1935年，他毕业于北京大学中文系、哲学系。

1937年，从执教的青州中学罢教回乡，同乔天华组织起平度第一支抗日游击队。1938年，加入中国共产党，任《抗战日报》社社长，八路军胶东五支队秘书长、宣传部长，胶东文化联合社编委，胶东文化协会副会长、常务委员。1940年，任平度县县长。1943年，任胶东文化协会研究部部长、胶东公学教务长。解放战争期间，任山东大学军代表等职。

新中国成立后，罗竹风先生历任山东大学教务长，华东、上海市宗教事务处处长，上海市出版局代局长，上海市社联主席，《辞海》常务副主编，《汉语大词典》主编，《中国大百科全书·宗教卷》主编，《中国人名大词典》副主编，《中国社会主义宗教问题》主编。同时，还曾主持编著有《中国社会主义时期的宗教问题》《宗教通史简编》《宗教学概论》等专著。另外，还著有《杂家与编辑》《行云流水六十秋》等作品集。

在出任《民主与法制》杂志编委会主任前后，罗竹风先生还曾任上海哲学社会科学学会联合会主席，上海市语言文字工作委员会主任，中国语言学会第一届副会长，中国宗教学会副会长，中国出版工作者协会第一届理事、第二届顾问，上海文学会会长，上海宗教学会会长，上海杂文文学会会长。同时，他还是上海市第七、八届人大代表、常委。罗竹风先生早年曾学习世界语，一直热心世界语事业，支持上海世界语协会开展工作，是世界语之友会成员。

1996 年 11 月 4 日，罗竹风先生在上海病逝，享年 86 岁。

2011 年 11 月 25 日，是罗竹风先生诞辰 100 周年的日子。

全国乃至世界都在聚焦这位文化老人，上海哲学社会科学界召开专题座谈会，纪念这位我国著名的语言学家、宗教学家、出版家、辞书编纂家、杂文家以及上海思想文化战线的优秀领导干部。平度市政府正式将罗竹风故居列入平度第三批市级文物保护单位，因而使罗竹风先生故居得以保护。平度市广播电视局派出精干力量，远赴上海，采访罗老生前老部下、老朋友和罗老亲属拍摄专题片《修竹高洁　风范永存》。平度市新闻中心派记者专程赴上海，参观罗竹风生前工作、生活的地方，采访了在上海各界举足轻重的老领导、老专家和老学者，还有曾经他的同事、朋友及他在上海的亲属，最后写就了纪念长文《竹深风自凉　风范永长存》。“罗竹风诞辰 100 周年纪念封”从平度发往全国各地，罗老的生前好友、他工作过的单位，乃至国外友人都相继收到了这封设计精巧、内涵丰富的纪念封。纪念封由罗竹风小女儿策划，平度市邮政局制作发行。山东大学在其校报上刊发《罗竹风与山东大学》等纪念文章，让山大人再一次领略作为老领导、老教授的罗竹风先生的风采。

原《民主与法制》社长、总编辑丁柯老人给纪念封设计者孙志斐的回信中写道：“非常高兴收到你寄来的纪念罗老 100 诞辰纪念封。罗老是我最尊敬的长者之一。他的晚年是《民主与法制》杂志社的领导者，我是杂志社总编辑，在他的支持下，一起工作长达十年。这段经历，我认为是罗老一生最辉煌的。”

媒体报道认为，罗竹风，这位集“五大家”于一身的大师，无意立名、立传，但人格风范、道德情操和学术文章却长存人间。平度媒体呼吁，让我们追忆大师的足迹，光大大师的精神，永远纪念这位平度县“老县长”，平度人民优秀的儿子。

同样，我们《民主与法制》杂志对这位德高望重的老人、功勋卓著的战士的怀念，也将随着岁月的沉淀而更加深沉而绵长、深切而恒久。

在《民主与法制》37 年来的发展进程中，开始是只有总编没有社长，后来有一段时间是既有社长也有总编。此后又出现了或有总编没有社长、或有社长没有总编的阶段。比如 1995 年至 1997 年，当时只有王厚德同志主持工作；而 1997 年至 2004 年，则只有王强华同志主持全社工作。直到 2004 年，才真正出现了社长与总编同时任职的情况。

值得一提的是，1994 年至 1997 年任职的《民主与法制》社长王厚德同志，做了一个大胆而勇敢的决定，那就是将《民主与法制》由月刊改为半月刊，使《民主与法制》的发展又踏上了一个新台阶。

王厚德同志 1933 年生于江苏镇江，1951 年 2 月加入中国共产党。1952 年，在中国人民大学计划经济系学习。1958 年毕业于莫斯科普列汉诺夫国民经济学院贸易经济系。1950 年任江苏镇江团工委办公室秘书、镇江市委宣传部干事。1958 年，任商业部计划局长期计划处科员。

1962 年，任全国供销合作总社计划局科员、政策研究室副处长。1970 年，任商业部商管组、商管局负责人、办公厅副主任、主任、党组成员，全国供销合作总社理事会主任。1983 年，任全国人大常委会副秘书长、党组成员、党组副书记，后又任全国总工会执行委员会副主席。1988 年 10 月至 1993 年 10 月，调任全国总工会书记处书记。

1997 年，王厚德同志卸任中国法学会《民主与法制》社长。1998 年 3 月，王厚德同志任九届全国政协常委、社会和法制委员会副主任委员。此前，王厚德同志曾任第七届全国人大常委会委员，第八届全国政协常委。

现在，进入耄耋之年的王厚德同志依旧身体硬朗、心态平和，在北京木樨地自己温暖的家里享受着幸福晚年。

在王厚德同志卸任社长相隔 7 年之后，《民主与法制》迎来了新社长胡永朝同志。胡永朝社长曾经是一位在军队政法岗位任职的军人。所以，从部队转业时自然就到了属于中央政法委的中国法学会。

2004 年，在新一届中国法学会领导诞生后，新一任《民主与法制》社领导也随之组建了。按照中国法学会党组的安排，胡永朝同志与李明信同志同时到《民主与法制》社分别出任社长与总编。两位社领导相互配合、相互支持，从而使《民主与法制》社的工作又进入了一个良性循环的阶段。

2010 年 5 月，按照中国法学会党组的安排，周占华同志与我同时被任命为《民主与法制》社常务副社长与《民主与法制》杂志副总编。令我们感动又感谢的是，中国法学会党组在任命书中还给我们俩各自加了一个括号，括号里的文字是“正局级”。

2011 年 6 月，经过了一年的任职试用期考察后，周占华同志被任命为《民主与法制》社党委书记、社长，我则被任命为《民主与法制》杂志总编辑。由此，揭开了《民主与法制》杂志第一次由 40 多岁年纪接任社领导的历史。从那时到现在，六年过去了，我们俩也均已进入年过半百的知天命之年了。

转眼之间，《民主与法制》杂志也已由当时的半月刊发展为 2011 年的旬刊乃至 2016 年的周刊。

现在，创刊 37 年的《民主与法制》杂志又一次站到了一个新的起点上。

37 年来，在中国法学会党组的正确领导下，《民主与法制》杂志认真贯彻执行党的宣传工作方针，以让读者满意为办报办刊标准，既重视法制宣传，又重视民主宣传；既坚持正确的舆论导向，又重视合法的舆论监督；既配合形势积极宣传中央精神，又体察民情重视反映群众呼声；既作宏观阐释，又作个案报道；既重法，又重情理，形成了融新闻性、思想性、战斗性、服务性、可读性为一体的办报办刊办网风格，深受广大读者和网友的喜爱。

37 年来，在民主与法制社党委的统筹部署下，《民主与法制》杂志始终紧跟国家民主法制建设步伐，始终坚持弘扬正义、关注民生、宣传法制、服务百姓的办刊宗旨，并以其前所未有的法治视角、发人深省的案例报道、耐人寻味的特色评论……在全社会播撒民主、法治、文明的种子，启蒙了一代人的法律意识、法制观念、法治思想，在我国依法治国、建设社会主义法治国家的进程中,作出了不同凡响的成就,镌刻了独特而深刻的历史印迹。

37 年来,在历任社领导与全体同仁的共同努力下,《民主与法制》逐渐成长为一家具有较大影响力、拥有较高知名度的中央级法制类刊物。《民主与法制》杂志先后荣获中政委、中宣部、司法部、新闻出版总署等领导机关授予的"首届国家期刊奖""全国十佳读物""中国法律类核心期刊""全国法制好期刊""全国普法宣传教育先进单位""全国百种重点社科期刊奖""全国社会科学期刊优秀时事政治期刊奖""中国期刊方阵"的 48 种"双奖"期刊之一等奖项。1998 年 4 月,由国家统计局中国经济景气监测中心等单位完成的《98 中国城市居民消费形态调查结果》,把《民主与法制》列为颇具影响力的杂志。在北京,居民将它列为"经常阅读的杂志"之一;在上海,居民同样认为它是"最受居民欢迎的杂志"。1998 年 9 月,中国人民解放军总政治部、总后勤部发出通知,把《民主与法制》列入全军《订阅报刊标准》,规定为连队、营部必订的十种刊物之一。

党和国家领导人叶剑英、彭真、李鹏、乔石等先后多次为民主与法制"一刊一报"题词勉励。

作为一本法制期刊,37 年来,《民主与法制》从创刊到辉煌,从上海到北京,无疑达到了一个最高境界。但是,《民主与法制》仅仅是一个刊名吗? 改革开放 30 多年来的历程,难道不正是追求民主与法制、崇尚民主与法制、张扬民主与法制的真实写照吗?

其实,"民主与法制"不仅仅是一个刊名,而是一个口号,也是一种追求,更是一种制度。如果说,民主与法制是一句口号,那就表明我们都希望将其作为一种理念而深入人心;如果说,民主与法制是一种追求,那就表明我们都希望全社会以此真正奉行法律至上的理念;那么,如果说民主与法制是一种制度,那就表明我们都希望"民主与法制"既不再仅仅是一个口号,也不再只是一种理念,而是一种不再因领导人的变化而变化,也不再因领导人注意力的转移而转移的习惯和准则。

让我们为"民主与法制"继续努力,让我们向《民主与法制》前任总编以及历任社领导致敬!

永无止境的追求

——《民主与法制》40年的坚持与努力

1979年8月，一本叫作《民主与法制》的杂志在上海创刊了。

那时，党的十一届三中全会刚刚驱散“文革”阴霾……

那时，五届全国人大二次会议上刚刚史无前例地同时颁布了七部法律（即《刑法》《刑事诉讼法》《地方各级人民代表大会和地方各级人民政府组织法》《全国人民代表大会和地方各级人民代表大会选举法》《人民法院组织法》《人民检察院组织法》以及《中外合资经营企业法》）……

那时，一些政法部门（如司法部直至1979年9月才恢复），包括我的母校华东政法大学在内的政法院校还没有恢复招生（当时只有西南政法大学刚刚恢复招生）……

那时，我国律师工作刚刚进入恢复重建的议事日程，当时正由各地法院系统出面着手筹建“法律顾问处”……

可以想象，历尽“文革”劫难的中国人是多么渴望“民主与法制”的春天早日来临啊！在这种背景下，“民主与法制”首先是作为一句口号，其次才作为一个刊名，就在党的一大会址所在地上海正式诞生了。

第一份法治期刊诞生记

1978年，刚刚恢复工作的郑心永先生被安排到上海市社会科学联合会工作。此时，恰逢党的十一届三中全会召开。十年浩劫中亲眼目睹民主与法制遭受践踏的郑心永先生，开始萌发了创办一份与民主与法制有关的刊物的想法。当时，全国还没有一份法治期刊。于是，在上海市领导夏征农、魏文伯与上海哲学社会科学学会联合会（当时简称“社联”，后来才叫“社科联”）领导徐盼秋的指导支持下，经过多方协调，借用当时尚未复校的华东政法学院被停刊多年的《法学》刊号，于1979年8月终于创办了全国第一家法制月刊《民主与法制》。

创办之初，杂志一无行政经费，二无人员编制，全体人马只有两个半人（包括一位兼职的）。为此，他们承担了组稿、发稿、校对、联系印刷、发行及其他杂务等所有工作。当时，“社联”与上海社科院共用一个大楼。《民主与法制》杂志办公的地方，就是一间从“社联”借来的像“鸽笼”一样狭小的房间。同样，办公桌也是借来的。正如后来郑心永先生回忆所说，“由于顺应了当时的形势，为群众说话，特别是为受屈的伸张正义，批判伪法律‘公安六条’，揭露丑恶现象，引起了社会注意”。因此,刚刚创办的《民主与法制》立即受到了全国各地的广泛欢迎,第二年就从创办之初的两万份猛增到期发80万份的订数。

1982年,《人民日报》以“做党和群众的喉舌”为题,对《民主与法制》杂志作了专门报道。报道认为,《民主与法制》之所以越办越出色,是因为有正确的办刊方向:一是贯彻三中全会精神,坚持四项基本原则,及时宣传党的政策;二是努力把刊物办成群众的刊物,充分反映人民群众当家作主的精神。为此,《民主与法制》一举成为全国知名刊物,以至于今天许多人还对这本杂志津津乐道,甚至是念念不忘。

三年后,郑心永从《民主与法制》杂志总编辑岗位卸任了。

七任总编的努力与坚持

1982年,受组织委派,年过花甲的丁柯先生来到民主与法制杂志社,先任总编辑,再任社长。他在任期间,又创办了《民主与法制画报》(后改名为《民主与法制时报》),从而将民主与法制社“一报一刊”推向了顶峰,杂志最高发行量曾达到近300万份。许多人对那个年代的《民主与法制》印象深刻、迄今难忘的美好记忆,主要就是指丁柯先生担任总编辑的《民主与法制》最风光的时代。

2009年10月27日上午,纪念《民主与法制》杂志创刊30周年座谈会在北京人民大会堂举行。与会人士充分肯定了《民主与法制》30年来的办刊成绩和经验,并对该刊继往开来、更好地担当媒体责任寄予厚望。

作为唯一一位出席纪念座谈会的前总编辑,丁柯先生深情地回忆起了当年的激情岁月。他说:“30年前,党的十一届三中全会决定拨乱反正,终结‘和尚打伞’。改革开放掀开了中国历史上崭新的一页。《民主与法制》适应历史发展潮流,应运而生,抚育她的正是我们党的许多英雄前辈。我们都记得,就在这座人民大会堂和北京饭店,老前辈们有过多少次聚会?王首道、伍修权、刘英、曾志、曾三、陈丕显、张友渔、夏征农、罗竹风……他们都是《民主与法制》的创始人,真正的掌舵人;五、六两届全国人大常委会委员长——1979年9月,叶剑英委员长;1984年12月,彭真委员长,都情意恳切地为《民主与法制》题词,刊名就是彭真同志亲笔题写的。党的老前辈对于伟大的人民共和国建设和加强社会主义民主和社会主义法制的殷切期望,永远深深地刻印在《民主与法制》工作人员的心坎里。”

1987年,《民主与法制》杂志的上级主管机关由上海社科联改为中国法学会。

从1990年开始,《民主与法制》杂志陆陆续续迁到北京办公,上海编辑部主要负责《民主与法制画报》编辑出版工作。为此,作为新一任在北京办公的总编辑,钟沛璋走马上任了。

因为种种原因,钟沛璋任职时间实际上只有短短的一年。尽管如此,当时的编辑记者对他印象深刻。尽管他大多数时间是在北京,但也经常到上海编辑部去。他到上海时一般住在延安饭店,那时上海的最高领导江泽民同志还去饭店看望他。由此可见,他在党内是很有身份的。所以,大家认为钟沛璋总编辑是一位有水平、有思路、有身份的业务型领导。

与钟沛璋一样,《民主与法制》杂志的第四任总编辑沙洪任职时间也不长。不过,与钟沛璋不同的是,沙洪在担任总编辑一年多之后就转任社长了。无论是担任总编辑还是转任社长,无论是工作作风还是工作风格,沙洪的朴实、热情、坦率、正派,都给民主与法制社同仁留下了非常深刻的印象。

当然,对《民主与法制》杂志来说,最值得一提的是,王树人在担任《民主与法制》总编辑的后期与时任《民主与法制》社长的王厚德同志共同拍板作出了将《民主与法制》杂志由月刊改为半月刊的重大决策。

1997 年 5 月,经组织推荐并应中国法学会盛邀,从国家新闻出版署副署长职位上退休不久的王强华同志来到《民主与法制》杂志社任总编辑,直到 2004 年 4 月离任。

2004 年,法制日报社副总编辑李明信同志调入中国法学会民主与法制社任总编辑,因此而成了《民主与法制》杂志的第七任总编辑。

正是在七任总编辑的努力下,《民主与法制》逐渐成长为一家具有较大影响力、拥有较高知名度的中央级法制类刊物。《民主与法制》杂志先后荣获中政委、中宣部、司法部、新闻出版总署等领导机关授予的"首届国家期刊奖""全国十佳读物""中国法律类核心期刊""全国法制好期刊""全国普法宣传教育先进单位""全国百种重点社科期刊奖""全国社会科学期刊优秀时事政治期刊奖""中国期刊方阵"的 48 种"双奖"期刊之一等奖项。1998 年 4 月,由国家统计局中国经济景气监测中心等单位完成的《98 中国城市居民消费形态调查结果》,把《民主与法制》列为颇具影响力的杂志。在北京,居民将它列为"经常阅读的杂志"之一;在上海,居民同样认为它是"最受居民欢迎的杂志"。1998 年 9 月,中国人民解放军总政治部、总后勤部发出通知,把《民主与法制》列入全军《订阅报刊标准》,规定为连队、营部必订的十种刊物之一。党和国家领导人叶剑英、彭真、李鹏、乔石等先后多次为《民主与法制》杂志题词勉励。

从半月刊到旬刊再到周刊的蜕变

23 年前,《民主与法制》杂志从月刊改为半月刊;6 年前,《民主与法制》杂志从半月刊改为旬刊。伴着依法治国的步伐,带着永不止步的追求,怀着破茧成蝶的梦想,经国家新闻出版广电总局批准,2016 年 1 月,《民主与法制》杂志正式由旬刊改为周刊。

《民主与法制》杂志走过的每一步,都离不开一路陪伴、一起成长的数十万读者、作者及给予关心和支持的社会各界人士。

改周刊后的《民主与法制》杂志,全彩印刷,并对栏目及内容作了相应的调整,增加了法治、经济、热点等栏目版块,更具有新闻性,也更接地气,删去了旬报、服务等跟网站、微博、微信新媒体内容重叠的栏目。按照当时的杂志定位,要通过优势互补和不断创新,与数十万的广大读者一起将《民主与法制》杂志打造成中国最有影响力的法治类新闻周刊。

改为周刊后的《民主与法制》,以更专业、深刻、严谨的精神,每期努力做好一个封面主题,着力解决发行量和影响力的两大难题,用力平衡深度与速度、宣传与监督、趣味与品位等三大矛盾,大力完善制度改革、案件追踪、事件挖掘、现象分析等四种报道,以及时引导社会焦点热点事件,反映群众呼声,弘扬社会正义,关注百姓生活,普及法律知识,倡导文明新风,抨击违法犯罪行为,从而真正办成一份主流、权威、有影响力的法治周刊。

未来的《民主与法制》,希望能和数十万朋友们一起,在法治中国的背景下,以法治建设的见证者、司法改革的鼓吹者和法学前沿的探索者的身份,通过一篇篇法治报道的潜移默化,使尊法守法成为全体国民的共同追求和自觉行动。

新任领导班子站在新起点上

2010 年 5 月,按照中国法学会党组的安排,周占华同志与我同时被任命为民主与法制社常务副社长与《民主与法制》杂志副总编辑。令我们感动又感谢的是,中国法学会党组在任命书中还给我们俩各自加了一个括号,括号里的文字是"正局级"。2011 年 6 月,经过了一年的任职试用期考察后,周占华同志被任命为《民主与法制》社党委书记、社长,我则被任命为《民主与法制》杂志总编辑。由此,揭开了《民主与法制》杂志第一次由 40 多岁年纪接任社领导的历史。从那时到现在,八年过去了,我们俩也均已进入年过半百的知天命之年了。转眼之间,《民主与法制》杂志也已由当时的半月刊发展为 2011 年的旬刊乃至如今的周刊。

现在,即将迎来创刊 40 年的《民主与法制》杂志,又一次站到了一个新的起点上。

这些年来,在中国法学会党组的正确领导下,《民主与法制》杂志认真贯彻执行党的宣传工作方针,以让读者满意为办报办刊标准,既重视法制宣传,又重视民主宣传;既坚持正确的舆论导向,又重视合法的舆论监督;既配合形势积极宣传中央精神,又体察民情重视反映群众呼声;既作宏观阐释,又作个案报道;既重法,又重情理,形成了融新闻性、思想性、战斗性、服务性、可读性为一体的办报办刊办网风格,深受广大读者和网友的喜爱。

这些年来,在民主与法制社党委的统筹部署下,《民主与法制》杂志始终紧跟国家民主法制建设步伐,始终坚持弘扬正义、关注民生、宣传法制、服务百姓的办刊宗旨,并以其前所未有的法治视角、发人深省的案例报道、耐人寻味的特色评论……在全社会播撒民主、法治、文明的种了,启蒙了一代人的法律意识、法制观念、法治思想,在我国依法治国、建设社会主义法治国家的进程中,作出了不同凡响的成就,镌刻了独特而深刻的历史印迹。

作为一本法制期刊,39 年来,《民主与法制》从创刊到辉煌,从上海到北京,无疑达到了一个最高境界。但是,"民主与法制"仅仅是一个刊名吗? 改革开放 30 多年来的历程,难道不正是追求民主与法制、崇尚民主与法制、张扬民主与法制的真实写照吗?

其实,"民主与法制"不仅仅是一个刊名,而是一句口号,也是一种追求,更是一种制度。如果说,民主与法制是一句口号,那就表明我们都希望将其作为一种理念而深入人心;如果说,民主与法制是一种追求,那就表明我们都希望全社会以此真正奉行法律至上的理念;如果说民主与法制是一种制度,那就表明我们都希望"民主与法制"既不再仅仅是一句口号,也不再只是一种理念,而是一种不再因领导人的变化而变化,也不再因领导人注意力的转移而转移的习惯和准则。

原载《民主与法制》2018 年第 18 期

做一名记者编辑究竟有多好？

很多人好奇，一个人从事一份工作30余年，究竟是怎样一种体验呢？一个人一直做一件自己喜欢做的事情，到底是一种什么感觉呢？

记得还是在中学时代，不记得是一种什么动因，在自己的内心深处，竟然萌发了这一辈子一定要当记者编辑的梦想。

幸运的是，我这个梦想竟然实现了。更幸运的是，因为这个梦想，我还荣幸地获得了中国期刊协会颁发的"从事期刊出版工作30年"荣誉证书和中华全国新闻工作者协会授予的"从事新闻工作三十年"荣誉证书。

因为一个梦想

1985年7月，我从华东政法学院法律系如期毕业。在年级办主任刘正浩老师的关心和动员下，我来到了北京。如我所愿，我被分配到了新闻出版单位——法律出版社。从此，就开启了自己梦想的新闻出版工作生涯。从那时到现在，除了从事了一年的图书编辑和一年参加中央讲师团赴河南支教之外，我始终如一地在从事办刊工作。

在《法律与生活》杂志8年，让我从一名助理编辑一直做到了副主编。在担任副主编后，一方面，我进一步加强学习，同时在采编业务上，积极开辟稿源，认真探索采编业务，努力提高采编水平；另一方面，在广告、发行及经营上，大胆开拓新路子，积极探索新渠道。经过大家的共同努力，编辑部面貌有了较大的改善，社会效益和经济效益有了大幅度的提高。可以说，在《法律与生活》杂志的8年工作经历，既是我从事办刊工作的起点，也是我积累办刊经验的福地。

1995年底，我响应司法部"重中之重"的律师改革召唤，调到了中华全国律师协会工作。在时任司法部部长肖扬、副部长张耕、全国律协秘书长杨金国的大力支持下，我荣幸地走上了《中国律师》杂志社负责人的岗位。

作为《中国律师》杂志总编辑，因为司法部领导和全国律协领导的高度信任和大力支持，我在这里获得了前所未有的成长机会和发展空间，带领大家对杂志的内容和形式进行了颠覆性的改革。任职第二年，就将小16开48页的《中国律师》杂志变成了大16开96页的大型刊物。同时，团结大家进行了经营发行的突破性改革。任职不到一年就一举实现了扭亏为盈的基本目标。最重要的是，带领大家举办律考培训班、开展专业研讨会、发起杂志协办单位，从而有效地拓展了思路、扩大了影响力。于是，从适应到改革、从改革到发展、从发展到创新，一晃就是11年。在这11年里，《中国律师》杂志的发行量从几千份增长到近6万份，影响力从律师界扩展到了政法界与学术界。

2006年10月，我又来到团中央工作，负责主编中国青少年犯罪研究会主办的《青少年犯罪研究》。这是一本于1982年创刊的学术期刊，当时还属于内部期刊。现在，该刊刊名已经改成《预防青少年犯罪研究》，最重要的是已经成为公开出版的学术期刊了。

2010年6月9日，时任中国法学会党组书记、常务副会长刘飏同志代表党组找我谈话。于是，我成了《民主与法制》杂志第八任总编辑。

时光飞逝，从2010年6月9日来到中国法学会党组报到至2021年6月30日调到中国民主法制出版社，竟然已经过去了整整11年。无巧不成书，从1995年10月至2006年10月，我在中华全国律师协会正好也工作了整整11年。两个不同年代的11年，我前后供职的是《中国律师》与《民主与法制》两本不同刊名的杂志。对我来说，不论是哪个11年，都奉献给了我最钟爱的新闻出版事业，都留下了最有回忆价值的奋斗经历，都成了人生中最有纪念意义的美好时光。

更幸运的是，我见证了《民主与法制》杂志创刊40周年的喜庆时刻，还经历了《民主与法制》杂志创刊1000期的高光时刻。可以说，从1979年的月刊到1995年的半月刊，再到2012年的旬刊和2016年的周刊，有关杂志出版周期的常见模式，我都经历了；从当年的黑白版面到今天的全彩版面，有关杂志出版发展的普遍样式，我都经过了；从最初的手写稿件铅字排版到当下的电脑照排激光打印，有关杂志出版发稿的普通格式，我都经手了。

据不完全统计，这11年来，从2010年第16期到2021年第17期，从半月刊到旬刊乃至周刊，从黑白刊到全彩刊，从上海的"财经版"试刊到北京的周刊，我经手签字开印的杂志约有490期。11年来，作为以"看主题、定选题、改标题"为己任的总编辑，我提出了多少值得关注的主题、确定了多少值得铭记的选题、改换了多少值得回忆的标题，尤其是撰写了多少值得留存的"主编絮语"，都已经无法准确统计了。现在的我，常常回忆起曾经的青灯黄卷，当年的案牍劳形，依旧的煮字烹文，永远的借墨结缘……由此，从当年的编者到今天的读者，我与《民主与法制》的一世情缘进入了一个新阶段。

和法治共进，与时代同行。在我30余年的新闻出版工作生涯中，既办过《法律与生活》杂志，也办过《中国律师》杂志，还办过《预防青少年犯罪研究》杂志，又办过《民主与法制》杂志。可以说，既办过双月刊，也办过月刊，还办过旬刊，更办过周刊。但是，却从来没有办过创刊号。

没想到，幸运降临了，机会到来了。经过组织安排，2022年3月，我又成了参与创办《法治时代》杂志的执行总编辑。多么有幸啊！我竟然成了一个办了5本刊物的新闻出版人。

因为一个梦想，成就了我30余年的工作经历，也成全了我30余载的办刊经验。

喜获一种荣誉

从事办刊工作30余年来，无论是当记者还是做编辑，不论是主编还是总编，不管是办刊还是经营，可以说，借墨结缘，播火传薪，足迹遍及祖国大江南北，笔触神州各路英雄豪杰。自我感觉,收获诸多,感慨颇多。

作为记者,30 年来,我的足迹遍及大江南北,采写作品已达百余万字。经我采写的从事政法工作的先进人物,如今有的已担负起国家重要部门的领导职务,有的已离开工作第一线,有的依然还在地方在基层在我国法制建设重要岗位上勤奋地工作着。我采写的文章紧扣我国改革开放和法制建设的脉搏,严格遵守法制新闻工作的职业道德,既有与党中央保持一致的正确导向,又有深入生活实际,反映不同层次、不同地域、不同职业的人们在法制社会进程中的真实心态与真实表象;既有深入恰当的政策分析、法学探讨与理论研究,又有贴近生活,生动而颇具可读性的报告文学和深度报道。为此,多次获得了全国法制好新闻奖及其他有关新闻奖。尽管我把一个个或知名或普通的人物推向法制宣传的前台,光大和弘扬着他们严格执法、勇于奉献的精神和风采,但我依然认为,是无数的读者与热心的作者乃至一个个主人公在支持我、帮助我、成就我。

作为编者,从《法律与生活》杂志到《中国律师》杂志,再到《民主与法制》周刊乃至《法治时代》杂志,我曾经策划了无数个不同风格不同内涵的选题,也曾经编发了数不清不同读者不同水平的稿件,还修改了许多篇不同角度不同深度的来稿。

2019 年 1 月 15 日,在中国期刊协会六届二次理事会上,作为 20 位获奖代表之一,我从中宣部领导手中领到了我办刊 30 余年来最重要最有成就感的奖励证书——“从事期刊出版工作 30 年”荣誉证书。2019 年 11 月,我又荣获了中华全国新闻工作者协会“从事新闻工作三十年”荣誉证书。这既是组织对我的认可与褒奖,更是组织对我的鞭策与鼓励。

回顾这 30 余年的办刊经历,自己也得到了不少荣誉,这些荣誉确实非同一般。因为这些荣誉,都给了我更强大的内在动力。为此,自己一直默默耕耘地煮字烹文,也始终竭尽所能地谋篇布局,更依旧无怨无悔地策划构思。这些荣誉的取得,促使我自然而然地开始回望以往 30 年办刊的经历和经验。

回望之间,发现自己在不同时期乃至不同的期刊,各有收获、各有心得。

在全国律协工作期间,不断为律师业改革与发展鼓与呼,深得司法部和全国律协乃至广大律师的好评。为此,我所主编的《中国律师》杂志也因其受到“广大律师所喜爱,社会公众所欢迎”的办刊风格和“想律师之所想,言律师之所言,急律师之所急,忧律师之所忧”的专业特色而荣获“全国法制好期刊”奖。尤其值得一提的是,在每年的全国法制好新闻评选中,自己写作的报告文学与深度报道乃至时政评论,多次获得重要奖项。既兴奋又欣慰的是,1997 年 4 月,本人曾经荣获了“全国百佳法制新闻工作者”的荣誉称号。同样,因为自己办刊工作的贡献,还多次获得司法部机关“优秀党员”和“先进工作者”的光荣称号。

办刊之余,我还发起举办了一系列业界研讨交流活动。我一直主张,以办刊创品牌,以活动带品牌。于是,我发起创办了“中国律师网”“中国律师论坛”“中国青年律师论坛”“法学与法治巡回讲坛”等业内交流活动平台;组织策划了“中国律师西部行”“中国律师形象工程”“我们为什么做律师?”等新闻宣传活动;参与组织了“中国律师 2000 年大会”“首届全国律师电视辩论大赛”等大型活动的宣传策划工作;策划开办了“中国死刑问题三人谈”“宪法司法化的理论与实践”“刑事辩护的路啊！为什么越走越窄？”等学术研讨活动。这样，一个以杂志为主阵地，涵盖网络、论坛、媒体三方的平台形成了。更重要的是，利用一切形式展示律师风采，反映律师问题，倡导律师文化，完善律师制度，从而将我们的办刊宗旨与我个人的梦想完美结合了。

更加值得一提的是，本人曾经发起并设计的“中国律师论坛”。在我们律师界，自从起意于1999年9月在上海召开的以“中国未来五十年”为主题的《财富》全球论坛年会、脱胎于2000年在北京举办的“中国律师2000年大会”的“首届中国律师论坛”，于2001年12月在昆明成功开坛后，“论坛”的潮流便从昆明到上海、从广州到合肥、从天津到太原、从沿海到西部、从北国到南方……如滔滔江水一样、像星星之火一般，一发而不可收。从此，“律师论坛”的模式在中国律师界可谓遍地开花。于是，“中国青年律师论坛”“西部律师发展论坛”“华东律师论坛”“厦门律师论坛”“山东律师论坛”等许多区域性论坛，像雨后春笋一样在全国各地生根发芽、开花结果。

作为前六届中国律师论坛的总策划、总协调，更作为当年的《中国律师》杂志社总编辑，我曾经对“中国律师论坛”总结了四个定位：一个先进经验交流的地方、一个优秀人才汇聚的地方、一个前沿思想碰撞的地方、一个法律文化展示的地方。事实上确实如此，通过“律师论坛”这种模式和平台，充分展示了中国律师行业的整体形象，有效繁荣了中国律师行业的文化交流，大大促进了中国行业的职业认同，协同推进了中国律师事业的全面发展。

因为一种荣誉，让我已经收获诸多；因为一种荣誉，我还将继续努力。

总结一点心得

如果要说我对办刊经验和心得最多的地方，自然还是《民主与法制》杂志。众所周知，在我国的法治期刊当中，《民主与法制》杂志是改革开放以来最早的刊物、最老的刊物、最大的刊物。

所谓“最早”，是指我们《民主与法制》创刊于1979年8月，当年还没有其他任何法制期刊。我国最大的法制媒体《法制日报》创刊于1980年8月，也比我们《民主与法制》晚了1年。我曾经供职的《法律与生活》杂志创刊于1984年，比《民主与法制》晚了5年。所谓“最老”，是指在目前所有法制期刊与法制报刊中，《民主与法制》的创刊已经40多年了，再没有比我们《民主与法制》更老的法制期刊了。所谓“最大”，主要是指《民主与法制》在当时的影响最大。这是因为在上世纪80年代和90年代，《民主与法制》就相当于上个世纪90年代初的《南方周末》，也相当于上个世纪末这个世纪初的《焦点访谈》，更相当于当下无边无际的互联网。总而言之，可以说，《民主与法制》杂志是我国改革开放与依法治国进程的见证者、推进者乃至记录者。

那时候，《民主与法制》在全国各地、在社会各界很受欢迎，也有很大的影响力。那时，《民主与法制》刊发一篇文章，甚至会影响到一个干部的升迁，或者是引发一个地方的制度性变革。那时，《民主与法制》的最高发行量曾经达到300多万册。即使是在当下法制期刊难以突破10万大关的时代，《民主与法制》杂志仍然达到了14万册的发行量。

回顾这些年的办刊经历，可谓心得与体会齐飞、经验与教训同在。因为我既办过学术期刊，也办过新闻期刊，更办过法治周刊。为此，对于办刊的体会和心得，我归纳为八个字，即“成全他人、成就自我”。可以说，这八个字，既是我当年从事期刊出版工作的初心，更是我多年来担任期刊出版单位负责人的使命。

有鉴于此，这些年来，我时常将本人办刊30余年来的工作经验进行总结，然后分享给大家。

比如，对于采访写作，我以“一根线、一个点、一句话、一种景、一件事”的“五个一”目标，作了总结和提升。

也比如，对于《民主与法制》杂志办刊思路，我以“一个封面主题、两个现实难题、三个有机结合、四种报道题材、五个内容选题、六个栏目版块”的“一二三四五六”关键词，进行总结和提炼。所以，在给我社驻地记者和通讯员及特约撰稿人授课时，特别强调了我们民主与法制社的投稿方向，提出了“要速度，请找民主与法制网；要高度，请找民主与法制时报；要深度，请找《民主与法制》周刊”的“三度”秘诀。

又比如，对于纸质媒体与网络媒体的资源整合，我按照“三点式”思路即：“一是通过新媒找热点——各领风骚三五天；二是通过网媒选重点——犹抱琵琶半遮面；三是通过纸媒看亮点——东边日出西边雨”，提出了要求和安排。

还比如，对于总编辑工作责任，我以“看主题、定选题、改标题”的“三件事”，对大家广而告之。也就是要求我自己做到：看准主题、找对选题、起好标题。

另比如，对于编稿选稿要求，我以“内容为王、形式为主、语言为本、结构为表”的“四为”方法，提出了自己的判断标准。

再比如，对于选题策划，我用“怎么来？怎么看？怎么定？”作了分享：一是怎么来：从会议与活动而来、从阅读与交流而来、从文件与规定而来、从工作和任务而来。二是怎么看：大局、大事、大会、大家、大案、大势。三是怎么定：因人而异、因地而宜、因时而生、因事而为、因势而变。

更比如，对于最后每期杂志开印之前的核红程序，我以一首打油诗，进行了提示和指导：

开头结尾加标题，
上下左右看版心。
照片页码对目录，
一字一行一页清。

一点心得和经验，一种感觉和体会，既源于一个梦想，也缘于一种经历，更圆于一种荣誉。

“成全他人，成就自我”，这八个字，既是我30余年来当记者、做编者的心得和经验，更是我30余年来煮字烹文、借墨结缘的感觉和体会。对此，我曾经发自内心地感叹：“做一名记者真好，做一名编辑也真好，做一名总编辑更是好上加好。”

在我看来，记者与编辑，能够将自己的所见、所闻、所感汇成文字，用自己生花的妙笔来让值得关注的人与事进入人们的视野，让发人深思、启人智慧的声音与思想不被埋没，确实是一项能够成就他人的工作。

作为总编辑，又可以站在更高的高度上，统观全局，带着敏锐的观察力，去时刻关注外部环境、大势和政策，带领整个记者和编辑团队去做好解惑和传播的工作。同时，在展现出媒体社会责任感的同时,也让我们收获巨大的成就感,感受到职业的无穷乐趣。

这种感觉,原来如此美好、如此幸福;这种经历,原来如此荣幸、如此快乐。

我永远感恩这种初心,也永远珍惜这种使命。

(此文以《梦想、荣誉与心得》为题,入选了人民日报社新闻战线杂志社“我的新闻之路”征文,并刊发于2023年2月《新闻战线》下旬刊)

1000期《民主与法制》是怎样办成的?

——第1000期纪念专刊总编寄语

这是《民主与法制》杂志出刊的第1000期，也是《民主与法制》杂志创刊以来的第42个年头。

如果从1数到1000，每秒数一个数，大概需要16分40秒；那么，一家刊物从第1期办到第1000期，究竟需要多少年呢?

据不完全测算，如果是月刊，要84年；如果是半月刊，要42年；如果是旬刊，要28年；如果是周刊，要21年。从1979年到2021年，《民主与法制》杂志竟然只用了42年，就进入了杂志出刊的“千位时代”。这既是一份特殊的幸运和荣耀，更是一种特别的责任和使命啊!

相比之下，1922年创刊的美国《读者文摘》，2005年实现了第1000期。其间，已经跨越了83年。作为中国最早的周刊，《三联生活周刊》创办于1925年。1926年，邹韬奋先生成为这本杂志的主编。但是，直到2001年，《三联生活周刊》才改成了真正的周刊。2018年9月4日，《三联生活周刊》2018年第33期正式成为该刊第1000期。为此，《三联生活周刊》重点推出了一期纪念特刊。此时，距离创刊时间已经过去了93年。

本期杂志既是2021年第11期《民主与法制》周刊，更是第1000期《民主与法制》纪念特刊。

对于进入第1000期的《民主与法制》杂志来说，这是一段特别的历史，也是一种特殊的见证。从1979年的月刊到1995年的半月刊，再到2011年的旬刊和2016年的周刊，有关杂志出版周期的常见模式都经历了；从当年的黑白版面到今天的彩色版面，有关杂志出版发展的普遍样式都经过了；从最初的手写稿件铅字排版到当下的电脑照排激光打印，有关杂志出版发稿的普通格式都经手了。由此可见，我们《民主与法制》杂志的1000期，非常值得大书特书、大讲特讲。于是，为了纪念这个特殊的时刻，我们推出了这期不同寻常的纪念特刊。

为了办好本期特刊，我们邀请老编者叙旧话新，请求老记者话说当年，安排老作者回首往事，联系老读者追忆往昔。于是，往事如烟的感叹、历历在目的回忆、魂牵梦绕的遥想、岁月如歌的抒情、似水年华的感怀、念念不忘的感恩、刻骨铭心的感动，成就了本期纪念特刊的丰富内容和鲜活色彩。于是，在本期纪念特刊的聚焦专题中，既有王强华和李明信两位老总编辑回首的办刊往事，也有老记者马利《为〈民主与法制〉出刊第1000期点赞》描述的采访趣闻，又有赵晓谦、冯慧、黎伟华、阮莹等几位曾经任职副总编辑呈现的结缘趣事,还有张骅、和平、李爱芹、崔勃等几位老编者追忆的办刊情怀,更有赵国培、张明、黄鸣鹤、欧阳晨雨、赵青航等新老作者描述的投稿文缘。同时,另有高波、屈赫赫两位年轻编者汇报的办刊收获。更让人惊喜的是,还有当年荣获"全国法制知识竞赛"一等奖王晋同志的口述实录。尤其值得一提的是,此次纪念特刊的推出,恰逢全党开展党史学习教育。为此,党委书记、社长林洪武同志以《启航新征程,扬帆再出发》为题,代表社党委发表卷首语,对1000期表示祝贺和希望。

通过本期纪念特刊,我们深深体会到,1000期《民主与法制》杂志既是无数新老编者编出来的,也是无数新老作者写出来的,更是无数读者读出来的。于是,读者们的大力支持、作者们的全力拥戴、编者们的努力追求,成就了《民主与法制》杂志的辉煌和荣耀。

作为新闻出版的"老炮儿",我曾经历了《中国律师》杂志的创刊100期,现在又喜逢《民主与法制》杂志的第1000期,这是一种荣幸与兴奋。兴奋之后是欣慰,欣慰之余是感激,感激之后是责任和使命。

习近平总书记曾经提出"功成不必在我"与"功成必定有我"的价值观念和情怀境界,为广大党员干部干事创业提供了实践遵循和精神指导。"功成必定有我"是一种使命、一种担当、一种久久为功的坚守。竭己"功成"之力,而不求"功成"之誉,体现了一种舍"小我"成"大我"的高尚情怀。而"功成不必在我"则是一种胸怀、一种境界、一种无私奉献的精神。

第1000期,既是一个幸运的时间节点,更是一个幸福的时代起点。

在新时代的大背景下,我和我们全体编辑记者同样要以"功成不必在我"的精神境界和"功成必定有我"的历史担当,不忘办刊初心,提升办刊站位,坚守办刊理念,提高办刊质量,创新办刊思路,增强办刊境界,一任接着一任干,一代接着一代传,为进一步办好《民主与法制》杂志作出自己应有的贡献。

原载《民主与法制》2021年第11期

从读者到编者:借墨结缘各得其所

——我与《民主与法制》的人生之缘

这是怎样一本刊物？这是怎样一种经历？

对于这家刊物来说,一个人从读者变成了作者、再从作者转成了编者,这样的经历是不是很神奇？如果再从编者转身为读者,那又会有什么惊奇呢？

此时此刻,我正处于这样神奇又惊奇的人生阶段。

这是在《民主与法制》杂志走过创刊40周年的时节,也是在《民主与法制》杂志走到由旬刊到周刊5年之后的时段,更是在民主与法制社走向全媒体改革创新的时候。

2019年8月,在新中国成立70周年之际,《民主与法制》杂志也迎来了她40岁的生日。为此,《民主与法制》周刊在2019年10月适时推出了"民主与法制40年"的封面专题(2019年第42期)。

按照策划安排,我们分别从创刊、上海、迁京、案例、改刊、未来等六个方面组织采写,最后形成了包括时任《民主与法制》社长周占华同志(现中国法学会法治研究所所长)撰写的卷首语《四十年初心如磐》和如下6篇文章:《从创刊到发展:东奔西跑各司其职》《从报人到同人:拳打脚踢各显其能》《从上海到北京:承前启后各展风采》《从小案到大案:释法说理各具特色》《从月刊到周刊:煮字烹文各有千秋》《从历史到未来:与时俱进各有绝招》等。

在杂志每期出版后的周一选题会上,对于本期选题的策划和采写,大家纷纷进行了点评和总结。在讨论中,我们《民主与法制》的著名资深记者阿计突然冒出一句:为什么没有总编辑的文章呢？

看起来,这确实好像是一个遗憾。但是,从另外一个方面来说,又是一个选择。作为总编辑,我的希望是由本社一线记者出场亮相即可。再说,时任《民主与法制》社长周占华同志撰写的卷首语,事实上已经代表我们社党委表达了祝福与希望。

由此可见,我是否出场发表文章其实并不重要。

走近《民主与法制》,成为读者一员

对我来说,最重要的是,无论是作为当年的读者还是作为后来的作者乃至作为当下的编者,我与《民主与法制》之间的关系,可以说是一往情深与一世情缘。

说起《民主与法制》杂志，现在50岁以上的人应该都印象深刻，许多人甚至至今还津津乐道当年的美好往事。因为这是我国改革开放后创刊的第一本法制期刊，也是我国第一本早于中央作出“一五普法”重大部署而诞生的普法读物，更是第一本将民主与法制作为一种理念送到寻常百姓家的畅销杂志。

说起来，这与我的母校华政还渊源颇深。当时的主办单位是上海社科联与我们华政，其创办人之一就是我们华政的徐盼秋院长，最早登记的社址则是我们华政的东风楼。

1981年9月的一天，刚刚考上华政的我第一次走进了大学的阅览室，第一次读到了《中国法制报》，也第一次读到了《民主与法制》杂志。那时，我们华东政法大学还叫华东政法学院；那时，《法制日报》还叫《中国法制报》（现在已经改名《法治日报》）；那时，我们华政的图书馆还没有建起来，阅读课外书的地方还只能叫阅览室。

这个第一次来得如此神奇，其个中缘由，既可能是近水楼台，也或许是命中之缘。总之，我就这样开始成了《民主与法制》杂志的读者，开始与《民主与法制》结下了不解之缘。从此，东风楼、韬奋园、万航渡路，不仅成了我大学时代的美妙见证，更重要的是还成了我与《民主与法制》亲密结缘的美好记忆。

其实，对《民主与法制》杂志的许多读者来说，都有这样一个亲密结缘的美丽故事。

1979年8月，借用华政学术期刊《法学》刊号的《民主与法制》杂志在上海创刊了。在讨论刊名的时候，上海社科联和华政两家单位还曾为“民主与法制”究竟是一句口号还是一个刊名发生了争议。好在当时的社科联领导徐盼秋，同时又是刚刚复校的华政第一任院长，他力排众议，最终拍板决定采用了这个刊名。

《法学》杂志是华政于1956年创办的学术期刊，“文革”前被撤销停办。因为原有刊号被《民主与法制》杂志借用了，1982年华政决定复刊《法学》时，不得不另行登记出版。

如果我们以今天的眼光来回望40年前那场争论，可能还会发出会心的一笑。实际上，这是一个不值得争论的问题。因为40年前的春夏之交，党的十一届三中全会尽管刚刚开过，但许多政法部门（司法部直至1979年9月才恢复）、政法院校（当时只有西南政法学院已经恢复）乃至律师制度（当时正由各地法院系统出面着手筹建“法律顾问处”）都还没有正式亮相。

可以想象，历尽“文革”劫难的中国人是多么渴望“民主与法制”的春天早日来临啊！同样可以想象，多年不知“民主与法制”为何物的中国人多么希望有一本叫作《民主与法制》的读物啊！

在这种背景下，“民主与法制”首先是一句口号，其次才作为一个刊名，就在党的一大会址所在地上海诞生了。于是，许多人和我一样，就是在这样共同的背景下，不管是偶然的巧合还是必然的缘分，就这样成了《民主与法制》杂志的读者。

如果说平常阅读《民主与法制》杂志，还只是一个普通的读者，那么，在大学毕业前参加《民主与法制》首届法制知识学习竞赛，就使我成了一名与《民主与法制》更亲近的读者了。

1984年4月6日，全国人大常委会委员长彭真在人民大会堂召集首都新闻界人士举行座谈会，讨论加强和改善社会主义民主和法制的宣传问题。彭真说：“十一届三中全会公报中指出:为了保障人民民主,必须加强社会主义法制,使民主制度化、法律化,使这种制度和法律具有稳定性、连续性和极大的权威……要保证人民在自己的法律面前人人平等,不允许任何人有超越于法律之上的特权。”于是,全国范围内开始掀起了第一个普及法律知识、加强法制宣传的热潮。

得风气之先的《民主与法制》闻风而动,立即在1984年第8期刊出了《法制知识学习竞赛活动》通告及具体办法。通告中说:“本刊根据广大读者的建议,从下期起举办群众性的法制知识竞赛活动,聘请全国法学界著名专家、学者审定命题及答案。全部试题连载于1984年第9、10、11期本刊,答卷由华东计算技术研究所运用计算机批阅(这在当时实属创新之举),竞赛设一等奖10名、二等奖20名、三等奖50名、纪念奖1000名。杂志将公布标准答案和得奖者名单,答对一半试题者即获得法制知识学习竞赛合格荣誉证书。”

1984年第9期,《民主与法制》刊发了以中顾委常委王首道为首的“全国法制知识学习竞赛活动”顾问团名单。同期发表的本刊评论《祝愿“法制知识学习竞赛”成功》中有这样一段意味深长的文字:“编辑部每月收到七千多封读者来信,这是本刊的‘源头活水’,就是这次竞赛的二百道试题,大多数也是来自读者来信中提出的问题。我们希望通过这次活动,进一步扩大和加强刊物与读者的联系,进一步打开刊物的大门,不仅读者有更多的机会到刊物上发言,而且要邀请读者参加到本刊举办的这类社会交往中来。编读双方,携手合作,为民主与法制的宣传作出更多贡献。”

毫无疑问,即将大学毕业,自我感觉已经掌握了不少法律知识的我们,对于《民主与法制》杂志组织的如此重大而热烈的活动,自然是积极而踊跃地参加。于是,没有订上杂志的同学,或是立即去报摊抢购,或是立即向杂志社邮购。在我印象中,当时我们81级几乎每个同学都参加了此次答题活动。

在我们看来,这样的答题活动不仅能够检验我们对《民主与法制》杂志的忠诚度,更重要的是能够验证我们大学四年来法律知识的知识量。

当时已到《民主与法制》工作并参与组织策划,后来成为副总编辑的冯慧回忆说,这次由《民主与法制》独家举办的活动,共收到随刊发送、由读者填写后寄回的竞赛答卷304750份。1080名参赛读者获奖。有数万名读者获得了参赛证书及纪念徽章。1985年春天,在上海展览中心举行了隆重的颁奖仪式,夏征农等市领导出席了颁奖大会。

因为首届法制知识竞赛活动的巨大成功,导致中央电视台也闻讯而来。1986年,《民主与法制》应邀与中央电视台联合举办了第二届全国法制知识竞赛。

2020年国庆节前后,湖北省人民检察院检察长王晋无意中告诉我,他是1986年《民主与法制》杂志社与中央电视台专题部联合主办的“全国法制知识竞赛”一等奖获得者。我赶紧翻到了1986年的《民主与法制》合订本,在当年第7期刊载的获奖名单中赫然看到了他的名字。当年答题时,王晋检察长还是黑龙江省委政法委一名普通工作人员。后来获奖时,王晋同志已经调到最高人民检察院工作了。由此,成就了许多像王晋检察长这样的法律人与《民主与法制》之间的读者佳话。

对我来说，因为首届全国法制知识竞赛，我不再只是一名普通读者，而是一名热心而积极的参赛者了。尽管我最后没有获奖，但也幸福地收到了《民主与法制》杂志社颁发的纪念证书。

这张特别的纪念证书，就这样跟着我大学毕业了，跟着我从上海来到了北京，跟着我成了一名法制期刊的记者编辑。

作为一名普通读者，也作为同为法制期刊《法律与生活》杂志的记者编辑，当时我怎么也没想到，有一天我竟然有幸成为《民主与法制》杂志的作者。

走向《民主与法制》，感受作者待遇

1990 年冬天的某一天，一场新闻发布会在首都大酒店举行。我从会议邀请名单上看到，《民主与法制》杂志也有一位记者参加，而且还是一位女性。

没想到，我在会上见到的这位《民主与法制》的记者不是女性，而是一位老爷们儿。原来我是被他的名字误导了，他就是我前面提到的冯慧副总编辑，一个很容易被误认为女性的名字。

于是，冯慧就成了我认识的第一位《民主与法制》的记者。据冯慧自己介绍说，类似这样被误认的有趣经历，其实在他的人生经历中还有好多次。

因为这段有趣的奇遇，我们就相识了。于是，冯慧就成了我认识的第一位《民主与法制》杂志记者。可以说，这是我与《民主与法制》杂志近距离接触的开始，也是我与《民主与法制》杂志记者面对面交流的开端，更是我有幸有缘成为《民主与法制》杂志作者的开头。

1991 年年初，《民主与法制》杂志发布启事，准备开始举办“神圣职责”的征文活动。看到征文启事，我便立即给冯慧打电话，询问我是否可以参加此次征文活动。在得到冯慧的肯定答复后，我便开始准备动笔了。到了约定交稿的时间，我却没有时间亲自送去。于是，我让我爱人骑车将稿子送到了编辑部。

那时，《民主与法制》杂志已经从上海迁到了北京。那时的社址就在东城区东四十条，租用的办公用房还是煤炭部的一个招待所。后来，就搬到了西城区百万庄。再后来，就直接搬进了地处兵马司胡同的主管单位中国法学会办公楼。

为什么会如此熟悉这些社址的变化呢？因为我是《民主与法制》杂志的作者。作为作者，因为送稿或其他发稿的事务性工作，要时常前往编辑部。所以，这些办公地址当年我都去过。

“神圣职责”征文活动结束了，最后我的文章《壮乡律师》得了个纪念奖。

获奖文章内容是我采写的一位广西的律师，这是我于 1990 年在世界法律大会上认识的律师。这位律师的名字叫作刘桂宽，与我的名字仅一字之差。于是，一个有趣的名字之缘，造就了我一段有效的采访；一篇有料的采访文字，又让我获得了一个有幸的荣誉奖项；一个有爱的荣誉奖项，又使我感受了一段有情的作者之福。

无论是读者还是作者乃至获奖者，这种缘分与福分还在继续。1992 年 6 月，我竟然拥有了一次与《民主与法制》记者联合采访的特别经历。

为了一位企业家的合法权益，时任《法律与生活》杂志记者的我，与时任《民主与法制》副社长张贻久、时任《民主与法制》社会部主任张所菲一起前往深圳采访。张贻久副社长是一位历史学专家，对中共党史更有深入研究。一路上的采访之余，我向张贻久社长请教了不少问题，为此受益匪浅。

我与张所菲一起联合采访，这是我们俩相识以来的第一次。1987 年 7 月，我从中央讲师团回到北京，成了《法律与生活》杂志记者。某一天，前往中国法学会拜访同为讲师团成员的李涛。李涛介绍了他的同事——时任中国法学会研究部干部的张所菲。后来，张所菲成了《民主与法制》记者。

此后，在我供职的《法律与生活》杂志，我又认识了前来领取样刊的时任中央人民广播电台法制组记者的阿计（计伟民）。那时，阿计经常给我们《法律与生活》贡献大作。后来，因为我到《中国律师》任职带来的律师之缘，我与阿计的交往更加密切。2004 年，他从中央人民广播电台调到了《民主与法制》杂志。

于是，因为冯慧、张所菲等记者同行，我就开始了真正与《民主与法制》记者同行们的交往。一来二往，后来我就开始认识了马利、朱克辛、黎伟华等记者同行。后来，因为与从《法制日报》调任《民主与法制》总编辑李明信的老关系，我又先后认识了赵晓谦、李伟红、呼满红、阮莹、王健等记者编辑。再后来，我与这些相识的记者编辑就成了熟悉而亲切的同事。

对于一个普通作者来说，这是一个待遇，更是一份荣幸。

作为读者，更作为作者，最感到荣幸的还是，我应邀出席了 2009 年 10 月 27 日在人民大会堂召开的《民主与法制》杂志创刊 30 周年座谈会。全国人大常委会原副委员长布赫，中政委、中宣部等有关部门领导，《民主与法制》杂志顾问、老领导、读者作者代表、理事单位代表和首都法学、法律、新闻界代表共计 150 余人参加了座谈会，时任中国法学会副会长胡忠主持了会议。

座谈会上，时任中国法学会党组书记、常务副会长刘飏代表主管单位向几十年来关怀、呵护、扶持《民主与法制》杂志茁壮成长的中央和有关部门的领导表示衷心的感谢；向与杂志相伴相随、热心参与、给予厚爱的作者和广大读者表示崇高的敬意；向为杂志的诞生和健康发展付出智慧心血的几代办刊人表示了诚挚的问候。

会后，我还在博客上发表了一篇纪念文章。文中就“民主与法制”到底是一个刊名还是一句口号这个历史话题，发表了一点感慨。因为我始终认为，“民主与法制”绝不仅仅是一个刊名，她应该首先是一个口号，其次才是一个追求，最后则是一种制度。当然，对今天已经进入中年的人们来说，她更应该是一个回忆、一段历史、一种见证、一个目标乃至一种理念。

今天，作为《民主与法制》的编者，每当我在书柜里看到 1991 年那张获奖证书及我参加《民主与法制》杂志创刊 30 周年的照片，总是情不自禁地感慨万千，浮想联翩……

当时，怎么也不会想到，作为普通读者与普通作者的我，有一天竟然有幸走进了《民主与法制》，成了《民主与法制》的编者。

走进《民主与法制》，领衔编者使命

2010 年 6 月 9 日，我与经济日报社理论部主任周占华同志同时来到中国法学会报到。时任中国法学会党组书记、常务副会长刘飏同志亲自跟我们谈话，热烈欢迎我们加盟中国法学会。

6月12日,在时任中国法学会副会长胡忠同志主持的《民主与法制》社全社干部大会上,时任中国法学会机关党委人事部主任纪大新正式宣布了周占华与我的任命决定,由此,我开始正式成为《民主与法制》杂志的编者了。

当天晚上,我在博客上发了一篇博文,题为《世界杯开幕了,我已经转会了》。当时,正值第19届世界足球锦标赛即南非世界杯刚刚开幕。可以说,这是全世界球迷的节日,也是全世界球星的盛宴,更是全世界球探的集会。

我不是球星,但在世界杯开幕的日子里,我却有幸赶了一回时髦。两个月之后,李明信总编辑光荣退休了。作为副总编辑,按照社党委分工安排,我就开始领衔主持《民主与法制》杂志的采编业务工作。

其实,在我被任命为副总编辑那一天,我就已经感到了肩上的责任。那天,当我手捧中国法学会党组的任命,内心荡漾着一阵无法掩饰的激动与狂喜,甚至还有一点惶恐。这种心态一方面是源于我对中国法学会党组高度信任的衷心感谢,另一方面是对于自己资历与才能的惶恐不安。

当李明信总编辑退休后,我知道我实际上已经成了《民主与法制》杂志创刊以来的第八任总编辑(2011年5月,我被正式任命为总编辑)。相比我们前七任总编辑,我的才学能力、理论功底、知识结构、思维眼光乃至人生经历,实在是相差太远。

和许多人一样,对于这本不同一般的杂志,我也是一位曾经踊跃自费订阅、如饥似渴阅读、主动积极投稿的拥戴者。当时还在大学里苦读的我,常常在想,《民主与法制》杂志的总编辑应该是什么样的人?为什么能够办出一份如此脍炙人口的刊物?为什么杂志上的许多文章能够达到洛阳纸贵的程度?为什么每期杂志刊登的案例都会引起有关领导的重视?为什么《民主与法制》杂志的总编辑出去采访据说连省委书记都要亲自会见?

通过查阅《民主与法制》历史,我看到了这样一张总编辑史:郑心永总编辑:1979年8月至1982年6月任职;丁柯总编辑:1982年7月至1987年2月任职;钟沛璋总编辑:1987年3月至1988年2月任职;沙洪总编辑:1988年3月至1989年12月任职;王树人总编辑:1990年1月至1995年1月任职;王强华总编辑:1997年5月至2004年6月任职;李明信总编辑:2004年6月至2010年8月任职。其中,在1992年至1997年4月,时任社长为王厚德先生。其中在1995年1月王树人总编辑卸任后至1997年5月期间,没有总编辑,只有社长。另外,在王强华担任总编辑期间即1997年5月至2004年6月,只有总编辑,没有社长。直到2004年6月,胡永朝社长与李明信总编辑先后到任,才回归社长与总编辑双双配备的阶段。

在此之前,除了给我传递接力棒的李明信总编辑,我还见过首任总编辑郑心永先生。1988年夏天,我作为《法律与生活》杂志记者参加了一次采访活动。就是在这次活动中,我认识了时任《法律咨询》杂志总编辑的郑心永先生。此前,我已经得知他就是《民主与法制》杂志首任总编辑。自然而然,我们的话题一直聚焦于《民主与法制》杂志超前一步的创刊和盛况空前的全国法制知识竞赛。

后来,我到《民主与法制》任职后,先后一一拜访了各位前任总编辑。尤其是每年春节前夕,我都要代表社党委前往上海拜访慰问首任总编辑郑心永先生和第二任总编辑丁柯先生。遗憾的是,这样的机缘到2020年春节前夕就再也没有了,因为两位老总编辑在2019年年底先后都已经去了天堂,去了极乐世界。2019年10月25日早晨5点30分,郑心永先生在上海第一人民医院逝世,享年100岁。11月5日晚上7点12分,丁柯先生在上海华东医院逝世,享年98岁……

当然,这都是后话了。在我眼里,我们《民主与法制》杂志的前任老总编辑们,要多传奇就有多传奇,要多神奇就有多神奇。可以说,他们个个都是大腕儿,人人都是精英;他们每人都有故事,每位都是传奇。他们要么就是老报人,要么就是老军人;他们要么就是做得一首首好诗词,要么就是写得一篇篇大文章;他们要么就是老地下工作者,要么就是思想理论家;他们要么就是在新闻出版工作中开创了一片新天地,要么就是在改革开放启蒙中开启了一个新时代……

谁也无法否认,最早创刊的法制期刊《民主与法制》,是一块老牌子;曾经创造了全国法制期刊神话的《民主与法制》,是一块好牌子;作为改革开放产物标志的《民主与法制》,是一块大牌子。但是,如何使老牌子焕发出新的生机、展现出新的活力,如何将好牌子做得更好、站得更高,如何体现出大牌子的大气、表现出大牌子的大家,不仅是我个人的愿望,也是《民主与法制》全体同仁的目标,更是将《民主与法制》视为终生追求的法律人的希望。

于是,作为新一任总编辑,如何带领大家继续保持原来的发展势头,如何继续做大做强《民主与法制》杂志这块品牌,如何将杂志特有的深度与法治应有的高度乃至网络必有的速度有机结合,就成了我这个《民主与法制》杂志第八任总编辑的头等大事。这对于纸质媒体来说,确实是非常不容易。如何面对挑战、突破瓶颈,值得大家共同探索实践与深入思考。

转眼之间,10年多的光阴就这样飞过去了。10年多来,在中国法学会党组的正确指导下,在社党委的大力支持下,我们将《民主与法制》杂志从半月刊改成了旬刊,从旬刊变成了周刊,从单一传统的黑白刊变成了图文并茂的彩色刊。尤其值得一提的是,在我主管《民主与法制》杂志的采编业务中,我先后与朱克辛、冯慧、连继民、阮莹、黎伟华、杜林等六位副总编辑成了亲密的搭档。我开玩笑说,真是铁打的总编辑流水的副总编辑啊!看起来,可能是我阻挡了几位副总编辑的发展进步之路了。

作为编者,从《法律与生活》杂志到《中国律师》杂志,再到《民主与法制》周刊,我曾经策划了无数个不同风格不同内涵的选题,也曾经编发了数不清不同读者不同水平的稿件,还修改了许多篇不同角度不同深度的来稿。

如果要说我对办刊经验和心得最多的地方,自然还是《民主与法制》杂志。众所周知,在我国的法制期刊当中,《民主与法制》杂志是改革开放以来最早的刊物、最老的刊物、最大的刊物。

所谓“最早”,是指我们《民主与法制》创刊于1979年8月,当年还没有其他任何法制期刊。我国最大的法制媒体《法治日报》创刊于1980年8月,也比我们《民主与法制》晚了1年。我曾经供职的《法律与生活》杂志创刊于1984年,比《民主与法制》晚了5年。所谓“最老”,是指在目前所有法制期刊与法制报纸中,《民主与法制》的创刊已经40年有余,再没有比我们《民主与法制》更老的法制期刊了。所谓“最大”，主要是指《民主与法制》在当时的影响最大。这是因为在上世纪 80 年代和 90 年代，《民主与法制》就相当于上个世纪 90 年代初的《南方周末》，也相当于上个世纪末这个世纪初的《焦点访谈》，更相当于当下无边无际的互联网。总而言之，可以说，《民主与法制》杂志是我国改革开放与依法治国进程的见证者、推进者乃至记录者。

那时候，《民主与法制》在全国各地、在社会各界很受欢迎，也有很大的影响力。那时，《民主与法制》刊发一篇文章，甚至会影响到一个干部的升迁，或者是引发一个地方的制度性变革。那时，《民主与法制》的最高发行量曾经达到 258 万册。即使是在当下法制期刊难以突破 10 万大关的时代，《民主与法制》杂志 2021 年发行量仍然达到了 15 万册的不凡业绩。

对我来说，回顾这些年的办刊经历，可谓心得与体会齐飞、经验与教训同在。因为我既办过学术期刊，也办过新闻期刊，更办过法制周刊。为此，对于办刊的体会和心得，我归纳为八个字，即“成全他人、成就自我”。可以说，这八个字，既是我当年从事期刊出版工作的初心，更是我多年来担任期刊出版单位负责人的使命。

2019 年 1 月 15 日，在中国期刊协会六届二次理事会上，作为 20 位获奖代表之一，我从时任中宣部出版局郭义强局长手中领到了我办刊 30 余年来最重要最有成就感的奖励证书——“从事期刊出版工作 30 年”荣誉证书。

2019 年 11 月，我又获得了中华全国新闻工作者协会颁发的“从事新闻工作三十年”荣誉证书。

有鉴于此，这些年来，我通过会议交流或撰文回忆等方式，时常将本人从事新闻出版工作 30 余年来的工作经验进行总结梳理，然后分享给大家。

比如，对于采访写作，我以“一根线、一个点、一句话、一种景、一件事”的“五个一”目标，作了总结和提升……

也比如，对于《民主与法制》杂志办刊思路，我以“一个封面主题、两个现实难题、三个有机结合、四种报道题材、五个内容选题、六个栏目版块”的“一二三四五六”关键词，进行总结和提炼。所以，我在给我社驻地记者和通讯员及特约撰稿人授课时，特别强调了我们民主与法制社的投稿方向，提出了“要速度，请找民主与法制网；要高度，请找《民主与法制》时报；要深度，请找《民主与法制》周刊”的“三度”秘诀……

又比如，对于纸质媒体与网络媒体的资源整合，我按照“三点式”思路即：“一是通过新媒找热点——各领风骚三五天；二是通过网媒选重点——犹抱琵琶半遮面；三是通过纸媒看亮点——东边日出西边雨”，提出了要求和安排……

还比如，对于总编辑工作责任，我以“看主题、定选题、改标题”的“三件事”，对大家广而告之。也就是要求我自己必须做到：看准主题、找对选题、起好标题……

另比如，对于编稿选稿要求，我以“内容为王、形式为主、语言为本、结构为表”的“四为”方法，提出了自己的判断标准。后来，我又将这个标准凝练为“白富美”的有趣表述，即色彩要洁白（也就是指封面与版面设计，因为一张白纸上可以画最新最美的图画）、内容要丰富、形式要优美……

再比如，对于选题策划，我用“怎么来？怎么看？怎么定？”作了分享：一是怎么来：从会议与活动而来、从阅读与交流而来、从文件与规定而来、从工作和任务而来。二是怎么看：大局、大事、大会、大家、大案、大势。三是怎么定：因时而谋、因地而宜、因人而异、因事而为、因势而变……

更比如，对于最后每期杂志开印之前的核红程序，我以一首打油诗，进行了提示和指导：

开头结尾加标题，

上下左右看版心。

照片页码对目录，

一字一句一页清。

所有这些心得和经验，基本都来自在《民主与法制》作为编者的感觉和体会。因为这些经验和体会，我更要感激来到《民主与法制》这十年来的光荣与梦想。

对我来说，这十年多来，其实既源于一个梦想，也缘于一种经历，更圆于一种荣誉。

走出《民主与法制》，回归读者生活

按照中国法学会党组的总体安排，从 2020 年 7 月开始，林洪武同志开始主持民主与法制社全面工作。此前在 2010 年 6 月至 2020 年 7 月的工作时光里，我与时任党委书记、社长的周占华同志同时到任，从此谱写了一段相互支持、互相配合的佳话。

现在，我开始全力配合党委书记、社长林洪武同志的总体部署与宏观指导。于是，在林洪武同志主持的新一届社党委政治指导和全力支持下，我继续努力为选题策划而思考布局、为采编工作而奔忙协调、为业务提升而带教传承。

于是，从当年的忠实读者到曾经的忠诚作者乃至当下的忠心编者，我与《民主与法制》的一世情缘进入了一个新阶段。可以说，在我与《民主与法制》杂志的 40 年缘分中，可谓各得其所、各得其宜。

随着新一代编者的逐渐成长，本人作为老编者的退休进程也将开始进入倒计时。同样，从编者到读者的生活也将很快走进未来进行时。可以预计，曾经的青灯黄卷，当年的案牍劳形，依旧的煮字烹文，永远的借墨结缘，将是本人自己回归读者生活的自然状态。

在中国传统文化中，40 岁被称为不惑之年，意味着一个人风华正茂的最好时刻。对于跨过不惑之年的《民主与法制》来说，从过去到未来，不管是读者还是作者，都是《民主与法制》成长发展进步的见证者和推进者。从这个意义上看，本文既是“民主与法制 40 年”封面聚焦的必要补充，更是一名从读者到作者乃至编者的见证者的美好回忆。

从《民主与法制》诞生的第一天起，这本杂志就肩负着推进社会主义民主与法制的使命，承载着无数读者和作者的法治梦想，同样也凝聚着一批又一批编者仗义执言、坚守真相的新闻理念。这些理念和梦想，不断融入到每一个《民主与法制》人的血液里，始终贯穿于《民主与法制》的每一个采访中，一直体现在《民主与法制》的每一篇报道中，永远落实到《民主与法制》的每一个选题中。

我很幸运，既结下了读者之缘，又享受了作者之福，更体验了编者之魅。将来回归读者的我，自然将一如既往关注《民主与法制》的改革创新发展。未来的《民主与法制》，将是一个拥有一报一刊一网等传统媒体和移动客户端、微博、微信公众号以及短视频等新媒体组成的全媒体矩阵，既值得关注，更值得期待。

2019 年，在《民主与法制》创刊 40 周年的日子里，我策划动员编辑部的新一代编者集体创作了这样一首歌词：

《民主与法制，为你喝彩》

你从黄浦江畔走来，
点亮心灯，法治故事流入心怀。
全民普法的时代悄悄打开，
吹响号角，民主之声传向四海。
民主与法制，为你喝彩。
民主与法制，继往开来。

你从三中全会走来，
一路同行，新的时代步伐豪迈。
依法治国的初心与你同在，
一张蓝图，法治中国百姓期待。
民主与法制，为你喝彩。
民主与法制，继往开来。

后来，我又邀请同为首都媒体跑团跑友的音乐人李朝晖改编谱曲。改编后的歌词是这样的，显得更精练了。

《民主与法制，为你喝彩》歌词

你从黄浦江畔走来，
点亮心灯，流入心怀。
你从新的时代走来，
法治中国，百姓期待。

你从黄浦江畔走来，
一张蓝图，一路同行。
你从新的时代走来，
吹响号角，步伐豪迈。

民主与法制,为你喝彩。
民主与法制,继往开来。
依法治国,初心同在。
民主之声,传扬四海。

可以说,这首歌词真正既代表了所有读者与《民主与法制》的缘分,也代表了所有作者对《民主与法制》的期待,更代表了所有编者对《民主与法制》的祝福!

原载《民主与法制》2021 年第 5 期

我与《法制日报》的“缘”与“圆”

——“我与法治日报”征文

尽管已经过去了 39 年，但我至今还清楚地记得第一次读到《法制日报》的情景。

1981 年 9 月的一天，刚刚考上大学的我第一次去阅览室。在阅览室，我第一次看到了一张叫作《中国法制报》的报纸。那时，我们华东政法大学还叫华东政法学院；那时，《法制日报》还叫《中国法制报》；那时，我们华政的图书馆还没有建起来，阅读课外书的地方还只是叫阅览室。

后来，我脑海中常常浮现出这样一个问题：为什么我第一次读到的法制报刊，是《中国法制报》而不是《民主与法制》杂志呢？

当时，因为读到了《中国法制报》。后来，就开始关注有关法制读物。很快，便在阅览室里读到了《民主与法制》杂志。巧合的是，《民主与法制》杂志与《法制日报》这两家法制报刊正好是 1979 年与 1980 年一前一后创办的。

现在，我终于明白了：原来我跟这两家法制报刊的缘分，就在那时的华政校园里悄悄地植入了内心深处。

读者之缘：从一见钟情到一往情深

看起来，当年第一次读到《法制日报》像是一见钟情。但是，随着岁月的累积，我对《法制日报》的热爱和拥戴则是越来越一往情深。

从华政校园到大学毕业，从入职媒体到经营媒体，我可以算是一名忠诚忠实的读者。因为我既见证了从《中国法制报》到《法制日报》的改刊过程，也见证了《法制日报》从四开 4 版到四开 12 版的改革历程，更见证了从单纯的《法制日报》主报到融《法治周末》《法制文萃报》《法制日报 · 社区版》等子报与《法制与新闻》《法人》《法治参考》等子刊乃至法制网、“两微一端”等新平台于一体的全媒体发展进程。

当年看《法制日报》，主要是看法制新闻，观法制案例，查法制动态；后来看《法制日报》，首先是看版面设计，想选题策划，学标题制作。早年，最关注的专栏是“暮鼓晨钟”，最钟情的专栏是“观察与思考”，最期待的专栏是文艺副刊“华表”和“独角兽”；后来，开始有针对性地从有关专版学习阅读《法制日报》，比如人大或立法专版，又如司法或执法专版，还如律师或法务专版。其中，一直关注的是法学院专版。另外，对《中国律师报》这张子报的发展变化，我则给予了一种更加钟情的特别关注。

这种关注,正是一种特别的读者之缘。这种缘分,始于一见钟情,源于一往情深。

作者之缘:从一知半解到一字之师

如果说作为读者,因为对《法制日报》的忠诚与热爱,使我养成了一种独特而受益的学习生活方式。那么,让我成为《法制日报》的作者,则是一种更加有幸而有益的学习生活方式。

至今回想,30 多年来,我在《法制日报》发表了很多新闻作品。在这些作品中,既有政法新闻,也有时评杂文,还有新闻调查,更有案例连载。尽管过去多年,但我印象最深的评论文章有《要指标还是要目标》、新闻调查有《一名军人久诉无门的背后》、案例连载有《自由备忘录》等。当年,作为一名刚刚投身于法制期刊的法科学子,对于法制新闻的采访与编辑,其实我还处于一知半解的阶段。但是,在我的稿件被采用的过程中,我常常得到报社诸多编辑同仁的特别关照和悉心指导。这种关照和指导,或是呈现在文章立意上的高屋建瓴,或是表现在标题制作上的画龙点睛,或是体现在文章结构上的首尾呼应,或是展现在导语写作上的妙笔生花……对此,我都如获至宝,受益匪浅。更直接地说,应该是受益终生。

从这个意义上说,各位启发我、指导我、帮助我的编辑同仁都是我的“一字之师”。对于我来说,这是一种值得我永远感恩的荣幸,更是一种值得我永远铭记的缘分。

这种缘分,其实就是一种作者与编者之间的缘分。

编者之缘:从一来二往到一片丹心

说到作者与编者的缘分,其实也与我的本职工作有关。

大学毕业,我被分配到了司法部法律出版社。最初,我是一名书稿编辑。在经过了一年的司法部支教讲师团生涯之后,我终于如愿成了一名在大学时代就期盼的记者。当时,我是《法律与生活》杂志的记者。8 年后的 1995 年,我调到中华全国律师协会,成了《中国律师》杂志的记者。10 年前的初夏,我来到了中国法学会工作,因而成了《民主与法制》杂志的记者。35 年来,从法律出版社《法律与生活》杂志的成长到主编中华全国律师协会《中国律师》杂志,从负责团中央中国预防青少年犯罪研究会《预防青少年犯罪研究》杂志到接任中国法学会《民主与法制》杂志总编辑,一直没有离开过新闻出版工作。同样,我也一直没有离开过《法制日报》的关照和关心。

这些年来,无论是作为普通记者还是担任责任编辑,尤其是任职《民主与法制》杂志总编辑,我始终与《法制日报》保持一种热切而紧密的联系。这种联系,既是作者与编者之间的关系,更是同为法制媒体的同行关系。于是,作为同行,一来二往就渐渐成了一种密切而亲切的关系。30 多年来,我与《法制日报》有缘,而《法制日报》则对我有情。

从当年的五棵松金沟河路到后来的四元桥花家地,我都去过无数次。有一段时间,因为发稿工作,也因为其他事项,我常常一周要跑几次法制日报社大楼。那时,报社中层以上的同行或著名记者,我几乎都认识。30 多个记者站的站长,我几乎都能叫得上名字。由此可见,我与《法制日报》的缘分有多深。

说起来,其实还有一个人生遗憾。因为与《法制日报》如此亲密的接触,使我萌生了成为《法制日报》记者的想法。但是,当想法成为做法之后,却遗憾地止步了。好几次,已经非常接近成为《法制日报》的记者编辑了。可能是阴差阳错,也可能是我的水平和能力还不够《法制日报》的要求,因而最终未能圆满实现目标。

在 2005 年 6 月 18 日的《法制日报》上,理论部蒋安杰主任以《瞧,阿桂这个人》为题,对我早年如何"跟着新华社记者张益俊后面'泡',跟在《人民日报》记者毛磊身边'磨',总归有办法'蹭'进京西宾馆,采访两会代表"做记者的"糗事",进行了专题报道。2017 年 11 月 20 日,在《法制日报》上又刊出了《刘桂明:我有一个法律共同体梦想》的醒目文章,报社竟然以专版方式报道了我与中国律师结下的不解之缘。

其实,我与《法制日报》之间也是一种亲切而美好的不解之缘。当年,我成为《法制日报》的读者,显然是一种机缘。后来,我成为《法制日报》的作者,自然是一种福缘。那么,我成为《法制日报》的编者,当然是一种业缘。从目前看来,这种只能作为同行却无法成为同事的业缘,已经是一种必然的遗憾了。

有一句宋词说得好:人生万事无缘足,待足是何时?既然无法圆满成为《法制日报》的编者,那就继续做一名对《法制日报》一往情深的读者与一片丹心的作者吧。

在中国传统文化中,40 岁被称为不惑之年,意味着一个人风华正茂的最好时刻。《民主与法制》已经在 2019 年庆祝了自己的 40 岁生日。今年,正是《法制日报》的 40 岁生日。无论是作为读者还是作者,不论是作为《民主与法制》的记者编辑还是作为法制期刊的普通代表,我都要真诚地祝福《法制日报》的最好时刻。

在我看来,中国人民已经进入了新时代,《法制日报》同样也迎来了一个更有作为的新时代。

(刊发于《法治日报》2020 年 7 月 22 日,后获"我与法治日报"征文活动一等奖)

《民主与法制》1000期之后，我开始调换赛道了

在我参加马拉松比赛这些年，常常会遇到这样的情况：一般跑到20公里左右的地方，就是半程马拉松与全程马拉松的分岔口。此时，工作人员会用大喇叭向参赛选手喊话："半马向左、全马直行"。于是，半马选手与全马选手相互招手、各行其道，奔向自己的目标。

此时此刻，我也正处在这样的赛道分岔口。

11年的美好时光

从2010年6月9日来到中国法学会党组报到至2021年6月30日办理完调动手续，竟然已经过去了整整11年。我至今还清楚地记得，从1995年10月至2006年10月，我在中华全国律师协会正好也工作了整整11年。两个不同年代的11年，我前后供职的是《中国律师》与《民主与法制》两本不同刊名的杂志。对我来说，不论是哪个11年，都奉献给了我最钟爱的新闻出版事业，都留下了最有回忆价值的奋斗经历，都成了人生中最有纪念意义的美好时光。

当年，我来到中国法学会报到之时，正值南非世界杯开幕。当天晚上，我发了一篇博文《世界杯开幕了，我已经转会了》，以此告诉所有关心我的人，我已经从团中央中国预防青少年犯罪研究会调到了中国法学会。

今天，我要告诉大家的是，在主编完成《民主与法制》杂志1000期之后，我又一次要调换赛道了。这既是为了《民主与法制》社事业发展的需要，也是为了早日实现新老交替的需要，更是为了本人选择新的岗位进一步完成传帮带的需要。所以，从此我也将成为《民主与法制》杂志的前总编辑了。当然，最重要的是，我必须在新的工作岗位迎接新的挑战了。

据不完全统计，这11年来，从2010年第16期到2021年第17期，从半月刊到旬刊乃至周刊，从黑白刊到全彩刊，从上海的"财经版"试刊到北京的周刊，我经手签字开印的杂志约有490期。11年来，作为以"看主题、定选题、改标题"为己任的总编辑，我提出了多少值得关注的主题、确定了多少值得铭记的选题、改换了多少值得回忆的标题，尤其是撰写了多少值得留存的"主编絮语"，都已经无法准确统计了。

在近500期杂志中，值得一提的还有包括由上海办公室编辑出版的2011年至2014年《民主与法制》"财经版"共48期，该刊由时任《民主与法制》社副总编辑冯慧负责二审，我作为总编辑自然要负责终审。

说起“财经版”，自然要从上海编辑部开始说起。1990 年，按照新闻出版署要求，《民主与法制》杂志社正式迁京，由上海改为在北京编辑出版。原上海的工作人员因家庭和人事关系等特殊情况，继续留在上海参与部分编辑工作，主要编辑出版《民主与法制画报》（2002 年，改为《民主与法制时报》）。2006 年，《民主与法制时报》也不得不迁京办公了。于是，他们的工作职能就相当于记者站了。显然，工作量就处于不饱和的状态了。2010 年秋，他们提出来可否办一份财经版刊物。一是作为杂志从半月刊到旬刊的试点，二是探索一条办刊多元化的新路径。

社党委同意了上海编辑部的建议，并指定冯慧同志具体负责。2011 年，《民主与法制》杂志还是半月刊，“财经版”的出台就使《民主与法制》杂志在客观上相当于旬刊。经过一年的探索实践，社党委决定自 2012 年开始，《民主与法制》杂志正式改为旬刊。此后，上海的“财经版”就成了每月一期的第四刊。直到 2014 年底，社党委决定停刊。

2014 年 12 月 12 日，我在《民主与法制》（财经版）最后一期发出致读者的卷首语“为了转身的告别”。我在告别信中提到：“《民主与法制》（财经版）创刊三年零六个月，得到了许多热心读者和作者的厚爱。从陌生到好奇，从好奇到熟悉，从熟悉到喜爱，我们相携相伴，共同走过了 42 个月的难忘时光。为此，我们要向各位读者与作者表达至上的敬意与由衷的谢意！”

在近 4 年的探索实践中，“财经版”无论是选题策划还是版面设计乃至品牌运营，都做了许多有益而有效的探索。尤其值得一提的是，他们在选题策划上的独特奉献。从如下部分策划选题来看，可以感知他们的敏锐视角：

资本是狼还是羊？——

“企业的资本化之路”论坛完美收官

苹果摘“星”：硝烟弥漫的国际专利战

电商时代的游戏规则

佛教名山上市的是与非

悬崖边的商业道德

温州“金改”之“面粉”篇

视频网站并购之路有多难

——优酷、土豆生死线上博弈引发各方感叹、思考

“国际旅游岛”还是“国际宰客岛”？

——从三亚宰客门事件看国际旅游岛建设文化事业怎样

飞得更高

……

严格讲，这些选题是封面话题栏目，是平面媒体和每月 Bestv 电视谈话类直播节目无缝衔接的完美呈现，也是纸媒转型的创新尝试。三年 48 期节目，来自上海协力所的马晨光律师，既是主持人，也是制片人，从选题到嘉宾邀请再到制作，可谓全力支持，倾情奉献。这是一段最有价值的法律人与媒体人完美合作的美好时光。

可以说，上海办公室编辑出版的“财经版”，无论是第三刊还是第四刊，在某种程度上都承

担了杂志改革创新的探路先锋。

在他们的探索实践完成之后,《民主与法制》周刊[illegible]功推出。一晃又是五年的时光飞逝,转眼之间,《民主与法制》杂志就迎来了出刊1000期的高光时刻。2021年第11期,第1000期《民主与法制》杂志如期面世。

1000期的美好见证

对于进入第1000期的《民主与法制》杂志来说,这是一段特别的历史,也是一种特殊的见证。

从1979年的月刊到1995年的半月刊,再到2012年的旬刊和2016年的周刊,有关杂志出版周期的常见模式都经历了;从当年的黑白版面到今天的全彩版面,有关杂志出版发展的普遍样式都经过了;从最初的手写稿件铅字排版到当下的电脑照排激光打印,有关杂志出版发稿的普通格式都经手了。由此可见,我们《民主与法制》杂志的1000期,非常值得大书特书、大讲特讲。于是,为了纪念这个特殊的时刻,我们推出了这期不同寻常的纪念特刊。

为了办好本期特刊,我们邀请老编者叙旧话新,请求老记者话说当年,安排老作者回首往事,联系老读者追忆往昔。于是,在本期纪念特刊的聚焦专题中,既有王强华和李明信两位老总编回首的办刊往事,也有老记者马利"为《民主与法制》1000期点赞"描述的采访趣闻,又有赵晓谦、冯慧、黎伟华、阮莹等几位曾经任职副总编呈现的结缘趣事,还有张骅、和平、李爱芹、崔勃等几位老编者追忆的办刊情怀。更有赵国培、张明、黄鸣鹤、欧阳晨雨、赵青航等新老读者描述的投稿花絮。同时,另有高波、屈赫赫两位年轻编者汇报的办刊收获。更让人惊喜的是,还有当年荣获"全国法制知识竞赛"一等奖王晋同志的口述实录。尤其值得一提的是,此次纪念特刊的推出,恰逢全国党史观学习教育的启动。为此,社党委书记、社长林洪武同志以《启航新征程,扬帆再出发》为题,代表社党委发表卷首语,表示祝贺和希望。

习近平总书记曾经提出"功成不必在我"与"功成必定有我"的价值观念和情怀境界,为广大党员干部干事创业提供了实践遵循和精神指导。"功成必定有我"是一种使命、一种担当、一种久久为功的坚守。竭尽"功成"之力,而不求"功成"之誉,体现了一种舍"小我"成"大我"的高尚情怀。而"功成不必在我"则是一种胸怀、一种境界、一种无私奉献的精神。

可以说,1000期《民主与法制》杂志既是无数新老编者编出来的,也是无数新老作者写出来的,更是无数新老读者读出来的。于是,读者们的大力支持、作者们的全力拥戴、编者们的努力追求,成就了《民主与法制》杂志的辉煌和荣耀。

对我来说,第1000期,既是一个幸运的聚焦点,更是一个幸福的新起点。所以,第1000期则是一个必须面对与调整的转折点。主编完成第1000期之后,我感觉到我自己应该考虑让位了。这个让位既是个人年龄的现实,也是任职年限的要求,更是事业发展的需要。作为新闻出版的"老炮儿",我曾经历了《中国律师》杂志创刊第100期,现在又喜逢《民主与法制》杂志出刊第1000期,这是一种独一无二的荣幸与兴奋。兴奋之后是欣慰,欣慰之余是感激,感激之后是责任和使命。

我曾经从当年的忠实读者到曾经的忠诚作者，后来又从忠诚作者到忠心编者。接下来，我将从当然的编者回归必然的读者。可以预计，曾经的青灯黄卷，当年的案牍劳形，依旧的煮字烹文，永远的借墨结缘，是自己回归读者生活的自然状态。由此，我与《民主与法制》的一世情缘进入了一个新阶段。

我很幸运，既结下了读者之缘，又享受了作者之福，更体验了编者之魅。接下来，回归读者的我，自然将一如既往关注《民主与法制》的改革创新发展。可以说，在我与《民主与法制》杂志的42年缘分中，可谓各得其所、各得其宜。

于是，11年的编者缘分与42年的创刊历史，不知不觉就凝练成了一首有趣有料有情的打油诗：

我辈中人求正义，
是非曲直来办刊。
民富国强看法治，
主动请缨上海滩。
与日俱增北京版，
法出一门跨难关，
制度自信新时代，
人才辈出山外山。

人生下半程的美好期待

经过11年的共同奋斗，我的使命与责任已经告一段落了。接下来，就只能期待接棒者的努力与作为了。

从此，我就要接受另外一种人生挑战了。如果说，人生退休之前还只是半程马拉松。那么，在本人临近退休之时，就是半程马拉松与全程马拉松的人生分岔口。在人生后半程的道路上，如同全程马拉松比赛的后半程一样，更有挑战意义、更具人生哲理。

新赛道展示的是新征程，新征程依靠的是新岗位。正如我这30多年一直从事的工作一样，我的新岗位还是新闻出版，还是法律服务，还是借墨结缘，还是牵线搭桥……

说来也巧。当年，我在《法律与生活》杂志做记者时，经常有人误认为我是《民主与法制》杂志的记者。后来，我果然就来到了《民主与法制》社任职。等我到了《民主与法制》之后，又时常有人错认为我是民主法制出版社的。这回我将真的要去中国民主法制出版社工作了，可能有人还会认为我怎么还在《民主与法制》呢？其实，一字之差，看起来只是有“与”和无“与”，但说起来却既有深意，更有情意。在我个人看来，我在这两个单位之间，既是一种美丽的误会，也是一种有趣的缘分，更是一种独特的福分。在未来的人生中，会不会还有类似的美丽误会呢？2003年，我从事新闻出版工作以后推出的第一部作品集《法治天下》，就是在中国民主法制出版社出版的。这是否意味着我到中国民主法制出版社工作之后，还要推出一部有关《民主与法制》的新闻作品呢？

更巧的是，当年我大学毕业时，首选的单位就是新闻出版单位。在我工作年龄到站之前，最后还有机会奉献激情与理想的竟然还是新闻出版单位。由此可见，从当年的法律出版社到如今的中国民主法制出版社，既是一种有意的职业选择，也是一种有缘的专业荣幸，更是一种有福的事业缘分。

新岗位是中国民主法制出版社有限公司所属的法宣在线总编审，法宣在线是普法行业的一个著名品牌。其主要经营产品：国家工作人员在线学法、法宣云平台、智慧普法与公共法律服务、普法媒体机、普法新媒体运营、法治文化建设、法律职业资格考前培训、物联网技术应用、普法图书音像出版等业务。作为总编审，我要负责的就是有关导向把关、内容审核和出版流程等工作。

中国民主法制出版社成立于1989年2月。原系隶属于全国人大常委会办公厅的一家中央级出版社，以“立足人大工作，服务民主法制”为出版宗旨，开展各项出版工作。2010年4月22日，全国人大常委会办公厅与中国出版集团正式签署文件，中国民主法制出版社一举实现了转企、改制、重组的目标。

中国出版集团公司成立于2002年，是拥有如人民文学出版社、商务印书馆、中华书局、中国大百科全书出版社、中国美术出版总社、人民音乐出版社、生活·读书·新知三联书店、中译出版社有限公司、东方出版中心、新华书店总店、中国图书进出口(集团)总公司、现代教育出版社等诸多品牌单位的国家级出版机构。

重组后的中国民主法制出版社正式成为中国出版集团20多家成员单位之一，是我国中央各部门各单位出版社体制改革中首家脱离原主管主办单位的出版社。

法宣在线成立20多年来，在司法行政工作方面的探索实践成就，可谓有目共睹、有口皆碑。公司开发的“国家工作人员在线学法考试平台”，已经有19个省委组织部、宣传部、司法厅和国资委等发文推广。平台累积了20多万家机关企事业单位、1000多万名省、市、县、乡四级领导干部和公职人员。

从中国律师业发展趋势来看，法宣在线也是广大律师开展律师宣传、开拓法律服务的优质平台。法宣在线两大平台即学法用法及考试系统和百姓法治宝典系列图书的用户融合，是一座蕴藏着丰富用户资源的“金山”，对律所律师的目标客户群体存在高度重合，值得重点关注和深度参与。另外，法宣在线下属“人人律”智能大数据公司开发的“小律”公共法律服务机器人、无人亭、柜员机、桌面机等法律人工智能产品和智慧普法媒体机，已经在内蒙古、辽宁、山东、湖北、湖南、广东、广西、陕西、甘肃、宁夏、青海等十几个省市广泛安装运营。

期待在本人的加入之后，法宣在线与全国各地律师有更深入而全面的合作机会，共同创建强大的法律服务平台，以服务好我们共同的平台用户，从而实现法律服务和法律科技的共赢。

同样，我也期待并相信我们《民主与法制》杂志的后来接棒者一定能够比我干得更好，一定能够将《民主与法制》周刊办得更有高度、更有深度、更有温度。

2021年7月1日，在庆祝建党百年的经典时刻，我来到了新单位正式报到。在社领导宣布任命之后，我以“新单位、新岗位、新座位”为题做了表态发言。新座位，新作为，这既是一种同道情分,也是一种人生缘分,更是一种事业福分。

辞别时刻的美好情意

一个人要挥别曾经供职11年的工作岗位,自然是感慨万千的;一个人要握别曾经共同奋斗的新老同事,当然是难舍难分的;一个人要话别曾经爱我所爱的作者读者,必然是感激不尽的。此时此刻,我最想说的最要说的最该说的就是感谢。

我要感谢中国法学会党组前后三任党组书记、常务副会长对我的关心和厚爱,是法学会党组给了我一个成长发展和努力发挥的平台。尤其要感谢刘飏书记对我的提携和关怀,感谢陈冀平书记对我的指导和教导,感谢陈训秋书记对我的指点和提点;我要感谢《民主与法制》社党委的支持和帮助,是社党委为我创造条件和提供机会,将《民主与法制》杂志从半月刊发展到了周刊。特别要感谢前后三任党委书记胡永朝书记、周占华书记、林洪武书记对我的信任和肯定;我要感谢中国法学会从机关各部门到各个事业单位对我的关注和鼓励,是大家给了我开心工作真心合作的宽松环境和广阔空间;我要感谢《民主与法制》社全体同仁尤其是《民主与法制》周刊记者编辑编务校对审校等各位同事对我的关爱和拥戴,是你们让我深深体会到一起办一份杂志是天底下最开心的工作和事业;我要感谢《民主与法制》社各驻地机构对我的协助和配合,是你们让我们许多选题策划和采访安排能够如期顺利完成;我要感谢《民主与法制》社老编者老作者老读者对我的激励和响应,是你们让我这个总编辑做得很开心很有成就感……

感谢的话语,实在是说不够说不完说不全。于是,我不禁想起了20多年前听到的一首粤语歌。那就是谭咏麟的《讲不出再见》,这是一首传唱最广的粤语歌,也是一首经常出现在各种毕业典礼上的招牌歌曲。可以说,这首歌曾经成了谭氏情歌的代表作。现在,这首歌也成了我离开《民主与法制》的感谢词:"这段情,越是浪漫越美妙,离别最是吃不消。我最不忍看你,背向我转面,要走一刻,请不必诸多眷恋。浮沉浪似人潮,哪会没有思念,你我伤心到讲不出再见。"

当然,更能代表我感恩怀德之情意的歌曲还是邓丽君经典曲目之一《再见我的爱人》:"怎能忘记这段情,我的爱再见,不知哪日再相见。我的爱我相信,总有一天能再见。"由此可见,我与《民主与法制》的11年,已经不是一种简单的工作关系,而是一种美好的情感关系了。

这是一种至上至美的情,更是一种至高至真的爱。

一条新赛道展现在我眼前,一个新岗位出现在我眼前,一种新挑战呈现在我眼前。马拉松如人生,人生像马拉松。马拉松比赛的后半程其实更艰难,人生道路的下半程其实更具挑战意义。事实上,我们每个人的人生都要经历不同的起点、正常的拐弯、重大的转折、艰难的爬坡、前行的困惑、崩溃的极点乃至姗姗来迟的终点。跨过终点那一刻,我们知道,那不过是又一个新的起点;同时,我们也明白,挑战的成功,非凡的成就,梦想的成行,从后半程开始,其实更需要坚持,哪怕是一种简单的坚持。只有坚持,才能完赛;只有坚持,才有完美。

对我这样跑过20多次全程马拉松比赛的跑者来说,每一次跑马的经历就是一种丰富的阅历,每一次跑马的过程就是一种神奇的历程,每一次跑马的结果就是一种美妙的成果。所以,真正的马拉松跑者其实不在乎你的名次与成绩,不考虑你是早到还是迟到,最终只要完成比赛就是成功者。无论你是什么样的速度,也不论你是什么样的高度,最终你都是为了增强生命的宽度乃至拓展人生的长度。上半程是如此,下半程更是如此。马拉松是这样,人生更是这样。

让我们的身体更加健康,让我们的生活更加快乐,让我们的事业做得更好,让我们的人生走得更远。同样,祝《民主与法制》办得更好、走得更远!

2021 年 7 月 1 日午夜于北京千鹤家园,同日发于桂客留言公众号

有一种写作是分享

在互联网时代，每个人都是记者，因为每个人都有麦克风；同样，每个人都是作家，因为每个人可以随时随地发表自己的作品。

对我来说，我本身就是记者编辑，写作既是我的本职，也是我的专职，更是我的天职。

我从上中学到上大学，从大学毕业到参加工作，从做记者编辑到担任总编辑，我最热爱的就是写作，我最钟情的就是写作，我最向往的就是写作。

在我看来，写作是人生中最美好最美妙的分享。

《沉浮与枯荣》:不仅仅是一部传记

——《沉浮与枯荣——八十自述》读后

时光进入 2011 年,关注我国法学界的有心者发现,在当今法学家中,有几位出生于 1930 年前后的法学家特别引人注目。其中既有刑法学家高铭暄、王作富,也有诉讼法学家陈光中、江伟,还有法理学家郭道晖,更有民商法学家江平、王家福。他们被媒体趣称为“80 后”教授。

在这几位“80 后”教授中,可能最受媒体关注的还是刚刚于 2010 年 12 月 28 日度过 80 岁生日的江平教授。

据《深圳商报》报道,江平老师最近由法律出版社推出的口述自传《沉浮与枯荣——八十自述》以最高票当选深圳读书月“2010 年度十大好书”,并被授予“年度推荐奖”。据江平老师自己介绍,这是一种新的写作传记的探索。他说:“因为活着的人来写自传,弄不好会被人感觉是出风头,是更多地表现自己。所以写的人多少有所顾忌,我本人写的时候也有顾忌。但是我觉得我们应该鼓励、提倡,特别是经历了各种磨难和波折的人,多写一些回忆录,多写一些历史的真实情况。”

所以,这是一部值得阅读,更值得思考与研究的传记。当然,这又不仅仅是一部传记,而是一种法律人生的总结与思考。

检察日报社发起“100 位总编推荐 10 部书”的新闻宣传活动,笔者也有幸忝列其中。我接受任务后,首先想到的第一本书就是江平老师刚刚出版的《沉浮与枯荣——八十自述》。

浓缩了一位法学家的一生

这不是一部平常的传记。平常的传记大多数如果不是说教式的,就是炫耀式的。在本书中,既看不到炫耀,也听不到说教。唯有的都是江平老师坦诚的介绍、真实的披露。既未回避矛盾,也不揭露隐私,更无闪烁其词、欲言又止的尴尬。所以,既然属于不平常,必然就会走向非常。

这也不是一部一般的传记。一般的传记如果不是自己亲自操刀,就是指定或者委托他人捉刀。本书既有江平老师亲自操刀的内容,也有江平老师委托后生整理的文字。可以说,这是两个“80 后”新老法律人合作的结晶,更是江平老师个人口述与他人记录整理紧密配合的典范。于是,因为不一般,自然就显得非凡。

这更不是一部简单的传记。简单的传记如果不是罗列自己的大事记，就是记录自己的流水账。所以，那些简单的传记只有回忆没有反思，只有记录没有反省，只有追问没有反问。但是，这部传记却不简单。本书尽管介绍了理论却不深奥，回顾了过去却不枯燥，讨论了问题却不晦涩。这样，不简单的背后，就有了不寻常的效应。

诚如本书出版者——法律出版社的介绍："本书不仅忠实记录了江平八十年的沉浮与枯荣，也涉及其亲历的众多历史事件；不仅是江平治学历程的全记录，更是中国法治进程的缩影。江平先生的八十年，不仅书写了一部波澜壮阔的人生阅历，更锻造出一种只向真理低头、绝不向命运屈服的精神。"

可见，这不是一部传记，而是一部传奇，是一个人的独特人生与深刻思考。从本书的书名，我们就可以看出其非凡意义。据了解，《沉浮与枯荣》这个书名源自江平老师自己的诗作《临江仙·悲歌》："千言万语满胸臆，欲诉欲泣无从。长吁三声问天公，为何射日手，不许弯大弓。翻云覆雨人间事，过耳过目无穷。谁主沉浮与枯荣？欲平心中愤，唯唱大江东。"

浓缩了一个特别年代的历程

如此说来，一部不平常、不一般、不简单的书，竟然浓缩了一位法学家的一生。同样，一位法学家的八十年，又浓缩了一个特别时代的发展历程。于是，本书的价值意义就显而易见了。

江平老师的八十年人生是不幸的。1930 年出生于大连，早年就读于崇德中学的江平老师，在 1949 年新中国建立前夕，他还是燕京大学新闻系的学生，当时他们还是唱着革命歌曲、跳着集体舞，欢欢喜喜地迎接解放军进入古老的北京城。但是，后来在江平老师身上发生的一切就开始离欢欢喜喜越来越远了。

如果说自己该读的书没有读完、自己想学的新闻专业没有续学，还不能说是不幸的话，那么接下来的一系列遭遇就真正是一种不幸了。

1950 年，江平老师成为我国第一批派往苏联学习法律的留苏学生，并在 1956 年以优异成绩提前一年归国。但是，到了第二年即 1957 年却被稀里糊涂地打成"右派"。后来，在一系列政治运动中，又经历了身残、婚变、批斗与劳动改造的不幸。

一个人从国外回来本该大干一番的时候，却被无辜地打成了"右派"；一个人刚刚新婚一个月本该过上美妙小日子的时候，却被逼迫结束了美好而短暂的婚姻生活；一个人开始下放劳动而准备面对现实的时候，却被列车轧断了一条腿；一个人刚刚担任校长本该大显身手的时候，却在任职还不到两年的日子里被免去了职务。

然而，江平老师的八十年人生更是幸福的。改革开放后，重新回到教学战线的江平老师，开始更加努力地追赶时代、追寻梦想。除了醉心于教书育人、迷恋于民法研究、致力于立法活动外，就是通过不断地接受采访、发表演讲、应邀讲学等社会活动，传播法治精神，倡导法治信仰，宣传法治理念，传达法治意识。所以，自然而然，理所当然，江平老师今天已经桃李遍天下，美名满天下。

曾经，作为一位官员，江平老师以中国政法大学副校长、校长，七届全国人大代表、法律委员会副主任、人大常委会委员等公共职务，不停地为法治的现状而呼吁，不断地为法治的梦想而呐喊。

后来，作为一名学者，江平老师始终秉持知识分子的良知和勇气，每每在重大事件发生、焦点新闻出现、特别立法出台等重要关头，总是理性、建设性地为自由与民主、法治与人权、公平与正义而大声疾呼。于是，江平老师被称为中国“法学界的良心”“时代的法学教师”，被法大师生封为“永远的校长”，被誉为中国法律学者乃至整个法律人的泰斗级人物。

如今，作为一位寿星，江平老师的健康与长寿，成了许许多多法律人的幸福与信心。在七十华诞时，江平老师曾经发自内心地说过这样一句话：“上帝还算是公平的，既给了我22年的不幸，也给了我22年的幸福。”如今，八十华诞已经来了，江平老师的幸福依旧绵远流长。这是江平老师的幸福，也是江平老师家人和所有弟子的幸福，还是所有我等并非嫡传弟子但却一直受益于江平老师的晚辈的幸福，更是这个国家和时代的幸福。因此，我们同样期待江平老师的九十华诞、百年华诞。

在这部特别的传记中，江平老师以五卷文字的体例安排，为我们描绘了他那独特而传奇的八十年人生。

在“似水流年”中，我们可以了解他的青少年特别时代、南下前夕他服从组织安排由新闻改为法律的特别时刻、五年留学苏联的特别时光。

最让人不堪回首的是他的“廿载逆境”，那种“从天堂到地狱”的磨难、从“反右”到“文革”的苦难、从一个健全人瞬息之间变成残疾人并几乎危及生命的大难，是我们今天无法想象的。

或许最让江平老师感到快乐幸福的还是“我的教与学”时光，从延庆郊区回到北京城里，从食堂会计回归大学教师，从普通教师成为学校领导，从大学校长变回法学教授五十年的教书育人，五十年的美好时光，给了江平老师八十年最辉煌、最美好的记忆。于是，江平老师说：“来生还做教授。”

浓缩了一种立法进程的贡献

“大立法时代”在本书中占有的篇幅，足以证明江平老师对我国立法进程所作出的贡献。在这一卷中，我们看到了“难产的民法典和顺产的《民法通则》”和“民法、经济法之争”及“《行政诉讼法》的台前幕后”，也读到了“《民事诉讼法》的‘转正’”和“《著作权法》的争议”，更体会到了江平老师对仲裁的情有独钟、对《信托法》失去衡平法依托的无可奈何、对国企改制与《公司法》的信心十足乃至自己对所有立法活动和执法检查的法理解读。

书中压轴之作“为法治呐喊”也是本书点睛之作，有关江平老师的法治观、民主与自由观，均在这个部分进行了总结和归纳。更值得一提的是，江平老师对律师的爱、对律师职业的期望、对律师制度的研究，均有详细而深刻的表述。

显然，尽管洋洋洒洒将近50万字的口述，但也无法完整回顾与描述江平老师的八十年法律人生。有读者认为，也许是口述自传的原因，或许是江平老师已经大彻大悟般淡定，关于江老波澜起伏的一生的记述，文字竟然如此朴实。此言在理，虽然全书未经细致布局，未加任何修饰，没有华丽的辞藻，没有光艳的色泽，甚至自始至终都是平白直叙，谈什么基本上都是娓娓道来、点到为止。但是，全书字里行间处处都充满了一种独立与批判的精神，洋溢着一种真实与自信的激情，飘洒着一种平和与淡定的风采。

也许因为独立与批判，才有江平老师的人格；因为真实与自信，才有江平老师的魅力；因为平和与淡定，才有江平老师的口碑。于是，本书以最高票当选深圳读书月“2010 年度十大好书”，并被授予“年度推荐”奖。

荣登“2010 年度十大好书”榜首

当然，如此佳作的诞生，还有整理者和出版者的贡献。特别值得一提的是，本书整理者、《中国政法大学学报》陈夏红编辑所付出的辛劳。他说，早在这本书入围“2010 年度十大好书”评选 50 强的时候，他就已经开始关注：“我对这本书入围还是比较有信心的，但是没想到这么多评委对它有这么高的评价，以第一名进入榜首，这一点确实有些意外。”

他也告诉前去采访的记者，《沉浮与枯荣》自 9 月底上市后，两个月时间已经第三次加印，总印数接近两万册。“在读者中的反响，整体来说很不错，这与十大好书评选的判断与取向，应该说是一致的。”

阅读本书之后，我们发现，既与江平老师有关，也与时代有关的大事小事、国事家事、趣闻轶事，应有尽有，俯拾即是。我们更欣喜地发现，历尽暴风骤雨的江平老师已经迎来了和风细雨，更迎来了一个可以自信平和地面对欧风美雨的时代。

由此看来，这是一部完全值得推荐的特别传记，也是一部写满了从传说到传奇的传记，更是一部可以当成历史来读、当成人生来看的传记。

原载《民主与法制》2011 年第 7 期

从演讲天下到法治天下

——江平老师的演讲艺术

说起江平老师的演讲,可以说,已经不仅仅是一种学术,也不仅仅是一种技术,而是一种艺术。

江平老师自执教以来尤其是1979年复出以来,究竟做过多少演讲,到过多少地方做过演讲,为多少部门多少人做过演讲,现在已经无法精确统计了。但据江平老师自己的回忆,以自己2002年7月在青海和西藏高级法院的演讲为标志,至此,江平老师已经在全国所有的省、自治区、直辖市(包括港澳台地区)都进行过学术演讲。为此,江平老师将所有的万千感慨最终汇成了一句话:"此生足矣!"

2003年5月,江平老师在自己出版的《江平讲演文选》的序言中写道:"去各个不同地方、不同部门作演讲,这成了我工作日程上的重要部分。"于是,无论是法院、检察院还是律师协会,无论是党政部门还是企业公司,无论是科研单位还是大学校园,无论是大江南北还是长城内外,无论是繁华城市还是中小城市,无论是东部沿海还是西部边陲,都能见到江平老师矫健而又有些蹒跚的身影,都能听到江平老师洪亮而又有些磁性的声音。因为江平老师的演讲不仅听起来抑扬顿挫、字正腔圆、声若洪钟、节奏合理,而且感觉还总是那么循循善诱且丝丝入扣、滔滔不绝又娓娓道来。所以,在江平老师条分缕析、通俗易懂的演讲之后,听讲者犹如醍醐灌顶、茅塞顿开。于是,越来越多的人更爱听江平老师的演讲,更想听江平老师的演讲。如果说,江平老师现在是桃李满天下,那么,我们同样也可以说,江平老师是朋友遍天下。今天,我又要毫不夸张实事求是地说,江平老师现在已经是演讲遍天下了。

事实上也确实如此,通过演讲来传授法律知识,传递法治理念,传承法律文化,正是江平老师展现一个法学教育家和法律活动家的另外一个平台。正如江平老师自己所言:"相比起写文章来,我更喜欢在讲台上发挥我的思想。"所以,从这个意义上说,与其说江平老师是在追求一种演讲天下的成就,不如说是在追求一种法治天下的境界。

对于演讲,江平老师显然既有实践,更有研究。

江老师说:"作学术演讲好比演员唱戏。观众买账不买账,全在你唱得如何,再有名气的演员唱砸的也有。我深深地感到:一场演讲需要你全神贯注地投入,是台上与台下的交融。演讲者像一个好的演员那样,将听众带入你所引领的新的空间中去,要让他们能够真正聚精会神地想听你下一句将会说什么。让他们感到你不是在演讲,而是在和他们交谈。"这是一位大家的风度,更是一个学者的高度。因为演讲最忌自恃清高而高高在上、指手画脚,最烦自恃才高而故弄玄虚、故作高深,最恨自恃位高而空话连篇、套话成篇。成功的演讲一定是台上与台下的交融,是讲者与听者的交谈,是思想火花与心灵鸡汤的交汇。于是,就需要演讲者对演讲对象的充分尊重和高度理解。对演讲主题的认真研究和深刻理解,对演讲内容的全身投入和全面理解。在江老师的演讲中,不管时间长短,不管人数多少,不管内容繁简,他都是像第一次演讲一样积极准备,认真对待,全面投入,激情迸发。

江老师说过:"作学术演讲好比设计师设计。内容新颖不新颖全在你设计得如何。演员唱戏唱的是台词永远相同的戏,而设计师绝不应当去设计一个形式与内容完全相同的建筑。一场学术报告,哪怕主题相同,但因为听众对象的不同,它的设计方案、内容剪裁、例子选择、语言深度都会不同。给研究生所做的演讲就和给党政领导干部讲的有很大的不同。"如果说刚才那一番话说的是,江老师的演讲讲究的是对听众的充分尊重和台上与台下的交融,那么,这几句话讲的是江老师对演讲内容框架的设计和演讲素材的调度。于是,在面对相同的主题但不同的听众对象时,他会根据实际情况对演讲内容进行有针对性的调整和完善。而面对相同的听众对象,他同样会对演讲主题重新进行设计和调整。这些年来,江老师讲过合同法,也讲过公司法,还讲过证券法,又讲过物权法,但他每一次演讲的内容绝不雷同,更不简单重复。江老师给律师做过许多演讲,但他每一次演讲内容都不完全一样,甚至连例子都不相同。比如他同样讲做人与做律师,但他给北京律师和天津律师讲的却不完全重复,给中年律师和青年律师年讲的也不完全相同,给沿海律师和西部律师讲的更不完全一致。所以,在我们律师的眼中,江老师的演讲每一次都有新意,都有新的视角,都有新的素材和资料,都有新的启发和收获。

江老师还说过:"作学术演讲好比艺术家在雕刻。精益求精,在细节上不遗余力,多下一笔刀就使作品更趋完美。作学术演讲也要像艺术家那样去精雕细刻:语言的精练准确、语言的感染力和煽动力、节奏的快慢、声音的高低、高潮的起伏甚至肢体动作运用得恰当,都会影响一次演讲的效果。"同为法律人,江老师对执业律师似乎更为偏爱,所以在每一次给律师的演讲中,从主题到内容,从素材到框架,从数据到史料,从案例到实例,他都是精雕细刻、精益求精。尽管每次演讲他都是脱稿发挥,但他实际上都是手中有稿,心中更有稿。当然,他也绝不离题万里,信马由缰。我曾经请江老师在律师界做过许多演讲,每次他都是认真思考和仔细研究。无论是在"法学与法治巡回讲坛"上讲"律师的思维"还是谈"律师与诚信",无论是在"中国律师论坛"上讲"律师与资源"还是在"中国青年律师论坛"上谈"法律人的职业底线",他都是如此准备和对待的。有时为了一个主题,有时为了一个案例,有时为了一张剪报,有时为了一篇文章,他还会问问我在律师界的有关出处和来源。比如,他在给上海律师协会作关于"律师与诚信"的演讲时,他就是从两个剪报和一期杂志开始入题的。一般演讲之后,他还会向我了解律师们的想法怎样,律师们的反应如何,律师们的希望如何。可以说,在江老师的心目中,给律师们演讲无论是事先的准备工作还是当时即兴的发挥,都需要投入更多的激情和智慧,都需要更加认真和细致。

在我个人看来，江老师的演讲大致具有以下几个特点：

一是讲究条理。我们可以看到，在任何一次演讲中，江老师的演讲都是有条有理，有理有据。讲到罗马法的精神在中国的复兴，他会告诉我们从四个方面来理解：第一，从意志本位到规律本位；第二，从国家到社会；第三，从身份到契约；第四，从经验到理性。但是，他在另外一个会议上谈到“中国现今法律观念之变化”时，对此又作了新的归纳：第一，从意志本位到规律本位；第二，从管理本位到权利本位；第三，从国家控制企业到企业自治；第四，从产权高度国有化到产权社会化；第五，从完全国家意志到意思自治；第六，从人治到法治。在谈到“律师与诚信”时，他则用了一个形象的概括，那就是“四面八方说诚信”。所谓“四面”是指信用的四种性质：第一，信用是一种资格；第二，信用是一种财富或财产；第三，信用是一种权利；第四，信用是一种信息。而所谓“八面”则是指诚信与律师有关的八个方面：合伙与诚信，委托与诚信，广告招揽与诚信，包揽诉讼、恶意诉讼和诚信，服务收费与诚信，不正当竞争与诚信，虚假证明与诚信，忠实勤勉义务与诚信等。而在北大举办的“第二届中国青年律师论坛”上，给青年律师们谈“法律职业人的底线”时，他会从“理念底线、职业操守底线、生活准则底线”三个方面展开演讲。

二是揭示法理。作为一个法律教育家、法律活动家，江老师自然明白自己的演讲更需要在法理上如何做到答疑解惑、传道授业。所以，在江老师的演讲中，处处能够听到通俗易懂的法理，时时能够感悟简洁明了的法理。比如市场经济主要是两大行为：交易行为和投资行为。作为市场行为，它们必然具有自由、平等和公平三大特性；又如股东的权利，江老师告诉听讲者，按照《公司法》规定，股东享有三大权利：一是资产受益权，也就是谁投资谁受益。二是重大事务决策权，也就是谁投资谁决策。三是选举管理者的权利，也就是谁投资谁选择管理者；再如讲到国企改制时，他会做出一个非常形象的概括：一是企业公司化，二是公司股权化，三是股权明晰化，四是股权社会化；还比如在讲“市场经济的法律机制”时，江老师则会从主体、权利、行为、责任等四个方面阐述其法律关系。以上谈到的都是调整市场经济方面的法律。实际上，作为一个民商法学家，江老师演讲涉及的范围非常广泛。他从罗马法的精神讲到我国民法典的制定，从公民的个人权利到国家的意志，从公平的交易到市场主体的准入，不管是用一个鲜活的案例还是引一个固定的条文，无论是结合立法形势还是结合演讲现场，江老师无不讲得头头是道，句句在理。这个理，既有道理，也有常理，还有哲理，更有法理。

三是追求真理。据我个人对江老师演讲风格和演讲范围乃至演讲对象的了解，江老师所有的演讲其实不仅仅是授业解惑。如果仅仅是为了这个目的，那就只要教好自己的学生即可。上个月 27 日，在江老师生日庆祝宴会上，我看到与会的江老师的博士生在主席台上合影，竟然好几排都站不下。由此可见，江老师的弟子完全可以用桃李满天下来形容。其实，江老师的弟子何止眼前我们看到的学生呢？当然，江老师并非追求自己有多少弟子，而追求自己的理念能够引起多少共鸣，能够得到多少传播。所以，江老师的演讲实际上是为了传道，是为了传授法律常识，是为了传播法学理论，是为了传达法律思想，是为了传递法治理念，是为了传承法律文化。对此，江老师往往是从比较法的视野、从民商法的思维、从中国法律人的具体实践来展开演讲的。比如民主政治文化、权利本位思想、意思自治原则、现代企业制度等等，江老师除了告诉听讲者其中的知识内涵,更重要的是告诉听讲者知识背后的法理乃至真理。他曾经在律师的演讲中说过:“律师手中没有权,他靠的是什么? 靠的只能是法律。他靠的不是法律的韧性,靠的不是法律的矛盾,靠的不是法律的空隙,而是靠法律的权威,靠法律里面体现的真理。”为此,他鼓励律师一方面要做好服务之道,另一方面更要做好治国之道。他告诫律师,莫以高官论英雄,莫以钱多论英雄。他希望律师要“为权利而斗争”,“在这个问题上,我们作为一个律师的使命,就是要为他人的权利而斗争。因为我们的当事人、委托我们的人,不管是诉讼案件或者非讼案件或者公司企业,这些人往往是最不了解自己在法律上享有哪些权利。那么,你给他以法律援助,使他懂得自己有哪些权利,如何为自己的权利而斗争,如何行使保护自己权利的这种程序,这就是律师的任务。所以,从我们作为律师来说,本身的任务就是为弱者、为当事人、为你的委托人而进行斗争”。

如果说从简单到复杂是一种学术,而从复杂到简单是一种技术。那么,知道什么时候应该简单,知道什么情况下可以复杂,则是一种艺术。从这个意义上说,江老师的演讲已经成了一种艺术。所以,无论是声音还是节奏,无论是语言还是手势,无论是气质还是形象,无论是其关注的视野还是其思考的高度,无论是其丰富的知识还是其深邃的思想,无论是其观点主张的独特还是其问题研究的前沿,江老师的演讲艺术无不发挥得淋漓尽致,无不展现得出神入化。当然,我还无法全面而详尽地总结江老师的演讲艺术,只能从《江平讲演文选》一书(2003 年中国法制出版社出版)和我对江老师的邀请安排或者现场听讲的情况进行描绘。显然,挂一漏万之处在所难免。

不管如何描绘和理解乃至总结,我已经深深体会到,江老师的演讲绝不是为艺术而艺术。七年前,我曾经出版了一部个人专著,书名就是《法治天下》(江老师题序)。后来,江老师曾经给中国政法大学昌平校区题写了一块石碑,内容就是“法治天下”。我不敢说与江老师是英雄所见略同,但我敢说,江老师的演讲目标就是为了“法治天下”这四个字。

因为江老师的演讲就是为了追求法律人的真理,追求从演讲天下到法治天下的理想。

2010 年 2 月 9 日

刑法修正案(八)的关键词:“加减乘除”

又一个受人关注、惹人关心的刑法修正案诞生了。

作为“1997 版《刑法》”的第八个修正案,与前面七个修正案相比,因为中国特色社会主义法律体系已经形成的大背景,其诞生意义更加独特,更需研究。

几乎可以被称为一部小法或条例的 50 个条文,看起来似乎很简单,但其实意义不凡。如果要用一个简明扼要的“关键词”来概括的话,我们不妨用“加减乘除”四个字来表达方方面面对于此次刑法修改的肯定与好评。

“加”得合乎现实

所谓“加”,是指增加的内容或罪名(也包括最高刑期的增加与死刑罪名的充实)。

我们看到,“醉驾与飙车”等危险驾驶行为首次被写进了《刑法》,同时,“恶意欠薪及拒付报酬”的行为也第一次被列入了《刑法》,而“依法实行社区矫正”作为一个概念,甚至是作为一项新的制度设计,同样初次出现在《刑法》中。尤其令笔者兴奋而欣慰的是,“前科消灭”的表述尽管并非直接,但“免除报告”这四个大字,已经足以说明“前科消灭”光明正大地成了《刑法》第 100 条的完美补充。从此,那些一不小心、一不留神、一不注意就走上了违法犯罪道路,且有悔过之心、负疚之心、自新之心的未成年人,对未来更有希望、更有信心了。

众所周知,近几年来因为醉酒驾驶机动车和在城区飙车造成人员伤亡的事件,已经成了社会各界深恶痛绝的两大“马路杀手”。为此,《刑法》修正案(八)对此作出了积极回应。于是,醉驾、飙车等危险驾驶行为正式入罪了。修正后的《刑法》明确规定:“在道路上驾驶机动车追逐竞驶,情节恶劣的,或者在道路上醉酒驾驶机动车的,处拘役,并处罚金。有前款行为,同时构成其他犯罪的,依照处罚较重的规定定罪处罚。”不仅如此,这次修改中关于“危险驾驶”的正式定罪,还真正改变了以往“肇事后再处罚”的传统方式。过去,我国《刑法》中规定的交通肇事罪,要求是必须系因行为人严重过失造成人员伤亡才进行刑事处罚。现在的规定是,不管是否造成后果,只要有危险驾驶行为都将予以处罚。

谈到恶意欠薪,地球人都知道干活拿钱,天经地义,但在现实生活中却常常出现情理之外的情况。关心媒体报道的人都会发现,一些万般无奈的职工尤其是农民工,常常以下跪、爬塔吊、跳楼等极端方式寻求讨薪的消息,不时成为热点新闻。为什么类似恶意拖欠工资的行为屡禁不止呢？于是，针对现实中不断上演的“恶意欠薪”行为，《刑法》修正案（八）作出了明确规定：“以转移财产、逃匿等方法逃避支付劳动者的劳动报酬或者有能力支付而不支付劳动者的劳动报酬，数额较大，经政府有关部门责令支付仍不支付的，处三年以下有期徒刑或者拘役，并处或者单处罚金；造成严重后果的，处三年以上七年以下有期徒刑，并处罚金。”可以预计，将“恶意欠薪”界定为犯罪行为，将在一定程度上有助于缓解广大农民工的困难。不过，笔者还是担心其操作性。换言之，其威慑作用如何得到真正体现尚待观察。

对于“社区矫正”，尽管在实践中进行了多年的探索，但现行《刑法》其实一直没有反应，只是规定：“对宣告缓刑的犯罪分子，在缓刑考验期限内，由公安机关考察，所在单位或者基层组织予以配合。”此次《刑法》修正案（八）则将“由公安机关考察”改为“依法实行社区矫正”。同时，对于被判处管制的犯罪分子，也由原来的“由公安机关执行”改为“依法实行社区矫正”。作为一种工作模式，更作为一项制度设计，“社区矫正”是指将被判处管制、被宣告缓刑、被暂予监外执行、被裁定假释等符合条件的罪犯置于社区内，由专门的国家机关在相关社会团体、民间组织和社会志愿者的协助下，在判决、裁定或决定确定的期限内，对罪犯进行监督和教育，促进其顺利有效地回归社会。笔者认为，此项制度对罪错青少年的改造与教育效果尤其明显。

据悉，自 2009 年全面试行社区矫正以来，全国各地累计接管社区矫正人员 40 多万人，累计解除矫正 20 多万人，社区矫正人员在矫正期间重新犯罪的占接受矫正总人数的 0.18%，收到了良好效果。可见，社区矫正为维护社会稳定发挥了应有作用。更加重要的是，社区矫正的推广既有利于监狱集中资源矫正那些只有在监禁条件下才能改造的犯罪分子，又可以调动社会力量对罪犯进行矫正和改造，将有效提高罪犯的教育改造质量。将社区矫正写进《刑法》，可以说是我们在非监禁刑罚执行方式方面的一个重要改革，其目的是更好地对这部分犯罪人采取更有效的监督管理，也便于他们更好地重返社会，融入社会。

“减”得合乎潮流

毫无疑问，我这里强调的“减”自然是说关于死刑罪名的废除。

在我国，关于死刑的全部废除，尽管一直是一个争议话题，但距离真正的目标还只能是一个“百年梦想”。所以，不断地限制死刑的适用与适时地减少死刑的罪名，既是一个合乎中国实际的选择，更是一个合乎时代潮流的进步。

此次《刑法》修改中最吸引眼球的特点，就是改变了以往死刑罪名上只做“加法”不做“减法”的做法，一举取消了 13 个经济性、非暴力犯罪的死刑罪名，占我国《刑法》中死刑罪名的近五分之一。按照此次《刑法》修正案（八）的相关规定，自今年 5 月 1 日起，走私文物罪，走私贵重金属罪，走私珍贵动物、珍贵动物制品罪，走私普通货物、物品罪，票据诈骗罪，金融凭证诈骗罪，信用证诈骗罪，虚开增值税专用发票、用于骗取出口退税、抵扣税款发票罪，伪造、出售伪造的增值税专用发票罪，盗窃罪，传授犯罪方法罪，盗掘古文化遗址、古墓葬罪，盗掘古人类化石、古脊椎动物化石罪等 13 个经济性非暴力犯罪将不会再判处死刑，我国死刑罪名将由 68 个减至 55 个。

此项最引人注目的修改，既是对那些名存实亡的死刑罪名的科学规范，也是1979年新中国《刑法》颁布以来第一次削减死刑罪名，凸显了从高层到民意关于对生命的尊重和对人权的保障之共识，开始真正形成法律常识。

“乘”得合乎民生

这个“乘”，主要是针对那些危及他人生存与发展权利的犯罪行为所给予的处罚，不是一般的处罚，而是要加重处罚。甚至还可以说，不仅仅是加重，而是加倍处罚。

以食品安全为例，此次修改不仅降低了认罪条件，而且还加重了处罚力度。

从近几年发生的“苏丹红事件”“三聚氰胺事件”到最近发生的“皮革奶事件”“面条掺胶事件”，无不说明，食品安全问题不仅扰乱了生产秩序，更危及每一个公民的生存与生命。于是，要求“加大对食品安全犯罪的处罚”便成了社会各界的普遍呼声。所以，此次《刑法》修改，在食品安全犯罪的规定中增加了一个适用条件，即除了对人体健康造成严重危害外，“或者有其他严重情节的”，也将处以相关刑罚。现行《刑法》规定：“在生产、销售的食品中掺入有毒、有害的非食品原料的，或者销售明知掺有有毒、有害的非食品原料的食品的，处五年以下有期徒刑或者拘役，并处或者单处销售金额50%以上二倍以下罚金。”而修正后的《刑法》，删除了“五年以下有期徒刑或者拘役”中的“拘役”。如此安排，说明食品安全犯罪最低刑罚将变为有期徒刑。对于罚金，只提出“并处罚金”，没有规定具体数额，这也为从经济上给予加重乃至加倍的处罚力度提供了操作空间。

另外值得关注的是，此次《刑法》修改在减少死刑罪名的同时，还增加了两种最高刑为死刑的犯罪情形。这就是生产、销售有毒食品罪与组织他人出卖人体器官罪。笔者认为，这不仅是对公民从生存到生命权的进一步重视与关切，更是对死刑罪名的充实与完善。

此次《刑法》修正案（八）规定：“在生产、销售的食品中掺入有毒、有害的非食品原料的，或者销售明知掺有有毒、有害的非食品原料的食品的，处五年以下有期徒刑，并处罚金；对人体造成严重危害或者有其他严重情节的，处五年以上十年以下有期徒刑，并处罚金；致人死亡或者有其他特别严重情节的，依照《刑法》141条处罚。”而《刑法》第141条规定的生产、销售假药罪，其最高刑为死刑。

《刑法》修正案（八）规定，在《刑法》第234条后增加一条，作为第234条之一：“组织他人出卖人体器官的，处五年以下有期徒刑，并处罚金；情节严重的，处五年以上有期徒刑，并处罚金或者没收财产。”

“未经本人同意摘取其器官，或者摘取不满十八周岁的人的器官，或者强迫、欺骗他人捐献器官的，依照本法第234条、第232条的规定定罪处罚。”现行《刑法》第232条、234条分别规定了故意杀人罪和故意伤害罪，最高刑均为死刑。

《刑法》修正案（八）同时还规定：“违背本人生前意愿摘取其尸体器官，或者本人生前未表示同意，违反国家规定，违背其近亲属意愿摘取其尸体器官的，也将定罪处罚。”

据了解，我国每年有100万人进行腹膜透析或血液透析，需要肾脏移植；每年有30万中晚期肝病患者需要肝脏移植,而这其中仅有大约1%的患者能够获得器官移植的机会。于是,“供体”的短缺必然导致非法买卖人体器官行为的存在。

为此,法律必须对此作出回应,对那些非法买卖人体器官的犯罪行为必须严厉打击与加倍惩处。

“除”得合乎法理

此次《刑法》修改,不仅有热点罪名的增加和死刑罪名的减少,也有处罚程度的加倍,还有在“法律面前人人平等”语境下的“除外”制度设计。

如此次表决通过的《刑法》修正案(八)规定:“审判的时候已满75周岁的人,不适用死刑,但以特别残忍手段致人死亡的除外。”同时还规定:“已满75周岁的人故意犯罪的,可以从轻或者减轻处罚;过失犯罪的,应当从轻或者减轻处罚。”

法律一方面规定“审判时已满75周岁的人不适用死刑”,但另一方面为了防止对于“75岁免死”的理解可能引起的负面导向作用,此次修订充分考虑到了有关实际情况。于是,同时又作出了“除外”的特别规定。而类似的“除外”规定,对未成年人与老年人非常需要。

对此,全国人大常委会法工委副主任郎胜作了如下概括:一方面,为了更好地体现宽严相济的刑事政策而对有些刑罚进行了调整,比如取消了部分犯罪的死刑,规范了被判处死缓的人减刑、假释后的实际执行期限,调整了数罪并罚的刑期,对未成年人、老年人的一些刑罚规定进行了调整;另一方面,根据经济社会的发展需要,进一步加强了刑法对民生的保护,加重了对一些严重侵害人民群众生命安全的犯罪行为的处罚,例如生产有毒有害食品、制售假药等。另外,增加了一些新的犯罪,比如拒不支付劳动者报酬、醉酒驾车、飙车等。加大了对一些严重犯罪的惩处力度,比如黑社会性质的组织犯罪,累犯的惩处力度都有所加重。

应当说,既讲平等,也讲除外,是罪刑相当原则的真正体现。如此而行,才能使犯罪、刑事责任和刑罚三者之间保持一种内在的、对应的均衡关系。需要注意的是,这个“除外”并非只讲从轻或减轻,其实还有从重和加重处罚。比如此次《刑法》修正案(八)中有三个条文涉及“国家机关工作人员”,分别是叛逃罪、包庇、纵容黑社会性质组织罪和环境监管失职罪。相比一般的犯罪主体来说,对其实行的处罚就是从重或加重处罚。由此可见,对轻微犯罪及有改善可能性者奉行宽松的刑事政策的同时,还要对严重刑事犯罪及高危险的犯数罪者,采取严厉的刑事政策,以此强调刑罚的惩罚与报应,确保罪刑相适应。所以该加则加,当减则减,才是罪刑相当原则的科学适用。

当然,此次修订中值得关注的热点还有不少。但笔者认为,最值得关注的就是本文所要强调的“加减乘除”原则。具体还有哪些条文更值得关注与解读,不妨对这50个条文进行一字一句的研读,相信会有更大的收获。

原载《民主与法制》2011年第10期

致青年法律人的一封信

青年，意味着激情，意味着梦想，更意味着责任和使命。同样，青年，也意味着缺憾，意味着不足，更意味着迷惑和忧虑。

小文：

你好！很高兴收到你来自芝加哥的来信。很巧，你离开北京那天是伦敦奥运会开幕的日子，而今天我收到你来信的时间竟然正好是四年前北京奥运会开幕的时间。

这只是一个巧合，另外还有一个巧合，那就是今天正好是向我约稿的《律师文摘》最后截稿的日子。于是，我就开始以给你回信的方式起草“致青年法律人的一封信”，因为这也是你个人在信中所表达的希望。

作为我的校友，也作为一名华东政法大学刚刚走出校园的本科毕业生，更作为一个即将走上社会的青年法律人，你或许会常常碰到一个这样的问题：“我为什么要学习法律？”我想，这是一个不能回避的问题，又是一个必须回答的问题。

正如你自己在信中所说：“这个问题非常值得探讨，法律，不仅仅是一门学科，它教会了我们如何做一个遵守规矩的人。法律，不仅仅是生硬的法条，它是一个具有逻辑思维的人的必经课程。法律，不仅仅是四年的本科课程，它使人学会了严谨的思维方式。学习法律，你会终生受益。”

我们为什么要学习法律？其实，这对我们青年法律人来说，既是一个逐步认识的过程，也是一个逐渐认清的结果。其间，每个人可能都经历了一个从不知道到知道的阶段。对此，有人曾经就大学生所经历的过程作了这样形象的总结：大一时，我们不知道自己不知道，形容自己不知天高地厚，对自己没有充分的认识；大二时，我们知道自己不知道，比喻自己经过一段时间的学习之后，对自己已经有所了解，看到了自己的不足与缺失；大三时，我们不知道自己知道，是指自己经过刻苦学习，已经掌握了一些知识，但自己感觉还不够自信；大四时，我们知道自己都知道，即指自己已经全面了解了自己的实力、明确了自己进一步努力的方向与目标。

今天，经过了四年大学生活的你，不知你对法律的内涵和意义了解多少、明白多深、发现多大。我们已经知道了，法律不仅仅是一种知识，也不仅仅是一种常识，更不仅仅是一种见识，而是一种为正义而追求的共识、为权利而斗争的胆识、为法治而努力的意识；我们已经明白了，法律不仅仅是一种工具，也不仅仅是一种手段，更不仅仅是一种策略，而是一种人人遵守的契约、个个相守的程序、家家共守的规则；我们已经发现了，法律不仅仅是一些条文，也不仅仅是一部法规，更不仅仅是一种制度，而是一种深入人心的理念、发扬光大的精神、源远流长的文化。

但是，为什么无论是寒窗苦读的青年学子还是刚刚叩响法律之门的青年法律人，面对职业选择时，面对市场机会时，都自然而然地遇到了迷茫、困惑乃至忧虑呢？走出校门，许多人都在思考自己究竟应该选择什么职业？去当法官或检察官？去当公务员或走仕途？继续“考研”苦读？通过“司考”从事律师？

我感觉你同样也面临这些困惑和忧虑，而且你还将这些困惑与忧虑都已经带到美利坚合众国去了。事实上，这是一种正常现象。我们每个人都要经历青年这个人生阶段，都要面对青春的困惑与迷惑。

青年，意味着激情，意味着梦想，更意味着责任和使命。同样，青年，也意味着缺憾，意味着不足，更意味着迷惑和忧虑。面对激情，我们需要理性；面对梦想，我们需要实干；面对责任和使命，我们需要努力与实力；面对缺憾，我们需要弥补；面对不足，我们需要改进；面对迷惑和忧虑，我们需要清醒和明晰。

所谓清醒与明晰，就是要了解自己的定位与作为。

美国时任国务卿鲍威尔曾经告诫自己的上司——布什总统：“你要当一个好总统，就一定要看清选民的脸色，搞清自己的货色，然后演好自己的角色。”

在我看来，做律师与当总统有异曲同工之妙。当然，有人说，能做好律师的人一定能当好总统，但能当总统的人未必都能做律师。

你曾经在律师事务所实习，也曾表示有志于投身律师行业，但又总是疑惑自己何时从青年律师成为大牌律师？怎样才能成为成功律师？

常言说：“出门看天色，进门看脸色。”所以，不管是青年学子还是青年律师，同样需要在看清“天色”的前提下，看清社会的“脸色”、市场的“脸色”、客户的“脸色”。所谓“脸色”，就是一种需要、一种商机、一种方向。了解了市场的需要和商机之后，就要搞清自己的“货色”，也就是搞清自己的本领、能力、特长乃至不足。概言之，就是搞清自己的定位。一个能够清醒认识自己的人，必定是一个有作为的人。而有作为的人，往往都是能够扮演好自己的“角色”的人。所谓“角色”，就是清楚自己想做什么、要做什么、能做什么、可做什么、应做什么、不做什么。

美国第16任总统亚伯拉罕·林肯之长子罗伯特·托德·林肯曾因为他父亲的崇高威望，更因为他本人在法律界的聪明与才干，被共和党5次准备提名为总统候选人。但每一次提名时，他都拒绝了。他说：“一个人不应该放弃公共责任，但是一个人也不应该在自己不适合的情况下强撑责任。”因为，他知道自己需要什么，知道自己不需要什么。

美国哈佛大学法学院教授、著名律师艾伦·德肖微茨先生说：“当你在我们的社会当中担任某种角色时，你同时也放弃了某些角色。作为一个教授，我不能透露学生的成绩，即使学生会恶毒地攻击我，并且我也知道在他们攻击背后的报复动机。我被我的角色所约束。”

这就是一个人从成长到成熟乃至成功的过程中必须明确和树立的“角色责任”。

那么，律师的“角色责任”是什么呢？

我曾经将律师从业过程划分为四个阶段，或许对你有一些参考价值。这四个阶段是：一是“当一个律师”；二是“做一个律师”；三是“像一个律师”；四是“是一个律师”。现在看来，这还只是律师从业的四种眼界。那么，做律师的境界又是如何划分呢？

大凡青年学子揣着毕业文凭、捧着资格证书，雄赳赳、气昂昂，满腔热血、满怀豪情地走进了律师队伍，这时往往还真有些不知天高地厚，以为当律师不过如此。如此而行，这种律师往往必然需要吃些亏，长点教训。其实，这还只是万里长征刚刚走完了第一步，做律师才刚刚起步，做一个好律师才刚刚开始。进入第二境界，你会发现，人生并非如此，律师也非如此。这时，你会知道，浩瀚的法律人生刚刚展现在自己面前，漫长的律师生涯刚刚出现在自己面前。所以，自己愈加清醒地知道，自己知道的东西越多，也意味着不知道的世界越大。正如大圆圈与小圆圈之间的关系，圆圈内的表明自己知道，圆圈外的意味着自己还不知道。如此而来，自然，不知道的东西越来越多；然而，感觉到自己不知道的东西越来越多，也就意味着自己对自己越来越信心不足甚至是没有信心，从而显得过于悲观，陷于自卑，甚至灰心丧气，乃至偃旗息鼓。其实，这个时候最需要的就是坚持：当自己觉得坚持不下去的时候再坚持一下，当别人认为实在坚持不下去的时候你再坚持一下。于是，当自己已经有了提升，有了进步之后，才发现做一个好律师也不过如此，无非如此。只要自己尽心遵守职业道德、专心服务客户、用心完善管理，就一定能成为一个合格的律师、一个优秀的律师、一个成功的律师；自然，作为一个成功律师，这时轻而易举就进入了第四个境界。为什么成功？原因就在于，他知道自己希望做什么，知道自己需要做什么，知道自己喜欢做什么，知道自己能够做什么。当然，他也知道自己不能做什么，知道自己不该做什么，知道自己不必做什么，知道自己不需做什么……

不过，我还要提醒你，人生还会时常出现一些反复甚至怀疑的现象。这有些像过去禅宗曾表达的佛家的三种境界：第一种境界是“见山只是山，见水只是水”；第二种境界是“见山不是山，见水不是水”；第三种境界是“见山还是山，见水还是水”。三句话之中的“见”与“山”“水”属同本，但“只是”“不是”“还是”则是异象。尽管这三种境界的表达只是佛家语系，但对我们做人与做事乃至做学问，又何尝不是如此呢？我们看到，这个异象表明了“见”的不同阶段，也描摹了“知”的不同境界。诚如培根在《学术的进展》中所言：“假如一个人想从确定性开始，那么他就会以怀疑告终；但是，当他走进了怀疑的层层迷雾后，他必须找到一种确定性，才能从迷雾中走出来。”

对于这种先肯定、后怀疑、再确定的境界，清末文人王国维描写得更加形象。让我们所熟知的是他在《人间词话》中将做学问划分出的三种境界：“昨夜西风凋碧树，独上高楼，望尽天涯路”；“衣带渐宽终不悔，为伊消得人憔悴”；“众里寻他千百度，蓦然回首，那人却在灯火阑珊处”。

所谓“见”即为观察、目睹，看见。古人云：“仰则观象于天，俯则观法于地，观鸟兽之文，与地之宜，近取诸身，远取诸物。”而所谓“知”就是分辨、了解、理解，就是发现、定位、到位。有知就有识，多知必成“智”。

对此，我的个人体会是，一个人一定首先要清楚自己喜欢做什么，然后一定要明白自己适合做什么,最后一定要确定自己应该做什么。如此而来,才能算是一种有担当、有思路、有前途的“角色责任”。

前几天,我们《民主与法制》杂志来了几位新人,作为总编辑,我对刚刚走上工作岗位的年轻人以“一二三四”的表述,对他们的未来人生之路提了几条建议:一是“保持一种情——激情”;二是“呵护两颗心——感恩之心、敬畏之心”;三是“修炼三种性——德行、悟性、韧性”;四是“养成四种力——学习力、执行力、适应力、合作力”。现在,我将其转送给你并与你共勉。看一看自己缺什么,想一想自己要什么,理一理自己会什么。最重要的是,通过这个“一二三四”问题,可以了解自己喜欢做什么、适合做什么、应该做什么。尽管你已经毕业两年了,尽管你远在异国他乡,尽管你将来可能未必坚持做律师,但是,不管你将来做什么事、吃什么饭、走什么路,我保证这几条人生建议或许还能用得上、还能管点用。

最后,我如此次伦敦奥运会上我国“首金”获得者易思玲所说,人生一定要为自己站在舞台中央而努力。所以,为了明天,今天该做什么努力;为了未来,此时该做什么准备,应该是每一位年轻人尤其是青年法律人所需要思考的问题。

我非常赞成你在来信中所表达的希望:“希望所有的年轻法律人在中国实现法治的历程中发挥自己的能量,这正是当今社会所需要的能量。”

诚哉斯言!祝你在外学习一切顺利!盼你早日学成归来!愿你成为青年法律人的典范!

2012 年 8 月 8 日于北京皂君庙

从“限”字到“宪”字:法律人的联想

关键字解读:

所谓“限”,就是限制、限定、限量、限期、限额等等诸如此类的字眼与含义。其中既有限令之意,也有指令之义,更有命令之威。在我们国家,则有限购、限行、限号之措施。但是,所有这些都是公权力对私权利作出的限制。我们是否想过,私权利能否对公权力进行限制?

如果有人问,在已经过去的2011年给我留下印象最深刻的年度词汇是什么,我会毫不犹豫地选择“限”字。

可以说,一个“限”字,道出了2011年中国百姓的焦虑,说出了中国社会的焦灼,喊出了中国管理的焦躁。

让我们一起来看看,在2011年究竟有多少“限”字遮住了我们的眼,飘入了我们的耳,羁绊了我们的心……

一个“限购”究竟限制了什么?

继2010年京、沪版“国八条”执行细则出台之后,2011年新一轮“限购风”在全国如火如荼地铺开。从2010年2月开始,除了北京与上海,南京、青岛、济南、成都、南宁、贵阳、太原、长春、哈尔滨等30多个城市纷纷出台了落实“新国八条”的有关调控细则。

各省市的限购细则虽然各有特色,但提高户籍门槛是很多城市执行限购的重要手段。其中门槛最高的是北京,“京版15条”中明确规定“对无法提供北京市有效暂住证和连续5年(含)以上在北京市缴纳社会保险或个人所得税缴纳证明的非北京市户籍居民家庭,暂停在北京市向其售房”。后来,其他很多城市虽然都效仿北京“限外”的做法,但是并没有把门槛抬得很高,多以“提供1年以上(含1年)纳税证明或社会保险缴纳证明”为标准。看得出,各地如此“限外”在目前是不得已而为之。

那么,“限购”究竟限制了什么?又限制了谁?

住房限购如此费尽心机,汽车限购同样也是绞尽脑汁。

临近2010年岁末,一纸有关自2011年开始实施的《北京市小客车数量调控暂行规定》正式出台,宣告了“汽车限购时代”的到来。其看点主要有两个方面:一是实行总量年度控制;二是将研究制订交通拥堵收费方案。2011 年度小客车总量额度指标为 24 万个(月均 2 万个),个人占 88%。每月 26 日实行无偿摇号方式分配车辆指标。对于外地人,"限购令"要求购车需连续 5 年以上缴纳北京社保和个税的证明;港澳台居民、华侨及外籍人员只需 1 年居住证明。此外,外地牌照交通高峰时段禁行五环路(含)以内。

北京如此迫不得已而采取的限制汽车消费政策,虽然暂时还没有在全国形成示范效应,但已实际影响到京城的购买人气和热情,直接影响了首都的 GDP,也间接冲击了脆弱的国产汽车业。长此以往,如果"限购令"蔓延至全国,对于我国汽车业将是一个致命打击。但是,如果不限购,那么北京又将是一座什么样的城市呢?

如果说"限购"影响了汽车销售,那么"限号"呢?答案是未必,因为有的家庭还可以再购一辆悠哉游哉。

发端于 2008 年奥运会的单双号限行,让首都管理当局尝到了甜头。于是,首都群众自由行的日子就再也回不去了。时光进入 2012 年,又一轮机动车尾号限行措施将于 4 月到期。据官方称,此后将继续实施机动车工作日高峰时段区域限行措施和非本市客车工作日早晚高峰区域限行规定,同时继续实施小客车数量调控措施。

究竟是限行还是限号,到底是临时性措施还是常态性安排,其实当局者也未必心里有数。

同样心中无底的还有那个谁也看不明白的"限娱令"。

在湖南卫视"快女"评选如火如荼之时,在江苏卫视"非诚勿扰"人气居高不下之际,有关部门却摆出了一副家长的姿态,冷不丁出台了一道新政"限娱令",要求各地方卫视从 2011 年 7 月起,在下午五点至晚上十点之间的黄金时段,娱乐节目每周播出次数不得超过三次。

这一政策被媒体提前曝光之后,迅速引起连锁反应,各大卫视见招拆招。他们在保持优势节目的同时,将旗下娱乐节目资源进行了大规模的重组和调整。其中,原有节目的去娱乐化,新节目打擦边球等方法均是层出不穷。

媒体分析,各大卫视对该限令的出台心态不一,大致上可分为两大阵营。其一是以湖南、江苏、浙江、上海等娱乐节目强势为代表的地方卫视,因为这些卫视目前在结构上已经建立起了一套比较完整的娱乐节目研发机制,而且目前正值年中时节,上半年研发的大批新节目都已经箭在弦上,有不得不发之势,不料却突遇如此政策壁垒,简直如鲠在喉分外难受;而其他地方卫视由于原本就不是走娱乐路子,自身的娱乐节目本来就不多也不强势,因此普遍对这一政策抱以支持的态度。

实际上,从中央电视台到上星地方台,都存在着娱乐类节目上出现的这样或那样的问题。如此政策的出台,能否把社会效益与电视台利润平衡起来,实现社会效益和经济效益的有机统一,建立科学客观公正的节目综合评价体系,还需要观察与期待。

"限购"也好,"限娱"也罢,都是一种潜意识习惯之中的公权力对私权利乃至社会权力的限制行为。我们反过来想一想,我们能否对公权力进行限制呢?换言之,公权力能否进行自我限制与自我约束呢?

让我们一起来看看饱受诟病的县委书记这种公权力吧。

毋庸置疑,县委书记岗位是腐败案件易发岗位之一。近年来,县委书记落马的消息可谓层出不穷。仅在安徽以阜阳为中心的皖北地区,就先后有18名现任和原任县委书记因腐败被查处,原因多是买官卖官。在湖南,原株洲县委书记龙国华、原道县县委书记易光明的落马,也再次印证失控的权力必然导致腐败。

权威评论员指出,权力是烈马,如果不系上缰绳,它就会变得无法驾驭;权力如野草,倘若不及时修剪,它就会疯长。对县委书记"削权瘦身",就是给过分集中的权力系上缰绳,使其正确用权、规范用权。于是,我们欣慰地看到,各地开始出台一些规范县委书记职能、约束县委书记权力的规定。

但是,这种规定还只是一种党政规范,尚不具有法律效力。

在万般期待之中,在不断审议之后,具有法律效力的《行政强制法》终于在2011年6月30日,由十一届全国人大常委会第二十一次会议表决通过,并将于2012年1月1日起施行。

如果从1988年国务院启动《行政强制执行条例》起草算起,行政强制法的立法过程,迄今早已超过20年。即使从2005年第一次审议算起,每隔两年一次的审议,也让行政强制法饱经了6年中的几度"起死回生"。正如媒体报道的,"每次都是在草案可能被终止审议的时候'重启'审议"。

行政强制法如此漫长曲折、跌宕起伏的立法过程,说明了什么?全国人大常委会法工委有关领导一言中的,主要"意见分歧"在于——民众认为"规范(限权)力度还不够",而行政机关则认为"授权还不够",无疑正是根本症结所在。这正像北大教授姜明安直言的,"强制法多年难以出台的真正阻力也在于此,行政机关都知道,制定强制法是捆住了行政机关的手脚"。

那么,行政强制法究竟应该是更多地"授权"还是"限权"?专家认为,从理想角度看,当然应该是在"授权"与"限权"之间达成有机平衡——既充分向行政部门授权、维护公权力有效行使,又充分进行限权、确保公民私权利不受伤害。但在现实生活中,这种过于理想的平衡,显然很难完全达到。更真实的情况只能是,或者"授权"过多,威胁公民权益;或者"限权"过严,束缚了"行政机关的手脚"。如何在两者间进行取舍?

显而易见,在有关专家看来,答案应该就是:要"授权",更要"限权","限权"永远高于"授权"。

因为这是一个"保障公民权利,限制政府权力"最根本的法治原则的必然要求。在法治的语境下,公民权利与政府权力的关系,永远只能是权利高于权力——权利主导派生权力、权力服务服从于权利。因此,当二者难以兼顾的时候,只能是"限权"优于"授权"。更不用说,"行政强制"又是一项威慑力极大、副作用相当明显的行政权力。众所周知,作为公民权利最基本内核的"自由",最朴素定义便是"免于被强制",这意味着,"强制"便是自由权利的直接丧失,如人身强制便是人身自由权的丧失,财产强制便是财产自由权的直接丧失。所以,要想充分保障公民权利、降低其副作用,关于行政强制的"授权"便不能不格外慎重小心,而相应的"限权",又不能不格外严密到位。具体来说,这就要求,一方面必须严格规范"行政强制"的设定——尽量少设、且只能由国家法律设定;另一方面又必须努力限制"行政强制"的使用、严格遵循"最小伤害原则”——必须确保行政强制实施的适当性、必要性，并将其对公民的损害降低到最小范围。

应当说，这部法律的出台已经初步解决了一个世界级难题：如何在“自由”与“规范”之间寻求合理的办法？

其实，在这方面，湖南早就先行一步。2009 年 11 月，湖南省人民政府新闻办公室宣布，《湖南省规范行政裁量权办法》将于 2010 年 4 月 17 日起施行。规范行政裁量权将从制度上、根本上、长远上保障行政机关公平公正处理行政事务，维护人民群众的合法权益。其动作之猛，决心之大，行动之力，让人不仅联想起了“作茧自缚”这样一个成语。

在我看来，这样一个成语对 2011 年的年度汉字“限”来说，实在是一个精妙的注解。

一个“限”字让我浮想联翩，我想到了宪法之“宪”。其实，这个“宪”何尝不是“限”字升华呢？

2012 年 10 月 6 日新浪博客

我们有权利知道的是什么呢?

——2011 年十大法制新闻点评

发生在 2013 年那些事,无论是事故瞒报还是名人超生,实际上都是知情权在法治中国建设进程中的必然表现。

所谓知情权,就是“我有权利知道”,它是民主与法治的一种必然要求和结果,其中既有公法领域内的知情权利,也有私法领域的知情表现。

作为这个国家的公民,对于政府官员的履职情况,对于公共管理的公众信息,对于公众事件的事实真相,我都有权利知道。因为这是法律赋予我的知情权,更是法律赋予我的监督权。

于是,在 2013 年的每一天,对于类似长治苯胺泄漏的天灾人祸,我有权利知道其前因后果而不是层层瞒报;对于议论纷纷的“房姐”事件,我有权利知道究竟是谁为“房多多”们大开方便之门;对于张艺谋这样的名人超生,我有权利知道真相为何姗姗来迟;对于代购火车票被处罚的类似案件,我有权利知道火车票是否还有必要垄断经营;对于郴州瓜农是否被城管打死的事件,我有权利知道事实上究竟是谁容不下一个瓜农;对于河南民警摔婴案的信息披露,我有权利知道某些公权力部门“捂盖子”是否已经成了一种习惯;对于广西贵港警察酒后杀人引起的动荡,我有权利知道警察应该接受什么样的监督;对于死刑犯临刑前未与亲属会见而引出的网络风波,我有权利知道司法人道应该将执法温度提到什么样的位置;对于兰州石化万元公积金事件,我有权利知道亏损企业的“大手笔”是如何出台的;对于 3000 瓶特供酒的曝光,我有权利知道贫困县的吃喝问题究竟达到了什么程度。

综上所述,最真实的知情权就是最有效的舆论监督,就是最可靠的诉求表达,就是最广泛的社会参与。

原载正义网 2014 年 1 月 23 日

徐才厚的“违法所得”该怎么处理?

不管有多大的后台,不论有多少的功劳,曾经贵为党和国家领导人的徐才厚终究还是挡不住因为自己的违纪违法犯罪而被接受组织调查、开除党籍和军籍、取消上将军衔并被移送军事检察机关依法处理的命运。

不料,2015 年 3 月 16 日一条有关“徐才厚因膀胱癌医治无效死亡”的新闻,提前宣告了徐才厚的最终命运:由于徐才厚病亡,根据《中华人民共和国刑事诉讼法》第十五条的规定,军事检察院对徐才厚作出不起诉决定,其涉嫌受贿犯罪所得依法处理。

笔者曾经发过一条这样的微博:“服务质量看售后,教学效果看考后,为官政声看走后,为人口碑看人后,爱情前途看婚后,军事指挥看断后,政策举措看会后,社会治安看夜后,民主法治看台后,历史地位看死后。”现在,对于徐才厚来说,他一死当然是一了百了。但是,其死后还有什么问题呢?

显然,其为官政声自然不值一提,其历史地位当然也无从谈起。社会大众可能关心因为徐才厚的死亡而导致徐案及其系列案件,断了线索、乱了头绪。当然,更多的人可能更关心的是,他那些涉嫌贪贿所得或者说“违法所得”或“犯罪所得”如何处理。在法律人看来,这才是徐才厚之后的重大问题。

社会大众对“犯罪所得”或“涉案金额”“涉嫌犯罪所得”等专有名词,可能还不知所云。其实,这正是 2012 年新修订的刑诉法的出彩之处。曾经因为某些贪官远逃海外,或因被告人正常死亡与不正常死亡,更因未经人民法院审理确认有罪,致使我们在法律上无法确定何为“犯罪所得”,也无法没收其“犯罪所得”。以至于有的贪官竟以“走了我一个,幸福全家人”为由而自杀,为此给办案人员留下了巨大难题,也给社会留下了一系列猜疑。

2012 年新修订的刑诉法终于真正解决了这个司法实践中的现实难题,新刑诉法在第五编“特别程序”中增设了“犯罪嫌疑人、被告人逃匿、死亡案件违法所得的没收程序”。很显然,这个在法律上最终被确定为“违法所得”的程序,肯定有利于推进中国的反腐败工作。所以,现在用来解决徐才厚的“后事”,可谓对症下药,正中下怀。因为徐才厚在正式起诉之前病亡,其涉案财产的处置正好适用“特别程序”。所谓“特别程序”,其全称为“违法所得特别没收程序”,它不以宣告犯罪嫌疑人、被告人有罪为前提,如能证明某物属犯罪收益,该物与其持有人的法律关系即被切断,应对其实施强制没收,也就是未经定罪没收相关犯罪所得。这个“特别程序”虽然参照了民事诉讼制度的主要原则和诉讼方式,但并非民事诉讼的特别程序,在其性质上仍然属于刑事诉讼程序上的没收制度,是一种特别的刑事诉讼程序。学界普遍认为,这一立法修订活动是中国履行已批准生效的《联合国反腐败公约》等国际公约义务的一项重要措施。

当然,就徐才厚案来说,还有几个具体问题需要厘清。一是如何确定其“违法所得”? 早在2014年10月27日,军事检察院对徐才厚案侦查终结时就指出,徐才厚和家人收受他人贿赂,“数额特别巨大”。这个“特别巨大”到底是多少? 怎样确定? 如何评估? 这对办案机关来说,相信是一个大难题。所谓“违法所得”,就是指因其实施违法犯罪行为所获得的利益,这种利益主要是指物质性利益,如名画、豪宅、珠宝、高档轿车等。二是如何没收其“违法所得”? 换言之,以什么程序没收其“违法所得”? 一般来说,涉案财产将按其财产性质分为“违纪所得”和“违法所得”而予以没收,其程序则分别通过纪检和司法两套没收程序来完成。对于受贿罪来说,一般是以司法程序没收其“违法所得”或“犯罪所得”。但在现实中,则可能是纪委或监察机关对处于组织调查阶段的“违法所得”已经予以没收。据了解,徐才厚的违纪所得可能已由纪委或监察机关予以直接没收并上缴国库。在纪检监察阶段之后的后续财产处置,自然将进入司法程序中的“特别程序”。三是谁来履行“特别程序”? 依据新刑诉法规定,违法所得特别没收程序,是指对于贪污贿赂犯罪、恐怖活动犯罪等重大犯罪案件,犯罪嫌疑人、被告人潜逃,在通缉一年后不能到案,或者犯罪嫌疑人、被告人死亡,依照刑法规定应当追缴其违法所得及其他涉案财产的,人民检察院可以向人民法院提出没收违法所得的申请。人民法院依据特别诉讼程序对该违法所得的追缴进行审理,并依法作出没收裁定的诉讼活动。可见,有关徐才厚的财产“后事”,将由军事检察院与军事法院来共同完成。

于是,对于关心徐才厚案的大众网民来说,一方面可以就此案了解徐才厚的脸皮究竟“厚”到什么程度,另一方面也可以知晓徐才厚贪婪钱财之后究竟是什么下场。更重要的是,在接下来的日子里,一方面可以关注徐案涉嫌贪贿的具体数值也就是其“违法所得”到底是多少,另一方面又可以重点关注此案的“特别没收程序”如何来进行。

看来,徐才厚案的法治宣传意义确实不可小看。

原载《新京报》2015年3月19日

“专车第一案”会告诉我们什么?

话说今年1月7日上午,作为滴滴专车驾驶员并已接受有关专车方面培训且办理挂靠手续的陈某,很幸运地抢到一单从济南市市中区八一银座到济南西站的专车约车单。但是,到达目的地后,他却被济南客运管理中心执法人员围住,询问之后将其车辆予以查扣。

为此,陈某申请召开听证会。听证会之后,陈某收到了处罚决定书,被济南客运管理中心认定为非法运营并罚款2万元。陈某不服该处罚决定,向济南市市中区人民法院递交起诉状,要求济南客运管理中心撤销处罚。

日前,济南市市中区人民法院发布信息称,将于4月15日上午开庭审理这起全国首例因提供专车服务受到行政处罚的案件。

作为专车第一案,本案显然具有十分广泛的延伸意义。当然,其中最大的意义就是当下我们最关心的话题:私家车成为专车,究竟应该是谁说了算?

今年两会期间,交通部相关负责人被记者问到私家车当专车问题时,其回答是:“永远不允许。”于是,这话立即引起了轩然大波。

说到专车,实际上关系到我们如何看待新生事物。通过打车软件的补贴大战,我们知道了新生事物在市场上竟然获得了如此之高的民意指数。要知道,这不是行政指令带来的效果,也不是行政命令获得的成果。

在今年两会上,关于简政放权,李克强总理提出“大道至简,有权不可任性”,特别强调了公权力的法治内涵。总理在政府工作报告中说,各级政府都要建立简政放权、转变职能的有力推进机制,给企业松绑,为创业提供便利,营造公平竞争环境。所有行政审批事项都要简化程序,明确时限,用政府权力的“减法”,换取市场活力的“乘法”。

在我看来,总理所说的“有权不可任性”,实际上指的是如何理解、约束乃至使用公权力。作为法律专业出身、拥有丰富法律学养的法律人,李克强总理在这里强调的就是公权力的三个重要属性:一是明确授权;二是大胆限权;三是规范用权。

联系到本案,许多人可能一方面关注其判决结果,另一方面关注判决结果将给社会带来什么样的影响。目前看来,本案的争议彰显了两个问题:一是专车到底属不属于黑车;二是专车司机有无收费行为。其实,本案案情并不复杂,复杂的是案件背后的期待与诉求。在本案中,原告的诉讼请求是希望法院撤销涉案的处罚决定,而被告则希望维持其处罚决定的合法性。因此,本案自然将围绕客运管理中心作出的处罚决定行为究竟是否合法来展开法庭质证与法庭调查。

当然，本案争议的两个具体问题事实上都与政府的[illegible]相关。对此，有人提出了政府垄断的质疑。据了解，目前全国出租车130万辆，就业人数260万人，运营企业8000多个，同时还有13万个体户，每年承担400亿人次的运输任务。其中，出租车需求量与保有量，究竟应该由谁决定呢？如果这还不是政府在垄断，那就是政府在任性。所以，政府应该真正研究出租车市场上为什么会有“黑车”、为什么会需要“专车”？可以说，因为一些部门的行政垄断乃至任性，才造成了当下出租车市场出现的混乱与杂乱现象，才导致了“专车”与“黑车”乱象。

毋庸讳言，“专车”一直处于法律的灰色地带。但是，另一方面却是广大消费者对专车的欢迎。

所以，从法律人乃至全社会对案件的期望来看，非常期待通过此案作为一个突破口成为撬动出租车市场管理体制改革的契机，期待通过个案推动现行出租车管理体制进行深层次的改革。

由此看来，本案的判决结果确实十分重要。因为这个结果即将告诉我们，究竟谁来决定“专车”是不是“黑车”、谁来影响交管部门对“专车”的态度、谁来推动出租车管理的市场导向。

那就让我们且看且关注吧。

原载《新京报》2015年4月13日

车牌拍卖为何被指违反拍卖法?

新京报导语:

上海私家车牌照拍卖之所以备受指责,是因为三大现实问题始终没有解决:一是独家垄断与公平竞争;二是程序公开与信息透明;三是管理水平与服务能力。

近日,有关"上海国拍垄断车牌拍卖年赚两亿被指违反拍卖法"的报道,引起公众关注。

在此,有关上海私家车牌照拍卖程序是否合法,我想讨论一下。

据了解,上海私家车牌照拍卖始于1986年,但其真正意义上的拍卖制度则建立于1992年。为解决上海交通拥堵的状况,1994年开始首度对新增的客车额度实行拍卖制度,上海开始对私家车牌照实行有底价、不公开拍卖的政策,购车者凭着拍卖中标后获得的额度,可以去车管所为自己购买的车辆上牌,并拥有在上海中心城区(外环线以内区域)使用机动车辆的权利。

上海私家车牌照拍卖制度实施以来,其实一直备受争议,要求取消之声也不绝于耳。在上海的两会上,人大代表多次提议取消牌照拍卖。对此,上海市政府发言人多次说过,拍牌只是一种阶段性与过渡性的政策,不可能长期存在。后来,有消息称上海有望在世博会结束后取消。结果,依旧还是"阶段性"或"过渡性"措施。但是,该买车的消费者还是要买。于是,他们只好不远千里跑到江苏、浙江、安徽乃至山东等地去上牌照。

许多人很纳闷:一个被一再声称只是过渡性政策的上海私车牌照拍卖制度,为什么施行了20多年?为什么20多年都没有找到替代方案?为什么就不能让它成为规范性法律法规呢?

当然,这是一个需要从立法层面解决的宏观制度设计问题。微观现实问题是,当下的私家车牌照拍卖为什么会怨声载道?为什么被指责为违反《拍卖法》?

在我看来,此次牌照拍卖之所以备受指责,是因为三大现实问题始终没有解决。

一是独家垄断与公平竞争。众所周知,公平竞争是市场经济最基本的运行机制。从媒体报道可以看出,自1992年上海实施私家车牌照拍卖开始,上海国拍中心就一直负责拍标。不管是政府授权还是企业竞争所得,20多年来始终由一家企业独家负责此项职能,显然存有垄断之嫌。作为一项公用事业的特许经营,当然应该遵循"打破垄断,鼓励竞争"的原则。在独家垄断的运行机制下,企业往往利用垄断权力,制定有利于自己的规则,甚至强行收取某些费用,致使消费者的利益受到损害,而消费者却又别无选择。由此,无论是政府还是国拍,均难避垄断之嫌。

二是程序公开与信息透明。早期的投标,消费者将价格投到纸箱中,开箱统计,价高者得,均无争议,皆大欢喜。但是,随着投标人数增加而采用电脑程序进行投标后反而备受指责。为什么呢?显然,其中既有信息披露上存在的漏洞,也有拍卖程序上先天的不足。从竞价程序可以看出,消费者开始是“叫不上去”,到最后时间又“叫不出去”。如此一来,自然而然就引出了上海牌照拍卖中的灰色产业链。因为大家都集中到最后两分钟出价,实际上更多是拼网速和设备,于是就导致了很多辅助软件、自动化拍卖软件以及各类代牌黄牛的应运而生。

三是管理水平与服务能力。据报道,因为每月私车牌照拍卖,上海国拍中心已经赚得钵满盆满。初步计算,一年下来,国拍中心入账的手续费就有1.8亿元。此外,国拍中心收取的消费者参与牌照拍卖押金3亿元每年又能有1800万元利息。两者相加,国拍中心每年收入高达近2亿元人民币。但是,对消费者又提供了什么服务呢?其管理水平体现在哪里呢?

如何规范公权力的运行,如何遵循法定程序的公开公平原则,如何提升社会管理水平,应当是我们所有公权力部门乃至获得公权力授权的单位应当认真思考的问题。否则,就像上海律师协会公司法委员会副主任吴东律师所指出的那样:“这根本不是拍卖,拍卖公司收了拍卖费,却没有提供相应服务,这跟骗钱没什么两样,消费者可以向工商部门投诉,要求查处。”

对我们法律人来讲,上海国拍所引出的问题是,他们适用的是家法还是国法?谁来解决?如何解决?

原载《新京报》2015年5月28日

昆明主干道为什么有这么多“禁止左转”？

新京报导语：

昆明如此普遍、如此众多的禁止左转这样的规则到底是怎么出台的？这样的规则是否广泛征求了民意？是否经过了严格的听证程序？是否进行了事后的效果调研与数据分析？

与我一样，凡是来到昆明出差旅游的人，都能发现昆明市区几乎所有的主干道都不能左转。为了去往目的地，所有的车辆必须往前开上几个路口掉头，再开上几个路口后，在自己去往的路口右转再前往目的地。

咱也是在城里生活了30多年的市民，知道城市交通的一般规则，也知道城区道路有的不能左转。但是，像昆明一样，如此众多的路口不能左转、如此普遍地禁止左转，却还是第一次看到。

据报道，当时施行这项措施，是为了保证前几年昆明市在修建地铁与昆明城区二环线时的工地作业。通过这些非常性的过渡措施，管理部门尝到了权力带来的甜头。在工地项目完工后，有关部门干脆将这项措施常态化与制度化了。不仅如此，这几年还在不断增加禁止左转的路口。为此，本地的各种媒体经常要发布各种各样的“禁左”通告。

由此，我就联想到一系列问题：如此普遍、如此众多的禁止左转这样的规则，到底是怎么出台的？这样的规则是否广泛征求了民意？是否经过了严格的听证程序？是否进行了事后的效果调研与数据分析？

党的十八大提出，要“提高领导干部运用法治思维和法治方式深化改革、化解矛盾、推动发展、维护稳定能力”；十八届四中全会进一步强调，要“提高党员干部法治思维和依法办事能力”。什么是法治思维与法治方式？法治思维与法治方式事实上首先就是规则思维与程序思维。为此，法治思维与法治方式一定要遵循以人为本、法律至上、程序优先、责任意识等原则。

依据法治思维与法治方式，我们来判断一下昆明禁左的规定到底是什么“东东”。

首先，它是一种规则吗？毫无疑问，它是一项规则。通常意义上，我们称其为“交规”。但是，如此普遍、如此众多的统一规定，事实上已经超出了一般交通规则的范围，它已经是一项影响社会大众的法律规则了。

其次，如果是规则，那又是怎样出台的？大凡规则的出台（包括交通规则），应有一些必经程序，这个程序就包括调研、论证、听证、表决等环节。“禁左”的规则，是否应该经历这样的程序？

最后，这样的规则实施效果如何呢？规则的制定与实施，既需要效率，也需要效果。所有的车在其中一个路口不能左转，再往前行进不仅占用了一条道路，而且在掉头后又无端地占用一条道路。等到该去的路口右转之后，才发现时间又比以往多花了一倍甚至几倍。效率在哪？效果何在？

总而言之，在城市治理现代化的进程中，如何完善公共管理措施，如何规范约束公权力，如何广泛听取民意、吸纳公众意见，将是检验我们的管理部门能否运用法治思维和法治方式深化改革、化解矛盾、推动发展能力的重要标志。

原载《新京报》2015 年 6 月 3 日

大学生“炸金花”为何遭遇“顶格处罚”？

新京报导语：

大学生毕业了，凑在一起玩“炸金花”游戏，而且玩的是一块钱一把的小筹码。显然，既无营利的目的性，更无赌博的目的性，只有青年人游戏的娱乐性。

最近，江苏某大学的8名应届毕业生因为庆祝与热闹而玩起了“炸金花”，因为“炸金花”涉嫌聚众赌博被拘留，当场被收缴赌资920元钱。根据相关法律，警方认为8人一起赌博构成聚众赌博情节，从而依法做出了治安拘留15天，并处罚款3000元的“顶格处罚”。此事引起了广泛的争议。

当地警方为何会作出“顶格处罚”，他们的根据是《山东省公安机关行政处罚裁量基准》关于赌博的处罚标准，当场赌资在600元以上，即属《治安管理处罚法》条例中的“参与赌博赌资较大”，参与赌博人数8人以上，构成情节严重。

由此看，处罚是符合相关法规的。然而，此事还是引起了各方争议。

在我看来，判断其行为性质及处罚程度是否正确与合理，一要看清其动机与目的；二要看到情节与危害。大学生毕业了，凑在一起玩“炸金花”游戏，而且玩的是一块钱一把的小筹码。显然，既无营利的目的性，更无赌博的目的性，只有青年人游戏的娱乐性。况且，无论是数额还是次数，均不具有危害性。

尽管有8人参与游戏，但也不能简单地认为具有聚众情节。因为这8人来自同一个宿舍的同学，在相互关系上相当于亲朋好友。在平常的执法实践中，对于赌博行为乃至赌博案件的认定，首先要看是否以营利为目的，是否有“抽头”。平常对于发生在家庭成员或亲朋好友之间逢年过节的打麻将、“炸金花”属娱乐行为，即使有彩头，也不以赌博论处。

虽然本案不涉及赌博罪，但不妨先谈谈赌博犯罪，其也是一种较为常见的妨害社会管理秩序的犯罪形态。在主观方面是否具有“以营利为目的”，决定了行为人是否构成赌博罪，也是区别赌博罪与非罪的关键所在。行为人进行带有少量财物输赢的娱乐活动，虽然主观上也具备为了赢取少量财物的获利条件，但输赢对其意义不大，其主要目的还是消遣娱乐。因此，不属于“以营利为目的”。

为此，我国刑法第303条规定，构成赌博罪的前提，不但必须具备直接故意的一般主观要件,而且必须具备"以营利为目的"的特别主观要件。这里的"以营利为目的",指行为人实施聚众赌博、开设赌场、以赌博为业的行为,是为了获取数额较大的金钱或者其他财物。换言之,首先要具行为是否构成赌博,然后才能讨论其行为是否属于聚众。

本案未涉及刑事犯罪,所以,上述的情形便谈不上了。然而,对于当地警方给出的行政处罚是否合理呢?

根据《公安部关于办理赌博违法案件适用法律若干问题的通知》第9条规定,不以营利为目的,亲属之间进行带有财物输赢的打麻将、玩扑克等娱乐活动,不予处罚;亲属之外的其他人之间进行带有少量财物输赢的打麻将、玩扑克等娱乐活动,不予处罚。但是,8位青年学子还是被拘留并遭顶格处罚。如此惩罚,将对学生未来参军乃至报考公务员的政审,产生重大不利影响。当然,学生们"炸金花"对同住宾馆的旅客带来的噪声影响,是应该批评教育的。

由此,又引出了一个"惩罚合理性"的问题。这是一个涉及惩罚在社会中为何能够存在、又为何能够被人容忍乃至接受并长期有效运行的复杂机制。其中既有人权保障的法理元素,也有人道主义的哲学因素,一时难以得出结论。但是,我们就此展开讨论国家惩罚权力的谦抑与惩罚技术的变革,还是很有意义的。

总而言之,作为公权力,需要思考惩罚犯罪的目的究竟是什么?在情节轻微也无社会危害性的公民面前,国家机器是否需要如此彰显其公权力的扩张性?对于刚刚毕业的大学生,法律能否趋向宽容和轻缓化呢?

原载《新京报》2015年6月11日

中国的高校简称为什么会有这么多争议？

近日，南昌大学在其官网发布的《南昌大学章程》中，将“南昌大学”简称为“南大”，与在2014年经教育部核准的《南京大学章程》中“南京大学”的简称出现重复，引发舆论争议热潮。

对此，南京大学专门向教育部、江西省教育厅去函表示严重关切。南京大学师生指出，2014年12月，经教育部核准发布的《南京大学章程》，已规定南京大学简称“南大”。教育部表示，希望南昌大学与南京大学协商妥善解决此事，以规避引发校名争议的情况出现。

各个学校都注意到了这一情况，所以纷纷加入讨论的队伍当中，名字为南宁大学的学校，有些不乐意了：你自称为“南大”，那我的学校的简称又该叫什么呢？对此疑问，南昌大学也给出了答复，“你应该称自己为宁大。”看到这里，宁夏大学也有了疑问，如果南宁大学被称为“宁大”，那我们该如何称呼呢？总不能让自己叫“厦大”吧！这样一来，厦门大学的简称是什么呢？对此，宁波大学也比较迷惑了，总不能让自己简称“波大”吧？

其实，不仅仅是这几所学校的学生有这样的苦恼，还有一些学校也是不太好意思说自己学校的简称。比如黑龙江地区的大学，提及这所学校的简称，可能会给人的印象不太好。学生们坦言，黑龙江中医药大学岂不是要被叫作“黑中医”了？

可见，对于学校“简称”撞车现象，每所学校都各执一词，都认为自己更适合叫这个简称。类似的问题究竟如何处理，估计还需要一段时间才能有结果。但就媒体披露的情况来看，有关高校简称是否能受到相关法律保护、该如何保护等问题确实不少，国内教育机构也确实重视不够。

在2011年7月12日，教育部部长办公会议审议通过《高等学校章程制定暂行办法》，其中规定了各高校章程应按高等教育法规定载明的内容：“学校的登记名称、简称、英文译名等，学校办学地点、住所地”。可见，高校简称既是既定工作，也是必要内容，更是保护客体。在高校章程起草工作的推进中，这是一个无法回避、必须面对的问题。

在我国高校简称中，重名现象屡见不鲜，如“华师大”，究竟是华东师范大学还是华南师范大学或是华中师范大学。也因为高校改名潮，高校简称重名实属正常，所以也不必多虑。但为什么突然之间会成了问题呢？其中原因诸多，具体说来，要么就是为了招生需要，要么就是为了社会认知，要么就是为了品牌宣传。一言以蔽之，就是利益驱动延伸而来的名利之争。

据了解，高等教育法中并没有规定简称，一般情况下都是使用的全称。至于高校简称一般是从习惯,具有一定的地域性,究竟所指为何,需要看具体语境。尽管在相应的规范性文件中均无简称的规定,简称并非一个正规的称呼,当然还有不少高校没有简称,但事实上高校简称牵涉相关法律问题。也就是说,这是一种法律保护,其中既有高校简称的知识产权保护问题,还有高校的名称权保护问题。

据有关媒体披露,近几年涉及高校名称权的法律纠纷十分频繁。前些年,北京大学就曾经接连向法院提起5起诉讼,以维护自己的名称权。后来他们干脆将“北京大学”“北大”“燕园”“未名”“PKU”以及北大标志等全都注册为商标。事实证明,司法部门对高校简称的名称权乃至知识产权的保护,已经作出了肯定的回答。

从这个意义上来说,高校简称之争实际上还带来了良性效应。通过争议,社会各界对如何提高高校对校名的权利意识,如何珍惜校名背后凝聚的知识产权和独特历史人文价值,以避免各种急功近利、盲目的更名,有了更清晰的了解与更明晰的对策。关键还是需要努力打造属于本校独特的校园文化,加强属于本校的知识产权保护,提升教学质量与管理水平。

到那个时候,是你的终归是你的,不是你的你就是实施盗抢也无法成功。

原载《新京报》2015年7月7日

中央政法委为何邀律师上门建言?

新京报导语:

中央政法委首度邀律师上门建言,是个良好开端,对律师、司法人员合理关系的构建,或许也是重要"助攻"。

中央政法委大院里两日里两度"迎客"。继1月7日12位律师"到访"后,中共中央政治局委员、中央政法委书记孟建柱8日又请来12位法学专家学者座谈,共话政法工作和司法体制改革。据我在政法界工作多年的经历,律师代表集体走进中央政法委机关,专门就政法工作提意见建议,这不仅对中央政法委领导,对执业律师来说,也是首次。

按照以往惯例,中央政法委完全可邀请律师到司法部或全国律师协会,抑或是组织通知律师到诸如去年召开全国律师工作会议的会议场地进行座谈。但这次其却打破惯例,既未采取平常主要由领导讲话的形式,也不见常见的由发言者照本宣科地念稿子,而是让律师自由发言。这种安排,看似平常,实有深意。

首次邀律师上门建言,最实际的初衷,应该是听到来自律师行业最接地气的反馈。正如孟建柱强调的,律师事业发展程度体现了一个国家司法文明程度;"尊重和保障律师的权利,就是尊重和保障当事人和公民的权利,也是实现司法公正的重要保证"。

但在时下中国的一些地方、场合,律师权益离得到保护尚有距离。在控辩审三方制衡关系仍未培育完全的语境中,法律天平有时发生倾斜。而尊重律师,有助于司法程序的严格依法推进,也是呵护良序法治环境的必要前提。去年5月,孟建柱提出的"律师依法在诉讼每一个环节上较真、在案件每一个细节上挑毛病,有利于司法人员的认识更符合事情的本来面目"主张,立即引发了律师界乃至法律人广泛共鸣。而此次专门邀律师提建议,就体现了对律师群体的重视和对其促进法治价值的肯定,事实上,"请上门"的姿态本就有其意味。

"迎客"的直接目的是听建议。眼下中央政法机关决策推动的司法体制改革如火如荼,司法机关员额制改革、审判机关的立案登记制等,都迈出不小步子。但司法改革中也遇到了一些瓶颈与现实问题,尽管这些通过司法行政渠道和律协等也能获知,但知屋漏者在宇下,通过业界直接听其建议,也能更好地推动司法改革攻坚。

我们都知道,律师处在全面依法治国第一线,他们许多人有扎实的法律专业素养,又有丰富的法律实务经验。律师工作处于国家机构和民间社会的衔接部位,起着法制秩序安全阀的作用。让他们建言献策,也能更精确地捕捉到律师群体面临的问题和诉求,如刑事辩护的“旧三难”与“新三难”带来的律师执业权利保障问题,律师与司法人员之间的关系引出的法律职业共同体问题等;也能对司法实践中的不足有更明晰的体认,像座谈会上律师代表提出的强化法律大数据对司法改革的作用,并提出司法数据要全面开放、打破数据壁垒等。

此次座谈会上,无论是律师“主讲”,还是孟建柱总结时说的“大家以后可以和我保持联系,有什么情况和问题,可以直接向我反映啊”,都是积极听取建言的态度显现。

一次座谈,当然无法完全了解广大律师的诉求与心声,这也需要有关方面搭建更多对话渠道,但中央政法委“幽深大院”向律师代表打开大门,已是个良好开端。希望这对中国律师业发展局面的向好和律师、司法人员合理关系的构建,都是重要的“助攻”。

原载《新京报》2016年1月9日

对见义勇为，国家补偿不能再缺席

新京报导语：

在进一步强调法律对见义勇为者加大保护的同时，必须考虑建立国家补偿机制。

作为“社会生活的百科全书”的民法典，也作为公民个人权利的宣言书，日前《中华人民共和国民法总则（草案）》提请十二届全国人大常委会第二十一次会议的审议，标志着其编纂这项中国法治史上的伟大工程已正式走向台前。我更注意法律对于见义勇为者的保护与鼓励。

现实生活中，我们常常看到勇士见义勇为后陷入无人帮助状态的真实新闻。于是，世人为此常常感叹“英雄流血又流泪”。其实，我国《民法通则》早有明确规定：“因防止、制止国家的、集体的财产或者他人的财产、人身遭受侵害而使自己受到损害的，由侵害人承担赔偿责任，受益人也可以给予适当的补偿。”可见，法律充分肯定了公民见义勇为行为的社会价值。其肯定的方式就是，对于在防止、制止侵害行为的过程中，如果行为人遭受了损害，有权获得赔偿和补偿。

但是，《民法通则》这一规定也有明显的缺陷。专家认为，有关补偿仅限定为侵害行为，适用范围过于狭窄，同时对于受益人的补偿责任规定得不够明确，补偿范围也较为模糊，可操作性不强。2003 年 12 月，最高人民法院又发布了《关于审理人身损害赔偿案件适用法律若干问题的解释》，其中第十五条规定，对见义勇为过程中“因没有侵权人、不能确定侵权人或者侵权人没有赔偿能力，赔偿权利人请求受益人在受益范围内予以适当补偿的，人民法院应予支持”。这个规定虽然弥补了《民法通则》的缺陷，甚至要求法院支持，但也无力改变某些英雄“流血又流泪”的现状。

在此次民法总则草案中，有了对见义勇为者进一步的保护规定，也即“为保护他人民事权益而使自己受到损害的，由侵权人承担责任，受益人可以给予适当补偿。没有侵权人、侵权人逃逸或者无力承担责任，受害人请求补偿的，受益人应当给予适当补偿”。可以说，这个规定，既是对过去《民法通则》及最高法院司法解释对见义勇为进行补偿规定的补充完善，更是对与见义勇为行为有关的侵权人、受害人、受益人等法律关系人的进一步明确与界定。

在有侵权人的时候，对于见义勇为者受到的损害，由侵权人承担侵权责任，显然是没有任何问题的。但有一个问题无法回避，即见义勇为者在见义勇为中遭受损害，不能从侵权人那里获得赔偿时该怎么办？无法获得赔偿原因不外乎是，没有直接或明确的侵权人。更成问题的是，受益人若是拒不补偿或是没有任何补偿能力，又该怎么办？

现在看来，在进一步强调法律对见义勇为者加大保护的同时，必须考虑建立国家补偿机制。所谓国家补偿，是指当见义勇为者因自己的义举而遭到损失或损害后，国家对其进行必要的精神鼓励与物质补偿，以帮助其全面弥补其所受的全部损害，也使其能够因此而恢复到损害发生前的或未受损害时的应有状态。需要说明的是，国家此时承担的只是一种补充性的补偿责任，这种补充性责任的基础并非真正的连带债务，即国家补偿承担的是一种替代性的责任，权益侵害人才是责任的最终承担者。

由此，国家补偿主要包括先行补偿和受益人不足部分的补偿。对见义勇为者的损失补偿，除了平常意义上的金钱补偿外，还应有制度上的政策性补偿或其他间接性补偿。至于补偿资金的来源，还需要法律进行规范。目前基本上是落实在见义勇为基金会，其基金来源主要是政府的拨款和社会的捐助。相对于经济性补偿而言，政策性补偿更具有时效性和长期性，主要是提供政策性优惠，比如优先安排就业、减免税费、子女入学升学照顾等方式。随着行政行为方式的多样化，国家补偿的方式也将变得更加多样化。

令人遗憾而忧心的是，我国目前没有统一的国家补偿法，在单行法中也没有将见义勇为者损失纳入国家补偿范围的法律依据。因此，希望以此次民法总则的起草为契机，进一步完善见义勇为者的补偿规定，从而彻底地解决见义勇为者求偿无门的后顾之忧。

原载《新京报》2016年7月4日

这张"空白罚单"有什么特别之处?

新京报导语:

"空白罚单",并不是一种执法方式的创新,而是一种执法思维的曲解。

一张交通违章罚单,本无特别之处。但是,近日因为一张出自安徽桐城交警开出的罚单,却成了一条网络热传的新闻。原来这张罚单是一张"空白罚单",罚单上没有填写扣分与罚款,只有交警手写的警告:"前面有停车场,下次注意。"由此,这张罚单获得了许多网友的热议,不少人对交警的"人性化执法"而纷纷点赞,甚至称之为"最美罚单"。

一张"空白罚单"成"最美罚单",原因诸多。但最主要的是,从收到罚单的那位外地车主,到与此无关但又曾经接到过罚单的人,都认为这是"人性化执法",还有人认为这是执法方式的创新,值得鼓励与提倡。但在我看来,这不是一种执法方式的创新,而是一种执法思维的曲解,乃至法治思维的曲解。

首先,"人性化执法"不是"弹性化执法"。我国《道路交通安全法》第 93 条:对违反道路交通安全法律、法规关于机动车停放、临时停车规定的,可以指出违法行为并予以口头警告,令其立即驶离。同时该法还规定:对于情节轻微的、未影响通行的,指出违法行为,给予口头警告后放行。

口头警告本身,确实也是一种执法行为。但"温馨提示"不能代替口头警告。该"口头"表达却用文字表达,该"警告"执法却只是文字提示,从这个角度来说,"最美罚单"不是人性化,而是弹性化。任何法律确实给执法者规定了一定的裁量空间,根据被执法者的认识态度高低与违法情节轻重,执法者可以给予一定的裁量回旋。这种回旋,只是一种力度与温度的表现,而不是一种执法空间的突破与滥用。

从"最美罚单"新闻中所披露的事实看,这位交警既没有口头警告,也没有令其立即驶离,而是以一纸"温馨提示"一走了事。所以,这位交警其实已经突破了执法行为的裁量空间,从而造成了对执法思维的混乱。

其次,"人性化执法"不是"任性化执法"。每一张罚单都是一种执法载体,只能按照法律规定进行填写或告知。现在,它却成了一张"空白罚单",既没有填写任何执法内容,也没有留下任何执法信息。不仅如此,还在一张正式罚单的空白处写上了一句"温馨提示"。显然,这种方式既没有体现出执法的严肃性，也没有展现出执法的公正性。从形式上来看，实在是太随意、太任性了。

如果确实需要进行“温馨提示”，完全能够以另外的方式或载体来实现。为什么还要浪费一张具有法律效力的罚单呢？长此以往，对被执法者来说，就会认为交警执法不仅很随意，而且还可以讲人情。既然如此，尝到甜头的被执法者今后可能就会钻空子，继续乱停、照旧乱靠。如此而来，执法的权威与公信将荡然无存。

最后，“人性化执法”不是“个性化执法”。什么样的执法思维取决于什么样的法治思维，而法治思维的训练与养成既需要通过一个个执法者来体现，也需要通过一个个个案来实现。作为法定的公权部门，执法者必须清楚认识到执法权力必须来自法律具体而明确的授予，而执法活动必须依赖于执法者对规则的统一理解，也必须依赖于被执法者的普遍遵守。所以，在法治轨道上，既不需要千姿百态的“个性化执法”，更不需要千变万化的“个性化创新”。

在现实生活中，我们既要杜绝诸如纯粹是为了“完成任务”而疯狂贴单子，或者在某个隐蔽的角落抓拍违法车辆的“个性化创新”，也要谢绝诸如“空白罚单”的“个性化执法”。有人说，“空白罚单”是释放了一种善意。应该说，从社会效果上看，当然没错。但是，从法律效果上却贻害无穷。如果在执法方式上，都是你一套我一套，你来显示“个性”我来展示“温馨”，那将造成既无执法的规范化与统一化、也无执法的专业化与程序化的尴尬局面。

“千里家书只为墙，让他三尺又何妨。”发生在美丽桐城六尺巷的礼让故事，曾经感动了无数中国人乃至全球所有华人。但这只是一个美丽的礼让故事，而不是一个展现“人性化执法”的法律新闻。作为一名人民警察，如果能够通过人性化执法，让大家感受到更多正能量，当然是一种最完美的法治形象。

一张“空白罚单”看起来是小事，但长此以往就是大事；一张“最美罚单”说起来是好事，但一如既往就是坏事。我们要知道，执法空间有规定，执法方式有规范，执法思维有规则。

原载《新京报》2016 年 7 月 29 日“明案说法”栏目

裁判文书能否“说”得更好听?

新京报导语:

法律文书公开已不是问题,存在问题的是如何公开、公开多少、何时公开,尤其是如何公开法律文书的说理性,显得更加突出。

为加强和提升法律文书理论研究水平及实践经验,中国法学会法律文书学研究会近日在贵州召开了“法律文书理论与实务”研讨会。值得一提的是,在讨论法律文书的样式与格式之后,与会专家们竟然对法律文书的说理表述究竟是写出来的还是说出来的,表示了强烈而活跃的兴趣。

众所周知,法律文书是写出来的。毫无疑问,最难办最难写的还是法律文书的“理”。现实中,越来越明显地感到,法律文书公开已经渐渐不是问题,存在问题的是如何公开、公开多少、何时公开,尤其是如何公开法律文书的说理性,显得更加突出。说起法律文书的说理性,也可谓是一个老大难问题。

近年来,提起法律文书实务中存在的问题,更可谓尽人皆知。有些基层法官撰写的裁判文书连语法和逻辑方面都会存在问题,比如语法错误、语句不通、用词不当、晦涩难懂、文白交织等等。至于错字、漏字、多字乃至错用标点符号现象,更是比比皆是。

事实上,从法律文书学的发展趋势来看,法律文书的写作不仅仅是语言文字的问题,也不仅仅是语法表述的问题,更不仅仅是标点符号的问题,而是逻辑推理、释法说理的问题。总而言之,当下法律文书存在的最大问题就是,有些法律文书不说理、不讲理。

那么,如何提升逻辑推理、怎样增强释法说理呢?

其实,无论是讲理还是说理,最终还是为了法理。那么,除了法理,我们还需要说什么理呢?首先,要讲“天理”。所谓“天理”是指一种客观规律,“天”字之加,只是一种修辞,但增添了此种事理的神圣性和恒久性。其次,要讲“常理”。所谓“常理”是指一种内在规律,也就是指“人同此心,心同此理”。于是,又可理解成“心理”,是指一种具有普遍意义的感情,并非仅指个体的特殊感受。可以说是自然为之,平常之理。所以,也可将“常理”理解为平常之情理,也就是一种作为日常所见的事情或者事理,或者说就是一种人情世故。

古人曾有诸如“虽情有可原,但理无可恕”与“虽理无可恕,但情有可原”,文字相同但次序不同的经典裁决。因为次序不同，所以逻辑推理与释法说理的效果自然也是截然不同。

已故美国最高法院大法官刘易斯 · 布兰代斯曾经[illegible]有关法律文书的名言，那就是“没有伟大的作品，只有伟大的重写”。其语言深处就是指一个法官的最佳写作阶段，正是如何将裁判文书写得更好看的阶段。

在我个人看来，作为司法正义的表达方式，裁判文书不仅要写得更好看，更要说得更好听。让人听得懂、听得清、听得服的裁决，一定是源于说理、敢于说理、善于说理的裁决。如此裁决，自然是让民众在每一个司法案件中能够感受公平正义的裁决。

原载《新京报》2016 年 8 月 16 日“明案说法”栏目

法律共同体:不能只在梦里遥想

上海市高级人民法院副院长邹碧华法官的英年早逝,不仅震动了整个法院系统,更重要的是震惊了中国法律界。尤其值得一提的是,来自律师界的一片痛惜与一致哀悼,让人惊愕,又使人惊叹。

对此,上海市高院崔亚东院长评价说,邹碧华的一言一行体现了其"对法律工作者的平等与尊重";江苏省高院院长认为邹碧华"以生命的代价弥合了法官与律师之间的裂痕",来自全社会铺天盖地地悼念邹碧华的文字,尤其是邹碧华去世的当天晚上在网络和社交平台上出现的"今夜法律人为你刷屏",则表达了对邹碧华以一己之力而追求建构的"法律职业共同体"所带来的最深默契与最高敬意,这也是邹碧华作为一名法官对建构"法律职业共同体"所付出的努力与回报。

于是,一位模范法官的去世,唤醒了一个时代主题。因为人们在扼腕痛惜之余,不仅开始真正看到了整个法律圈的共同价值观,同时又看到了在邹碧华身后,还留下了一个时代主题:如何完成"法律职业共同体"的破解与建构之责任使命。

十多年前,关于什么是法律职业共同体,曾经引起了许多法律人热烈讨论乃至争论。其中给我印象最深刻的2001年强世功教授在《中外法学》发表的那篇在法律界广为传颂的《法律共同体宣言》,他以一种文学表达的方式提出了"法律共同体"的概念。他在这篇文章中动情地写道:"无论是最高法院的大法官还是乡村的司法调解员,无论是满世界飞来飞去的大律师还是不知名的地方检察官,无论是学富五车的知名教授还是啃着馒头咸菜在租来的民房里复习考研的法律学子,他们构成了一个无形的法律共同体。共同的知识、共同的语言、共同的思维、共同的理想,使得这些受过法律教育的法律人构成了一个独立的共同体:一个职业共同体、一个知识共同体、一个精神共同体!"

于是,从那时起,关于什么是"法律职业共同体",开始引起国内法学专家诸如张文显、信春鹰、石泰峰等许多法律人的热烈讨论乃至争论,并为此推出了一部重头之作《司法改革报告:法律职业共同体研究》。

然而,十多年过去了,我们所期待的法律共同体却还依旧犹抱琵琶半遮面,千呼万唤难出来。直至邹碧华法官的去世,才又一次唤醒了法律人内心深处的情结与梦想。

所谓法律职业共同体,是指在法律事业团体中,由法官、检察官、律师以及法学家等法律职业群体相互之间相互作用、相互联系、相互制约，从而形成一个没有疆域的法律思维共同体、法律事业共同体、法律解释共同体、法律协作共同体。可见，无论是法官还是检察官，不论是学者还是律师，尽管职业不同、个性不同，但他们都有共同的理想、共同的思维乃至共同的职业习惯。

但是，在处处强调中国特色的语境中，法律职业共同体似乎一直是一个不受了解，被人排斥的概念。还是强世功教授说得好："无论人们在情感上如何反感他们，人们越来越意识到自己的生活中已经离不开他们。人们正在怀着矛盾的心情来接近他们，接近这些出没在公司、饭店、宴会、酒席上的律师，这些活跃在课堂、讲坛、媒体上的法学家，以及那些深居简出的法官。这些人正在不断地聚集起来，形成一个独特的共同体，那就是我们这个时代最伟大的共同体——法律共同体，它既是现代社会的产物，同时也是现代社会秩序的维系者。"

2006 年 9 月在太原举办的"第六届中国律师论坛"上，时任《中国律师》总编兼中国律师论坛秘书长的我曾策划设计了一个"法律共同体的构建与互动"的分论坛。在分论坛上，无论是律师还是法官、检察官等其他嘉宾，都清醒地认识到，不管是为了职业利益，为了专业发展，为了司法改革，还是为了公平正义，为了法治精神，我们的社会需要不断强调法律职业共同体的构建。因为要使"纸上的法律"真正成为生活中"活的法律"，真正发挥法律的规则与程序功能，关键就在于培养一个强大而专业的法律职业共同体。

党的十八届四中全会《决定》强调，"推进法治专门队伍正规化、专业化、职业化，提高职业素养和专业水平"，一是要求健全国家统一法律职业资格考试制度，将司法考试制度改为国家统一法律职业资格考试制度，建立法律职业人员统一职前培训制度，对职前培训实行统一管理，着力提高法律职业人员法律信仰、职业操守和职业技能。二是探索建立法律职业从业者之间良性流动和开放的人才吸纳机制。建立从符合条件的律师、法学专家中招录立法工作者、法官、检察官制度。三是加快建立符合职业特点的法治工作人员管理制度，完善法治人员职业保障体系，建立法官、检察官、人民警察专业职务序列及工资制度，切实增强他们的职业荣誉感和使命感。

梦想是美丽的，现实是残酷的。但我们不能因为残酷的现实而放弃美丽的梦想。正如我国很多法学家始终对通过建立法律共同体实现法治寄予了极高的期望，我们希望像强世功教授在《法律共同体宣言》中呼吁的那样：所有的法律人团结起来！

在这方面，邹碧华法官不仅是一位努力追求者，也是一位大胆主张者，更是一位积极的践行者。在十八届三中全会、四中全会提出的"依法治国，建设社会主义法治国家"的大背景下，期待邹碧华生前积极主张与全力践行的法律职业共同体，能够早日建构完成。

（本文系应检察日报社《方圆律政》杂志约稿，并刊发于该刊 2015 年第 1 期）

住宅70年自动续期:亦喜亦忧的居住权

千呼万唤的《民法典各分编(草案)》终于面世了。在首次提请全国人大常委会审议的物权编(草案)中,让我们眼前一亮的是,草案专门规定了居住权,并对住宅建设用地使用权期间届满续期问题作出原则性规定。

所谓居住权,是指居住权人有权按照合同约定并经登记而占有、使用他人的住宅,以满足其稳定生活居住需要。当年,罗马人创设居住权制度,是为了保障部分社会弱势群体的基本生存权利。因为这项制度将物的所有和利用相分离,有利于物尽其用,充分发挥物的使用价值。现在,我们规定居住权,是为了认可和保护民事主体对住房保障的灵活安排,满足特定人群的居住需求,也有助于为公租房和老年人以房养老提供法律保障。

居住权一般有时间性,其期限一般为长期性和终身性。一般情况下,这个期限可由当事人在合同、遗嘱中确定与约定。如果没有对期限作出明确规定,那就应当推定为居住人终身居住。于是,又有了此次《民法典》物权编(草案)中关于住宅建设用地使用权届满续期的最新规定,这也算是对近几年来国内所谓"70年产权"现象的及时回应。有人开玩笑说,我们不要"爱你一万年",我们需要"住你100年"。

玩笑的背后,是尴尬的现实。

关于住宅建设用地使用权期间届满续期的问题,全国人大常委会法工委主任沈春耀在此次常委会会议上,向常委会会议作了详细说明。他说,根据党中央批准的有关工作安排,该项工作由国务院有关部门研究后,再由国务院提出有关法律修改议案。目前,还没有看到国务院有关部门提出的方案和相关议案。但是,此次物权编(草案)根据现行《物权法》第149条、《城市房地产管理法》第22条等规定,作了一个原则性规定,即:住宅建设用地使用权期间届满的,自动续期。续期费用的缴纳或者减免,依照法律、行政法规的规定。国务院正式提出修改有关法律的议案后,再进一步做好衔接。

对于住宅建设用地使用权届满自动续期这个问题,近几年学界争议不断。比如自动续期的时间到底是多长、自动续期后是否需要缴纳费用等问题,一直无法达成共识。现在,法律作出了规定,是否意味着达成了共识呢?

著名资深专业律师王才亮指出,10年前的《物权法》只规定"自动续期",没有规定要缴费用的问题。此后,关于住宅建设用地使用权期间届满续期问题,屡屡有人要超越法律收费。在遭到反对后，又一直有人推动法律修改，并且确实有效。现在看来，在此次民法典制定中，收费派的观点占了上风。物权编(草案)对现行《物权法》规定的“住宅建设用地使用权期间届满的，自动续期”后面加上了“续期费用的缴纳或者减免，依照法律、行政法规的规定”。如果草案如此通过，将来修改物权法等加上收费的规定就成了必然。

作为此次民法典(草案)的新增内容，“居住权”和“住宅建设用地使用权期间届满的，自动续期”的提法，可以说开启了一个新纪元。如果说，这是一喜。那么，对于所谓自动续期的后续收费一事，则是一忧。忧的是，将收费当成解决问题的法宝。

不过，从规定来看，自动续期的政策思路目前很明确。即使付费，也提到了“或者减免”的可能性。总而言之，关于自动续期的规定，既有助于破解部分土地到期后续期困难的问题，也有助于不动产相关部门重新研究续期续费问题，进而促进土地市场和住房市场的健康发展。

由此可以相信，随着居住权规定的落实，随着住宅建设用地使用权届满后自动续期的规范，未来在租赁住房、保障房和以房养老等项目上，也将逐步落地。居住权来了，未来已来！

原载光明网 2018 年 8 月 30 日时评频道

从规则到规律：培育法治思维与彰显法律尊严

——以媒体视角来看“唐慧案”

风暴过去之后必然需要重整河山，风雨过去之后自然渴望见到彩虹。同样，一个事件烟消云散之后才能清醒思考，一个案件尘埃落定之后才能理性分析。关于唐慧，无论是作为一个人的姓名还是一种曾经广泛吸引眼球的现象，无论是作为一个普通事件还是一个特别案件，都值得研究与思考。其中，来自媒体视角的判断与分析显然最不可或缺。

追根溯源，只有梳理清楚唐慧案是如何经历从事件到案件的发展进程、从民意到公意的法意表达、从规则到规律的价值判断，才能真正明确唐慧案为什么会发生、为什么持续时间如此之长、为什么又会从一起普通的刑事案件逐步“被升级”为舆论高度关注的案件。

从事件到案件：被“升级”的案件与被“挟持”的司法

唐慧本来是一名湘南永州的普通妇女，后来因为其乃至其女儿而发生的事件，本来也是一起普通事件，甚至可以说，即使是后来作为案件，本来也只是一起再普通不过的刑事案件。但是，8年多来，围绕唐慧而发生的从事件到案件的进程却像过山车一样，上上下下，跌宕起伏，前前后后，议论纷纷。随着眼球效应的被持续放大，人们的同情心和法律的底线也时时陷入一种此消彼长的过程中。

2006年秋天，唐慧的女儿乐乐刚满11岁。由于叛逆、厌倦学习而游荡于溜冰场，她巧遇了一个令其无比崇拜的溜冰高手，那就是刚刚成年后来成为本案被告人的周军辉。经乐乐主动请求，周军辉带其溜冰后，两人一同来到了周军辉的工作场所即发廊，一起用餐后，乐乐留宿于周军辉处，当晚二人发生了性关系。第二天，周军辉带乐乐早餐后，乐乐被其舅妈发现，将其带回了家中。

2006年10月3日，乐乐给其母亲也就是唐慧留下一纸便条，声称自己跟熟人到广东打工去了。但是，事实上，她又回到了周军辉处，并继续与周军辉发生了性关系。此后，周军辉以给乐乐介绍工作的名义，将她带到了一个所谓的休闲中心（实际上是卖淫场所），让乐乐开始从事卖淫业，并从休闲中心老板处收取了乐乐卖淫三天的提成三百元。至此，乐乐在一个多月内被迫卖淫100多人次。其间，休闲中心的店主秦星的弟弟秦斌将乐乐带出休闲中心，与另外三人一道，轮奸了乐乐。后来乐乐的舅舅获悉乐乐在该休闲中心出入，便化装成顾客进入该休闲中心,找到了乐乐。

我们《民主与法制》社记者通过采访搜集的公开资料显示:正是2006年10月3日乐乐给母亲唐慧留下的一纸便条离家出走,开始成了唐慧案的发案“引线”。

据此便条,乐乐的母亲唐慧及其他亲属开始了寻找乐乐的“艰辛”历程。

从记者掌握的资料来看,乐乐的家人最先到当地派出所报警,而当地警方鉴于乐乐是“留条出走”而暂未立案。随后,唐慧及其家人认为一名王姓男子“搞走”了乐乐,遂据此再次向警方报案。很快,警方查明王姓男子并无“作案时间和证据”(其时该男子远在广东),否定了唐慧及其家人的指控。然而,唐慧及其家人并不接受警方的说法,先后组织了数十人围攻王姓男子家、当地派出所及拘留所,强烈要求警方继续羁押王某。

时任七里店派出所副所长郭继仪因此遭受唐慧家人的数次围攻,脸被抓伤,警服被撕破,手机被摔坏,甚至还被指控收了王某家的钱,郭一度被要求暂停工作——直到三个月后乐乐被找到。

寻找乐乐的责任,随后落在了零陵公安分局另一名叫杨军祥的警察身上。领导重视,杨对此事并不敢懈怠,并且以乐乐被“拐骗”为由立案。2006年12月30日,唐慧找到乐乐在“柳情缘休闲中心”的线索。杨接到唐慧家人的电话后,随即前往。

对于“解救乐乐”的过程,此后媒体在报道时称,唐慧在“解救乐乐时遭到几个男女暴力阻拦”。然而,警方却是另外一种说法。

“屋里没有男的,乐乐当时并不愿意回家,而且不愿意向警方介绍情况”,办案民警杨军祥同意唐慧家人暂将乐乐带回家,待其开口说话后再到派出所做笔录。2007年1月4日,唐慧带着女儿乐乐前往永州市零陵公安分局刑侦大队接受询问,乐乐分三次向办案民警讲述了自己10月1日“如何与周军辉发生性关系”,10月3日被带至秦星所开的“柳情缘”直到12月30日的经历。

于是,2007年1月5日,零陵公安分局对秦星介绍、容留妇女卖淫及乐乐被强奸案进行立案侦查。根据零陵公安分局办案人员介绍的情况,警方为了获取“柳情缘”从事非法活动的证据,安排警力经过19天的蹲守,“逮住了‘柳情缘’休闲屋从事卖淫活动的‘现行’”,并据此对店主秦星进行“刑事拘留”。

但是,对于此番办案中的“19天蹲守”,唐慧的理解是“中断侦查19天”,并以此为由,四处控告。结果是,杨三次被检察院调查,因为没有证据证明他在办理乐乐案中存在违法、违规行为,被处以“严重警告”。这直接导致杨当年考核不合格,次年又因此失去竞聘上岗资格。受此打击,杨此后在工作中一蹶不振。与此同时,零陵公安分局也因此背负了“办案不力”的指控。

2007年2月14日,时任湖南省公安厅治安总队长接到唐慧反映女儿案情的来信后,批示永州方面要“高度重视,依法惩处”。2月28日,新上任不久的永州市公安局局长批示要“务必严惩彻查,并追究民警办案不力的责任”。同日,永州市公安局治安支队受理此案。

然而,唐慧夫妇仍然不满意。同年6月28日,唐慧夫妇到永州市人民检察院上访,反映永州市零陵公安分局部分民警在办理其女儿被强奸、强迫卖淫案中存在渎职犯罪,而永州市人民检察院对此进行了一个多月的调查，认为唐慧夫妇所反映情况不符合立案条件，并予以了书面通知，唐慧夫妇对此不服，提出了复议，虽然拿到永州市人民检察院控申部门的“不予立案决定予以维持”的复议结果，唐慧夫妇仍然不服，为此开始了长期上访。

据《民主与法制》社记者掌握的资料来看，最初负责侦办此案的永州市公安局零陵分局刑警大队一开始对主犯秦星是以涉嫌“介绍、容留卖淫”罪立案（该罪名一般情况下刑期不超过5年）。在立案侦查一个月后，零陵分局刑警大队还是因为缺少“强迫”的证据，仍认定秦星仅涉嫌介绍、容留卖淫罪。但在此后，案卷材料中补充了多份乐乐的陈述，内容显示其被“强迫卖淫”。比如案卷中署有“1月13日”的乐乐自述材料，则基本上颠覆了乐乐首次接受问话时笔录的一些说法。据杨军祥介绍：“这份‘自述’，在2月底以前还没有出现在案卷中。”同时，在乐乐的自述中“强迫卖淫”的描述一次比一次多。到办案后期，关于此案的“罪名”发生了实质性变化。

2007年5月，当该案被移交零陵区检察院审查起诉时，秦星的罪名已经由最初的“介绍、容留卖淫罪”变成“组织卖淫罪”。显然，后罪刑罚较前者更重。一般来说，在刑事案件的办理中，负责起诉的检察院和受理的法院级别高低往往决定着案件性质。基层法院对可能判处无期徒刑和死刑的案件没有管辖权。

唐慧在听说该案可能在零陵区检察院起诉后，找到永州市检察院检察长，要求以“强迫卖淫罪”将该案移送市检察院公诉。有媒体报道，在被拒绝后，唐慧“静坐绝食两天”。最终该案改由永州市检察院以“组织卖淫罪”提起公诉。据唐慧自己回忆，检察官认为该案中缺乏被告人“强迫”乐乐卖淫的事实和证据，因此决定以“组织卖淫罪”起诉。

得此消息后，正在生病住院的唐慧再次找到检察院。据媒体报道，唐慧在永州市检察院立案大厅跪了18个小时，其结果是检察院更换了公诉人，制作了新的起诉书，特别是将“强迫卖淫罪”写入其中。该罪名最重可判死刑。

对于为何将“强迫卖淫罪”写进起诉书，唐慧此后的解释是“案件到了中级人民法院，跟法官沟通时才知道起诉书是遗漏了罪名”。而唐慧在一名法官处看“内部的资料”，“多读了两页法律解释”才知道“强迫卖淫罪”比“组织卖淫罪”罪刑更重，唐慧认为女儿的遭遇显然不是“组织卖淫罪”中所列情形，“她是一开始就被强迫”的。

2008年6月6日，永州市中级人民法院对乐乐案作出一审判决。秦星、周军辉被判处死刑，陈刚、刘润被判处无期徒刑，兰小强、蒋军军分别被判处有期徒刑15年和16年。此外，判处6名被告人共赔偿被害人9万元（另外一名被告人秦斌当时逃逸，2010年归案）。

6名被告人不服，均提起上诉。永州市检察院则提起抗诉。

岁月进入2009年2月11日，永州市中院对此案作出第一次重审判决，维持了原判。但判词中删去了一审中“情节恶劣、民愤极大”等字眼。“重审”判决下达后，有媒体报道，从2月16日起，唐慧坐到永州市中院刑一庭庭长张晓龙的办公室，在此吃住18天。张晓龙在此期间被法院允许在家休假。

第一次重审之后，6名被告人再度提起上诉。湖南省高院以“证据不足，事实不清”为由再次发回永州市中院重审。

但是,唐慧认为永州市中级法院有袒护被告人的嫌疑,没有对全部7名被告人判处死刑,要求永州市中级法院“刑一庭全体回避此案”,永州市中级法院竟然对唐慧的意见予以采纳——在当事人未能提出合理理由的情况下,要求整个刑庭法官回避,在司法实践中非常罕见。

有媒体报道,3月14日前后,唐慧向永州市中院宣称:判决书出来之前,她和家人将留在法院立案大厅。据有关媒体记者证实:“经过唐慧的修改、同意,永州市中级人民法院被迫于2011年3月28日下达(2010)永中刑一初字第55号判决。”于是,在永州市中院办公场所吃喝拉撒15天之后,直到3月29日,唐慧及家人才撤离中院立案大厅。

事实上,这是永州市中院作出的第二次重审判决。除维持秦星、周军辉死刑,陈刚、刘润无期徒刑外,原来被判有期徒刑的蒋军军、兰小强被改判为无期徒刑。此次判决之后,6名被告人再度上诉,两度将此案发回永州市中院重审的湖南省高院直接审理此案。

然而,唐慧还是继续上访。其诉求仍然是要求6名被告人全部判死刑、刑事附带民事赔偿184万元。到2012年6月,历经6个合议庭、18名法官审理之后,此案终于走完常规诉讼历程。作为二审,湖南省高院维持了一审最后一次重审的判决,为终审判决。至此,这起普通的刑事案件终于走完了司法程序。但是,这还不是唐慧案的全部。

按照唐慧女儿乐乐“被强迫卖淫案”代理律师胡益华的划分,“唐慧案”应该由三个案子组成:一是唐慧女儿乐乐被强迫卖淫、强奸的刑案,一个是唐慧被劳动教养行政复议案,再就是唐慧被劳动教养国家赔偿案。

显然,“刑案”是整个“唐慧案”的核心——唐慧的上访因“刑案”而引发,“劳教”则因上访而导致。直至今年6月13日最高法院对“唐慧案”两名被告人秦星、周军辉的死刑未被核准的宣判,此案先后经过五次开庭、六次判决和裁定,现已历时8个年头。

现在,作为“刑案”的量刑部分已发回湖南省高院重新审理。后面结果如何,相信无论是法律人还是媒体人,都会给予高度关注。

从民意到公意:被绑架的网意与被忽视的法意

关于唐慧案,曾经最大可能地吸引了国人的眼球。当时,无论是民意还是网意,可谓一边倒。但是,当一切风平浪静之时,人们发现了唐慧案值得反思之处实在太多太多。正如海浪退潮之后,人们都在反思,这场风浪为什么会来?为什么会排山倒海而来?为什么容不得一点喘息就突如其来?其中,最令人关注的就是网意和民意。

网意是怎么形成的呢?在我看来,来自事件、事故、事实和现象。立法与司法中的网意,现在都是以案件为载体而出现在当下这个网络时代,主要来自对某些案件的指控、某些案件的辩护或者某些案件的审理。无论是权利性指向的“躲猫猫”案件,还是结局性指向的“许霆案”“药家鑫案”“李昌奎案”等。

那么,什么是网络上的民意呢?其表现方式主要为信息的集散、情感的宣泄、言论的表达、道德的评判、思想的碰撞,最后基本上都是指向公共管理的制度设计与水平高低。

毫无疑问,网意的形成正是网络化时代的一种意见表达。网意不能绝对代表民意,但是可以相对代表民意。更重要的是,网意不一定是代表民意,而一定是体现民意。如果我们要了解民意、寻找民意、观察民意,那就一定要了解网络的表达方式与新型载体,比如博客、微博、论坛、跟帖乃至当下如火如荼的微信等等。所有这些新载体,实际上都是通过网络来表现和体现民意的新媒体。

什么是公意呢?大概有两种表现方式:一种是公众意志或公共意见,另一种是公权力的意志。显然,公权力的意志就是官方意见。当网意不断扩大、民意不断上升,最终就有可能形成公意。如何看待这些公意,如何区分公意与民意,应当说也是各级党政领导需要重点关注与培养的执政思维,而法律人最需要关注的是法意。

在当下社会现实中,官方和民间、高官和百姓、公权力和私权利之间,实际上时时隐藏着一种非常激烈的冲突,而这种冲突首先就是通过网络体现出来的网意及其通过网意而表达出来的民意。至于是不是真正的公意,还需要观察与分析。但是,凡是能够通过网络表现出来的民意,不管是正面的还是反面的,不论是真实的还是虚假的,我们都需要重视与关注。所以,面对网意和民意,第一,我们不一定要考虑顺应,但一定要有所回应;第二,对于网意和民意来讲,我们首先需要的是怎么面对,然后再考虑怎么应对;第三,我们一定要在公意表达的速度与高度上,也就是在回应民意的速度和高度上,认真研究,有所进步。

总之,对于司法上的顺应与回应、面对和应对,就是要求我们如何面对和应对网意,其实就是如何引导和疏导民意,然后如何将民意引向公意,最后形成展现法治理念、体现法律精神、弘扬法律文化的法意。网络上所反映出来的舆情其实是多面的。其中既有负面的,也有正面的。面对这种多面性的网意及民意,作为公意(公权力意志)就是如何引导和疏导的问题。唯有如此,最后才能形成一个理性的、权威的、客观的、及时的法意表达。

作为一个事件乃至一个案件,从网意到民意,从民意到公意,从公意到法意,在唐慧事件中可谓体现得淋漓尽致。一方面,在唐慧被决定劳动教养尤其是两位律师代理其复议申请后,媒体不利于湖南官方的舆论可谓铺天盖地。于是,铺天盖地的网意似乎完全代替了民意,上访妈妈被劳教案一时竟成了街头巷尾、茶余饭后的热门话题。不仅如此,中国两个最大的主流媒体,竟然也因此开始对湖南省的政要进行指名道姓的质疑。另一方面,来自公权力机关的声音微乎其微,来自法律界的观点似乎只有律师一方的主张。相比之下,此时的公权力似乎有招架之功,却无回应之势。为此,后来出现的唐慧 8 月 4 日被决定劳动教养,6 日提出复议,10 日即被决定撤销劳动教养的神速与效率,让来自法学界的权威学者惊叹为空前绝后。

通过唐慧一案,我们看到,从网意而发展成为民意的过程,其实是一把“双刃剑”。它既可以通过监督功能而促进司法公正,但是,如果过度使用则会破坏司法公正,甚至导致法治信仰的崩溃。当民意是在媒体舆论的误导下形成的,那其必然是非理性的,自然不应形成影响司法决策的依据。从另一个角度观察与判断,如果说我们的司法需要考虑民意的话,那就必须在权衡公意与表达法意的前提下,独立审判,依法断案,而不能为民意所左右。民意绝对不能成为政治的“指挥棒”,更不能成为法治的“金箍棒”。

对此,有学者评判认为,在唐慧事件中,媒体无论是对当时尚处于死刑复核阶段的乐乐案的报道还是对报道本身的评论,不但存在夸大、演绎与臆断之处,而且还做出了很多超出报道本身范围的评论,而这些评论往往又带有浓厚的主观色彩与感情倾向。于是,学者不得不说,新闻效应驱使一些媒体人不但违背了新闻报道客观真实的基本准则,从而也违背了媒体人所应有的职业道德。对于司法机关尚未审结案件,媒体与媒体人有知情的权利,也有你客观报道的权利,但没有对司法妄加评论、指手画脚的权利,更没有恶意攻击的权利。否则,这是对司法乃至整个法律职业共同体最大的践踏。因为媒体与媒体人,不是我们的上帝,我们更不是媒体的应声虫;因为法律人的上帝,只有法律。

诚哉斯言!看来,媒体人对自身所秉持的职业追求乃至因为职业追求而要求的职业担当、因为职业担当而必须拥有的严格自律,需要认真反思与重新学习了。

从规则到规律:被玷污的法律尊严与被扰乱的法治思维

唐慧案本来是一起并不复杂的刑事案件,可是却在7年的时间里愈演愈烈,成了一起轰动全国的大案,究竟是谁绑架了唐慧?究竟是什么绑架了司法?绑架了法律?这恐怕是唐慧案尘埃落定以后最值得思考的问题。现在,关于唐慧案的质疑声音越来越多了,无论是新闻报道还是专家解读,都说明唐慧案不是曾经的舆论一边倒,也不是曾经的网上谩骂,更不是曾经的完全是唐慧一个人的声音。现在,大家都在反思反省,都在分析研究,而这正是一个社会理性成熟的标志。

正如童之伟教授所言:"我一直关注唐慧案,但我从来没有以任何形式声援过唐慧,因为我觉得她的女儿受害固然很值得同情,但基本上不存在道义没得到伸张的问题。而且,她许多行为从法律上看是应该受到惩罚的,不应该继续纵容。我一直这样想,但话从未说出口,主要原因是没有掌握足以说服他人和应付唐慧支持者批评所需要的事实。我正在为一边倒的舆论中非理性、非法治因素担忧的时候,《民主与法制》社记者廖隆章先生发出了'另一种声音:我为什么质疑唐慧',继而《南方周末》发表了包含更多真相的《"永州幼女被迫卖淫案"再调查》。这两篇文章,对于促使舆论界激发法治精神,理性反思唐慧案迄今为止的情况,非常必要而及时。"

《南方周末》在劳教行政复议案唐慧胜诉后提出了一个发人深省的问题:"唐慧赢了,法治赢了没?"直到此时,大多数人才真正意识到《南方周末》提出的问题不仅发人深省,而且还是高屋建瓴的。显然,我们都倾向于认为这个案子是唐慧赢了,法治输了。广义"唐慧案"的主体是乐乐被强奸、强迫卖淫这个刑事案件,劳教行政复议案是上述刑事案件的派生案件。基本的事实表明,整个案子唐慧虽谈不上完胜,但法治却实实在在接近完败。之所以只说接近完败,是因为唐慧案两被告人的死刑还在最高法院的死刑复核阶段,有可能不被核准,甚至有可能全案发回重审。

事实上果然如此,唐慧案的死刑复核既未被核准,又已发回重审。对本案来说,其主要争议在于,被告人是否存在"强迫"乐乐卖淫的行为。随着媒体报道的全面和深入,7名被告是否"量刑过重"也成为争议焦点。在这场舆论始终一边倒的复杂案件中,法律的底线是否被坚守,同样值得考问。

法律首先是一种规则，其次才是一种规律。而规则的外在表现就是一种法律尊严，规律内在表现则属于一种法治思维与法治文化。为此，我们需要思考的是，为什么有些司法机关在知晓案件事实真相的前提下选择了退让，没有坚持“以事实为依据，以法律为准绳”的底线？为什么维稳制度、信访制度的红线竟然是某些官方人士的底线？在社会转型期，出现将自己的利益诉求无限扩大的情形可以理解，但让人无法理解的是，我们的法治理念和执法信念为什么竟然如此不堪一击？换言之，法治为什么完败？

对此，童之伟教授说法治之所以在唐慧案中接近完败，首先表现在湖南相关公检法三方对事实的认定最后都明显背离了客观事实，造成了法律事实与客观事实严重脱节；其次表现为公检法三方在唐慧极端行为的直接或间接影响下办理此案，认定事实和量刑最后都没能坚持以事实为根据、以法律为准绳；最后表现为它强化了民众的“信访不信法”意识，进一步削弱了司法机关的权威和公信力。

在唐慧案中，唐慧是一个悲情人物，因女儿被迫卖淫不断上访，又因上访被劳教。在众多关注中国前途、命运和公民权利保护的公知和网友们高度关注下，唐慧的劳教决定被撤销。

回过头去看，唐慧的做法当然有“问题”，通过坚决地上访、媒体等各种方式影响司法，获得了她所谓的“正义”，但是，究竟是什么因素造就了“双面”唐慧，才是我们应当着重思考的问题。

从某种意义上讲，唐慧案就这样成了中国法治的一个典型缩影，一个从规则到规律的缩影。

原载《中国法律评论》2014 年第 3 期

法律人回家过年的特别期望

无论如何期望，不论是否回家，春节终于来到了我们的眼前。正如今天中午南方的春雷，一年一度的新春佳节自然而然地降临到了我们的身边。

此时此刻，我首先要以我的微信公众账号“桂客留言”平台表达最真诚的祝愿与最美好的祝福。祝大家在新的一年每天得意洋洋，每天喜气洋洋！

此时此刻，我已经回到江西井冈山下的老家——永新县芦溪乡千古洲村，正与家人享受一年一度的美好团聚时刻。由此可见，作为法律人，与其他群体一样，自然都应该回家过年的。

今年2月6日，在贵州省全省法院院长会议上，刚刚新晋补选为贵州省高级人民法院院长的孙潮，向全省法院职工下发了他上任以来的首个“命令”：“父母老了，为人儿女的应该多抽时间陪父母，今年过年放假，所有职工都必须回家陪父母，不陪父母的要惩罚！”

这位与我同样毕业于华东政法大学的法律人强调：“记住，回到家你们就不是法官了，你们就是儿子、孙子！要尽好儿子、孙子的义务！”话音刚落，台下阵阵掌声响起。

在安排部署2015年全省法院工作时，他还给全省法院职工下了另一道“任务”，“今年由我带头，所有人都必须请年假！工作要做好，但也要注意身体！”

为此，不仅仅是在场法官感动万分。媒体人乃至社会各界都为孙潮院长的“命令”而点赞。更重要的是，法律人对家有了更深入的思考。

不仅法律人如此，党和国家领导人也是如此。昨天，习近平总书记在春节团拜会上特别强调，中华民族自古以来就重视家庭、重视亲情。家庭是社会的基本细胞，是人生的第一所学校。不论时代发生多大变化，不论生活格局发生多大变化，我们都要重视家庭建设，注重家庭、注重家教、注重家风。

作为一位政治领导人，如此强调家庭的意义，显然是一种时代的回归。但是，作为一位法律人，开始重新思索家庭与工作乃至事业的关系定位，则是一种人性的期望。

在我看来，法律人期望的回家应该不仅仅是过年回家，也不仅仅是一个人过年回家，应该还有更深的意义。在我看来，那就是回归家庭，回到家庭的原本意义。

对法律人来说，回家是一种正义。无论是什么语言，对于正义，基本上都理解为具有公正、公平、正直、公道、正当等相关的意思。毫无疑问，法律与正义密切相连，相互促进。柏拉图认为，“各尽其职就是正义”，乌尔比安主张，“正义就是给每个人以应有权利的稳定的永恒的意义”。尽管学者们对此有着不同的理解,但法律人还是有一种基本共识,那就是正义是一种法律的追求与归宿。同时,也是法律人的追求与归宿。所以,法律人回家就是一种人性本能,就是一种各尽其职,就是一种基本权利。

对所有人来说,回家是一种道义。应当说,道义与正义是一种相辅相成的关系,简而言之就是人道主义的具体体现,是为实现正义而对人类社会言行进行道德规范的价值标准。如果说正义是一种区别良法恶法的标准,那么,道义就是促进法律进化的最大精神驱动力。作为实现正义的重要手段,法律运用国家强制性,保护社会主体的合法利益,通过裁决纠纷,惩治非正义的违法行为,以实现社会正义。于是,对所有人来说,能不受冤枉与不被非法剥夺人身自由,既是一种道义,更是一种正义。作为法律追求的最高目标,法律人通过自己的职业行为让所有人获得正义,让所有人能够正常回家。所以,让所有人顺利踏上回家的路,既是正义的要求,更是道义的责任。

对所有与法律人有关的人来说,回家是一种仁义。在我构思本文主题之时,我听到了两个有关回家的温暖故事。一是一位既已积极退赔又主动立功且家有两岁孩子的被告人在春节前3天被取保回家了,二是一位在监狱服刑期间既有积极表现又有获奖成果且已经服刑7年的服刑人员在春节前两天被假释回家了。尽管他们的回家与其他人在形式上完全不一样,但在内涵上却是真正彰显了法律的温度与人性的关怀。无巧不成书,在我主编并刚刚于春节前出刊的《民主与法制》杂志上,正好推出了一期题为“铁案的温度”的聚焦策划。在本期策划中,我们对刚刚去世的邹碧华法官与“全国十佳公诉人”及追求“铁案”的北京法官邱波,进行了全方位的心理刻画与多视角的心灵对话。从他们身上,我们不仅知道了什么叫真正的正义,我们也看到了展现法律人高度的道义担当,我们更见证了法律人如何以法律的温度既让被告人与被害人回家的仁义情怀。

正如刘德华在春晚上演唱的《回家的路》那样,每个人都有一个生长成长的家,都有一个温暖熟悉的家,都有一条走得再远都必须回来的路。法律人要回家,所有与法律人有关的人也要回家,这才是当下时代所要求的“让人民群众在每一个司法案件中都感受到公平正义”。

春节让我们每个人回家,正义与道义乃至仁义则让我们每个人回归。这不仅是法律人的期望,更是党和国家领导人的美好祝愿。

祝每个人都能回家,都能获得正义,都能肩负道义,都能播撒仁义!

写于2015年2月18日大年三十

“巡回法庭”：你到底是为了谁？

编者按：

巡回法庭，既是一项重要的制度创新，也是一项必要的司法改革，对于推进依法治国，实现公平正义，具有重要意义。毫无疑问，值得关注，更值得期待。

随着党的十八届四中全会审议通过的《中共中央关于全面推进依法治国若干重大问题的决定》的出台，一个名为“巡回法庭”的新概念诞生了，一个叫作最高人民法院巡回法庭的新机构亮相了。

对于这个新概念与新机构，学界、法律界乃至社会各界给予了广泛而热切的关注。当然，其中也不乏观望乃至质疑其操作性及可行性的观点与主张。

为此，我们需要认真梳理一下设立巡回法庭的重大意义。换句话说，我们一定要明白，“巡回法庭”到底是“为了谁”？只有明确“为了谁”，才能明白“我是谁”，才能明晰“依靠谁”，才能知道究竟是对谁最有利。

在我看来，“巡回法庭”的最大受益者显然是当事人，是人民群众。因为无论提升公正效率还是完善法律统一实施，都是为了通过公正司法维护人民权益。

一是有利于保障依法独立行使审判权理念的改进。作为现代法治国家普遍承认和确立的基本原则是人民法院依照法律规定的独立行使审判权，不受行政机关、社会团体和个人的干涉。其目的是确保法院公正无私地进行审判，防止法官受到来自包括地方党政领导等外界的非法干涉，使法院真正成为维护社会正义的最后一道防线。设立巡回法庭，正是为了解决民事审判权多年来时时遭遇的地方化干扰问题。众所周知，司法地方化的问题已经日趋严重，甚至已经积重难返。有些个别案件，地方党政领导动辄以影响地方经济发展、防止国有资产流失为由，习惯性地干扰审判机关合法办案或者插手重大民商事案件。巡回法庭的设立，将有利于防止一些重大行政案件乃至民商事案件被“地方保护”，从而为更好更快地保护和实现当事人的合法权益创造条件。在具体的司法实务中，对于原告与被告分属两省的跨行政辖区案件，如果发现可能存在地方保护主义的影响，就完全可以通过提级管辖的方式由巡回法庭审理。可见，巡回法庭的设立，目的并非维护司法集权，而是力求以制度创新而抑制地方主义保护主义对司法权的侵蚀，进而确保人民法院依法独立公正行使审判权。

二是有利于保障审判中心制度的推进。习近平总书记在党的十八届四中全会上所作的关于《决定》的说明中，特别强调了“推进以审判为中心的诉讼制度改革”，要在以审判为中心的前提下解决社会矛盾，包括在法院主导下处理刑事诉讼、民事诉讼和行政诉讼的各项活动。虽然对于审判中心原则是否包括以上三种诉讼活动的理解各有不同，但都无法否认审判就是司法活动的核心环节，是所有社会矛盾解决的终极手段，是社会公正的最后一道“防线”。设立巡回法庭，正是为了强调审判在司法活动中的核心地位，这显然是尊重司法规律的体现。因为巡回法庭可以就近就地就快地保证庭审在查明事实、认定证据、保证诉权、公正裁判中发挥决定性作用。

三是有利于保障审判统一实施的促进。按照党的十八届四中全会对最高人民法院巡回法庭受理案件的要求，巡回法庭受理的案件，既有重大的民商事和行政案件，也有跨行政区划的有关案件。在司法实践中，主要是最高人民法院受理的二审案件以及对全国法院适用法律具有重大指导意义的案件。巡回法庭的设立，不仅有利于确保法律统一适用，维护国家法制统一；也有利于审判机关重心下移，就地解决纠纷，方便群众诉讼；更有利于提升地方法院的审判专业能力与水平。因为最高人民法院通过设立巡回法庭，将对地方审判进行更加直接的有效指导，并对地方的疑难案件直接审判，从而促进地方重大疑难案件审理的公正性和专业性，同时还将有效地解决单一制司法体制下法律统一实施和地方分类指导的现实难题，以进一步增强全国性司法系统的权威性和影响力。

四是有利于保障审判公正理念的走进。法律权威在于实施，实施的根本在于公正。让人民群众在每一个司法案件中都感受到公正正义，不仅是一种实体正义，更是一种程序正义。党的十八届四中全会首次提出最高人民法院设立巡回法庭，其目标还是为了让人民群众感受审判公正，从而真正实现司法公正这一诉求，最终通过追求司法公正而树立司法公信。按照制度设计，作为最高人民法院的派出机构，巡回法庭的法官到深圳、沈阳等中心城市审理有关重大民商事案件和行政案件，以更接近的正义、更权威的方式促进所在地区实现审判公正。一个巡回法庭负责管理邻近几个省市，在制度设计上为破除地方行政势力干预司法活动而筑起了一道“防火墙”，从而真正确保审判活动的独立与公正。同时，巡回法庭的建立，为当事人提供了更多更近的权利救济渠道，从而更有效地保障司法公正。

五是有利于保障审判效率追求的实现。众所周知，迟来的正义等于非正义。一起旷日持久的“马拉松”官司，一个改来改去的“翻烧饼”判决，既有可能把一个企业拖垮，更有可能将一个家庭拖得妻离子散、家破人亡，最后虽然赢了官司，但赢得的可能只是一张白条、一个数字。毋庸讳言，近年来，最高人民法院已经越来越不堪重负，受理的案件已经连续几年每年突破 1 万件，法官办案压力很大，不利于最高人民法院充分发挥指导、监督全国法院审判的职能。同时，随着案件到最高人民法院审理，地方矛盾纠纷和不稳定因素也被带到北京。设立巡回法庭，通过审理跨行政区域重大行政和民商事案件，一方面是为了方便当事人诉讼，避免地方保护主义干扰；另一方面也是为了缓解最高人民法院的办案压力，从更多的业务工作中解脱出来，以腾出更多精力研究制定司法解释、出台司法政策等法律统一实施问题，进而更有效地发挥司法引领社会公正的作用。

原载《人民法院报》2015 年 2 月 2 日第二版

我眼中的第二巡回法庭“第一案”

2015年3月10日，成立一个多月的最高法院第二巡回法庭首次亮相并由最高法院副部级专职审委会委员、第二巡回法庭庭长胡云腾干脆利落地敲下了第一槌——正式作为二审法院审理第一起民商事案件。

作为巡回法庭的关注者，也作为人民法院的旁观者，更作为司法改革的建言者，我与清华大学法学院张卫平教授、中国人民大学法学院刘俊海教授、中国政法大学王涌教授一起应邀旁听了整个上午的庭审，并参加了下午召开的专题座谈会。

三个多小时的庭审，让我们看到了最高法院第二巡回法庭受理的第一起二审民事案件，确实是一起非常典型而有示范意义的案例。

此案由一起金融贷款引发，时间跨度长达17年，涉案金额达上亿元人民币，事关鞍山的电力部门、金融部门和相关企业的经济利益。同时，还存在刑事与民事交叉、行政与民事交叉、判决与执行交叉且又涉及合同无效、诉讼时效、以房抵债法律行为判断等多项争议，涉案的金额本身高达上亿元。显然，这是一起头绪多、时间长、部门广、利益大的案件，应当属于比较复杂疑难的案件。

为此，庭审后我以“一笔糊涂账，二巡第一案，三案成交叉，四方当事人，五个争议点”作了总结与概括。

对于这样一起复杂疑难的案件，尤其是作为第二巡回法庭成立以来受理的第一起二审案件，第二巡回法庭自然高度重视。根据第二巡回法庭关于案件分配与合议庭组成的“两个随机生成”工作机制（即承办法官随机生成、合议庭组成人员随机生成），由庭长、副庭长带头轮案，最后组成了由第二巡回法庭庭长、二级大法官胡云腾担任审判长，副庭长担任承办人，主审法官张志弘为合议庭成员的合议庭。两名书记员同时进行法庭记录，法官助理全程参与审案。

为确保庭审有序和高效，依据《民事诉讼法》及其司法解释的相关规定，合议庭于2015年3月2日召集各方当事人召开了庭前会议。通过庭前会议，上诉人聚焦明确了上诉请求，被上诉人各自发表了答辩意见，原审被告也陈述了自己的观点。然后，合议庭还组织了证据交换，最后归纳形成了五大上诉争议焦点，为正式开庭奠定了扎实的案情事实基础。否则，三个多小时的审理无法完成任务。

在三个多小时的庭审中，所有旁听者乃至在场的媒体都是全神贯注，凝神屏息，生怕漏过一个名字，唯恐错过一个数字。随着审判长的询问与调度，旁听者来回注视着双方当事人乃至代理律师的表现，边听边看，边看边记。

作为应邀旁听者，在案件当庭宣判后，我以“询问有度，主持有法，掌控有方”作了点评。

第一，询问有度。从审判长胡云腾第一声询问“是否回避”开始，每逢一方陈述完毕自己的主张与观点之后，胡云腾审判长或承办人都要询问另一方是否有异议。尤其是最后进入调解阶段时，审判长询问双方是否调解时，当一方代理律师表示当事人没有授权而另外一方代理律师表述没有考虑时，审判长归纳为“双方均没有当庭表示接受调解，本庭将不进行调解”。然后再次询问双方是否有意见，在得到双方的认可之后，审判长告知双方当事人本庭即行休庭进行评议。最后，审判长再问双方当事人及代理律师：“还有什么问题吗？”

这就是胡云腾大法官倡导的“最后一问”。也就是当每个问题或者每个事实询问完毕之后，主审或接待法官要坚持“最后一问”。为此，第二巡回法庭从接待群众来访时开始，就注重坚持“最后一问”的原则，以让当事人在诉讼活动和到法院来访中把话说完，明确回应他们的诉求，尽量解开他们的心结。可以说，这是依法保障当事人诉讼权利的应有之义，是人民法院应当履行的法定职责，是努力让人民群众在每一个司法案件中感受到公平正义的现实要求。坚持“最后一问”，核心要求是让当事人把话说完，保障其充分行使诉权，并注重向当事人解疑释惑。可见，“最后一问”体现了对各方诉讼参加人诉权的尊重，对于宣传法治、减少涉诉信访意义重大。虽然坚持该原则，可能会造成案件庭审时间以及接待来访时间的相对延长，但从化解社会矛盾纠纷的角度看，该原则客观上能够促使各方当事人更加充分地了解对方的想法，实际上也更加有利于矛盾纠纷的尽早化解。更重要的是，坚持“最后一问”，更能有效避免当事人因在诉讼活动或来访接待中没有说完话而对法院或法官产生不满情绪，进而质疑司法公正，甚至引发与法院或法官“死磕”现象的发生。当然，坚持“最后一问”，还可以增进法官和法庭与当事人交流的能力或技能，引导当事人依法规范表达诉求，意义重大。总而言之，这“最后一问”体现的是法治的高度、法律的温度。所以，我认为，与其说庭审是一种“听”与“说”的技术，还不如说是一种“问”的艺术。

第二，主持有法。与以往不同的是，本次开庭中，在法庭调查与辩论开始前，审判长胡云腾首先创新性地向当事人作了相关法律释明：一是公正审判释明。明确告知诉讼各方，凡是通过法院外部或内部人员干预过问案件的，合议庭将把此行为记录在案、存于正卷，并向其他当事人及时公开，而且将视情节追究相关人员的法律责任。此项创新性的释明举措，不仅贯彻了十八届四中全会的相关改革精神，而且还将最高法院刚刚颁布的深化司法改革的相关精神一并融入其中，让一切人情干扰远离司法，破解长期以来司法为人情所困的难题，使任何试图不当干预司法的念头望而却步。二是诚信诉讼释明。告知诉讼各方必须遵循诚信诉讼的义务，保证所提交证据和发表意见的客观真实性，否则将视情节依法追究其诉讼失信的法律责任。以此释明，对于近些年来虚假诉讼有所蔓延的现象进行遏制，将社会诚信的义务有序导入诉讼案件的程序进行之中。三是宣传法治与司法礼仪释明。明确告知各方当事人和其他诉讼参与人本次开庭全程录音录像，录音录像资料永久保存，可能作为法治宣传和法治教学资料，履行法庭宣传法治、普及法律义务。提醒双方遵守法庭纪律，恪守司法礼仪，尊重司法权威，履行宣传法治责任。据了解，第二巡回法庭将以本案为起点，在今后每一起案件审理过程中，均会进行上述程序释明，并且还将把这项创新性程序释明机制推广到巡回区内的每一法院、每一个案件的审理之中。

为了提高庭审效率，降低司法成本，在本次庭审中，合议庭还先行先试了将法庭调查和法庭辩论合并的审理模式。应当说，这种审理模式符合当前司法实务中不少民事案件当事人及其代理人在法庭调查阶段即将证据主张与辩论意见一并发表的习惯，尤其是经历了一审开庭审理之后的二审案件的庭审更是如此。为此，将这两个阶段进行合并，可以有效避免两个阶段分别进行而可能引起的重复辩论与反复争议现象等问题，从而有效利用开庭时间，充分用好有限的司法资源，体现庭审程序的多样化和个性化。

于是，在审判长胡云腾告知“根据最高人民法院关于适用《中华人民共和国民事诉讼法》的解释第二百三十条规定，合议庭将法庭调查和法庭辩论合并进行”后，围绕庭前会议确定的五个争议焦点，承办法官开始组织诉讼各方，就谁应当被认定为本案债务人、本案主债权是否已过诉讼时效、本案合同无效认定后各方过错责任应该如何划分、本案债权利息应否支付及如何计算等问题展开法庭调查和法庭辩论。在我看来，全部庭审显得很有节奏，不拖沓，无疏漏。

第三，掌控有方。就以法庭调查与法庭辩论后的开庭进程为例：11 时 12 分，在各方当事人都充分阐明自己的观点后，审判长胡云腾进行“最后一问”，问当事各方是否还有意见要发表。因当事各方当庭没有调解意愿，也未能进行调解。11 时 17 分，胡云腾宣布休庭，合议庭组成人员退庭进行合议。经过大约 50 分钟的合议，12 时 8 分，一贯主张判决要讲理的胡云腾审判长当庭“讲”起了此案的判决，认定国网鞍山供电公司应向农行立山支行还款，然后又告知其可向泰隆集团和中国电力财务有限公司东北分公司追偿。合议庭当庭裁判的结果为，驳回上诉，维持原判。12 时 30 分，胡云腾宣布闭庭。

在整个庭审中，无论是询问双方还是主持庭审，体现的都是合议庭的掌控能力。在庭审中，如何引导双方当事人乃至代理律师有序有效完成审理程序，一声询问，一句裁断，都对审理的合法性、正当性乃至艺术性，产生决定性的影响。在本次庭审中，本案合议庭在庭审结束后即现场主持调解，调解不成时即进行评议，最后又当庭作出裁判，切实体现了让审理者裁判、由裁判者负责的司法理念，从而充分展示了合议庭的掌控水平。

此案自 2015 年 2 月 5 日正式立案至 3 月 10 日作出当庭裁判，这对一个比较疑难、复杂的最高法院二审案件来说，如此迅速高效的办案时间，不仅体现了第二巡回法庭的专业能力，更重要的是展现了合议庭的掌控水平。对当事人来说，当庭裁判，既能及时满足当事人对司法效率的诉求，又能有效避免社会所担心的一些其他案外因素的干扰，更能体现法官高效办案和敢于担当的能力。第二巡回法庭自成立以来，即要求每一名主审法官应当具备即听、即断、即判的司法能力，并努力推动把可能当庭裁判的案件当庭裁判作为今后审判办案的新常态。事实上，只要法官庭前做好充分准备，再加上长期办案素质的培养与积累，是可以当庭作出裁判的，关键是审判权运行机制要为此提供保障,主审法官和合议庭要敢于担当。从此次第二巡回法庭开庭来看,目前第二巡回法庭已经实行改革后的审判权运行机制,这为一些案件当庭宣判创造了条件,值得我们给予更多的关注。

由上可见,一次庭审、一个案件,如何让当事人感受到公正,其实就是主审法官如何尊重当事人及其代理人的法定权利。而如何掌控庭审节奏与场面,则是一种从技术到艺术的提升,从公权力到私权利的平衡。

第二巡回法庭"第一案"的开庭,让我们看到了司法改革的良好开端,也让我们对法治中国的未来充满信心。

原载《民主与法制》2015 年第 12 期

大法官为何要求“最后一问”？

如果说，过去我赞成法官开庭审案是一种“听”和“说”的技术。那么，在旁听过最高法院第二巡回法庭敲响“第一槌”之后，我开始认为，法官开庭审案更是一种“问”的艺术。

2015年3月10日上午9点，最高人民法院第二巡回法庭开审第一案。最高法院二级大法官、第二巡回法庭庭长胡云腾作为审判长敲响了“第一槌”，从而拉开了第二巡回法庭执法办案的序幕。本案是一起财产返还纠纷二审案件，案情看起来很复杂，但还算是普通的民商事案件。尽管其中也交杂着刑事案件与行政诉讼甚至是执行难题，但终究主要还是民商事争议。

因为是“第一案”，所以受到了媒体及社会各界的广泛关注。因而，本案的公开开庭审理尤其是审判长创新性地向当事人作出的相关法律释明，更引起了学者与记者的特别注意。比如，审判长胡云腾在开庭后，明确告知诉讼各方，凡是通过法院外部或内部人员干预过问案件的，合议庭将把此行为记录在案、存于正卷，并向其他当事人及时公开，而且将视情节追究相关人员的法律责任。然后，又明确告知诉讼各方必须遵循诚信诉讼的义务，保证所提交证据和发表意见的客观真实性，否则将视情节依法追究其诉讼失信的法律责任。

在参与旁听的张卫平教授与刘俊海教授看来，此项创新性的释明举措，不仅贯彻了十八届四中全会的相关改革精神，而且还将最高法院刚刚颁布的深化司法改革的相关精神一并融入其中，让一切人情干扰远离司法，破解长期以来司法为人情所困的难题，使任何试图不当干预司法的念头望而却步。更重要的是，以此释明，对于近些年来虚假诉讼有所蔓延的现象进行遏制，将社会诚信的义务有序导入诉讼案件的程序进行之中。

同样作为旁听者，我似乎更关注胡云腾大法官的“最后一问”。

大家都注意到，从审判长胡云腾第一声询问“是否回避”开始，每逢一方陈述完毕自己的主张与观点之后，胡云腾审判长或本案承办人都要询问另一方是否有异议。尤其是最后进入调解阶段时，审判长询问双方是否调解时，当一方代理律师表示当事人没有授权而另外一方代理律师表述没有考虑时，审判长归纳为“双方均没有当庭表示接受调解，本庭将不进行调解”。然后再次询问双方是否有意见，在得到双方的认可之后，审判长告知双方当事人本庭即行休庭进行评议。

最后，审判长再问双方当事人及代理律师，“双方还有什么问题吗？”

这就是胡云腾大法官倡导的“最后一问”，也就是当每个问题或者每个事实询问完毕之后，主审或接待法官要坚持“最后一问”。为此，第二巡回法庭从接待群众来访时开始，就注重坚持“最后一问”的原则，以让当事人在诉讼活动和到法院来访中把话说完，明确回应他们的诉求，尽量解开他们的心结。可以说，这是依法保障当事人诉讼权利的应有之义，是人民法院应当履行的法定职责，是努力让人民群众在每一个司法案件中感受到公平正义的现实要求。坚持“最后一问”，核心要求是让当事人把话说完，保障其充分行使诉权，并注重向当事人解疑释惑。可见，“最后一问”体现了对各方诉讼参加人诉权的尊重，对于宣传法治、减少涉诉信访意义重大。虽然坚持该原则，可能会造成案件庭审时间以及接待来访时间的相对延长，但从化解社会矛盾纠纷的角度看，该原则客观上能够促使各方当事人更加充分地了解对方的想法，实际上也更加有利于矛盾纠纷的尽早化解。更重要的是，坚持“最后一问”，更能有效避免当事人因在诉讼活动或来访接待中没有说完话而对法院或法官产生不满情绪，进而质疑司法公正，甚至引发与法院或法官“死磕”现象的发生。当然，坚持“最后一问”，还可以增进法官和法庭与当事人交流的能力或技能，引导当事人依法规范表达诉求，意义重大。

由此看来，大法官的“最后一问”问出的是一种法治的高度、法律的温度、法官的态度。

一是如何达到“法治的高度”？在我看来，就是如何对待公平正义、如何落实公平正义、如何兑现公平正义。自 2013 年初，习近平总书记对全国政法工作提出要求，我们要努力让人民群众在每一个司法案件中感受到公平正义，所有司法机关都要紧紧围绕这个目标来改进工作，重点解决影响司法公正和制约司法能力的深层次问题。于是，公平正义不仅仅是作为法律人的课题而受到关注，而且已经成了一个从政治到社会、从庙堂到坊间、从高官到百姓都在关注议论的热点话题。

所谓公平正义，顾名思义就是公道平等的处理，就是正当合理的对待。从一般解释来看，公平包含公民参与经济、政治和社会其他生活的机会公平、过程公平和结果分配公平。而正义则包括社会正义、政治正义和法律正义等。公平正义是每一个现代社会孜孜以求的理想和目标，是衡量一个国家或社会文明发展的标准，是人类文明的标志之一。习近平总书记对全国政法战线所强调的公平正义，实际上主要是着眼于法律正义。

在推进依法治国的伟大实践中，着重强调“让人民群众感受到公平正义”，具有重要的现实意义。其中，法律面前人人平等，坚决捍卫法律尊严，坚决维护司法公正，是最大的也是最直接的公平正义。因而在司法实践过程中，坚持对所有当事人的“最后一问”，就是坚持对人民群众的程序正义，就是坚持对人民群众的权利救济，就是坚持对人民群众的平等保护。如此而行，才能让老百姓感受到法治的阳光，感受到公平正义是一种真正能够看得见、听得懂、摸得着的东西。

二是如何理解“法律的温度”？法律究竟是有情还是无情，或许是各类大专辩论赛最有意思的辩题，但在我看来，这是当下依法治国的主题。如果从情感视角来看待法律，对那些需要保护的主体来说，法律就是一往情深；对那些无视法治藐视法律的人群来说，法律就显得非常残酷无情。可见，法律的最终目的还是保护人民的合法权益与维护社会的正常运行。任何一起诉讼，总有胜诉方和败诉方。无论是原告还是被告，不论是上诉人还是被上诉人，谁都不希望自己败诉，尤其是不希望自己在办案过程不透明、说法释理不到位的情况下败诉。

此时，作为居中裁判的法官，面对双方当事人既要体现出一视同仁的程序平等，更要展现出一视同仁的专业关怀。法官在执法办案的过程中，除了坚持法律的正确统一适用，还必须考虑执法办案的人性关怀与专业指导。如何变复杂为简单、变晦涩为通俗，如何把握好执法尺度，如何体现好执法温度，都考验着司法人员的智慧和能力。大法官的“最后一问”，正是这样一种把握尺度、体现温度的法律关怀。

三是如何体现“法官的态度”？高度决定态度，温度体现态度，人民群众对于公平正义的直观感受实际上首先就是法官的态度。作为一种价值追求，也作为一个现实目标，“努力让人民群众在每一个司法案件中感受到公平正义”，当然必须是由法官来主持掌控的。人所共知的公平正义，一般应有两项基本要求：一是任何人不得做自己案件的法官，二是应当听取双方当事人的意见。是否达到这两个要求，都需要通过法官审理案件来体现。总之，对双方当事人来说，他们希望在所有程序上不仅要公开，而且还要对双方当事人公平对待。在双方当事人看来，不仅在案件审理结果上要公平、准确、合理，完全符合实体法的规定和精神，而且还应当在立案、审理、执行过程中体现其公平性和合理性。

大法官的“最后一问”，正是为了体现各个阶段的公平性与合理性，体现法官对双方当事人既公平对待又合理关怀的态度。有时候，一个斜眼、一声呵斥、一句谩骂，就有可能导致所有前期的工作前功尽弃，甚至惹出无休止的马拉松官司，最可怕的是年复一年的越级上访、无理缠访。通过这“最后一问”，就可以让当事人充分感受到何为尊严、如何尊重，也就是真正感受到公平正义。

从巡回法庭开始的司法改革之路还漫长，但从大法官的“最后一问”所展现出的高度、温度与态度，我看到了巡回法庭的良好开端。

（本文系《中国审判》杂志约稿，刊发于 2015 年第 4 期）

从已然到应然的司法改革，路还很长

——关于司法人员与律师关系之观察

导语：

2015年8月22日，由中国政法大学、北京大成律师事务所、《中国律师》杂志社联合主办的“转型中的中国刑事诉讼构造——以审判为中心视野下的侦控辩审关系研讨会”在北京举行。除了如何构建侦、控、辩、审关系的探讨外，来自法学理论界的专家学者和司法实务界的领导嘉宾，着重探讨了如何构建辩护律师与侦查人员、检察官、法官的新型关系。

会议结束时，我以审判为中心视野下的侦控辩审关系为主题做了总结，以下即为总结文字的部分内容。

这是在一个合适的时间、合适的地点，并选择了一个合适的主题召开的一次合适的会议。

所谓合适的时间，是因为本次活动正好在全国律师工作会议结束之后召开，说实话此前恐怕谁也没有想到这两个时间怎么契合得这么好；而合适的地点，是因为本次会议召开的地方在大成所，在芳草地，在东大桥。对大成所来说，我们所追求的就是法律之大成、管理之大成、法治之大成。芳草地，说明今天每个人所讨论的、抱怨的、希望的乃至交流的，都是为了希望通过我们的努力而出现一片法治的芳草地。至于东大桥，是因为今天我们看到在东大桥是一片难得而美好的蓝天。据说，“阅兵蓝”已经出现了，我们希望不仅仅有“阅兵蓝”，更希望有“法治蓝”。最后，我们看到，今天讨论的主题是一个最合适的主题，那就是以审判为中心。就像刚才樊崇义老师讲到的一样，最近我们一起参加了好几个都是以审判为中心这样的会议。由此可见，以审判为中心，已经成了一个共识，也成了我们法律人的共同希望。所有法律人都希望以审判为中心不仅能够成为我们的共识，更希望变成我们工作中的常态。

对于这个合适的活动，我可以用三个关键词总结：一是视角，二是三角，三是广角。

第一个关键词：视角。所谓视角，是指今天参会的嘉宾，无论是来自法院还是检察院，无论是学者还是律师，无论是从公安还是从政法委的工作出发，都是不同的视角，也就是不同的角度、不同的高度，发表了不同的观点，介绍了各自的工作及研究成果，安排得非常完整，也非常全面，无论是人还是题，都安排得很好。他们做了什么事情，还将做什么探索，都从不同的视角告诉大家了。我们已做的，我们所做的，我们要做的，所有这些事，就像朱希处长介绍的一样，为了实现以审判为中心,公安部正在做什么,即将做什么,一目了然,一应俱全。过去我们经常批评屁股决定脑袋,实际上这是一个真理。任何人坐在这个位置上,你就得为这个位置说话。如果朱希处长一直讲律师的事,有可能就到律师协会工作了,他现在在公安部当然就只能讲公安部的话。同样,戴长林庭长在最高法院工作,他就只能讲关于法官的工作。大家各说各的话,各说各的理,屁股决定脑袋,今天我们所讨论的题目就是以审判为中心,也就是希望各个部门对于刑事诉讼的构造,要从不同的视角、不同的程序、不同的职责,进行阐述与分析。就像我今天主持的那个阶段一样,有控方的,也有辩方的,控方就说控方的话,辩方就说辩方的理。因为相比之下,辩方有很多的困惑和麻烦。全国律师工作会议为什么要开,就是因为有关辩方的法定职能没有保护好、没有履行好、没有贯彻好。如何落实刑事诉讼法和律师法乃至其他法律所给予律师的功能和职能?就需要各个部门尤其是公检法三家拿出具体办法,作出实际行动,也就是既要从不同视角各说各话,更要从不同视角各负其责。

第二个关键词:三角。无论是今天全天所讨论的还是我们以往所追求的与所希望的乃至所研究的,其实就是为了能够真正形成一个客观、理性、合理状态下的三角关系,也就是以审判为中心背景下的等边三角形。在这个等边三角形中,最上面的三角就是审判中心。但是,这个中心不是一个人能够完成的。所谓中心,不是以法院为中心,不是以法官为中心,而是以庭审为中心,以证据为中心,所以这个中心还必须有其他力量的支撑,也就是必须还有控辩双方的支撑,才能真正形成一个等边三角形,才能真正形成一个以审判为中心的三角架构诉讼体制。在今天全天的发言与评论中,所有嘉宾都强调了这种诉讼构造的理论基础与实际需要。在这个等边三角形中,谁是中心,谁是主角,谁是配角,谁是主体,谁是主人,谁是核心,这都是转型中的刑事诉讼构造所面对的问题。这个三角形,既有法理的基础,也有法律的规定。其中存在三种关系:一是主次关系,在控辩审之间要明确究竟谁是中心;二是对等关系,也就是要明确控辩之间的对等关系;三是相互关系,控辩审之间既是一种三角关系,也是三种相互关系,也就是相互监督、支持、配合的关系。于是,控辩审之间的三角形关系建成了,控辩审之间的三角架构就真正形成了。

第三个关键词:广角。通过视角,我们听到了不同的声音,交流了不同的观点;通过三角,我们看到了实务中存在的非常态关系,明确了转型中的诉讼构造。在我看来,强调视角,是因为相互之间存在的实体关系;强调三角,更多的是因为相互之间存在的程序关系。我们研究实体和程序问题的最重要目的是什么呢?就像常铮律师刚才在发言中所讲到的那样,不管是应然状态还是实然状态,最终还是为了形成一个合理的状态。所谓合理的状态,就是既要考虑到司法的现状,也要考虑到中国的国情,也就是要从广角去面对问题、考虑问题、解决问题。

我个人认为,所谓广角,就是要有广阔的视野、宽阔的胸怀、长远的眼光、高远的境界。这个广角怎么形成呢?我觉得起码应该考虑以下四个方面的因素:

一是程序控制的意义。今天讨论的无论是侦辩关系还是控辩关系乃至审辩关系,都是具有程序控制意义的相互关系。所谓程序控制的意义,就是要解决一个先后关系,公检法三者到底是一种什么关系,无论是在起诉、审判、定案、辩护等程序阶段,还是以送饭、吃饭、做饭、要饭等形容的诉讼程序,实际上都是一个先后的关系。这个先后的关系就是一个相互的关系,更重要是一种监督和制约的关系,也就是程序控制的意义。今天每位嘉宾都强调了这个意义,都讲到了程序意义上的如何控制,控制是什么?控制你,控制我,这就是相互监督、相互制约。大成所徐平律师从三个不同的角度分析了检法关系、诉辩关系、侦辩关系,这都是为了说明相互之间是一种相互制约的关系。刚才来自检察系统的嘉宾讲到了以证据为中心、以庭审为中心,这都是为了解决程序控制的实际意义。

二是权利保障的意义。今天所有的发言都关注到了一个问题,那就是权利保障。只有律师的权利保障实现了,才能真正形成以审判为中心的诉讼体制,才能真正形成转型中新型的刑事诉讼构造。这次刚刚结束的全国律师工作会议,其实强调了很多重大问题。我个人认为,尤其特别强调了我国律师工作的七个问题,也就是七件大事:有律师的制度定位、现实地位、职责功能、作用发挥、权利保障、职业保障、行业管理等。其中最重要的是权利保障,如果权利保障能够实现,控辩之间尽管在权力配置上并不平等,但在诉讼程序中就是平等的。可见,这个平等就是要建立在保护律师权利的基础上,也就是要保护辩方的权利。因为,如果律师的权利和被告人的权利得不到实际保障,就无所谓控辩之间的平等武装。所以,如果刚才说到的程序控制还有一种先后次序的监督关系,那么在权利保障上就是一种没有高低的平等关系。因为有先有后,是为了控辩审之间的相互制约、相互监督的关系,而没有高低则是为了强调控辩审之间的相互平等关系。

三是规律遵循的意义。我们今天为什么研究审判中心,为什么要强调审判中心,为什么要提倡审判中心,甚至可以说我们为什么要研究新的诉讼构造,就是为了找到一种本身存在的规律。什么规律呢?那就是诉讼规律、司法规律、法治规律。我想,其中某些不同的规律,我们有没有可能进行移植?因为事物都有不同的规律,比如游法官讲到的少年司法情况。在少年法庭的审判程序当中,可以说是一片和气,绝对看不到死磕,也看不到法官看不起律师,看不到律师不尊重法官,相互之间关系非常融洽。因为大家需要解决的都是一切为了孩子,为了孩子的一切。不仅仅是通过审判程序,所有程序都是为了帮助他、挽救他、教育他。在少年司法程序中,我们的审判中心对于任何一个少年犯,不是为了把他推向对立面,也不是为了把他推向牢房里,而是为了把他拉到这边来,拉到我们身边。在我们采取的圆桌审判中,控辩审三者之间的程序不同、方法不同,但目的一致、目标一致。这就是我们通过少年司法体制找到的一个规律,一个本身就存在的规律。所以,所谓规律,就是一种内外关系,就是一种内在的规律。而以审判为中心就是一种内在的规律,为什么现在要强调,只不过是因为我们都没有做到。这时我们才知道,强调以审判为中心,实际上是一种规律的回归,也就是审判中心规律的回归,内外关系规律的回归。庭审实质化也好,证据中心主义也罢,其实都是一种规律。既然是规律,我们就应该遵循它。

四是制度转型的意义。在今天的活动中,我们讨论的主题是“转型中的中国刑事诉讼构造”,这个转型就是制度转型。那么,制度转型是什么?那就是司法改革,就是一种新旧关系的改革与变革。如果我刚才说到的第一个因素是为了解决先后关系,那么第二个因素就是为了解决高低关系,第三个因素则是为了解决内外关系,而第四个因素就是为了解决新旧关系。我们这次司法改革强调的以审判为中心,就是为了改革其中的新旧关系,就是要改革那些旧的东西、旧的体制乃至旧的思维与方式,从而真正重建一种新的诉讼体制。

如此看来,我们今天讨论的东西,最重要的就是第三点,也就是我们要有一种广阔的视野和宽阔的胸怀。

无论是今天我们所参与讨论的控辩审三个角度,还是我刚才在总结中所提到的控辩审相互之间的三角关系,都与此时此刻开会的地方密切相关。大成所写字楼叫芳草地,而芳草地的外观设计就是三角形的标志。所以,今天我们在这个地方开会讨论交流,更加希望和倡导建立一个理性的、客观的、平等的、具有广阔视野与宽阔胸怀的三角形刑事诉讼构造。

综上所述,我对今天每一位嘉宾的发言与评论,就用这三个角的关键词、三个关键词的三个角,进行总结与归纳。我相信,这三个角也是我们全体法律人未来追求的方向。

原载《民主与法制》2015 年第 27 期

受贿的故意,非法占有公共财物、收受他人财物之后,将赃款赃物用于单位公务支出或者社会捐赠的情况。对此,司法解释规定,尽管不影响贪污罪、受贿罪的认定,但在量刑时可以酌情考虑。司法解释同时还对数额的下限作出了规定,即贪污、受贿一万元以上不满三万元,同时具有特定情节的,亦应追究刑事责任;数额不满"数额巨大"与"数额特别巨大",但达到起点一半,同时具有特定情节的,亦应认定为"严重情节"或"特别严重情节",依法从重处罚。由此,更利于司法实务部门判断与掌握了。

五是,与其说是"贪官的命更值钱了",还不如说是"死刑基本没有了"。死刑问题一直是我国的敏感问题,也是一个重大的政策问题。尽管我国不赞成废除死刑,但一直主张慎杀、少杀。为此,才有了 2007 年死刑复核权的统一收回与统一规范。同时,对于经济犯罪尤其是职务犯罪,我国学者也一直主张建议不适用死刑。对此,从立法界到司法界,虽然没有明确表态,但也始终是予以积极回应。从"刑法修正案(八)"到"刑法修正案(九)"再到此次司法解释,我们看到了我国司法文明的不断进步。终身监禁刑的规定与此次司法解释对于死刑适用的规定,都在不同程度地强化我国慎杀、少杀的刑法政策。针对"刑法修正案(九)"新增加的贪污罪、受贿罪判处死缓减为无期徒刑后终身监禁的规定,该司法解释明确了终身监禁适用的情形,即判处死刑立即执行过重,判处一般死缓又偏轻的重大贪污受贿罪犯,可以决定终身监禁。同时,凡决定终身监禁的,在一、二审作出死缓裁判的同时应当一并作出终身监禁的决定,而不能等到死缓执行期间届满再视情而定。终身监禁一经作出应无条件执行,不得减刑、假释。对于究竟何时何种情况下适用死刑,司法解释第四条作出了明确规定,即只有在真正出现"四个特大"之时即"贪污、受贿数额特别巨大,犯罪情节特别严重,社会影响特别恶劣,给国家和人民利益造成特别重大损失的",才可以判处死刑。即使如此,还可以在"具有自首,立功,如实供述自己罪行、真诚悔罪、积极退赃,或者避免、减少损害结果的发生等情节,不是必须立即执行的"之时,判处死刑缓期两年执行。如此看来,关于此次司法解释,我们完全可以理解成,对于贪污贿赂犯罪,不到万不得已是不会判处死刑立即执行的。

可以说,这是一个全面与时俱进的司法解释,也是一个兼顾中国特色的司法解释,更是一个彰显法治精神的司法解释。

原载《民主与法制》2016 年第 18 期

我们应该如何从制度上防范冤假错案?

据新华社报道,在2016年7月18日至19日召开的全国司法体制改革推进会上,中央政法委提出,针对历史上的冤假错案,在依法纠正的同时,要从制度上反思原因,建立健全防范冤假错案机制,确保办案质量,提高司法公信力。

本期《民主与法制》周刊披露的颜跃明案,正是一个需要从制度上认真反思与特别关注的申诉案件。

无论是颜跃明案的来龙去脉还是一个普通案件的正常非常,都可以看出其充满了太多的是是非非甚至是莫名其妙。可以想象,本案的申诉还将踏上漫漫征途。但是,因为本案引出的制度反思却不应该永远在路上。

反思之一:我们应该如何让证据说话?

换句话说,证据说话对防范冤假错案到底有什么作用?2012年刑事诉讼法的修改,给我们带来了证据观念的根本性转变,即由传统的实质证据观转向了现代的形式证据观。由此,我们开始真正确立了"不得强迫自证其罪""非法证据排除""强化证人出庭和保护制度"等革命性原则或规则。

新刑事诉讼法第四十八条的规定,对30多年来的传统定义进行了颠覆性的修改:"可以用于证明案件事实的材料,都是证据。……证据必须经过查证属实,才能作为定案的根据。"可见,证据不仅要说话,而且还要正确有效地说话。只有证据说话了,才能认定被告人的犯罪行为是否有罪,才能确定犯罪行为是否由被告人所为,才能决定被告人犯罪行为的情节轻重与量刑情况。

那么,证据究竟应当如何说话呢?按照新刑事诉讼法第五十三条规定,证据要做到确实、充分,应当符合以下条件:(一)定罪量刑的事实都有证据证明;(二)据以定案的证据均经法定程序查证属实;(三)综合全案证据,对所认定事实已排除合理怀疑。

首先,证据要说有事实的话。现代诉讼证据理论认为,在客观真实与法律真实、客观事实与法律事实之间,需要通过证据加以证明,才能分清相互区别,再现法律事实。否则,就会出现佘祥林、赵作海式张冠李戴的冤假错案。所以,证据裁判原则中的事实,是指需要通过证据认定的案件事实,也有人称其为待证事实。作为证明对象的待证事实通常具有以下特征:一是与控辩双方的诉讼主张相联系并具有一定法律意义的事实;二是均为法律明文规定的事实;三是必须运用证据加以证明的事实。具体来讲,根据最高人民法院有关司法解释规定,需要运用证据证明的案件事实主要包括:被告人身份;被指控的犯罪行为是否存在;被指控的行为是否为被告人所实施;被告人有无罪过,行为的动机、目的;实施行为的时间、地点、手段、后果以及其他情节;被告人的责任以及与其他同案人的关系;被告人的行为是否构成犯罪,有无法定或者酌定从重、加重、从轻、减轻处罚以及免除处罚的情节;其他与定罪量刑有关的事实。所有这些"事实"都是审判机关适用何种法律、如何适用法律的前提及依据,而所有"事实"的认定,均取决于法官对证据的取舍和证明力大小的判断。

其次,证据要说有程序的话。所谓有程序,是指所有作为认定案件事实的证据,必须通过法定的正式的证据调查程序来审查。凡是没有通过法定的正式的证据调查程序审查或者未经当事人及其辩护人充分表达过意见的证据,均不能作为认定案件事实的根据。简言之,所有证据的取证、举证、质证、认证,都需要合乎法定程序的要求。因而一方面要做到对存疑的证据不能采信,以确保判决认定的事实证据确实、充分;另一方面要做到以合法的证据来证明案件事实,这就意味着对于非法取得的证据应当排除,不能作为定案的根据。这几年被纠正平反的赵作海案、李怀亮案、张高平叔侄案,均因为其存在程序上的问题而使证据失去了效力,因而出现了冤假错案。

最后,证据要说有证据能力的话。所谓证据能力,也叫证据资格,是指作为法院认定事实或判决根据的证据出现在法庭上的资格和条件。只有具备证据能力的证据,才能获得可采性。证据是否具有证据能力或可采性,必须经过法定的正式的程序来审查和确定。通常情况下,必须同时具备关联性、真实性和合法性的证据,才具有证据能力或可采性。为此,我国的证据裁判原则特别强调证据只有达到法定的证明标准,才能作出有罪的裁决。

于是,如何通过证据"认定案件事实",通过什么样的证据"认定案件事实",认定什么样的"案件事实",就成了公检法三机关在刑事诉讼中都需要面对和解决的问题。

反思之二:"疑罪从无"能否成为我们的工作常态?

应当说,"疑罪从无"对我们中国人来说,这是一个不难理解的概念,但却是一个很难理解的理念。当佘祥林被作为杀妻的犯罪嫌疑人而被侦查之时,当赵作海被作为杀害同村村民的犯罪嫌疑人而被起诉之时,当张高平叔侄被作为杀害搭车的同乡人的犯罪嫌疑人而被审理之时,摆在司法机关面前的问题就是这些案件不知不觉地就成了疑罪。面对类似的疑罪,我们的司法机关基本上都是采取"疑罪从轻""疑罪从挂"的原则。事实证明,许多冤假错案都是因为如此而造成的。

作为一项司法原则,"疑罪从无"原则首先来自"无罪推定"原则。"无罪推定"原则,曾经是在资产阶级启蒙运动中被作为一项思想原则提出来的。随后,"无罪推定"原则逐渐被载入许多西方国家的宪法或宪法性文件当中或被国际性文件所采用,最后被国际社会确认为一项基本的刑事诉讼原则。经过多年的探索实践,我国司法制度也开始将其吸收为一项重要司法原则。

因此,当被告人有疑罪而不能证明时,以无罪处理。也就是指在犯罪嫌疑人、被告人是否犯罪,既无法证实其有罪也无法证实其无罪的情况下,不认定被告人犯罪,从而应当作出证据不足、指控的犯罪不能成立的裁决结果。

我国在1996年刑事诉讼法修订之前,司法实践中常常出现“疑罪从轻”或“疑罪从挂”的现象,即对于事出有因又查无实据的疑难案件,先从轻处理或挂起来拖着,对已经被逮捕的犯罪嫌疑人则实行长期关押不予释放。新刑事诉讼法规定:“对于补充侦查的案件,人民检察院仍然认为证据不足、不符合起诉条件的,可以作出不起诉的决定。”“证据不足、不能认定被告人有罪的,应当作出证据不足、指控的犯罪不能成立的无罪判决。”如此修订法律,显然不仅确认“疑罪从无”原则既是无罪推定原则的重要派生规则,而且也是证据采信规则的重要法则。根据这些规则规定,证明有罪的责任应由公诉机关来承担。为此,公诉机关必须收集到确实充分的证据以证明犯罪,如果不能证实犯罪或者依据收集到的证据定罪存在异议,则应当作出有利于犯罪嫌疑人、被告人的裁定和处理,从而判定犯罪嫌疑人、被告人无罪。新修订的刑事诉讼法首次对非法证据排除问题作了很多具体的规定,让法律人为之欢欣鼓舞。但是,随之而来的问题是如何真正落实排除非法证据的具体措施和保障性条款,从而切实让“疑罪从无”原则完全落到实处。

反思之三:如何杜绝形形色色的司法干预?

所谓司法干预,主要是指,有关党政领导机关干部或司法机关领导干部,亲自或授意、纵容身边工作人员及亲属以打电话、递纸条、批意见的方式,在审判、执行等环节为案件当事人请托说情,以致出现了许多先定后审、案件协调和个案协调等不正常情况,严重干扰和限制法院依法独立行使裁判权。甚至在个别地方的行政审判中,还因为某些领导的所谓“让行政机关胜诉就是支持,让行政机关败诉就是添乱”的思想作祟,导致行政诉讼形同虚设。另外,在司法实践中还存在判决书中屡见不鲜的“另案处理”,最后却异化为“另案不理”的现象。尤其是诸如在类似于颜跃明案件中多年来存在的联合办案、先定后审等工作习惯,严重损害了依法独立审判的法治原则。

为此,党的十八届四中全会决定明确提出,要建立领导干部干预司法活动、插手具体案件处理的记录、通报和责任追究制度。2015年2月27日,中央全面深化改革领导小组第十次会议审议通过了《领导干部干预司法活动、插手具体案件处理的记录、通报和责任追究规定》,随后由中共中央办公厅、国务院办公厅印发。2015年3月,中央政法委出台了《司法机关内部人员过问案件的记录和责任追究规定》。

这几个规定的出台,就是要为领导干部干预司法画出“红线”,建立防止司法干预的“防火墙”和“隔离带”,从而为司法机关依法独立公正行使职权提供制度保障。这就要求,各级领导干部在推进依法治国方面肩负着重要责任,要牢固树立法律红线不能触碰、法律底线不能逾越的观念,不能违法干预司法活动、插手具体案件处理,不能对司法机关工作进行不当干预。各级党组织和领导干部要正确处理好坚持党的领导和确保司法机关依法独立公正行使职权的关系,保证司法机关积极主动、独立负责、协调一致开展工作。

众所周知,司法活动不受干预是一个国家法治环境的硬指标。在新的规定面前,所有伸向司法的“权力之手”,必须心存敬畏,主动收敛,不逾越“是非线”,不触碰“高压线”。当然,要真正杜绝外部干预,还有赖于全社会法治思维的养成,坚决斩断信权不信法、信人不信法、信领导不信法的恶性循环,从而真正推动法治进程的点滴进步。

因为浙江张高平叔侄案,因为河南李怀亮案,因为福建念斌案,因为内蒙古呼格吉勒图案,因为安徽于英生案等有关案件的宣判,让国人对冤假错案给予了越来越深切的关注。习近平总书记指示我们要“努力让人民群众在每一个司法案件中都感受到公平正义”。所以,如何实现从个别正义到普遍正义,如何看待冤假错案、如何纠正冤假错案、如何防范冤假错案,应当是我们当下首先要解决的问题。

冤假错案的防范,既是一种工作追求,更是一种制度要求。无论是诉讼制度设计还是司法工作机制,不论是程序规则思维还是人权保障意识,都需要我们极尽所能预防错案的发生。防范刑事错案应该从侦查环节、检察环节、审判环节、辩护环节入手,不断完善司法体制,改进案件质量评价机制与证据印证规则,树立公开透明的司法观,确立真正意义上的无罪推定原则,充分保障犯罪嫌疑人、被告人的合法权益。同时,加快从侦查中心的程序观向审判中心的程序观的转变,恪守理性的司法理念,秉持司法中立,理性对待民意。

总而言之,如何有效防范冤假错案,制度反思与制度健全同样重要。颜跃明案是如此,其他案件也是如此。

原载《民主与法制》2016年第28期

孟建柱同志为什么要强调谦抑理念？

“谦抑理念、审慎理念、善意理念”，这是中共中央政治局委员、中央政法委书记孟建柱在今年1月12日召开的中央政法工作会议上，谈到依法保护产权时提出的三个新的执法理念。

孟建柱同志强调，对改革开放以来各类企业尤其是民营企业因经营不规范引发的问题，要以历史和发展眼光予以对待，严格遵循法不溯及既往、罪刑法定、从旧兼从轻等原则公正处理，不盲目翻旧账。对已过追诉时效的，不再追究。罪与非罪不清的，实行疑罪从无。坚持有错必纠，甄别、纠正一批侵犯企业产权的错案。

对法律人尤其是从事刑事法律工作的法律人来说，关于什么是谦抑理念，当然是烂熟于心。但是，对社会大众来说却不一定知晓明白。所谓刑法的谦抑原则，简而言之，就是指司法应当力求以最小的支出，即少用甚至不用刑罚（而用其他刑罚替代措施），获取最大的社会效益（有效地预防和控制犯罪）。换言之，凡是适用其他法律足以抑制某种违法行为、足以保护合法权益时，就不要将其规定为犯罪；凡是适用较轻的制裁方法就足以抑制某种犯罪行为、足以保护合法权益时，就不要规定较重的制裁方法。

可以说，孟建柱同志提出的这三个执法理念尤其是谦抑理念，既及时又重要，尤其是让政法干警及全社会更进一步明确了树立谦抑理念对公正司法的重要性。为此，孟建柱同志要求，我们要在严格依法办事前提下，树立谦抑理念，对通过民事、行政法律手段就能妥善处理的经济案件，不使用强制手段，努力以较小成本取得较好效果。树立审慎理念，严格区分经济纠纷与经济犯罪、企业正当融资与非法集资等界限，准确把握经济违法行为入刑标准，严防刑事执法介入经济纠纷；对涉嫌违法的企业和人员，依法慎重决定是否采取拘留、逮捕和查封、扣押、冻结等强制措施。树立善意理念，确实需要查封、扣押、冻结财产的，要严格依法进行，防止超标的、超范围，最大限度减少对企业正常生产经营的不利影响；对已经查封、扣押、冻结的涉案财产，要严格区分违法所得与合法财产，对违法所得依法予以追缴、上缴国库，对合法财产依法尽快返还。

如果对照一下《法制日报》与《民主与法制》杂志等媒体曾经关注过的一起企业家因为经济合同纠纷而被定罪的案件，我们对树立谦抑理念与公正司法之间的关系可能会理解得更加直观深刻。

1995年，时任云南省工商联副主席的吕有珍，被中华全国青年联合会评选为第六届“中国十大杰出青年”，是当年唯一的女性获选人。同年，吕有珍还获得“1995年度十大女性新闻人物”称号，各类媒体都宣传过她的先进事迹。但是，作为知名企业家的她，2003 年却因一起普通的经济纠纷而被法院错误认定为触犯了刑法而身陷囹圄。

该案就是当时引起法学界和新华网、《法制日报》等媒体关注和争议的云南“4·23”吕有珍、赵志国等人诈骗和挪用资金案。这起发生在原海南省国际经济技术实业公司和原云南证券之间的股权转让合同纠纷案件，在 1999 年 3 月曾被云南省高级人民法院裁定为民事纠纷案件。不知何故，四年后的 2003 年，同一个案件却又被同一家法院认定为是刑事诈骗案件；当时赵秉志、陈兴良等国内著名刑法学家对此案进行了专家论证，认为该案件是一起纯粹的民事经济合同纠纷案件。《法制日报》于 2003 年 12 月 2 日，也就同一事实出现“两类裁判”发表题为《一起刑事上诉案引发各方关注》的重头报道。

随着十八大以来的司法改革与执法理念更新，一批冤错案相继得到平反。2014 年，云南省高级人民法院通过再审程序宣判包括吕有珍、赵志国在内的云南“4·23”诈骗和挪用资金案全部涉案人员无罪。于是，这起当年曾由赵秉志、陈兴良等专家关注与媒体关注的普通案件，终于画上了圆满的句号。吕有珍、赵志国等企业家也终于因此感受到了法律的公正阳光，全部获得平反而恢复自由。

同样在云南，2015 年 12 月，云南省高级人民法院对钱仁风投放危险物质案通过再审程序进行宣判，从无期徒刑改判钱仁风无罪，并于 2016 年向其依法进行了国家赔偿。

据最高人民法院报告，仅 2014 年和 2015 年，全国各级法院按照审判监督程序再审改判刑事案件就分别达到 1317 件和 1357 件，纠正一大批重大冤错案，其中包括与吕有珍、赵志国类似的黑龙江翟志平、王彬夫妇合同诈骗一案，经重审后也被依法改判无罪等案件。

可以说，十八大以来诸多冤案的平反，既与依法治国方略有关，也与我们执法理念开始更新有关，最重要的是，这都是司法机关对习近平总书记在法治建设工作中强调“要努力让人民群众在每一个司法案件中都感受到公平正义”的积极响应。因为“纠正冤错案，既是保障社会公平正义的重要方面，也体现出了对人性、人权的尊重”。

毫无疑问，进一步完善人权司法保障、健全错案防治机制，当然是依法治国的应有之义。同样，进一步完善现代产权制度，推进产权保护法治化，显然也是法治中国的追求目标。

2016 年 11 月 27 日，中共中央、国务院出台了《关于完善产权保护制度依法保护产权的意见》。《意见》指出，严格区分经济纠纷与经济犯罪的界限、企业正当融资与非法集资的界限、民营企业参与国有企业兼并重组中涉及的经济纠纷与恶意侵占国有资产的界限，准确把握经济违法行为入刑标准，防止把经济纠纷当作犯罪处理，防止选择性司法，着力解决司法中罪与非罪界限不清、刑事执法介入一般经济纠纷等问题。

2016 年 11 月 29 日，最高人民法院发布《最高人民法院关于充分发挥审判职能作用切实加强产权司法保护的意见》和《最高人民法院关于依法妥善处理历史形成的产权案件工作实施意见》，强调要严格区分经济纠纷与刑事犯罪，坚决防止把经济纠纷当作犯罪处理。

2017 年 1 月，最高人民检察院发布《关于充分履行检察职能加强产权司法保护的意见》，规定在办案中要坚持罪刑法定等原则，严格区分经济纠纷与经济犯罪，严禁以刑事手段插手经济纠纷。

产权是什么？简而言之，产权就是指我们每个人的财产所有权，也就是指作为所有权人，我们每一个人依法对自己的财产享有的支配、使用、收益和处分的权利。可见，产权一定是与我们的财产所有权有关的权利。这种财产权既有可能是有形的，也有可能是无形的；既有可能是一种物权，也有可能是一种债权，还有可能是一种股权。总之，它就是一种权利、一种与财富有关的权利。

但是，曾几何时，普通公民的产权被随意侵占，经济组织的产权被肆意掠夺。尤其值得一提的是，在改革开放中富起来的民营企业家，不仅个人的产权没有安全感，甚至连企业的产权也常常陷入呼天不应叫地不灵的悲惨境地。在许多司法案件中，许多案子这边刚立案，那边却已将其财产全部处置的情况，可谓比比皆是。

我们很高兴地看到，这份《意见》明确了完善产权保护制度依法保护产权的总体要求。更加令人欣喜的是，《意见》强调有错必纠，要求抓紧甄别纠正一批社会反映强烈的产权纠纷申诉案件，剖析一批侵害产权的案例。对涉及重大财产处置的产权纠纷申诉案件、民营企业和投资人违法申诉案件依法甄别，确属事实不清、证据不足、适用法律错误的错案冤案，要依法予以纠正并赔偿当事人的损失。完善办案质量终身负责制和错案责任倒查问责制，从源头上有效预防错案冤案的发生。严格遵循法不溯及既往、罪刑法定、在新旧法之间从旧兼从轻等原则，以发展眼光客观看待和依法妥善处理改革开放以来各类企业特别是民营企业经营过程中存在的不规范问题。

由此可见，无论是人权保障还是产权保护，都应当严格贯彻落实“谦抑理念、审慎理念、善意理念”的执法理念。可以预计，随着这一轮产权保护政策的出台与执法理念的更新，将有一批有关民营企业家的冤错案随之得到平反。

此前，吕有珍、赵志国案的平反昭雪，正是这种执法理念的最佳体现。2014 年，云南省高级人民法院通过再审宣判吕有珍、赵志国等涉案人员无罪。司法机关直面疑案，坚决纠正错案的正确做法，无疑将在全社会更广泛地提升法治权威，树立法治信仰。现在，已经获得平反的吕有珍被任命为中国优生优育协会常务副会长。华丽转身的女企业家因而开始致力于促进中国优生优育事业的发展，为促进优生优育事业、提高人口素质、保护母婴身心健康、增进家庭美满幸福，奉献出自己的全部精力。

习近平总书记指示我们要“努力让人民群众在每一个司法案件中都感受到公平正义”，所以，如何实现从保障人权到保护产权的个别正义到普遍正义，如何防范发生在人权保障与产权保护领域中的冤错案，应当是所有政法干警必须直面的执法理念如何更新的重大问题。

思路决定出路，想法决定做法，执法理念的更新，对于公正司法至关重要。所以，让法律的归法律，让道德的归道德，才是依法治国的核心要义。

原载《民主与法制》2017 年第 11 期

冤错案平反的关键在哪里?

在2016年第12期封面话题“刑事申诉检察渐入佳境”之后,本期发稿我们再一次聚焦关注刑事申诉检察工作,也再一次将我们的选题策划聚焦冤错案的平反工作上。

许多老读者都知道,在《民主与法制》杂志创刊38年来的发展进程中,案例报道始终是我们的传家宝与独门技。尤其值得一提的是,关于冤错案的平反昭雪,我们《民主与法制》可谓是不遗余力,坚持不懈。

党的十八大以来,许多冤错案得到了平反。在这些已经平反或即将平反的案件中,与许多媒体一样,我们《民主与法制》杂志对此也作出了不同程度的贡献。

2008年第13期《民主与法制》杂志一篇重头文章《被疑“灭门杀手”终判无罪释放》,让正在石河子监狱获刑的张高平捧读数遍,喜不自胜。然后,又让驻所检察官张飚反复研读,认真对照。因为文章中提到了一位叫作袁连芳的证人作伪证而导致错误判决,而张高平案中的证人也叫袁连芳。于是,一个似乎已经板上钉钉的案件像多米诺骨牌一样,随着袁连芳这个证人的伪证而打开了突破口。

需要说明的是,张高平叔侄案开始复查时,张飚检察官还在工作岗位上。但是,直到2011年他退休了,案子却还没有进展。张飚检察官一方面嘱咐当事人与律师一定要坚持,另一方面又利用自费旅游的机会前往杭州进行调查与协调。经过各方共同努力,张高平叔侄案终于在2013年获得了平反昭雪。

2014年1月14日,由正义网发起、新华网等多家主流媒体和重点网站共同参与的“2013年度中国正义人物”颁奖典礼在北京举行。迎着响彻全场的掌声,以票选第一名当选的“年度中国正义人物”、公众熟知的“最美检察官”张飚首先登上颁奖台。作为一名驻监所检察官,他历时5年促使一起冤案得以昭雪,用行动践行着神圣的职业信念,诠释着正义的真谛。

作为现场总点评,我应邀作了如下点评:“一位检察官,已经退休了却还在坚持推动冤案平反;已经退休了却还能获得全国模范检察官的荣誉称号;已经退休了却还能当选十大正义人物。由此让我们看到,正义绝不是一下子的事,而是一辈子的事。他的获奖,让我们对检察官群体有了更高的期待,对检察官形象有了更丰满的理解。同时,也让我们看到了正义应当具有的高度、温度、亮度。”

因为张飚检察官的获奖,让我们看到了冤错案能否获得平反的关键所在。这个关键就在于检察机关在其中所发挥的关键作用,而检察机关的刑事申诉检察工作,又担当了其关键之关键的重任。作为全国刑事申诉检察工作的指导部门,最高检察院刑事申诉检察厅则发挥了最关键的关键作用。

在今年的两会上,提到最高检的工作,有人会想到检察机关去年打虎拍蝇的大案,也有人会想起检察机关始终助力发展改革的大事。但是,让我最关注的还是检察机关刑事申诉部门在冤错案平反工作中所体现出的大功大德。那么,刚刚过去的一年,在平反冤错案工作中,检察机关交出了一份怎样的成绩单呢?

刚刚过去的2016年,全国检察机关刑事申诉检察部门认真贯彻习近平总书记关于坚守防止和纠正冤错案底线的重要指示精神,把办理不服法院生效刑事裁判申诉案件作为刑事申诉办案工作的重中之重,综合运用抗诉、再审检察建议、检察建议等多种监督方式,完善案件办理一体化工作机制,从发现案件疑点、确定复查重点、提炼再审焦点,到依法提出再审检察建议、出席再审法庭、稳妥处置善后事宜等,实施多元化、多层次、多方面监督,收到了较好的法律效果和社会效果,刑事申诉检察的监督属性和纠错功能开始得到全面彰显。于是,继2013年9起错案被纠正、2014年10起错案被平反、2015年4起错案被洗冤之后,2016年11起错案被宣告无罪。

这一年,除了影响最大的聂树斌冤案被平反外,最高检抗诉的陈满案终于得以纠错,蒙冤23年之久的福建许金龙等4人被无罪释放,江西乐平黄志强案终于宣告无罪……于是,这一个个个案,就像一个个不断实现的“小目标”,在人民群众的心中一点点地筑起了法治的丰碑。

说起刑事申诉检察工作,前些年其实并不为普通公众所知晓。但是,近几年来,随着浙江张氏叔侄案、安徽于英生案、海南陈满案、云南钱仁风案、广东徐辉案等一批具有重大社会影响的刑事申诉案件的成功办理和纠正,社会公众开始对刑事申诉检察工作越来越了解了。在过去一年中,新疆谭新善、天津李松、吉林刘吉强、甘肃方未社、安徽杨德武等人的案件,都作为十多年前的陈案,也都作为事实不清、证据不足的疑案,在检察机关刑事申诉部门的工作努力下,依照“疑罪从无”原则经再审改判无罪了。要知道,他们曾经都被认定为罪大恶极的杀人凶手,都被处以死缓、无期等重刑的处罚,都在高墙内度过了人生中最难熬的艰难岁月,最后都因检察机关的强力监督而经历了“从重罪到无罪”的命运惊喜转折,从而被洗清罪名,重获自由。

可以说,从目前所平反的冤错案来看,检察机关确实真正体现了其法律监督职能。如果没有检察机关的介入,所有这些冤错案的平反,显然是无法想象的。当我们关注法官在对一起冤错案宣告无罪的权威风光时,当我们在见证律师经过艰辛努力而使冤错案获得平反时的职业价值时,我们是否意识到任何一起冤错案平反中检察官的默默奉献?所以,在每一个冤错案的平反中,辩护律师的专业作用固然不能低估,但如没有检察机关在关键时刻的挺身而出,单靠律师一个方面的努力显然是不够的。同样,承办法官的判断与裁定也很关键,但若没有检察机关在关键环节的专业力挺,合议庭乃至法院领导对最后的平反决定也未必能够拥有足够的自信。

或许有人会说,过去这些冤错案也有检察机关的参与,如果能够早些发现并予以纠正,不就可以避免那些冤错案的发生吗?话说得固然没错,但我们要看到,每一个冤错案的产生与出现,其实都有许多复杂而深刻的时代原因。那时,我们追求“命案必破”,却不知这是一个永远无法破解的哲学命题；那时，我们主张“疑罪从有”、“疑罪从轻”乃至“疑罪从挂”，却对“疑罪从无”不闻不问；那时，我们对证据强调“两个基本”，却忽略了证据的关键还在于明确什么是法律事实；那时，我们只是关注实体正义，却忽视了程序正义……

十八大以来，习近平总书记要求“让人民群众在每一个司法案件中都能感受到公平正义”，让我们真正体会到，正义确实应该让人民听得懂、看得见、感受到。对此，检察机关也开始既关注打击犯罪，更关心人权保障。我们看到，近年来，检察机关突出监督属性，强化纠错功能，深化人权保障，在监督纠正冤错案方面作出了诸多努力。健全冤错案件发现机制，保障当事人申诉权有效行使；建立监督纠正重大冤错案件工作机制，加大对不服生效刑事裁判申诉案件的审查办理力度，坚持有错必纠；更新司法理念，强化人权保障，坚持疑罪从无、证据为本，摒弃存在新旧两个不同证据标准和监督纠正案件完全依靠“颠覆性证据”的错误认识；构建以抗诉为中心的刑事审判监督格局，充分发挥抗诉的刚性监督作用，综合运用再审检察建议等手段，实施多元化监督；完善案件办理一体化机制，形成上下级检察院的监督合力，上级院对下级院办理的重点、疑难、敏感案件，主动介入，及时指导；增强问题意识，注重反向审视，把监督纠正个案与监督纠正普遍性问题结合起来，倒逼司法机关规范司法行为，提高办案质量。从目前看来，所有这些努力，都是值得的，都是成效显著的。

当下，随着国家监察委员会的改革创新，检察机关的部分职能即将调整改革。于是，在检察机关部分职能转隶国家监察委的改革进程中，最高检明确提出，要把法律监督作为检察工作的主业。所以，无论是履行法律监督职能还是落实保障人权，检察机关都还可以发挥更大的作用。

可以说，在所有的冤错案的平反中，最最关键的环节还是检察机关。因为如果没有检察官，许多冤错案可能还会不断地悄然登场，也可能还将不断地在失望中等待希望，更可能还将不断地毁坏司法公正的形象。

期待刑事申诉检察工作发挥更大的作用，也期待涌现出更多的如张飚、高洁峰、杜亚起这样的优秀检察官，更期待所有的冤错案能够早日获得平反。

原载《民主与法制》2017 年第 12 期

法官与律师之间的相互尊重如何实现?

无巧不成书,当最高法院影视中心拍摄制作的《阳光下的法庭》电视连续剧正在央视黄金时段热播之时,最高人民法院、司法部联合印发了《关于依法保障律师诉讼权利和规范律师参与庭审活动的通知》(下称"通知")。一边是从现实到艺术的升华,一边是从制度到现实的进步,为了依法治国与公平正义这个宏大主题,都在着力强调乃至努力构建法官与律师之间彼此尊重、相互支持、相互监督的良性互动关系。

这个"通知"文字不多,一共只有八条,但要求明确、意义深远。既有对人民法院如何保障律师诉讼权利的指导意见,也有对律师如何服从法庭规则的具体要求,还有对司法行政机关与律师协会如何维权与处置的工作机制。通过阅读理解,我注意到,"通知"首先强调,各级人民法院及其工作人员要尊重和保障律师诉讼权利,明确要求法官应当尊重律师,不得侮辱、嘲讽律师。人民法院要严格执行法定程序,平等对待诉讼各方,合理分配各方发问、质证、陈述和辩论、辩护的时间,充分听取律师意见。对于律师在法庭上就案件事实认定和法律适用的正常发问、质证和发表的辩护代理意见,法官不能随意打断或者制止。

同时,"通知"对法官如何处理律师违反法庭规则的行为,提出了明确而理性的指导意见。"通知"要求,审判长或者独任审判员认为律师在法庭审理过程中违反法庭规则、法庭纪律的,应当依法给予警告、训诫等,确有必要时可以休庭处置,原则上不采取责令律师退出法庭或者强行带出法庭措施。

同样,如果律师认为法官侵犯其诉讼权利的或者认为法官在审判过程中有违法违规行为的,"通知"设置了明确的救济程序。为此,这个救济程序对人民法院与司法行政机关乃至律师协会,也提出了相应的要求。

可以说,犹如《阳光下的法庭》热播所带来的广泛好评,这个通知的出台,同样也是一场及时雨、一种正能量。

一段时间以来,法官与律师之间的关系一直没有完全理顺,始终存在一种相互紧张、相互隔膜乃至相互指责的状态。为此,我在一次专题讨论法官与律师之间相互关系的研讨会上,特意用了四首歌名形容了两者之间的关系状态:一是两者的关系是"像雾像风又像雨"。二是律师总是抱怨"为什么受伤的总是我"。三是法官也是牢骚满腹"其实你不懂我的心"。四是双方都渴望"我的未来不是梦"。由此可见,法官与律师之间的关系确实已经不是一个老问题,而是一个大难题。

事实上，在法官和律师之间确实存在着一些这样那样的问题。其中既有法官对律师存在职业偏见的情况，他们潜意识认为律师就是挑刺搅局的；也有律师对法官不尊重，甚至诋毁谩骂的现象；更有法官和律师进行不正当交往，吃喝请托甚至违法交易的情形。为此，从中央到地方，从司法机关到司法行政部门乃至律师协会，做了许多努力，用了不少办法，查了不少败类。可以说，成绩不少，但问题依旧严重。

三年前，最高人民法院、最高人民检察院、公安部、司法部联合召开会议，专门研究解决如何规范法官与律师之间的关系、怎样维护律师的诉讼权利。时任中共中央政治局委员、中央政法委书记孟建柱同志特别提出，在司法人员和律师之间，应该建立一种“平等相待、相互尊重；相互支持、相互监督；正当交往、良性互动”的新型关系。应当说，孟建柱同志提出的要求，既看到了问题的要害，也抓住了问题的本质，更提出了解决问题的办法。对法官来说，最关心的是如何维护法庭的权威。对律师来说，最期待的还是律师执业权利的保障。

理想很丰满，现实很尴尬。近年来出现律师与法官“死磕”的现象，不仅让社会各界深感忧虑，更让所有法律人心生焦急。解决办法在哪里？制度建设怎么办？

或许是因为最高人民法院与司法部都认识到，这个问题的解决不仅需要现实的探索，也需要制度的应对。大难题获得最终解决，或许还需要很长的时间，还有赖于所有法律人从道德伦理上的整体提升到立法司法的全面完善。于是，及时推出了简练而明确、明确而具体的“通知”。

通过通读“通知”，我看到了最关键的两个字，那就是相互之间的“尊重”。曾经有一位资深法官撰文指出，律师不与公诉人对抗，反而同主持庭审的法官进行对抗，甚至演变成了“对手”，律师要“死磕”法官，深层原因究竟在哪里呢？显然，个别律师不遵守规则的情况是客观存在的，但法官是否也存在小题大做、反应过度的问题？思想深处有无轻视刑事辩护、不尊重律师依法履职的问题？工作关系上有无存在重视法检配合而忽视发挥律师作用的问题？法官是否恪守了司法中立的原则和公正的立场？对此，我们必须认真进行深刻反思。所以，我们要充分认识到，律师是法律职业共同体的重要一员，是人民法院的同盟军，是实现公正审判、有效防范冤错案的无可替代的重要力量。对个别律师违规发难、无理“闹庭”的问题，可采取一事一议、就事论事方式，及时向有关主管部门，也就是司法行政机关和律师协会进行通报，请他们配合做好工作，不要将这种情况轻易扩大为对整个律师群体的偏见。同时，我们要充分相信绝大多数律师是具备良好职业素养的，是理性、客观、公正、中肯的，是人民法院可以依靠而且应当依靠的重要力量。

现实情况是，法官乃至法院应该如何尊重律师，而律师应当如何尊重法庭规则与法官权威，一直没有明确而具体的要求。于是，这个“通知”在首先对法官提出具体要求之后，同样对律师提出了明确要求。

在我看来，这个“通知”充分体现了相互尊重的深刻内涵：一是在职权保障上，相互之间有先后却无高低之分，体现为一种相互尊重与包容的关系。作为法律主体，作为诉讼参与人，在地位上都是平等的，在作用上都是一致的。所以，法官要把律师真正作为与自己平等的同行，尊重他们正常的发问和质证等程序权利。司法实践也表明，如果不发挥好律师的作用，无视律师的合理意见，错案发生几率就会上升。同样，律师也要充分利用专业知识和了解当事人真实情况的优势，提出符合事实、于法有据的证据和意见。律师要服从司法机关的正常安排，自觉维护司法人员依法履职中的尊严。二是在职能分工上，相互之间有左右却无主次之分，体现为一种相互支持与监督的关系。众所周知，现代刑事诉讼职能的基本结构和原则就是控审分离、控辩对等和审判中立。如何真正做到控审分离与控辩对等，很多时候取决于审判中立，取决于法官对庭审秩序的掌控及其对辩护律师的职业尊重。现在大力推行的审判中心主义，正是为了保证审判效率，实现控审分离与控辩对等。为此，就需要法官与律师之间更有效的相互支持与相互监督。对此，“通知”对法官与律师都提出了明确要求。三是在职业规范上，相互之间有远近却无内外之分，体现为一种相互交往与交流的关系。法官与律师之间本身就是有关系的，事实上也永远有关系。为此，相互之间需要“正当交往”，需要有规范的交往、有底线的交往。不仅有正当交往，还需要“良性互动”，也就是友好、理性、职业的互动。简而言之，相互之间要有远近之分，要保持距离，要保持分寸。

有鉴于此，“通知”还特别提出了救济程序与惩戒机制。所以，这个“通知”对律师来说，既是权利保障的尚方宝剑，也是服从法庭规则的指导书，更是违反法庭规则的紧箍咒。

原载《民主与法制》2018 年第 22 期

首都法官的水平应该是什么样?

——关于“2018年北京法院优秀裁判文书网上互评”的评议

什么样的法律文书才是优秀法律文书?裁判文书如何写才能成为优秀裁判文书?诸如此类的问题,不仅成了社会大众关注的话题,而且还成了专家学者研究的课题,更成了所有法官探索实践的主题。当然,也成了像我这样的媒体人策划与采访的选题。

对于此次入选“2018年北京法院优秀裁判文书网上互评”总评阶段的20篇裁判文书,总体来看,完全达到了优秀裁判文书的标准。无论是刑事裁判文书诉辩主张的综合评判,还是民事裁判文书不同诉求的聚焦争点;无论是商事裁判文书权利义务的理性论述,还是行政裁判文书证据陈列的比对说理,尤其是知识产权裁判文书专业知识的正确分析,都可以说是可圈可点,值得大书特书。

在我看来,一篇优秀的裁判文书应该具备三个条件:一是言必有理。既有严密有序的逻辑推理,也有入情入理的专业说理,更有一目了然的脉络条理。二是言必有据。从法律依据到事实证据,既不疏漏,也不偏离,更不生造,力求做到每一个结论都有出处,每一份判决都有根据。三是言必有度。文书格式要正确规范而有准度,语言表述要明确而有力度,条文引述要准确而有精度,判决说理要精确而有温度。

在此次入选的20篇裁判文书中,可谓各有特色、各具风采。可以说,在谋篇布局上做到了前后呼应,在遣词造句上实现了字斟句酌,在起承转合上完成了分进合击。虽然有些裁判文书出现了一些错别字,但也是瑕不掩瑜。

经过仔细阅读与认真比较,大致可以作出如下点评:

北京市高级人民法院〔2015〕高刑再终字第00615号刑事判决书。该判决书可打95分。主要理由是:既有条理,也有道理,更有法理。从一审到二审再到再审的叙述,层次分明,逻辑严谨。从一审判决三个罪名到二审判决两个罪名乃至再审一个罪名的判决,综述有理,论证有力。可以说,通过此案判决书,来龙去脉清晰,前因后果清楚,定罪量刑分明。

北京知识产权法院〔2015〕京知民终字第1055号民事判决书。我认为,对该判决书可以给予95分。其主要理由为:条理清晰,逻辑严密,说理透彻。对一审判决事实和理由的综述全面细致,对二审证据上的变化认真关注。尤其值得一提的是,对二审中双方当事人的争议焦点,聚焦有方,论证有序。比如从主体、作品、时段、权利、保护、数额等六个争议焦点的释法说理,循序渐进,环环相扣,最后得出了清晰明了的结论。

北京市东城区人民法院〔2016〕京0101民初1929号民事判决书。这是一份来基层法院的商事判决,其裁判水平与写作能力,可以得到95分的高分。主要理由有:裁判思路清晰,论证逻辑严密,写作方法简洁。从其聚焦的案件管辖、法律适用、中止诉讼、付款义务、欺诈问题、费用负担、计算标准等七个争点来看,既有程序问题,也有实体问题。既有计算问题,也有论述问题。其先易后难、化繁就简的论证思路,值得肯定与推广。

北京市平谷区人民法院〔2017〕京0117行初18号行政判决书。该判决书同样可以给予高分,我认为可打95分。具体理由是:层次清晰明了,说理透彻明确,诉辩主张归纳得体,证据列载有条有理。尤其是在“本院认为”中对于“一江碧水,两岸青山”的释法说理,既有法律温度,更有政治高度。可以说,这是一份与时俱进、与法同行的判决。

北京市高级人民法院〔2017〕京民终335号民事判决书。对此,我的看法是,这是一份有条有理、有根有据、有模有样的判决,当然同样可以得到95分的高分。其具体理由有:条理清晰、层次分明;说理有据、论证有方;格式规范、语言流畅。从双方当事人诉辩主张的归纳到争议焦点的聚焦,从一审事实证据的综述到二审审理查明的论述,从双方争议焦点的论证到具体赔偿数额的认定,可谓有点有面,有粗有细,有板有眼,有始有终。通过层层递进、环环相扣的论证,最后真正实现了法律适用的一锤定音,完全达到了审判功能的案结事了。

以上五篇裁判文书,我认为应属于此次评选的最佳之列。所谓最佳,就是完全做到了言必有理、言必有据、言必有度。在我看来,这五篇裁判文书,应该可以是此次评选的模范之作、典范之文、示范之书。

另外,还有五篇裁判文书可以称为此次评选的优秀之列。所谓优秀,就是条理清晰明了、说理透彻充分、学理简明扼要、法理通俗易懂。所以,我认为都可以给予85分的评判结果。这五篇裁判文书分别是:北京市第三中级人民法院〔2016〕京03民终11997号民事判决书、北京市西城区人民法院〔2016〕京0102民初1841号民事判决书、北京市第二中级人民法院〔2017〕京02民终3858号民事判决书、北京市高级人民法院〔2017〕京行终4554号行政判决书、北京市高级人民法院〔2017〕京民终507号民事判决书。

至于其他10篇裁判文书,或因其条理上不够清晰、或因其论证上不够严密、或因其文字上还有错别字等一些因素,最终未能入选“最佳”或“优秀”之列。但是,经过了此前的过五关斩六将,这10篇裁判文书同样也有亮点,因而可以作为此次评选的“良好”之作,成为首都法院裁判文书的另一道闪亮的风景线。

在国人看来,与全国其他地方法院相比,北京法院的裁判文书写作应该体现出更高的水平和能力、更广的眼界和境界。作为此次评选活动的阅评专家,也作为一名普通的法律文书学研究者,我认为,通过此次评选,我看到了北京裁判文书写作实践所体现出的整体水平与综合实力。

原载《民主与法制》2019年第14期

“最好的法律”在哪里?

——对央视“律师来了”栏目一起百万赔偿案的思考

绝大多数法律人都知道这样一句法律格言——善良的心是最好的法律。

从格言出处来看,据说是英国学者麦克莱最早表述的。但是,从法律文化来看,这句格言可以说,就是人类在天理人情方面的最大共识。所谓“善良的心是最好的法律”,大概可以解释为符合天理人情的法律就是最接地气的法律。从这句话的语法结构来看,心是法律,也是道德。所以,善良的心既是最好的法律,也是最高的道德。这里所指的“善良的心”,应当就是我们通常所说的良心。用书面语言来说,应该就是指人们内心的良知。由此可见,这句格言告诫人们,拥有一颗善良的心是非常重要和有意义的。这对法律人来说,既是一个要求,更是一个追求。

结合央视《律师来了》节目刚刚播出的农民工张天云被吊机砸成植物人一案,我更加深切地感受到了这句格言的内在价值。

话说在用吊机往三楼吊运沙子时,由于吊机钢绳脱落,导致吊机直接从三楼掉落,砸在了正在一楼做工的张天云的身上。事故发生后,张天云被鉴定为一级伤残。法院判决雇主承担70多万元的赔偿,可雇主却提出每年至多赔偿6000元,70多万元的赔偿可能要一百多年才能付清,因而出现了这个所谓的“百年赔偿”案件。

其实,这个案子的案情并不复杂,复杂的是案件裁判之后的赔偿。在本案中,存在三个并不复杂的法律关系:一是雇主和张天云之间的雇佣关系。二是房主和雇主之间的委托关系。三是陈某和张天云之间的合作关系。这三个法律关系,实际上都存在问题,所以现在法院的判决是值得商榷的。

我认为,最值得商榷的,就是对雇主与张天云之间的雇佣关系,既没有理清,也没有分清。从本案事实来判断,在这个雇佣关系中,雇主应该是老徐和小徐。对张天云来说,老徐和小徐就是他的共同雇主,所以老徐和小徐不仅要承担共同责任,而且还要承担连带责任。所以,这个案子现在存在赔偿金额的执行问题,关键就在于确定究竟谁是雇主。换句话说就是,本案之难,就难在雇主是一个人还是两个人或者说是不是一家人。至于房主,其实不存在争议。存在争议的问题是,合作者陈某为什么没有被列入进来?当然,我想最重要的就是如何解决这个雇主的赔偿关系。

在我看来,本案中的委托关系容易解决,合作关系也很容易解决。最重要的是如何解决雇佣关系，如何解决赔偿问题。从雇佣关系来看，雇主不是一个人，而是两个人，也就是老徐和小徐父子俩。他们父子俩是共同雇主，要承担共同责任。所以，我觉得法院的判决是值得商榷的。我看到，在节目现场的律师也提出了这个观点。这是正确的，也是应该提出来的。如果能够解决这个问题，我相信李正美和张天云一家的赔偿诉求就应该能够得到解决，就不会出现“百年赔偿”这样尴尬的难题。

对李正美一家来说，张天云的不幸遭遇非常值得同情。一个人的正常生活没了，一大家子的顶梁柱倒了，一个家庭的希望塌了。现场四位律师谈到的执行难问题，其实都是表面问题，包括主持人问到的李正美和张天云，如果得到这笔赔偿款，如何治疗和使用，其实都是表面问题。

我认为，深层次的问题主要有两个，也就是现在最需要解决的两个问题：一是司法技术问题，二是司法艺术问题。

所谓司法技术问题，就是在本案中首先要厘清责任问题。什么责任问题呢？一个是责任的划分，一个是责任的区分。

现在，法院的判决对责任划分是这样安排的：房主承担 20%，雇主承担 50%，被害人张天云承担 30%。很显然，这个责任划分是非常武断的，既没有证据支持，也不符合人之常情。比如说，要张天云承担 30% 的过错，有什么证据来证明吗？现在所有指向他应该承担责任的证据，都是正常人提供的证据。张天云现在不能正常说话，也不能正常表达，也就是说，他自己已经无法举证了。所以，他是一个典型的弱者。由此看来，这个 30% 比例很武断很霸道。让房主承担 20%，可能还稍微比较客观一点。但是，这个 50% 作为雇主承担责任的比例，显然是远远不够的。

因为责任划分存在问题，也就是责任划分有疏漏。最重要的是，责任划分存在的问题导致了责任区分也存在问题。所以，就导致责任区分有瑕疵。所谓责任区分，就是指老徐和小徐的责任区分。现在有足够的证据包括判决书，包括受害人家属提到的问题，都告诉我们这个责任区分存在严重问题。老徐和小徐之间的父子关系是区分不了的，所以他们的责任也是无法区分的。而且，所有的证据证明，老板就是老徐，而不是小徐。由此可见，他们父子俩责任是分不开的。所以，他们俩既是共同雇主，也是共同被告，最重要的是要共同赔偿。

另外，那个陈某也有责任。现在看来，陈某和受害人不是合作关系，实际上也是雇佣关系。既然是雇佣关系，那么陈某也应该是本案的被告。由此可见，本案应该要追加两个被告，老徐是一个被告，陈某也是一个被告。追加被告之后，就能真正解决本案的责任问题了，也就不存在后面所谓的执行难的问题。在现实中，执行难是一个严重问题，但在本案中执行难其实不是问题。

从以上分析来看，厘清责任区分和责任划分问题，就是一个司法技术问题。如何从证据上证明责任区分和责任划分存在问题，尤其是申请追加被告，这都是司法技术问题。

接下来，还有一个司法艺术问题。大家注意到，判决书里面竟然出现了“弘扬”两个字。这个“弘扬”用在所谓的老徐和小徐关系上，显然是不对路的，也是不合适的。应该弘扬什么？应该弘扬社会主义核心价值观，最高人民法院最近刚刚发布了一个规定，就是如何在我们的司法判决中贯彻社会主义核心价值观。

社会主义核心价值观一共24个字，最后四个字是什么？那就是“诚信友善”。在这个案件的判决中，我们看到“诚信友善”了吗？显然没有。由此可见，从司法艺术上来讲，首先就要弘扬诚信友善原则。在本案中，工地出了问题之后，老徐就赶紧和小徐撇清责任。然后，小徐就赶紧和老婆撇清责任，这就是典型的规避法律，也是典型违反社会主义核心价值观的诚信友善原则。最重要的是，违反了公平原则。老徐也好，小徐也好，陈某也好，相对于受害人张天云来讲，他们都是强者。法律是什么？法律就是平衡法律关系，平衡就要讲究公平原则。在这个案子当中，强者和弱者之间的公平在哪里呢？

我们的法律如何去抚慰一个受伤的心？如何去抚慰一个受伤的家庭？我觉得，对律师来说，这个案子的判决完全大有用武之地。所以，我对律师寄予希望。期望律师在未来的再审程序当中，通过证据采信、通过程序正义、通过公平原则，实现推翻原来判决的目标。如此一来，既解决了司法技术问题，也解决了司法艺术问题。

我希望，通过再审程序，在未来的判决中，律师能够发挥作用，更希望我们的司法发挥作用，从而让人民群众在每一个司法案件中真正感受到公平正义。在这个如此典型的案件中，如何体现法律的善心、展现道德的良心并最终实现公平正义，从而成就最好的法律，值得期待和希望！

原载《民主与法制》2019年第15期

所有的法律人都该看看这部电影

——电影《因父之名》的深意

因为一场突如其来的疫情，竟然让我有时间看到了许多法律电影。

本来，因为疫情而使自己的泪点越来越低了。开始是为了那些在疫情中被病魔带走的人和那些帮助不幸被传染的人而泪眼婆娑，后来又为篮球巨星科比乃至科比一家的意外事故而潸然泪下。

当我看了这部叫作《因父之名》的电影之后，我不禁又为一位父亲与儿子的故事而热泪盈眶……

一部竟然是27年前拍摄，并在豆瓣上打分居高不下的电影。一部取自英格兰的真实案例且影响英美国家的电影。

在我看来，所有的法律人都该看看这部电影。

因为这部电影真正道出了法律的深意、说出了法律的道理、照出了法律的现实。

影片主人公盖瑞生活于当年战火纷飞的北爱尔兰，那时北爱共和军正致力于反对英国的殖民统治。年轻的盖瑞整日无所事事，偷鸡摸狗，无意间得罪了北爱共和军。

无奈之下，其父只能送他到伦敦去闯天下。孰料，刚到伦敦时间不长的盖瑞就被当地心急立功的警察诬陷为北爱共和军的恐怖分子。不仅如此，而且还连累了在伦敦的姑妈一家。于是，连同自己的小伙伴，老老少少7个人被一同当作恐怖分子关进了监狱。

其父紧急赶往伦敦，四处陈情，并准备聘请律师讨说法。不料，他最后也被监禁。父子俩竟然在监禁场所聚首，后来到监狱，可谓受尽了苦头。直到多年之后，一位英国的女律师挺身而出，开始从头调查这件极其荒谬的冤案。

于是，这件冤案最后得以平反。后来，又成就了这部不一般的电影。

简而言之，我从这部电影中看到了三个法律的深意：

一是任何国家都不可忽视刑辩律师的制度价值。

通过这部电影，我们看到电影所展示的真实案例，如果没有律师坚持不懈的努力，本案要实现平反昭雪，显然是不可能的。

我们都知道，刑辩律师的起源或初衷，就是为了在强大的国家机器面前设置一种专业力量，与公权力平等对抗，以使国家公权力犯错误的概率降到最低限度。

这种专业力量就是律师，就是刑事辩护律师，就是找出公诉人在指控犯罪中出现的漏洞的刑事辩护律师。因为律师，既维护了被告人的合法权益，也维护了法律的正确实施。

从电影中，尽管代表控辩双方出场的都是律师，但我关注更多的是代表被告人也就是男主角的律师的表现。可以说，那位男律师表现尚可。相比于控方律师，因为各为其主、各负其责，所以双方就有了不同的专业表现。

当然，让我最佩服的就是那位最后帮助被告人实现正义的女律师。因为她的专业智慧，因为她的坚持到底，因为她的专注耐心，终于使被冤枉15年的男主人公及他家乃至小伙伴们获得了无罪释放。由此说明，只要是一个正常的国家，就一定不能缺少律师，不能忽视律师的制度设计和职业价值。

二是任何社会都不能轻视刑事证据的程序意义。

这部电影来源于1974年的“吉尔福德四人案”，此案曾被认为是英格兰臭名昭著的司法丑闻。

冤案发生15年后即1989年，此案终于被撤销了。再过15年，时任英国首相布莱尔向受害者道歉。这个道歉，显然是与这部电影的影响有关系的。

这部电影之所以能成为经典，是因为这个案件。这个案件之所以成了司法丑闻，是因为当时的法官偏听偏信，也因为检控一方的刑讯逼供，还因为陪审团被民意的汹涌裹挟，更因为本案证据采信的重大瑕疵。

最后，导致了本案只有被告人的口供，甚至只靠被告人的品格证据。对于明显有利于被告人的证言不理不睬，甚至后来即使真凶落网也不闻不问。

尤其令人失望的是，案卷中竟然还隐匿了一些不让律师了解和掌握的证据材料。于是，司法机关一错再错，一意孤行，导致了4位年轻人乃至老少7人的人生灾难。

由此说明，证据的收集和证明乃至采信，对刑事诉讼的程序意义是多么重要。联系到我国进入新世纪以来发生的冤错案件，基本上都在证据证明方面出现了重大问题。

近年来，尤其是党的十八大以来，被平反的佘祥林案、赵作海案、念斌案、杜培武案、张高平叔侄案、聂树斌案、呼格案等诸多案件，都是因为刑事证据方面的缺失和错误，从而导致冤错案件的发生。

不断的冤错案件，终于使司法机关意识到，当刑事证据表明无法排除合理怀疑时，疑罪从无就成了最公正的程序控制。可惜，40年前的英格兰还没有达到疑罪从无的状态，于是就造成了这样可笑又可惜的悲剧。

三是任何地方都不要藐视人权保障的普遍法理。

正如那位女律师看似无意、实则有意地拿起探长办公桌上那张照片说，这是你的家人吗？此处表达的深意就是：司法公正、人权保障事关你我他，事关所有公民，事关所有家庭。

但是，就是这个曾经获得过许多荣誉的探长，指使刑讯逼供、隐匿证据、将错就错，是造成这个冤案的罪魁祸首。可惜，最终没有得到应有的惩罚。但是，我相信他应该受到道德的谴责和良心的追问。

正如张高平在自己平反时所说："今天你们是法官、检察官，但你们的子孙不一定是法官、检察官，如果没有法律和制度的保障，你们的子孙很有可能和我一样被冤枉，徘徊在死刑的边缘。"

所以，人权保障不只是为了保护犯罪嫌疑人，不只是为了保护被告人，甚至不只是为了保护那些真正"十恶不赦"的人，而是为了保护我们所有人。今天你可能造成了别人的冤案，明天你就可能同样面临不公。

一部电影来源于一个案子，一个案子彰显了一种理念，一种理念决定了一个社会。

无独有偶，我们《民主与法制》周刊刚刚报道的山东张志超案，也是经历了 15 年的来来回回才终于获得了平反，也是经过了 15 年的风风雨雨才最终获得了正义。

只是，15 年之后的人生已经完全不一样了。这部电影之所以叫作《因父之名》，就是因为还没等到无罪释放的时候，父亲已经去世了。在张志超案中，也是因为还没等到儿子无罪归来，父亲已经离开了人间。

曾经还看过一部法国电影《以女儿的名义》，也是取自法国的一个真实案例，也表达了一位父亲对女儿的深切的爱……

不管是什么电影，都只是一种艺术表达。这里所表达的是，现实生活多一点艺术。同样，在司法实务中，同样希望司法能够成为一种兼顾法理和情理的艺术。

看来，司法机关如何以严谨的法理彰显司法的理性，以练达的情理展示司法的良知，以平和的姿态体现司法的温度，努力实现将个案的审判置于天理、国法、人情之中综合考量，从而最大限度地追求法律正义，不只是电影导演的表达，更是社会大众的表达。

原来，这部电影最重要的法律深意就在这里。

原载《民主与法制》2020 年第 14 期

离婚之路：好好离婚当属第一条

因为一部叫作《好好离婚》的新书，就有了我们本期的封面聚焦选题。当然，更因为民法典的出台，才有了本期我们《民主与法制》编辑部关于“好好离婚”的集体采写行动。

《好好离婚》不是一部典型小说，但却有一种感觉让我想一口气读完。那么，这到底是什么原因呢？

这也不是一部纯粹的学术著作，但却使我真正体会到了学术研究的深度与社会话题的热度原来可以如此有机结合。那么，这究竟是什么问题呢？

30年前，我看到过一篇叫作《懒得离婚》的小说。小说的内容其实已经越来越模糊了，但小说的名字却让我一直牢记在心。30年后的今天，我读到了这部名为《好好离婚》的非小说作品。

我奇怪的是，为什么一部不像小说的作品，却让我读起来手不释卷欲罢不能呢？

30年的时光转眼就过去了，但离婚这个话题显然不会一转眼就消失了。因为爱情是一个永恒的话题，所以，无论是爱情的开始还是结束，永远都是一个说不完说不透说不够的话题。

离婚，当然也是一个永恒的话题。不同的是，当时那个年代的人们是懒得离婚，今天这个时代的人们则是一言不合就离婚。

既然离婚成了无法改变的选择，那么，如何离婚就是一个令人纠结而艰难的问题了。套用一句今年的流行语，那就是“离婚之路千万条，好好离婚第一条”。

两位作者正是循着这样的态度和高度，开始了对什么是“好好离婚”、为什么要“好好离婚”、如何实现“好好离婚”这一系列问题的研究与解析。于是，作为先睹为快的第一读者，我读到了本书的独特魅力和丰富内涵。

这是一部值得细读又深读的新书。从逻辑结构看，除了前言和后记，本书正好分为三个部分，从何为到为何再到如何，层层递进，环环相扣，娓娓道来，又正好印证了上述研究论证的逻辑思路。所以，对进入婚姻生活和即将迎来婚姻生活的人来说，这部新书读起来很有吸引力，看起来很有亲和力，说起来很有思想力。

这是一部值得思考又参考的新书。从内容体系来看，本书三个部分之间，各有侧重，相得益彰。一是深入论证了“离还是不离，确实是个问题”而带来的纠结和煎熬；二是深度剖析了“解怨释结，好好离婚”而引出的欣慰和感慨；三是深刻阐述了“亲密关系的重建”而转变的眼界和境界。为此，对正面临婚姻危机乃至关注婚姻问题的人来说，这是一部既必须深入思考更可以借鉴参考的好书。

这是一部值得关心又关注的新书。从研究方法来看,本书既有社会学的调查分析,也有经济学的统计解析,还有心理学的研究推析,更有传播学的评判辨析。应当说,抽样研究与个案研究,有点有面。比较研究与实证研究,有板有眼。实务研究与法理研究,有根有据。有鉴于此,对那些目前在婚姻生活中平安无事的人来说,这部书可以让你引发更多的共鸣,从而让你更多地关心关注乃至关爱周围那些陷入婚姻生活困境的人。

这是一部值得叫好又叫座的新书。从语言表达来看,本书的文字,流畅而不失个性,华美而不显做作,自然而不晦涩。可以说,无论是跌宕起伏的情节性还是起承转合的结构性,不论是首尾呼应的严谨性还是引人入胜的故事性,都值得你一口气读完,从而达到手不释卷的效果。

海峡彼岸的圣严法师曾有一段深入浅出的"四它真言",让我们耳熟能详,那就是"面对它、接受它、处理它、放下它"。对此,圣严法师是这样解释的:当你遇见一些事时,你不要逃避,最好的方法就是面对它。然后你必须接受那已成的事实,好好地处理它。处理完后,不要让它占据你的心,必须放下它。本书从头到尾,字里行间,无不体现了这种情怀和境界。

无巧不成书,两位作者与我一样,都是法律科班出身,都深知法律是凝固的情感,情感是彰显的法律。作者孙春宁是一位执业律师,目前正在国内名所山东琴岛所执业。而另外一位作者闫燕秋则是一位著名情感作家。尽管两位作者身处不同的工作岗位,但却一直在共同关注和思考当下婚姻问题而带来的社会现象与法律责任。于是,就为我们贡献了这部不同一般的新作。

在我看来,人生就是一场旅行,而婚姻就是一种旅程。领取了结婚证,只是表明自己已经拥有婚姻殿堂的门票。既然人生是一场旅行,那么婚姻就是你翻山越岭的车票、荡舟而行的船票、飞越高空的机票。票已到手,幸福未必就已到手。只有相伴相携抵达终点,才能算是幸福真正到手。面对离婚,一般来讲,似乎都是一个头痛的问题,应该也不是什么愉快的事情。正如王菲与李亚鹏的离婚,缘分尽了,爱情散了,只能互相祝福而分道扬镳。需要广而告之的是,离婚不是世界末日,但也绝不是什么节日;离婚并不可怕,可怕的是怎么离婚;离婚是一个结果,更是一个后果。如何处理好抚养孩子与分割财产的法律后果,就是自己应该追求的成果。

正如两位作者所言:离婚绝不是人生结局,愿以此书悲悯地救赎!以书为媒,请大家客观公正地看待离婚,不要戴着"有色眼镜"看待离婚人士,要对离婚中的戾气、暴力和伤害说不,禁绝婚姻纠纷中的伤人害命事件。

离婚是一种调整方式,也是一项个人自由,但绝不是解决情感困惑的不二法门。幸福的出路在于觉知、改进、经营。同时,分割财产的诉求不是越多越好,谁别有用心,谁不得人心。别再为了孩子抚养权费尽心机,父母子女关系不会因离婚而改变。

诚哉斯言,言之有理。需要告诉各位读者的是,这只是两位作者在书中主张的价值观念,更重要的是,他们还提供许多难能可贵乃至难得一见的法律干货。

在刚刚颁布的民法典中,有关好好离婚的法律干货确实不少。

比如民法典第一千零七十六条规定:"夫妻双方自愿离婚的,应当签订书面离婚协议,并亲自到婚姻登记机关申请离婚登记。离婚协议应当载明双方自愿离婚的意思表示和对子女抚养、财产以及债务处理等事项协商一致的意见。”这里特别强调了“自愿”和“亲自”的前提要件，然后又重点强调了“意思表示”与“协商一致”的结果要件。

又如第一千零七十七条规定：“自婚姻登记机关收到离婚登记申请之日起三十日内，任何一方不愿意离婚的，可以向婚姻登记机关撤回离婚登记申请。前款规定期限届满后三十日内，双方应当亲自到婚姻登记机关申请发给离婚证；未申请的，视为撤回离婚登记申请。”此处有两个“三十日”和两个“撤回离婚登记申请”，值得特别注意。一是告诉离婚者：只要男女双方中有一方在30天内反悔了，就可以去民政局申请撤回离婚登记申请；二是告诉离婚者：在这个30天过去后的30天内，双方必须亲自前往民政局办理离婚证。只要有一个人不去并超过30天的办证期限，则视为撤回离婚申请。

这既是民法典的重大创新，也是民法典带给我们的法律干货。设置60天的期限，就是为了让离婚者好好离婚。有人对第一个30天称之为“离婚反悔期”，对第二个30天称其为“办证有效期”，总而言之，都叫“离婚冷静期”。

冷静面对，理性应对，正是好好离婚的最佳标志。

原载《民主与法制》2020年第34期

我和我的家乡，一刻也不能相忘

——祝福我家乡的父老乡亲们

又一个春节快到了，多烦多愁的2020年即使再恐慌再紧张，也总算是过去了。多灾多难的庚子年即使是再难熬再难过，也终于要画上句号了。

每逢佳节倍思亲，此时此刻，每一个在外工作生活的人都自然而然会想起自己的家乡，想起家乡的亲人，想起家乡的一山一水、一草一木、一路一桥……

2020年国庆期间，一部叫作《我和我的家乡》在疫情之后刚刚开放不久的各大电影院热播。该片通过五个故事单元，讲述了发生在中国东西南北中五大地域的家乡故事。每个故事都会让人遥想当年，更会叫人浮想联翩。有人说，它更像是新中国70年大庆时播放的《我和我的祖国》的姐妹篇。对此，我深有同感。

可以说，每个故事都围绕着家乡，都凝聚了故土和浓浓的乡情，都充满了对家乡深深的情和爱。

这种情和爱，既是一种发自内心的感动，更是一种中国社会发展的映象；这种情和爱，既是一种与生俱来的情结，更是一种源远流长的文化；这种情和爱，既与我们每一个普通的中国人息息相关，更与我们每一位有故乡的人心心相印。

有人说，家乡就是自己出生的地方；也有人说，家乡就是祖辈生活的地方；还有人说，家乡就是自己长期生活过的地方。应当说，这些回答都有一定的道理。但是，真正的理解似乎远不是这样。

我的家乡在哪里？

每当在人数较多的重要场合，我当然会炫耀式地说起我的家乡在江西。我的家乡就在被你誉为“文章节义之邦”的江西，在被赞为“襟三江而带五湖，控蛮荆而引瓯越”的江西，在被称为“七山一水一分田，一分道路与庄园”的江西。尤其值得一提的是，我们江西既有红色的井冈山，也有绿色的三清山，还有黄色的龙虎山，又有蓝色的武功山和明月山，更有古色的庐山……

当然，作为江西人，最感到亲切的还是，不管走到祖国哪个角落，竟然都能遇到祖籍还是江西的人。于是，我们就会聊起“江西填湖广”的历史故事。研究者认为，自南宋以来，江西一直是南方重要的人口输出区。据不完全统计：湖南、贵州、云南、四川等地的祖先都是元末明初自江西迁居而来，仅仅是明洪武年间，从江西迁出的移民就达214万多。值得一提的是，近代湖南很多名人如魏源、曾国藩、毛泽东等都是江西移民的后代。由此,才有了"居楚之家,多豫章籍"的说法。可见,当年江西不断向外移民,为中华文明的延续和发展作出了巨大贡献。

每当遇上对江西更有了解的人,我自然会骄傲式地告诉他我的家乡在江西吉安。我们吉安,是一片既有文化积淀又有革命传统的红土地,更是一个民风淳朴风景优美的好地方。在历史上,我们吉安素有"江南望郡""金庐陵"的美称。了解吉安的人都知道,吉安自古人才辈出,名士荟萃,文化发达。从唐宋至明清,吉安科举进士近3000名,状元、榜眼、探花45位(其中状元17位),因而绘就了"一门九进士,隔河两宰相,五里三状元,九子十知州"的历史画卷。著名的"唐宋八大家"之一的欧阳修、民族英雄文天祥、《永乐大典》的主纂解缙、宋代大文豪杨万里等文坛大家先后都诞生在这片土地上,并形成了中国文学史上底蕴深厚的庐陵文化。

我们吉安的历史,除了一部神奇的科举功名史,其实也是一段神奇的移民史。明朝确立在云南和贵州的统治以后,朱元璋在云南、贵州设置了大量的军屯——其中有大量的军士来自江西。朱元璋命这些军士将家属也带到军屯地点,在这里繁衍。于是,云南、贵州就有了最早的江西移民。有说法认为,江西各州府中,以当时吉安人口最多,所以从吉安移民出去的人也最多。也有一种说法认为,明朝朝廷在推动江西移民进入贵州的过程中,曾以吉安为中转。为此,很多云南贵州的江西裔汉人自称祖先来自吉安府。我在云南贵州认识的好多位律师,都跟我说起他们的祖先曾经是江西吉安人。当然,迁居最多的还是湖南。许多湖南人的族谱,对此都有详细记载。吉安的吉水县是毛泽东祖籍,这个毛家族谱上有记载。吉水县现在还有毛泽东祖籍渊源展示馆,对外开放并接待游客。而据小平同志的女儿毛毛在《我的父亲邓小平》一书里也提到过,"邓氏祖籍在庐陵"。其依据是邓小平家的族谱明确记载:明朝初年,邓小平的祖先邓鹤轩在朝中任兵部员外郎,奉命四川平乱。邓鹤轩是江西吉安庐陵府人,当时举家迁到四川。邓小平是迁四川广安邓家第19代孙。而刘少奇同志的族谱和胡耀邦同志的族谱记载,也是从江西吉安迁过去的。

还有一个说法,吉安也是曾国藩的湘军发迹之地。当时曾国藩的弟弟曾国荃为攻打吉安组织了一支部队,叫吉字营。相传,这个吉字营成立之后,湘军局面开始好转。在他们打下吉安之后,先后打下了景德镇以及安徽的省会安庆,包括最后打下南京,都是这个吉字营干的。可见,我们吉安人既讲义气,更能打仗。

在刚刚播完的《跨过鸭绿江》电视剧中,我们看到的最能打仗的"万岁军"军长梁兴初是我们吉安人。新中国成立后,带领第18军进军西藏、实现西藏和平解放的张国华中将是我们永新人。同样是解放战争后期,进军新疆、后来一直在新疆工作并为新疆发展和稳定作出杰出贡献的王恩茂中将是我们永新人。

1927年,毛泽东带领的秋收起义部队从湖南浏阳来到吉安的井冈山。从此,这里就成了革命的红色摇篮。现在,对我们吉安人来说,最值得大讲特讲的还是井冈山。可以说,无论是过去的红色井冈山还是今天的绿色井冈山,都是一座既有吸引力更有思想力的名山。

每当有人问起我是江西哪里人时,我必然会自豪式地介绍我的家乡在吉安永新。如果要从地理位置来介绍,可以看到如下文字介绍:永新县地处赣西,隶属江西省吉安市。它东连吉安,南接井冈山，西与湖南茶陵及莲花县毗邻，北与安福交界。幅员约 2195 平方千米。地处北纬 26°47′—27°14′，东经 113°50′—114°29′，东西长约 180 千米，南北宽约 160 千米。这里属北亚热带，副热带季风湿润气候，常年气候温和，雨量充沛。四周群山环抱，从东到南是罗霄山脉—义山山脉横峙如屏，包括著名的七溪岭、九陇山。从西到北是禾山山脉巍然雄踞，包括铁镜山、天龙山和梅山等。禾水河蜿蜒曲张，如一条长带，纵贯其中，灌溉着全县大部分土地。这里丘陵起伏，平原遍布，河谷、溪流交错罗列，自然条件十分优越，这里盛产粮油、竹木、茶叶、中草药等多种土特产……

如此美丽令人向往的永新，当然也有令人敬仰的永新人。许多人知道，为开辟井冈山革命根据地立下汗马功劳的贺子珍是我们永新人。盛唐时期，我国古代著名的女歌唱家许和子也是永新人。最值得一提的是，我们永新还是“中国十大将军县”之一。

当然，在历史上最具传奇色彩的还是关于“石灰脑”的传说。时至今日，永新周边县市仍有叫永新人为“石灰脑”的称谓。所谓“石灰脑”，是指永新籍北宋宰相刘沆因坚持改革而被朝中奸臣在皇帝面前竭尽全力诋毁挑拨乃至搬弄是非，在骗取宋仁宗信任后惨遭误杀，奸臣们掳去其头颅，使一代忠臣体无完尸。待皇上意识到自己听信谗言而误杀忠臣后，十分懊悔，当即含泪写下了“思贤碑”。随后，又令工匠特制一颗纯金头颅安放在刘沆颈上，在回故里永新安葬时，亲人为防盗墓，故意用石灰筑了一个刘沆头，同时建了三座坟（现在的永新县三门前村原名为三坟前），使人们不知道刘沆的金头颅安葬于何处。

由此可见，永新确实是一个具有丰厚历史文化传统的地方。同样，因为著名的“三湾改编”“龙源口大捷”，又使永新拥有了深厚红色文化传统。作为当年井冈山革命根据地的重要组成部分，永新为中国共产党乃至中国革命都作出了巨大的贡献。最最重要的是，永新还是毛泽东夫人贺子珍同志的家乡。贺子珍同志出生的地方是永新的南乡黄竹岭村，我曾经生活过的地方是永新的北乡芦溪乡。两地遥遥相对，不过一川之襟。

我的青少年时代就是在永新县芦溪乡绿溪村千古洲自然村度过的，这是我最亲切最直接最原始的家乡。后来，我上大学后特意取了个笔名“千古洲”，以此抚慰自己对家乡的思念之情。

小时候，家里实在是太拮据了，以至于我到 9 岁时才有机会上小学。即使上了学，每个学期两块五的学费都只能到学期末才能缴纳。因为家里的老母猪生下的猪仔，终于可以卖钱了，终于有钱可以交学费了。于是，我和许多同龄人一样，打着赤脚、跨过田埂，先后在马田小学和樟桥小学完成了自己的小学学业。

1976 年 9 月，我的初中生活在芦溪中学拉开了序幕。尽管已经过去了 40 多年，但我至今还清楚地记得，上学报到那天下午，正好听到收音机在播放毛主席逝世的讣告《告全党全军全国各族人民书》……

芦溪中学位于江西省永新县芦溪乡中部，始建于 1967 年，那是在一座荒山上建起来的学校。学校地处石崖头的山坡上，无论是上课还是吃饭，都相当于要完成一次爬山训练。对于农村出生的我们来说，这都不费事。费事的是，每周必须至少回家一次带卤菜，也即是萝卜干炒豆角辣椒之类的土菜。带一次，吃一周，既要省着吃，更要匀着吃。当然，今天的芦溪中学已经是树木成荫，山清水秀，校园内繁花似锦，绿草如茵。有诗为证：

芦水清清润桃李，
溪涓绵延千古流。
中麓繁荣育英才，
学林茂盛万木春。

该上高中了，芦溪乡没有高中，我们只能到邻近的永新县怀忠中学求读。走一段公路，扒一段货车，翻一段山路，大约二十里地，就可以到达学校所在地怀忠镇了。一般情况是，周六下午从学校回到家里，周日上午上山砍柴，下午再返校学习，印象中总是在晚霞即将消失的时候踏进了校门。就这样，来回翻山走路，早报到晚自习，凝成了高中时期最深刻最难忘的青春记忆，也磨砺了高中时期最坚强最有益的人生品格。

高中最后一个学期，县教育局将全县各个中学的文科生全部集中到地处蓑衣岭的共大永新分校闭门攻关学习。三个月的摸底拼杀，使我有幸成了总分第一名的学生。1981 年 9 月，我又有幸以当年全县文科第一名的成绩，考上了地处上海的华东政法学院（现为华东政法大学）。

从此，我就离开了千古洲，离开了绿溪村，离开了芦溪乡，离开了永新，离开了吉安，离开了江西，来到了从未敢奢想的大都市上海。

1985 年 7 月，大学毕业后，我又幸运地被分配到了伟大祖国的首都北京。

从此，家乡就成了我魂牵梦绕的代名词，也成了我炫耀嘚瑟的高频词，更成了我骄傲自豪的关键词。

家乡究竟意味着什么？

仿佛一晃之间，从当年考上大学离开家乡到大学毕业走进京城，竟然已经 40 年了。在我今天已经年过半百这个年龄的人看来，家乡究竟意味着什么呢？

作为来自农村的孩子，作为走出山里的伢子，作为客居城市的旅者，每当想起家乡，我的眼前就浮现出漫山遍野的杜鹃，满目欲滴的翠竹，潺潺流淌的小溪，青青嫩绿的小草，遍地金黄的油菜花，蜿蜒伸展的盘山路……

随着年龄的增长，随着岁月的转换，随着时光的飞逝，我的脑海不断闪现的则是曾经下河捉鱼的小溪、曾经上山砍柴的山林、曾经放牛吹哨的丘陵、曾经拔草收叶的山野、曾经插秧耕田的稻园、曾经割稻捡穗的田畦……

如果与来自千古洲的亲朋老友聊起家乡的往事，就更如滔滔江水，连绵不绝，一发而不可收。于是，庙背岭、凤凰山、牛转湾、太山里、棚树下、高洲上、樟木桥、莲花庵等地名，如电影胶片一般，在眼前一幕幕幸福地闪过。每当此时，念叨更多的是曾经一起追打嬉戏的玩伴，谈论更多的是曾经一起结伴上学的发小，询问更多的是曾经一起吟诗唱歌的小芳……

是啊！所谓家乡，就是儿时天真烂漫的回忆，就是幼时少不更事的趣闻，就是亲朋故旧的欢笑，就是乡音不改的顽固，就是一山一水，就是一草一木，就是一砖一瓦，就是一路一桥……

我们江西有最红的山，有最绿的山，有最美的山，有最清的湖，有最蓝的湖，有最美的湖，有最实的人。更有文化品位的是，江西每个县名都很有讲究。我曾经看到过这样一副对联，可谓妙趣多多。

永修铜鼓万年万载,

新建石城乐平乐安。

后来,我曾经以此考问一些江西老乡:这副对联中到底嵌入了几个地名。大多数回答是8个县名,其实应该是9个县名。因为藏头还有一个县,那就是我的老家永新县。为此,许多永新老乡恍然大悟之后,感动得拍案叫绝。因为永新是我们的家乡,是我们许多永新在外游子魂牵梦萦的地方。

江西现有99个县,每个县的名字与我们永新这个县名一样,充满了吉祥与幸福,蕴含着文化与传统,都值得研究和解读。

有一年春节期间,曾有一位老俵以县名编成了一条这样颇具创意和情意的短信:

天地瑞昌,万民德安;身体泰和,生活永新;

洪德永修,文泰武宁;理想兴国,事业上高;

财源广丰,积蓄万载;新年吉安,全家安福。

在这里一共嵌进了12个县名,分别表达了新春的祝福与新年的祝愿。这种祝福来自我们的家乡,更发自我们每一位家乡人的内心。

众所周知,在这个世界上除了亲情之外,有一种感情是与生俱来的,那就是乡情。不管你当了多大官,不管你赚了多少钱,不论你有多高的名气,不论你有多大的成就,你永远无法也不能割断与家乡的联系。

因为这种联系,这种联络、这种联结是与生俱来的。但是,仅仅认为乡情是与生俱来又是不够的。我们还应该让这种感情与日俱增,这就需要乡友之间多沟通、多交往、多联络、多联系。这样,我们才能互相学习、互相帮助、互相取长补短、互相督促提携。

当然,仅仅认为乡情需要与日俱增也是不够的。我们还需要让这种情感与时俱进。

所谓与时俱进,就是要适应时代的变化、社会的变革和家乡的变迁,不断关心家乡的进步和发展、不断关注家乡后辈的进步和发展。

此时,家乡就不仅仅是一种情感,也不仅仅是一种情缘,更是一种情结。所谓情结,就意味着家乡的万事万物,都是最美的;家乡的美味佳肴,都是最好的;家乡的男女老少,都是最亲的。

我和我的家乡是什么?

家乡究竟是什么呢?我们的回答将决定我们的理解,我们的理解将决定我们做什么与不做什么。

2018年10月,北京永新商会在江西大厦举行成立大会。作为应邀嘉宾,当时我在祝贺致辞中说,今天所有的来宾都是有缘之人,这是一种与生俱来的缘;今天所有的来宾都是有福之人,这是一份与日俱增的福;今天所有的来宾都是有家之人,这是一个与时俱进的家。因为有家乡的人,比没有家乡的人更多了一种幸福。

2019年两会前夕,吉安市委、市政府在北京召开“三请三回恳谈会”,主要初衷是“请乡友回家乡、请战友回驻地、请校友回母校”。作为乡友代表,我也应邀参加了此次会议。我觉得,这样的活动既有创意，更有深意。换言之，所有曾经出生在吉安、成长在吉安、学习在吉安、工作在吉安乃至生活在吉安的人，大家一起来思考一下如何为吉安发展尤其是高质量发展献计献策、建言献策、出谋划策，很有必要，很有意义。因为我们吉安既需要长远性的重大工程，也需要全局性的重点项目，还需要倾斜性的重要政策，更需要开阔性的重磅思路。因为没有思路就没有出路，没有开放就没有发展，没有创新就没有活力，没有项目就没有后劲。

可以说，不管是一个人还是一个地区，要发展，要提高，要进步，都无法逾越这样的规律，眼界决定境界，思路决定出路，定位决定地位，理念决定道路，细节决定成败，脑袋决定口袋。

2006 年，由我牵线搭桥将北京金杜律师事务所的定期公益项目“金杜课堂”，引荐到了我的家乡永新。永新县同时也是吉安市中级人民法院的扶贫点，这个设想首先是吉安市中级人民法院领导提出来的。当年，金杜律师事务所管委会主席王俊峰还曾在我的陪同下，专程赴江西吉安永新实地考察。为了让此事两全其美，在与吉安市中级人民法院和永新县委、县政府商量沟通后，最后将“金杜课堂”落地于永新县埠前镇高川小学。

2007 年教师节前夕，“金杜课堂”落成典礼在高川小学举行。作为牵线搭桥者，我以一首藏头诗表达了我们家乡人对金杜律师事务所的深深谢意：

金风驰骋自京邦，
杜宝高鸣满井冈。
课玉滋华起木铎，
堂中千古有余香。

从此，每年春节回到家乡，我总要去“金杜课堂”走一走、看一看。一方面是无限感恩于金杜律师对我们家乡孩子们的爱心，另一方面则为坐在“金杜课堂”里读书的家乡的孩子们而欣慰。

当然，同样需要永远感激的还有国浩律师事务所上海办公室与广东易春秋律师事务所。在我们千古洲村与县道的连接道路桥梁修建中，为了弥补县里计划预算的不足，他们伸出了援助之手，并提供了资金支持。于是，每年春节回到村里，我总要背着手漫步在千古洲村口的乡道上，内心充溢着满满的欣慰与感动……

这些年，作为一位法律媒体人，也因为自己与律师界的缘分，来自家乡的邻里纠纷乃至拆迁纠纷，竟然纷纷找到我来做调解人。于是，在我的主持下，来自家乡的双方就在我们单位会议室最终还是握手言和了。可以说，这是一种因为家乡而带来的意外收获。

在我看来，家乡是过去更是未来，家乡是回忆更是展望，家乡是思念更是观念，家乡是关心而不是揪心，家乡是引资而不是谈资，家乡是进步与发展而不是落后与贫穷，家乡是在外游子的一个点子一个建议一个信息，家乡是在外乡友的一份亲情一份乡情一份真情……

由此可见，家乡与我们的心相连，与我们的情相牵，与我们的眼界相系，与我们的思路相关。

我曾经笑话我家里的领导比我们有家乡的人少了一种幸福，因为她是土生土长的北京人。但是，在她跟我结婚 30 年之后的今天，她在一篇叫作《北京媳妇回乡记》的文章中对家乡作了一种外来人的诠释和解读。她在文章中感叹道：

家乡,便是当你站在她的面前可以涌起很多幸福的回忆,而当你离开她生活在另外一个地方的时候,依然对她有着无限牵挂、没有任何理由地随时想要回来的地方吧?对我来说,离开北京千里之外的村庄,有我进入婚姻生活之后的很多个关于中国最传统节日的回忆,更有我牵挂的年迈的公婆。我,也算是有家乡的人了吧?

一个嫁给农村人的外乡人竟然将我的家乡也当成了她的家乡!一个出生在北京的外乡人竟然将我的家乡当成了她心目中的家乡!一个从来没有在江西生活过的外乡人竟然以我的家乡视为她心目中的家乡!或许,这就是我家乡的魅力和魔力。

我和我的家乡,原来你竟有如此这般的魅力和风光?

我和我的家乡,到底是一种怎样独特而神奇的情感?

我和我的家乡,一刻也不能相忘!我的家乡和我,一刻也不能分割!

2021 年春节已经越来越近了,过年的气氛也越来越浓烈了。考虑到全国疫情防控的要求,今年春节是无法回到家乡了。绝大多数人都只能眺望远方的家乡,不得不接受"就地过年"的特殊过年方式。

正是因为无法回老家过年,许多在外地工作生活的人对家乡的想念就可能更加热烈。

期待着疫情能够早日缓解,期待着大家能够早日摘去口罩,期待着我们在外地工作生活的家乡人能够一如既往而轻松自如地回到江西老家过大年、度春节。

祝各位江西老乡新年快乐、万事如意!祝各位家乡父老春节欢乐、阖家幸福!祝所有人身体健康、幸福平安!

原载桂客留言 2021 年 2 月 10 日

当一个老师究竟有多幸福?

前一段时间,一条有关老师将取消寒暑假的新闻,震惊了教育界,也震动了曾经对当老师十分渴望的我本人。

因为当一个老师千好万好,最重要的就是每年都有寒暑假。不算不知道,一算才发现,一年的寒暑假竟然拥有长达90天的时间。这对许多特别渴望休假的上班族来说,这是多大的诱惑啊!

近年来,我也开始萌生了想去大学当老师的想法。想法决定做法,心动必须行动。但是,直到已经无限接近大学校门的时候才发现,要当老师真的不容易。

我曾经一直认为自己不具备当老师的能力,因为自己从小就很内向,直到上大学了还是不敢当众讲话。所以,当年在大学毕业填写从业志愿时绝对不敢写上"教师"这个职业。尽管如此,但自己内心却又一直想挑战一下这个不可能。

老师也要不断成长

1985年6月,中共中央办公厅和国务院办公厅联合下发了关于成立中央讲师团的通知。根据教育体制改革方案,党中央决定每年从中央机关抽调3万名具备条件的干部,组成中央讲师团,奔赴各地参加培训中小学教师的工作。当时,司法部得到了8个名额,与机械部、中科院一起组成河南分团奔赴河南各地支教。

为此,法律出版社按照司法部的要求,指派了一名干部参加了当年的中央讲师团。

两个月之后的1985年8月,我从华东政法大学毕业分配,从上海来到了北京,走进了司法部法律出版社。我虽然没有赶上1985年的首届中央讲师团,但我却争取到了参加第二届中央讲师团的机会。

说起这个费尽口舌争取到的机会,其实还有一段故事……

1986年6月,司法部又要组成新一届讲师团了,法律出版社准备安排谁去参加呢?

按照要求,中央讲师团实行"自愿报名、组织审批、领导批准"的方式。但由于讲师团对入选成员有一定的要求,所以很多时候实际上是组织上先有指向性人选,再征求有关指向性人选的意见。很快,社党委就确定了作为法律出版社代表参加司法部第二届中央讲师团的人选。很快,我也得知已经被确定的人选对此事有一些犹豫和畏难。

作为一名青年党员,也作为被确定人选的同部门同事,我自告奋勇找到了时任社党委书记惠德明同志,主动要求替换原定参加讲师团的人选。

或许因为我是头一年毕业分配到社里大学生中唯一的党员,也或许因为我来自农村而适应能力强,更或许因为我积极主动恳切请求的心情与愿望之迫切,最后社党委再次开会,决定改派我代表法律出版社参加司法部的中央讲师团赴河南支教。

1986 年 8 月,作为中央讲师团河南分团濮阳支队成员,我们司法部一行七位团员来到了濮阳市郊区教师进修学校,然后分别担任了该校不同年级、不同课程的讲授老师。按照安排及我个人的专业兴趣,我担任了该校一年级语文基础知识与写作两门课的讲授老师,专门培训当地的中小学教师。

为期一年的讲师团生活,很快就结束了。可以说,这一年我是收获颇丰,感慨良多。为此,按照上级要求,1987 年 6 月我撰写了一篇题为《得到的比失去的要多得多》的总结报告。在将报告报送给讲师团团部领导的同时,我也呈送给了我们的社党委书记惠德明同志。也许确实是感受深刻,也许是确实很有参考价值,社党委书记惠德明同志竟然将我的总结报告批转全社干部群众传阅学习……

后来,因为种种原因,从 1985 年中央决定派出的第一批中央讲师团,到 1988 年派出最后一批之后,此次支教活动就停止了。但是,所有参加过讲师团的成员,对这场历时 4 年多声势浩大、波及全国大部分地区的中央讲师团行动至今仍记忆犹新。因为一方面增强了中央对地方的了解,帮助落后地区增强了师资,并传播了许多崭新的教育理念;另一方面又丰富了每一位中央讲师团团员的人生经历,而且还对每一位亲历者的个人成长也有很大帮助。

更加令人难忘的是,胡耀邦同志作为时任总书记先后两次在人民大会堂发表激情演讲。

1985 年 8 月 11 日,时任中共中央总书记的胡耀邦亲自在人民大会堂欢送 3250 人的中央讲师团,发表了《年轻知识分子的成长道路》的讲话。1986 年 8 月 15 日,胡耀邦以一篇《再同年轻知识分子谈成长道路问题》的演讲,在人民大会堂欢迎从各地归来的 1985 届讲师团,欢送即将奔赴全国各地支教的 1986 届讲师团。

作为 1986 届讲师团成员,我亲耳聆听了胡耀邦同志的激情演讲与谆谆告诫。尤其是胡耀邦同志在两次演讲中都提到的年轻知识分子的成长道路,让我浮想联翩、铭记于心。

胡耀邦同志强调,年轻知识分子要正确处理好理想同现实、个人利益同人民利益、书本知识同实际知识的关系。胡耀邦同志说,你们尽管职业岗位不同,个人经历不同,但是,要走向成熟,在今后几十年中胜利地担当起历史责任,就需要坚持不懈地从这三个方面来磨炼自己。

胡耀邦同志在讲话中对当代年轻知识分子提出了特别要求,他要求广大年轻知识分子,一定要对我们伟大事业的前途充满信心,百折不挠,一步一个脚印地向前拼搏和奋斗;一定要始终站在时代的前列,无论何时何地都不计较个人私利,勇于为祖国、为人民的利益而献身;一定要开阔眼界,深入实际、深入基层,乐于在那些平凡岗位上创造性地工作。

胡耀邦同志已经离开我们 32 个春秋了,但他激励我们的演讲情景至今还历历在目,言犹在耳。从胡耀邦同志的两次讲话可以看出,年轻知识分子的成长是一个既与国家发展相关、更与个人命运相连的重大问题。

老师也是自我挑战

从我个人的人生经历来看，无疑是一个最好的说明。

当年，我从河南回到北京之后，时任法律出版社社长蓝明良同志问我有什么要求，我提出想去《法律与生活》杂志从事新闻采访工作。社领导研究之后，同意了我的请求。于是，从 1987 年 8 月开始，我就正式开始了自己梦寐以求的记者生涯。

为什么想当记者呢？

因为我一直认为，当记者就要不断地采访提问，也就是要经常讲话表达。所以，当了一年老师的我，觉得还需要更多地锻炼自己的表达能力。

此后，无论是在《法律与生活》的 8 年成长还是在《中国律师》的 11 年主政乃至《民主与法制》的 11 年转战，我始终没有离开新闻传媒事业（即使是在团中央工作的 4 年时光，也负责编辑出版了《预防青少年犯罪研究》《青少年权益》《为了明天》等工作刊物），始终坚持自己的理想目标，始终努力追求理想同现实、个人利益同人民利益、书本知识同实际知识的有机结合。最重要的是，始终把做好实际工作与锻炼表达能力有机结合。

从那时至今，我从事新闻传媒事业 30 余年来，借墨结缘，播火传薪，足迹遍及祖国大江南北，笔触神州各路英雄豪杰，收获甚丰，感慨颇多。30 多年来，最大的变化也随之逐步实现乃至不断进步。这个最大的变化，就是自己在公众场合的表达能力逐步增强了。于是，自己逐渐开始担当主持人、担任点评人、充任总结人，参加各种大大小小的业务交流会和学术研讨会。尤其值得一提的是，也开始被许多院校聘请担任校外导师或兼职教授了。

这些年来，每每在大学同学聚会的时候，我常常自诩也自豪地宣称自己是“华政 81 级进步最快的人”。一是因为我的年龄进步最快，已经提前进入了老年社会，以至于江平教授常常怀疑我跟他指导的博士商文江教授是大学同学，王利明教授则时时质疑我与如日中天的姚辉教授是华政同窗；二是我的性格变化最快，一个从不敢在大众场合讲话尤其是不敢向女同学表达的人，现在竟然还敢出去搞什么讲座、做什么演讲，尤其是还敢和央视主持人同台主持。

老师也在进步改变

其实，对我本人来说，从上大学报到那一天开始，我就告诉自己一定要强迫自己不断改变。大三时主动要求当收发员，是一种希望提高自己与人接触能力的变；大学毕业之后主动要求参加中央讲师团，是一种刻意增强自己表达能力的变；回到北京之后主动要求调到《法律与生活》杂志当记者，是一种试图突破自己内向性格的变；从法律出版社主动要求调到中华全国律师协会《中国律师》当主编，是一种努力锻炼自己协调能力与组织能力的变；从《中国律师》主动要求调到团中央中国青少年犯罪研究会工作，是一种尝试自己在机关工作适应能力的变；从团中央主动要求调到中国法学会担负《民主与法制》总编之责，则是一种提升自己管理传统媒体与对接网络媒体能力的变……

30 多年来，我们的年纪在变，我们的身体在变，我们的工作在变，我们的视野在变，我们的眼界在变,我们的胆量也在变。可见,人的一生就是变,变就是调整,变就是挑战,变就是进步,就是发展,就是提升。于是,我感觉自己的性格在不断变化,自信心在不断增强,表现勇气也在不断提升。于是,我变得终于可以当老师了。

说起老师,我们曾经见到过许许多多形象美好的描述和赞美。有人说老师像园丁,把幼小的我们培育成一棵棵茁壮成长的大树;也有人说老师像一把金钥匙,把无知的我们领进一个个知识丰富的宝库;还有人说老师像蜡烛,照亮了知识的路程,无私地燃烧自己,奉献他人;又有人说老师像春雨,把点点滴滴的知识撒在我们的心里;更有人说老师像人类灵魂的工程师,传授丰富的知识,传承浩瀚的文化。

在我看来,综观所有这些描述和赞美,无非就是告诉我们,所谓老师,就是教书育人,就是释疑解惑,就是传道授业。

老师就是教书育人

教书与育人,其实不难理解。一个是“教”字,一个是“育”字,这两个简单的汉字,最直接地表达了教师与学生的关系,也最直白地表述了教师如何做到言传身教的目标。

为此,我在2020年8月参加中国政法大学暑期师德师风培训班上,听到了许多如何做好老师的道理,学到了许多如何做一个好老师的伦理,悟到了许多如何做好人与做好老师的真理。我认为,无论是思政课还是专业课,都是为了教书育人。这里讲的育人,首先就在于育德,其次才是育才,最后则是育人。如何做到育德育才育人,我觉得可以用“增长、师长、成长”来概括。因为“教学相长”,就是指教师与学生在知识与思想上的共同“增长”;而“为人师表”,则主要是指每一名教师如何体现自己作为“师长”的榜样作用;至于“茁壮成长”,主要就是强调教师如何认识理解学生的创新创造能力,也就是如何促进学生健康“成长”。

因为这三个关键词,我通过此次学习受到的深刻启发是:只有能够做好自己、教好学生、带好弟子的教师,才是合格乃至优秀的教师,才是最标准的师德师风,才是最优秀的教书育人。

认真学习之后,我的最深体会是,一名教师,无论是老教师还是新教师,都一定要做到以下三点:第一,牢记规范。十条准则,条条都重要,句句都关键。作为教师,必须牢记并掌握。第二,做好示范。每一位教师,都是学生的标杆。老师做得好,学生才有可能学得好。所以,老师的正确示范,至关重要。第三,绝不失范。每一位老师,既要有红线意识,也要有底线意识,更要有高压线意识。如果老师都失范了,那就是典型的师将不师了。搞好教育工作是党和国家大计。在我看来,搞好教学、做好教师、带好学生,就是我们作为教师的大事。

老师就是释疑解惑

什么是“疑”?哪里有“惑”?这既是老师的问题,更是学生的难题。所谓“疑”,就是质疑、怀疑、存疑。至于“惑”,则是疑惑、困惑、惶惑。对于学生来说,有“疑”就是有问题、有问号、有好奇心;有“惑”就是有困难、有疑难、有不解甚至有不服。其中既有烦恼之惑,也有知识之惑,更有人生之惑。

作为老师，就是要帮助学生破解疑问、消除痛苦、解除迷惑。无论是疑惑还是困惑，既有认识论的问题，也有方法论的问题，更有实践论的问题。帮助学生克服认识和认知上的障碍、解决方法和技巧上的难题、弥补实践和经验上的不足，正是作为老师必须具备的素质和能力。

对于法律院校学生来说，更多的学习教育训练就是法律思维。所以，提出质疑、表示怀疑、习惯存疑，就是一种法律思维。因为在法律人的嘴里，永远不能说一个人是否有罪，而只能说在证据上是否能证明一个人有罪。凡是证据能够证明的即视为存在，证据不能证明的将视为不存在。

走进法科院校，你会发现，空气中弥漫的好像都是法律思维的书香和味道。于是，你会发现法律人原来是这样的人。

首先，质疑是法律人的一种基本素质。面对立法的空白与疏漏，面对司法的缺位与乱象，面对公权的肆意与妄为，法律人必须站在法律的高度，立足法治的角度，提出质疑，摆出问题，从而起到建言献策的作用。

其次，怀疑是法律人的一种职业天性。对于具体的个案，法律人应当就程序是否适当完备、证据是否确实充分等问题，提出意见，表示怀疑。正如一位刑事法官所言："善于怀疑、合理怀疑应是刑事法官的天性，诉讼的过程就是一个使法官'排除合理怀疑'的过程，只有当合理怀疑被排除时，才能定案，因此刑事法官应该树立善于怀疑的疑问性思维。"于是，具体到个案中，案件是否属于本院管辖，刑事被告人席上的人是不是本案作案人，出示的证据是否具有证明效力，以及起诉指控的事实是否成立等，均属法官的怀疑对象。

最后，存疑是法律人的一种判断能力。当证据出现瑕疵、程序暴露问题、案件产生疑问，就需要我们将疑问作为一种方案带入解决预案。于是，"疑罪从无"而不是"疑罪从轻"，就不仅仅是一种法律常识，更是我们解决存疑的一种共识。

一碗面条里发现一只虫子，是挑出后继续吃还是全部倒掉？一个苹果出现局部腐烂，是削除腐烂部分继续吃还是全部扔掉？看起来只是一个生活常识，其实更是一种法律思维。

作为老师，就是要为学生质疑解析、为学生怀疑解惑、为学生存疑解难。或许，只有质疑被吸纳了，怀疑被排除了，存疑被否定了，才是法律思维与法治精神的完美结合。

古人云，"学起于思，思起于疑"。可见，每个人的成长就在于是否具备"好奇心"与"疑惑力"。所以，最好的老师不仅仅是带给了学生多少知识，而更重要的是教给了学生多少方法。此处所说的方法，就是一种思维、一种问题、一种技巧。为此，好老师就是要不断强化学生的问题意识，不断细化学生的专业技巧，不断亮化学生的思维方法。所谓释疑解惑，就是帮助学生解释疑虑、解除疑问、解决疑难。简而言之，就是培养学生的创新精神。

老师就是传道授业

应当说，这是对老师这个职业内涵最经典最基本的解读和理解。所谓"传道授业"，就是传授道理，教授学业。这就要求老师既要传授书本知识，更要传授社会知识；既要传授专业素质，更要传授人格品质；既要传授创家立业之道，更要传授待人接物之道；既要传授独善其身之道，更要传授兼济天下之道。当然,“传道”还要与“授业”完美结合。

老师与学生到底是一种什么关系？毫无疑问,就是一种教与学的关系。更直接地说,就是一种言传与身教的关系。学生表现怎么样,首先在于老师教得怎么样。如果说“传道”是强调传授内容,那么“授业”就是指形式和方法。如何用更有料有效有趣有爱的方法去教育学生、指导学生,应当是每一位老师的基本功。可以说,每一位老师的传授内容和教授方法,都会影响到学生们的健康成长与发展,有的甚至会影响到学生们一生的发展和进步。这就要求,每一位老师在情感、态度、理想、价值观、人生观等各方面,既要注意平常教学时对学生进行激励和鼓励,更要注意关键时刻对学生的引导和督导,从而真正教化与感化学生,带领和引领学生,最终形成正确的价值观、世界观、人生观。

由此看来,无论是什么学校,教师与学生永远是最重要的主体。但是,从师德师风角度来看,教师显然更加重要。对于一名教师来说,什么是最重要的素质？那就是做人。我深深体会到,做一名合格的教师,还是要从做人开始。对每一个教师来说,做人做得好就是最标准的师德师风。作为教师,先做合格的教师,再做优秀的教师,都需要以基本的师德师风为基础。一名合格的教师,一定是热爱学生、服务学生、引领学生的老师。一名优秀的教师,一定是以正确的思想教书育人、以有效的方法释疑解惑、以丰富的知识传道授业的老师。

努力追求成为一名优秀的教师,正是我本人期望在教学生涯中的方向和目标。尽管从1994年担任《法律与生活》杂志副主编以来,一直在努力追求带好徒弟带好队伍,但总感觉不如在大学校园里更有成就感。于是,如何在教书育人中发现获得感、如何在释疑解惑中收获成就感、如何在传道授业中提升幸福感,则是我本人在大学校园里努力追求的人生目标。

又是一年毕业季,再听老师演讲时。每年的6月底7月初,从大学到小学,从境外到国内,从校长到院长,一篇篇精彩的演讲转成了头条新闻,一声声叮嘱感动了莘莘学子,一条条金句捧红了网红教授。别的不说,就看传统的“五院四系”吧。

在今年的毕业演讲中,从北大到人大、从武大到吉大、从法大到华政、从西政到西法大乃至中南财经政法,每一位法学院校领导的演讲,都很精彩,都有亮点。但是,最打动我的还是中国政法大学法学院院长焦洪昌教授在法学院2021届研究生毕业典礼上的致辞。其中,他发自内心地表达了当老师的幸福感。他说:“我今年满60岁了,从教38年,还一直站在讲台上。我以为,天底下最好的职业就是教书,风吹不着,雨打不着,在三尺讲台上,只需默默地耕耘,静静地浇灌。夏天送弟子们出征,秋天迎弟子们入门,寒来暑往,日月星辰,每天都在希望中度过。就像农民,流汗撒种,欢乐收割,天经地义,无怨无悔。”

焦洪昌教授说,“天底下最好的职业就是教书”。在我看来,天底下最好的职业就是教书育人的老师,就是释疑解惑的老师,就是传道授业的老师。最重要的是,既有令人羡慕的寒暑假,更有让人欣慰的桃李满天下。

当一个老师如此幸福,实在让我们艳羡与向往。但是,我等了很久,以为自己终于可以去大学当老师了。从当年大学毕业到此时此刻,竟然等了30多年。从2020年年初到此时此刻,竟然又等了一年多。没想到,最终还是没当成。看来,还是因为自己机缘不够啊！简而言之,就是自己命中没有这个幸运啊！现在，不能去怪别人了，只能怪自己了。

巧了！我原本要去当老师的地方就是中国政法大学。尽管最后没去成，我还是要感谢中国政法大学，感谢校党委、校委会、学术委员会当初决定对本人的接纳和引进！

对许多大中小学老师来说，新的一年暑假生活已经幸福地开始了。对我来说，我的大学校园执教之梦想可能要等到我真正退休之后了。既然如此，那就期待退休后再续教师梦吧！

原载桂客留言 2021 年 7 月 30 日

法惠万家　宣而有道

——从企业口号看企业文化

法宣在线编者按：

企业口号是一个企业发展的长期愿景和方向指引。近期，法宣在线管理层向全体员工发函征集，收到了180多条企业口号，经层层筛选，“法惠万家　宣而有道”最终高票获选，成为法宣在线的企业口号。

近二十年来，法宣在线一直致力于推进法治宣传、改进法律服务、促进法学交流，以科技和内容双轮驱动，为全民普法和公共法律服务事业提供社会化、智能化和专业化解决方案。

“法惠万家　宣而有道”，八个字简洁明了，内涵深刻，蕴含法宣在线的愿景目标、使命担当和核心价值观，对企业文化起到导向规范、凝聚激励、传播推广的作用。这一核心理念未来将持续落实到日常管理、渗透到产品研发、融入到品牌推广、贯穿经营全过程。

为此，刘桂明总编审特别撰文，解读个中深意，敬请关注。

有人说，美丽的歌声留给人的记忆是长远的。其实，优美的广告语同样会给人留下终生难忘的记忆。

记不得是哪一年了，当我在电视上看到“让我们做得更好”这句广告语时，脑海里顿时就凝固了。这是飞利浦的广告语吗？这不是与我们每个人都有关的励志语吗？如此优美的广告语怎么只能让一家企业独享呢？

从此，“让我们做得更好”这句广告语，不仅印入了我的脑海，而且还渗进了我的血液；不仅成了我们新闻采访编发稿件的标题，而且还成了我们许多人自我激励互相督促的话题。

于是，我就开始格外留意和关注中外企业的广告语。比如丰田汽车的“车到山前必有路，有路必有丰田车”，又如雀巢咖啡的“味道好极了”，还如人头马XO的“人头马一开，好事自然来”，另如金利来领带的“男人的世界”，更如李宁体育的“把精彩留给自己”……可以说，每一句都让人过目不忘而印象深刻，每一段都叫人朗朗上口而反复传诵，每一条都令人一目了然却又意味深长。

在我看来，一句脍炙人口的广告语，既是企业的产品广告，也是企业的品牌推广，更是企业的价值追求。无论从企业经营管理哪个角度看，广告语既可以对外宣传，也可以对内要求；既可以聚焦当下，还可以关注长远；既可以推广产品，更可以展示形象。从这个意义上说，广告语看起来只是一句企业口号，其实它要表达的是一种企业文化。

两个月前，隶属于中国出版集团的北京法宣在线科技有限公司管理层向全体员工发出征集函，征集能够涵盖作为中国民主法制出版社下属企业法宣在线发展愿景、使命担当和核心价值观的企业口号。这在法宣在线成立十几年来，如此广而告之地征集还是第一次。在征集函中，要求大家结合法宣在线现有的企业文化、发展阶段、行业特点、产品特点、服务理念、社会责任、股东关系、员工关系等进行梳理和提炼，然后提出既有愿景目标，也有使命担当，更有核心价值观的企业口号。

经过一个多月的征集，收到了180多条各具特色各显风采的企业口号。为此，公司管理层组织部分高管成员对此进行了认真评选和层层筛选。经过热烈讨论和反复比较甚至相互争论，最后评选出了一条高票胜选的企业口号。获奖者韩松是一位“80后”，其贡献的企业口号之所以能够获奖，是因为其内涵也代表了新一代的希望。

这个企业口号，就是本文的标题“法惠万家　宣而有道”。

我认为，“法惠万家　宣而有道”这个口号之所以能够胜选，是因为以下三个因素：

一是独特脱俗。一个企业口号要达到一目了然的效果，就必须做到别具一格。如果容易雷同的企业口号，要么就可能属于拾人牙慧，要么就可能归于平淡平庸。但是，“法惠万家　宣而有道”却与众不同。“法惠万家　宣而有道”这个口号一亮相，就会造成一种独特而有力的感觉。从声音效果上看，不仅有力，而且还有韵。经典难忘的企业口号，一定是阅读效果和朗读感受都很独特，好记又好读，好认又好念。“法惠万家　宣而有道”这个口号不仅阅读感觉好，而且朗读起来也颇具抑扬顿挫的感觉。前一句以平声停顿，第二句以仄声收尾。一般来说，上扬声收尾必然更有朗读效果。这样的企业口号在字词句方面，都显示了其通俗又脱俗的独特效果，而且还造成了一个不易模仿、无法抄袭的独特效果。

二是简洁明了。飞利浦的广告语“让我们做得更好”，之所以能够让人过目不忘，就是因为其“精于心简于形”。简明扼要的背后，就是为了告诉大众：我们用心制造完美的科技产品服务于大众，使大众使用它就像打开一个小盒子一样方便，科技是为人民服务的。“法惠万家　宣而有道”这个口号，同样“精于心简于形”。尽管只有短短八个字，但却达到了开门见山、一目了然的效果。在这八个字的深刻内涵中，既有法宣在线的愿景目标，也有法宣在线的使命担当，那就是“法惠万家”。对法宣在线来说，无论是过去十几年的工作历程还是未来的追求目标，始终不变的就是“法惠万家”这个自我要求和工作追求。在以往的工作历程中，从推进法治宣传到改进法律服务乃至促进法学交流，都是为了更全面、更便捷、更通俗地让“法”惠及惠泽惠益千家万户。如果说习近平总书记强调的“努力让人民群众在每一个司法案件中感受到公平正义”，是司法体制和司法公正意义上的“法惠万家”。那么，法宣在线多年来在产品研发和品牌推广方面的努力，则是为了体现在全民普法和全民守法方面的“法惠万家”。从更高意义上理解，“法惠万家”就是学习贯彻习近平法治思想的重要体现。习近平总书记强调：“人民是我们党的工作的最高裁决者和最终评判者。”在新时代，我们必须把以人民为中心的发展思想融入全面依法治国的伟大实践中去。坚持法治为了人民、依靠人民、造福人民、保护人民，把体现人民利益、反映人民愿望、维护人民权益、增进人民福祉落实到全面依法治国各领域全过程，使法律及其实施充分体现人民意志。同时，也必须使人民认识到法律既是保障自身权利的有力武器，也是必须遵守的行为规范，要增强全社会学法尊法守法用法意识，充分调动起人民群众投身依法治国实践的积极性和主动性，使全体人民都成为社会主义法治的忠实崇尚者、自觉遵守者、坚定捍卫者，使尊法、信法、守法、用法、护法成为全体人民的共同追求。

三是意味深长。“宣而有道”的“宣”，既有宣传、推广、传播、颂扬之意，也有宣示、追求、规范、促进之行。换言之，在法宣在线的每一位成员，对外都要做好法治宣传和法律服务，对内都要做好自我规范和自我完善。至于“道”，就更有讲究了。在这里，既可以理解为方法、技艺、规律，也可以解释为原则、文化、道路，更可以表达为道德、品行、志向。由此可见，所有这些“道”，不就是法宣在线多年来孜孜以求的核心价值观吗？我们耳熟能详的《道德经》，在第一章第一句话说的是“道可道，非常道，名可名，非常名”。此处强调的“道”，正是我们当下都要努力追求的方法之“道”、文化之“道”、伦理之“道”。

当然，“法惠万家　宣而有道”这句口号最令人叫绝、拍手叫好的是，法宣在线的企业名称竟然被巧妙地嵌入其中。许多人读完口号，看到藏头的“法宣”两个字，必然恍然大悟、会心一笑。由此，我们可以悟出“法惠万家　宣而有道”确实不一般。至此，我感到了这个口号的深意：所谓“法惠万家　宣而有道”，其实不是一句口号，而是一种文化，是一种既包含了法宣在线愿景目标，又表达了法宣在线使命担当，更彰显了法宣在线核心价值观的企业文化。如此有文化、有内涵、有美感的企业口号，必然会最后胜出而成为优胜者。

最后胜选结果的评出，也意味着法宣在线的企业文化建设进入了一个新阶段。在此次征集活动中，还评选出了10个鼓励奖。在最后评选阶段，评委会还特别强调了一个规则：所有评委自己原创的口号，不参与优胜奖和鼓励奖的评选。

在各位评委看来，最终是谁获奖并不是最重要的，每一位员工都积极参与征集活动才是最重要、最需要、最必要的。征集活动的主办，就是为了让每个人做得更好，让每个人都积极参与法宣在线的企业文化建设。

文化是什么？文化就是心心相印，就是代代相传，就是息息相关。企业文化也是如此，法宣在线的企业文化更是如此。企业文化的主要功能基本表现在导向规范、凝聚激励、传播推广等方面，从产品到项目、从研发到销售、从品牌到文化，都是如此。近二十年来，法宣在线一直致力于推进法治宣传、改进法律服务、促进法学交流。更直接地说，一直致力于为普法和公共法律服务事业提供专业的解决方案。在未来的发展道路上，法宣在线同样必须坚持“两手抓”，一手抓平台业务管理，一手抓企业文化建设。

让我们做得更好，其实不仅仅是一个广告语，更是一种励志语。期待并祝愿“法惠万家　宣而有道”，也不仅仅是法宣在线的企业口号，更重要的是法宣在线永远追求的企业文化。

原载法宣在线2021年12月10日

从打油诗到藏头诗，您知道有多好玩吗？

——写在“2022·世界读书日”之际

什么是打油诗？什么是藏头诗？相信您一问度娘就知道。

打油诗有何情趣？藏头诗有何妙用？您可能未必都知道。

适逢一年一度的世界读书日，我们就来说说大家平常读过或写过的打油诗与藏头诗。

在我看来，打油诗也好，藏头诗也罢，皆可谓奇妙无比、风趣无限。它既可以是一种有趣的文化传统，也可以是一种有益的交流载体，还可以是一种有效的记忆方法，又可以是一种有意的命名规则，更可以是一种有料的总结思路，最后的结果是，完全可以是一种有爱的祝福礼物。

此文透露了所有的答案，值得慢慢细读。

记不清是什么时候了，反正很小的时候我就开始喜欢写诗和读诗。无论是古诗还是新诗，好像都是如此。尽管如此，迄今为止自我感觉还是一直没有入门。所以，随着年龄的增长，越来越不敢写诗了。但是，对于打油诗或者藏头诗，多年来我却越来越情有独钟。

参加工作以后，不知什么原因，我竟然对藏头诗和打油诗发生了浓厚的兴趣。众所周知，藏头诗是诗歌中一种特殊形式的诗体。又名“藏头格”。

研究者认为，藏头诗含义深、品位高、价值重，可谓一字千金。最重要的是，形式灵活，朗朗上口，但又不强求平仄韵律，因而深受国人的喜爱并流传至今。我也是喜爱者之一，常常为此而着迷。

那么，究竟如何喜爱呢？其中有什么奇妙答案吗？

欲知答案如何，且听我慢慢道来。

答案之一：一种有趣的文化传统

打油诗之所以受宠，首先是因为有趣。

在《水浒传》中，曾经读到了许多梁山好汉的故事。其中“智多星”吴用为了拉卢俊义入伙的故事，就很有意思。吴用利用卢俊义躲避“血光之灾”的惶恐心理，设计了“卢俊义反”四个字的藏头诗，因而使官府把卢俊义“逼”上了梁山。

这四句藏有“卢俊义反”的藏头诗是：

芦花丛中一扁舟，

俊杰俄从此地游。

义士若能知此理，

反躬难逃可无忧。

据说，打油诗最早起源于唐代民间，以后不断发展，以至于成了一种中国独有的文化传统。传说，唐朝有个人叫张打油，写了一首咏雪的诗：

江山一笼统，

井上黑窟窿。

黄狗身上白，

白狗身上肿。

全诗用语通俗易懂，浅白显露，“张打油”名声就此传开了。后来，人们就把用语通俗易懂接地气的诗，统称为打油诗。

有趣的是，历代不少名人都偶有打油之作。相传，苏轼长的是马脸，苏小妹的前额特宽。于是，兄妹俩经常为此互作打油诗戏谑对方。

苏轼首先向妹妹“发难”：

前脚未出闺房内，

额头已到华堂前。

苏小妹不甘示弱，对兄长反唇相讥道：

去年一点相思泪，

今年始流到嘴边。

我们吉安老乡、明初大才子解缙生性滑稽诙谐、机智善变。一次，随朱元璋一起出去钓鱼。皇上钓了半天，不见一条鱼上钩，大为光火。此时，解缙忙在一旁恭维：

凡鱼不敢朝天子，

万岁君王只钓鱼。

一番机智的恭维，直说得皇上“龙颜大悦”。

同样在明代，大才子唐伯虎生性孤傲，不愿贪图富贵，写了一首打油诗挂在自己书房里表明心志：

不炼金丹不坐禅，

桃花庵里酒中仙。

闲来写幅青山卖，

不使人间造孽钱。

清代名人郑板桥也常有类似的打油诗：

咬定青山不放松，

立根原在破岩中。

千磨万击还坚劲，

任尔东西南北风。

安徽桐城名人、清朝宰相张英也有一首相传很广的打油诗，那是一封出自其《家书》言简意赅的回信：

千里家书只为墙，

让他三尺又何妨。

万里长城今犹在，

不见当年秦始皇。

打油诗多用来嘲讽、戏弄别人。相传，纪晓岚为某官的母亲写寿联时，提笔即写：

“太老夫人不是人。”

某官脸上看到后，不觉青筋暴露，面色铁青。纪晓岚不慌不忙续道：

“九天仙女下凡尘。”

该官员立即转怒为喜，连叹精妙。不料，纪晓岚大笔一挥，却是：

“养儿偏偏去为贼。”

该官员竟然当即昏厥在地，当手下人弄醒他时，纪晓岚又续上了一句：

“偷来蟠桃敬母亲。”

再回头看那官员，欣慰之余，面色灰白，大汗淋漓，狼狈不堪，恰似去鬼门关走了一遭。

这类打油诗一般通俗易懂、诙谐幽默，有时暗含讥讽，风趣逗人。尤其值得一提的是，兼有打油意趣的藏头诗。藏头诗，又名“藏头格”，是杂体诗中的一种，在历史传统中，可谓形式多样，印象深刻。

最常见的是，将所说之事分藏于诗句之首。即将每句的第一个字连起来读，可以传达作者的某种特有意思。也有的藏头诗，是从第一句的第一个字、第二句的第二个字、第三句的第三个字以此类推，然后连起来读，同样意蕴无穷。

打油诗也好，藏头诗也罢，正是因为其内容和词句通俗诙谐、不拘于平仄韵律，对文学知识和格律要求也不高，所以非常有利于普通人口口相传。同时也非常适合我这样号称写诗却一直没有入门的所谓“文化人”。

答案之二：一种有益的交流载体

打油诗不仅有趣，而且还很有益。

于是，平常不管是开会还是上班，我也开始特别喜欢用藏头诗或打油诗的方式，表达喜怒哀乐，抒发酸甜苦辣。

我在《民主与法制》杂志担任总编辑期间，凡有同事或调动或退休，我们都要为其举办一次别开生面的欢送活动，赠送一份礼物。更重要的是，我还要为其赠送一首嵌入其姓名的藏头诗。

如此而来，就留下了各色各样数量不少的打油诗。

朱笔润色二十载，

克难攻坚创品牌。

辛苦人生不相忘，
好风借力再搭台。
（欢送朱克辛同志退休）

观照人生六十年，
世上百态落笔尖。
于无声处看社会，
心中有佛写新篇。
（欢送于昕同志退休）

冯唐易老已翻篇，
慧眼独具三十年。
更待明天新一页，
好梦好运舞翩跹。
（欢送冯慧同志退休）

李家姑娘初长成，
婀娜多姿百里挑。
快人快语成大事，
自得其乐喜眉梢。
（欢送李娜同志退休）

连篇成文兼作家，
继往开来你我他。
民主法制中国梦，
好人好运乐开花。
（欢送连继民同志退休）

黎家姑娘做文编，
伟业初成三十年。
华夏民主与法制，
好梦好运写新篇。
（欢送黎伟华同志调动）

阮郎归词美如仙，

莹洁风范一片天。
好人好文行天下,
运筹帷幄换新篇。
(欢送阮莹同志调动)

呼喊法治媒体人,
满腔热忱写新闻。
红花绿叶皆榜样,
好梦好运往前奔。
(欢送呼满红同志退休)

李广难封乃从前,
蒙叔从军换人间。
律己正人求正义,
师出有名勇争先。
(欢送李蒙同志换岗)

孙家有女初长成,
洁身自好当记者。
顺理成章写法治,
利国利民求和谐。
(欢送孙洁同志调动)

刘家乖女成学霸,
云程万里不言它。
哲理名言书文墨,
好梦好运外交家。
(欢送刘云哲同志实习期满返校)

为同事写诗逗乐这种游戏,其实最早源于上个世纪我与一位河南作家的来往。

这位叫作苗纪道的作家,当时是《黄河黄土黄种人》杂志的编辑。尽管他已经去世十年了,但我一直很怀念和感激他。在我们近 20 年的交往中,他每次给我写信和寄贺年卡,一定会加上一首藏头诗。1997 年 4 月,他来北京采访时任《中国律师》杂志社总编辑的我之前,先给我写了一封信,信中就有这样一首藏头诗:

刘郎飞鸿已十年,
桂树婆娑梦里缘。

明月万里千古洲，

白日一见尽开颜。

来京采访结束后，苗纪道先生入住我们单位附近的鞍山胜利宾馆。兴之所至，当晚他又为我写下了这样一首打油诗：

苗笛一曲也悠扬，

记述中国律师行。

道德文章藏头诗，

路长何如友谊长。

不仅如此，苗纪道先生还为我们《中国律师》杂志每位工作人员写了一首嵌名藏头诗。为此，我们杂志的齐祥春记者也诗兴大发，将杂志社全体人员写进了一首打油诗：

田冰川下行云路，

千古洲上见文心。

广涛罗璇真生栋，

秋兰花早五一情。

海兰兰啊月媛媛，

又听吴尉文思涌。

春红季节再同忆，

好文喜武数宝英。

祥春来时飞凌燕，

丽丽晶晶皆秀红。

答案之三：一种有效的记忆方法

打油诗不仅看起来很有益，而且用起来还很有效。我在工作学习中曾经发现，以打油诗促进学习记忆，效果明显而神奇。当年，老师为了让我们记住所有的历史朝代，就以这样一首打油诗作为秘诀传给了我们：

汤尧禹舜夏商周，

春秋战国乱悠悠。

秦汉三国晋统一，

南朝北朝是对头。

隋唐五代又十国，

宋元明清帝王休。

后来，有一位新闻界的老北京曾给我朗朗上口背诵了一首以北京所有区县名组合的打油诗：

东西宣武崇，

朝阳海石丰。

延怀密平顺，

昌门房大通。

当然，现在其中有一些区县已经调整了，如北京原有的崇文区与宣武区被分别并入了东城区与西城区。同样的情况，后来也发生在上海、天津乃至重庆等直辖市。

我曾经根据上述北京区县名称编成一首诗的办法，分别将上海与天津编成了一首打油诗：

黄杨徐普安，

江口宝金山。

东行南北定，

贤明长青湾。

在这首打油诗中，先后被编入诗中的是黄埔、杨浦、徐汇、普陀、静安、松江、虹口、宝山、金山、浦东、闵行、南汇、闸北、嘉定、奉贤、崇明、长宁、青浦、卢湾等19个区县（含后来被合并的区县）。

后来，我又对天津的辖区作了类似的编写。

东西南北过宁河，

滨海静海跨红桥。

武清宝坻通蓟县，

和平大港塘汉挑。

从此看到，河东、东丽、河西、西青、南开、津南、河北、北辰、宁河、滨海、静海、红桥、武清、宝坻、蓟县、和平、大港、塘沽、汉沽等区县，也先后编入了打油诗中（含后来被合并的区县名称如大港、塘沽、汉沽等区县）。

2013年8月，北京市司法机构出现了一个重大变化，那就是增设了一个中级人民法院。但是，许多人始终记不住究竟是哪些区县分别属于第一、二、三中级人民法院。

于是，我又好为人师，照葫芦画瓢，编写了这样一首打油诗：

石头延平海，

东西大房台。

朝阳通州密，

顺义平谷怀。

诗中第一句是指由北京市第一中院管辖的区县，即石景山、门头沟、延庆、昌平、海淀；第二句则是指将由北京市第二中院管辖的区县：东城、西城、大兴、房山、丰台；由此而来，第三句与第四句自然是指由新设立的北京市第三中级人民法院管辖的朝阳、通州、密云、顺义、平谷、怀柔。

2012年3月14日，千呼万唤的我国刑诉法修订草案如期获得全国人大表决通过。为了让大家了解并记住此次刑诉法修订的有关内容，本人不知天高地厚又糊弄出了一首这样直白而通俗的打油诗：

人权保障首入法，

事关公民你我他。

自证其罪不强迫，
刑讯逼供必下马。

强制措施助侦查，
无法通知堵嘴巴。
死刑复核新规定，
殊途同归为慎杀。

提前介入公民夸，
名正言顺程序法。
律师会见持三证，
法律服务遍天涯。

证人出庭老大难，
只因无法强制他。
父母子女也作证，
不必出庭辨真假。

一审二审不分家，
上诉加刑变相罚。
发回重审定一次，
司法正义来送达。

人生谁能不出岔，
特别程序顾万家。
前科封存还保密，
少年司法乐开花。

刑事和解人性化，
双方自愿成就它。
花钱买刑一边去，
自诉公诉严设卡。

贪官外逃加拿大，
无可奈何眼睛眨。

没收程序可启动，
人财两空不管他。

刑诉犹如小宪法，
公民权利为最佳。
秘捕条款惹争议，
难怪院外多喧哗。

字字句句虽逆耳，
情真意切盼吸纳。
二稿三稿有进步，
科学立法显中华。

说是一首打油诗，其实是一部法律。可以说，人权保障的首次入法、刑讯逼供的特别禁止、强制措施的适时改革、死刑复核的严格规范、证人出庭的区别对待、前科消灭的正式出台等等，诸如此类，不一而足，基本上已经将新刑诉法的热点与焦点囊括其中。

党的十九大胜利闭幕后，为了有效地学习、记忆、理解、领会十九大报告，作为时任《民主与法制》党支部书记，在党支部学习时，我以一首打油诗的“十二个一”讲了一堂党课。

一新一想一个梦，
一来一往一使命。
一主一本一核心，
一字一句一关情。

后来，我在地方律协或部分律师事务所讲授党课时，又以一首打油诗对长征途中召开的22次中央政治局会议作了概括，并按照时间顺序进行了讲解。

通黎猴遵扎白坝，
会摩芦口克花沙。
毛巴牙弄到俄界，
哈达榜罗吴旗家。

乍一看，根本不明白这首诗说的是什么。其实，短短28个字，已经涵盖了从1934年12月12日的通道会议到1935年10月22日的吴起镇会议。从先到后，分别是：通道会议、黎平会议、猴场会议、遵义会议、鸡鸣三省会议、扎西会议、白沙会议、苟坝会议、会理会议、摩西会议、泸定会议、两河口会议、卓克基会议、芦花会议、沙窝会议、毛儿盖会议、巴西会议、牙弄会议、俄界会议、哈达铺会议、榜罗镇会议、吴起镇会议。在我看来，没有长征会议，就不可能有长征的伟大胜利；没有长征的胜利，就没有中国共产党最后的胜利，也就没有新中国。

2005年3月，我去美国访问期间，曾经询问印第安纳大学法学院格鲁夫教授能否一口气介绍美国历任总统。他的回答是不可能，我告诉他完全可能。接下来，我在他的惊讶中，以这样一首打油诗的方式列出了美国历任总统：

华亚杰麦门当逊，

范哈泰波扎菲皮。

布林约格海加阿，

本克麦罗塔威哈。

柯胡罗杜艾肯林，

尼福卡里克一家。

事实上，这首打油诗中包含了美国第1任到第43任总统的名字：华盛顿、亚当斯、杰斐逊、麦迪逊、门罗、昆西·亚当斯、杰克逊、范布伦、哈里森、约翰·泰勒、波尔克、扎卡里·泰勒、菲尔莫尔、皮尔斯、布坎南、林肯、安德鲁·约翰逊、格兰特、海斯、加菲尔德、阿瑟、本杰明·哈里森、克利夫兰、麦金利、西奥多·罗斯福、塔夫脱、威尔逊、哈丁、柯立芝、胡佛、富兰克林·D. 罗斯福、杜鲁门、艾森豪威尔、肯尼迪、林登·B. 约翰逊、尼克松、福特、卡特、里根、乔治·赫伯特·沃克·布什、克林顿、乔治·沃克·布什。最后一句中的“克一家”，是指克林顿总统连接了老布什与小布什父子总统。当时，还没有出现奥巴马、特朗普、拜登总统。

听完我的打油诗解读，他便问我是否需要他列举出中国几千年来的皇帝。我的回答是，完全不可能。因为中国有几百位皇帝，谁都无法从前到后列举出所有的皇帝。您做不到，我也做不到。

答案之四：一种有意的命名规则

由上可见，打油诗的有效是当然的，而有意则是自然的。所谓有意，既是创意，更是深意。尽管我们都无法列举出中国几千年来的皇帝，但有一位中国皇帝给后代取名的方式，还是值得我们了解和关注的。

这位就是明朝开国皇帝朱元璋，他曾经给每个儿子后代取了20个字。朱元璋之后的每一位皇帝，名字中都含有五行中的金木水火土之一。为了明确各支派的辈分，朱元璋以每一个儿子为一支派，给每一支派定了20个字作为名字中第二个字的用字，再按木生火、火生土、土生金、金生水、水生木的五行相生规律，作为名字中第三个字的用字。

比如，他给太子家钦定的20个字是：

允文遵祖训，

钦武大君胜，

顺道宜逢吉，

师良善用晟。

后来，太子英年早逝，皇位直接传给了第三代“允”字辈。结果，引发了纷争，纷争又引发了战争。最后，战争的结果是，皇位转到了皇叔即朱元璋第四子手里，那就是永乐皇帝朱棣。当年，朱元璋给朱棣后代规定下来的20个字是这样的表述：

高瞻祁见祐，

厚载翊常由。

慈和怡伯仲,

简靖迪先猷。

这四句话是明太祖朱元璋给燕王朱棣一脉定下的排名规则,其中囊括了明朝永乐皇帝之后所有帝王:明仁宗高炽、明宣宗朱瞻基、明英宗朱祁镇、明景帝朱祁钰、明宪宗朱见深、明孝宗朱祐樘、明武宗朱厚照、明世宗朱厚熜、明穆宗朱载垕、明神宗朱翊钧、明光宗朱常洛、明熹宗朱由校、明思宗朱由检等。

从字义上来理解,这 20 个字要连起来解读。其含义就是从天地人三个方面教导后辈子孙,对上要心怀敬畏,祈求上天庇佑,对下要包容善待臣民,维护国家正能量。皇族兄弟之间要和睦相处,不要辜负血缘情亲。然后,养成勤俭清净的品质把圣人的大道一直传承延续下去!可惜明朝只排到第十个“由”字就终结了,同样没有超越“300 年”这个历史怪圈。同时,也可见朱元璋的后辈并没有真正遵循太祖的遗训。

当然,这种命名规则不仅仅属于帝王高官,也同样属于平民百姓。在我老家江西省吉安市永新县千古洲村,同样也有这样一首以打油诗命名的规则:

汉家盛兴隆,

振开祚允长。

弘敷业日广,

继志文明扬。

在我们千古洲,刘氏辈分最高为兴字辈(第 38 世)。我是开字辈(字开强),属于第 41 世。

除了人名,在打油诗中嵌入最多的还是地名。我曾经看到过这样一副对联,可谓妙趣多多。

永修铜鼓万年万载,

新建石城乐平乐安。

我曾经以此考问一些江西老乡:这副对联中到底嵌入了几个地名。大多数回答是 8 个县名,其实应该是 9 个县名。因为藏头还有一个县,那就是我的老家永新县。为此,许多永新老乡恍然大悟之后,感动得拍手叫绝。因为永新是我们的家乡,是我们许多永新在外游子魂牵梦萦的地方。

江西现有 99 个县,每个县的名字与我们永新这个县名一样,充满了吉祥与幸福,蕴含着文化与传统。有一年春节期间,曾有老俵以县名编成了短信。如:

天地瑞昌,万民德安;

身体泰和,生活永新;

洪德永修,文泰武宁;

理想兴国,事业上高;

财源广丰,积蓄万载;

新年吉安,全家安福。

这里一共嵌进了 12 个县名,分别表示了新春的祝福与新年的祝愿。现在的人越来越有才,不仅能把地名编进去，而且也能把皇帝人名编进去。如：

事业顺治，身体康熙，品行雍正，学运乾隆，成绩嘉庆，

前途道光，财富咸丰，德才同治，心情光绪，一切宣统。

答案之五：一种有料的总结思路

可以说，打油诗的有意是一种追求，而有料则是一种要求。

工作以来，我参加了法律界与法学界许多活动。后来，我时常应邀以主持人的身份或代表会议主办方做会议总结。此时，我觉得以打油诗进行会议总结，是一个值得参考的思路。

2009 年 5 月，一场以“企业法律风险管理与律所新发展”为主题的“首届法商论坛”在北京举办。作为论坛主持人，我见证了本次论坛的形式之活跃、内容之丰富。于是，在论坛闭幕式上，我还以一首打油诗表达了我对论坛主题的解读和对论坛活动的感受：

阳光明媚五月天，

高人满座说风险。

多少隐患从此去，

法商结合写新篇。

一年一度的《律师文摘》年会，曾经一直是许多律师同行、专家学者、媒体精英渴望相聚的活动。2009 年 4 月，年会在法律出版社召开。此次年会确定了一个似乎很沉重但又很有意义的主题“中国律师何处去”。此前，我曾多次以此为题给地方律师协会做过培训并在部分大学法学院做过讲座。我的观点是，未来中国律师业必然要走向规模化、专业化、规范化、品牌化之路。

会上，王工律师感慨万千，最终汇成了一句话：“律师文摘不容易”。于是，我在最后主持总结时就接着王工先生的感慨即兴作了一首打油诗：

律师文摘不简单，

摇旗呐喊太艰难。

律师发展何处去，

维护人权更非凡。

说起王工律师，了解情况的人都知道，王工律师拥有“三个第一”：第一位当选全国人大代表的律师，第一位在全国人民代表大会上即席发言的全国人大代表，第一位提出《律师法》立法议案、建议建立完善的律师制度的人。当时虽已进入“80 后”，但他却像一个独行侠一样仍在为一些再普通不过的案子奔波。尽管他是在 50 岁的时候才开始学习的法律，这对于他来说，耄耋律师仍年少。令人扼腕的是，王工先生已于 2016 年 7 月 19 日 14 时因病医治无效于安徽省蚌埠市逝世，享年 87 岁。

2012 年 8 月 3 日，在他 83 岁寿辰来到之际，他的《我要发言》一书在王才亮律师的帮助下由法律出版社出版了。首发式那天，全国各地的许多律师、学者、记者乃至政法干部都闻讯而来。他们都为了一个人而来，为了一个人的一本书而来，为了一个人的一本书里面的一句话而

来,这句话就是“我要发言”。

在1988年的第七届全国人大会上,当《政府工作报告》结束后,大会主席习仲勋照例问了一句:“哪位代表对《政府工作报告》有意见?”王工马上举手站了起来,“我要发言,各位代表,请允许我遵循选民意愿,分别对有关报告的决议简要陈词。”

从此,“我要发言”成了王工律师的传说,也成了中国律师的良心。从那句石破天惊的“我要发言”到《我要发言》这本书首发,王工律师一直没有停止过呐喊。可以说,王工律师一直在为中国的民主法制而身体力行奔走呼号。

在这本书里,王工律师总结了他所有的故事,为的是对历史的记载,对未来的传承。感动之余,作为当天首发式活动的主持人,我当场为他作了一首藏头诗:

王者出山不怕晚,
工匠成名大路宽。
律己正人树形象,
师徒传承打江山。

2009年10月,作为时任团中央中国预防青少年犯罪研究会副秘书长,我在青岛发起主办并主持了“未成年人轻罪犯罪记录消灭制度”研讨会。

作为一个学术课题,作为一种制度探索,所谓“前科消灭”,实际上就是为了最大限度地挽救那些一不留神、一不注意、一不小心而走了错路、走了岔路、走了弯路的未成年人。因为他们违法犯罪的情节较轻、性质较小,更因为他们还有歉疚之心、还有悔过之心、还有自新之心,所以,我们为此要对社会撒一个谎,撒一个孩子没有犯罪的谎言。从事少年司法的法律人都知道,那是一个“美丽的谎言”。我们更知道,那个“美丽的谎言”,将造就他们未来美丽的人生。在这个神圣而美丽的理念倡导下,山东各地的法院开始进行了各显其能、各具特色的探索与实践。青岛市李沧区、德州市乐陵市在这方面尤其走在前列。

青岛会议结束后,我们又将目光从美丽的青岛投向了美丽而古老的德州。德州法院因为他们对那些值得挽救与教育的青少年撕下一个难堪的标签并贴上一个美丽的标签而闻名,各大媒体对德州关于此项工作的探索给予了高度评价与全面报道。

2010年4月17日,“中国特色少年司法制度的探索与建构研讨会”在德州美丽华大酒店正式拉开帷幕。相比青岛会议的主题“前科消灭制度”,本次会议还增加了“量刑改革”和“社会调查”两个主题。因为德州两级法院推行的“前科消灭”即“未成年轻罪记录消灭”和“专职社会调查员制度”是本次会议得以在德州召开的动力与源头。所以,在本次会议进入尾声时,我以一首打油诗代表主办单位对本次会议研讨的主题作了一个简单的概括与总结。

社会调查待提高,
量刑改革前景好。
前科消灭何处去,
德州法院领风骚。

一般来讲,在藏头诗中嵌入人名或者地名,是众所周知的一项基本功。那么,如果在打油诗中嵌入期刊名称,会是一种什么情况呢?

有一年在北京落叶飘零的时节,我与京城部分媒体的老总一起飞到了四季如春的昆明。此行既非一般的出差采访,也非普通的开会学习,而是一次集体“走基层”的因缘际会。

这是一次由昆明市委宣传部主办、新闻出版总署《传媒》杂志社与昆明报业传媒集团所属滇池天下杂志社承办的“首届中国知名期刊昆明行”活动。显而易见,这次“中国知名期刊昆明行”活动,为参与此次活动的27家期刊提供了一个思想交融、观点交汇、经验交流的绝佳平台,为各位老总也提供了一次加深了解、增进感情、加强合作的良好机会。

有鉴于此,在此次活动结束后回京的航班上,深受感染的我兴之所至,当即用餐巾纸写下了这样一首嵌入了所有参加此次活动期刊名称的打油诗:

知名期刊昆明行,
财经钱经都念经。
传媒做媒走天下,
锦绣河山看地理。

南都新民新周刊,
新华求是半月谈。
领导民主与法制,
中国青年不一般。

党的生活滇池边,
人民画报六十年。
中国新闻同瞭望,
社会主义看明天。

特别关注爱好者,
三十七度成女人。
现代企业靠文化,
天下网商惊凡尘。

在这首打油诗中囊括了参与此次活动的各家期刊,他们是:《传媒》杂志、《新华文摘》杂志、《求是》杂志、《半月谈》杂志、《领导者》杂志、《民主与法制》杂志、《人民画报》、《新民周刊》、《南都周刊》、《中国周刊》、《中国青年》杂志、《中国新闻周刊》、《新周刊》、《南风窗》、《钱经》杂志、《特别关注》、《现代企业文化》杂志、《电脑爱好者》杂志、《财经》杂志、《天下网商》杂志、《锦绣》杂志、《37°女人》杂志、《中国国家地理》杂志等。还有云南本地期刊,如《滇池》杂志、《党的生活》杂志、《社会主义论坛》杂志。

我在担任《中国律师》杂志社总编辑期间,曾经策划过许多活动,比如“中国律师论坛”“中国青年律师论坛”“法学与法治巡回讲坛”等全国律协乃至地方律协的会议和论坛。不管是论坛还是会议,不论是大会还是小会,都有不同程度的会务工作。为此,我将这些会务工作的经验,总结成十个字即:

议嘉会桌料,

车送房礼餐。

简而言之,这十个字就是议程、嘉宾、会场、桌签、材料、用车、接送、房间、礼品、餐饮等具体会务工作的要点总结。可以说,每一个字都包含了许多费心费力的工作事项。会务工作的特点是,你做了多少,与会者未必知道。但是,如果有一项工作做得不够或不好,与会者马上就能发现。所以,与每一个字有关的会务工作都必须做到位、做到家。

答案之六:一种有爱的祝福礼物

从我的人生经验来看,如果说打油诗有料是一种总结思路,那么有爱则是一种祝福礼物。无论是在《中国律师》杂志社任职期间还是离开全国律协之后,我曾经多次为全国各地的律师事务所和律师题写藏头诗或打油诗。

在我看来,这既是一种常态性的交流期待,更是一种长远性的祝福表达。多年累积下来,竟然留下了几百首类似的打油诗。目前,还能找到的打油诗还有不少。

比如 2004 年 11 月,我为北京金平所十周年手写的:

金口玉言数律师,

平安发展有诀窍。

十年创业不寻常,

年关助学更新潮。

2006 年春,到山东众成仁和所(现为众成清泰所)采访时,曾为时任主任王广仁律师(已于 2018 年 1 月 29 日逝世)献上打油诗一首,以表敬意。

众人拾柴火焰高,

成就品牌有依靠。

仁义广施树形象,

和谐社会显英豪。

2009 年,我代表中国预防青少年犯罪研究会祝贺北京致诚律师事务所青少年法律援助与研究中心成立十周年。1999 年 8 月,该所与中国青少年犯罪研究会共同设立了“中国青少年犯罪研究会青少年法律援助与研究中心”。为此,我在庆祝仪式上献上了这样一首藏头诗:

致力公益扶弱者,

诚信服务不一般。

十载追求为正义,

年年岁岁凯歌还。

2011 年 12 月 25 日,应曾经做过检察长、当过法院院长、任过司法局局长的王文生同志邀请，前往长春参加他领衔的北京冠衡（长春）律师事务所开业仪式。但是，因为公务安排，临时取消行程。最后，以一首打油诗表达祝贺。

文韬武略从检法，

生龙活虎写晚霞。

冠盖天下求法治，

衡平正义法律家。

中华遗嘱库在 2013 年 3 月 21 日启动之后，现在已经声名远播。在启动仪式上，我曾经说过：中华遗嘱库的正式成立，意味着遗嘱订立行为既是一种公益事业，更是一种理念更新。于是，立遗嘱就成了一种“幸福留言”，也就是“为家庭幸福，请老人留言”。为此，我以一首藏头诗表达了对中华遗嘱库乃至发起人陈凯律师的祝福和赞赏：

幸运人生做律师，

福泽万家结法缘。

留有余香树形象，

言说未来保安全。

四川明炬律师事务所系四川 30 余家律所主任及主要合伙人为响应司法行政机关倡导，本着打造本土规模所，做精业务、做大品牌，实现人生价值和职业使命的宗旨，于 2013 年在成都强强联合并重组成立的中国西部律师界“航母”律所之一。其中最早成立的律所是 1996 年成立的，2018 年喜逢合并后五年小庆。当时，我应邀前往明炬所授课。授课结束时，我给大家朗读了现场写下的藏头诗：

明辨是非法律家，

炬眼天下顶呱呱。

律己正人树形象，

师出有名你我他。

1999 年，上海锦联、天和、长城等三家律师事务所合并为上海锦天城律师事务所，一举开辟了上海律师业的规模化之路。2019 年，正值该所成立 20 周年之际，我携《民主与法制》周刊记者前往该所采访。采访结束之日，我为其献上了这样一首藏头诗：

锦上添花廿年前，

天作之合外滩边。

城中故事誉律界，

好上加好独领先。

同样是 2019 年，出自中国政法大学的北京法大律师事务所（当时为北京第六律师事务所）成立 35 周年。来自中国政法大学的老领导、老教授、老律师都出席成立庆典，我作为主持人在庆典结束时同样以一首打油诗表达祝福。

法科院校律师楼，

大学教师好练手。

律己正人求公义，

师出有名美誉收。

2020 年 11 月，我携记者前往贵州省律协与遵义市律协采访。采访结束时，我为遵义律协也口述了一首藏头诗：

遵（尊）老爱幼如娘家，

义不容辞你我他。

律己正人树形象，

协力同心乐开花。

2020 年 12 月，为了祝贺曾经任职全国律协副秘书长的马国华光荣退休，我写下了这样一首藏头诗：

马到成功六十年，

国泰民安法相牵。

华实相称律师界，

好汉英雄写新篇。

马国华曾任司法部团委书记，还是司法部足球队领队。20 世纪 90 年代初，尽管我已经不是团员，但我是马领队麾下的足球队员。有一年，司法部足球队与最高人民检察院足球队比赛，上半场我们 0∶3 落后。下半场我们死马当活马医，马领队让一直是板凳队员的我上场，以发挥我体力好的优势。我上场后，果然不负众望，10 分钟内连进 2 球。最后结果是，我们与对方 3∶3 打平。从此，我就成了主力队员。为此，我永远感激马领队。所以，他退休时我必须安排一次欢送并献上一首打油诗表示祝贺。

2021 年 8 月 11 日，正值上海申浩律师事务所成立 16 周年。我与该所主任田庭峰既是马拉松跑友，更是律师管理的志同道合者。于是，我应田主任邀请发去了这样一首表达祝贺的打油诗。

申城风光新地标，

浩气冲天第一高。

节变岁移律师业，

日新月异上海挑。

印象中，最早写给律师或律所的藏头诗、打油诗，应该是 2002 年春节。每逢元旦春节，我都会收到许多律师律所的贺年卡。2002 年春节前夕的一个周末，我在办公室用了一天的时间给许多律师律所写了嵌名的贺年卡。当时，刚刚成立天同所的蒋勇律师听我说起此事，立即恳请我专为天同所写一副嵌名对联。于是，后来许多走访天同所的律师同行都能发现天同四合院大门口那副多音字的嵌名对联：

天降天才乃天降，

同行同志为同行。

不过，在我为律师律所撰写的打油诗中，自认为最得意的是，2004 年夏天，我去湖北采访调研时现场草就的一首嵌入所名的打油诗。

当时,在时任湖北省律师协会刘建国秘书长的陪同下,我走访了武汉市几家各具特色的律师事务所。在参观武汉得伟君尚律师事务所时,该所主任蔡学恩再三恳请我为律所20年所庆题词。因为考虑我也不是什么领导,再说自己的书法实在拿不出手,所以我就几次推辞。但是,在主人盛邀之下,最后我还是答应给他们写一首打油诗。

得伟所原为武汉对外经济律师事务所,后来为了响应司法部要求而以其谐音正式更名为"得伟律师事务所"。彼时,刚刚成立20周年的得伟所又与君尚所完成了合并。于是,该所又有了一个新的所名"得伟君尚律师事务所"。这样,我就根据上述背景,即兴写下了那首至今想来还颇有些得意的藏头诗:

得失自知二十载,
伟业初成再搭台。
君子律师行天下,
尚怀正义创品牌。

其中,我最得意的是第三句"君子律师行天下"。因为这是一句深入而准确地寄托了本人对律师行业美好祈愿的心里话。什么是君子,怎样才是君子,谁是君子律师,如何才能成为好律师,显然不是一个小问题,而是一个值得所有律师思考与研究的大问题。

说到律所名称,这些年我确实花了不少时间去研究。后来,我又为我们《民主与法制》周刊策划了一个封面选题,分别从青史留名、中外驰名、遐迩闻名、不务空名、有仙则名、师出有名、久负盛名、立身扬名等八个角度进行了全方位的扫描和报道。为此,我还将律所名称中出现频率最高的词汇归纳为一首打油藏头诗:

中国人明泰和康,
华天环京通金方。
大力建德常卫冠,
君师衡信盈海商。
致成元典星河安,
同升平台融功章。
道法尚谦善理业,
合众浩汉齐兴邦。

出现在这首打油诗中的律所,既有闻名中外的大所,也有国内知名的强所,还有异军突起的精所,更有有口皆碑的好所。

因为家乡的事情,我曾经向一些律师事务所求援。比如,为我家乡的修桥铺路,广东易春秋律师事务所、国浩律师集团(上海)事务所都作出了让我家乡人感铭于心的巨大贡献。因为在每个人的心中,都有一个永远离不开的家乡情结。

作为祝福礼物,打油诗既可以表达祝贺,也可以表达祝愿,更可以表达感谢。2007年教师节前夕,金杜律师事务所在我家乡永新县捐建了一所希望小学,他们为这所希望小学命名为"金杜课堂”。作为牵线搭桥者，我用一首藏头诗表达了我们家乡人对金杜律师事务所的深深谢意：

金风驰骋自京邦，
杜宝高鸣满井冈。
课玉滋华起木铎，
堂中千古有余香。

我给律师律所写过的打油诗，到底有多少，已经无法准确统计了。但我给其他政法系统的其他部门写过打油诗，还是可以计算的。几年前，我曾给最高人民法院影视中心一部电视剧写下了这样的藏头诗：

阳春时节播大片，
光大司改任在肩。
法治中国看法院，
庭前正义万众牵。

——评电视连续剧《阳光法庭》

从《法律与生活》、《中国律师》到《民主与法制》，我倾情办刊30余年，收获良多。为了让年轻人更有针对性地掌握每期杂志开印之前的核红程序，我曾以一首打油诗进行了提示和指导：

开头结尾加标题，
上下左右看版心。
照片页码对目录，
一字一行一页清。

现在已经做了律师的儿子，当年去美国就读JD之前，我曾以一首藏头诗表达了祝福与希望：

刘家子孙个个贤，
一表人才人人夸。
尘封岁月从头看，
好山好水好人家。

藏头诗也好，打油诗也罢，或许正因为其无拘无束的自由随性，更因为其妙趣横生的开心快乐，不仅丰富了我的工作与生活，而且还开始潜移默化地传承到了年青一代手中。

由此看来，无论是读书还是写作，不论是交流还是交往，任何时代都需要一种诸如藏头诗、打油诗这样的令人开心、催人奋进、叫人向上的正能量。

如此有趣有情的打油诗与藏头诗，您是不是也来试试写写？可以说，不写不知道，一写真奇妙。

原载桂客留言2022年4月23日

为什么说2022年北马是最不寻常的马拉松赛事?

自2014年4月20日踏上跑道以来,大大小小的马拉松比赛已经参加了不少,长长短短的马拉松赛程也经历了不少。粗略统计一下,从全马到半马、从小马到微马,我估计应该也有100场了。尽管如此,我还是觉得,今年的北马是我参加的所有马拉松比赛中最不寻常的赛事。

那么,2022年的北马究竟有哪些最不寻常呢?

在我看来,大概有以下几个非同寻常之处:

一是组织者最不寻常。有人说,北马是国马,这个判断其实一点没错。可以说,这个判断既考虑了中国特色,更看到了中国文化。所以,在中国,没有哪个马拉松能像北京马拉松比赛那样,需要考虑的问题最多,需要兼顾的方面最多,需要谋划的事情最多。尤其是今年的北马,是在2020年与2021年北马已经连续两年停办的前提下,是在北京疫情尚未完全下降的环境下,是在国内其他地区疫情此起彼伏的形势下。大家都知道,此时此刻,不管是哪位领导最后拍板作出开启北马的决定,都需要顶着巨大的压力、冒着巨大的风险。但是,在北京强调精准防控科学防疫的背景下,北马还是如期照常举办了,组织者最后还是毅然决然地作出了决定,鸣响了北马开跑的枪声。

2022年11月6日早7点30分,因疫情延期了2年的北京马拉松终于鸣枪开跑了。这是自1981年首届北马举办以来的第40届北马比赛,可谓影响深远;这也是时隔十年之后再次在暮秋初冬的11月举办的北马比赛,可谓印象深刻;这更是许多北京人在新冠疫情肆虐3年来几乎忘记了还有一场每年从天安门开跑,然后跑过长安街、绕过昆玉河、穿过中关村、转过北五环,最后抵达奥运福地鸟巢的北马大型比赛,可谓意义非凡。

由此可见,组织者的高瞻远瞩与力排众议是多么了不起!

二是参赛者不寻常。不管组织者的压力有多大,但对参赛者来说,则是一件特别爽快特别开心的大事。尽管这次北马不是往年从国际到国内的跑者都可以参加的北京国际马拉松比赛(只有北京户口或长期居住北京的跑者才能参加的比赛),尽管有人开玩笑说这不是北京国际马拉松比赛而是北京人马拉松比赛,尽管有些跑者因为核酸检测结果没有显示出来而被拦在场外无法参赛,但也足以让15000多位参赛者感到十分幸运百分幸福。所以,对于每一位参赛者来说,都非常珍惜此次来之不易的参赛机会。尽管组委会要求参赛者必须赛前7天都在北京,尽管赛前7天要求每位参赛者每天都要申报健康状况,尽管赛前领取赛事号码装备时与比赛当日必须提供24小时核酸检测报告及疫苗3针的结果，但每一位参赛者还是心甘情愿、无怨无悔、乐此不疲。其实，这三年来，其中也有部分参赛者曾经到京外参加过一些马拉松比赛，但他们还是觉得北马是最珍贵最宝贵的比赛。

如此珍贵与宝贵，参赛者感觉更加非同寻常。所以，从官方摄影师提供的赛会照片来看，每一位参赛者都是心旷神怡、喜气洋洋、开心满满。令人最开怀也最不寻常的是北马最后到达终点的86岁张顺老先生，竟然成了今年北马最红的明星。可以说，今年北马谁是第一名好多人未必清楚，但谁是今年北马最红的明星选手大家一定知道。

三是服务保障者不寻常。如果说组织者是承担了来自疫情防控的社会压力，而参赛者则承受了不同以往的疫情防控个人压力。那么，为本次北马比赛承担服务保障工作的赛事志愿者与不同岗位的保障者，则承担了更大的疫情防控自我防护压力。此次北马比赛前五天，北京确诊病例168例，10月确诊366例。在北马举办前的一个月，北京确诊病例超过500例。这个数字，放在中国任何一个城市，都可能会引发领导考虑是否需要静默管理。同样，对社会大众来说，同样也是谨小慎微。更何况既要接触成千上万的参赛者，更要接触广大社会面的赛事服务保障者。据说，为了防止在校学生志愿者感染，每年成为北马赛事美丽风景线的学生志愿者，后期服务保障就不让参加了。值得一提的是，以往北马的赛道沿途只是拉线，但与观众击掌拍照还是没有距离的。为了加强疫情防控，今年北马沿途几乎全程用铁栅栏将选手和观众隔开了，由此可见，今年北马的服务与保障面临了多大的压力。尽管选手几乎都是在一条全封闭赛道完成比赛，但每一位参赛者还是觉得很开心、很惬意。所以，今年的北马赛道应该是全世界最安全的马拉松赛道。

这一切功劳与辛劳，都来自赛事服务者与保障者。因为他们的不寻常，才保证了今年北马赛事从组织到落实的非同寻常。

因为今年北马的非同寻常，作为一位第六次参加北马的参赛者，我与其他选手一样，同样更加珍惜。

10月下旬，我启程回江西老家，然后到南昌，最后去杭州。但是，当我踏上南昌去杭州的高铁之时，竟然发现自己的北京健康宝被弹窗了。我当时第一感觉就是，今年的北马可能要告吹了！于是，立即打电话咨询我们北京社区。然后，按照社区指示，我与其他人一样，开始登录“北京12345”进行申诉。至于申诉结果，也同样不敢抱有幻想。

没想到，幸运之神降临了！10月29日上午11时许，我的弹窗竟然被解除了。此时，正好又是北马组委会开启正式缴费之时。因为在弹窗解除之前，我每次缴费都无法完成，可见我们国家的大数据是相互贯通的。于是，我报名缴费成功，立即订票坐高铁回京。当晚，幸运的我幸运地回到了北京，幸运地开启了在京7天每天申报健康状况的日子。

2022年11月6日早晨，我第六次站在天安门广场北马的起点。此前，我每天都在担心会不会取消赛事。领装备前我担心，每天做核酸检测前我担心，每天申报健康状况前我担心，直到11月5日晚上我还担心。当晚10时，不管这么多了，我当即关机睡觉了。第二天早上5时起床时，我看了一眼手机，看到没有组委会通知才踏实出门。直到7时25分天安门广场大家齐唱国歌，我才知道今年北马终于真的可以跑了。

7 时 30 分，北马开跑鸣枪了，我与小我 20 岁的小老乡刘林华同时出发了。

奔跑在北马的赛道上，惬意在北马的穿梭间，回忆在北马的过程中。

起跑前，在我们 B 区偶遇此次北马 330 官兔刘陆小帅哥。几年前，在密云马拉松中，他是半马 130 官兔，我是 215 官兔。于是，我们结上了缘分。他问我是否愿意跟他一起跑，我说估计不行也不敢。因为我此次北马没有具体目标，只希望 400 之内完赛即可。

刚刚跑过新华门的 2 公里处，见到了约好的我在中国法学会工作时的老同事李琛美女。于是，立即留下了跑马的照片与视频。

跑到 4 公里处，巧遇经常在奥体跑步的老相识，相互加油之后继续往前奔跑。他也是打算 400 完赛，但他觉得我们俩配速有点快。

在 5 公里补给站，元大都 330 私兔率领的一支队伍正好从我们身边跑过。他们的节奏感，立即将我们带动起来了。这一跑，就带出了 455 左右的配速。跑到 10 公里处，竟然跑出了 445 的配速。

待到西三环花园桥底下左转弯，再往前至 11 公里处，竟然追上了我们首都媒体跑团的女神余美。她这几年进步之快，让我等男同胞都自叹弗如。现在她已经是 330 以内选手，可我对 330 还是可望不可即。没想到，我们竟然能这么早就追上她。她一看，我们紧跟 330 私兔，立即鼓励我们继续跟随。

接下来，就是北马最美丽的赛段，那就是美丽的昆玉河东岸。在这里是 12 公里至 16 公里赛段，每个人大约要跑过 5 公里。跑到 17 公里处，开始进入北四环西路内环辅路。或许是开阔路段，更容易引起跑者关注鞋子。我第一次穿上参赛的基普乔格鞋，鲜艳的色彩也确实很容易引起关注。连续好几位选手边跑边问我，穿了这么牛气的新鞋，是不是要跑进 3 小时？我的答复是，不要说 3 小时，330 我都跑不进。但今天穿上这双鞋，感觉确实很轻松。老资格的跑者说，最好不要穿新鞋参赛。但是，因为我在赛前穿新鞋试跑了两次，感觉到合脚舒服，所以我还是穿上了。此次北马，真可谓穿新鞋跑北马啊！新鞋是徒弟特意给我买的，师傅穿起来也确实有成就感。

因为此次北马与新鞋都非同寻常，这双新鞋看来今后就只能在正式比赛中穿上了。

比赛继续进行，跑步继续前行，跑到半马计时毯，我看到上面显示的时间是 147（后来实际净计时是 145），看来我们今天的状态确实不错。

原定在 28 公里处即北京科技大学北门西侧 200 处，我要与北科大文法学院张家盛老师见面，然后享用他们提供的红牛。但是，因为赛事保障工作太严格，跑到 28 公里处竟然没看到张老师。无奈，只好继续往前奔跑。

过了 30 公里，看到计时毯上显示的 233 用时，感觉还是很给力。但是，再往前跑就是跨越八达岭高速的科荟桥。平常没觉得这座桥很陡，那天突然觉得科荟桥怎么如此之陡。这可能就是平常比赛中出现的极点反应，类似的情况我已经好几年没出现了。既然如此，只能稍微放慢速度，再往前坚持一下了。

31 公里过了,左转弯向北,来到林萃路。自我感觉有点缓过来了,眼看着 32.5 公里的补给站就要到了。突然有人拍了一下我的肩膀,回头一看居然是本来应该在 B 区起跑时就要见面的冀祥德教授。于是,我们三个人便一路同行了。跑到 35 公里的北京市律协与华允所私补站,我们竟然提前以红牛碰杯庆贺了,竟然忘了还有 7 公里赛程。

这一碰杯庆贺,竟然耽误了 4 分钟。因为冀祥德教授建议最后一起冲线,在最后 7 公里过程中,我一边跑一边看他们俩的状态。刘林华因为腿抽筋了,要我们直接冲刺,所以我与冀祥德教授便朝终点线跑去。最后跑到终点的成绩,我与冀祥德教授竟然同时同分同秒——3 小时 50 分 59 秒。如此有趣而有缘的情况,在三年前的 2019 年 12 月 8 日我参加广马时也遇到过,那时的成绩是 3 小时 41 分 26 秒,那是与美女跑友荀彦玲律师一起跑出来的好成绩。

全马如此漫长,跑马如此美好,北马如此快乐!

每一位跑者都有自己心目中的北马,每一位跑者都希望每年跑一次北马,每一位跑者都期待在北马跑出自己的最好成绩。与上次跑广马一样,没有目标成绩,我反而跑出了自己最好成绩。今天在北马,我竟然跑出了自己的第二好成绩,同时也是自己的北马最好成绩。由此可见,心态放松,必有感动!

当然,也不能否认两周前即 10 月 23 日我在江西永新老家拉了个长距离带来的良性效应。那个快接近全马的 35.88 公里长距离,既是为了怀念今年 3 月与世长辞的母亲(母亲出生于 1935 年,享年 88 岁),也是为了纪念自己 13 岁时从县城跑回乡下老家千古洲的往事。所以,此次北马跑得好,可能也是母亲和家乡的护佑。

最后在终点线,我与比我们早到终点的法律人杜征宇、闵德超等跑友再一次喊出了自己心目中的口号——“不忘初心,跑步前进”!

跑马是什么? 跑马就是跑友的聚会,就是跑者的约会,就是跑步的狂欢。我始终认为,在人世间,有一种朋友是跑友,跑友就是羡慕不嫉妒,佩服不攀比,鼓励加激励,学习又交流,共享又分享。

每一个人的北马都有故事,每一位跑者对北马都有话可说,每一位参加了北马的跑友都有快乐值得分享。

我曾经只能通过电视直播看北马,我后来敢于超越自我而跑北马。现在,因为今年北马的非同寻常,我又开始更加热爱北马!

尽管如此,我还是更加喜欢以往寻常的北马,更加喜欢所有人都可以报名抽签参赛的北马,更加喜欢所有的参赛选手与路边观众可以自由互动的北马,更加喜欢没有任何疫情防控压力而不再担惊受怕的北马。

原载桂客留言 2022 年 11 月 17 日

第七届桂客年会出了哪“十宗最”？

一是最热的桂客夜话，“热”到啥程度？

二是最顺的开幕仪式，“顺”成什么样？

三是最帅的罗翔教授，“帅”在哪里呢？

四是最多的桂客礼包，“多”到感动谁？

五是最乐的授牌环节，“乐”成了啥样？

六是最难的昨天回顾，“难”死了哪个？

七是最重的合规论坛，“重”在哪几处？

八是最美的品牌组合，“美”是谁的美？

九是最爱的今天布局，“爱”谁没商量？

十是最好的明天展望，“好”事好在哪？

2022 年注定是一个不一样的年份，2022 年桂客年会铁定也是一个不一样的年会。那么，究竟有什么不一样呢？到底有哪些美丽而有趣的花絮？作为桂客年会发起人，我自然感受更多、体会更深。于是，默想一番之后，我便梳理出了这样一个“十宗最”。

一是最热的桂客夜话，“热”到啥程度？

每年的桂客年会，一定都有一场酣畅淋漓的桂客夜话。

每年的桂客年会，一定是先有预热的桂客夜话，才有正式的桂客年会。

每年的桂客年会，往往是在桂客年会正式开幕前夕的桂客夜话，更有人气，更加火爆。

今年的桂客年会依旧如此，但今年的桂客夜话却更加不同一般。

与往年桂客年会不同的是，今年的桂客夜话与桂客年会不在同一个地方举办。

2022 年 8 月 26 日晚上，第七届桂客年会之“桂客夜话”在地处北京国际饭店三楼的中国律师博物馆举办。因为这个特殊的日子，也因为这个特殊的地点，更因为这个特殊的环境（疫情防控越来越严），使今年的桂客夜话变得异常紧俏而一票难求。最后，只好通过重新报名的方式，产生能够参加桂客夜话的前 120 名参会者。

于是，话题就从 1980 年 8 月 26 日《中华人民共和国律师暂行条例》开始切入。与会者一边参观承载中国律师百年历史的中国律师博物馆，一边回顾我国律师制度恢复重建 43 年来的成就。

一眼望过去，只能容纳 120 人的中国律师博物馆大厅已经座无虚席。迟到的与会者只能站在后面远远地望着大屏幕，静静地听着精彩的致辞与演讲。

作为中国律师博物馆馆长，也作为北京律师法学研究会常务副会长，孙在辰首先表示欢迎，欢迎各位来到中国律师博物馆，感谢大家对中国律师博物馆的关注和支持。

最有趣也最无奈的是，本来要到现场做主题演讲的李淳律师。为了躲避台风，他提前一天从深圳坐高铁到了长沙，然后再从长沙飞到了北京，住进了会议驻地北京维景国际大酒店。奇怪的是，前台将他安排到了 515 房间。（谁知道 515 与中国律师有什么关系？）

没想到，他刚入住就发现手机被弹窗了。据说是他所在的深圳市住处有病例，属于中高风险区。

如此而来，8 月 26 日晚上的桂客夜话，他只能线上发表演讲了。真可谓，远在天边，近在眼前。

尽管如此，李淳律师还是有板有眼地完成了此次演讲。

李淳律师在演讲中用“五个观念（规模观、历史观、文化观、战略观、价值观），六个总结（中国律师是一种经历、一支队伍、一种力量、一种风气、一种使命、一种责任），四个展望（坚持长期主义、专业主义、人文主义、青年主义）”，对中国律师业的昨天、今天、明天分别作了描述与评价。

尽管是线上，我们同样感受到了李淳律师对中国律师业的热情与激情。接下来，在北京大道政通律师事务所天津办公室主任周恺律师的主持下，杜伟、陈凯、王良宝、任小军等律师，围绕“我们的客户在哪里？”介绍经验、发表意见、提出建议。此后，钟文、张巍、彭帅、常金光、李磊、董冬冬等诸多律师，纷纷走上了互动演讲的讲台，发表看法，交流做法。

一时，现场是掌声阵阵，笑声连连。可谓笑果与效果齐飞，情趣与意趣共享。以至于这场桂客夜话不得不依旧争分夺秒，依旧拖堂闭幕。

没想到夜话如此之热，热到济济一堂，热到座无虚席，热到干货满满。

不过，再热闹的安排也有画上句号的时候。因为，热闹之后还有盛况空前的桂客年会。

于是，大家既恋恋不舍又心有所想地回到了会议驻地北京维景国际大酒店。

二是最顺的开幕仪式，“顺”成什么样？

但凡会议，不管是论坛还是年会，最具亮点效应的一定是开幕式。因为开幕式，既要有兆头，也要有说头，还要有奔头。简而言之，一个会议的开幕式，一定要给人带来信心和激情。用这个标准看“2022 桂客年会”，显然是可以打满分的。

今年的桂客年会尽管姗姗来迟，但迟来得也是时候。一是因为恰逢中国律师制度的好日子——8 月 26 日，二是正好赶上了北京疫情不算严重的时刻。

此次开幕式的构思策划是：在开幕致辞之前，全场肃静之时，灯光渐暗之际，三段视频悄然出现在大屏幕上：一是《春天的故事》歌曲应声响起，二是五届全国人大常委会第十五次会议的会场跃然而出，三是党的十九大开幕式现场闪亮呈现。

2022 年 8 月 27 日上午 8 时 45 分，在桂客夜话之后的桂客年会开幕式上，我作为此次桂客年会总主持人第一个走上了讲台。然后，我用三个排比句烘托了当时的气氛：

一首彰显改革开放总设计师邓小平同志深谋远虑智慧形象的《春天的故事》唱过之后，将我们从昨天带到了金秋的今天；

一部体现民主法治建设走向依法治国起点的法律即《中华人民共和国律师暂行条例》颁布通过之后，将我们从昨天带进了改革开放的今天；

一声来自习近平总书记在党的十九大报告中作出的“中国特色社会主义进入新时代”的重大判断，将我们从昨天带向了中国特色社会主义新时代。让我们大家为这个新时代摇旗呐喊，加油助威，鼓掌欢呼吧！

接下来，我从“2022 桂客年会”与主题“中国律师业的昨天、今天、明天主题高峰论坛”两者之间的关联，解读了为什么在这个时间召开桂客年会。

1980 年 8 月 26 日，那是改革开放的起点，也是依法治国的起点，有一部我们律师有关的法律通过了，那就是《中华人民共和国律师暂行条例》。这部法律是 1980 年 8 月 26 日发布通过的，后来于 1982 年 1 月 1 日起实施。也就是说，如果它还在实施的话，已经有 40 年了。尽管早就没实施了，但我们也要纪念它实施后所经历的 40 年。

然后，我将此次桂客年会联合主办单位代表一一请上讲台，分别做开幕致辞。

北京德和衡律师事务所管理合伙人张兵在开幕致辞中首先介绍了自己从 1996 年《律师法》正式颁布那年开始执业的经历。他说，当时选择做律师完全是出于对法律的热爱、对规则的推崇。同时也因为没能进入公检法，所以义无反顾地做了律师，而且这一做就是 26 年，而且一直在一家律所，也就是他现在所在的北京德和衡律师事务所。

中华遗嘱库管委会主任陈凯的开幕致辞以《春天的故事》为由头，讲述了三个春天的故事。同时，分别奉献了三首诗：“阳春布德泽，万物生光辉”“满眼不堪三月暮，举头已觉千山绿”“最是一年春好处，决胜烟柳满皇都”。

上海靖予霖（天津）律师事务所执行主任张烜墚借开幕致辞之际和大家分享一个词，那就是他当年加盟靖霖时在徐宗新主任办公室看到的一句话——不得麻木。他认为，我们律师这个行业，不论是办案上，还是在发展上，都不得麻木。当一个人不学习了，听不进别人讲课，听不进别人分享心得了，那么也差不多到自己的天花板了。

北京法宣在线科技有限公司副董事长兼总经理陈百顺的开幕致辞更具喜庆色彩。为了大家更好地了解法宣在线，认识桂客学院，他以“我和我们的共同事业”为题，将与法宣在线有关的桂客学院、律和科技、人人律、中版北斗、惠众传媒乃至刚刚创刊的《法治时代》等平台，全部搬到了开幕式上。尤其值得一提的是，他详细介绍了我“转换赛道”后加入法宣在线的内幕，从而开启了我们的“同事之旅”。最重要的是，他特别介绍了桂客学院的十大版块和推出的“中国刑事合规百人论坛”及合规培训教材。

百顺老总的名字中有一个“顺”字，正好也彰显了此次桂客年会开幕式的顺风顺水。同时，此次开幕式也体现了张兵做律师一做26年过程之“顺”、陈凯做中华遗嘱库一做10年历程之“顺”、张烜墚做刑辩一做5年进程之“顺”。

既然开幕式如此之顺,那么接下来的桂客年会议程必然会更加一顺百顺了。

三是最帅的罗翔教授,“帅”在哪里呢?

当下从法学法律界乃至整个网络世界,说起中国政法大学罗翔教授,那可谓无人不知无人不晓。

在今年桂客年会之前,桂客留言公众号以“2022桂客年会,谁来开场?”提前预告了罗翔教授即将莅临的喜讯。

从我们桂客学院当时在桂客留言预告的文案可见,罗翔教授到底有多帅,究竟帅到什么程度!

预告文案是这样写的:有一位你所期待的大咖即将来到桂客年会,他是谁? 他就是,“法外狂徒张三”的终结者、“刑法单口相声”一级选手、法律界行走的“段子手”、拥有千万粉丝的“B站法治之光”——罗翔教授。2020年疫情开始,罗翔老师破圈爆火! 他以“粪坑强暴案”,幽默地讲解如何判定正当防卫还是防卫过当;他以“小三索要精神损失费”案,深入浅出地厘清了敲诈勒索与假想的权利行使;他深谙人性的有限性、法律的有限性与启蒙的有限性;他诠释刑法的背后,有着深厚的人文价值尺度;他对成名后的虚荣非常警惕,对人生看得通透;他不仅拥有精英的理性,还有大家的悲悯情怀。

有人总结,罗翔有三大法宝:一是迷之微笑,二是嘟嘟嘴,三是“弗兰”口音。实际上,很多人喜欢他,是因为他对案件的解读,总是充满了人文关怀。用他自己的话说就是,“法律背后,一定是会有哲学基础,会有人性基础的。”也正因此,在课堂上,他会用八分钟时间,去论证“正义是客观存在的”。他不断通过自己的努力,试图向社会传递更多深层的人性思考。

由此看来,很多人之所以喜欢罗翔老师,都是始于段子、终于专业、服于人品。同时,罗翔老师还造就了这样一种现象:只要有罗翔老师的视频,弹幕基本满屏;涉及社会热点,大家会条件反射性地想起罗翔老师。

作为一年一度律师界盛会,“2022桂客年会”会务组也第一时间想到了罗翔老师。8月27日,罗翔老师会有哪些新段子诞生? 于是,桂客年会会务组特别提醒各位桂客:敬请关注2022桂客年会!

但是,谁也没想到,疫情会使我们的愿望打折。会前三天,我们得知罗翔教授无法来到桂客年会会场。但是,我们实在不敢广而告之这个令人意外的坏消息,唯恐伤了各位“螺粉”的心。我还记得2005年5月,第二届中国青年律师论坛组织了一场参会青年律师与在校青年学子对阵的辩论赛,当时我邀请撒贝宁来主持。谁也没想到,小撒临行前被央视领导另行指派了任务。还好,后来我通过灵机一动的方法做了完美处理。

现在,粉丝们怎么办? 参会者怎么办? 无奈之下,我们只能通过线上的方式,请罗翔教授出场了。为此,我特意设计了一个场景:我在开幕式现场大声询问——罗翔教授,你在哪里? 随即画面上很快出现了罗翔教授,接着听见了罗翔教授的声音——刘总编,我在这里!

不管罗翔教授在哪里,但罗翔教授的画面已经出现在桂客年会的现场,罗翔教授的声音已经响彻桂客年会的会场。

在主题演讲中,罗翔教授以“观念与技巧——做一个勇敢的法律人”为题,发表了动情、动意、动理的主题演讲。他提到,任何一个案件其实都是一个课题,或者都可以作为一个课题来做。我们至少可以从四个方面来研究一个案件:法律沿革、司法解释、权威判例、学术观点。他勉励每一位法律人都能在心中拥有正义的源泉:我们虽然都只是一滴水,但愿这滴水永不干涸,因为源源不断的滴水之力必将穿石。

尽管罗翔教授是在线上演讲,但参会律师还是觉得很有魅力。来自湖南益阳的李科律师在会后发朋友圈说:我最喜欢的,就是罗翔教授演讲发言最后的那几句话——“每一位法律人都能在心中拥有正义的源泉:我们虽然都只是一滴水,但愿这滴水永不干涸,因为源源不断的滴水之力必将穿石。”接着他还建议,请桂客学院和桂客年会紧密联系各地方省律协,让桂客年会有机会在全国巡回举行,创造更大、更广、更深远的影响。

最帅气的罗翔教授,最提气的网络大咖,最有福气的各位桂客。

四是最多的桂客礼包,“多”到感动谁?

每年的桂客年会既有精彩的主题内容,更有丰富的伴手礼。

相比前六届桂客年会,今年桂客年会的伴手礼却更加丰厚。所谓伴手礼,就是主办者的心意表示和情意表达。2022 年桂客年会精心准备的伴手礼,可以说,更具文化色彩,更有情感深意,充满了小贴心与小喜悦。

为此,我们桂客留言与桂客学苑两个公众号在年会之前做了最具感染力的推文介绍。

2022 桂客年会上将有哪些伴手礼呢?

第一款!桂客普洱茶。贵客到,上好茶。

第二款!桂客文化衫:因为律师,桂客有约!

第三款!《法治时代》创刊号。每一份报刊的创刊号常常被誉为“原始股”,由中国出版传媒股份有限公司主管、中国民主法制出版社有限公司主办、中国社会科学院法学研究所理论指导的《法治时代》创刊号,不仅是一只“原始股”,而且还是一只“潜力股”。

第四款!法治宣传资料包。宪法等各类法治宣传扑克、民法典“十进”普法宣传手册……玩扑克、看漫画、听手册,相知相伴三不误,让我们红尘做伴在普法路上不孤独。

第五款!桂客红酒(现场品鉴)。

第六款!《因为律师》。书的种类,按内容划分可以有很多种,为很多律师写过的序言序语结集而成的书,你听说过吗?刘桂明老师的专著《因为律师》,你值得拥有。

可谓有酒、有茶、有知识,还为您准备了新衣裳!贴心不?您以为伴手礼就这些?不不不……

在年会上,我们还有一份神秘大礼送给大家,不过这份礼物是什么呢,小编这里要卖个关子。首先,这份礼物“不在袋里送到心里”,还有就是可以偷偷告诉你,这份礼物还有一个温暖的小昵称,叫作“明天”! 想知道这份礼物到底是什么? 就请各位现场来一睹真容,领“她”回家哦!

您以为伴手礼就这些? 不不不……

还有……

来自因特法律咨询的防疫口罩,是暑热高温下的那一抹“清凉”。揣兜里、贴墙上、记灵感、写备忘,便签记忆随时来帮忙!

明媚的胭脂红,是天达共和所给您的蜜汁偏爱。

安全感是手机电量给的,手机电量是中策所的“无线充”给的。

时光漫漫、书签为伴、品读经典、畅想己思、厚植法韵、就在策略所。

“锶畅”公益定制饮用水——盛廷所在甘肃玉岗村的定点帮扶产品。盛家军原创系列盲盒之一,以中国古代传说中的神兽獬豸(xièzhì)形象为原型原创设计的卡通形象,分别以唐、宋、元、明、清五个法律鼎盛朝代獬豸的代表性配色为范本,赋予其金、木、水、火、土的五行属性,并分别以必盛君、德盛君、盛廷君、常盛君、决盛君命名,与盛廷高品质法律服务和“极致、温暖、协作、创新”的核心价值观相结合,成为盛廷品牌标识的重要组成部分。(限量)

拳拳盛意,皆是为你,更多的伴手礼,还在路上!

我们小编的推文最后说:希望它们不仅仅是一份份代表情感与文化的小礼物,更是一件件充满仪式感与满足感的纪念品,带给您不期而遇的感动与欣慰。

如此众多的桂客礼包,如此盛情的桂客礼物,自然感动了每一位参会者,感动了每一位桂客。

五是最乐的授牌环节,“乐”成了啥样?

每年的桂客年会,一般都有一个全体合影和授牌环节。但是,安排在什么时候,还是需要根据实际情况灵活掌握。

就拿全体合影来说吧,有时可以安排在开幕式之前,2021 年桂客年会就是在开幕之前合影;有时可能安排在开幕式之后,2017 年与 2018 年桂客年会就是在开幕式之后。2020 年与今年桂客年会,因为疫情防控就放弃了这个安排。

全体合影可以不安排,但一年一度的授牌环节还是需要安排的。但是,如何安排也是一个问题,也需要考虑是在上午授牌还是在下午授牌。每年的桂客年会,授牌环节肯定是一个惊喜。哪些律所获得“年度律所管理奖”、哪些律所荣获“年度律所成长奖”、哪些律师成为“年度律所管理合伙人”、哪些律师被授予“年度新锐青年律师”,都是每年桂客年会的一道美丽风景线。最重要的是,还是每年桂客年会的欢乐嘉年华。

今年的桂客年会突发奇想,一是不颁发每年设置的各种奖项,二是不再安排在闭幕式上颁奖。这一切都是因为有了桂客学院,今年的桂客年会也是桂客学院成立之后举办的首届桂客年会。所以,在议程设置与环节安排上有些创新,既是必需的,也是必然的。于是,此次桂客年会授牌环节安排在上午主题演讲与对话之后,奖项则强调了桂客学院对各家合作伙伴的敬意与谢意。

无巧不成书,这个安排竟然还顺其自然地解决了会务组一个难题。因为疫情防控,要求一次就餐人员不能太多,所以全体参会者就必须分成两批次前往。但是,谁先去谁后去,这可就难坏了我们的小伙伴。授牌环节的安排,正好解决了这个难题。这样一来,在授牌环节举办之时,一部分参会者可以先行前往餐厅就餐,另一部分参会者包括领牌者就成了第二批就餐者。

于是,在主持人许身健教授的逐次邀请后,在节奏明快的乐曲声中,一家家律所代表先后上台接受了我代表桂客学院授予的"杰出合作伙伴"与"优秀合作伙伴"。最有趣的是,每家律所还获得了我个人赠予的"一言九鼎"纪念牌。

在授牌仪式上,因特法律咨询、中华遗嘱库、靖霖刑事律师等三家机构的代表首先获得了桂客学院"杰出合作伙伴"的荣誉牌匾。接下来,先后上台接受桂客学院"优秀合作伙伴"荣誉牌匾的律所主要有:北京大道政通(天津)所、北京市华贸硅谷所、京都刑事辩护研究中心、上海市毅石所、北京华允所、北京市中同所、北京紫华所、北京策略所、北京市冠衡所、四川明炬所、北京市隆安所、广东智洋所、广东谨然所、上海市建纬所、北京浩天所、北京市盈科所、上海申浩所、北京德和衡所、北京市中策所、北京市京师所、浙江泽大所、北京市盛廷所、北京恒都所、北京市天元所等。

其实,大多数合作伙伴的负责人或创始人我一般都认识。但是,在此次授牌环节,他们安排上台接牌的却多是各所的年轻人。同时,有些律所因为在外地,只能线上参会。于是,领牌代表则由会务组安排工作人员代领。因为领取授牌者大多是年轻人,所以从现场氛围来看,显然是很轻松而欢快的。加之又是散场时候,忙忙碌碌之中,使得这个授牌环节既有喊领牌代表时张冠李戴的妙趣横生,也有叫律所名字时现场点将的欢声笑语,更有牌匾交接时顾此失彼的忍俊不禁。

总而言之,最乐的授牌环节,乐出了有趣好玩的花样,乐出了有爱好看的模样。

六是最难的昨天回顾,"难"死了哪个?

今年桂客年会的主题是"中国律师业的昨天、今天、明天",所以在设计议程时,至少需要分别给昨天、今天、明天各自安排一个环节。于是,"回顾与沉淀——中国律师业的昨天"的主题对话,就安排到了主题演讲之后的第一个环节。

说起中国律师业的昨天,除了 20 世纪 80 年代的国办所与合作所时代,最重要的就是 20 世纪 90 年代在邓小平同志南方谈话之后的那一批"九二派"合伙所时代。

在 1992 年邓小平同志南方谈话之后,司法部将律师改革列为重中之重的工作。于是,第一批合伙制律师事务所正式亮相,媒体称之为"九二派律所"。后来,我将 1992 年至 1997 年成立的律所,统称为"九二派律所"。这批于党的十四大至十五大之间诞生的律所,现在基本都成了影响中国律师业发展的品牌大所,如大成、金杜、隆安、方达、中伦、通商、海问、天元、建纬、竞天公诚、金诚同达、天达共和、广信君达等。

今年正好是这些“九二派律所”进入成立30周年纪念的开端。为此，我们特意将这些“九二派律所”邀请到了桂客年会上，正如2018年桂客年会我们将“金君海方、中环公商”全部八家红圈所请到桂客年会一样。于是，诸多“九二派律所”，如隆安、建纬、华贸硅谷、金诚同达、天达共和、天衡联合、广信君达、君合、方达、天元、浩天、炜衡、金鹏、京都等品牌大所都来到了桂客年会。

本来是想请他们谈谈各所昨天的创业秘密，没想到他们却一个个面露难色。在他们看来，最难的昨天已经翻过去了，已经不值得回忆了。现在，最需要的是珍视今天、珍惜当下。

好在这个环节有大咖主持，那就是中国政法大学法律硕士学院院长许身健教授。许身健教授的主持风格是，常常不经意放个冷枪，让嘉宾即使有所准备也是防不胜防。

于是，在许身健教授的有效调度下，除了上海市建纬所创始人朱树英只能在线上发表观点，北京天达共和所合伙人会议主席李大进、北京市隆安所创始人徐家力、广州金鹏所创始人王波、北京市天元所创始人王立华、北京市华贸硅谷所主任张丽霞、北京金诚同达所管理合伙人张国栋等7位“九二派律所”管理人，加上北京恒都所管委会权益合伙人钟文，自然而然地进入了议程设计的话题。由此，掀起了本次桂客年会第一个对话高潮。

昨天很难，但沧海横流，方显英雄本色。唯其难，才有昨天创业的辉煌。来自诸多“九二派律所”讲述的昨天的创业故事，既有辛勤的耕耘，也有辛苦的奋斗，还有辛劳的合作，更有幸运的感恩。

来到桂客年会，说起昨天，对“九二派律所”来说，其实最难的不是无话可说，而是说来话长。因为时间有限，各位对话嘉宾还只是开了一个头，说了一个小故事，谈了一个好年代。

接下来，许多“九二派律所”将用自己的方式讲述自己昨天的创业故事，以纪念自己的建所30周年。

七是最重的合规论坛，“重”在哪几处?

近几年，有一个词汇摆在我们面前，我们既不能无动于衷，也不能司空见惯，更不能熟视无睹。这个词就是“刑事合规”。这既不是一个简单的词汇，也不是一个简单的问题，更不是一个简单的话题，而是一个非常重要的主题。

今年的桂客年会也不例外，当然也注意到了这个重大主题。不仅如此，从法宣在线到桂客学院都觉得，此事一定大有可为，所以必须大讲特讲。于是，我们认真讨论，最后策划了一个“中国刑事合规百人论坛”。准备参照我在中国法学会工作时见证的“百名法学家百场报告会”法治宣讲活动，发起了一个国内刑事合规的“双百”论坛，以更大范围更大力度地宣传刑事合规。为此，在此次桂客年会上，重点安排了“中国刑事合规百人论坛”揭牌仪式环节。

揭牌仪式由知识产权出版社法律编辑室主任齐梓伊主持，美女主持美丽事业，顺理成章名正言顺。

北京法宣在线科技有限公司副董事长兼总经理陈百顺首先上场，以“‘中国刑事合规百人论坛’是什么、为什么、有什么、做什么”为关键词，详细介绍了这个“百人论坛”。之后，中国人民大学法学院企业合规检察研究基地主任李奋飞教授、北京紫华所主任钱列阳、北京中同所主任杨矿生、广州金鹏所创始人王波、京都所朱勇辉主任与我一起按动大屏幕。由此，“中国刑事合规百人论坛”顺利起航！

随后，中国人民大学法学院教授、企业合规检察研究基地主任李奋飞围绕“律师在涉案企业合规改革中的作用”发表了年会主题演讲。作为一位曾经挂职最高检高级检察官的李教授高度肯定了企业刑事合规的现状和已经取得的成绩，以及律师在其中扮演的三种角色：辩护人、合规监管人、合规顾问。可以说，李奋飞教授的演讲对广大律师进入企业刑事合规业务领域给予了信心、指明了方向、表达了期待。

最值得关注的是，陈百顺老总在演讲中对“中国刑事合规百人论坛”是什么，给予了精确的定位介绍。陈百顺老总认为，“中国刑事合规百人论坛”既不是一个机关单位，而是类似社会上已经成立的中国社会责任百人论坛、中国城市百人论坛、“一带一路”百人论坛等，它们只是某方面的专家智库；也不是一个社会团体，而是类似已经成立的美丽中国百人论坛、私募基金行业百人论坛、投资界百人论坛等，它们都是松散型行业交流平台；更不是一个律师联盟，而是一个非官方、非营利、松散型刑事合规业务交流学术平台。

那么，我们为什么要做“中国刑事合规百人论坛”呢？在陈百顺老总看来：一是新时代的要求；二是司法公正的举措；三是专业发展的需要。

我们为什么能做这件大事？陈百顺老总说，从中国民主法制出版社到《法治时代》杂志，我们手里拥有丰富的资源。概括起来是：一是出版资源；二是教材资源；三是用户资源；四是科技资源；五是合作资源。

钢要用在刀刃上，话要说在心坎上。可以说，陈百顺老总此言不虚，可谓名副其实，值得重点关注和美好期待。

八是最美的品牌组合，“美”是谁的美？

众所周知，娱乐圈有很多经典组合，总让人感觉余音缭绕。比如20世纪80年代的“小虎队”“黑豹乐队”，90年代的“动力火车”“五月天”“羽泉组合”以及21世纪诞生的“水木年华”“F4”“凤凰传奇”等不同的组合，都给人留下了难忘而美好的记忆。

同样，在中国律师界，也有一些被媒体命名的不同组合，让人印象深刻。

一是“京城四少”。这是2002年为知名影星刘晓庆涉税案辩护的钱列阳、许兰亭、张青松、李肖霖四位少壮派律师。当年，这四位刑辩律师互相支持、团结一致，在律师界成为一道亮丽的风景线。

二是“京都刑辩八杰”。2010年1月，应邀参加在中国政法大学举办的“中国刑辩律师的现状与展望”之控、辩、审三方论坛。在北京京都律师事务所田文昌主任的率领下，王九川、朱勇辉、杨大民、金杰、杨照东、柳波、曹树昌、梁雅丽等八名律师纷纷上台演讲。因为正好是八位律师，其中还有一位女律师，正好吻合了中国传统文化的“八仙过海各显神通”故事。于是，我现场灵机一动为其命名“京都刑辩八杰”。从此，“京都刑辩八杰”名声不胫而走。后来，我到《民主与法制》任职总编辑后，又安排做了封面专题报道。

三是“刑辩五朵金花”。2019 年，时任《民主与法制》杂志总编辑的我安排选取了刑辩界的五朵金花——侯凤梅、郝春莉、梁雅丽、娄秋琴、常铮，将她们的风采一一展示出来。她们从事刑辩的历程、见证刑辩的进程，足以代表我国女性刑辩律师特有的视角、特有的视线乃至特有的成功。

四是“刑辩十人论坛”。这是一个由杨矿生、许兰亭、钱列阳、郝春莉、刘卫东、王兆峰、赵运恒、毛立新、朱勇辉、毛洪涛等十位京城刑辩律师共同发起的专业平台。

我对中国律师业曾经做了一个这样的总结：“看起来很美、听起来很阔、说起来很烦、做起来很难的职业”。其中“做起来很难”主要就是指刑事辩护之难。这个“难”，可谓有目共睹。既有传统意义上的会见难、阅卷难、取证难，也有当下现实中的发问难、质证难、辩论难，更有“律师伪证罪”这样一把我们独有的达摩克利斯之剑，时时威胁着广大刑辩律师。更重要的是，刑辩难，女律师做刑辩更难。

尽管如此之难，但我们的刑辩律师依旧专注于这项职业风险巨大的刑辩事业。不仅如此，他们还以各种品牌组合展示了刑辩事业的团队之合、职业之美。

所有类似的品牌组合，都引起了社会各界对律师的强烈关注，同样都传为我们律师行业的佳话。

今年桂客年会，我们准备将他们一一邀请上场。为此，还特意安排了一个与品牌推广有关的议程环节——“iguike 来了”发布仪式。但是，没想到计划赶不上变化。因为疫情，这几个品牌组合中的好几位律师都被困在外地而无法参加桂客年会。无奈，我们只好将到会的刑辩律师重新组合到其他有关环节。

在罗翔教授演讲之后的“iguike 来了”发布仪式上，律和创始人、桂客学院数字化发展战略顾问李华光特别强调，iguike 是一个致力于为律师品牌打造中国首家法律服务共同体的生态圈，既是一个联结法科学生、实习律师、执业律师的成长平台，也是一个联合知名律所、科技企业、三方机构的合作平台。更是一个联通青年学者、知名律师、法学名家的智库平台。简单说，iguike 是一场永不闭幕的桂客年会。未来只要大家打开手机小程序，便可以在 iguike 上天天见，随时随地进行交流、分享和作业。

尽管那些品牌组合未能按计划以原定议程出现，但所有到会的刑辩律师同样以自己的职业表现，赢得了热烈的掌声。真可谓，各美其美，美人之美，美美与共，天下大同。

每一位刑辩律师各有各的风采，每一个刑辩团队各有各的精彩，每一种刑辩品牌各有各的光彩。

九是最爱的今天布局，“爱”谁没商量？

今天终于来了，桂客年会的“今天”终于出场了，从律师制度恢复重建与探索改革的昨天终于来到了既要传承更要发展的“今天”。

今年桂客年会“传承与发展——中国律师业的今天”的主题对话由律新社创始人王凤梅

主持。

北京市君合所主任华晓军、北京市盈科主任梅向荣、北京市隆安所主任王丹、上海申浩所主任田庭峰、北京浩天所管理合伙人付希业、北京市道可特所主任刘光超、北京律师法学研究会常务副会长孙在辰，以及北京市京师所党委书记合伙人宋晓江等各位对话嘉宾，各自从本所的传承与发展视角，发表了关于当下律师业的深入思考。

今天固然值得重视与珍惜，但从昨天到今天的过程更值得分析与研究。于是，今年桂客年会特意设置了一个“探索与创新——从昨天到今天”的主题对话环节。

考虑到我对律师品牌组合的见证经历，我自告奋勇地主持了这个环节。于是，各位嘉宾分别从以下三个方面进行了展示。

一是“从律师到律所”，强调个人与平台的关系。上海靖予霖律师事务所主任、浙江靖霖律师事务所创始人、终身荣誉主任徐宗新与四川明炬律师事务所党委委员、执委会委员、高级合伙人霍子诗，四川明炬律师事务所执委会委员、高级合伙人罗巧三位律师分别以线上方式做了精彩的发言。从线上到线下，正好印证了每一位律师既需要线下平台，更需要线上平台。

二是“从律所到专业”，聚焦平台与专业的关系。来自北京大成所高级合伙人娄秋琴、北京衡宁所创始人常铮、京都刑事辩护研究中心副主任徐莹、北京星来所主任王珺等四位小美女，分别进行了主题分享。

三是“从专业到品牌”，着眼专业选择与品牌组合的关系。此处强调的就是，刑事辩护专业的品牌推广。为此，我们特邀的几位嘉宾对此都既有心得体会，更有理论升华。于是，北京市中同所主任杨矿生、北京紫华所主任钱列阳、北京市京都所主任朱勇辉、北京市冠衡刑事业务部主任肖怡、北京德和衡所高级合伙人周金才、北京市尚权所合伙人张旭华、北京市炜衡所高级合伙人石宇辰等律师，对刑辩专业品牌组合先后作了精辟的观点分享。

对我们的刑辩律师来说，最对的人生是练就了最爱的专业，最爱的专业是造就了最好的品牌，最好的品牌是成就了最美的事业。

为了强调本次桂客年会的政治站位，我们特意将习近平总书记对中国律师提出的希望和要求“努力做党和人民满意的好律师”，以最大规格的喷绘置于会场后方的大背板上。以此显示，党和人民是我们律师可靠的后盾。

这是我们中国律师从昨天到今天的成长成就，更是我们中国律师从今天到明天的希望和期望。

十是最好的明天展望，“好”事好在哪？

有人说，凡是拖堂的会议一定是成功的会议。因为拖堂，说明大家都有话要说、有话可说、有话能说。

如果用这个标准来评价，每年的桂客年会必然是成功的年会。我记得 2016 年 1 月 11 日第一届桂客年会举办时，竟然讲到了晚上 8 点半。也正因为这个情况，才有了 2017 年桂客年会的桂客夜话。

今年的桂客年会依旧如此,依旧有话要说、有话可说、有话能说。以至于最后一个环节开始时,已到原本结束的时间晚上6点了。为此,陈凯律师夹叙夹议:这说明我们留给明天的余额明显不足。

最后一个环节叫作"未来与展望——中国律师业的明天",主持人是来自方达所香港办公室的"90后"律师刘一尘。第一次担任桂客年会主持人的新人,倒是一点也不紧张。不仅如此,他还以自己曾经留学美国攻读JD的经历为由头,再以插科打诨的方式为大家讲述了中西文化不同带给律师的思考。

新一代的主持带来了新的风格新的时代。于是,作为新当选会长的哈尔滨市律师协会会长施佰芝,代表国际所新生代的美国德汇所全球合伙人、北京管理合伙人刘思锐,主张新时尚的中华遗嘱库管委会主任陈凯,已是律二代的北京因特法律咨询公司总经理栾姗,还有正值黄金时代的北京华允所主任李毅、北京策略所主任谢会生、北京市盛廷所主任毕文强、北京市中策所主任梁强等4位"70后",分别以自己的方式描述了律师律所从今天到明天的行动与规划。

尽管此时天色已晚,但留在会场的参会者还是感觉到,这个环节的发言更有含量和内容。从主持到发言,所有的表现确实给年会带来了惊喜,这也正应和了最后的就是最好的这个社会现象。由此看来,来年桂客年会可能需要考虑专为青年律师打造一个平台。否则,我们真的就会造成中国律师的未来余额不足。

新时代需要新生代,新生代可能更精彩。因为新生代,预示着明天和未来。今天的激情与理想,期待明天的成就与辉煌。明天的希望与期待,源于今天的耕耘与表现。正如桂客年会的初衷一样:桂客年会,既是青年律师丰富自身之地,也是资深律师拓宽资源之所,更是管理者们交流经验之峰。

其实桂客年会是否拖堂并不是主要标志,最重要的是桂客年会能否做到,既有叙旧话新,更有推陈出新。如此衡量,才是评价桂客年会的最佳视角。

一年一度的桂客年会,既是桂客学院的重点,也是中国律师的热点,更是参会律师的亮点。以"中国律师业的昨天、今天、明天"为主题的第七届桂客年会,已经成了过去完成时。第八届桂客年会则已经进入了将来进行时,感觉已经迎面而来了。

无论是过去的1月11日还是去年的5月15日乃至今年的8月26日,看起来都只是一个平凡的日子。但是,因为律师,因为桂客,我们的每一天都有意义,每一天都是亮点,每一天都值得期待!让我们所有的中国律师都勿忘昨天的苦难辉煌,无愧今天的使命担当,不负明天的伟大梦想,努力做党和人民满意的好律师。

原载桂客留言2022年11月26日

民法典学习体会：从“一万”到“万一”

民法典实施两年了，我忽然想起了一位老朋友。

这位老朋友是一位民法学专家，他就是赵万一教授。20年前，在成都举办的一次民商法学术会议上，我与赵万一教授初次相识了。看到他的名字，我便立即感觉到这个人应该生来就是法学法律工作者，而且还就是研究民法的。

其实，赵万一教授不仅仅是一位民法学专家，更重要的还是一位民商法学专家。说起赵万一教授，在法学界可谓鼎鼎大名。在民商法学界，则是无人不知无人不晓。从身份头衔来看，赵万一教授曾任西南政法大学民商法学院院长，现为民商法学院教授、博士生导师，《现代法学》主编；从荣誉称号来说，赵万一教授是2021年“全国五一劳动奖章”获得者；但是，从学术成果来论，赵万一教授则是名副其实的著作等身。至于赵万一教授的详细学术成果，不用我列举了，上网简单搜索便一目了然。此处，我想特别强调的是，赵万一教授的名字不仅很有深意，而且还很有说头。

尽管他曾经梦想成为一名作家，尽管他曾经报考了历史专业，尽管他曾经被经济学专业录取。但是，他最终还是学了法律。后来，他不仅学了法律，而且还是师从当时“北江平、南金平”的金平教授系统学习了民法。这一学，他从此就没离开民法，更没离开民商法。最重要的是，他把民商法当成了一生中的最爱。

对我来说，我从他的名字中竟然找到了学习法律的灵感。尤其是民法典颁布之后，我更是大有所悟。

2020年5月28日，随着十三届全国人大三次会议的召开，一部具有中国特色的民法典开始走上历史舞台。《中华人民共和国民法典》是我国第一部以“法典”命名的法律文本，总共1260条，内容涉及我们日常生活工作的各个方面。可以说，从生老病死到衣食住行，应有尽有。为此，民法典被称为“社会生活的百科全书”。

在民法典颁布之后第二天，习近平总书记在十九届中央政治局第二十次集体学习时强调，民法典专业术语很多，要加强解读。要聚焦民法典总则编和各分编需要把握好的核心要义和重点问题，阐释好民法典关于民事活动平等、自愿、公平、诚信等基本原则，阐释好民法典关于坚持主体平等、保护财产权利、便利交易流转、维护人格尊严、促进家庭和谐、追究侵权责任等基本要求，阐释好民法典一系列新规定新概念新精神。

确实如此，在民法典如此众多的专业术语中，我注意到了“法律另有规定的除外”这个专业表述。

我国民法典虽有1260条近10万字，但社会生活的方方面面不可能完全被囊括在这10万字之中。民法典之外，还有大量的民法规范与制度没有写进来，这就造成民法典中出现了很多“法律另有规定的除外”等类似条款。此外，基于“意思自治原则”，民法典中也有很多“当事人另有约定的除外”条款。据不完全统计，在民法典中的“除外规定”，目前大约有166处。这个数据统计，目前还不包括许多条文中的“但书”规定。尽管“但书”也是一种“除外规定”，但两者之间还略有不同。

据民法学专家分析，民法典之所以设置这些“除外规定”，是因为一方面考虑到其他法律有不同的专门规定或者当事人之间另有其他约定，另一方面即使目前其他法律尚未规定，也要为后续立法留下足够的空间。当然，也有衡平私法与公法在保护价值、法益上差异的需要，以及解决专属特定主体人身的权利义务之需要。

赵万一教授说，民法强调公平，而商法则强调效率，这是民商法最大的区别。因为民法制度是以自然人为设计起点的，民法主要是为了保护自然人的权利和满足自然人的需求。再进一步说，民法只解决两个问题：一是怎么保障人活下去，二是怎么保障人有尊严地活下去。所以，民法典主要强调如何保护人的权利。更直白地说，就是如何处理人与人之间的权利义务关系。正如一位立法专家所描述的那样：一个人从出生开始，监护就会产生，抚养关系就会产生；慢慢长大之后，就会涉及婚姻关系；就业之后会涉及合同关系；死亡的时候会涉及继承关系，这些都是和老百姓的权益密切关联的。所以，我们可以说民法规则覆盖了老百姓的生老病死。

众所周知，法律制度的效能不外乎这样两个方面：一是警示人们可以做什么，应该做什么；一是警示人们不能做什么，不该做什么。如果万一做了什么，有什么解救办法吗？于是，就出现了“一万”与“万一”之间的理解问题。

在我们平常的理解中，“不怕一万，就怕万一”，说的是一万次倒不可怕，怕的是万里有一。哪怕是一次疏忽大意，哪怕是一次违章违纪，就可能让九千九百九十九次付诸东流，前功尽弃；就能使一生平安的愿望，化为泡影，离你而去。但是，在法律人看来，所谓“一万”，是指按照法律规定，赋予每个人的权利。而“万一”的意思是，其权利如果被他人侵犯了怎么办？或者说是，哪些情况不属于侵犯他人的权利？简而言之，在民法上来说，赋权是一万，保障是万一。换句话说，正常情况下是一万，例外情况下则是万一。这一切都是为了最大可能地保障法律给予我们每个人的公平权利。

于是，我从民法典中看出了如下诸多的从“一万”到“万一”的规定条款。

一是出生时权利的例外。第十六条规定了胎儿享有继承权。涉及遗产继承、接受赠与等胎儿利益保护的，胎儿视为具有民事权利能力。也就是说，当一个人还是胎儿时，就拥有法律所赋予的权利。从权利能力来看，这是一万。但是，万一呢？于是，民法典规定，如果胎儿娩出时为死体的，其民事权利能力自始不存在。

二是儿童行为能力的例外。第十九条规定，八周岁孩子可以“打酱油”。从正常来看，八周岁以上的未成年人为限制民事行为能力人,实施民事法律行为由其法定代理人代理或者经其法定代理人同意、追认。但是,也有例外,那就是其可以独立实施纯获利益的民事法律行为或者与其年龄、智力相适应的民事法律行为。比如,八岁孩子下楼打酱油就可以,就不必再由其法定代理人同意或追认。

三是紧急救助的例外。第一百八十三条规定:“因保护他人民事权益使自己受到损害的,由侵权人承担民事责任,受益人可以给予适当补偿。”如果没有侵权人、侵权人逃逸或者无力承担民事责任,怎么办?此时如果受害人请求补偿的,受益人应当给予适当补偿。更例外的是,第一百八十四条规定:“因自愿实施紧急救助行为造成受助人损害的,救助人不承担民事责任。”从此,再也不必担心做好人好事,会不会成为“彭宇”了。

四是居住权的例外。第三百六十六条至三百七十一条,共用了六个条文规定了居住权设立、居住权合同、居住权转让和继承的禁止、居住权消灭、居住权登记、对设立居住权的住宅的出租限制等有关居住权的一系列内容。所谓居住权,是指为特定自然人生活居住的需要而设定的权利,居住权人按照合同约定对他人的住宅享有占有、使用的权利。这个居住权与房屋所有人的居住权是什么关系呢?一般情况下,房屋所有人当然享有在自己房屋居住的权利,但这种权利并非法定的居住权。房屋所有人在自己的住宅居住的权利是基于物权中的私人所有权,即私人对自己的房屋依法享有占有、使用、收益和处分的权利。但是,还有若干例外情况,那就是法定的居住权。这是一种用益物权,是指权利人按照合同约定或遗嘱乃至判决,对他人的住宅享有占有、使用,以满足生活居住的需要的权利。作为用益物权的居住权是在他人房屋之上设立的,是房屋所有权权能分离的结果。作为一种新的用益物权,居住权生效采用“登记生效”原则,无论是通过哪种方式取得,都要到不动产登记中心办理居住权登记。所有这些规定,既有一万意义上的赋权,更有万一意义上的保障。因为居住权的存在,既让房产交易变得更加复杂,也在离婚财产分配上给予了更多选择,更让以房养老得到坚实保障。比如在房产交易的时候,不仅要看是否存在抵押、是否存在租赁,还要查看是否存在“居住权”。一旦疏忽了居住权,即便买到了房子,也未必能住在其中,这是二手房交易不得不考虑的“雷区”,因为居住权可长可短,甚至终生有效——不到居住权人去世,居住权不会消散。同时,房产如何分配,也常常是离婚的一大难题。在居住权模式下,离婚后一方可赋予另一方居住权,对方只能居住,不能用于抵押贷款,更不能用于出售,这为离婚财产冲突提供了新的选项。特别有利于老人的是,可以将“以房养老”落到实处。所谓以房养老,是指老人将房子抵押给金融机构,获得养老金直到去世。如果在签订“以房养老”协议的同时,保障老人居住权,不到去世,这一权利就一直存在,有生之年谁都无法剥夺,这就可以让许多金融骗局无法得逞。

五是婚姻自由的例外。众所周知,婚姻自由既包括结婚自由,也包括离婚自由。但是,如何保障公民的离婚自由,既是一种技术,更是一种艺术。法律并非支持轻率离婚、冲动离婚,为此特意规定了“离婚冷静期”,以此倡导社会理性对待离婚。这既是对自己的婚姻负责任,也是对家庭和社会负责任的一种表现。可以说,结婚是一万,离婚是万一。同样,离婚是一万,不离是万一。所以,万一不离了呢?于是,民法典规定了离婚冷静期。第一千零七十七条规定:“自婚姻登记机关收到离婚登记申请之日起三十日内,任何一方不愿意离婚的,可以向婚姻登记机关撤回离婚登记申请。前款规定期限届满后三十日内,双方应当亲自到婚姻登记机关申请发给离婚证;未申请的,视为撤回离婚登记申请。”

六是自愿行为的例外。在日常生活中,因为参加文体活动而遭受意外伤害的事情时有发生。而该等事件发生后,受伤者往往会向其他参加活动的人索赔。但是,按照民法典第一千一百七十六条第一款规定:“自愿参加具有一定风险的文体活动,因其他参加者的行为受到损害的,受害人不得请求其他参加者承担侵权责任;但是,其他参加者对损害的发生有故意或者重大过失的除外。”

七是自助行为的例外。在日常生活当中,人们自身的合法权益遭受侵害,但又来不及请求国家机关及时保护的情况时有发生。尽管在此情形下权利人的自力救济形式在民间普遍存在,但我国法律一直对此未予明确规定。故此往往导致合法权利人在不得已采取自助措施后,反而处于被他人起诉侵权的尴尬境遇。于是,民法典第一千一百七十七条第一款规定:“合法权益受到侵害,情况紧迫且不能及时获得国家机关保护,不立即采取措施将使其合法权益受到难以弥补的损害的,受害人可以在保护自己合法权益的必要范围内采取扣留侵权人的财物等合理措施;但是,应当立即请求有关国家机关处理。”

八是新闻报道的例外。新闻报道对于社会进步的意义,不言而喻。所以,法律鼓励和保护为维护社会公共利益所进行的报道和舆论监督。我们每个人有权利也有义务和责任为整个社会的风清气正建言献策。新闻媒体进行新闻传播活动,其出发点应为维护公共利益,考虑不特定大多数人的权利和利益。新闻媒体为满足公众知情权和推动社会进步,告知公众正在发生的事实以及对社会负面事实进行揭露和批评,也需要最大限度地体现新闻报道和舆论监督的公共利益目的。为此,民法典既要充分考虑公共利益,也要特别明确权利边界。民法典第九百九十九条规定:“为公共利益实施新闻报道、舆论监督等行为的,可以合理使用民事主体的姓名、名称、肖像、个人信息等;使用不合理侵害民事主体人格权的,应当依法承担民事责任。”这为新闻报道划定了免责界限,通过设置抗辩条款,保障新闻媒体正常履行新闻报道和监督职能,并明确了行为人责任承担的范围,既保护新闻传播活动,又对其进行约束。该条规定将“合理使用”作为新闻媒体的行为限度,将“公共利益”规定为抗辩的前提。民法典第一千零二十条第二项规定,为实施新闻报道,不可避免地制作、使用、公开肖像权人的肖像可以不经肖像权人同意。这属于“合理使用”。当然,合理使用的自由也伴随着合理审核的义务。第一千零二十五条首先明确了在新闻传播活动中,为公共利益实施新闻报道活动对他人名誉造成影响的,不属于侵权行为,不承担民事责任。但行为人出现“对他人提供的严重失实内容未尽到合理核实义务”的,应当承担民事责任。第一千零二十六条以列举方式对第一千零二十五条规定的核实义务进行了明确,包括“内容来源的可信度;对明显可能引发争议的内容是否进行了必要的调查;内容的时限性;内容与公序良俗的关联性;受害人名誉受贬损的可能性;核实能力和核实成本”。其中,内容来源可信度、必要调查以及核实能力和核实成本属于认定的主观因素,内容时限性、与公序良俗的关联性以及受害人名誉受贬损的可能性属于认定的客观因素。所以,第一千零二十八条规定:“民事主体有证据证明报刊、网络等媒体报道的内容失实,侵害其名誉权的,有权请求该媒体及时采取更正或者删除等必要措施。”由上可见,民法典就实施“新闻报道”行为予以规范,没有使用“新闻机构”“新闻组织”“新闻媒体”“新闻记者”等说法,而是将“实施新闻报道、舆论监督的行为人”规定为行为主体。同时,民法典将自然人、法人和非法人组织都纳入行为人范畴,这意味着从事新闻报道活动的主体不再局限于传统意义上的新闻机构和新闻记者,而是进一步扩展到了实际发生新闻报道行为的所有组织和个人。于是,从“公共利益”到“合理使用”,从舆论监督到私权保护,从职业操守到必要范围,从合理审核到侵权责任,无不显示出法律规定的正常与例外。

九是继承权的例外。我国宪法第十三条第二款规定:“国家依照法律规定保护公民的私有财产权和继承权。”可见,继承权是一种天经地义的权利。但是,也有例外。民法典第一千一百二十五条第一款规定:“继承人有下列行为之一的,丧失继承权:(一)故意杀害被继承人;(二)为争夺遗产而杀害其他继承人;(三)遗弃被继承人,或者虐待被继承人情节严重;(四)伪造、篡改、隐匿或者销毁遗嘱,情节严重;(五)以欺诈、胁迫手段迫使或者妨碍被继承人设立、变更或者撤回遗嘱,情节严重。”然而,亲情是永远割不断的。当继承人愿意悔改时,法律还会给他或她机会吗?于是,民法典第一千一百二十五条第二款规定:“继承人有前款第三项至第五项行为,确有悔改表现,被继承人表示宽恕或者事后在遗嘱中将其列为继承人的,该继承人不丧失继承权。”根据该规定,当继承人能够认识到自己的错误,认真悔改,同时被继承人已知继承人对其实施了相应的违法行为,却愿意对继承人的过错行为予以宽恕,或者事后在遗嘱中将其列为被继承人,则该继承人的继承权得以恢复。这是此次民法典继承编的一个突出特色,就是设立了对继承人的“宽恕制度”。这一制度实际上是法律给了继承人改过自新的机会,同时也体现了法律对被继承人意愿的尊重,从而让法律既有力度,更有温度。

十是违约责任的例外。在民事法律关系中,至关重要的是侵权与违约两种行为而导致的责任承担。所谓违约责任,是指违反合同的民事责任,即合同当事人因违反合同义务所承担的责任。从民法典第一百八十六条规定可以看出,当事人一方违约了,损害了对方人身权益或财产权益,受损害方必然有权选择请求其承担违约责任或者侵权责任。于是,民法典第五百七十七条至五百九十四条规定了诸多违约责任的情况,这些规定是在整合了合同法、担保法、担保法司法解释、买卖合同司法解释等相关法律法规之后修订完善的。第五百七十七条首先作了明确规定,当事人一方不履行合同义务或者履行合同义务不符合约定的,应当承担继续履行、采取补救措施或者赔偿损失等违约责任。但是,法律同样有例外,那就是免责条款。所谓免责条款,是指法律明文规定的当事人对其不履行合同不承担违约责任的条件。民法典规定的免责条件主要有:(一)不可抗力:民法典第五百九十条规定,当事人一方因不可抗力不能履行合同的,根据不可抗力的影响,部分或者全部免除责任,但法律另有规定的除外。当事人迟延履行后发生不可抗力的,不免除其违约责任。第一百八十条第二款规定:“不可抗力是不能预见、不能避免且不能克服的客观情况。”(二)货物本身的自然性质、货物的合理损耗:见民法典第八百三十二条。(三)债权人的过错:见民法典第八百三十二条、第八百九十三条。不管是在合同法时代还是在民法典时代，对于违约责任的约定都是必不可少的，签约双方都不可忽略违约责任的约定。如果忽略了违约责任，到时真的就会有例外，也就是无法挽回损失了。不管是出于盲目信任还是碍于情面而不愿意在合同中加入违约责任条款，都是不负责任的。其实，违约责任条款体现了一种风险防控意识。因为未来的风险以及市场情况的变化和合同双方当事人履约能力的变化，都可能导致合同是否被全面地、适当地履行。如果双方不约定违约责任，最后出现违约行为就无法正常追究违约方的违约责任。

有关民法典的"除外规定"还有很多，但仅仅通过以上各种例外，我们就可以充分认识到，受民法保护的各种权利都是以充分尊重人的意思自治与行为自由为前提的。一般情况下，以主动赋权的方式显示出来。在例外情况下，则以完善权利保障的方式予以救济。所以，不管是一万还是万一，体现的都是一种公平正义的法治理念，折射的都是一种程序正义的法治理念。

民法之所以享有"万法之母"之声誉，不仅在于其适用对象的平等性和广泛性，而且更在于其调整内容的广博性、调整方式的人本性、调整范围的全覆盖性和调整目的的正当性。所以，对于普通老百姓来讲，从摇篮到坟墓、从权利到义务、从意思到行为、从违约到侵权、从好意到公义、从结婚到离婚、从遗嘱到传承，都离不开民法，都离不开民法的遮风挡雨。

简而言之，每一个自然人的权利从一万到万一，在法律上，既有全面的保护，也有全能的呵护，更有全程的庇护。这一切都是为了保证实现法律所赋予和给予的公平正义。从这个意义上说，赵万一教授是一位既关注民法公平，也聚焦商法效率的学者。更全面地说，赵万一教授是一位既能看到一万以内的权利如何赋予，更能发现万一以外的保障如何实现的大学者。

综上所述，民法典关于"除外规定"，看起来是一个技术问题，但归根结底是一个艺术问题。由此说来，法律既是一万，更是万一。不管是正常还是例外，这既是民法典为公民的民事活动提供了行为规范，也是民法典为法院提供了裁判依据，更是民法典为立法者创设的底线。由此，我们看到了民法典完善的制度设计，对各项民事权利的立体保障，发出了保护公民权利的最强音，从而真正体现出民法典固根本、稳预期、利长远的基础性法律价值。

民法典实施两年了，我想起了赵万一教授。我从赵万一教授的名字中，发现了学习民法典的一个独特视角。从这个独特视角，我得到了学习民法典的意外收获。

（作者系中国民主法制出版社《法治时代》编委会副主任、法宣在线总编辑、桂客学院院长。本文原载《法治时代》2023 年第 1 期）

到不朽的事业中寻求庇护，用热爱来抵挡岁月蹉跎（跋）

“到不朽的事业中寻求庇护”，这是茨威格《人类群星闪耀时》序言的标题，也正巧是我最近看的一部讲述记者工作的电影《不止不休》中，主人公阅读的书籍。当刘总编提出让我来为他的新书《民主与法治时代》写跋时，我想到了这句话。

从本书的多个标题可以看出，这句话用在他的身上再适合不过了。

我和刘总编是校友，我们都毕业于华东政法大学。在我读大学的那四年里，不论是学校里的老师，还是学校图书馆的优秀校友墙，都在告诉我，我的父亲是一位优秀法律人。但作为务实派的年轻人，又怎能仅凭旁人一些夸奖的观点就轻信呢？我非但不会替我爸接受下这些夸奖，也更加不会以他的名声沾沾自喜。反之，我通常都是鲁豫式的反问“是嘛？我不信”。

我确实不太相信。虽然十八九岁的我涉世未深，但还是很难认同头发稀疏、土里土气略显邋遢、家中事情一问三不知，甚至我小学时都不知道我是几年级的父亲，会是别人口中的名人。但随着年纪的增长，眼界的开阔，渐渐发现原来刘总编身边的很多朋友都是书本上的人物，甚至课上老师提到的人物和事件他都经历过或参与过。而当我与刘总编说起这些法律界的轶事时，他也总能对答如流。不仅对每一个人物和事件的时间点都能娓娓道来，更是会有意无意地让我知道他也曾参与其中。起码在大学生的眼里，不太像是临时编的。

渐渐地，我发现刘总编真的是什么都知道。在中国的法律圈，他像一本活字典，记录过大大小小的很多事情和人物。让我多少有些释怀的是，原来我小的时候，刘总编是把他的精力都奉献在了这个事业上，并且真的完成得很好，心里多少会隐隐有些自豪和敬佩。

但最让我敬佩的一点，还是刘总编对于法律新闻事业的热爱。2015 年，我当时正在美国攻读法律博士项目，恰逢刘总编跟随中国法学会的活动到美国学习十几天，途经纽约和华盛顿。因为离我不算远，所以我也就特地过去陪他转转。国家机关事业单位的人出趟国不容易，加上学习行程又很满，自由活动的时间本就不多，任谁到了纽约、华盛顿这样的大城市，都会想要逛逛景点、买买东西。而刘总编却自己提前托人，安排要去拜访几家美国律所和法律媒体，不同于那种拍照打卡式的拜访，他还特地叫我来做翻译。

整个拜访过程，可以说是求学请教的过程。面对陌生的法律体系和新闻监管体系，刘总编并没有以自己是《民主与法制》的总编而长篇地输出观点，反而是非常虚心地倾听对方的观点并一一记录。结束自由活动后，我随他们一起回酒店，返程的大巴上我清楚地记得，与刘总编同行的其他学员都在讨论着买了什么名牌、去了哪家餐厅，只有刘总编在摇摇晃晃的车上整理着与美国法律人交流的笔记，还不时与我确认他中翻英的表述是否准确。那时候我在想，车上这么多的干部，不远万里来到这边都这么认真地听课吗？他们都像刘总编一样这么热爱自己的事业吗？他们是因为做到了这个职位，才必须热爱还是真的发自内心地热爱？那么，当他们离开这个职位后还会有人记住他们吗？

后来，我也进入了法律圈，并成了一名从事涉外业务的律师。那之后，我时常会听到一些曾在政商界叱咤过的前辈们对刘总编的评价。其中最高度重合的部分就是"你爸精神头真大"，而往往这样评价的背后都是带着羡慕甚至有些嫉妒的。其实，很多人一生奋斗的事业就是一个职位。当职位的光环不再，随之也就带走了对事业的热爱和"精神头"，只剩下了"忆往昔峥嵘岁月"的"愁"。这大概是所有曾经有过光辉岁月的人都会有的焦虑，一种"百年多病独登台"的凄凉感。

如今，刘总编也已离开《民主与法制》总编辑的岗位，与很多同期的干部一样，正式步入了大众口中的退休生活。但不同的是，他的退休却并不是养老，刘总编依然在继续努力地"折腾"着。虽然我们一南一北天各一方，要偶尔出差时才会碰上一次面。但据我妈的说法，目前的他还依旧奔波于各种大小论坛会议，各种律所的周年，各个行业的学术研讨会，且从未停止记录与写作。

作为一位已经享受退休居家生活多年的北京妇女，我妈时常在与我沟通时表达出对刘总编东奔西走的不解——"这么大岁数了还瞎折腾啥""一把年纪了就应该赶紧在家歇着""赶紧去托人找个好点的养老院"等充满北京式惰性的片儿汤话。换作前几年，即使说这话的北京妇女不是我妈，我大概也是会赞同的。但经历了三年疫情以及近些年的无数变故，我认为人生的广度绝不能局限于金钱与地位。不然，当一瞬间得到或失去这些时，随之失去的还有对生活的充实感和期望值。

因此，在疫情的三年中，我也重新拾起了多年未做却依旧十分热爱的音乐编曲。在所有我可能利用上的业余时间里，学习各种乐器和编曲技巧，即便不能用这些来出名来赚钱。有时我会想，年逾六十的刘总编如今还能生龙活虎地去跑步，并依旧有精力和能力活跃于法律新闻的世界中，得令多少赋闲在家的老前辈羡慕呀。希望当我有一天垂垂老矣时，也能像刘总编一样用这些热爱来填补辛苦生活的缝隙，修复压抑日子的焦虑。

其实，我很小的时候并不以我的父亲为骄傲，主要原因是我觉得他长得不太好看。我才刚上小学，他头发就没多少了，加上又对很多除他工作外的事情都不懂，时常让我觉得我爸有点呆。现在，当我也已立业成家时，看到很多刘总编的同龄人，甚至一些我身边的年轻人，每天都浑浑噩噩得过且过地生活，我才理解，能对自己的事业保持始终如一的热情，是一件多么了不起的事情。

作为儿子，也作为刘总编身边三十多年来的一位观察者，我看到的是刘总编对法律新闻事业赤诚的热爱与奉献。我相信，这也一定是他一直以来的追求和人生主题。

希望未来，我的父亲刘桂明总编辑，可以在他热爱的新闻路上充满激情地继续前行。到不朽的事业中寻求庇护，用热爱来抵挡岁月蹉跎。

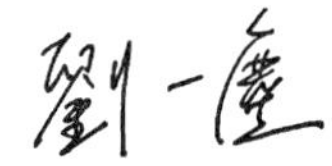

2023 年 5 月于香港家中

有多少爱可以重来(后记)

正如每个人的名字一样,每一部新书的书名同样也是有来由的。这部新书取名为《民主与法治时代》,自然也是有缘故的。

2021 年 7 月 1 日,适逢建党百年的大喜日子。那天,我也迎来了人生中的重大转折。从当天开始,我正式从中国法学会调离,正式卸任《民主与法制》总编辑,正式调到中国民主法制出版社,正式走进中国民主法制出版社法律应用分社,正式就任中国民主法制出版社法律应用分社法宣在线总编审。

从 1985 年 8 月大学毕业分配至司法部法律出版社到调任中国民主法制出版社,既是本人新闻出版工作生涯的轮回,也是自己人生经历的回望,更是作者对改革开放以来国家发展与社会进步的见证。

因为我见证了一个时代,这个时代就是改革开放的时代,这个时代就是民主法治的时代,这个时代就是国家富强与民族复兴的时代。现在,我们正走在中国特色社会主义新时代的大路上。

这是我们努力奋斗而始终追求的民主与法治时代,也是我们踔厉奋发而一直追赶的民主与法治时代。于是,我将我的新书取名为《民主与法治时代》。在我看来,这个书名既有寓意,也有深意,更有情意。

首先,这部新书书名吻合了党和国家的前途命运。从中国共产党诞生的开天辟地到新中国成立的翻天覆地,从党的十一届三中全会确定改革开放的改天换地到中国特色社会主义走进新时代的惊天动地,正是中国走向民主法治时代的完美展现。中国共产党团结带领中国人民从站起来、富起来到强起来的百年历程,也是党领导人民追求法治、探索法治、建设法治、推进法治、厉行法治,迎来坚持全面依法治国、建设社会主义法治国家的百年进程。

其次,这部新书书名暗合了两本刊物的刊名。明眼人一下子就看出来了,这部新书竟然包含了《民主与法制》与《法治时代》两个刊名。书名听起来是《民主与法制》杂志,看起来是《民主与法治时代》,可谓一举两得。从“法制”到“法治”,反映出我国社会主义法治建设历史性的跨越和进步,体现了我国法治建设理念的提升。这既是我们在制度上和观念上对法的职能认识的一种飞跃,也是我们党积累半个多世纪的执政经验在治国方式问题上完成的一次历史性跨越。从“制”到“治”,不仅彰显了法治建设由静态的“重在制度”到动态的“重在治理”的巨大转变，更彰显了由初级形态的有法可依到高级形态的良法善治的巨大转变。我从《民主与法制》杂志到《法治时代》杂志，既是不同但又相近两个刊名的有缘连接，更是从“法制”到“法治”两个词汇的有幸见证。

最后，这部新书书名契合了本人的新闻出版工作生涯。在我30余年的新闻出版工作生涯中，既办过《法律与生活》杂志，也办过《中国律师》杂志（其间，还办了一本副刊《律师时代》），还办过《预防青少年犯罪研究》杂志，又办过《民主与法制》杂志。在团中央工作期间，还办过《为了明天》与《青少年权益》两份内部刊物。可以说，既办过双月刊，也办过月刊，又办过旬刊，更办过周刊。最重要的是，2022年还参与办过创刊号，这本创刊号就是2022年6月18日创刊的《法治时代》杂志。现在，我是《法治时代》杂志的编委会执行主任，也算是执行总编辑，其实就是一名普通的工作人员。因为《法治时代》的诞生，使我有幸成为一个办了5本刊物的新闻出版人。和法治共进，与时代同行。于是，就有了这样一部《民主与法治时代》的新书。

巧合的是，从我参加工作以来出版的第一部个人作品集《法治天下》到今天推出新作《民主与法治时代》一书，正好是20年。更加巧合的是，当年第一部个人作品集是中国民主法制出版社出版的，此时我推出的新书又是中国民主法制出版社出版的。

时任《中国律师》总编的我将80余万字的《法治天下》交由中国民主法制出版社出版，相当于是我不惑之年的阶段性总结。《法治天下》全书共分为上下两卷：上卷是《叩响法律之门的追问和记录》，下卷为《叩响法律之门的思考与发现》。在这两卷文字中，既有思者的创见，也有行者的记录，还有观者的发现，更有作者本人作为记者的描述。在对制度、法律、社会与人生的衡量与体悟中，既有发自内心的抒情，也有出于真心的感怀，更有永葆初心的言志。

此后，从2007年至2020年，又相继出版了《律师中国》《正义不会缺席》《谁是律师的朋友》《因为律师》等作品。可以说，在我的新闻出版工作生涯中，我从未懈怠，也不敢懈怠。事实上，煮字烹文，借墨结缘，以笔为犁，以文会友，本人一直沉浸于这样有情有义有缘有趣的人生世界里。

为此，在一次接受采访中，我曾经由衷地表达了自己内心的想法：“做一名记者真好，做一名编辑真好，做一名总编辑更是好上加好。”

我始终认为，做记者与编辑的好处，就是能够将自己的所见所闻、所思所想、所感所动，汇成文字，形成作品，甚至凝成思想，从而让人关注、发人深思、启人智慧。所以，这是一项既能成全他人、更可成就自我的快乐工作。

这部叫作《民主与法治时代》的新书，正是我在《民主与法制》工作期间的文字汇总。从2010年6月9日来到中国法学会党组报到至2021年6月30日办理完调动手续，我在《民主与法制》杂志度过了幸福快乐的11年时光，更重要的是，留下了最有回忆价值和纪念意义的文字足迹。于是，在主编完成《民主与法制》杂志1000期之后，我来到了中国民主法制出版社。

据不完全统计，这11年来，从2010年第16期到2021年第17期，从半月刊到旬刊乃至周刊，从黑白刊到全彩刊，从上海的“财经版”试刊到北京的周刊，我经手签字开印的杂志将近500期。11年来，作为以“看主题、定选题、改标题”为己任的总编辑，我提出了许多值得关注的主题，确定了许多值得铭记的选题，改换了许多值得回忆的标题，尤其是撰写了许多值得留存的新年贺词、主编絮语、封面解读乃至新闻评论。

于是，就有了出现在本书中的各种文字组合，也就是本书的各个组成部分。

一是“有一种表达是贺词”。

无论这世界上有多少贺词，新年贺词一定是最独特最有看点的表达。贺词之美在修辞，修辞之最在排比，排比之核在递进。所谓递进，正是为了从昨天走进今天，从今天走向明天。总而言之，都是为了回顾过去展望未来、感恩以往瞩目以后、点赞昨天点击明天。新年贺词，都是如此。古今中外，概莫能外。收入本书的所有贺词，正是我在《民主与法制》杂志任职 11 年期间每到年头岁尾的动情表达。

二是“有一种头条是卷首”。

所谓“卷首语”，就是一篇在杂志中首先排在正文前面的文章。有人将其形容为头条，自然也有一定的道理。从功能上来看，一篇标准的卷首语，其实就是一种导读，能够起到画龙点睛的效果；从结构上来看，一篇完整的卷首语，应该是既有热点，也有焦点，还有观点，更有重点；从写法上来看，一篇优美的卷首语，既像一篇温情脉脉的贺词，又像一篇铿锵有力的社论，言简意赅，文笔优美，修辞得当，气势磅礴；从篇幅上来看，一篇合格的卷首语，一般情况下只有一页，都是短小精悍，提纲挈领，以小见大，由近及远。由此，读者受众可以看到一家期刊的政治高度、办刊风格、编辑思路、人文关怀。从文风上来看，其实新年贺词也是卷首语。在本书中见到的卷首语，是指除新年贺词之外的深情表达。

三是“有一种评论是学习”。

评论，既是一种新闻文体，也是一种评论文本，更是一种表达文风。简而言之，是现代新闻传播工具经常采用的社论、评论、评论员文章、短评、编者按、专栏评论和评述等的总称。所谓评论，就是媒体或作者对新近发生的有价值且具普遍意义的重大重点重要紧要问题，发表看法，分析想法，提出做法。其中，有的评论是以中央和上级指示为内容写评论，有的是为了配合中心任务和重大决策撰写指导性评论，有的是针对一种错误倾向或模糊观点来进行引导的评论，有的是着眼于总结推广先进经验的评论，有的是为了有关节日、纪念日以及重大活动的新闻评论。本书中有关这个部分的文字，则是我对于学习习近平总书记重要讲话的心得体会。

四是“有一种解读是提问”。

在新闻报道中，解读是一种常见手法。既有新闻现场的描述，也有新闻事件的分析，又有新闻背后的评论，更有新闻热点的预测。最重要的是，还有图片新闻的解读。尤其值得一提的是，关于书刊封面设计的解读。这种解读往往是既有提问，也有反问，更有设问。《民主与法制》杂志的封面设计，正是这种设计的标准风格。其解读都是由总编亲自撰文解读的，后来改由美编负责完成。本书中有关解读的文字，往往是在开印之前我匆忙完成的急就章。

五是“有一种策划是选题”。

总编辑做什么？以我体会来看，总编辑就是看主题、定选题、改标题。如何看主题？那就是看方向、看导向、看走向、看取向。哪些主题能够成为选题呢？只要能够接天线、接地气、接读者、接受众、接市场、接系统的主题，都可以成为合适对路的选题。从选题到标题，正是这样一个连接过程。好标题,既有意料之外,也有情理之中;既有体例之美,还有内涵之深;既有专业热度,更有政治高度。作为《民主与法制》任职11年的总编辑,对标题设计的学习与追求,可谓一心一意、情有独钟。

六是"有一种回忆是感恩"。

回忆,总是美好的。无论是可爱的家乡还是可亲的母校,不论是曾经工作的单位还是曾经的同事,不管是早年的前辈还是后来的晚辈,都有回忆的价值。每个人的每一段经历都值得挖掘与总结,每个人的每一个平台都值得梳理与归纳,每个人的每一位同事都值得学习与致敬。总而言之,都值得我们去回忆与感恩。这是我们人生中一种最美好的回忆与感恩。有关这部分文字,都值得各位读者分享。

七是"有一种写作是分享"。

在互联网时代,每个人都是记者,因为每个人都有麦克风;同样,每个人都是作家,因为每个人都可以随时随地发表自己的作品。对我来说,我本身就是记者编辑,写作既是我的本职,也是我的专职,更是我的天职。我从上中学到上大学,从大学毕业到参加工作,从做记者编辑到担任总编辑,我最热爱的就是写作,我最钟情的就是写作,我最向往的就是写作。在我看来,写作是人生中最美好最美妙的分享。收入本书的回忆文章,有的刊发在《民主与法制》,也有的发表在我的个人微信公众号"桂客留言"或当年的新浪博客上。

按照原定计划,本书应该分为十个部分。但是,因为篇幅有限,也因为一本书确实不能太厚,更因为有些文章不是我在《民主与法制》工作期间完成的。最后,只能忍痛割爱,不得不将第八部分"有一种文章是序跋"、第九部分"有一种观察是律师"、第十部分"有一种怀念是致敬"全部拿下。其实,责任编辑陈偲同志也认为拿掉后面三个部分很可惜。既然如此,明年再将忍痛割爱的文字重新编辑推出,可能也是一个好主意。让我们一起期待明年吧!

尤其是最后一个部分的最后一篇文章,正是我怀念母亲的撕心裂肺之作。

人生无法重来,但爱是可以重来的。回首这一路,我很庆幸自己见证了中国民主与法制事业的每一步发展。更庆幸的是,我感受到了来自各个方面的爱。这种爱,既有亲人家人的关注关心,也有友人同人的真情真心,更有高人贵人的爱护爱心。

作为记者,30年来,我的足迹遍及大江南北,采写作品已达百余万字。经我采写的从事政法工作的先进人物,如今有的已担负起国家重要部门领导职务,有的已离开工作第一线,有的依然还在地方在基层在我国法制建设的重要岗位上勤奋地工作着。我采写的文章紧扣我国改革开放和法制建设的脉搏,严格遵守法制新闻工作的职业道德,既有与党中央保持一致的正确导向,又有深入生活实际,反映不同层次、不同地域、不同职业的人们在法制社会进程中的真实心态与真实表象;既有深入恰当的政策分析、法学探讨与理论研究,又有贴近生活,生动而颇具可读性的报告文学和深度报道。为此,我曾经多次获得法制好新闻奖及其他有关新闻奖。尽管我把一个个或知名或普通的人物推向法制宣传的前台,光大和弘扬着他们严格执法、勇于奉献的精神和风采,但我依然认为,是无数的读者与热心的作者乃至一个个主人公在支持我、帮助我、成就我。

作为编者，从《法律与生活》杂志到《中国律师》杂志，再到《民主与法制》杂志，我曾经策划了无数个不同风格、不同内涵的选题，也曾经编发了数不清不同读者不同水平的稿件，还修改了许多篇不同角度、不同深度的来稿。如果要说我对办刊经验和心得最多的地方，自然还是《民主与法制》杂志。众所周知，在我国的法治期刊当中，《民主与法制》杂志是改革开放以来最早的刊物、最老的刊物、最大的刊物。总而言之，可以说，《民主与法制》杂志是我国改革开放与依法治国进程的见证者、推进者乃至记录者。

2019 年，在《民主与法制》创刊 40 周年的日子里，我策划动员编辑部的新一代编者集体创作了这样一首歌词：

《民主与法制，为你喝彩》

你从黄浦江畔走来，
点亮心灯，法治故事流入心怀。
全民普法的时代悄悄打开，
吹响号角，民主之声传向四海。
民主与法制，为你喝彩。
民主与法制，继往开来。

你从三中全会走来，
一路同行，新的时代步伐豪迈。
依法治国的初心与你同在，
一张蓝图，法治中国百姓期待。
民主与法制，为你喝彩。
民主与法制，继往开来。

后来，我又邀请我们首都媒体跑团跑友的音乐人李朝晖改编谱曲，改编后的歌词显得更精练了。

《民主与法制，为你喝彩》歌词

你从黄浦江畔走来，
点亮心灯，流入心怀。
你从新的时代走来，
法治中国，百姓期待。

你从黄浦江畔走来，
一张蓝图，一路同行。
你从新的时代走来，
吹响号角，步伐豪迈。

民主与法制,为你喝彩。
民主与法制,继往开来。
依法治国,初心同在。
民主之声,传扬四海。

可以说,这首歌词真正既代表了所有读者与《民主与法制》的缘分,也代表了所有作者对《民主与法制》的期待,更代表了所有编者对《民主与法制》的祝福!

这部在《民主与法治时代》主标题下加上副标题——“我在《民主与法制》当总编”新书的出版,我必须感谢的人很多很多。既要感谢我在中国法学会《民主与法制》杂志工作期间各位领导与各位同事,也要感谢中国民主法制出版社各位领导与各位同事。

我在《民主与法制》当总编11年期间,有幸得到了中国法学会党组前后三任党组书记、常务副会长对我的关心和厚爱,是法学会党组给了我一个成长发展和努力发挥的平台。尤其要感谢刘飏书记对我的提携和关怀,感谢陈冀平书记对我的指导和教导,感谢陈训秋书记对我的指点和提点。感谢胡忠副会长、李清林副会长、鲍绍坤副会长、张苏军副会长、李如林副会长对我的关心与厚爱。

感谢《民主与法制》社党委的支持和帮助,是社党委为我创造条件和提供机会,将《民主与法制》杂志从半月刊发展到了周刊。特别要感谢前后三任党委书记胡永朝书记、周占华书记、林洪武书记对我的信任和肯定。感谢郑心永、丁柯、王强华、李明信等老总编对我的关心与支持。

感谢中国法学会从机关各部门到各个事业单位对我的关注和鼓励,是大家给了我开心工作真心合作的宽松环境和广阔空间。

感谢《民主与法制》社全体同仁尤其是《民主与法制》杂志于昕、张建华、计伟民、李蒙、李伟红、李爱芹、崔勃、呼满红、侯兆晓、刘瑜、李天琪、孙洁、张志然、王涵、张纯、闫帅、王祥瑗、崔凯、聂强、谢峥、高波、明兵、李多、龙曦、刘源、谭则章、刘海燕、黄慧、张蕾、李娜、赵国培、张金玲、韩香艳、宋栋国等各位记者、编辑、美编、编务、校对、审校对我的关爱和拥戴,特别是与我曾经搭档过的各位副总编朱克辛、赵晓谦、冯慧、连继民、阮莹、黎伟华、杜林及总编助理王健等同事对我的理解和支持,是大家让我深深体会到一起办一份杂志是天底下最开心的工作和最快乐的事业。

感谢《民主与法制》社各驻地机构对我的协助和配合,是大家让我们许多选题策划和采访安排能够如期顺利完成。

感谢《民主与法制》社老编者老作者老读者多年来对我的激励和响应,是大家让我这个总编辑做得很开心很有成就感……

来到中国民主法制出版社工作后,特别要感谢的是本社党委书记、社长、总编辑刘海涛同志的大力支持与亲切关怀,感谢贾兵伟副总经理的周到安排与精心协调,感谢责任编辑陈偲同志的认真负责与善解人意,感谢本书美编苏若瑶的大胆创意与美妙设计。

还要感谢中国民主法制出版社法律应用分社与法宣在线陈百顺、沙崇凡、吴丽华、宋玉珍等各位同事的全力支持与积极配合，更要感谢《法治时代》杂志曲静、单一良、李华光、高铭、乔燕等各位同事及宋韬、侯志业、温婉如、王改丽、胡泽城、廖祥龙等各位小朋友的绝对支持与全力配合，感谢桂客学院侯瑞、赵伟、王言、刘丹、魏雯、许建敏、顾朝祥等各位小朋友的全力拥戴与用心支持。

非常感谢著名报人、也是我们华东政法大学校友、更是《民主与法制》老总编王强华同志，以鲐背之年的资历欣然为本书写序。

感谢我多年助手鲁宝英为本书搜集资料与调整版式，默默无闻地支持和配合。

感谢我当年在《中国律师》担任总编辑时的设计师、法律图书平面设计专家孙宇兄对本书封面设计的专业化建议。

更要感谢家里领导郭大民律师对本书作出的数不清说不够的贡献，最重要的是还要感谢远在香港的儿子刘一尘律师在爱人潘佳雯支持督促下为本书写跋祝贺（正如十年前他为母亲出书写序一样，既挥洒自如又幽默风趣）。

总而言之，需要感谢的亲朋好友还有很多很多。我永远记挂每一位帮助者支持者关注者的深情与恩情，永远感恩民主与法治时代带给我们的爱。

让我们一起努力走向民主与法治时代！

2023 年 8 月 4 日于北京千鹤家园